中俄关系
全面推进和战略协作

邢广程　初冬梅　主编

中国社会科学出版社

图书在版编目（CIP）数据

中俄关系：全面推进和战略协作/邢广程，初冬梅主编．
—北京：中国社会科学出版社，2023.7
ISBN 978－7－5227－2257－3

Ⅰ.①中…　Ⅱ.①邢…②初…　Ⅲ.①中俄关系—研究
Ⅳ.①D822.351.2

中国国家版本馆 CIP 数据核字（2023）第 125294 号

出 版 人　赵剑英
责任编辑　范晨星
责任校对　赵雪姣
责任印制　王　超

出　　版　中国社会科学出版社
社　　址　北京鼓楼西大街甲 158 号
邮　　编　100720
网　　址　http://www.csspw.cn
发 行 部　010－84083685
门 市 部　010－84029450
经　　销　新华书店及其他书店

印　　刷　北京君升印刷有限公司
装　　订　廊坊市广阳区广增装订厂
版　　次　2023 年 7 月第 1 版
印　　次　2023 年 7 月第 1 次印刷

开　　本　710×1000　1/16
印　　张　34.5
插　　页　2
字　　数　583 千字
定　　价　169.00 元

前　　言

这部书是文化名家暨“四个一批”人才资助项目“中俄关系”的最终成果。2014 年该项目立项，主要研究中俄关系问题。

俄罗斯是中国的最大邻国，在国际上具有重要的国际影响和政治地位。2019 年是中俄建交 70 周年，这期间，中俄关系既有友好同盟的历史，也经历过兵戎相见的时期。苏联解体后，中俄关系不断发展，从互视为友好国家，到建立建设性伙伴关系，再到战略协作伙伴关系，目前中俄关系已经进入了新时代。进入 21 世纪以来，国际局势发生了很大变化，美国不断采取同时打压中国和俄罗斯的外交战略，试图遏制中俄两国的崛起进程。在这个大背景下研究中俄关系具有很强的现实意义和学术价值。

围绕这个项目，本人进行了一些基础性的研究工作，如在《中国边疆史地研究》杂志 2019 年第 4 期上发表了《中俄关系 70 年的多维思考》，对中俄关系 70 年进行了比较系统的梳理，但因篇幅所限，中俄经贸关系没有展开。本项目一开始进展比较顺利，但后来因承担了国家社会科学基金重大项目“丝绸之路经济带建设与中国边疆稳定和发展研究”，占去了很大部分精力，因此，此项目不得不拖期。为完成这个项目，我充实了年轻研究力量。

此项目是以中俄关系主要合作领域而展开论述的。研究对象的时间主要界定在苏联解体后 1992 年至现在的中俄关系。研究内容涉及中俄关系的政治、经济、人文以及中俄在地区和国际层面的战略合作与互动。因此，这部专著的一个重要特点就是体现了全面性，即对中俄关系的主要合作领域进行了比较系统的梳理和论述。第一章属开篇之章，主要阐述中俄政治和外交关系，对中俄关系发展的基本逻辑和脉络进行了梳理和阐述；第二章至第五章，主要是分领域对中俄经贸、能源、人文和禁毒等领域的合作进行了阐述；第六章至第八章，聚焦于中俄地方合作层面，主要对中俄远东劳务合作、中国东北与俄罗斯远东地区合作和中俄“长江—伏尔加河”地区合作等问题进行了分析；第九章至第十四章，重点从“国际环境”的视角来看中俄关系问题，主要从相关国家、地区和国际组织的关联性方面讨论中俄关系，讨论中俄在阿富汗问题上的合作、中俄在中亚和南高加索地区的战略互动、新亚欧大陆桥在互联互通方面的战略价值、“一带一路”与欧亚经济联盟对接与合作、大欧亚伙伴关系与中国、中俄与上海合作组织等方面；第十五章，集中讨论全球视野下的中俄关系，这里包括俄罗斯如何应对美国、中俄美关系的互动等问题。

该项目是在2019年12月底结项的。此后全世界遇到了疫情。在疫情蔓延期间，中俄在抗疫方面有很多合作，因此，课题组成员又进行跟踪研究，加上了相关内容，该书所引用的资料基本上更新到2020年5月。

在这里需要说明的是，初冬梅副研究员协助我主持这个项目，对此项目和这本书投入了很大的精力。所以，我邀请她作为这本书的主编之一。还要感谢研究团队的各位青年朋友。

该课题得到了中宣部干部局和中国社会科学院人事教育局同志的帮助和支持，也得到了中国边疆研究所办公室同志的帮助和支持，中国社会科学出版社王茵同志和范晨星编辑为本书付出了很多努力，在此表示感谢。

这是一个集体项目，作为课题负责人我在保持相对统一架构的前提下，尽可能地尊重各位作者的研究特点和写作风格。因一些因素的制约还有一些内容在这部著作中没有得到体现，如中俄军事领域的合作以及中俄在东北亚地区的合作等，这是一种遗憾。但中俄合作领域十分宽广，想在一部专著中将中俄合作领域全覆盖，也不是一件容易的事情。这部专著中可能还存在这样或那样的问题，请读者提出宝贵意见，以便我们在今后的研究中加以吸收。

中国社会科学院学部委员
中国边疆研究所所长、研究员
邢广程
2020年7月12日

目　　录

第一章 中俄外交关系

1991 年苏联解体，同时意味着第二次世界大战后长达四十余年的冷战格局终结，这是 20 世纪国际关系领域最为重大的事件之一，既有的国际体系崩塌、一直奉行的行为规则失效，全球的国家间政治都面临着再认识与重构。这其中俄罗斯作为苏联在国际体系中的继承者，在开展与其他国家和国际组织的外交关系中，面临的是自我层面上颠覆性的思维转换与行为转变，外部层面上是对象国家对其国家性质的重新审视与评估。内外层面上的双重认知转变，使相互关系的构建极易充满波折与摩擦。但中俄双边关系在意识形态、历史传统、文化心理等国家交往中的关键要素都相异甚远的情况下，却在近 30 年的历程中稳健前行、顺畅发展，直至如今成就了“新时代中俄全面战略协作伙伴关系”，成为大国关系的典范，其中的成因，即有着共同面对外部压力的因素，但最为核心的要素还是在于内因，即双方交往所共同秉持的务实发展目标、坚守的平等相待理念、倡导的互相尊重的态度，以及追求公正国际体系的宽广视野。回顾中俄外交关系走过的道路，可以明显看到，彼此间尊重他国基于具体条件而做出的路径选择，打造合作共赢的交往模式，维护并倡导平等协商、共同发展的多边平台，才是符合当代条件下的国家间交往应遵循的可靠规则，中俄高水平的双边关系为当代世界提供了国际体系健康平稳发展的经验与范例。

第一节 启幕战略协作伙伴关系的新篇章

在俄罗斯联邦以国家主体身份进入国际舞台后，中俄关系随即开始启动。这期间俄罗斯的外交战略经历了一个从全面倒向西方到“双头鹰”——东西兼顾的历程，而中国则一直致力于务实外交，对外交往服务于改革开放、服务于国家发展与提高人民福祉的总原则，双方在这样的背景下开始从接触到理解，从相互理解到关系逐步深化，从1992年到2000年，中俄关系的发展平稳有序，双方解决了关键性的边界划定问题，并打造了面向21世纪的战略协作伙伴关系，为双边关系后续发展奠定了坚实的信任基础。

一 “互视为友好国家阶段”（1992—1994年）

苏联解体之初的俄罗斯联邦执政团队，是在经过与苏联政府的意识形态、发展路线针锋相对的激烈斗争后上位的，与中国共产党领导的社会主义国家在治理理念上并不相近，甚至是有潜在的尖锐对立的可能。但这时发挥了关键作用的是双方对国际交往，尤其是大国间相处的务实态度，毕竟两国同为联合国安理会常任理事国且有着漫长边界线，国家战略利益是彼此需要首先考虑的关键因素。于是1992年年初的联合国会议上，在叶利钦总统与李鹏总理简要会谈中，双方表达了需要进一步提升关系水平与不以意识形态划线的愿望与原则。①

1992年3月，俄罗斯外交部长科济列夫首次访华，11月中方外交部长钱其琛回访俄罗斯，就叶利钦总统访华事宜做了全面细致的准备。12月17日，俄罗斯总统叶利钦对中国进行了首次访问。叶利钦同江泽民总书记和杨尚昆主席分别进行了会晤，这是苏联解体后两国最高领导人的第一次正式会见。会后杨尚昆主席和叶利钦总统签署通过了《关于中俄相互关系基础的联合声明》②，两国交往开始进入了一个崭新的阶段。联合声明中表达了三个层次的意涵，首先是在原则立场的层面确认了“将两国关系提高到一个新的水平并使其进一步巩固和发展，符合两国人民的根本利益”“相互视为友好国家”的总体定性；其次在行为逻辑层面上，双方的走近是基于“互相尊重主权和领土完整、互不侵犯、互不干涉内政、平等互利、和平共处等原则及其他公认的国际法准则，发展睦邻友好和互利合作关系。双方强调了，各国人民自由选择其国内发展道路的权利应得到尊重，社会制度和意识形态的差异不应妨碍国家关系的正常发展”的共同认

① 详见周晓沛《叶利钦总统首次访华》，《世界知识》2008年第8期。

② 具体内容参见《〈关于中俄相互关系基础的联合声明〉（1992年12月）》，2002年12月2日，央视网，http：//www. cctv. com/special/903/6/70491. html，访问日期：2020年4月30日。

知，这是互相视为友好国家、提升双边关系到新水平的基础；最后是具体合作层面，双方对安全保证、国际体系、边界谈判、经济合作、科技、文化、环保、旅游等领域的相互关切与强化合作做出了总体的承诺与规划。其中着重强调了“不参加任何针对对方的军事政治同盟；不同第三国缔结任何损害另一方国家主权和安全利益的条约或协定；任何一方均不得允许第三国利用其领土损害另一方国家主权和安全利益”“俄罗斯联邦的出发点是，中华人民共和国政府是代表全中国的唯一合法政府，台湾是中国领土不可分割的一部分”两项关键性安全承诺条款，以及“继续就中华人民共和国和俄罗斯联邦之间尚未协商一致的边界地段进行谈判，以便公正、合理地解决边界问题”的明确规划，实质性地充实了“互视友好”的内容，使双边关系的进一步发展有了牢靠的基石。

二 “建设性伙伴关系阶段”（1994—1996 年）

1994 年 9 月 2—6 日，作为回访，江泽民主席对俄罗斯进行了正式访问，这也是他就任国家主席以后首次出访俄罗斯。在与叶利钦总统举行会谈后，双方签署了《中俄联合声明》①，进一步提升了发展两国长期稳定的睦邻友好和互利合作关系的水平。

声明中最突出的表述是“认为两国已具有新型的建设性伙伴关系”，这是较之“互视为友好国家”的一次显著提升，如果说互视友好是一个开始接触的意愿概括，那么建设性伙伴关系则是开始打开了友好合作的大门，“伙伴”为双方关系确定了相处的性质，“建设性”为双方的后续发展拓展了极大的可能性空间。这代表着中俄之间已经确立了互信的交往基础，并进一步为未来的互助互帮搭起了战略性的平台。为此声明中专门加以强调，“恪守 1992 年 12 月 18 日《中俄联合声明》的各项原则，决心面向二十一世纪，把两国关系提高到一个崭新的水平”。

基于这样的态度，中俄双方从政治、经济、军事、国际关系四大方向做出了进一步加深关系的国家层面规划与安排。政治关系中，双方继续强调了“从社会制度和观点的不同不妨碍各个领域关系的发展这一共识出

① 具体内容参见《〈中俄联合声明〉（1994 年 9 月 3 日）》，2002 年 11 月 29 日，中国网，http://www.china.com.cn/zhuanti2005/txt/2002-11/29/content_5239488.htm，访问日期：2020 年 4 月 30 日。

发，始终如一地维护和发展长期睦邻友好的相互关系”“考虑到两国国内的特点和相互尊重各自自由选择其发展道路的权利，磋商和相互介绍其改革的理论与实践”，更加明确了要消除意识形态壁垒，相互借鉴发展经验的平等姿态。经贸方面，要“最大限度地利用地缘优势和经济的互补性的优势。坚持平等互利的原则，逐步实现向符合国际规范的经济关系形式的过渡”，做好“科技领域的长期合作规划”“增加重大项目合作比重”。军事领域中，需要“始终遵循互不将战略核武器瞄准对方和互不使用武力”，“继续和扩大不针对第三国的交流与合作”，“努力加速制定边境地区相互裁减军事力量和加强军事领域信任的协定，在协定基础上，把边境地区的军事力量减少到同两国长期睦邻友好关系相适应的最低水平，使保留在边境地区的军队只具有防御性”，军事互信与合作代表着双边关系在务实层面的关键成果，彻底扭转了持续数十年的对峙与猜忌局面，并打通了双方军事技术、军工产品交流和流通的管道。在国际体系的诉求方面，“互相视对方为在多极世界体系正在形成条件下维护和平与稳定的重要因素的大国，加强在国际事务中的相互合作，包括在解决全球性问题上的合作”，这里相互间的“大国界定”是对平等原则的深化构建，也同时为双方的合作领域扩展了新的重要路径，因此双方亦在此强调了“平等合作，不受歧视地参与国际事务，不允许进行扩张，反对霸权主义和强权政治；反对建立对立的政治、军事、经济集团”，初步表达了携手反对来自共同外部压力的意愿。

1994 年伙伴关系的确立，意义非凡，这是相互关系的一次根本性质的转变。“中俄两国关系由‘友邻’关系发展到‘伙伴’关系是一种实质性的转变……从‘邻居’关系提升为‘伙伴’关系这本身就说明中俄两国作为伟大的邻邦进一步互利合作的战略思路得到了明确的展开和贯彻。”①

三　“战略协作伙伴关系”的确立（1996 年）

1995 年 5 月 7—9 日，江泽民主席应邀赴莫斯科参加俄罗斯纪念反法西斯战争胜利 50 周年庆典。江泽民主席与叶利钦总统在会晤中一致同意，要为发展两国之间长期稳定的，基于睦邻友好、互利合作的新型关系而继

---

① 邢广程：《世纪之交中俄关系的历史进程——对 1992 年至 2004 年中俄关系的基本总结》，《新疆社会科学》（汉文版）2004 年第 5 期。

续共同努力。1996年4月24—26日，叶利钦总统对中国进行国事访问，与江泽民主席就建立和发展中俄两国战略协作伙伴关系，加强两国在各领域的双边合作进行会谈。25日，两国元首在北京共同签署了《中俄联合声明》[①]，正式确立了“战略协作伙伴关系”为中俄关系新阶段的标识定义。

“战略协作伙伴”是自“建设性伙伴”的又一次重要提升。国际关系领域中，战略协作至少包括三项必备内容，一是多领域，即合作交往将扩展到更多方向进行对接；二是长期性，双方的意图与承诺具备长久效力；三是对外方面，双方在全球或地区层面将进行政策沟通与协调，显然这是对于建设性关系拔高了具体内容方面的规范与约定，是在实际操作层面做出的重大迈进。首先，声明中就确认了“两国领导人之间的高级、最高级接触和协商具有特别重要的意义，并决定为此在北京和莫斯科建立中俄政府间的热线电话联系”，从而规划出了最具实际意义的协作方式。其次，双方在关键性的边界勘定、车臣与台湾等核心利益方面做出了互相支持的决定。再次，双方把经贸往来提升到了空前的重视高度，“就各自国家的社会经济发展情况经常交流经验和信息”，“将在平等互利、符合国际贸易惯例的基础上进一步发展以现汇贸易为主、多种形式并举的贸易和经济技术合作”，这是对战略协作领域的重要拓展。最后，关于国际和平与发展，双方一致认为，应“不分其是发达国家和发展中国家，还是转型经济国家，都是国际社会的平等成员。每个国家的人民都有权从自己的具体国情出发，在没有外国干涉的情况下，独立自主地选择社会制度、发展道路和模式”，并以联合国为制度依托开展协调与合作，“联合国是为和平、发展、安全进行合作的独特的机制，肩负迎接二十一世纪全球性挑战的使命”，“促进联合国和地区性组织之间在防止与和平调解争端和冲突方面进行合作而做出的努力；促进从事经济和社会的发展、人道主义援助等问题的非政府组织同联合国及其在上述领域的专门机构的工作中进行更具建设性和健康的协调”，以及在促进经济方面，“联合国加强在发展领域的作用，更好地适应新形势下国际社会，特别是广大发展中国家的需要”。声明中的诸多新倡议、新提法都直接阐释了战略提升的内涵。叶利钦这次访华另一项重大成就是中国、俄罗斯、哈萨克斯坦、吉尔吉斯斯坦和塔吉克

① 具体内容参见《〈中俄联合声明〉（1996年4月）》，2019年12月2日，央视网，http：//www.cctv.com/special/903/6/70501.html，访问日期：2020年4月30日。

斯坦五国元首在上海共同签署《关于在边境地区加强军事领域信任的协定》，这是日后“上海合作组织”的原型。

作为对战略协作意义的精确归纳，1997 年 4 月 23 日江泽民主席在俄罗斯国家杜马讲演中做出了进一步的总结。他表示：“当前，中俄两国正致力于建立和发展平等信任、面向 21 世纪的战略协作伙伴关系，这是一种新型的国家关系。它的基本宗旨是：深入发展双边合作，保持长久的睦邻友好，促进两国共同发展与繁荣，造福于两国人民；密切双方在国际事务中的磋商与协调，维护各自的独立、主权和民族尊严，维护各自在国际上应有的地位和正当权益；通过双方合作和共同努力，促进国际局势的缓和与稳定，推动世界多极化趋势的发展和公正合理的国际新秩序的建立。”[①] 双方还宣布正式成立中俄友好、和平与发展委员会，作为推动双边关系的重要支撑机构。

也是在江泽民这次访俄会晤中，两国元首签署了《中华人民共和国和俄罗斯联邦关于世界多极化和建立国际新秩序的联合声明》[②]，这是双边关系深化发展的一项重要标志，亦是双方首次联合就国际秩序和全球问题表明立场与提出方案。双方联合声明主要聚焦在四个方向上：首先，对国际秩序重大变化的性质做出了共识性的判断，认为冷战结束、两极体制消逝后，“世界多极化的积极趋势加快发展，大国之间包括冷战时期敌对国之间的相互关系发生变化，区域经济合作组织显示出强劲的生命力……建立和平稳定、公正合理的国际政治经济新秩序成为时代的迫切要求和历史发展的必然”。其次，在国际体系参与者相处的原则上，双方共同主张平等、互相尊重、摒弃冷战式的敌对思维是当下应普遍遵循的国际准则。“各国有权根据本国国情，独立自主地选择其发展道路，别国不应干涉。社会制度、意识形态、价值观念的差异不应成为发展正常国家关系的障碍”，“主张确立新的具有普遍意义的安全观，认为必须摈弃‘冷战思维’，反对集团政治”。再次，在执行手段上，双方一致强调了应加强联合国及其安理会的作用，以及倡导发挥广大发展中国家和不结盟运动的作用，认为这是促进世界多极化、建立国际新秩序的重要力量。最后，双方认为彼此的战

① 江泽民：《为建立公正合理的国际新秩序而共同努力》，《人民日报》1997 年 4 月 24 日。

② 具体内容参见《中俄关于世界多极化和建立国际新秩序的联合声明（1997 年 4 月）》，2019 年 12 月 2 日，央视网，http：//www. cctv. com/special/903/6/70494. html，访问日期：2020 年 4 月 30 日。

略协作伙伴关系有利于地区与世界的和平与安全，“中俄作为联合国安理会常任理事国，结成伙伴、睦邻友好、平等信任、互利合作、共同发展，恪守国际法原则，确立不针对第三国的新型长期国家关系，是对建立国际新秩序的重大实践”。中俄确立战略协作伙伴关系之初，就针对共同关心的国际局势与相关问题做出了联合声明，这既明确了共同面对全球问题是中俄两个大国之间战略协作的核心内容之一，也同时表明了中俄之间的互信与相互理解、相互支持达到了新高度，迈入了一个新的发展阶段。

在这之后，1997 年 11 月 9—11 日，叶利钦总统对中国进行正式访问。双方一致表示要将战略协作伙伴关系全面推向 21 世纪，并正式宣布东段国界勘界工作已经全部完成。双方签署了包括《中俄联合声明》在内的 8 个文件。1998 年 11 月 22—25 日，江泽民主席访问俄罗斯。在叶利钦总统因突患肺炎住院的病房里，中俄元首进行了不拘泥于传统形式的病房会晤，充分传达出了元首间与两国间的互信与坦诚。1999 年 12 月 9—10 日，俄罗斯总统叶利钦在辞职前访问中国，签署了《中俄联合声明》，对既往的双边关系建设成果做出了总结。

在 20 世纪 90 年代的 8 年时间里，中俄关系上升了两个关键性的台阶，殊为难能。这 8 年间俄方经历了社会转型的巨大波折，内部形势跌宕起伏，社会动荡，经济一蹶不振，发展道路充满了不确定性。在这种情况下，双边关系能够一直稳步向前，渐行渐近，是难得且珍贵的。尤其对比于苏联时期中苏关系的大开大阖，这段时期中俄关系发展的稳健与和谐更是出乎了大多数观察者的预料，这其中的原因我们将在后文进行细致分析，从直接条件来讲，双方没有拘泥于意识形态纷争是接触的前提，不干涉彼此的制度选择是交往的基础，国家利益虽然仍是双方开展关系的核心驱动，但短期内快速走近、大幅提升却离不开上述两点因素的关键推动。这一时期双边关系完成了从接触到合作，再到战略协作的历程，为后来的持续发展搭建了坚实的框架。

第二节　夯实基础的中俄睦邻友好合作

2000 年，普京出任俄罗斯联邦总统，开启了俄罗斯的“普京时代”，其间经历了 2008—2012 年与梅德韦杰夫的“王车易位”，出任过 4 年总理，之后 2012 年至今持续担任总统。就是说，这 20 年中俄关系的历程，普京总统都是亲历者和关键决策者，并形成了一个连续的历史时段，为了表述的脉络更加明晰，本书以最重要的、重新确定双边关系性质的条约和声明划分时间节点，将“睦邻友好合作条约”的签订、“全面战略协作伙伴”“新时代全面战略协作伙伴”的确立作为三个阶段，对双边关系的递进过程和内涵变化做以阐释。本节重点论述中俄睦邻友好合作的时间段，将对2012年“全面战略协作伙伴”确立之前的时期进行梳理。

一 《中俄睦邻友好合作条约》成为双边关系稳定的法律基石

作为叶利钦时代最重要的外交遗产之一的中俄友谊，在普京执政之初就被全面继承并巩固了下来。2000年7月，普京就任总统后首次访华前就强调，“中国确实是我们的战略伙伴。因此，我绝对相信，我们两国间的这种关系状况、这种关系质量在已经来临的世纪将会保持下去”[①]。2000年7月18日，普京在北京与江泽民主席签署了《中华人民共和国和俄罗斯联邦北京宣言》，首先明确了此前“通过的所有政治文件是两国关系得以良好发展的牢固基础”[②]，并表达了不断努力，将两国关系提高到新的水平的决心。

最能体现双边关系继往开来，在确保前期友谊发展成果的基础上，面向新时期开启新纪元的事件是《中俄睦邻友好合作条约》的签订。2001年7月，江泽民主席访俄期间，双方正式签署了共25项条款的《中俄睦邻友好合作条约》[③]，用国际法框架下的法律形式确定了双方友好合作的性质，用法律形式规定了双方维护友好合作的权利与义务，这是确保双边关系的最具效力的约束手段。条约的签订一方面以法律形式固化了双方合作交往的前期成果，另一方面则是对开启友好合作新阶段做出了“刚性”的法律护航，以细化的条款规定了双边关系要继续深入发展，从而具有重大而深远的历史意义。

条约把之前双方最重要的、最具原则性的协议内容进行了归纳和总结，此次以法律的形式彻底固定了下来。其中，第一条“缔约双方根据公

① ［俄］普京：《普京文集》，中国社会科学出版社2002年版，第110页。

② 《中华人民共和国和俄罗斯联邦北京宣言》（2000年7月），2019年12月2日，央视网，http：//www. cctv. com/special/903/ －1/70024. html，访问日期：2020年4月30日。

③ 具体内容参见《中俄签署睦邻友好合作条约（附全文）》，2001年7月16日，http：//news. sina. com. cn/c/2001 －07 －16/303493. html，访问日期：2020年4月30日。

认的国际法原则和准则，根据互相尊重主权和领土完整、互不侵犯、互不干涉内政、平等互利、和平共处的原则，长期全面地发展两国睦邻、友好、合作和平等信任的战略协作伙伴关系”，第三条“缔约双方相互尊重对方根据本国国情所选择的政治、经济、社会和文化发展道路，确保两国关系长期稳定发展”，第十一条“……反对任何以武力施压或以种种借口干涉主权国家内政的行为，愿为加强国际和平、稳定、发展与合作进行积极努力……”可谓是对前十年关系顺利发展背后的关键要素的精准提炼。为此，双方在条约签订的同时还发布了《中俄元首莫斯科联合声明》[①]，对条约进行了全面的解读。声明指出，两国元首对21世纪双边关系的发展前景做出了长远规划，条约“是两国关系史上的一个重要里程碑，标志着双方关系进入一个新阶段。条约作为指导新世纪中俄关系发展的纲领性文件，在总结历史经验的基础上，概括了中俄关系的主要原则、精神和成果，将两国和两国人民‘世代友好、永不为敌’的和平思想用法律形式确定下来”。而且双边关系的限定范围是“两国的友好关系是建立在不结盟、不对抗、不针对第三国基础上的新型国家关系”。这是基于对世界安全体系高度负责的面向未来的新的大国间关系的探索，不仅有利于对既有不合理的旧的国际秩序进行调整，也是对冷战后国际体系中各国家主体如何构建关联新范式的重要实践。

《中俄睦邻友好合作条约》在相互安全保证方面做出允诺，“缔约双方在其相互关系中不使用武力或以武力相威胁，也不相互采取经济及其他施压手段，彼此间的分歧将只能遵循《联合国宪章》的规定及其他公认的国际法原则和准则，以和平方式解决。缔约双方重申，承诺互不首先使用核武器和互不将战略核导弹瞄准对方”（第二条），“缔约双方满意地指出，相互没有领土要求，决心并积极致力于将两国边界建设成为永久和平、世代友好的边界……”（第六条），“缔约双方将根据现行的协定采取措施，加强边境地区军事领域的信任和相互裁减军事力量……”（第七条），“缔约双方不参加任何损害缔约另一方主权、安全和领土完整的联盟或集团，不采取任何此类行动，包括不同第三国缔结此类条约。缔约任何一方不得允许第三国利用其领土损害缔约另一方的国家主权、安全和领土完整。缔

① 具体内容参见《〈中俄元首莫斯科联合声明〉（2001年7月）》，2019年12月2日，央视网，http://www.cctv.com/special/903/-1/70021.html，访问日期：2020年4月30日。

约任何一方不得允许在本国领土上成立损害缔约另一方主权、安全和领土完整的组织和团伙，并禁止其活动”（第八条）；在深化合作方面，条约规定了“缔约双方将利用并完善各级别的定期会晤机制，首先是最高级和高级会晤，就双边关系和共同关心的重要而迫切的国际问题定期交换意见、协调立场，以加强平等信任的战略协作伙伴关系”（第十条），“……开展经贸、军技、科技、能源、运输、核能、金融、航天航空、信息技术及其他双方共同感兴趣领域的合作，促进两国边境和地方间经贸合作的发展，并根据本国法律为此创造必要的良好条件。缔约双方将大力促进发展文化、教育、卫生、信息、旅游、体育和法制领域的交流与合作……”（第十六条），以及其他条款中的司法、反恐、环保等深化合作的措施，为进一步全面深化合作打开了政策空间；在国际合作领域，条约中认为，“缔约双方将加强在联合国及其安理会和联合国专门机构的合作。缔约双方将努力增强联合国作为由主权国家组成的最具权威性和最具普遍性的国际组织在处理国际事务，尤其是在和平与发展领域的中心作用，确保联合国安理会在维护国际和平与安全领域的主要责任”（第十三条），“缔约双方反对可能对国际稳定、安全与和平造成威胁的行为，将在预防国际冲突及其政治解决方面相互协作”（第十一条），为此双方将“共同致力于维护全球战略平衡与稳定，并大力促进恪守有关保障维护战略稳定的基本协议。……将积极推动核裁军和裁减化学武器进程，促进加强禁止生物武器的制度，采取措施防止大规模杀伤性武器及其运载工具和相关技术的扩散”（第十二条），同时针对周边地区将“大力促进加强两国周边地区的稳定，确立相互理解、信任和合作的气氛，推动旨在上述地区建立符合其实际的安全和合作问题多边协作机制的努力”①。

对于条约的签订，双方的领导人都给予了高度评价。江泽民主席指出：“《中俄睦邻友好合作条约》总结了发展中俄关系最主要的方针和原则，核心的思想就是：在不结盟、不对抗、不针对第三国的基础上，发展两国的长期睦邻友好和互利合作，将两国世代友好、永不为敌的和平思想和永做好邻居、好朋友、好伙伴的坚定意愿，以法律的形式确定下来。这

---

① Договор о добрососедстве, дружбе и сотрудничестве между Российской Федерацией и Китайской Народной Республикой, 16. 07. 2001, http://www.kremlin.ru/supplement/3418，访问日期：2020 年 5 月 10 日。

是指导两国关系长期健康稳定发展的纲领性文件。”① 普京总统在评价时，重点强调了条约是“非常重要的、可以在长期内调节中华人民共和国和俄罗斯之间关系的文件”，是“世纪条约”，是“基础的条约”，“因为它确定的是中国和俄罗斯作为友好国家在我们合作的基本方面彼此相互协作的原则”②。签订后的第二年——2002 年江泽民主席在会见普京时再次总结：“两国关系从相互视为友好国家，发展建设性伙伴关系，直至确立战略协作伙伴关系，连续上了三个大台阶，所有这些成果集中体现在我们去年签署的《中俄睦邻友好合作条约》中……要充分挖掘《中俄睦邻友好合作条约》对推动双边关系发展的巨大潜力，继续全面落实这一条约，确保我们永做好邻居、好伙伴和好朋友……展望未来，我们两国应遵循《中俄睦邻友好合作条约》的原则和精神，致力于不断巩固和发展睦邻友好合作关系。这是我们两大邻国的唯一选择，是两国人民的共同心声，符合当今世界和平与发展的时代潮流和中俄双方的共同利益。”③ 中俄两国领导人对条约的重要意义有着一致的认知，即这是规定双边关系的基础性条约，一方面，锁定了来之不易的友好合作成果；另一方面，更重要的是打开了面向新世纪双边关系进阶的大门。

二　落实《中俄睦邻友好合作条约》，夯实友好合作基础

定期高层互访与扩大合作领域是双方以条约形式固定下来的既定计划，有借于此，中俄关系在这一时期的进展以平稳有序而又不失高效为主要特征。尤其是在双方领导人都有更替的情况下，双边关系保持了顺畅过渡，不仅没有出现反复，而且一直延续了向好向前的势头，并不断取得了新的成果。

2002 年年底普京总统访华，正值双边关系确立十周年之际，也是中方领导人即将换届之时，因此双方都认为有必要对双边关系做出一个阶段性总结。12 月 2 日，双方发表了长达 4800 字的《中俄联合声明》，对十年历程与未来展望做出了翔实的总结与规划。声明开宗明义指出，“深化中华人民共和国与俄罗斯联邦之间的战略协作伙伴关系符合两国和两国人民的

① 江泽民：《共创中俄关系的美好未来》，《人民日报》2001 年 7 月 18 日。
② ［俄］普京：《普京文集》，中国社会科学出版社 2002 年版，第 321 页。
③ 《江泽民主席与普京总统会谈》，《人民日报》2002 年 12 月 3 日。

长远利益，是唯一正确的历史选择”，“《中俄睦邻友好合作条约》一年来的实践充分证明，该条约具有重要的现实意义和历史意义，为两国睦邻友好关系健康稳定发展奠定了坚实基础。条约是确保双边关系不断发展的纲领性文件，具有强大的生命力。它为深化两国全面战略协作开辟了新前景”。

声明随后列举了诸多领域的具体合作计划，充分展示了双边合作内容开始有了诸多明确指向的充实。如在经济领域，声明中细化了合作方向，对改善贸易结构、提高市场准入、完善政策环境、扩大服务贸易等都提出了要求，并且在这次声明中，针对双方关注的焦点——能源和加入世贸组织都专门予以提及。双方“考虑到能源合作对双方的重大意义，两国元首认为，保证已达成协议的中俄原油和天然气管道合作项目按期实施，并协调落实有前景的能源项目，对确保油气的长期稳定供应至关重要”，“双方同意，俄罗斯加入世界贸易组织，对其作为世界经济贸易共同体平等成员融入世界经济体系具有特别意义”。针对恐怖主义，声明单列了第五章，双方认同“车臣和‘东突’恐怖分裂分子是国际恐怖主义的组成部分，世界各国应予一致谴责和共同打击”，“解决这些问题不应采取‘双重标准’，打击恐怖主义必须依靠所有国家的共同努力。为此，中俄决心在双边和多边基础上，有针对性地采取必要的切实步骤，以严厉打击一切形式的恐怖主义”。在国际多边平台层面，双方首先肯定了上合组织的有效性与长远潜力，其次具体就东亚安全、中亚稳定、东盟合作、朝鲜半岛、中东地区、国际组织等热点与关切地区进行了双方共同愿景的表述，这也是双方首次在联合声明中做出如此全面的阐释。2002 年的《联合声明》全面总结了两国关系 10 年的发展历程，制定了进一步发展和加深中俄战略协作伙伴关系的计划，确定了两国未来发展合作的方针和重点领域。

2003 年 5 月 26 日起，胡锦涛主席对俄罗斯进行国事访问，开启了中俄关系的第二个十年。访问期间，胡锦涛主席出席了在莫斯科举行的上海合作组织成员国元首第三次峰会，参加了圣彼得堡建市 300 周年庆典活动。两国元首签署了《中华人民共和国与俄罗斯联邦联合声明》，胡锦涛主席还在莫斯科国际关系学院发表了题为《世代睦邻友好，共同发展繁荣》的演讲。虽然是首访俄罗斯，但这次会晤是在轻松的气氛中进行的，两国元首还进行了“二对二”的偕夫人家宴，显示出了双方的交往已经具备深厚积淀，互信与友谊已经发展得非常牢固。在这次的联合宣言中也同样体现出了双方这种高度互信，以及将持续深化战略协作关系的新十年的坚定态度，要在继承前一代缔结的友谊果实基础上，再发友谊新枝。新的声明在2002年全面规划的基础上，突出强调了“无论国际风云如何变幻，深化中俄睦邻友好、互利合作和战略协作伙伴关系，都将是两国外交政策的战略优先方向。双方愿承前启后，继往开来，共同努力开创中俄关系发展的新局面”之决心，并要在各个规划领域迈出实质性步伐。

2004年之后，中俄两国在联络机制化的前提下，通过首脑互访、总理会晤、多边场合沟通等形式保持了密切的联系与协作，双边的政治合作水平不断稳步提高，经济技术合作日益扩大，人文交流渐趋深入。其中2004年，普京总统连任后访华期间，两国签署《中俄联合声明》，并批准了《〈中俄睦邻友好合作条约〉实施纲要》，开始把条约的贯彻以每三年为周期加以规划和落实，切实推动了合作的深入。同时两国还签署了《中俄国界东段补充协定》，对东部边界谈判的解决做出了实质性的促动。2006年与2007年，双方互设“俄罗斯年”与“中国年”活动，探索了促进广泛领域合作的一条有效途径，双方的多领域合作呈现出了日益繁荣的景象，而这些成果的取得则来源于十年来的“战略协作伙伴关系”。双方在2007年的联合声明中着重指出，“中俄建立战略协作伙伴关系十年来，双边各领域合作发展顺利，给两国人民带来实际利益。继续全面加强中俄合作符合两国最高国家利益，有利于维护亚太地区及世界的和平与稳定”。

在此期间，2005年7月，时值第二次世界大战胜利60周年和联合国成立60周年之际，中俄两国元首在莫斯科签署了《中华人民共和国和俄罗斯联邦关于21世纪国际秩序的联合声明》这样一份关乎全球发展与合作前景的重要文件，详细阐述了双方对于21世纪国际体系与国际行为准则的共识与期许。此次声明是以1997年《中华人民共和国和俄罗斯联邦关于世界多极化和建立国际新秩序的联合声明》为基础，中俄两国面向21世纪的全球问题表明共同态度，是双方在国际体系领域合作中继往开来的标志性事件。相对于1997年的联合声明，2005年的联合声明一脉相承的观点在于总体判断（处在历史性变革期）、实现原则（公正、合理、平等）、实现手段（维护联合国权威）与安全架构（军控、裁军与防扩散）之上。而最明显的区别则主要集中于两点，其一是对呼啸而至的全球化的看法，双方都认为，全球化的正面意义显而易见，但在全球化进程中，不合理的旧有国际经济秩序与其背后的不平等状态导致了全球化出现了诸多严重问题，“全球化的发展很不平衡，发达国家和地区与世界其他国家和地区的差距拉大”，为此必须约束优势方的滥权行为，“应加强国家间和地区间的协调与互利合作，消除经济关系中的一切歧视，缩小贫富差距，通过扩大和深化经贸、科技交流促进共同繁荣”，“国际社会应制定全面和广为接受的经贸体制，其途径是平等谈判、摒弃以施压和制裁迫使单方面经济让步的做法、发挥全球和地区多边组织机制的作用”。其二是呼吁要尊重世界文化和文明的多样性，尤其在“9·11”事件的背景下，不应强化对不同文明与制度的压制与干涉，“多样性应成为相互充实而不是相互冲突的基础”，“当今世界的主流要求不是搞‘文明冲突’，而是必须开展全球合作。应尊重和维护世界文明的多样性和发展模式的多样化。各国历史背景、文化传统、社会政治制度、价值观念和发展道路的差异不应成为干涉别国内政的借口”。由此可见，共同致力于维护全球政治生态多样化与经济发展可持续化是联合声明的突出主张，也是在21世纪的历史转折关口两国战略协调后所作出的一致利益申明。这其中坚定捍卫自身发展道路的精神内核对后来的国际关系产生了重大而深远的影响。

梅德韦杰夫出任总统后，中俄关系继续向前推进。2008年5月梅德韦杰夫刚刚当选即访问中国，并在北京签署了《中华人民共和国和俄罗斯联邦关于重大国际问题的联合声明》①，这项声明对1997年4月23日《中华人民共和国和俄罗斯联邦关于世界多极化和建立国际新秩序的联合声明》和2005年7月7日《中华人民共和国和俄罗斯联邦关于21世纪国际秩序的联合声明》做出了总结性概括，对双边关系在国际合作领域的共识与相互支持做出了全面的释义。2008年的联合声明有着重要的事件背景，2007年慕尼黑安全会议中，普京总统发表了尖锐批评美国和西方国家的演讲，被视作俄罗斯外交政策的“重大转向”。普京批评道：“国际关系中出现无节制的过度使用武力倾向，美国在所有领域都跨出了自己的国界。这非常危险：从此无人会有安全感，因为没有人能躲在国际法的石墙后寻求庇护”，“因美国单边主义行为触发的不安全感正在鼓励许多国家开始寻求大

---

① 具体内容参见《中华人民共和国和俄罗斯联邦关于重大国际问题的联合声明（全文）》，2008年5月23日，人民网，http：//politics. people. com. cn/GB/1026/7290647. html，访问日期：2020年4月30日。

规模杀伤性武器，导致核武军备竞赛”①。慕尼黑演讲是对当时甚嚣尘上的单边主义的严厉回击，同时也是俄罗斯更大力度内省自我发展道路、反思国际体系建构的一个重要事件与时间节点。与此同时，中国也面临着西方国家对暴恐的双重标准与发展遏制的持续压力。共同的利益与互助协作的精神在2008年的联合声明中有着鲜明的体现。

首先，相较于前述两次声明的相对“中性”的总体国际局势定性，这次文件的第一条就明确提出对单边主义的批评，“世界多极化趋势不可逆转……同时，在世界上单边主义和强权政治依然存在，民族和宗教矛盾引发的局部冲突此起彼伏，全球经济失衡加剧，新威胁、新挑战层出不穷”；其次，声明中突出强调了反恐应摒弃双重标准，“国际社会应以《联合国宪章》和公认的国际关系准则为基础，在多边框架内共同打击恐怖主义”；在国际安全领域，声明此次重点针对强权做派提出了批评，“不能以一些国家的安全为代价，保障另一些国家的安全，包括扩大军事政治同盟。双方强调，必须充分尊重和照顾有关国家的利益和关切”，“双方认为，建立全球导弹防御系统，包括在世界一些地区部署该系统或开展相关合作，不利于维护战略平衡与稳定，不利于国际军控和防扩散努力，不利于国家间互信和地区稳定”；在文明文化层面，双方着重指出，人权既有普遍意义，也有个性差别，不应成为政治打压的工具，“各国有权根据本国国情促进和保护人权。在人权问题上，各国应在主权平等和不干涉内政的基础上，通过对话与合作消除摩擦，反对将人权问题政治化和搞双重标准，反对借人权问题干涉别国内政，推动国际社会以客观和非选择性方式处理人权问题”。2008年的联合声明是梅德韦杰夫就任总统后首次访华时签署的，这一改双方新任领导人首晤时签署更具全面意义的元首联合声明的惯例，而是仅就国际事务进行了共同表达，这在很大意义上表明了双方共同面对外部世界压力的迫切性，是双方对于全球体系处于重大变化的历史时段的共同反应，同时仅发表国际事务声明也从侧面体现出双边关系的稳定顺畅，并已经进入准“程序化”的阶段，这是步入良性循环的重要特征。

---

① Выступление и дискуссия на Мюнхенской конференции по вопросам политики безопасности，10. 02. 2007，http：//www. kremlin. ru/events/president/transcripts/24034，访问日期：2020年5月10日。

2009 年，在国际金融危机爆发的背景下，《中俄元首莫斯科会晤联合声明》着重就双方对危机的态度、应对与合作做出说明，体现了在共同面对危机的情况下，双边关系的强劲韧性，合作及其领域不仅没停滞和萎缩，而且呈现出了更加广泛且紧密的态势。在这一时期，经历了各种考验的双边关系，其内容的广度与深度都得以大幅提升，以至于原有的“战略协作伙伴关系”概念框架对新进展、新情况越来越难以实现全面的释义与涵盖，双边关系面临着继续向上突破的客观需要。

第三节　更上层楼的全面战略协作伙伴关系

2010 年 9 月，在梅德韦杰夫总统访华时，中俄双方针对新形势下的中俄关系做了细致的梳理与总结，表达了全面深化部署的意愿。28 日，时任中国国家副主席的习近平在上海会见梅德韦杰夫总统时也明确表示，中俄双方应共同珍惜两国关系的良好局面，趁势而上，推动双边关系迈上更高水平。[①] 在这样的背景下，双方元首签署了《关于全面深化战略协作伙伴关系的联合声明》[②]，开始着手以更全面的姿态来对日益紧密的双边关系进行推进。

本次声明最突出的特点即开始体现了“全面”的特点，共分为两大部分，29 项条款。第一部分专注于双边层面，共 14 项。首先就支持对方关切的热点问题，如“反对篡改二战历史、美化纳粹和军国主义分子及其帮凶、抹黑解放者的图谋”等进行了重申。其次在经济文化方面详细规划了双方的新项目与新进展，如经贸方面，双方的合作开始深入到创新领域与金融合作；文化层面则在互办文化节的基础上，通过政府互设文化中心加强两国人文交流与合作。重大国际问题方面双方通过深入交换意见，提出 15 项主张，全面表述了双方对于积极倡导世界多极化和国际关系民主化，推动建立更加公正、合理、民主的国际政治经济秩序，支持多边平台发挥更多作用的共同愿景。

---

① 《习近平会见俄罗斯总统》，《光明日报》2010 年 9 月 29 日。

② 具体内容参见《中华人民共和国和俄罗斯联邦关于全面深化战略协作伙伴关系的联合声明》，2010 年 9 月 28 日，中新网，http：//www.chinanews.com/gn/2010/09－28/2561865.shtml，访问日期：2020 年 4 月 30 日。

一　“全面战略协作伙伴关系”是双边关系的又一次跃进

在中俄《中俄睦邻友好合作条约》签订十周年之际，2011年6月，胡锦涛主席访问俄罗斯。在这次高访中，双方在双边关系的界定上有了重大突破，两国元首共同宣布将致力于发展平等信任、相互支持、共同繁荣、世代友好的中俄全面战略协作伙伴关系。双方还签署了《中俄关于当前国际形势和重大国际问题的联合声明》，并发表了中俄元首《关于〈中俄睦邻友好合作条约〉签署10周年的联合声明》。十周年的时间节点不仅具有非常重要的总结意义，而且也适逢双方领导人都将换届，继往开来，传承与接续的重要性都在这一时刻体现出来，因此在“战略协作伙伴关系”层面上时隔15年再上层楼，提升为“全面战略协作伙伴关系”，不仅是对15年战略伙伴、10年友好条约所带来成就的充分肯定，更是为下一步发展奠定了规划基础，是双方在承上启下的关键时期相向而行走出的具有重大战略意义的关键一步。

在6月16日公布的中俄元首《关于〈中俄睦邻友好合作条约〉签署10周年的联合声明》[①]中，双方认为“条约签署后的第二个10年为中俄关系进一步大发展开辟了新机遇。双方将继续遵循条约确立的原则和精神，致力于发展平等信任、相互支持、共同繁荣、世代友好的全面战略协作伙伴关系”，这是双方首次明确提出要致力建设“全面战略协作伙伴关系”，也是对双边关系定位从根本性的概念含义层面上的全面升级。

声明中指出，“条约签署10年来，中俄关系全面快速发展，各领域合作都达到前所未有的高水平”，“中俄关系持续全面发展符合两国的根本利益，给两国人民带来了实实在在的好处，巩固了地区及世界的和平、安全与稳定。双方10年来落实条约所取得的丰硕成果，以及条约所蕴藏的推动中俄战略协作伙伴关系发展的巨大潜力，使我们有充分理由对两国关系的未来和前景充满信心”。声明中具体总结了双边关系，包括“两国高层交往频繁，政治互信显著提升”“两国经贸、投资、金融、能源、科技、地方等领域务实合作快速发展”“中俄关系的社会基础显著巩固”“条约

---

① 具体内容参见《中俄元首关于中俄睦邻友好合作条约10周年声明》，2011年6月17日，中国政府网，http：//www.gov.cn/ldhd/2011－06/17/content_1886239.htm，访问日期：2020年4月30日。

的签署和实施具有重要的国际意义，向全世界展示了大国之间和谐共处、平等信任、互利共赢和建设性关系的成功典范”四大领域取得的扎实成果，并对进一步的发展明确列出了五个优先方向，即“……继续保持密切高层交往，不断增进互信，相互坚定支持对方选择的发展道路，支持对方维护本国主权、统一和领土完整……”在贸易、投资、能源、科技、地方各领域“全面深化两国务实合作”，“从国家和社会层面对中俄教育、文化、卫生、体育、媒体、旅游、电影、档案、青年等领域的合作给予全面推动，增进两国人民友谊，为中俄关系进一步发展打造坚实的社会和民意基础”，“将扩大和深化作为中俄全面战略协作伙伴关系重要组成部分的两军交流和合作，增进两军传统友谊”，“将继续遵循《联合国宪章》的宗旨和原则，进一步密切在国际和地区事务中的协调配合，加强在联合国、二十国集团等多边机制中的合作，推动上海合作组织、金砖国家、中俄印（度）等合作机制深入发展”。

全面战略协作伙伴关系的确立，要求两国对双边关系的提升做出阶段性的重大部署，以实现全面深化相互合作与配合，为下一步的双赢共进筑牢基础。胡锦涛主席为此提炼的4个“进一步”，提出对未来的期许：“我们要进一步坚持平等互信，坦诚相待，坚定支持对方走自己的发展道路和实现发展振兴，坚定支持对方维护本国核心利益的努力，不断深化两国战略和政治互信。我们要进一步发展互利共赢的全面务实合作，充分发挥各自优势和潜力，积极探索新的合作领域和方向，特别是要加强各领域战略性大项目合作，更好促进两国共同发展，共同繁荣。我们要进一步弘扬中俄世代友好的和平理念，加强人文领域交流合作，增进两国人民心灵沟通，使中俄两国人民友谊根深叶茂、万古长青。我们要进一步加强在国际和地区事务中的协调和配合，全方位深化国际战略协作，继续推动国际政治经济秩序朝着更加公正合理的方向发展，维护共同利益。”①

在《中俄关于当前国际形势和重大国际问题的联合声明》中，双方首次把关注点集中在了“全球治理”这一概念上，认为“国际关系体系进入大发展、大变革、大调整的关键时期……国际金融危机的爆发表明，现有全球治理机制缺乏效率，不能反映当代政治、经济和金融现实”，“为防止未来大规模危机重演，各国共同致力于改革国际金融体系已成为当前国际

① 胡锦涛：《开创中俄战略协作伙伴关系发展新局面》，《光明日报》2011年6月17日。

关系中的头等大事之一”。双方在声明中积极倡导“朝着多极化的方向积极演变”，“只有各国团结一致，共同努力，才能有效应对这类全球性挑战和威胁”。为此，中俄联合声明中详细列举了联合国、二十国集团、金砖国家框架、上海合作组织、中俄印（度）机制五个主要的多边平台作为下一步协作推进全球治理的场域，进一步明确了促进世界多极化的行动路径。同时在该声明中，单独列出第八条，重点表达了双方对于无核化的态度，“支持建设无核世界的崇高目标，并在维护战略稳定和各国安全不受减损原则的基础上推动实现这一目标”。

至此，中俄关系在战略协作伙伴关系框架下发展了 15 年之后，上升到了“全面”的层次，这意味着两国之间将不仅限于项目式、局部的合作，而是各个领域都将有机会进行沟通与合作，相互了解与相互促动，使两国的联系全面地紧密化，从而为双边关系的后续发展打开了巨大的想象空间。可以认为，全面战略协作伙伴关系的界定是中俄关系发展史上的重要里程碑式事件。

二　“全面战略协作伙伴关系”推动双边关系加速发展

2012 年 5 月，普京重新担任总统，随即在 6 月初即以国宾身份出访中国，为新的任职周期内双边关系确定基调。这次首脑会晤的核心成果体现在 6 月 5 日的联合声明中，双方确定了将“进一步深化平等信任的中俄全面战略协作伙伴关系”。这是全面战略协作伙伴关系确定后的第一次关键落实方案，双方签署了一系列部门间、企业间重要合作文件，涵盖工业、民用航空、传统能源、核能、相互投资、旅游、斯科尔科沃和中关村科技园区合作、出口信贷和保险、媒体合作等领域。

这次务实风格鲜明的会晤中，双方确定了未来 10 年的中俄关系发展规划，主要包括：第一，保持密切高层交往，完善议会、政府及部门间合作机制；第二，完成 2009—2012 年中华人民共和国和俄罗斯联邦睦邻友好合作条约实施纲要，制定并批准 2013—2016 年实施纲要；第三，在中俄战略安全磋商机制框架内加强双方在地区以及全球问题上的沟通和协调；第四，全面深化各领域务实合作，努力提高贸易额，同步提升经贸合作的质量，加强在投资、能源、高科技、航空航天、跨境基础设施建设等领域的合作，重点推动两国战略性大项目合作，扩大地方合作与企业交流；第五，制订中俄人文合作行动计划，举办好 2012 年中国“俄罗斯旅游年”和2013年俄罗斯“中国旅游年”活动，推动两国青年经常性交往，包括协商确定未来5年互派青年代表团机制等；第六，深化两国边境地区的合作，包括对国境线进行联合检查，落实边境地区军事领域相互信任和裁减军事力量的措施，界河航行，对界河进行必要治理，保护环境，促进边境地区协调发展，推进跨境基础设施和边境口岸建设；第七，增进两军传统友谊，深化两军各层次、各领域合作，开展旨在提高两军协同能力和促进地区和平、安全与稳定的联合军事演习；第八，完善打击跨国犯罪、反恐、禁毒等领域的现有合作机制，扩大司法及检察机关的合作，继续探讨建立中俄执法安全合作委员会问题；第九，在移民问题全面协作框架内完善条约法律基础，以便利两国公民合法往来，防范和打击非法移民活动；第十，通过密切协作，包括通过对等增设领事机构，维护两国公民的合法权益，等等。十年规划体现了双方立足现有，着眼长远的共识与构想，被广泛视作是对中俄关系“2.0”版的精心设计。

2013年5月，习近平主席就任后把俄罗斯作为出访的首个国家，更是传达出对中俄关系的高度重视。对此，普京总统评价：“习近平主席出访的第一个国家选择俄罗斯，显示了双方对发展俄中关系的高度重视以及这一关系的特殊性和战略性。这是一次具有历史意义的访问。”① 这次首脑会晤中，双方批准了《〈中俄睦邻友好合作条约〉实施纲要（2013年至2016年）》，并签署了联合声明，认为“中俄关系已达到前所未有的高水平”，双边合作“为大国间和谐共处树立了典范，为促进地区乃至世界和平与安全发挥着重要的稳定作用。进一步发展中俄关系符合两国和两国人民的根本利益”。习近平主席在这次会晤中，更是提出了“三个坚定”的主张，即“坚定支持对方维护国家主权、安全、发展利益的努力，坚定支持对方走符合本国国情的发展道路，坚定支持对方发展复兴”②，为双方的“互为最主要、最重要的战略协作伙伴”关系做了精准释义。

仅在2013年，习近平主席就与普京总统有过五次会面，元首间的直接连线大大促进了双边关系继续推进的效率。习近平主席在2014年5月亚洲相互协作与信任措施会议第四次峰会上就曾表示：“一年来，我同普京总统多次会晤、见面、通话、互致信函。我们密切接触，高度互信，坦

---

① 《习近平主席同普京总统会谈》，《光明日报》2013年3月23日。

② 《习近平主席同普京总统会谈》，《光明日报》2013年3月23日。

诚沟通，推动两国关系高水平发展，各领域合作不断扩大。”[①] 2014 年，两国元首在不同场合又有五次会晤，“高频次”成为中俄元首外交的标签，双方在不同的多边合作平台，如 G20、上合、金砖、亚信、APEC 等机制中，相互协调、相互支持，使双方的政治互信不断加固、不断深入，被普京总统评价为达到了“前所未有的高度”[②]。这其中最具代表性的成果就是“一带一路”倡议与“欧亚经济联盟”的对接，在 2015 年 5 月 8 日中俄《联合声明》中，确定了丝绸之路经济带建设与欧亚经济联盟建设对接合作的共识。

2016 年，在互信持续加深的背景下，又正值《中俄睦邻友好合作条约》签署 15 周年和中俄建立战略协作伙伴关系 20 周年之际，普京总统率 200 余人组成的庞大代表团对中国进行了国事访问。双方签署了《中华人民共和国和俄罗斯联邦联合声明》《关于加强全球战略稳定的联合声明》《关于协作推进信息网络空间发展的联合声明》三项具有重要意义的声明。在《中华人民共和国和俄罗斯联邦联合声明》中，囊括了双方对历史与前景的总结与判断。声明中首先回顾历史并认为：“中俄关系保持快速发展，达到历史最高水平，牢固的政治互信是两国关系的最主要特征”，《中俄睦邻友好合作条约》“确定的中俄关系模式——平等信任的战略协作伙伴关系，在过去 15 年来具备了真正的全面性，至今仍具有现实意义。条约不仅总结了截至 21 世纪初的中俄关系发展成果，还为两国关系持续全面发展指明了道路。双方正在落实条约实施纲要。在条约基础上形成了双边关系的主要原则，并经受住了时间的检验”。第二个层面中，双方在继承过往成功原则的基础上就当下推进的具体合作项目与规划进行了列举，划出了最突出和迫切的重点目标。声明的最长篇幅集中在了第三个层面，即全球问题上，双方一致认为，“全球战略稳定形势出现恶化态势”。世界各国应为此共同努力，在既有的联合国框架下推动平等自主、和平和谐的国际关系体系建设。中俄间的双边关系可为此努力提供借鉴，“中俄基于两国建立和发展以合作共赢为核心的新型国家间关系的成功经验，呼吁各国加强联合国在国际事务中的中心作用，以及安理会在维护国际和平与安全方

---

① 《习近平同俄罗斯总统普京会谈》，《光明日报》2014 年 5 月 21 日。

② Путин：сотрудничество с Китаем находится на беспрецедентном уровне，17. 04. 2014，https：//tass. ru/politika/1128024，访问日期：2020 年 4 月 30 日。

面的特有权利”。而在一同发布的《关于加强全球战略稳定的联合声明》①中，双方侧重从国家安全与具体军事能力角度阐释了共同看法，针对当时双方都面临的安全领域的迫切问题，双方予以了明确的回应，“……在欧洲部署‘岸基宙斯盾系统’，在亚太地区部署或计划在东北亚部署‘萨德’系统……将严重损害包括中、俄在内的域内国家战略安全利益，中俄两国对此强烈反对”，“影响全球战略稳定的消极因素正在世界各地增加，我们对此感到担忧。这一趋势的危险性首先在于，个别国家和军事—政治同盟谋求在军事和军技领域获得决定性优势，以便在国际事务中毫无阻碍地通过使用或威胁使用武力来实现自身利益”。“一些谋求获得军事优势地位的国家和联盟顽固拒绝讨论削减和限制保障其拥有决定性军事优势的武器，这正是全球战略平衡与稳定遭到破坏的重要根源。”全球战略稳定恰恰应该建立低水准的武备基础之上，因此双方认为，“国际社会惯于将‘战略稳定’视为核武器领域的纯军事概念。这不能反映当代战略问题所具有的广度和多面性。为实现捍卫和平和安全的目标，应当从更宽、更广的视角，将战略稳定看作国际关系的状态”，为此“所有国家和国家集团应恪守国际法和联合国宪章关于使用武力和强制措施的宗旨和原则……所有国家应将军事能力维持在保证国家安全需要的最低水平；不实施任何有可能被国际社会其他成员视为威胁其国家安全、迫使其为恢复被破坏的平衡而采取反制措施等类似的军事建设及建立和扩大军事—政治同盟的行为”。双方对于国际安全体系中具体存在的问题做出了共同判断与呼吁，表明了双边关系的紧密度得到了更大的提升。

第四节　全面深化关系，携手走进新时代

双边关系“全面”的性质在2017年元首会晤中更进一步地体现出来，7月3日，习近平主席对俄罗斯进行国事访问，两国元首签署了《中华人民共和国和俄罗斯联邦关于进一步深化全面战略协作伙伴关系的联合声明》《中华人民共和国和俄罗斯联邦关于当前世界形势和重大国际问题的

① 《中华人民共和国主席和俄罗斯联邦总统关于加强全球战略稳定的联合声明（全文）》，2016年6月26日，外交部网站，https://www.mfa.gov.cn/web/gjhdq_676201/gj_676203/oz_678770/1206_679110/1207_679122/201606/t20160626_9337155.shtml。

联合声明》，批准了《〈中华人民共和国和俄罗斯联邦睦邻友好合作条约〉实施纲要（2017 年至 2020 年）》，访问过程中，普京向习近平主席授予了俄罗斯国家最高勋章“圣安德烈”勋章。双方的互信与友谊进入到了全面深化阶段。

一　伙伴关系全面深化，双边关系外溢到全球治理

在这次的联合声明中，双方规划内容多达 5000 字，包括政治互信、务实合作、安全合作、人文交流、国际协作五大类的合作目标，涵盖了各个层级、多个领域、远景规划、具体项目等方方面面。其中务实合作大项中除了规划“一带一路”与欧亚经济联盟对接的战略蓝图外，还具体单列了 22 项分领域的合作项目，人文领域也是一举规划了 11 个具体项目的推进与落实。这次访问正处在一个重要的时间节点上，中国即将召开党的全国代表大会，翌年俄罗斯将举行总统大选，双方都希望通过两个声明把全面纵深发展的合作关系充分地固化下来，因此做出了详细周到的阐释。《进一步深化全面战略协作伙伴关系的联合声明》侧重在表达双边关系的承袭性和务实性方面，《关于当前世界形势和重大国际问题的联合声明》则侧重申明双方对于国际体系与全球治理的共同立场与共同愿景。

《关于当前世界形势和重大国际问题的联合声明》中双方共发表了二十二条宣言，详细说明了中俄作为进一步深化全面战略协作伙伴关系的两个大国，对于国际秩序与重大问题的共同立场与理解，这个声明是对之前各阶段所形成的共识的一次全面梳理和总结，系统全面地表达了双方在此领域的主张。希望“本着‘共商、共建、共享’的原则，通过完善全球治理应对各类威胁与挑战，推动互利合作，构建以全人类团结和共同利益为基础的国际关系”。并再次重申了对于维护联合国权威、打击恐怖主义、加强战略稳定、塑造合理网络空间、调整经济秩序、发挥多边机制、各热点地区局势的共同看法与倡议。

2017 年高访的两个声明充分显示了双方扎实的合作基础与丰富的合作内容。这里尤其值得注意的是，双边关系在 2013 年以后，随着交往频次的快速增加，尤其是元首间会晤次数的加速增长，元首外交引领的双边关系开始进入“加速度”的状态，以往合作规划的节奏已经难以适应新局面的快速发展，双边关系再上台阶的步骤需要加快，成为两国间的共识。

二 “新时代全面战略协作伙伴关系”引领双边关系迈进新阶段

2017 年 10 月，中国共产党第十九次全国代表大会召开，确定了决胜全面建成小康社会，夺取新时代中国特色社会主义伟大胜利的发展目标。俄罗斯方面则是普京总统在 2018 年成功连任，继续担任俄罗斯联邦总统，双方各自的发展都进入了新的阶段，都面临着新的环境和新的使命。在这样的历史时刻，普京在就职典礼之后，当即把中国作为新任期首个进行国事访问的国家，并于当年（2018 年）6 月 8 日出访了中国。在这次访问中，两国元首一致认为并同意，“中俄全面战略协作伙伴关系已成为内涵丰富，战略意义突出的一组大国关系，为促进两国各自发展振兴、捍卫世界和平与稳定做出重要贡献”，同时“继续深化在双边各领域的中俄全面战略协作伙伴关系，大力提升双方在国际事务中的协作和相互支持水平”，这就需要秉持世代友好理念和战略协作精神，拓展和深化各领域合作，推动新时代中俄关系在高水平上实现更大发展。双边关系的内涵由此加入了“新时代”的概念，双方将在新时代的背景下“继续视中俄关系为各自外交政策的关键优先方向之一，共同致力于将两国关系提升至新的更高水平”。

在中俄建交 70 周年之际，2019 年 6 月 5—7 日，习近平主席对俄罗斯进行国事访问，在两国间友好合作全面加速发展的情况下，这次出访有着使双边关系继往开来、再上台阶的重要意义，习近平主席在机场致辞中即明确地做出了概括，“经过 70 年风云变幻考验，中俄关系愈加成熟、稳定、坚韧，站在新的历史起点，面临新的历史机遇。访问期间，我将同普京总统就深化双边关系、推进务实合作以及共同关心的重大国际和地区问题交换意见，共同规划两国关系未来发展，推动中俄全面战略协作伙伴关系大踏步迈入新时代，迈向更高水平、实现更大发展”①。

元首会晤后，中俄双方决定将两国关系提升为“新时代中俄全面战略协作伙伴关系”。这是中国对外双边关系中首次出现“新时代全面战略协作伙伴关系”的新表述和新定位，是双边关系发展过程中具有重大历史意义的新节点。在会后发布的《中俄关于发展新时代全面战略协作伙伴关系的联合声明》中，对新时代新任务做出了详尽的阐释。

---

① 《习近平抵达莫斯科》，《光明日报》2019 年 6 月 6 日。

声明中认为，“中俄关系进入新时代，迎来更大发展的新机遇。着眼世界形势变化，顺应两国人民共同愿望，为新形势下两国关系取得更大发展”，为此，“双方宣布，将致力于发展中俄新时代全面战略协作伙伴关系新时代”。新时代内涵包括以下目标和方向：第一，“守望相助，相互给予更加坚定有力的战略支持，支持对方走自身发展道路和维护本国核心利益，保障两国各自安全、主权和领土完整。为此双方将进一步开展相关领域互信合作”。第二，“深度融通，就国家发展战略对接进行密切协调和战略协作，拓展经贸和投资互利合作，民心更加友好相通，文化更加互鉴相融”。第三，“开拓创新，不断丰富、完善双方合作理念、机制，开拓新的领域、项目、技术，更加全面挖掘两国关系潜力和发展动能”。第四，“普惠共赢，进一步团结其他观点一致国家，维护以《联合国宪章》宗旨和原则为核心的国际秩序和国际体系，推动建设相互尊重、公平正义、合作共赢的新型国际关系，推动构建人类命运共同体，在各国平等参与全球治理、遵循国际法、保障平等和不可分割的安全、相互尊重和考虑彼此利益、摒弃对抗和冲突的基础上，秉持多边主义原则，解决国际和地区问题，在国际事务中主持公道，促进更加公正合理的多极世界的形成，惠及世界人民，实现合作共赢”。对比之前的联合声明，本次对双边发展新时代关系的概括与解读有了很大的变化，不再仅是对双边关系性质的申明，而是在对之前发展历程与取得成果进行全面总结和概括的同时，更进一步以战略性的形态对发展前景做出了方向性规划。新时代全面战略协作伙伴关系尤其把“战略”内涵进行了提升，两国间不仅需要在安全主权层面相互提供战略支持，而且在自身的发展方面，具体的战略规划与战略步骤也要进行对接，把双方的发展进行高水平的相互链接，这是极高程度的伙伴关系才具备的特征与机制。

声明中认为，双边关系的坚实基础体现在五大领域，即具备高度的政治互信；完备的高层交往和各领域合作机制；内容丰富、具有战略意义的务实合作；坚实的世代友好民意基础；密切有效的国际协调。而这样的成果源于一系列指导两国关系的基本原则，可总结为：相互尊重，平等信任；互帮互助，睦邻友好；相互支持，战略协作；互谅互让，合作共赢；不结盟、不对抗、不针对第三方这五条准则。正是有这些经验与准则，双方才能吸取历史经验，立足两国和两国人民利益，致力于实现和平发展、合作共赢，推动中俄关系达到历史最好水平，树立了睦邻相处、合作共赢的典范。中俄关系因此牢固、稳定，不受外部环境干扰而改变，具有巨大的内生动力和广阔发展前景。

声明中进一步将政治合作、安全合作、务实合作、人文交流、国际协作作为中俄全面战略协作伙伴关系的重点领域，并为实现以上目标，双方共同规划了各领域合作原则、方向和具体举措，进一步充实了中俄全面战略协作伙伴关系内涵。这五个主要合作方向中，双方共列举了63项具体合作条款，其广泛与细致程度都达到了空前的高度，这也充分表明了，两国关系发展进入了一个合作更加紧密、内涵更加深刻的新阶段，而且是一个战略层级的、影响深远的新阶段。对于如此广泛深入的合作开展，习近平主席概括为："要始终以互信为基石，筑牢彼此战略依托；要着力深化利益交融，拉紧共同利益纽带；要大力促进民心相通，夯实世代友好的民意基础；要更加担当有为，携手维护世界和平安宁"①，从而指明了双方协作发展的路径与未来。

"新时代全面战略协作伙伴关系"的提出，是中俄双方背靠背、肩并肩伙伴关系的自然进展，促动着将两国关系提升到一个全新的水平，同时也是在国际体系处于百年未有之大变局的情景下，中俄两国通过全面协作，对双边、对世界的未来承担了更大、更重要的历史责任，为构建人类命运共同体做出实质性贡献的思想准备。"新时代全面战略协作伙伴关系"的确立是中俄两国交往史上的一个高点，也是对现代国际关系体系产生重大影响的一个重要时刻。

三　"新时代全面战略协作伙伴关系"具有促进双边务实关系的巨大动能

"新时代全面战略协作伙伴关系"一定意义上是对中俄两国关系在新时期里步入"快车道"，开始"加速度"发展的经验总结，换言之，"新"的合作模式是经过过往一段时期内实践的检验，以其有效性来获得认可的。纵观中俄合作交往历程，也可以清楚看到，新模式具有巨大的拉动引领作用，正是这样的新模式使得双边关系进程得以迅猛"提速"，迸发出巨大的内生合作力量与潜能。新模式是以高频率的首脑外交为主要特征，

① 习近平：《携手努力，并肩前行，开创新时代中俄关系的美好未来》，《光明日报》2019年6月7日。

以坚决贯彻领袖意志为途径，高效率地扩大合作领域并推动具体项目对接，从而实现了合作水平跨越式发展，进而释放了深入合作、普惠共赢的巨大动能。

自2013年起，双方领导人密集会晤与交流，达成的会面高达30余次，习近平主席曾8度赴俄。双方建立起高度的政治互信，双方关系也达到了历史最好水平。这给予了双边务实合作最直接、最关键的推动力，是双边合作取得如今成绩的最重要因素。“新时代全面战略协作伙伴关系”极大程度地激活了中俄双方合作的内生动力，诸多既有的限制条件和瓶颈都被突破，在经贸方面、能源领域、战略性大项目、投资领域和电子商务领域、政府间规划性合作、人文交流等几乎全方位各领域中双边发展更紧密程度结合的趋势越来越明显。在这样的背景与基础下，把2020年作为一个新的十年起点，中俄双边关系在这个台阶上更进一步，大有作为明确可期。

第五节　中俄友好合作的构建模式与典范意义

在近30年的交往历程中，中俄两国关系稳步前行，从20世纪的“互视为友好国家”，到“建设性伙伴关系”，之后升级为“战略协作伙伴关系”，并在21世纪初以《中俄睦邻友好合作条约》的形式固化下来。再经历了21世纪的加速构建，从“全面战略协作伙伴关系”过渡到“新时代全面战略协作伙伴关系”，一直保持着正向与递进，直至形成了今天大国友好关系的典范。是什么原因使得两国间的友好关系行稳致远，友好合作的模式成因何在，回溯来程，究其内里，可以看到双方友好合作关系构建过程中，一直遵循的若干原则发挥了关键作用，是中俄双边关系顺畅发展的护航因素，并具有可供国家间交往时借鉴的普遍意义。

一　以促进自身发展为目的，构建务实的双边关系

发展才是硬道理，只有真正发展起来，才能为民族谋复兴，为人民谋福祉。对外交往应服务于这个宗旨，才是正确的逻辑次序。中国自改革开放以来，一直把现代化与小康社会作为奋斗的目标，经过四十余年的不懈努力，才得到当下来之不易的局面。俄罗斯则是在制度转型过程中不断受挫，付出了巨大的成本与牺牲后，开始逐步意识到国家发展的重要意义，

并也开始为之进行调整与努力。因此双方从接触伊始，在目的层面，就从根本上有别于历史上的中苏关系与现存的西方阵营的国家关系。两个大国且是邻国的交往，在最初就把目标确定在了服务于各自发展的基础上，以不扰动国家发展的主线作为底线，这就一举打破了历史的束缚与现实中不切实际的迷思，开始得以用完全务实的姿态来“重启”双边关系的进程。

根本目的设定并相互认可后，双边关系的发展界限就变得明晰了，就是要为促进发展创造越来越好的外部环境，而不能因外部环境的恶化来阻碍自身的发展，因此双方交往的基本原则就可以概括为“不结盟、不对抗、不针对第三方”，这也是《中俄睦邻友好合作条约》的核心精神。“不结盟”可以确保各自国家的发展方向、节奏、规划的独立性与自主性，这也是国际关系民主化的基本前提；“不对抗”是两国间睦邻友好的基本要求，也是降低国家间安全互信成本最直接的手段；“不针对第三方”既是对双边关系的卸包袱、减负担，也是体现了对国际秩序的担当与责任。三项要求的共通点一方面在于限定了交往的“双边”属性，是仅限于两国之间的相互承诺与义务；另一方面则在于突出强调了独立自主的原则，双边交往不以损害各自的主权为代价，各自国家的发展决策与道路选择不受对方干涉。

基于发展原则的双边关系，务实合作就自然成为双方促动的重点。从产品的互补，到能源合作，再到投资、科技、创新等全领域的深度融通，务实领域的关系推动就一直成为双边关系的一条重要脉络。这是夯实双边政治关系、安全关系、国际合作的重要基础，也是两国间友好协作下实现普惠共赢的直接体现。

二　平等相待、互相尊重是构建良好双边关系的实施保证

中俄关系的历史上，“平等”一直是个核心议题，邓小平曾总结：中苏关系“真正的实质问题是不平等，中国人感到受屈辱”[①]，双边交往的不平等直接导致了长时期的矛盾乃至对抗，完全不符合双方的发展利益，这是典型的因实施方式而影响目的的本末倒置，对双方有着深刻的教训意义。而正向的经验则鲜明体现在了 1992 年以来的两国关系上，双边关系能够屡上台阶，达到历史最好水平，就是对双方恪守平等相待原则的最大

① 《邓小平文选》（第三卷），人民出版社 1993 年版，第 294 页。

肯定。

平等相待才能摒弃意识形态的偏见，不说教、不歧视，不设置务虚的人为障碍，而是以符合双方的发展利益为重，建立起不同制度下的沟通交流与合作的机制；平等同时还是构筑互信的前提，从中俄关系发展的历程来看，正是双方持之以恒地以平等的姿态来沟通协商双边与国际事务，才能不断增强政治互信，从而推动双边关系向全领域合作的迈进。

平等也是互相尊重、互相理解乃至互相学习与欣赏的基础。各个国家都有着自身特有的传统与现实情况，其发展的路径选择也必然会受其影响而不尽相同。国家间交往在平等相待的基础上理应尊重这些不同，尽可能做到更多的理解与包容，这才是国家间守望相助的有效途径与基本规则。中国就一直坚持以互相尊重主权和领土完整、互不侵犯、互不干涉内政、平等互利、和平共处的基本原则作为国际交往的准绳，而这些原则后来在中俄之间达成了共识，双方在条约中确认了“双方相互尊重对方根据本国国情所选择的政治、经济、社会和文化发展道路，确保两国关系长期稳定发展”为共同遵守的交往准则，这就在实际操作层面上对双边关系顺畅发展提供了根本保证。

三　塑造公正合理的国际体系，是双边关系稳固的外在动力

塑造什么样的国际体系，不仅是中俄两国作为互为伙伴的两个大国的担当与责任，而且也是符合双方利益、稳固双边关系的外在动力。两国多次重申，中俄在几乎所有重大国际问题上的看法是一致或相近的，对未来国际体系塑造的期许和主张也是基本相同的，双方都主张国与国之间要相互尊重、完全平等，主张世界多极化、文化多样化，要共同努力来促进世界的和平与发展，促进国际关系的民主化，这是两国致力于发展与实现的共同目标。

中俄两国在国际体系中倡导的新秩序有着强大的生命力和感召力，这和中俄特有的双边关系形态有着密不可分的关联。这种特有形态首先就体现在中俄关系的和平属性上，中俄间高水平的“新时代全面战略协作伙伴关系”仍然是“不结盟”“不针对第三方”的安全形态，没有任何的武力色彩，对全球和地区战略平衡与稳定没有任何威胁。

其次，公正属性是中俄在国际体系建设中发挥重要作用的正当性所在。中俄所倡导的反对霸权主义，坚持所有国家一律平等，反对诉诸武力

或以武力相威胁的原则，坚持促进贸易和投资自由化便利化，反对单边主义和一切形式的贸易保护主义，维护和巩固以世界贸易组织为核心的多边贸易体制等核心主张，无一不符合公正合理的国际交往原则，而具有普遍意义上的正义性。

中俄双边关系在国际体系中不谋私利、倡导公平合作，可称为是当今国与国之间关系的典范，中俄协作是维持世界战略平衡与稳定的关键因素，同时，双方携手应对外部环境，共同伸张正义诉求也会反过来强化双边关系的牢固，使双方的利益与认知融通得更加紧密。

本章执笔：郝　赫

第二章　中俄经贸合作

中俄经贸关系是中俄全面战略协作伙伴关系的物质基础，是两国共同发展振兴的重要保障。中俄经贸关系基于平等合作的基本原则，在世界经济一体化进程中相互支持，符合两国人民的利益诉求和欧亚经济空间的发展趋势。在逆全球化势头凸显的背景下，中俄经贸合作逆势而上，贸易、投资、金融、大项目、新兴领域、科技创新等多方面合作正在全面推动两国经济关系的健康发展。中俄经贸合作的战略意义正在凸显，特别是在抗击新冠肺炎疫情的背景下，中俄经贸合作经受住了严峻考验。中俄经贸合作在中俄务实合作中基础领域最广，合作潜力巨大，未来可期。

第一节　中俄经贸合作的特点

自 1992 年以来，中俄签署了《中华人民共和国政府和俄罗斯联邦政府关于经济贸易关系的协定》《避免双重征税协定》等数十个经贸领域的法律协定，近年来又签订了《中国与欧亚经济联盟经贸合作协议》《关于促进双边贸易高质量发展的备忘录》等文件，为中俄经贸关系的发展奠定了广泛坚实的法律基础。

一　传统领域步入发展的快车道

（一）中俄贸易加速提质升级

1995 年中俄经贸额只有 49 亿美元。[①] 在经历过 1991—1999 年的低位徘徊后，中俄贸易规模在 2000 年后实现了跨越式发展。虽然在 2008—

① Токманцева А. М. ，“Российско-китайские отношения на современном этапе”，*Известия Уральского Государственного Университета. Серия* 3：*Общественные Науки*，2010，№3，с. 101.

2009 年国际金融危机和 2014 年乌克兰危机的影响下，中俄贸易出现了短暂下滑，但并没有从根本上改变其稳健发展的大趋势，并在 2018 年突破了 1000 亿美元大关，占到俄罗斯对外贸易总额 1/7 以上。中俄贸易增速在中国主要贸易伙伴中位列第一，相对于 2015 年，2018 年总额贸易额增幅达到 57%（见图 2 – 1），中国已经连续 9 年成为俄罗斯第一大贸易伙伴。

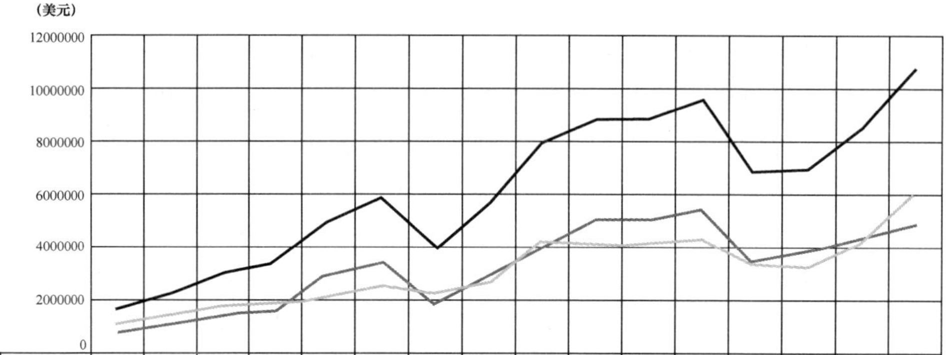

年份	2003	2004	2005	2006	2007	2008	2009	2010	2011	2012	2013	2014	2015	2016	2017	2018
总额	1575800	2122553	2910122	3338681	4815478	5690861	3875155	5553311	7927339	8821099	8925900	9527045	6810554	8422089	8422089	10710745
出口	602993	909812	1321128	1583249	2846620	3307585	1751858	2961207	3890352	4959117	4959117	5367694	3475577	4283060	4283060	4796527
进口	972807	1212941	1588994	1755433	1968858	2383276	2123296	2592104	4036987	3966783	3966783	4159351	3226015	4139029	4139029	5914218

图 2 – 1　2003—2018 年中俄贸易规模

资料来源：中国统计年鉴。

中俄贸易不仅增速明显，双边贸易结构也在持续优化。20 世纪 90 年代初，双边贸易主要由中方劳动密集型产品和俄方资源密集型产品构成，现在机械装备、高新技术产品、农产品以及服务等领域的贸易额增长态势明显。根据中国商务部的数据，2019 年前 10 个月，中方自俄罗斯进口农产品同比增长了 12.4%，对俄罗斯出口汽车增长了 66.4%，① 2018 年前 11 个月，中俄机电和高新技术产品贸易同比分别增长 15% 和 29%。②

农业领域，2018 年，双方积极推动农产品相互准入，农产品贸易首次

① 《商务部召开例行新闻发布会》，2019 年 12 月 12 日，中国政府网，http：//www.gov.cn/xinwen/2019－12/12/content_ 5460690.htm，访问时间：2020 年 3 月 3 日。

② 殷新宇：《中俄经贸合作量质齐升》，《人民日报》2019 年 1 月 19 日。

突破50亿美元，成为双边贸易的突出亮点。之前中国只是从俄罗斯的一定地区进口少数农产品，自2016年开始逐渐取消对从俄罗斯进口肉和肉制品的限制，从俄罗斯进口的巧克力和糖果产品量增加9倍，成为俄罗斯糖果产品的最大进口商，同时俄罗斯谷物、玉米、大米、豆类和油菜出口商通过了进入中国市场的审批程序，积极走进中国市场，希望抓住中美贸易摩擦中的市场机遇。①

中俄贸易结构的持续优化又会进一步推动双边贸易规模的稳步增长，并增强中俄贸易合作的稳定性和内在生命力，实现良性发展。贸易规模的扩大还依赖贸易方式和内容的创新，如跨境电商和服务贸易的发展。两国元首还共同确定了2024年双边贸易额达到2000亿美元的目标，对中俄贸易的发展前景充满信心。结合两国经济实力和活跃度来看，中俄贸易出现的这些利好趋势反映出中俄贸易正在进行加速提质升级。

（二）投资合作多方位拓展

投资合作是扩大中俄经济合作的重要途径。在中俄贸易额稳步增长的同时，中俄投资合作也在进一步拓展。中国现在已经是俄罗斯的第四大投资来源国。截至2018年，中国对俄罗斯的直接投资存量达到142.08亿美元，2017年中国在俄罗斯的投资额超过15亿美元。2019年1—7月，中国对俄罗斯的全行业直接投资同比增长13%。② 虽然俄罗斯对中国的投资总额始终有限，但2018年俄罗斯在中国的投资额（5677万美元）与2017年（2384万美元）③ 相比翻了一番还多，呈现强劲增长。

中俄投资合作的多方位拓展还体现在合作领域的转型升级和投资方式的多元化方面，双方的投资方向从传统的能源、农业、林业逐渐扩展至汽车、家电、食品加工等制造业以及科技创新合作领域，投资方式也由传统的绿地投资转向参股、并购、设立基金，并运用多重金融工具。这意味着中俄经贸合作重点将会转向联合研发、联合生产环节，将在技术共享、市场共享、人员互动方面取得更多成果，更加合理地发挥双方优势，获得更

---

① Королёв А. Н., "Неблагоприятная взаимодополняемость в Российско-китайских экономических отношениях и её последствия", *Проблемы экономики и управления нефтегазовым комплексом*, 2018, №1, с. 44.

② 《商务部召开例行新闻发布会》，2019年9月12日，商务部官网，http://www.mofcom.gov.cn/article/i/jyjl/l/201910/20191002908513.shtml，访问时间：2020年3月3日。

③ 《中国统计年鉴2019》，国家统计局网站，http://www.stats.gov.cn/tjsj/ndsj/2019/indexch.htm，访问时间：2020年3月12日。

加持久的活力，使中俄经贸合作进一步深化。

长城汽车早在2004年开始进入俄罗斯市场，2019年长城汽车在俄罗斯图拉的工厂正式竣工投产，并与俄罗斯政府签署了针对俄罗斯哈弗汽车制造有限责任公司（长城汽车俄罗斯子公司）的特别投资合同，追投近45亿元人民币，成为中国制造业在俄罗斯最大的投资项目，也是中国汽车品牌在海外市场投资最大的工厂项目。作为中俄经济合作结构转型升级的重要成果之一，长城汽车在俄罗斯的本土工厂具备冲压、焊装、涂装、总装四大完整工艺，未来可以在俄罗斯实现研发本土化、制造本土化、供应链本土化以及营销和售后服务的本土化。相对于以往整车进口模式，这种完整产业链对增加东道主俄罗斯本土税收、就业和提高技术水平具有重要意义，俄罗斯政府能够与长城汽车签署特别投资合同，这种良好互动体现了中俄两国经贸合作的巨大潜力。

俄罗斯总统普京曾亲自表示将支持阿里巴巴集团在俄罗斯的发展。2018年，阿里巴巴集团与俄罗斯直接投资基金（RDIF）、俄罗斯移动通信公司Megafon以及网络公司Mail. ru宣布共同成立合资企业AliExpress Russia，阿里巴巴将全球速卖通在俄罗斯的业务纳入这家合资公司，持股48%，Megafon以Mail. ru 10%的股权换取AliExpress Russia 24%的股权，Mail. ru将把自有电子商务公司Pandao并入合资公司并贡献现金以换取AliExpress Russia 15%的股权，而RDIF则是将直接收购AliExpress Russia 13%的股权。这一项目可以充分吸纳俄罗斯Mail. ru集团和Megafon集团已有的用户群体和市场份额，并获得俄罗斯直投基金的财力支持，而阿里巴巴将简化销售、采购、物流和支付系统，帮助俄罗斯的中小企业进入中国乃至全球市场，并为俄罗斯物流运营体系和基础设施改善提供了机遇。这种多赢的模式合理妥当地处理了投资层面的利益分配和长久发展问题，为中俄投资合作起到示范作用。

当单纯贸易无法满足企业的发展需求或者追逐更大的经济收益时，会出现更加强烈的投资愿望和必要性。乌克兰危机以来，欧美对俄罗斯采取的经济制裁使一些西方企业撤出在俄罗斯的业务，主权和金融评级机构调低俄罗斯的主权信用等级和投资前景预测，对俄罗斯货币和经济形成了沉重打击。而“一带一路”倡议和俄罗斯经济“向东转”为双方投资合作提供了战略性机遇。在彼此市场上进行越来越多的资本投入和产业合作，共同解决问题，抵御风险，能够更加筑牢中俄经贸合作的根基，进一步改善两国相关产业环境，推动两国的金融和贸易合作自由化、便利化，为中俄经贸互利协作增加更多内生动力。

（三）金融合作逐步深化

金融在两国的贸易和投资合作方面发挥着“供血”作用，承担着国际资本流动和资源配置的功能，是进一步提升两国贸易水平和推动投资自由化便利化的重要条件，同时也是现代经济的核心，金融双向开放水平和资本运作能力是现代经济的重要组成部分。从边境地区商业银行的通力合作到中俄金融联盟和政策性银行的“大手笔”，再到中俄通过多边金融组织发挥更大影响力，体现了中俄金融合作正在逐步深化。

地方层面上，特别是边境地区，发挥了先行先试的引领带动作用，积极创新企业跨境金融服务和推动货币区域性流通，着力打造“资金融通”。银行作为对外经贸合作中最常见的金融机构，逐渐从传统的代理行模式发展到互设机构和跨境经营，从单纯的结算机构发展为集结算、清算、跨境投融资为一体的金融主体，从现钞调运、头寸管理到银联卡的广泛推广和应用，为企业的资金融通和流通奠定了坚实保障。

2010 年，中俄两国宣布将在双边贸易中减少使用美元结算，人民币与卢布先后在上交所和莫交所挂牌直接交易。人民币与卢布实现即期交易，不仅有助于在更大程度上满足双边贸易和投资项目对资金流动性的现实需要，而且能够降低汇率变动带来的风险，促进双边经贸的便利化和自由化。而人民币与卢布远期交易业务旨在推动中国企业“走出去”，并在基建等大型和长期项目中规避远期汇率风险，同时推动双方货币走向国际化。

除本币兑换业务外，中方支持符合条件的俄罗斯发行人在中俄两国债券市场发行本币计价的债券。2015 年俄外贸银行获得了进入中国国内的银行间债券市场的许可证，成为首家获得中方监管部门相关许可的俄罗斯金融机构。俄罗斯铝业联合公司是俄罗斯的首家熊猫债券发行人，2017 年发行了共计 15 亿美元的熊猫债券，成为进入中国债券市场的第一家俄罗斯企业，体现了双方金融合作的专业程度越来越深。

中俄总理定期会晤机制框架内的中俄金融合作分委会和财政部长对话机制是协调和推动两国金融、财政合作的重要机制和保障。近年来，中方综合运用开发性融资、出口信用保险和买方信贷、银团贷款等多种金融形式，为各类大项目提供了金融支撑，鼓励和促进出口。俄罗斯政策性银行——俄罗斯对外经济银行——与中国国家开发银行、中国进出口银行从国家层面为中俄两国能源、电信、矿山、林业等大型项目提供投融资服务，保障“一带一路”建设与欧亚经济联盟的对接。

中俄积极搭建了上海合作组织银行联合体、金砖国家新开发银行等金融平台。俄罗斯于2015年以第三大股东的身份加入中国倡议成立的亚洲基础设施投资银行，在这个涵盖了主要亚欧国家的多边银行框架内，中俄金融合作不仅能够推动欧亚空间内基础设施建设和资金融通，而且是国际经济治理体系的进一步升级，中俄作为负责任大国在世界金融领域的辐射范围和影响力将进一步提升。

如今世界金融面临越来越多不确定性和挑战，给各国经济发展带来了不安和挑战。加强中俄金融合作，推动“资金融通”，共享经济金融信息和资源，对进一步抵御世界金融风险、保障经济安全具有重要意义。

二　大项目是中俄经贸合作的重要支撑点

中俄两国在各种声明中都将大型项目合作作为实现两国经贸合作目标、促进两国经贸合作发展的重要手段。中俄两国政府提出的明确而具体的经贸合作的战略目标能够顺利实现，取决于两国能够在若干重大项目合作方面有实质性的突破和进展。[①] 大项目合作是中俄经贸合作的战略性决策，也是重要支撑点，不仅是因为这些大项目体量大、投入大、周期长、经济带动效应强，而且是因为其所具备的战略意义重大。近些年这些重大项目在能源、航空航天、互联互通基础设施等具有战略意义的领域落地生根，将丝绸之路经济带同欧亚经济联盟的对接和务实合作落到了实处。

2019年12月2日，习近平主席与普京总统通过视频连线，共同见证了中俄东线天然气管道投产通气。正如两国元首所言，当前中俄两国都处于国家发展的关键时期，打造更多像东线天然气管道这样的拳头项目，将有助于落实两国元首达成的在2024年将中俄双边贸易额提升至2000亿美元的共识。[②] 作为“一带一路”倡议提出后在俄罗斯实施的首个特大型能源合作项目，中俄共同开发的亚马尔项目是目前北极地区最大的液化天然

① 邢广程：《对中俄大项目合作的几点思考》，《西伯利亚研究》2007年第4期。

② 《中俄东线天然气管道投产通气仪式举行　习近平同普京视频连线共同见证》，《人民日报》2019年12月3日。

气工程，集天然气勘探开发、液化、运输、销售为一体，被誉为“镶嵌在北极圈上的一颗能源明珠”。2018 年 7 月，亚马尔项目向中国供应的首船液化天然气经北极东北航道运抵中国江苏，不仅为中国清洁能源市场带来了新气源，而且为中国企业参与北极能源开发和航道开发奠定了良好基础。2019 年北极 LNG2 项目正式动工，我国中石油和中海油分别持有 10%的股权，未来将按照持股比例获得相应产量的所有权。

田湾核电站被誉为“中俄核能合作的典范项目”，是中俄两国政府加深政治互信、发展经济贸易、加强国际战略协作的标志性工程。目前价值超过 200 亿元人民币的中俄核电合作一揽子项目正在全面实施，将进一步深化两国和平利用核能、拓展与第三国核电市场的合作。

中俄航空航天领域的合作源远流长。外层空间是人类的共同财富，以其巨大的战略、军事、经济、科技意义，成为世界各国新的“竞技场”，外层空间国际关系已经成为国际关系的重要组成部分。中俄于 2017 年签署的《中俄 2018—2022 年航天合作大纲》意义重大，意味着双方在航天合作领域树立了更高的目标，不仅涵盖了航天器碎片寻找和监测、地球遥感和卫星系统合作，而且双方将就月球和深空开发、特殊材料开发开展合作。

进一步加强北斗和格洛纳斯系统的兼容与互操作能够推动二者在中俄国际道路运输应用合作，以更高质量服务两国经济社会发展。俄罗斯联合航空制造集团与中国商飞共同成立中俄国际商飞有限责任公司，并联合研制远程宽体客机 CR929，成为继中俄合作研制重型直升机项目后的又一重大航空合作研发项目。多年来，空客与波音是国际喷气客机市场的两大巨头，世界民航运营企业长期大量使用波音、空客飞机及其后勤保障体系。CR929 合作项目不仅能够发挥两国项目研发优势，绕开西方国家技术壁垒和限制，而且有利于中俄合力突围，共同走向国际市场。

2019 年中俄互联互通方面的大项目取得了重要进展。中俄首座边境的公路桥黑河公路桥和首座铁路桥同江铁路桥完成合龙，成为推动中国东北振兴规划与俄罗斯远东地区发展规划对接合作的重要新兴口岸通道。“滨海 1 号”“滨海 2 号”国际交通运输走廊过境运输合作正在稳步推进，“滨海 2 号”国际交通运输走廊无人驾驶通道已经进入确定项目经济效益方案、技术标准的重要阶段。

中俄大型企业在能源、高科技、基础设施建设和国际产能合作等领域承担着一大批具有示范性和带动性的重大项目和工程，不仅带动了相关产业的快速发展，而且在改善当地民生等方面发挥了积极作用。这些大型项目所带来的不仅是经济效应，还有社会和人文效应，通过这些大型项目能够讲好中国故事、塑造中国国家形象，有力支撑中俄全面战略协作伙伴关系。

三 新兴合作领域推动“新增长”

俄罗斯方面一直希望改变单一的依赖能源、资源出口的贸易结构，如今一系列新兴领域正在成为中俄经贸的重要组成部分，为两国经济关系注入了新的活力，带来了新的增长点，推动中俄经贸合作潜力进一步释放，内在发展动力被进一步激发。

虽然目前仍受制于基础设施、资金流转、跨境运输和仓储空间等问题，但是中俄跨境电商贸易仍迅速成为中俄经贸合作中的新亮点。俄罗斯是阿里速卖通最重要的市场之一，通过无忧物流、超级经济、特货专线、海外仓四大解决方案，大大提高了俄罗斯消费者对速卖通的使用率和依赖性，使俄罗斯成为中国电商最成功的海外市场之一。根据阿里研究院发布的 2016 年“一带一路”沿线主要国家跨境电商连接指数（ECI），俄罗斯高居榜首，其得分是第二名以色列的 2 倍多，反映了俄罗斯与中国在跨境电商贸易方面的紧密联系，中国的手机、服饰和消费电子产品以及俄罗斯的糖果在跨境电商平台上拥有广泛市场。虽然目前中俄电商领域主要以中国出口为主（ECI 出口指数高达 29.0，进口指数只有 0.9），但是速卖通提供的服务是双向的，电商平台的发展给俄罗斯中小企业进入中国市场提供了广阔平台，推动两国中小企业的合作以及与消费者的亲密互动成为中俄经贸关系的重要组成部分。同时，中俄跨境电商能够迅速发展也离不开两国商品贸易、金融服务、基础设施和通关政策等多个传统领域的不断发展和完善，这一新业态与中俄两国传统经贸领域的持续发展相互促进并相得益彰。

值得关注的是，服务贸易也日益成为中俄经贸合作的新亮点。2019 年 8 月，俄罗斯公布了《2025 年前服务出口发展战略》。根据商务部的数据，2018 年中俄服务贸易金额达 175.9 亿美元，同比增长近 1 倍。[①] 2018 年 11

① 《商务部召开例行新闻发布会》，2019 年 9 月 12 日，商务部官网，http://www.mofcom.gov.cn/article/i/jyjl/l/201910/20191002908513.shtml，访问日期：2020 年 3 月 3 日。

月7日中俄签署了《关于服务贸易领域合作的谅解备忘录》并在总理定期会晤委员会经贸合作分委会框架下成立服务贸易合作常设工作组，加强在旅游、文化、体育、运输服务、医疗服务、教育服务、会展服务和服务外包等领域的合作。[①] 随着中俄经济和人文关系的逐步加强，这些领域已经发展成为独立产业，并进一步细分或者跨领域结合，如电影产业、青少年游学与研学、商务考察和会展服务、语言服务等，需要更多专业的服务投入，以满足两国经济和社会的发展需求。

另外，数字经济和中俄科技创新也是未来中俄经贸合作发展的重要方向。当前两国在这两个领域都有重要的发展战略，并具有广阔的合作空间，既能够作为独立产业部门产生经济效应，又能够促进两国传统合作领域提高科技综合水平和实现现代化转型，推动中俄经贸合作的“新增长”。

四　科技创新合作带来新的机遇

在新一代科技革命的浪潮中，信息技术与制造业的深度融合不仅使发展中国家的制造业承受着前所未有的压力，西方发达国家也纷纷出台再工业化战略，并把创新作为科技战略的核心和驱动进行超前部署，以期守住在世界技术创新版图上的主导地位。

2017年美国特朗普政府发布了首份国家安全战略报告。在这个全文长度几乎是奥巴马政府时期2倍的文件中，首次将中国定位为“战略上的竞争对手”，并着重提出要“保护美国科技创新生态系统”[②]，将就外国企业投资美国科技业加强审查力度。科技创新已经成为美国促进经济繁荣、维护国家安全的重要战略，这一领域的对外合作愈加严苛。

在当今世界面临越来越多的不稳定和不确定性因素的情况下，中俄两国领导人高瞻远瞩，切中时代命脉，将2020—2021年确定为中俄科技创新合作年，具有重要的战略和现实意义。

苏联时期，创新积极性以“超前的速度”发展，科技创新水平达到了

① 《中国与俄罗斯签署〈关于服务贸易领域合作的谅解备忘录〉》，2018年11月7日，商务部网站，http://www.mofcom.gov.cn/article/ae/ai/201811/20181102804003.shtml，访问日期：2020年3月5日。

② National Security Strategy of the United States of America，19.12.2017，https://www.whitehouse.gov/wp-content/uploads/2017/12/NSS-Final-12-18-2017-0905.pdf，访问日期：2020年3月12日。

世界水准。苏联每年所产生的专利约占世界所有发明的1/3①，奠定了俄罗斯在世界科技版图中的地位。然而，苏联解体后，俄罗斯的科技一直处于“吃老本”状态。自乌克兰危机爆发以来，西方国家制裁、国际能源价格暴跌、卢布贬值等不利因素导致俄罗斯经济步入衰退期，迫使俄罗斯经济需要通过科技创新更快地走上复苏之路。

继发布《2013—2020 年俄罗斯联邦国家科技发展规划》《俄罗斯联邦科技发展战略》（2016 年）、《俄联邦科技发展战略实施计划》（2017 年）、《俄罗斯联邦数字经济规划》（2017 年）等一系列科技创新政府指导文件之后，2019 年 3 月 29 日俄罗斯政府批准了《俄罗斯联邦国家科技发展规划》②，期望俄罗斯在 2030 年前进入国际科技论文数据库引文比重、专利申请比重、国内研发投入资金量前五名，实施 4 个大科学项目③，并建成先进的基础研究和应用研究的基础设施和管理体系，扩大俄罗斯科技在世界的影响力，为形成新的全球知识和技术市场一体化创造条件，使科技成为经济和社会发展的主要方式。

俄罗斯不断强调科技创新的重要性，从另一个侧面也表现出当前俄罗斯科技创新发展的乏力，“现在俄罗斯愧对于‘科技大国’的称号”④，精英阶层已经对此深感忧心。俄罗斯科学院院长谢尔盖耶夫·亚历山大认为“克服技术落后是确保国家安全的最大问题”⑤。

经过改革开放 40 年的经济建设，中国经济已进入后工业化的新阶段⑥，党的十九大报告中指出，我国经济发展已经从“要素驱动”转变为“创新驱动”，“2020 年到 2035 年……跻身创新型国家前列”已经成为我

---

① Сырямкин В. И., “Обзор российско-китайского сотрудничества в сфере научно-технической и инновационной деятельности”, *Инновационная Россия*, 2011, №6, с. 152.

② Государственная программа Российской Федерации “Научно-технологическое развитие Российской Федерации”, 29 марта 2019г. http://static.government.ru/media/files/AAVpU2s DAvMQkI-HV20ZJZc3MDqcTxt8x.pdf，访问日期：2020 年 3 月 1 日。

③ 大科学分为两类：需要巨额投资进行建设、运行和维护的“工程式”大科学研究和需要跨学科合作的大规模、大尺度的前沿性科学研究项目。

④ Лесков С. Л., Теперь Нобеля России может дать только война, 14 октября 2019. г. https://www.rosbalt.ru/blogs/2019/10/14/1807628.html，访问日期：2020 年 5 月 6 日。

⑤ Академик Александр Сергеев считает технологическое отставание самым проблемным вопросом безопасности страны. Новости Сибирской науки. 17 апреля 2019г. http://www.sib-science.info/ru/ras/schitaet-16042019，访问日期：2020 年 3 月 6 日。

⑥ 许小年：《后工业化时代经济发展需依靠企业创新》，《新金融》2018 年第 9 期。

们的战略目标。在新一代科技革命浪潮中，很多经济和社会发展的问题需要通过科技创新合作解决。中国科学院院长白春礼在“2019 年央视财经论坛”上表示，“要以高质量科技创新赋能高质量发展，核心就是要加快提升自主创新能力，推动科技创新加快实现高质量发展，更好发挥战略支撑作用”①。

改革开放以来，我国与西方国家开展了很多科技合作项目，但是由于长期以来的技术封锁和大量严苛的条件，合作之路一直坎坷，进展缓慢，成果零散。在美国的干预下，与西方国家的科技创新合作前景难以预测。②

中俄创新合作能够成为两国经济协作中的优先方向和体系构成元素。③推动中俄开展科技创新合作，通过共同研发和创新，加快科技创新成果的产业化，可以提升两国科技实力和综合竞争力，巩固两国在世界科技创新领域中的地位，维护国家战略安全。在大多数情况下，俄罗斯对科技创新的资金投入无法与中国相比，中国的资金和市场对俄罗斯科技行业始终有吸引力。中国通过与科技基础雄厚的俄罗斯合作，可以解决困扰中国科技发展的很多问题，并通过俄罗斯进入独联体国家市场。

如今，中国在一些科技领域正在接近俄罗斯的水平，有些方面超过了俄罗斯，俄罗斯在能源、导弹技术、核技术还有其他一些高科技领域仍保持着领先地位。④从中国所生产的机械和设备的技术经济特征的角度看，中国已经接近发达国家的水平，根据许多专家的评估，中国在创新和信息技术发展方面明显超越了俄罗斯。⑤

中国华为公司与俄罗斯斯科尔科沃基金会签署了共同成立联合创新中

---

① 《2019 央视财经论坛召开》，《人民日报》2019 年 12 月 14 日。

② 虽然在中欧关系“蜜月”期，我国从欧洲引进了大批科技，但一些核心技术，如“伽利略”项目中国最终被欧美排挤出局。

③ Министерство экономического развития РФ. Сергей Горьков: Инновационное сотрудничество между Россией и Китаем способно стать одним из приоритетных направлений экономического взаимодействия. 16 октября 2018г. https: //www. economy. gov. ru/material/news/sergey_ gorkov_ innovacionnoe_ sotrudnichestvo_ mezhdu_ rossiey_ i_ kitaem_ sposobno_ stat_ odnim_ iz_ prioritetnyh_ napravleniy_ ekonomicheskogo_ vzaimodeystviya. html，访问日期：2020 年 5 月 6 日。

④ Михеев В. В.，Швыдко. В. Г.，Луконин С. А.，“Китай-Россия: когда эмоции уместны?”，*Мировая экономика и международные отношения*，2015г. № 2，с. 10.

⑤ Королёв А. Н.，“Неблагоприятная взаимодополняемость в Российско-китайских экономических отношениях и её последствия”，*Проблемы экономики и управления нефтегазовым комплексом*，2018г. №1，с. 44.

心的协议，该联合创新中心主要从事无线5G系统、有线及无线通信系统等开发工作。未来华为还计划与斯科尔科沃科技研究所成立一个联合实验室，研究领域将涉及人工智能、应用信息、无线通信和物联网等。

中俄两国在北斗与格洛纳斯卫星导航系统深度合作、“尼卡”项目、中俄纳米科学与储能技术联合实验室、莫斯科物理技术学院中俄联合孵化器等合作以及共建科技创新工业园正在顺利推进，未来中俄还将加大科技人才交流专项计划和青年学者交流计划①，这不仅证明中俄科技创新合作能够实现优势互补，形成强大合力，具有可行性和现实意义，而且中俄科技创新合作已经成为中俄新时代全面战略协作伙伴关系的重要部分，给中俄经贸合作带来新的机遇。

第二节　经贸合作对中俄两国的战略意义

中俄经贸关系发展至如今的水平来之不易。全球主要经济体在2008年国际金融危机后一直处于艰难的复苏进程之中。2019年全球经济增速持续放缓，贸易保护主义进一步抬头，逆全球化浪潮给许多国家的经济发展带来了负面影响，已经成为全球系统性风险，并从经济层面波及政治层面。美国退出“TPP”协定、英国脱欧、新冠肺炎疫情全球蔓延，将深刻影响全球政治经济格局。

一　中俄经贸合作对俄罗斯经济的稳定和发展意义重大

1991年，俄罗斯做出了历史性抉择，一方面继承了苏联的对外交往联系和丰富的对外合作经验，另一方面革新政治经济体制，开始了坎坷的经济转型之路。俄罗斯的经济发展同时面临着安全、稳定和发展三重问题，除了国内各方面因素，国际政治经济环境同样具有至关重要的影响。在经历过外交关系路径和优先方向的巨大变动后，经济外交方向也从全面倒向西方到东西兼顾，再到“转向东方”，俄罗斯对自己在世界经济体系中的定位和对外经济关系的发展战略考量越来越清晰。

---

① Совместные проекты России и Китая в области научно-образовательного сотрудничества – важная часть стратегического партнерства, 03 апреля 2020г. http://www.sib-science.info/ru/fano/grigoriy－02042019，访问日期：2020年5月6日。

2016年11月30日，俄罗斯总统普京批准新一版对外政策构想，这是俄罗斯25年来第5次发布对外政策构想。不断调整的对外政策构想反映了俄罗斯在不同国内外背景下多次主动或被动地调整对外战略，体现了其经济发展的国际环境一直处于变动之中，这深刻地影响了俄罗斯对外经济关系的发展。2013年版对外政策构想已经将“向东转”从“趋势”提升为“现实”，认为需要关注“世界经济和金融的危机因素、西方先进国家的持久萧条和无法解决的结构性问题”。与2013年版本相比，2016年新构想的调性发生巨大变化，虽然很多内容与上一版本是一样的，但是更加具体，模棱两可的定式表达少了很多，而是直接将近三年来与西方大国之间的分歧挑明[①]，对西方伙伴的负面措辞更为严厉，对西方带来的威胁给予了更多关注。在2000年版对外政策构想中，俄罗斯的自我定位是“伟大强国”，2008年改为“现代世界影响力中心之一”，2016年对外政策构想中继续延续这一定位，以“最大的欧亚国家”的身份来“保障欧洲和亚太地区经贸联系”，将自己作为经济活跃度高的亚太地区与经济发达但陷入衰退的欧洲地区的桥梁，这样的身份定位对俄罗斯的经济发展具有重要意义。

2007—2008年国际经济和金融危机、2014—2015年欧美经济制裁和世界石油价格下跌，重创恢复发展中的俄罗斯经济。除了经济制裁带来的金融和投资限制等外来破坏性因素，俄罗斯自身的对外贸易结构也存在薄弱点。俄罗斯经济对能源出口具有高度依赖性，因此对世界能源市场的变动非常敏感。以2019年上半年的数据为例，能源燃料占据出口一半以上（64.7%），其中原油占比接近1/3（28.5%）。[②] 这并不是偶然，总计2013—2018年俄罗斯的进出口数据后再取平均数，可以看到近些年来俄罗斯的矿产产品占出口总额54%，机械设备占进口总额30%，反映了资源出口成为俄罗斯对外经济关系的最重要内容，而本国机械设备制造能力无法满足经济发展需求。

为抵冲国际局势给经济发展带来的负面影响，俄罗斯出台了反危机计划。在这种特殊的经济背景下，强化实施进口替代政策、中小企业扶持政

① ТАСС：Что нового в концепции внешней политики России，2 декабря 2016г. https：//tass. ru/politika/3835736，访问日期：2020年3月8日。

② 俄罗斯经济发展部官网：Департамент аналитического сопровождения внешнеэкономической деятельности，14. 10. 2019，https：//www. economy. gov. ru，访问日期：2020年3月8日。

策、非原料出口鼓励政策等，并希望通过施行进口替代政策，鼓励军工、电子、机械制造业、农业综合体以及化工行业减少进口，解决长久以来的工业结构性问题。这样虽然会经历一个投入较大的阵痛期，但能够为进一步提高本国经济的独立自主性和安全性打下基础。

2008 年俄罗斯经济发展部在广泛征集工商界的意见后，制定了《2020 年前俄罗斯对外经济发展战略》，旨在“恢复俄罗斯世界经济大国地位”。在这一战略文件中，俄罗斯强调保持自己在世界高新技术产品市场的领先地位，巩固和提高在保障全球能源安全中的作用，提高加工工业和服务产品出口量和全球竞争力，发掘作为交通中转地的潜力，融入全球交通体系，在俄罗斯建立国际金融中心，将卢布作为地区储备货币，增强俄罗斯在形成世界经济新秩序中的作用，建立以俄罗斯为中心的欧亚经济空间。

然而，根据这一战略从依赖能源转向依靠创新发展之路、扩大俄罗斯在世界高科技产品市场的努力没能成功。在该战略中，俄罗斯期望 2020 年前占世界高科技产品出口市场的目标指标是 2%，而 2016 年这一指标只有 0.3% 多，没能实现出口产品结构多元化的目标。① 一系列目标未能完成的原因既有国内因素，也有国际因素。当初制定这一发展战略时的国际条件已经发生了变化，制裁和反制裁模式不符合这一战略实施的基本原则之一——经济开放和相互信赖，俄罗斯与西方发达经济体在外资和高科技引进中的有效协作未能达到预期，将高科技生产技术转移到俄罗斯、建立俄罗斯与欧洲统一能源综合体变得越来越难。②

而进口替代政策的实施效果也不容乐观。E. T. 盖达尔经济政策研究所的市场调查显示：2019 年进口替代在工业领域失去了意义：没能克服对进口元件和设备的依赖。③ 主要问题在于俄罗斯企业所需要采购的机械、设备、配套零部件和材料在俄罗斯国内没有类似的可替代的国产产品。2018 年 10 月，大多数（60%—70%）企业认为这一问题是阻碍进口替代

---

① Гусев М. С.，“Внешнеэкономическая стратегия России в условиях меняющейся модели международной экономической интеграции”，*Экономические стратегии*，№1，2019г.

② Ibid. .

③ Независимая газета. Импортозамещение сошло на нет，24 сентября 2019г. http://www.ng.ru/economics/2019-09-24/1_4_7684_zameshenie.html，访问日期：2020 年 3 月 8 日。

政策实施的主要原因。① 然而，发展本国机械制造产业、满足市场需求不是一朝一夕可以实现的，要保证国家经济的发展与崛起，在西方经济制裁的背景下，发展与中国的对外经济关系具有重要的战略意义。

俄罗斯对外经济关系发展需要平衡很多关系和利益，既包括政治、军事和地区等多维利益，也包括与不同的贸易对象在不同层面的需求。单从区域角度讲，俄罗斯的主要贸易伙伴主要可以分为4类：独联体国家、欧盟国家、亚太国家、非洲和波斯湾的阿拉伯国家。虽然俄罗斯的经济形势不尽如人意，但是独联体国家与俄罗斯的经济联系依旧密切，是俄罗斯最亲密的“后院”，并通过关税同盟、欧亚经济联盟等多边组织存在进一步加强的可能，白俄罗斯、乌克兰依旧是俄罗斯重要的贸易伙伴（见图2－2）。

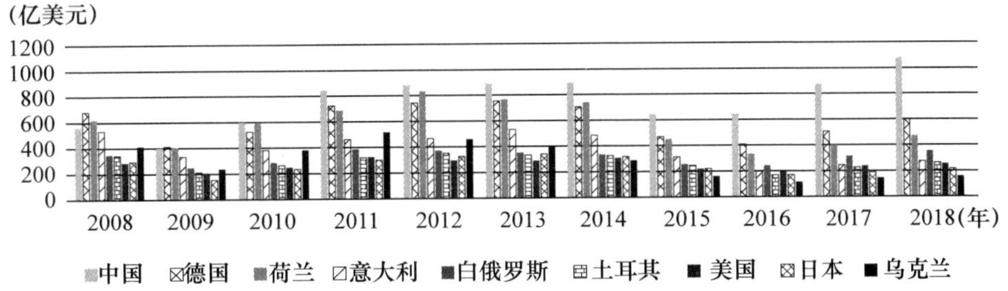

图2－2 2008—2018年俄罗斯与主要贸易伙伴的贸易额

资料来源：笔者根据俄罗斯海关数据自制。

在中国成为俄罗斯最大贸易伙伴之前，德国、荷兰等西欧国家一直是俄罗斯最大的贸易伙伴，西欧国家的技术和资本以及大型跨国企业的经营经验对于俄罗斯有着强大吸引力。

分析2008—2018年俄罗斯与主要贸易伙伴的贸易额（见图2－2）可以看到，2008—2013年俄罗斯对外贸易额总额约为43327亿美元，其中与中国贸易总额4146亿美元，占到9.5%，与荷兰贸易总额3874亿美元，占8.9%，与德国贸易总额3797亿美元，占8.7%，占比差距不大。2014—2018年俄罗斯对外贸易额总额约为30448亿美元，其中与中国贸易总额4108亿美元，占到13.5%，与荷兰贸易总额2360亿美元，占

① Независимая газета. Импортозамещение сошло на нет, 24 сентября 2019г. http://www.ng.ru/economics/2019－09－24/1_4_7684_zameshenie.html，访问日期：2020年3月8日。

7.75%，与德国贸易总额2658亿美元，占8.7%，已经呈现明显差距。因此，可以说2014年乌克兰危机后，俄罗斯与西方采取的制裁与反制裁措施，对双边经贸关系造成了负面影响，俄欧贸易与俄中贸易规模真正开始拉开了差距。

随着整体战略重心的东移，远东地区成为俄罗斯经济发展的新希望，亚太国家是参与俄罗斯远东经济开发的重要力量。2019年日本首相出席东方经济论坛，并与俄罗斯经济发展部部长进行会谈。2018年俄日贸易额约为200亿美元，落实直接投资总额超过2亿美元，双方表示两国经贸合作需要寻找新的增长点和合作领域，进一步加强经济合作。

从国际格局看，错综复杂的国际关系使俄罗斯的复兴和重新崛起面临许多前所未有的挑战，世界能源市场的不稳定性、能源渠道多元化、机械设备依赖进口以及欧美所把持的金融市场都会对俄罗斯经济的安全、稳定和发展产生不利影响。俄罗斯对外经济关系与其国内经济紧密相连，甚至会影响每年的国家预算，因此国际政治和经济进程会对俄罗斯的经济发展诉求产生重要影响。

但是，俄罗斯对自己的国际战略目标依旧有清晰的设定，在维护自己的核心战略利益、与西欧国家开展政治经济正面博弈的同时，需要加速解决国内经济问题，提高自身经济的竞争力和安全性。同时，丰富的战略资源和先进的国防科技是俄罗斯发展对外经济关系极为重要的有利条件，俄罗斯所擅长的纳米技术、生物技术、空天技术也能够在新的科技浪潮中发挥重要作用，服务贸易和文化产业输入会为俄罗斯的经济发展和进入世界市场提供新的机遇，这些新兴领域都将会进一步推动出口结构多元化，并有助于在全球范围内塑造俄罗斯的国家形象。

与中国的经济关系在俄罗斯的对外政策中已经占有极为重要的地位。如今作为全球第二大经济体，中国超大规模的经济总量、市场容量、资本存量、产业体系和人力资源等诸多方面的优势叠加发挥，成为世界经济体系中最重要的力量之一。在“一带一路”倡议和国际产能合作的背景下，大批具有国际化运营经验的大型跨国企业已经走在跨境投资和运营的前沿，与世界各国在平等互利的原则基础上开展经贸合作。在后金融危机和西方经济制裁的打击下，俄罗斯经济“向东转”，借助中国力量填充西方资本和技术抽走而产生的空白，既是经济发展需要，也是其发展对外关系的重要构成。

在与中国形成的新国际经贸模式中，俄罗斯不仅能够在能源、军工技术和装备等领域中继续占有优势地位，而且能够在有待发展的基础设施建设、机械设备加工工业、跨境电商、服务贸易等领域与中国进行良好互动，为本国机械制造、加工工业、中小企业的发展和基础设施建设创造便利条件，逐渐改善本国的经济结构，建立全面、均衡的经济体系，增强国内经济抵御国际形势变化的能力。因此，中俄经贸合作对俄罗斯经济的稳定和发展意义重大。

二　中俄经贸合作的战略意义正在凸显

经贸合作是国际关系的物质基础，也是国际关系研究的热点之一。国家间的经济关系与政治关系从来不能被相互割裂，一方面，政治关系可以为经济关系创造良好外交基础和发展环境，有时发展政治关系的目的就在于发展经济关系。另一方面，在一定时机下，经济关系也是国际政治和外交目标的实现途径，经济上的优惠或者制裁能够作为外交制衡的杠杆，因此国际政治和国际经贸的交融和相互渗透一直是国际关系的重要组成部分。

苏联解体后，中苏关系平稳过渡至中俄关系，并借鉴中苏关系的经验和教训，一直“避免波动性，增强递进性”，中俄全面战略协作伙伴关系一步一个脚印地迈入新时代。在这种宽松且友好的政治氛围中，经贸合作得到了两国元首和政府的充分重视，将其视为最重要的合作领域之一，提出明确而具体的贸易规模，划定重大合作领域和示范项目，并由领导人亲自出席东方经济论坛、“一带一路”国际合作高峰论坛、圣彼得堡经济论坛等。

然而，长期以来两国的政治关系和经济关系却被形容为“政热经冷”，一“热”一“冷”，对比颇为强烈。相对于中欧、中美、中日、中韩的经贸合作，中俄经贸的规模和水平确实偏小、偏低，活跃程度和密切程度有待提高，存在许多痼疾。但是，对于经贸合作水平的评价应该多维度考察，应该考虑到经贸关系发展需要符合经济发展规律，综合考虑两国经济体量和发展速度、经贸合作的历史包袱、大型项目的谈判和落实周期等诸多问题和障碍性因素，并将中俄经贸合作放到更长久的历史、更大的格局中看待。从这一角度来看，事实上，中俄经贸合作的巨大潜力正在得到释放，而且发展速度很快，其所具有的战略意义也已经凸显出来。

首先，近年来中俄经贸合作的发展速度是值得肯定的，经贸合作的结构正在逐步改善，合作层次已经提质升级、“提速换挡”。中俄经贸关系能够突破诸多障碍，在逆全球化背景下实现逆势而上，发展至如此水平非常不易，这体现了中俄经贸合作的潜力巨大，并具有全局战略性。

其次，一系列大型战略项目的谈判和落地表明中俄经贸合作的潜力正在政治合作的带动下进一步得到释放。经贸合作中的大型战略项目是政治关系和安全关系的重要杠杆。在对接和洽谈大型战略项目时，需要考虑的不只是项目本身的经济利益，谈判的内容和筹码是多方面的，参与的主体是多元的，需要协调各方利益和等待恰当的时机，因此战略性项目的谈判工作往往可能会持续很多年。

大项目的业务对接单位一般为相关部委和大型国有企业，在这一层面上，俄罗斯和中国积累了丰富的协作经验，得益于两国的战略伙伴关系和两国元首的深厚友谊，能够在最高层简化决策程序。① 真诚密切的政治关系有利于推动大型战略项目的尽快启动和实施，对我国的能源保障和军工技术升级意义极为重大。这种重要战略性需要站在更高的角度、放在更大的格局中去看待。

最后，中俄能够就欧亚经济联盟与丝绸之路经济带倡议对接达成共识，将中国纳入欧亚经济合作空间中，是两国高度政治经济互信和战略协作的重要体现。中俄两国在经济层面秉持务实性和开放性，推动欧亚经济空间内的商品、服务、资本以及劳动力的自由流动和基础设施建设，优势互补、加强合作，形成“1 +1 >2”的效果，中俄经贸的合作潜力将在更大的空间和更加广泛的领域内得到释放，共同引领欧亚经济空间向高质量发展目标持续迈进。

三　新冠肺炎疫情对中俄经贸关系的影响

根据俄罗斯国家评级机构所做的宏观经济评估，受新冠肺炎疫情及防控影响，俄罗斯经济损失会达到约 18 万亿（约合 2450 千亿美元）卢布，②

---

① Суслов Д. В.，“РОССИЙСКО-КИТАЙСКИЕ ЭКОНОМИЧЕСКИЕ ВЗАИМООТНОШЕНИЯ：ТЕКУЩАЯ КОНЪЮНКТУРА”，*Пространственная Экономика*，2018г. №4，с. 139.

② 参照 2020 年 5 月 5 日中国人民银行卢布兑美元汇率。

约有1550万人失业，国家税费和保险费用减少4.2万亿卢布（约合573千亿美元）。[①] 影响最严重的领域包括航空运输、文化旅游、酒店和餐饮业、补充教育、会展行业和日常服务业，其中酒店和餐饮业收入下降83.9%，其他服务业降低77.5%，衣帽生产行业降低52.7%，文体和娱乐行业降低46.1%。[②] 中产阶级将陷入贫困。[③]

目前全球疫情仍处于蔓延之中，并在能源和金融市场引发“并发症”，给全球经济发展前景带来严峻挑战，世界主要经济体都受到了严重冲击。新冠肺炎疫情不仅给世界各国政府带来经济和社会的双重挑战，而且会对世界经济格局和经济全球化产生深远影响。但是，中俄经贸合作经受住了严峻考验，中俄两国经贸合作的基本面和长期向好态势没有改变，前景将更加广阔。

（一）中俄经贸合作经受住了严峻考验

中俄经贸合作逆势而上。根据中国海关总署发布的数据，2020年第一季度中俄贸易额达到253.53亿美元，同比增长3.4%，第一季度中国自俄罗斯进口额为162.02亿美元，同比增长17.3%。同期中美贸易额下降18.3%，中欧贸易下滑10.4%。

大项目的战略意义更加凸显。2020年第一季度中俄经贸的增长主要得益于中俄两国近年来启动的一系列大型合作项目依旧在按计划有序推进，如“西伯利亚力量”和“亚马尔”项目，增加了对中国的能源产品出口。第一季度中油国际俄罗斯公司生产天然气完成计划的120%，加工液化天然气达到设计产能的120%，开采凝析油完成计划的114%。[④]

医疗器械和防护用品贸易顺畅。在两国元首的亲自指导下，双方就对方所需医疗物资的采购工作积极予以协助。中国疫情严重期间，俄罗斯供应了大量的消毒剂、口罩和其他防护用品，其中主要是通过俄罗斯工业和贸易部的采购，也有部分通过商业公司之间的贸易合作，所销售的物资既包括采购计划内的，也包括了不该触动的储备物资，发往中国的产品数量

① 参照2020年5月5日中国人民银行卢布兑美元汇率。

② Риа Новости. Эксперты оценили ущерб российской экономике от коронавируса, 16 апреля 2020г. https://ria.ru/20200416/1570121108.html，访问日期：2020年5月6日。

③ Свободная пресса. Россия после COVID-19: Безработица, нищета и пустые обещания Путина, 29 апреля 2020г. https://svpressa.ru/economy/article/264117/，访问日期：2020年5月6日。

④ 《俄中经贸前景将更加广阔（国际视点）》，《人民日报》2020年4月20日。

巨大，光口罩就有上千万只。①

在全球经济深受疫情影响的情况下，中俄经贸取得如此成就实属难能可贵，充分体现了这些年中俄经贸关系的扎实基础和强劲生命力，中俄大项目的战略意义进一步得到了体现，“中俄两国经贸合作的基本面和长期向好态势没有改变”，中俄经贸合作经受住了新冠肺炎疫情的严峻考验。

（二）新冠肺炎疫情对于中俄经贸的负面影响

探讨新冠肺炎疫情在两国的蔓延对于中俄经贸关系的负面影响，需要区分短期打击和常态化疫情防控带来的影响两个层面。

短期打击方面。在疫情防控、人员流动受限的情况下，航空、铁路等交通领域首当其冲，紧接着旅游业、会展行业、酒店业受到冲击，近些年中俄之间蓬勃发展的服务贸易受到沉重打击。同时，旨在促进人员和信息集中和分享的各类展会的取消或延期，影响中小企业开发市场。一些需要人员聚集的项目推进进度和实地验收受到一定影响，需要通过其他方式进行或者延期。

由于中国疫情集中爆发和防控时间正值中国春节长假期间，中外商对产量和销售额下降都有心理准备，并且由于中国疫情及时得到了控制，中国国内生产体系快速恢复，并没有因为来自中国的机电产品、日用品、零配件、医药产品的供应问题而影响中俄贸易。只是由于边境管控，当地蔬菜、水果等生鲜市场的供应短时间受到影响，引起价格的波动，但是都在市场调节范围内，并及时恢复。

常态化疫情防控下，中俄经贸合作对两国政府和企业的要求更高。一方面，需要进一步加强两国政府层面的政策对接和机制保障，保障必要人员的流动和产业链、供应链的稳定畅通，其中包括商务签证和工作签证等问题，实现精准防控和建立“快捷通道”。另一方面，要鼓励和支持中小企业之间的创新合作，不断创新合作方式和合作内容，充分运用数字技术和 VR 视频技术拓展客户，举行线上展会，加强沟通，多措并举，共同寻求走出困境的方法。

---

① Вячеслав Половинко，Россия кормит Китай Мы им еду，они нам — маски. Как теперь устроена торговля? 25 марта 2020г. https：//novayagazeta. ru/articles/2020/03/25/84497-kitayskie-partnery-vse-vnimatelno-zapominayut，访问日期：2020 年 5 月 6 日。

（三）中俄经贸前景将更加广阔

中俄双方正在积极沟通协调，努力将疫情对经贸合作的影响降至最低，同时共同采取措施力争化危为机。

中国复工复产坚定了中俄经贸合作的信心。中国不仅是全球重要的生产基地和消费市场，而且已经成为全球重要的研发基地、产业枢纽，在全球产业链、供应链中占据重要地位。中国经济复苏发展的态势稳健，给全球带来了重要的生产效能和消费动能，而俄罗斯一直是中国重要的能源和矿物产品来源，中俄经贸合作的前景广阔。

新兴经济形式展现优势。在疫情防控的特殊背景下，电子商务和网络平台为中俄经贸合作的稳定发展贡献了自己的力量。奇瑞汽车俄罗斯公司推出了网上选车、购车的服务，2020 年 4 月 1—13 日共有 100 多位潜在客户进行了咨询，其中 45 名客户已经选定颜色和配套，已与 12 名客户约好 4 月送车上门。①

化危为机。俄罗斯拥有许多具有先进人工智能、大数据、区块链技术、病毒测试和诊断技术的公司，并积极研制新一代消毒系统，而中国具有先进医疗设备制造的经验，在新冠肺炎疫情防控期间，医护用品和这些高科技设备为双方合作创造了新的合作空间。2020 年是中俄科技创新年，双方可以以此为契机，加强包括医疗卫生、疾病防控在内的各领域合作。

新冠肺炎疫情对中俄经贸合作的一些领域造成了短期冲击，疫情常态化防控下，对两国政府和企业提出了更高的要求。但是，两国经贸合作经受住了严峻考验，其基本面和长期向好态势没有改变，而且能够促进新兴经贸合作领域的发展，寻找化危为机的渠道，中俄经贸合作的前景依旧广阔。

第三节　中俄经贸关系的进一步发展方向

中国和俄罗斯在经贸领域的协作存在相当多的困难，但是同时也存在

---

① Онлайн-Магазина Chery：Предварительные Результаты Работы Онлайн-Магазина Chery，25 апреля 2020г. https：//www. chery. ru/press/425，访问日期：2020 年 5 月 6 日。

很多解决困难的可能。[①] 关注中俄经贸合作中的“对称性”，不断创新合作思路，多措并举，进一步提升市场化运作水平和改善营商环境，注重国际项目管理和人才互动，推动中俄在科技创新、数字经济、“新基建”等前沿领域的合作，抓住“一带一路”倡议与欧亚经济联盟对接的机遇，向高质量发展目标持续迈进。

一　中俄经贸合作中的问题

（一）贸易结构的不平衡性

学界普遍认为，中俄经贸结构具有互补性，这种基于资源禀赋和消费需求的互补性，有利于推动两国贸易的增长，并在一定程度上避免因产品同质化带来的贸易摩擦问题。

俄罗斯不仅自然资源富足，而且距离中国近，价格相对较低——互补性和互惠性明显。[②] 近年来俄罗斯对华出口的鲜明特点之一即以能源为主（约2/3），并且“根据现有预测，在未来5—6年内，俄罗斯对中国的出口结构不会出现重大变化”[③]。因此，中俄经贸合作便给人一种印象：中俄经贸合作在沿着“已经铲平的平面，按照所谓‘互补性’带来的惯性”进行。[④]

在全球贸易中发挥自己的资源禀赋，是常见的做法，也是参与全球贸易的重要意义之一，很多国家同样依靠出口资源发展经济。因此，对于俄罗斯来说，出口资源、换取外汇本身是发展经济的现实需要，本无可厚非。但是现在更严重的问题是机械、设备等产品大量依赖进口，2015—2019年俄罗斯机器、设备和仪器进口量占进口总量的31%，出口量仅占总出口量的3.4%。并且，依靠能源出口取得的“快钱”并没

① Токманцева А. М.，“Российско-китайские отношения на современном этапе”，*Известия Уральского Государственного Университета. Серия 3：Общественные Науки*，2010г. №3，с. 101.

② Стровский Л. Е.，“Взаимодополняемость Экономик Китая И России：Проблемы Торгово-Экономического Сотрудничества”，Вестник УГТУ-УПИ，2004г. №1，с. 154.

③ Королёв А. Н.，“Неблагоприятная взаимодополняемость в Российско-китайских экономических отношениях и её последствия”，*Проблемы экономики и управления нефтегазовым комплексом*，2018，№1，с. 44.

④ ПОТАПЕНКО МАРИЯ ВЛАДИМИРОВНА，“Эволюция взаимных экономических интересов России и Китая”，*ВЕСТНИК РОССИЙСКОГО УНИВЕРСИТЕТА ДРУЖБЫ НАРОДОВ. СЕРИЯ：ЭКОНОМИКА*，2011，№2.

有投入到俄罗斯国内机械产业和加工工业的更新换代中。真正危险的是资源开发带来的收入又会被挥霍掉，而不是用于发展俄罗斯创新经济。[①]

在经贸合作的基本面良好、内部结构稳定的情况下，俄罗斯对华能源出口对两国经济和两国经贸合作的影响和意义都是重大的。但要改变这种“路径依赖”和解决它带来的问题，重视中俄贸易结构的不平衡性，才能进一步重视增强俄罗斯对华出口结构的多元化。例如通过增加机电产品的出口量增大出口贸易总额来改善贸易结构，并且有助于通过出口带动俄罗斯国内机械制造业的现代化改造，意义更为重大。从2015年开始俄罗斯出口中国的机械和设备比重超过了2%，并呈现继续增加的态势。[②] 2015年，在习近平主席前往俄罗斯观礼胜利日阅兵时，两国元首签署的协议中，只有24%与自然资源直接有关，银行间合作占38%，科研和高科技项目占21%，交通和基础设施占10%，媒体合作和信息合作占7%。[③] 完全实现贸易多元化可能会需要数年时间，但是随着中俄两国经济关系越来越密切，双方认知越来越清晰，越来越多的新合作空间将得以开发，贸易多元化的趋势会越来越明显，逐渐消减当前贸易结构带来的不平衡反应。

（二）资金融通问题

近年来，中俄金融合作越来越紧密，取得了值得肯定的进展，但相对于中俄关系的高水平和经贸合作发展的需求来说，目前仍然存在资金融通的规模、便利程度、监管水平、风险规避工具等方面业务水平不足的问题。

同时，由于“欧美实施的经济制裁也导致了俄罗斯境内的金融体系较为脆弱，业务风险较高，严重影响了中方金融机构的合作积极性。”[④]“第三国单边限制措施造成的复杂性”[⑤] 对中俄之间重要投资和贸易的支付渠

---

① ЛУКИН А. В.，“РОССИЙСКО-КИТАЙСКИЕ ОТНОШЕНИЯ：НЕ ОСЛАБЛЯТЬ УСИЛИЙ”，*МЕЖДУНАРОДНАЯ ЖИЗНЬ*，2009，№11，с. 89.

② Королёв А. Н.，“Неблагоприятная взаимодополняемость в Российско-китайских экономических отношениях и её последствия”，*Проблемы экономики и управления нефтегазовым комплексом*，2018，№1，с. 44.

③ Larisa Smirnova，“The real meaning of Xi Jinping's visit to Moscow”，15. 05. 2015，https：//www. russia-direct. org/analysis/real-meaning-xi-jinpings-visit-moscow，访问日期：2020年4月23日。

④ 中俄智库联合研究小组：《培育中俄复兴增量：两国智库关于中俄经济金融合作的共同研究》，2018年7月16日，第4页。

⑤ Совместный доклад РСМД，ИДВ РАН и Фуданьского университета. Российско-китайский диалог：модель 2019.

道畅通造成了影响，对中俄金融机构之间的深度专业合作提出了更高的要求。

大型基础设施建设、科研和生产的产业化，特别是“丝绸之路经济带”倡议与“欧亚经济联盟”的对接，均需要巨大的资金支持和政策支持，解决中俄之间的资金融通问题仍然是中俄经济合作中的重要议题。

（三）交通基础设施和物流畅通问题

两个世纪之后，发展中世界在基础设施方面的巨大差距仍是结构转型最大的障碍。[①] 虽然中俄之间的交通基础设施和物流通道已经得到了较大改善，但是相对于中美与中欧贸易来说，物流畅通问题仍然是中俄经贸中的短板，也是束缚中俄经贸合作进一步发展的因素。

目前，中俄商品物流中转中心的数量仍然不足，边境贸易的路线有限，通关程序复杂，通行效率有待提高[②]，越是在中俄经贸合作快速发展的情况下，对交通和物流的需求就越来越旺盛，对交通基础设施和物流的要求就越高，其中首要的是边境地区的交通基础设施和物流通道。

从地理位置上讲，俄罗斯横跨亚欧大陆，处于亚欧大陆东西两端陆路通道的重要位置，承接东侧发展迅速的亚太经济区和西侧经济发达的西欧国家。与中美、中欧主要依赖海运不同，陆上交通对中俄贸易具有重要意义，不仅俄罗斯参与国际陆上交通网络的作用非常明显，而且俄罗斯国内的交通基础设施和物流通道对中俄经贸合作也具有重要影响。

（四）营商环境问题

根据世界银行发布的2019年各国营商环境报告，俄罗斯营商环境较2018年得到改善，在170个国家中的排名从第31位已经上升至第28位，中国从第46位上升至第31位，但是从各项指标来看，中国在开办企业、跨境贸易、执行合同、办理破产等事项的便捷性方面相比俄罗斯有明显优势。[③]

中俄双边经贸关系在民间的活跃度很大程度上取决于两国中小生产和

---

① 林毅夫、王燕：《超越发展援助》，北京大学出版社2016年版，第67页。

② Зарипова. Э. Р.，“Экономическое сотрудничество России и Китая：состояние и перспективы развития”，Выпускная Квалификационная Работа. Казанский（Приволжский）Федеральный Университет，2017.

③ World Bank，“Doing Business 2019”，https：//www. doingbusiness. org/，访问日期：2020年5月5日。

服务企业数量的增长。但是，与从事大型战略项目的大企业不同，通常中小企业之间的合作对营商环境更加敏感，会遭遇更多行政和执法监管方面的问题，信息获取能力和政策变更风险抵御能力较差，容易与行政和执法腐败相结合。

同时，不良营商环境还包括许多招商引资政策的朝令夕改，导致许多项目投资后运营困难，甚至血本无归。中国企业在当地的投资审批和运营必须严格按照当地的法律法规，同时俄罗斯也需要处理好自己的国内问题。一方面，“俄方高层的战略思路明确，但各部门和地方及官员思想准备尚不充分，真正建章定制式的规范构建工作面临诸多阻碍性因素”①，即需要处理好联邦政府与地方行政管理的协调关系；另一方面，面对中国投资时，需要处理好自己国内生态与发展的关系、政治和经济利益内部分配、对待中国投资和资源开发的平常心等问题，避免出现中国大庆贝加尔湖水业公司投资俄罗斯贝加尔湖饮用水厂 AquaSib 项目被当地政府引进后，却在民众的抗议下，被俄联邦政府叫停，面临需要转让投资股份的困局。

（五）相互融入彼此市场和发掘合作潜能的问题

由于两国在许多行业标准存在差异，产品认证尚未通行，俄罗斯公司在进入中国市场时，对中国市场和文化缺乏足够的基础知识，也缺乏境外伙伴开发、产品认证、知识产权保护方面的相应协助②，阻碍了俄罗斯产品进入中国市场。而中国企业在走出去的过程中也存在前期调研和准备不足的问题。

另外，从整体产业环境来讲，两国对彼此的市场认知不足，对彼此的产业优势和合作对接点并不十分清楚，许多有合作潜力的领域尚未开发。例如，近些年中国在科技成果转化方面积累了丰富的经验，“军转民”“军民融合”领域也取得了一系列成果，而俄罗斯目前还没有掌握先进科技产出，也没有能够将这些在制品转化为市场产品③，双方在该领域的合作有

---

① 中俄智库联合研究小组：《培育中俄复兴增量：两国智库关于中俄经济金融合作的共同研究》，2018 年 7 月 16 日，第 4 页。

② Российский Совет По Международным Делам Институт Дальнего Востока Ран Институт Международных Исследований Фуданьского Университета：Российско-Китайский Диалог：Модель 2018. Москва. 2018.

③ Зарипова. Э. Р.，Экономическое Сотрудничество России И Китая：Состояние И Перспективы Развития，Выпускная Квалификационная Работа. Казанский （Приволжский） Федеральный Университет，2017.

巨大潜力。

二　中俄经贸合作的限制性因素

（一）两国经济关系中的“同构性”和“不补性”

考察中俄经贸关系时，除了要看到两国经济间的互补性，还要看到两国经济关系中的“同构性”和“不补性”。①

在社会主义制度建立以前，中俄两国的资本主义经济都未曾得到充分发展，工业基础薄弱，市场化水平低。新中国成立后，苏联对中国“一五”计划、“二五”计划大规模开展经济建设和工业化予以援助，同时将计划经济体制带入中国。之后中国实行改革开放，俄罗斯进行经济转型，两国经济均面临从计划经济向市场经济过渡的问题，开放自己的市场，吸引西方的投资和技术，是两国同样的发展任务。

因此，从两国经济发展的历史沿革可以看出，两国经济在20世纪末和21世纪初时的需求高度相似，在吸引国外投资、技术转移和国内国外市场方面甚至存在竞争性，发展与西方国家的经贸关系都曾是两国中央和地方的优先任务之一，商界和政界都曾更加推崇西方的技术和管理经验，而对彼此的经济信任度和关注度较低，因此曾在很长一段时间内，除轻工业品等低附加值产品和初级能源产品外，双方经济存在“不补性”，活跃度和自发性较低。

（二）本国经济体量与发展速度

当前俄罗斯本身经济体量和发展速度有限，是我们在评价中俄经贸合作的水平时必须要考虑到的因素。20世纪末21世纪初，俄罗斯经济刚刚过渡到市场经济，本身经济体量有限，经济资源正在进行重新调配和组合，经济实体也需要适应新的公司治理体系和发展环境，专业对外合作人才匮乏，相关法律法规已经滞后。在这种情况下，中俄双方还未将地缘政治优势转化为地缘经济优势，未找到恰当的利益契合点，诸多因素制约了两国投资潜力的发挥和互补优势的现实转化。

如今，俄罗斯的经济体量和经济活跃程度依旧有限。2018年俄罗斯GDP仅为1.63万亿美元，同比增长2.3%，却已经是2015年以来的最大值。因此，相对于美国、日本、欧盟，俄罗斯的经济体量对于中俄两国经

---

① 邢广程：《对中俄经贸关系的几点认识》，《俄罗斯中亚东欧市场》2003年第1期。

贸关系的带动作用受到限制。

（三）历史包袱

全面理解中俄经贸合作的发展速度和水平，还应该了解中俄经贸合作有历史包袱，积累了一些不良业态，成为两国商界拓展和加深合作中时常会回忆起来的“历史记忆”。这既包括民间贸易中的伪劣产品、“灰色清关”和“影子经济”，也包括对国际合约的违约和朝令夕改造成的巨大损失。这些历史包袱的形成中俄双方都有责任。

虽然近年来俄罗斯一直在大力解决宏观、中观和微观的营商环境问题，但重建经济信任和市场秩序需要时间，中俄双方都要养成“契约精神”。俄不太成熟的市场营商环境使中国企业对很多项目畏首畏尾、望而却步。

（四）“中国威胁论”还有一定的影响

俄罗斯拥有丰富资源，特别是在邻近中国的西伯利亚和远东地区，但是丰富的资源和广袤的土地并没有带动当地经济的发展，其中当地远离俄罗斯经济发达地区、劳动人口不足是非常重要的原因。而邻近的中国拥有丰富的劳动力，并且经济发展迅速。这本来是双边开展合作的良好条件，但是从结果看来，这一良好条件和合作潜力并没有转化为现实。俄罗斯的“自然资源保护政策”限制了原料的出口，阻滞了中俄在这一领域内的合作。

俄罗斯从联邦层面和地方层面都表示欢迎中国资本参与远东地区开发，搭建了不同平台，但“中国威胁论”导致远东地区与中国的合作潜力难以发挥，很多签订了的合同在执行层面上遇到很多问题。

2014 年《中国东北地区同俄罗斯远东及东西伯利亚地区合作规划纲要》主要项目清单中，中俄双方共计规划了 35 个项目，到 2016 年年底，有 2 个项目完成落实，16 个项目处于落实过程中，其中 7 个项目的投资来自中国，还有 15 个项目处于编制技术可行性和法律规定文件、寻找投资商、与潜在投资商谈判的过程中，2 个项目失去现实意义。这一清单已经是所有项目清单中落实情况较好的。[①] 有些项目双方已经签署协议的项目在执行过程中却遭遇推进力度不足、经常拖延的问题时比如，俄一些地方

① Суслов Д. В.， “Российско-Китайские Экономические Взаимоотношения: Текущая Конъюнктура”，*Пространственная Экономика*，2018，№4，c. 139.

政府经常通过配额、许可证、质检标准等手段和方式限制中国在相关地区的投资。①

三 对中俄经贸合作发展的建议

（一）关注中俄经贸合作中的对称性

在中俄经贸合作发展过程中，贸易、投资、金融合作等各个领域遇到的问题和障碍实际上具有共性，这些问题集中反映在对彼此发展态势的信息缺位、经济活跃度和专业度较低、经济互信度低和一些伤害两国关系的不良舆论。为彻底解决这些问题，至少首先应该从信息对称性、实力对称性和利益对称性来完善双方经贸合作模式。

国内很多行业对于俄罗斯经济和俄罗斯市场并不非常了解，或者说对俄罗斯这个国家不甚了解。虽然俄罗斯是欧洲国家，但是由于历史和文化的原因，俄罗斯的产业环境和投资环境与西方国家有很大差别。开展有效经贸合作的前提首先是要保证信息和决策的对称性，对双方的经济结构、发展态势、政策法规以及所合作项目有充分及时了解，才能将资源优势和地缘优势转化为经济优势。现在中俄经贸合作中已经运行着各种沟通和会晤机制、平台和载体，也不缺少国家或私人资本的支持，但是如何将这些机制和平台的作用发挥到最大，需要从国家和整个行业的层面进行专业统筹规划，综合调配资源，完善信息流动和决策调节机制，既可以集中力量办大事，又避免重复投入或者内部恶性竞争。

中俄经贸合作的经验和教训表明，彼此实力的对称性也非常重要。俄罗斯伏尔加河流域与中国长江中上游流域的经贸合作在科技、农业、旅游、原材料供应等多方面取得了丰富成果，而且不和谐声音甚微。“不论是经济规模还是城市体量都有相似性，尤其是双方在工业发展和技术水平上不相上下，这种对称性结构推动了近年来双方合作进展顺利。”② 相反，虽然中国东北地区与俄罗斯远东地区占据地缘优势和政策优势，但是互联互通建设及经贸合作进展不大，反而“中国威胁论”“原料附庸论”“人口扩张论”等论调总被恶意炒作，“主要是因为区位对接存在非对称性，

---

① 中俄智库联合研究小组：《培育中俄复兴增量：两国智库关于中俄经济金融合作的共同研究》，2018 年 7 月 16 日，第 6 页。

② 邢广程：《对中俄经贸关系的几点认识》，《俄罗斯中亚东欧市场》2003 年第 1 期。

俄罗斯远东地区缺乏与中国东北地区进行对等经贸合作的能力，而俄罗斯出于国家利益的考虑，不希望远东地区沦为中方的矿产原料基地和商品倾销市场”①。当实力对称时，经济投资是纯粹的经济合作，当实力不对称时，在一定的时代背景、民族心态和舆论挑唆下，经济投资就会与国家安全联系起来，进行过度解读。

双赢乃至多赢是国际经贸合作的目标，同时也是其可持续发展的条件。注重中俄经贸合作中的利益对称性，做大双方共同利益“蛋糕”，也是需要注意的问题。如果不能保证利益的双向流动和总体对称，双方的合作难以持久维系，反而会衍生出其他问题，引起不必要的臆想，从而损害两国的合作关系。在推进“一带一路”倡议的过程中，中国应该按照市场经济运行规则，对项目的可行性进行充分、专业的评估和谈判，摸清项目情况，要关注大国的自尊心，不要树立“救世主”的形象，寻找最合适的合作路径，在合作、平等的原则基础上获得相应的投资回报。

（二）提升市场化运作水平，进一步改善营商环境

中国历经改革开放 40 多年，在市场经济的道路上比俄罗斯走得更深更远，许多大型国有或者民营企业不仅已经在改革开放和经济全球化竞争中经历了洗礼，而且已经具备了跨国集团的体量和先进科学的国际化运作体系和经验，各行各业已经拥有了一批业务精湛并具有国际视野的技术和商务人才。

俄罗斯整个社会对市场经济的理解还不是很深刻，市场化运作水平低。这既是因为国家经济宏观层面一些制度性构造尚不完善，也是因为垄断利益集团等障碍，阻碍经济体系转型的步伐。在东亚活跃的经济体和欧洲发达的经济体之间，俄罗斯和中亚地区如同市场经济“坍塌区”。虽然近年来，俄罗斯中央政府为了从根本上改善营商环境做了很多努力，但是非市场化手段和一些垄断利益集团仍是俄罗斯市场的鲜明特色，是俄罗斯建设市场经济的重要障碍，甚至有时地方立法与联邦立法不一致、财税政策不稳定，执法技术操作空间大，决策程序不公开透明。由于不能及时把握相关政策变动或全面把握项目细节，投资和贸易可能遭受巨大损失。因此，很多中国企业会采取与俄方政商界利益绑定、风险共担的模式，让渡一定的项目决策权和所有权，在利益绑定的基础上不断磨合、相伴成长。

① 邢广程：《对中俄经贸关系的几点认识》，《俄罗斯中亚东欧市场》2003 年第 1 期。

只有提升市场运作水平、强化契约精神才能为双方的商品、投资和服务进入彼此市场提供有力支持，依靠市场机制内的自由竞争、供需矛盾、优胜劣汰推动市场主体和市场行为的有效运转，发挥公司、特别是大公司的作用，按照市场规则解决经济问题，通过市场规律的调节作用促进经济发展，确保两国经贸合作的健康发展。

（三）不断创新双方合作思路，多措并举

“能源出口高度依赖性”一直是俄罗斯发展对外经济关系时想要改变的一个现实。实际上，俄罗斯对外贸易结构中还有一个问题就是对进口的极度依赖。2017 年，伴随俄罗斯经济恢复状态的是两位数的实物进口增长（17%），而国内加工工业零点增长①，同时能源和交通基础设施陈旧，亟待更替。而在这方面恰可以与中国展开合作，通过引入更多中国资本和机械制造技术来发展本国能源加工工业，增加俄罗斯石油化工产品附件值和经济效益，同时实现能源和交通基础设施现代化改造，增强在世界的竞争力。因此，除了进一步在新兴合作领域发力外，多措并举，拓展合作空间，中俄经贸合作能够在传统合作领域实现合作模式和思路的创新。

在地区合作方面，如何积极参与俄罗斯的远东和西伯利亚开发一直是中国面临的重大课题。实际上，地区合作并不只局限于边境地区之间的合作，除邻近的东三省之外，经济相对更加发达的长三角、珠三角企业在参与远东开发项目时具有资本、技术、经验和人力等多重优势。俄罗斯经济相对发达的欧洲地区同样可以参与中国的东北老工业基地振兴和西部大开发，双方首都和主要经济中心参与边境开发，能够带来更大的合作项目，在更大的范围内起到带动作用。同时，中俄企业强强联手，以合资企业或者参股项目的形式，利用双方优势，共同促进远东地区开发。通过合作模式的创新，能够进一步促进市场资源的重新调配和组合，释放发展潜力。

（四）进一步加强两国的互联互通

在国家和地区各层面加强对话与磋商、消除政策壁垒和合作屏障是中俄经贸合作长期需要努力的方向，加强法律、政策和国际协议的稳定性，进一步促进贸易和投资的便利化，降低资金成本和时间成本，提高区域经

① Гусев М. С.，“Внешнеэкономическая стратегия России в условиях меняющейся модели международной экономической интеграции”，*Экономические стратегии*，2019，№1.

济循环速度和质量。同时在基础设施方面，持续改善交通基础设施、口岸基础设施、能源基础设施以及电缆、网络等通信基础设施，不仅为经贸合作进一步发展创造条件，而且本身即为合作的增长点。

在解决交通基础设施和物流畅通问题时，不仅要注重基础设施硬件的建设和完善，而且要关注信息共享和协作平台建设，联合现有各平台，打造跨行业、跨地区、跨组织、跨国家的全球供应链信息共享平台，充分利用大数据、区块链等技术，加强多种交通工具协作，打破信息的不对称、不透明，实现供应链信息的互联互通。

（五）进一步深化科技创新合作，注重基础理论研究和标准对接

近些年来由于俄罗斯本国经济的滑坡，俄罗斯科技的存在感也越来越低，我国长期以来将美国、日本、欧盟等作为重点和优先的合作对象，不重视与俄罗斯的科技合作。我们在面对西方引进科技的同时，必须高度重视引进俄罗斯的科技[①]，并定位于高附加值产品和高科技产品，加强标准与参数沟通，注重科技成果的产业化和商业化运营，例如航天领域产品的商业化[②]，从单纯的成品贸易转向研发、试制、生产和销售全阶段的深度协作，提高双方产品的竞争力。

在技术和消费快速发展的时代，往往会忽视或者轻视科技理论的创新成果。然而，真正的科技创新是建立在坚实的基础理论研究基础上的，背后具有大量的理论支撑和实验分析数据。中国在基础科学理论研究方面的欠账已经很多，而俄罗斯已经产生 23 位诺贝尔自然科学奖项获得者，具有深厚扎实的理论研究基础。中俄科技创新合作中，不仅要利用俄罗斯这方面的优势，更要踏踏实实学习基础理论，“只知其然，不知其所以然”只会导致科技合作一直是浮于表面的被动输入。而俄罗斯可以汲取中国科研成果快速转化为生产力的方法、“军转民”的成功经验等。中俄科技创新合作不应该只定位在技术资料转移和产品供应，而应通过优势互补和合作创新，引领世界科技发展的新方向，共同探索未知科技领域。两国潜力的结合能够使得两国占据世界领先地位。[③]

---

① 邢广程：《对中俄经贸关系的几点认识》，《俄罗斯中亚东欧市场》2003 年第 1 期。

② ПокровскаяВ. В.，ЛарионовА. В.，“Тенденцииырынкапродуктовсферыкосмической деятельности”，*Мирновой экономики*，2016，№4，с. 24.

③ Совместный доклад РСМД，ИДВ РАН и Фуданьского университета. Российско-китайский диалог：модель 2019，Москва，2019.

（六）注重国际合作项目管理和人才互动

国际科技创新合作项目往往非常复杂，除前文提到的政治、外交、法律、国情等外在因素以外，项目谈判和项目管理本身也是一个极为复杂而专业的体系，双方团队的专业性、经验、力度均会影响到合作项目的进度和成效，专业、成熟的项目谈判团队可以规避很多隐患。目前国际上主流的项目管理组织包括国际项目管理协会 IPMA 和美国项目管理协会 PMI，项目管理体系和认证包括 PMP 和 PMI 认证体系、IPMA 四级项目经理认证体系与 ICB3.0 体系、OGC PRINCE2 认证体系等。虽然在目前中俄科技合作中这些专业国际项目管理体系应用得较少，仍以苏联时期的合作模式和合同模板为主，但随着合作的深入和发展，中俄经贸合作需要专业的项目管理和谈判团队，单单将语言与技术或者经贸进行技能结合的团队无法满足国际项目管理的需要。

同时，有必要进一步简化双方人员，特别是学者、商务和技术专家的签证制度。可以借鉴过去中苏经济合作的实践经验，苏联专家到中国进行实地考察、就地设计，并与中国专家联合办公，是提高工作效率、获得研发灵感的重要方法，也能够有效地消除由于文化背景和国情差异带来的认知偏差，更快达成共识。人才是经验和知识的载体，国际人才交流和互动不仅能够促进经济效益提高和人才队伍建设，而且是增进两国人民友谊、促进民心相通的重要途径。

（七）抓住“一带一路”倡议与欧亚经济联盟对接的机遇

“一带一路”倡议与欧亚经济联盟的对接能够成为中俄经贸合作的新抓手。各国在发展对外经贸合作时并不均衡，首先是与自己的邻国更加密切，但也并不完全这样：亚洲和非洲许多国家发展对外贸易时，首先不是与自己的邻居，而是与发达国家、与提供经济援助和直接投资的昔日宗主国。[①]

俄罗斯作为欧亚经济联盟的提出者和主要推动者，也是欧亚经济联盟的核心力量，旨在构建统一欧亚经济空间，实现联盟内部商品、服务、资本和劳动力自由流动，这与丝绸之路经济带在空间和宗旨方面高度契合，

---

① Цветкова Н. Н.，“Проекты региональной интеграции и новые технологии：цифровой шелковый путь”，Восточная аналитика，2019，№1，с. 48.

中俄政治互信和经贸合作的进一步加强是“一带一路”倡议和欧亚经济联盟对接的基础，同时二者的对接也能够反哺中俄经贸关系，丰富中俄经贸合作的内涵，提高中俄经贸合作的水平，为进一步发展欧亚伙伴关系、建立经济合作空间、最大化地消除一切壁垒奠定基础。

在“一带一路”倡议与欧亚经济联盟对接框架内，中俄经贸合作将会推动欧亚空间内的通关便利化、物流基础设施改善和数字化转型。例如通过运用统一电子铅封和采用区块链技术的电子申报单不仅提高了工作效率和运转速度，而且可以对运行轨迹、货物状态、隔舱温度等进行更加精细化和自动化的科学管理，降低企业和国家运营费用，这符合所有国家的利益。另外，中国经济、产业、科技、人才等方面的综合优势和俄罗斯在该空间的市场和影响形成合力，经贸合作的潜力能够得到更大的释放空间，科技成果和合资企业在亚欧大陆的竞争力能够大幅提升。因此，中俄牵头推动欧亚经济空间内的跨境贸易、跨境电商、国际物流通道建设、基础设施改善和风险管理合作，具有广阔前景。

（八）疫情防控常态化下创新合作路径，抓住“新基建”机遇

目前，中俄双方正在就疫情防控下促进经贸关系的措施进行积极磋商。从制度层面上需要视疫情防控情况，打通物流运输和清关通道，保障产品供应、订单验收，通过“快捷渠道”等方式保障重要商务、物流、生产和技术服务亟须人员往来，实现必要流动人员的精准防控。

在经济上应继续深化合作，充分利用区块链、大数据等数字技术手段、VR 视频技术，开办网上展会，建立更加有效的供应链和产业链，进一步加强两国能源和粮食安全合作机制，拓展医疗器械和防护用品的研制合作，对这几年发展势头良好但深受疫情打击的服务贸易合作给予扶持。

近期中国中央相关部门多次部署新兴基础设施建设计划，明确提出“加快 5G 网络、数据中心等新型基础设施建设进度”，各地方政府积极响应，有业内专家判断，2020 年的新基建投资或在 1 万亿元左右。新型基础设施主要包括信息基础设施、融合基础设施、创新基础设施三方面内容，涵盖新一代信息技术演化生成的基础设施，以 5G、物联网、工业互联网、卫星互联网为代表的通信网络基础设施，以人工智能、云计算、区块链等为代表的新技术基础设施，以数据中心、智能计算中心为代表的算力基础设施等，深度应用互联网、大数据、人工智能技术的智能交通基础设施、智慧能源基础设施，以及支撑科学研究、技术开发、产品研制等具有公益

属性重大科技基础设施、科教基础设施、产业技术创新基础设施等。在“新基建”计划实施中，将更加注重探索投融资机制创新，进一步激发民间投资参与的积极性，将为中俄经贸合作创造更多机遇，促进疫情后经济发展。①

新冠肺炎疫情对中国经济的影响是暂时的、有限的，中国经济长期向好的基本面没有改变，支持中国经济高质量发展的要素条件没有改变。经历了疫情大考的中国坚持开放创新，坚定行进在高质量发展大道上。中国仍然是世界经济的稳定器和动力源②，中国的经济发展也是中俄经贸持续稳定发展的重要动力。

本章执笔：郭晓婷

① 《新基建范围首次圈定　今年万亿元投资可期》，2020 年 4 月 21 日，新华网，http://www.xinhuanet.com/fortune/2020-04/21/c_1125883443.htm，访问日期：2020 年 4 月 28 日。

② 《为世界经济注入宝贵信心和动力——抗击疫情离不开命运共同体意识》，《人民日报》2020 年 5 月 2 日。

第三章　中俄能源合作

能源是社会经济发展的动力，是人类赖以生存的物质基础，也是生产生活质量不断提升的关键因素。当前，世界主要能源的石油、煤炭、天然气等均为不可再生资源，各国都把能源安全放在国家战略的首要地位。中国是世界上最大的能源进口国，俄罗斯则是世界上最大的能源出口国，双方能源合作符合本国能源结构特征，有利于维护各自的国家能源安全，具有可持续发展的广阔前景。2019 年俄中能源商务论坛上，习近平主席指出“能源合作是两国合作中分量最重、成果最多、范围最广的领域。双方密切协作，为维护公平、公正、合理、有序的国际能源秩序发挥了积极作用”，俄罗斯普京总统表示，“当前，能源合作已经成为俄中全面战略协作伙伴关系的重要组成部分，也是两国合作发展最快的领域，对双方都有利”①。中俄能源合作是双边战略协作的核心支撑，能满足各自能源发展需求、实现进出口的多元化、化解能源安全风险，是实现双赢的共同选择，对打造开放型世界经济也具有重大意义。

第一节　能源结构高度互补是中俄能源合作的根本动因

国家行为的根本出发点是国家利益，中俄能源合作是双方基于基本国情和当前发展的双赢选择，也是新时代中俄全面战略协作伙伴关系的有机组成部分。能源对中俄都具有战略性意义，能源输入对中国发展的关键作用与能源资源输出在俄罗斯的核心地位形成高度的战略利益契合点，能源

① 《习近平和俄罗斯总统普京共同出席中俄能源商务论坛》，《光明日报》2019 年 6 月 8 日。

是中俄两国长期战略合作的重要内容。

一 俄罗斯能源资源的输出国地位

俄罗斯石油天然气产量均居世界前列，因此能源出口担负着复兴经济和改善人民生活水平的使命，也成为重振大国地位、“复兴国家”的有力武器和高效工具。《2020年前俄罗斯能源战略基本纲要》指出俄罗斯应该把能源作为内外政策的武器，《2030年前俄罗斯能源战略基本纲要》强调能源外交还要促进俄罗斯能源结构转变及能源之外各领域的整体经济发展，也是发展能源产业、保障能源安全和对外能源合作的重要政策依据。

（一）对内：能源是俄罗斯的支柱产业

俄罗斯是能源大国和能源出口国，油气产业是国家最重要的经济部门。俄罗斯石油探明储量252亿吨，占世界探明储量的5%；天然气已探明蕴藏量为48万亿立方米，占世界探明储量的21%，居世界第一位；煤蕴藏量1570亿吨，居世界第二位。① 油气是俄罗斯最重要支柱产业之一，最高时占GDP的1/3，更是占出口的70%。俄罗斯近年来油气产量保持稳定增长，其石油产量的3/4和天然气产量的1/3左右用来出口，是世界第三大石油生产国和第二大原油出口国，是全球油气资源的关键供给者，也是国民经济收入的主要部分。②

油气依赖是近二十年来俄罗斯经济发展的主要特征和动荡原因。20世纪90年代末开始，油气收入在俄罗斯联邦财政收入中占比就呈上升趋势，当前占联邦政府收入一半左右。③ 俄罗斯政府在制定年度预算时会将国际能源市场的发展趋势作为首要考量因素，因为经济增长主要依靠能源出口，并且未来很长一段时间内很难改变这种局势（见图3－1）。

① 商务部国际贸易救济合作研究院、中国驻俄罗斯大使馆经济商务处、商务部对外投资和经济合作司：《对外投资合作国别（地区）指南——俄罗斯（2019年版）》，2019年11月，商务部网站，http：//fec. mofcom. gov. cn/article/gbdqzn/index. shtml#，访问日期：2020年5月20日。

② 聂新伟、史丹：《中俄能源合作历史进程、时代背景与未来选择》，《中国能源》2019年第11期。

③ 刘旭：《俄罗斯能源研究报告（2019）》，中国社会科学出版社2020年版，第25页。

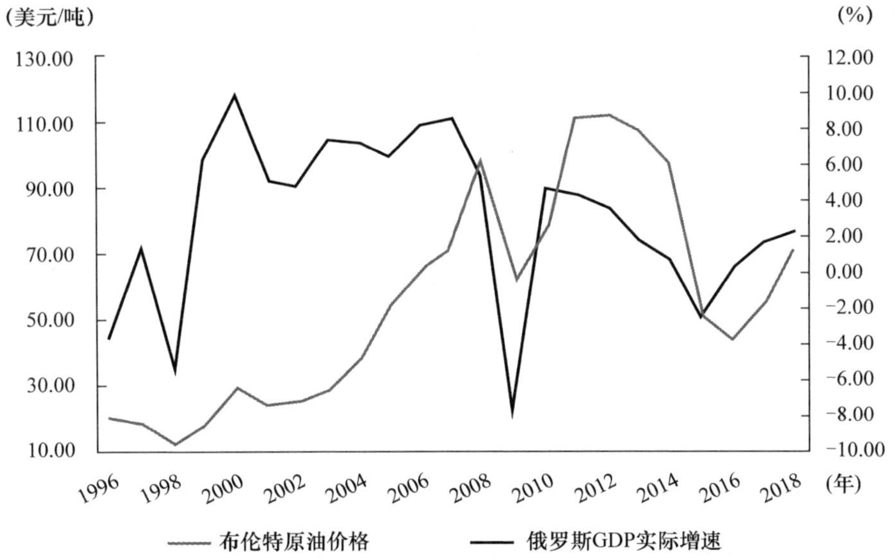

图 3-1 1996 年以来俄罗斯经济增长与世界油价变化情况

资料来源：根据 Wind 数据整理计算。

（二）对外：能源是俄罗斯的外交工具

欧洲国家向来是俄罗斯油气出口的最大目的地，可出口多元化更符合国家能源安全和利益最大化的需求，向亚太国家倾斜以优化能源出口结构是其对抗欧盟东扩、约束原苏联空间、平衡东亚局势的有效举措。在《2020 年前俄罗斯能源战略基本纲要》的指导下，能源外交对俄罗斯来说政治意义大于经济属性，不仅是作为单纯的能源供应者以获取经济利益，更是追求在国际能源市场中成为举足轻重的参与者和策划者，尽可能发挥能源作为外交手段的更大功效。俄罗斯曾为了保持在独联体地区的主导地位长期以优惠价格向原苏联国家提供能源就是这一意图的最佳证明。

为更好地实现能源作为大国外交和实现地区目标的主要政策工具，实现平衡发展的能源外交格局，《2030 年前俄罗斯能源战略基本纲要》提出能源的“平衡”功能，既要促进经济发展又要防止对其过度依赖，还要处理近期和长远发展、发展数量和质量之间的关系。基于国家能源安全考虑，俄罗斯对中国的能源合作也不只是单纯的双边经贸合作框架中考量，而是置于能源安全战略、周边地区安全和对华外交政策的多维立体空间内统筹权衡，是俄罗斯巩固与中国战略伙伴关系的工具。[①] 从俄罗斯能源外交视野对中国的政策，可以深刻理解其对自身的定位，更能判断其对国际地区局势及对中俄关系的态度与认知。

二　中国是典型的能源输入国

近年来中国经济的快速发展离不开能源长期稳定的供给，能源资源的开发规模、速度和与日俱增的能源消耗需求之间还有差距，由此进口俄罗斯能源成为战略关键，构建可持续的交易通道则是必然选择。

（一）中国能源现状基本特征

中国处于经济转型升级的关键时期和新工业化后期阶段，也面临能源转型优化、工业水平进一步提升的重要阶段。在全球化进程、保护生态和节能减排的国际环境中，中国需要解决的能源问题尤为艰难。

其一，能源资源分布不均且人均量低。中国查明资源储量煤炭 15980.01 亿吨、石油 35.01 亿吨、天然气 5.44 万亿立方米。[②] 2018 年中国煤炭产量为 35.46 亿吨，约占全球总产量 50%，居世界第一。[③] 但是，中国的能源资源具有总量大、人均少、分配不均的特点，分布上大都在经济欠发达地区，开采难度大且非常不便，不可再生能源的人均可采储量远远达不到世界人均水平。

其二，能源贸易逆差扩大。中国经济急速发展使能源消耗和需求也随之增加，能源贸易进口上升、出口下降趋势明显。尤其是 21 世纪以来，中国参与世界贸易的多边机制以获取更广阔的平台，中国产品只有加强对外联系才能遍布世界各地。与此同时，制造业的蓬勃兴盛需要大量的能源资源，在国内能源供不应求的情况下必然加大进口，当进口增速不断高于出口，能源贸易逆差也随之增长。

其三，能源消费结构。中国“富煤贫油少气”的资源特点导致能源消费结构以煤炭为主，目前几乎占一次能源需求的 1/3，过去十年采取政策

---

① Жизнин С. З, Энергетическая Дипломатии России: экономика, политика и практика, Москва: Ист-Брук. 2005. Bobo, *Russia and the New World Disorder*, London: Royal Institute of International Affairs, 2015; Matthew Sussex and Roger E. Kanet, *Russia*, *Eurasia and the New Geopolitics of Energy*, New York: Palgrave Macmillan, 2015.

② 《2017 中国土地矿产海洋资源统计公报》，2018 年 5 月 18 日，自然资源部网站，http://gi.mnr.gov.cn/201805/t20180518_1776792.html，访问日期：2020 年 5 月 20 日。

③ 李鹏：《中国能源安全与中俄能源合作》，《现代交际》2019 年第 10 期。

措施努力摆脱对煤炭的严重依赖，能源结构更具多样性，尤其是随着新兴供应源的出现，2013 年开始煤炭消费量已经连续三年下降，但是与全球平均水平相比，具有非典型的一次能源混合使用以及消费结构严重偏向于工业的特点。由此可见，能源发展仍有问题，主要表现在总体供求大致宽松与个别品种在供需时间和地域上不平衡。

（二）能源保障是中国发展的基础

中国过去十多年的能源需求迅猛增长，快速的工业化和城镇化支撑着强劲的经济增长，随之而来的就是能源需求的激增：自 2000 年以来，能源总需求每年平均增长 6.2%，而中国的经济规模则翻了两番。目前，中国是煤炭需求量最大的国家，占全球总量的一半以上，同时也是第二大石油需求国（仅次于美国）和第四大天然气消费国（排在美国、欧盟和俄罗斯之后）；中国还拥有世界上规模最大的发电装机，占全球装机容量的 1/4。[①] 中国改革开放到 21 世纪最初十年末期，绝大多数省、区、市行政村通电率都已达到 99% 以上，农网供电可靠率达到 99.38%[②]，基本实现电力全覆盖，不存在因无法获取电力而存在的能源贫困。[③] 即使在今天，中国的人均能源使用量仍只有工业化国家平均水平的一半。

中国整体上处于工业化中后期，经济发展将延续良好态势，工业化和城镇化快速发展，人均能源消费量逐年增长，目前已经达到世界平均水平，能源需求在近期内仍将保持上升态势，预计到 2050 年 GDP 年均增长率将超过 4.5%，稳健持续的经济发展将拉动能源需求的提升，资源问题已经成为中国经济发展的瓶颈。美国能源信息署预测，未来石油消费需求增长的主力将是以中国为代表的新兴发展国家。[④] 中国 2019 年原油进口达到 5.1 亿吨，排名世界第一，成为名副其实的世界能源消费大国。中国海关总署公布数据显示，2019 年中国进口天然气 9656.2 万吨。根据国际能源署预测，未来五年我国进口天然气将超过 1700 亿立方米。

---

① 国际能源署编著：《世界能源展望中国特别报告》，石油工业出版社 2017 年版，第 48 页。

② 冉永平：《经典中国　辉煌 30 年：电力工业三十年大跨越》，2008 年 10 月 28 日，人民网，http://finance.people.com.cn/GB/8240335.html，访问日期：2020 年 5 月 20 日。

③ 魏一鸣、廖华、王科、郝宇：《中国能源报告（2014）：能源贫困研究》，科学出版社 2014 年版，第 54 页。

④ U. S. Energy Information Administration, *International Energy Outlook* 2014, 22.09.2014, https://www.eia.gov/pressroom/presentations/sieminski_09222014_columbia.pdf.，访问日期：2020 年 5 月 20 日。

因此，需要从三方面来考虑保障国家能源安全：一是能否寻找到长期稳定充足的能源合作伙伴；二是购买能源的价格是否合理平稳；三是能源运输通道的安全性有无保障。只有满足这些条件，才算构建较为完善的国家能源安全体系。中国需要进行多方面努力，实现能源进口来源多元化、运输方式多样化、运输路线多方案等以备不时之需。

（三）中国油气对外依存度过高

20 世纪 50 年代末 60 年代初，中国发现并开发了大庆油田后改变了贫油的历史，1963 年实现了石油自给，并在其后有少量出口换汇。但随着经济发展和人民生活水平提高，需求迅速增加，中国原油自给只维持了 30 年，到了 1993 年，中国原油进出相抵，之后成了原油净进口国。并且，我国原油进口量逐年增加，2016 年年度进口量为 3.8 亿吨，自产 2 亿吨，原油进口占比已超过 60%。[①] 通常判断，一国某种能源的对外依存度超过 60% 必须从能源战略安全角度来加以考虑。

目前，中国能源安全形势严峻，作为油气进口第一大国亟须稳定安全的供应保障。2017 年，中国超越美国跃居世界第一大原油进口国[②]，次年还成为世界第一大天然气进口国（其中日本仍是液化天然气进口第一大国，中国为第二）。中国能源消费增速连创五年新高，能源进口的快速增长导致对外依赖进一步加深。《中国能源发展报告 2018》指出，2018 年中国能源消费增速延续反弹态势，全年能源消费总量 46.4 亿吨标煤，同比增长 3.3%，增速创五年来新高；原油进口 4.6 亿吨，增长 10.1%，进口与生产比例为 2.44:1，对外依存度达到 70.8%，俄罗斯连续三年成为我国最大原油进口来源国[③]；2019 年中国天然气累计进口规模达到 9656.2 万吨，同比增长 6.9%，对外依存度超过 40%。

能源领域随着经济社会形势的发展，特定时期出现地区性的供给紧张，出现发展不均衡现象。2018 年冬，北方气候不同于往年，温度出现骤降，供暖需求瞬时暴涨，12 月 29 日中国石油全口径天然气销量当日 7.03

① 张国宝：《见证中俄原油管道谈判十五年》，《新能源经贸观察》2018 年第 Z1 期。

② 2017 年，中国原油进口量 840 万桶/日，已经超越美国的 790 万桶/日，参见 http://finance.sina.com.cn/money/future/indu/2018-02-27/doc-ifyrvaxf1401739.shtml，访问日期：2020 年 5 月 20 日。

③ 高瑞明、夏潇远：《2018 年中国石油贸易现状与 2019 年展望》，载《中国石油产业发展报告（2019）》，社会科学文献出版社 2019 年版，第 177 页。

亿立方米，创历史新高。因此，大力拓展油气供应多元化以提升供应能力成为应对能源增长的有效途径（见图 3 –2）。

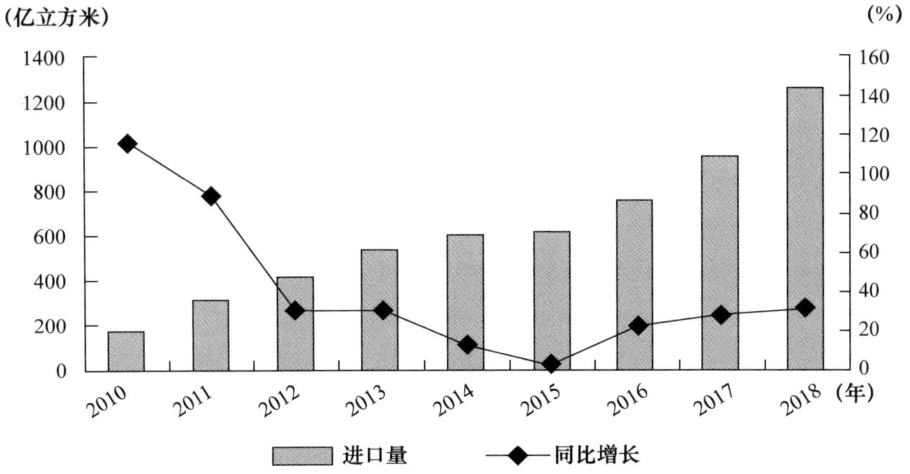

图 3 –2　2010—2018 年我国天然气进口量及其增长率变化情况

资料来源：中国海关总署。

国际能源署 2017 年的报告预测，全球一次能源消费到 2040 年会增长近三成，其中约两成来自亚洲地区的消费，中国则会成为能源消费第一大国。① 然而，中国的石油产量自 2015 年以来一直在大幅下滑且此下滑趋势难以扭转，至 2040 年石油产量将回落至 310 万桶/天，与此同时石油需求将增长 35% 达到 1550 万桶/天，中国对进口石油的依赖将上涨至 80%，将超过美国成为世界第一炼油大国。中国能够开发其大型页岩气资源至何种程度是个关键的不确定因素，到 2040 年中国天然气总产量将达到 3500 亿立方米，其中将近 1000 亿立方米来自页岩气，远低于 6000 亿立方米的需求量预测，这意味着中国将利用管道和液化天然气进口天然气，成为仅次于欧盟的主要天然气进口国。② 中国的相关研究也对未来油气的对外依存度持增长观点，如表 3 –1 所示，2030 年的石油缺口和油气缺口将达到

① АЦ при Правительстве РФ, Новые прогнозы мировой энергетики и место России в ней., *Энергетический бюллетень*. №54. ноябрь 2017г., http://ac.gov.ru/files/publication/a/15318.pdf, 访问日期：2020 年 5 月 20 日。

② 国际能源署编著：《世界能源展望中国特别报告》，石油工业出版社 2017 年版，第 101 页。

2010年的1.5倍和近10倍，前景不容乐观。

表3－1　　　　中国油气产需趋势

（单位：100万吨，10亿立方米）①

油气产需情况	“生态能源新战略”情景		
	2011年	2020年	2030年
石油需求	454.31	556.27	584.98
石油产量	200.65	223.85	202.31
石油缺口	253.66	332.42	382.67
天然气需求	1299.20	3998.19	5827.39
天然气产量	1053.48	2324.52	3559.14
天然气缺口	245.72	1673.67	2268.25

资料来源：IWEP能源展望数据库。

三　能源战略利益的高度契合

俄罗斯要确保能源安全，开辟非欧市场的关键在于中国市场。而中国进口来源、方式和渠道多样化与石油安全密切相关，相邻的俄罗斯和中亚国家是距离最近、资源丰富、供应稳定的首选。因此，中俄能源合作是双方共赢的战略选择，不会因为一时争议、局部曲折而改变，内含具有不可替代性的战略考量。中俄能源战略利益的契合包括以下几个方面。

（一）能源供求多元化

实现国家能源安全、保证稳定的能源供给、合理低廉的能源价格是中国必须综合考量的因素。同时，国际能源市场的变动决定了能源供给多元化更为稳妥，中国需要运用中亚天然气和澳、加液化天然气来平衡与俄罗斯的价格博弈，建成西部、西南部两条陆上能源通道有助于选择更加多元化。中国努力实现供应保障与多元化，俄罗斯则希望油气出口多元化和获得经济保障，能源进出口多元化战略是双方实现能源安全战略的相同思路，中俄能源需求高度契合，合作符合两国能源安全的利益。

具体来看，中国进口石油超过一半源于中东和西非，进口天然气八成

① 《世界能源中国展望》课题组：《世界能源中国展望（2013—2014）》，社会科学文献出版社2013年版，第242页。

来自土库曼斯坦、卡塔尔等；俄罗斯超过60%的石油和近80%的天然气出口欧洲。中国的《能源发展战略行动计划（2014—2020年）》指明要加强与俄罗斯的能源合作区域建设，建立区域性能源交易市场。[①] 俄罗斯在《2030年前俄罗斯能源战略基本纲要》《2035年前俄罗斯能源战略草案》中反复强调亚太市场的重要性：前者提出要同新兴能源市场建立与传统能源国同样稳定的关系，以实现能源出口市场和产品出口结构的多元化[②]；后者则明确提出具体目标——到2034年出口到亚太地区的原油份额要从目前的12%提至32%，天然气从当前的6%涨到31%[③]，中国凭借油气消费大国的市场地位成为俄罗斯“东进”战略的优先选择。中俄能源政策、能源战略的发展方向高度契合，双边能源合作能有效降低国家能源安全受制于其他国家或地区的程度，有助于国家能源安全体系的建设。

（二）经济性与稳定性

中国作为进口国需要通过长期合同和政府间协议确保稳定的低价，俄罗斯则希望通过长期合同和政府间协议确保价格稳定。中国近年来油气进口的快速增长说明亟须长期、安全、稳定的渠道，俄罗斯丰富的自然资源使其成为全球经济中原材料的主要供应者的同时也需要长期、稳定、可靠的油气出口市场，以维持其经济增长率。

中俄具有国际劳动地域分工的强比较优势互补，合作能够提高效益。中国GDP的36%来自制造业，是全球制造业竞争力最强的国家[④]，但是人均能源资源比较匮乏。俄罗斯得天独厚的丰富能源资源决定了能源产业成为其经济支柱，但制造业并不发达。据统计，俄罗斯能源部门的产值占国民经济总产值的1/4，占全国工业总产值的1/3，其收入占联邦财政收入的

① 《国务院办公厅关于印发能源发展战略行动计划（2014—2020年）的通知》，2014年11月19日，中国政府网，http：//www.gov.cn/zhengce/content/2014-11/19/content_9222.htm，访问日期：2020年5月20日。

② МИНИСТЕРСТВО ЭНЕРГЕТИКИ РОССИЙСКОЙ ФЕДЕРАЦИИ，Энергетическая стратегия России на период до 2030 года，от 13 ноября 2009 г. № 1715-р，https：//minenergo.gov.ru/node/1026，访问日期：2020年5月20日。

③ МИНИСТЕРСТВО ЭНЕРГЕТИКИ РОССИЙСКОЙ ФЕДЕРАЦИИ，Энергетическая стратегия России на период до 2035 года，19.02.2014，http：//www.energystrategy.ru/ab_ins/source/ES-2035_09_2015.pdf.

④ Giffi C. A.，Roth A. V.，Rodriguez M. D.，et al.，2016 *Global Manufacturing Competitiveness Index*，06.04.2016，https：//www2.deloitte.com/global/en/pages/manufacturing/articles/global-manufacturing-competitiveness-index.html，访问日期：2020年5月20日。

近一半，能源出口创汇额也占到了全国的一半。① 根据比较优势理论，在产业结构具有明显差异并高度互补的情况下，应该按照国际地域分工出口优势产品、进口劣势产品以获得最大效益，据此俄罗斯出口能源至中国并从其进口制造业成品，从而达到互补以实现整体效益共赢。

（三）基础设施建设

在可预期的未来一段时间内，俄罗斯经济主要依赖能源出口拉动的基本态势不会改变，这使得经济具有脆弱性、高风险的特点，严重影响可持续发展，所以俄罗斯对内不断发展油气勘探技术，对外展开多层次、宽领域合作，以此减弱国际局势变幻的影响，特别是国际油价动荡的直接打击。俄罗斯已向联合国提出申请开发境内北极地区的油气资源，但酷寒冰冻的气候和偏僻的地理位置导致勘探开发技术难度大、资金需求多，俄罗斯无力独自负担“北极开发计划”。俄在西西伯利亚汉特—曼西斯克尤格拉区开始开发世界最大的伯力扬诺夫斯基页岩油田，计划目标为每年生产千万吨石油来保证页岩油气生产的国际领先水平，还将筹资研发自主的油气勘探技术。需要注意的是，俄罗斯能源工业发展的基础是油气管网，基础设施建设完善是开展能源外交以支持地缘政治目标实现的重要支撑，可是俄罗斯目前的管道运营多继承自苏联，大部分修建于 20 世纪 60—70 年代，运载能力和运营状况不佳。根据国际能源署的统计，2000 年俄罗斯 73% 的石油运输管线已经使用了 20 年以上，而 41% 的管线使用寿命已经超过了 30 年。② 老化且年久失修的运输管道给能源运输造成严重安全隐患，迫切需要进行维护和修缮，这就要大量的资金、人力和物力的投入，中国能源企业资金雄厚、技术先进、人力充沛，使得两国进行能源合作能从很大程度上缓解这些压力。

中国制造业较为发达、劳动力资源丰富、资金雄厚并具有一定的能源开发技术优势，这正是俄罗斯需要的。资源、技术、资金和市场各因素的互补，是两国能源合作的重要动力，当前已经摸索出资源换贷款的能源与金融高度结合模式。在俄罗斯《2035 年前俄罗斯能源战略基本纲要》中，中国被规划为出口增量最多的国家。

---

① 方婷婷：《俄罗斯对外能源战略和中俄能源博弈》，《东北亚论坛》2012 年第 3 期。

② 麻希源：《简析俄罗斯与中国开展能源外交的动因》，《南方论刊》2017 年第 9 期。

第二节　中俄能源合作进程与成果

中俄能源合作在全球能源局势中的影响力巨大，双方原油产量和消费量均占全世界的1/5左右。两国的能源协作除了石油、天然气、煤炭、电能、核能以及新能源等方面的交易外，还拓展至全产业链、新技术装备研发制造以及数字化建设等多方面发展，取得了丰硕成果。近些年，中俄两国关系不断向更高层次发展、互信程度进一步加深，能源伙伴关系也随之不断深化。

一　油气合作为主体

（一）油气贸易是主要领域

中俄两国1994年签署《关于共同开展能源领域合作协定》，1996年设立政府首脑定期会晤委员会并常设能源合作分委，2005年协商建设石油管道泰纳线并于2008年年底竣工。2008年，中俄双方坚持全面长期合作、市场原则和互利共赢原则正式启动能源谈判机制，2009年，双方签署了《中俄石油领域合作政府间协议》，双方本着互信、互利、共赢的原则加深了中俄战略合作伙伴关系的同时也积极推进了能源领域重大项目的合作。2011年，中俄石油管道建成运营，俄罗斯每年出口中国1500万吨原油，为期20年。中国石油消费在全世界占比很大，目前与俄罗斯的合作还有进一步发展空间，如表3－2所示。

表3－2　　2018年中国石油进口量国家统计

国家	进口量（万吨）
安哥拉	4928
沙特阿拉伯	4386
伊拉克	3622
俄罗斯	2426

资料来源：http：//www. chinairn. com/news/20190121/090733850. shtml。

2004年中俄签署了天然气供应战略合作协议，2006年双方签署了

《关于从俄罗斯向中国供应天然气的谅解备忘录》，2008年俄罗斯修建东、西两条天然气管道，计划每年向中国出口天然气680亿立方米。但由于双方在天然气价格上的分歧，谈判历经波折。2013年，俄罗斯为应对西方的制裁、摆脱乌克兰危机困境急寻合作新伙伴，2014年中俄签署《东线供气购销合同》，约定俄罗斯从2018年以380亿立方米/年的出口量向中国出口天然气，时长30年。随后两国还签署了《关于沿西线管道从俄罗斯向中国供应天然气的框架协议》执行交易，每年俄罗斯至少向中国供气300亿立方米。2015年6月25日，中石油与俄罗斯天然气工业集团（以下简称“俄气”）签署了谅解备忘录，内容是建设中国地下储气和天然气发电。2017年，中国葛洲坝集团与俄气合作建设阿穆尔天然气加工厂，开始拓展到下游加工链，合作开始向纵深发展，也提升了两国的能源安全。2014年，中国成为俄罗斯天然气合作的最大对象国，双边合作资金已达到900亿美元。中俄天然气合作实现了高度互补，在很大程度上缓解了中国天然气储备不足的问题，也满足了其对于清洁能源的需求，同时有助于俄罗斯经济的复苏和改善就业问题。

（二）油气全产业链合作

随着中俄能源合作不断深化，双方在全产业链开展广泛合作，第二届中俄能源商务论坛主题为“促进中俄能源领域上中下游全产业链合作”[①]，说明这已成为中俄两国当前最关注的合作主题之一。

1. 上游的勘探开发与工程建设

中国石油天然气集团有限公司（以下简称“中石油”）和中国石油化工集团（以下简称“中石化”）是最早进入俄罗斯能源领域开展勘探业务的中国企业，发展多年至今合作紧密。2003年12月，“萨哈林油田的勘探开发框架协议”的签订开启了中俄油气上游合作。[②] 2005年7月1日，时任中国国家主席胡锦涛出访俄罗斯，中石化与萨哈林石油签约“建立合资企业共同参与俄罗斯264个核心工艺模块建造”[③]，中石油与俄罗斯石油公

① 《第二届中俄能源商务论坛在圣彼得堡举办》，2019年6月14日，国家能源局网站，http：//www. nea. gov. cn/2019－06/14/c_ 138143530. htm，访问日期：2020年5月20日。

② 徐洪峰、施佳敏：《中俄能源合作综述》，《俄罗斯学刊》2014年第6期。

③ 徐洪峰、施佳敏：《中俄能源合作综述》，《俄罗斯学刊》2014年第6期。

司签署了有关两家公司在俄远东地区合作进行油气勘探的《一号议定书》[①]，对进一步扩大两国能源合作有着重要意义。2006 年 8 月 10 日，中石化完成了对俄罗斯乌德穆尔特石油公司 96.86% 股份的收购，之后将其中的 51% 股份出售给俄罗斯石油公司，双方共同拥有和管理该公司。2006 年 10 月东方能源公司成立，其中俄罗斯石油公司持有 51% 股份，中石油持有其余 49%，是双方计划开展石油开采和冶炼领域合作的良好开端。公司于 2007 年首次通过拍卖方式获得了俄罗斯东西伯利亚两个区块油气资产的勘探许可证，即上伊切拉区块和西乔纳区块，石油和天然气的预测储量共计 8000 万吨、1050 亿立方米。[②] 2013 年，中石油通过收购股权获得在伊尔库茨克州和乌德穆尔特共和国从事油气勘探的机会。

2. 中游的油气管道建设

中俄石油管道在中俄能源合作中具有里程碑的历史意义，俄罗斯境内段和中国境内段由中石油和俄罗斯国家石油管道运输公司分别于 2009 年 4 月 27 日和 5 月 18 日开工建设，2011 年 1 月 1 日全线正式运营。2014 年 5 月，中石油与俄气的《中俄东线供气购销合同》所商议的中俄东线天然气管道容量为 380 亿立方米/年，2018 年已经建成投产[③]；而中俄西线管道的协议价格还未达成一致。

为了应对当今国际局势不断变幻带来的挑战，同时考虑到降低中国海上运输风险和俄罗斯经济下行的现实压力，中俄在 2004 年开始建设东西伯利亚至太平洋的石油管道及通往中国大庆的管道。中俄原油管道连结俄罗斯远东和中国大庆，全长约 1000 公里，其中 90% 以上路程在中国境内。2010—2012 年各段先后完工投产，双方的深化合作有助于俄罗斯石油工业应对国际油价下跌和金融危机的打击，特别是石油贷款合作项目的开展，有利于双边石油合作从单纯的进出口贸易扩展到上下游的开采和精炼等领域。

基础设施联通是推进中俄能源贸易的重要基础。在原油管道运营使用

① 《中俄签署多项合作协议 涉及能源金融等诸多领域》，2005 年 7 月 1 日，中新网，http://www.chinanews.com/news/2005/2005-07-01/26/593917.shtml，访问日期：2020 年 5 月 20 日。

② 《中俄合资公司“东方能源”拍得俄境内油气资产》，2007 年 8 月 2 日，人民网，http://finance.people.com.cn/GB/1038/59942/59946/6063507.html，访问日期：2020 年 5 月 20 日。

③ 杜燕飞、王静：《中俄签署东线管道供气购销合，年供气 380 亿立方米》，2014 年 5 月 23 日，人民网，http://energy.people.com.cn/n/2014/0523/c71890-25056648.html，访问日期：2020 年 5 月 20 日。

之前，中俄两国是以铁路运输的方式来进行石油贸易，贸易规模比较小。随着原油管道设施的互联互通，中俄原油贸易规模也在快速增长。自2011年年初中俄原油管道一期工程启用以来，中俄双边原油贸易规模不断创新高。2011年中国进口俄罗斯原油规模不足2000万吨，到2015年已达到近4000万吨，截至2017年5月19日，中俄原油管道累计进口俄罗斯原油突破1亿吨。在贸易规模保持增长的同时，从俄罗斯进口原油占中国总进口的比重也在不断提升，2016年俄罗斯超过沙特阿拉伯成为中国第一大原油供应国，当年原油进口规模占到中国总进口规模的比重为13.8%，此后连续3年，俄罗斯均是中国第一大原油供应国。2018年，中国从俄罗斯进口原油共计7149万吨（143万桶/日），较2017年5970万吨上升20%。整体来看，在中俄原油管道畅通的支持下，中俄双边原油贸易规模不断增加，有力保障了中国的能源供应安全（见图3－3）。

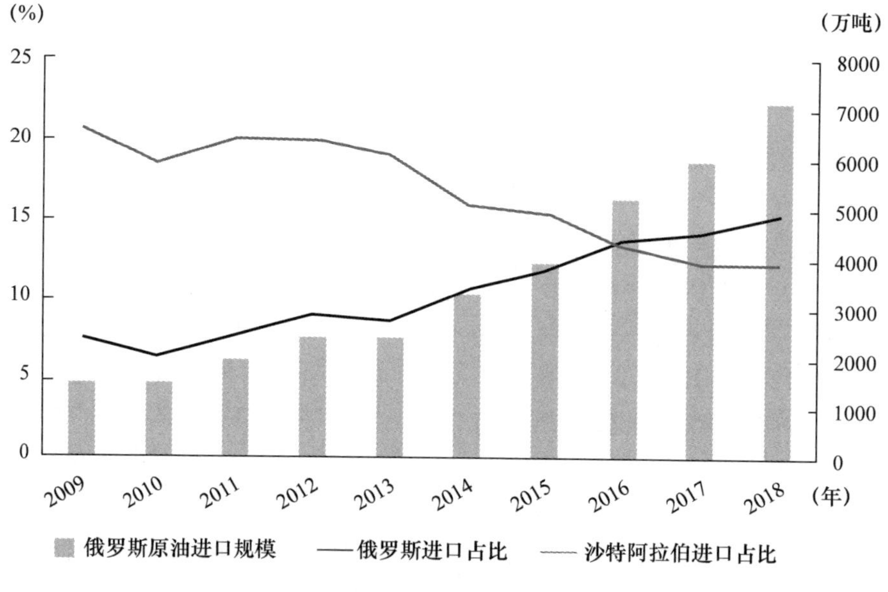

图3－3　2009年以来中俄原油贸易规模及进口比重情况

资料来源：中国海关总署。

2014年中俄达成协议，从2018年起供气30年，年供应量达380亿立方米，总额4000亿美元。2017年中俄开始共同建设阿穆尔天然气厂，设计能力为年加工天然气420亿立方米、年产氦气600万立方米，将成为世界最大的天然气处理厂之一。①

2018 年 7 月 19 日，俄罗斯通过亚马尔项目向中国提供液化天然气，这是俄罗斯液化天然气首次通过北极东北航道运抵中国，开启了双方合作的新通道。2019 年年底，中俄“西伯利亚力量”管道启用，东线天然气管道投产。随着油气管道建设完善，俄罗斯能源将会占中国能源进口的更大比重，而合作的逐步深化也会使俄罗斯能源在中国的能源供应和合作链条中的地位更为重要。中俄西线和远东管道天然气将会是中俄能源合作未来的重点，这都是打造更为坚实的中俄全面战略协作伙伴关系的经济基础。

中俄天然气管道建设稳步推进，天然气贸易前景广阔。近年来，中国加快推进能源绿色转型进程，煤改气等带动天然气消费快速增长，天然气需求缺口逐步拉大。2015 年我国天然气需求缺口为 584 亿立方米，2016 年缺口规模达到 718 亿立方米，2017 年达到 920 亿立方米，2018 年供求缺口突破 1000 亿立方米，达到 1222.9 亿立方米。俄气的 2018 年年报中指出，中俄东线天然气管道的贯通将推动俄气成为中国最重要的天然气供应商之一，也为俄气分享世界范围内增长最快的天然气市场打下了坚实基础。随着中俄东线天然气于 2019 年年底正式通气，以后每年俄罗斯将向中国输入管道天然气 380 亿立方米，约为中国 2018 年天然气进口规模的 30%。根据中俄签署的《中俄西线天然气供应框架协议》，若从西西伯利亚气田通过阿尔泰输气管道对华供气（“西伯利亚力量—2”管道）项目能最终达成协议并按期运营，预计未来十年交易量将达 700 亿立方米/年。

3. 下游的炼油化工合作

2011 年中国石油化工集团公司所属化工销售（香港）公司与俄罗斯最大的天然气加工及石化产品公司西布尔公司商定在两国分别设立合资公司生产丁腈橡胶，2013 年 8 月双方签署认购参与协议，次年中俄协定双方以大约 3∶1 的持股比例合作建设丁腈橡胶工厂，2015 年股份收购完成交割。② 中石化与西布尔的战略合作进一步深化了中俄能源协作，而且为进

---

① 《中俄联手做的这件大事　将助中国缓解马六甲之忧》，2017 年 9 月 30 日，中新网，https://news.china.com/internationalgd/10000166/20170930/31533625_all.html#page_2，访问日期：2020 年 5 月 20 日。

② 安蓓：《中石化收购俄西布尔公司 10% 股权完成交割》，2015 年 12 月 18 日，新华网，http://news.xinhuanet.com/2015-12/18/c_1117499518.htm，访问日期：2020 年 5 月 20 日。

一步拓展更广阔的合作奠定基础。

其他中俄油气化工的下游合作还有更早之前的 2007 年，中俄合资成立中俄东方石化（天津）有限公司，其中中方持股 51%，双方商定每年 1600 万吨的炼油化工一体化项目。

（三）油气合作的成功典范

1. 中俄原油管道“安大线”建成

“安大线”缘起于当时中俄的资源进出口需要。20 世纪 90 年代，俄罗斯经济危机严重、生产大幅下滑，同时国际市场石油价格不断下跌，石油出口国竞相寻找市场。此时中国主要的原油来源大庆油田逐渐从生产期进入衰退期，开采技术要求越来越高，大庆油田的减产导致炼油厂原料供应不足。1994 年，中石油和俄罗斯尤科斯石油公司取得联系，当年 11 月尤科斯公司向中方提出修建从西伯利亚伊尔库茨克州的安加尔斯克油田到中国大庆的原油管道①的建议，1996 年双方完成了项目可行性预研究，可直到 1999 年都未形成决议。2001 年中石油、尤科斯公司、俄罗斯管道运输公司三方签署该项目的可行性研究总协议，但俄方政府似乎有别的考虑，项目没有实质性进展。

漫长曲折的谈判也是各方利益博弈的过程，各方都基于自身利益不断进行对比、讨价还价和选择。之后俄罗斯国内就出现以保护贝加尔湖为由的反对舆论，② 还有支持向多国输出的管道方案的声音，认为管道不能只通往中国，应该考虑同时向日本、韩国等多国输油以达成利益最大化。2002 年下半年，日本开始介入此石油管道项目，提出修建安纳石油管线（即“安纳线”），并通过高层访问、生产方案和策略研究等多管齐下进行全方位介入。2003 年 1 月 10 日，时任日本首相小泉纯一郎访问俄罗斯并与普京总统会谈，就加强日俄间能源方面、特别是建设石油管道方面的合作进行讨论，管道路线为俄罗斯东西伯利亚的安加尔斯克—哈巴罗夫斯克—濒临日本海的远东港口纳霍德卡，全长 4000 公里，预计耗资 50 亿美元，日本还承诺如建成将通过该管道每天向俄罗斯购买 100 万桶石油，这一数量相当于日本石油日进口量的 1/4，同时向俄罗斯提供低利率的项目

① 即“安大线”，西起俄罗斯伊尔库茨克州的安加尔斯克油田，向南进入布里亚特共和国，绕过贝加尔湖后一路向东，经过赤塔州，进入中国直达大庆。

② “安大线”经过贝加尔湖南端，贝加尔湖是俄罗斯重要的自然保护区，占全球陆地淡水的 1/7，是世界上最大的淡水湖，原油管道一旦出现泄漏等事故将污染贝加尔湖。

贷款。[1] 2004 年，俄罗斯石油管道运输公司又在“安纳线”基础上提出折中方案，该方案的起点是东西伯利亚的泰舍特，途经贝加尔湖北部，然后沿着贝加尔—阿穆尔大铁路和中俄边境地区，一直通往俄罗斯的远东港口纳霍德卡（简称“泰纳线”）[2]，这是为了发展远东地区、实现能源出口多元化，即基于战略安全的考量和实现国家利益的最大化，同时铺设通往中国大庆的支线以满足中方的需要，但是此路线管道输油量无法同时满足中日两国的需要。因此，日本表示如果铺设支线就不再投资之前约定的管道工程。

正当俄罗斯面对日本的压力犹豫时，胡锦涛主席带领中国能源企业出访俄罗斯，其间中俄双方油气、电力企业协定长期合作，是双边能源合作全面化的重要历史时刻，将对双方深化石油领域合作起到促进作用。日本主张的线路是出于满足自身能源进口多元化的要求，但是收益失衡的高风险是硬伤。

此后，中俄石油管道的合作一直处于停滞，直至 2008 年国际金融危机才出现转机，2009 年 2 月中俄两国签订“贷款换石油”的合作协议，之后该管道于 2010 年建成并正式运行，而中俄的原油供应合同直到 2012 年才正式签订。协议规定：中国将向俄罗斯提供总计 250 亿美元的长期贷款，俄罗斯则以供油偿还贷款，从 2011 年到 2030 年按照每年 500 万吨的规模总计向中国供应 3 亿吨石油。

“安大线”的建成具有政治、经济和现实意义。政治上，深入巩固了中俄战略协作伙伴关系，夯实互信基础，特别是促进了东北亚地区的繁荣，也是上海合作组织框架内的大型项目落地，从而为世界稳定和地区合作发展树立榜样；经济上，完全符合中俄各自对能源的定位，稳定的能源合作伙伴关系增强了双方经济合作抗压力，带动毗邻的边境区域经济合作，还能积极推进可再生能源等新能源领域合作，完善双边能源合作内涵

---

① 《能源合作成日俄首脑会谈重要议题》，2003 年 1 月 10 日，央视网，http：//www. cntv. cn/lm/776/14/77311. html，访问日期：2020 年 5 月 20 日。

② 徐斌、黄少卿：《从双边博弈到多边合作——中日俄石油管线争端的案例研究》，《世界经济与政治》2010 年第 3 期。2003 年 7 月和 9 月，俄罗斯自然资源部否决了“安纳线”和“安大线”的修建计划，其原因是：第一，“安大线”和“安纳线”靠近贝加尔地震多发地带；第二，要横穿佟金国家公园；第三，要绕过贝加尔湖，危害生态安全。俄罗斯官方还认为，中方的“安大线”沿途基本是边缘地区，投资这一庞大的工程只有输送石油的单一作用，无法推动远东地区经济发展。

与外延；现实中，直接提升了中俄之间的贸易额，交易额随着交易量增长了数十倍。

“安大线”的建成为之后中俄项目谈判提供了宝贵经验：第一，牢牢抓住双方的根本需求，强调中国市场的潜力无可比拟；第二，厘清俄罗斯国内的复杂斗争关系，内因是决定事物发展的关键因素，尤科斯公司前期具有启动项目讨论的作用，后期反而影响双边合作；第三，要以能源安全战略的长远眼光来看待中俄石油合作，不单单只是经济问题，要创新融资方式，多方面促进合作；第四，坚持从互惠互利的出发点来谈合作，需要官方统一部署统筹安排。坚持以国家利益为重、防止恶性竞争，即使谈判过程中出现各种意外状况也要坚持不懈、持之以恒地进行工作，最终达成目标。

2. 亚马尔 LNG 项目

亚马尔 LNG 项目是极具战略意义的重大项目。亚马尔项目地处俄罗斯战略要地，位于西伯利亚北部，是辐射全球的能源交通要道，蕴藏了俄罗斯国内 80% 的天然气，以此项目为支点能带动远东能源开发。符拉迪沃斯托克作为远东第一大自由港，以此为中心通过滨海 1 号线和滨海 2 号线航线建设能带动区域经济建设，提升地区影响力。为了提高在全球能源市场的竞争力，俄罗斯从 2010 年开始酝酿亚马尔液化天然气项目，该项目集天然气开采、加工制造和销售运输为一体，2014 年 1 月收购交割。2016 年，中国以近三成的比例参与该项目，2018 年年底全面投产，这是两国迄今为止最大的经济合作项目，对中俄能源产业合作具有重要示范意义。

成功的巨额国际化融资。亚马尔 LNG 项目是“一带一路”倡议下实施的首个特大项目，中国积极推进，由俄罗斯诺瓦泰克公司、中石油、道达尔和中国丝路基金共同合作开发，最后在欧美制裁的艰难环境中得到 190 亿美元融资，其中 63% 为中方融资。中俄双方在亚马尔 LNG 项目上实现多方位的取长补短、互惠互利，是“一带一路”倡议在能源合作方面的典范，成功地将跨国天然气贸易和国际金融合作有机结合，不仅能促进中国产业升级转型和能源结构清洁优化，还对中俄的能源供求多元化、提升国家能源安全性做出巨大贡献。

对中国来说，天然气作为一种可靠、清洁、可承受的能源将进入发展黄金期，而石油在未来 20—30 年里的主体能源地位不会变。2030 年前后，中国的石油消费需求预计将达到峰值，约为7亿吨/年，而天然气消费需求增长势头可能会延续到2050年前后，最大年消费量有望达到6000亿—7000亿立方米。[①] 天然气占比增长有助于中国能源结构转型，也会影响全球能源贸易结构。由此，俄罗斯新战略"从中国、印度等LNG需求激增的国家引进资本"为应时之策，指明了双方未来能源合作领域的重点方向。在亚马尔LNG项目中，中石油占比很小但也有所收益。其一，中国首次实际意义上进入上游产业链的大项目。普京任俄罗斯总统以来加强能源产业的国有化，严格限制国外公司参与能源勘探开发，直到2014年参与亚马尔液化天然气项目中国才成功参与能源上游领域。其二，亚马尔LNG项目的投资拉动中国相关行业的技术和服务升级。项目中的电缆、钢铁等100多种产品为中国供应商提供，还有7艘运输船由中国建造。中国装备制造和材料出口达76亿美元，船运服务约85亿美元。[②] 其三，促进中国制造业升级。参与亚马尔项目的都是国内的顶级行家和企业，在参与项目过程中各方面得到极大提升，也提升了国际市场信誉。

而俄罗斯方面，建设亚马尔LNG项目具有经济、技术、战略和出口方面的多重收益。一是经济效益，项目获得税收上的大力优惠，工程在较好的投资控制下实现提前投产，油气资源变现的经济性良好。二是技术实践，北极东北方向航道的开辟使俄罗斯成功进军国际液化天然气市场，为进一步开展北极恶劣条件下的油气开发打下技术基础。三是战略收益，俄中法大企业联合油气开发，一定程度上有助于应对欧美等西方国家的制裁。四是出口红利，项目启动后俄罗斯LNG出口率将提高4%—5%，拉近与亚太距离的同时辐射欧洲市场，提升了俄罗斯的市场竞争力。总之，俄罗斯亚马尔项目的成功，对发展经济、提升技术、应对制裁和振兴出口都有深远意义。

中俄作为世界能源大国在亚马尔LNG项目的顺利合作，既满足了两国能源进出口战略的目标，又实现了优化产能结构、带动能源产业链全面发展的多重效益。"页岩气革命"和乌克兰危机的冲击造成的后果不容小觑，

---

① 《亚马尔天然气项目成功运作的启示》，2019年5月14日，中国石油官网，http://www.cnpc.com.cn/cnpc/trqxgdt/201905/e9eb97199ba04e7c81696b6dee2bf044.shtml，访问日期：2020年5月20日。

② 张景瑜、刘贵洲、高蓉：《北极，冰层之下再拓潜力——亚马尔天然气项目成功运作的启示》，《中国石油报》2019年5月14日。

对俄罗斯在欧洲这一传统能源市场的权利产生了严重影响，直接弱化其在欧洲市场的影响力。

二　其他领域全面发展

（一）煤炭合作

俄罗斯煤炭储量位居世界前列，煤炭储量极其丰富且种类齐全，从焦煤到动力煤等各种煤应有尽有。中俄煤炭贸易始于2008年中国向俄罗斯进口百万吨煤炭。2009年10月的《中俄总理第十四次定期会晤联合公报》中指出："双方将根据《中俄关于煤炭领域合作的谅解备忘录》，支持双方企业在煤炭资源开发及加工转化、煤炭及煤机贸易与服务、煤炭设计等优先领域开展合作。"[①] 普京政府为此明确提出了增强地方经济活力、维持区域经济发展的政策，打算进一步通过立法、税收、财政政策等方面的措施赋予州政府更大的权力确保各个州之间经济的协调发展，为中俄的煤炭合作创造更安全广阔的平台。

2010—2012年，中俄签署了《煤炭领域合作谅解备忘录》《中俄煤炭合作工作组第一次会议纪要》《中俄煤炭领域合作路线图》等合作协议。远东地区是俄罗斯煤炭资源极为丰富的地区，占俄罗斯煤炭储量的40%，2014年中俄煤炭领域合作工作组第三次会议签署更新《中俄煤炭领域合作路线图》，2015年中俄双方在煤炭领域的合作深化，体现在《中俄煤炭工作组第四次会议纪要》等重要文件。据统计，2016—2018年，我国煤炭进口量从2.56亿吨增加到2.81亿吨，其中进口俄罗斯煤炭量从1885万吨增加到2735万吨，呈现持续增长态势，中俄煤炭进出口贸易有着广阔的发展前景。[②]

（二）电力合作

中俄电力合作从边境购电逐步转向深度合作，始于1992年7月1日布黑线（俄罗斯布拉戈维申斯克市—中国黑河市）正式投入运行，此后两国电力贸易逐步扩大，1996年锡十线（俄罗斯锡瓦基到中国大兴安岭的十八站输电线路送电，现已停止运行）合闸送电。[③] 2005年，国家电网公司与

---

① 《中俄总理第十四次定期会晤联合公报》，2009年10月14日，中国政府网，http://www.gov.cn/jrzg/2009-10/14/content_1439729.htm，访问日期：2020年5月20日。

② 何雅玲：《浅谈对中俄煤炭领域合作的认识》，《商业经济》2019年第12期。

③ 陈柯旭：《中俄电力合作分析》，《商场现代化》2009年12月（下旬刊）总第597期。

俄罗斯统一电力系统股份公司[①]签署《中国国家电网公司与俄罗斯统一电力系统股份公司长期合作协议》，双方就输电方式、规模、定价原则、进度安排等一系列重要问题达成一致。[②] 2006年3月，中俄签署了《中国国家电网公司与俄罗斯统一电力系统股份公司关于全面开展从俄罗斯向中国供电可行性研究》协议，双方电力合作上升到国家层面。2006年，220千伏布爱线（俄罗斯布拉戈维申斯克变电站—中国爱辉变电站）送电。

2012年2月25日，中国国家电网公司与俄罗斯东方能源股份公司[③]签署协议，规定到2037年前俄罗斯向中国供应1000亿千瓦时的电量，俄方投资建设了阿穆尔—黑河500kV超高压输电线路以连接两地保证供电，此工程是中国首个国际直流输电项目，实现双方优势互补助力经济发展通过可靠的电力保障助力中俄边贸和制造业发展。[④] 另外，2015年出台的《"中蒙俄经济走廊"黑龙江陆海丝绸之路经济带建设规划》积极推动中俄两国能源深层次合作，强化了俄罗斯输电能力的释放。2016年，中国承建的特洛伊斯克电站10号机组（装机容量660MW）、车里雅宾斯克电站2号机组（247.5MW）和华电—捷宁斯卡娅位于雅罗斯拉夫州的电站相继并网发电。2016年11月28日，中国能源工程集团有限公司与俄罗斯卡累利阿共和国政府签订协议在当地合建一座6万kW的海上风电场；12月，俄罗斯国家原子能公司发布公告将与中国和日本磋商合作建立多用途研究中心以研究快中子核反应堆。

俄罗斯电力资源丰富，电力系统规模位列欧洲第一、世界第四，特别是中国的远东和西伯利亚地区水利资源丰富，叶尼塞河、勒拿河、结雅河等的萨扬舒申斯克水电站、布列亚水电站、结雅河水电站等均为超大型水电站，煤炭、油气等资源有巨大的供电潜力，向中国华北和东北供电可以实现互利共赢。中国电力进口比重极小，但其中大部分来源于俄罗斯，双边多年来合作顺利，其中2010年共同建成的田湾核电站是最大的合作项目。当前中俄电力能源合作兴起，中国国家电网公司发挥自身优势积极参

---

① 2008年7月1日，俄罗斯第二阶段电力改革结束，俄罗斯统一电力系统股份公司解体，作为法人正式停止运营。

② 段立东：《中俄电力合作再升级》，《能源评论》2013年第5期。

③ 该公司成立于2007年，其为俄罗斯统一电力系统股份公司的全资子公司，主要使命就是向中国和蒙古国出口电力，同时面向亚太其他国家提供能源服务。

④ 《中俄跨国联网成能源互联互通典范（能源70年·互联互通互供）》，《中国能源报》2019年9月16日。

与俄罗斯电网升级和新建，实现上游开发合作，深化双边合作的内涵，实现双赢共享。

（三）可再生能源合作

从能源结构来看，中俄两国都有亟须改进的空间：中国一次能源中煤炭占比过高，而天然气、核能和可再生能源等占比太低；俄罗斯过度依赖天然气，水电之外的可再生能源比例不足。在全球能源转型的背景下，可再生能源发展替代化石能源已成共识，2004 年俄罗斯正式签署《京都议定书》并承担了把温室气体排放量维持在 1990 年水平的减排任务。

目前，中俄两国可再生能源合作主要集中在风电领域，太阳能、风能、生物质能等领域的合作也已经展开。乌里扬诺夫斯克风电项目是中俄最大规模风电合作项目，但实际业主为芬兰的富腾公司。2009 年，中俄协议共建太阳能电站；2011 年，双方的相关企业签署可再生能源战略协议；2012 年 2 月 28 日，中国国家电网公司与俄罗斯联邦能源署、俄罗斯燃料公司签署了《成立可再生能源合资企业总协议》，推动了中俄在可再生能源领域的合作。

中俄水电丰富，都致力于发展小水电。俄罗斯主要在欧洲领土开发水电，远东仅开发 3% 左右但是具有巨大潜力。2014 年 11 月俄罗斯水电集团与中国大型水电企业签订总金额近 80 亿美元的合作协议。[①] 2015 年 5 月，中国长江三峡集团公司与俄罗斯水电股份公司签署了《关于双方成立合资公司开发俄罗斯下布列亚水电项目的合作意向协议》，这是中俄远东全面战略合作的一个重要合作项目，该项目位于俄罗斯布列亚河上，装机容量 320MW（4 台机组）。据国际可再生能源署预测，俄罗斯如果保持既有的水电支持政策和发展规划，到 2030 年，俄罗斯水电装机容量预计将达到 55GW[②]，其中，新增水电装机容量主要来自水电资源丰富的远东地区。

中国东北作为传统重工业基地具有能源需求大且长期高度依赖煤电的

---

① 其中，与长江三峡集团签署的协议将在俄罗斯阿穆尔州和哈巴罗夫斯克边疆区共同建造 4 座防汛水电站，总装机容量为 2000 兆瓦。项目预计投资额 2300 亿卢布；与中国电力建设股份有限公司签署的协议，确定了双方共同建造装机容量为 1560 兆瓦的列宁格勒抽水蓄能电站，项目投资额约为 1380 亿卢布。

② IRENA, Renewable Energy Prospects for the Russian Federation, April 2017, p. 53. https://www.irena.org/publications/2017/Apr/Renewable-Energy-Prospects-for-the-Russian-Federation-REmap-working-paper，访问日期：2020 年 5 月 20 日。

特点，与毗邻的俄罗斯远东地区人口密度低、电力需求弱构成强烈对比。中俄边境电力合作可以实现将俄远东的水电等可再生能源出口转变为经济收益，也能缓解中国东北对煤电依赖带来的环境压力，是双边可再生能源合作的一大亮点。

第三节　中俄能源合作的有利条件

一　政治互信是合作基石

能源合作作为中俄两国务实合作中分量最重、成果最多、范围最广的领域之一。中俄均为世界大国还是相互的最大邻国，建交以来伙伴关系不断升级，特别是普京总统上任以来双边关系快速稳定发展，已逐步成长为“新时代中俄全面战略协作伙伴关系”，在高层交往频繁、政治互信不断加强的推动下，“俄中关系从层面上和质量上都处于史无前例的高水平”。

中俄自2016年开始能源合作以来，中俄原油管道、东线天然气管道和阿穆尔天然气加工厂集历史性工程的建设标志着双边合作不断深化，2016年俄罗斯成为中国第一大原油进口来源、最大电力进口来源国。中俄两国领导人对能源合作高度重视，2019年12月两国合作的“西伯利亚力量”天然气项目运营，对俄罗斯布局全球能源市场、开发远东地区能源有战略意义，对保障我国国家能源安全、保障能源进口多元化有积极作用，未来还将继续深化中俄能源领域的合作。

在加强政治联系的基础上，中俄两国政府还积极引导、助力双边能源贸易。高层交往上，中俄建立副总理级的能源谈判机制直接推动能源领域的深化合作。贸易往来中，积极通过外交途径和双边磋商方式解决贸易争端与摩擦以提高双边能源贸易效率。合作机制方面，不断推进多元化发展为双方能源合作提供制度保障。这些都反映出中俄能源合作具有良好的政治基础。“一带一路”倡议与欧亚经济联盟建设的提出对区域经济合作、国际经济融合具有重大意义。2015年5月，中俄两国共同发表《中华人民共和国与俄罗斯联邦关于丝绸之路经济带建设和欧亚经济联盟建设对接合作的联合声明》，通过亚洲基础设施投资银行、上海合作组织等国际组织平台加强合作、增进互信，二者对接不仅加速各种市场要素的流动，还为双/多边贸易、投资等创造机会，也为中俄能源合作营造更为有利的环境。

二 地理毗邻是刚性优势

传统能源分布地区差异大且不可再生，各国的地理位置天然决定其资源禀赋差别巨大，勘探技术进步和开发力度加强也只能在有限空间内增加可探明能源储量。[①] 目前，世界各国只能根据自身条件与发展阶段制定能源战略，地理因素基本上起到决定性作用。横跨亚欧大陆的俄罗斯陆地国土面积位居世界第一，约为1709万平方千米，濒临北冰洋，有14个陆地邻国，蕴藏了世界约1/20的石油和超过1/5的天然气，而且能源分布比较均衡，西伯利亚以及里海地区的能源都能够较为畅通地运输到亚太地区。[②]

相邻的地理优势能有效降低中俄能源合作的运输风险、运输成本。俄罗斯较之中东对中国进口来说具有毗邻优势，具备无须途径第三国的不可替代的优势，避免了地缘政治风险和对海运的高度依赖，还能缩短运输路线以降低成本。俄罗斯远东的油气蕴含量巨大，逐步完善基础设施建设能大大提高运输效率，具有强大的成本和安全优势。

中国对拉动俄罗斯远东开发具有无可比拟的地理优势。俄罗斯对外石油贸易一直以铁路运输为主，尽管不断在扩建还是很有限。铁路运输的运量小、成本高。而且，铁路建设前期需要大量投资，回报周期长，俄罗斯政府一时无法完全满足全部建设投资需求。为此，吸引外资合作是俄罗斯的必然选择，而东北亚多国也希望能与其共建更有利于本国进口的输油管道。其中，中国作为俄罗斯的邻国，改革开放以来的经济快速发展成就举世瞩目，能源需求量日益增长，无疑是俄罗斯开发远东的最佳伙伴，最终被选为与其合作建设石油管道的国家。

三 战略协作是政策支持

中俄对外能源合作在战略目标上都力求多元化，两国能源利益的共通之处不断推动双边能源合作，而高度的结构互补和地缘优势为深度合作奠定坚实基础。俄罗斯擅长利用丰富的能源作为参与全球合作的筹码，展开双/多边能源外交以提高地区影响力和国际地位，参与更广泛的能源治理，提升国家话语权，谋求更大的国家利益。中国作为高速发展的发展中国

---

① 戴永红、袁勇：《中印海外能源战略研究》，时事出版社2014年版，第114页。

② 罗英杰：《国际能源安全与能源外交》，时事出版社2013年版，第254页。

家，能源依存度逐年提高，对能源安全更为重视，积极拓展能源进口来源，以多元化战略保障能源安全。同为亚太地区大国，中俄始终保持密切对话、紧密合作，共同建设更为默契的战略伙伴关系。

（一）中俄能源对话机制初步建立

国际关系的新制度主义理论认为有效的机制有助于国家间互信和政策偏好的建立[①]，中俄能源对话机制符合俄罗斯两方面利益：其一，便于双方的沟通、交流和相互理解以进一步合作。2012 年中俄能源对话中，李克强总理倡议中国积极参与俄罗斯油气上游产业的开发，此后的 2014 年，中石油购买了俄罗斯亚马尔天然气项目的 20% 股份，2015 年“丝路基金”还购买了此项目的 9% 股份。[②] 石油合作是早期中俄能源对话的主旋律，2012 年后中国更看重清洁发展，加快了双边天然气谈判。2013 年习近平总书记提出“一带一路”倡议，在此框架下的合作成为 2015—2017 年中俄能源对话的重要内容。[③] 其二，中俄能源对话机制增进了双方能源领域的互信，巩固了中国作为俄罗斯可靠能源合作伙伴的身份。

（二）中俄发展政策为能源合作创造新契机

中国的“一带一路”倡议与俄罗斯主导的欧亚经济联盟（大欧亚伙伴关系）高度契合，对接启动后进展顺利。这主要得益于：2013 年中国提出“一带一路”倡议，当前建设要从谋篇布局的“大写意”转入精耕细作的“工笔画”，向高质量发展转变，造福沿线国家人民，推动构建人类命运共同体；[④] 2015 年 5 月在莫斯科发表《中华人民共和国与俄罗斯联邦关于丝绸之路经济带建设和欧亚经济联盟建设对接合作的联合声明》，指出未来双方将在投资贸易、产能合作等 8 个领域加强合作。[⑤] 2016 年 6 月，中蒙

---

① Jervis, R. Realism, “Neoliberalism and Cooperation”, *International Security*, Vol. 24, No. 1 (1999), pp. 42 - 63.

② 《Новатэк》продал 9.9%《Ямал СПГ》Китайскому Фонду Щелкого пути, 11. 10. 2018, https://www. vedomosti. ru/business/articles/2016/03/15/633666-novatek-yamal，访问日期：2020 年 5 月 20 日。

③ Александр Новак выступил на форуме, “Один пояс-Один путь”, 01. 10. 2018, https://minenergo. gov. ru/node/7991，访问日期：2020 年 5 月 20 日。

④ 推进“一带一路”建设工作领导小组办公室：《共建“一带一路”倡议：进展、贡献与展望》，2019 年 4 月 22 日，中国一带一路网，https://www. yidaiyilu. gov. cn/zchj/qwfb/86697. htm，访问日期：2020 年 5 月 20 日。

⑤ 《中华人民共和国与俄罗斯联邦关于丝绸之路经济带建设和欧亚经济联盟建设对接合作的联合声明（全文）》，2015 年 5 月 9 日，外交部网站，https://www. mfa. gov. cn/web/gjhdq_676201/gj_676203/oz_678770/1206_679110/1207_679122/201505/t20150509_9337149. shtml。

俄三国签署《建设中蒙俄经济走廊规划纲要》，明确能源是首要也是最务实的合作领域，在巩固深化双边能源合作基础上在更大范围开展更多层次、更广产业的多边能源合作。中俄在战略上需要互相依托，双方发展都要和平环境，也需要与世界及地区大国、周边邻国建立良性互动的友好关系，实现多方共赢。由此可见，能源合作是中俄实现短、中、长期利益双赢的典型领域，是具有不断持续深化合作潜力的长期协作领域。

四　外部因素的促进作用

总体来看，全球经济复苏向好，全球化趋势势不可当，而局部的贸易保护和逆全球化使得资源重新配置整合催生推动新的区域合作，中俄两国的毗邻优势在新形势下逐步凸显。

一方面，长期以来俄罗斯的能源合作对象主要以欧洲为主，2008 年之前中俄能源合作进展缓慢，特别是管道谈判多年仍未有成果，转机出现在俄罗斯与格鲁吉亚爆发局部战争后受到欧洲和美国制裁，当时国际油价又下跌，俄罗斯过度依赖的能源经济备受打击，于是转向出口多元化，重视发展与中国的合作并取得实质性进展——2010 年建成中俄石油管道，2012 年，普京总统再次上任并多次强调“东向战略”，中俄能源合作成为两国战略协作的重要内容，中国成为俄罗斯在亚洲能源市场的战略伙伴和最大买家。2014 年乌克兰危机和 2015 年叙利亚问题连续引爆俄罗斯与西方的关系，美国联合欧盟发起对俄制裁，俄罗斯因欧洲降低对其石油依赖而出口大幅下跌。俄罗斯为实现出口多元化加速与中国合作，这也为深化双边能源合作创造了新机遇，2018 年中国成为俄罗斯最大石油买家。总之，十余年来在西方经济制裁和打压的环境下，俄罗斯开始与中国紧密合作构建能源战略伙伴关系，开展全产业链的能源合作，实现能源利益双赢。

另一方面，欧盟谋求多元化能源供应。欧盟进口能源主要来自俄罗斯，2013 年从俄罗斯进口的天然气占欧盟天然气进口总量的 33%①，但是双方能源地缘政治博弈从未停止，尤其是经历过俄罗斯三次断供之后（俄罗斯于 2006 年、2009 年、2014 年三次中断对欧洲的天然气供应），欧盟的能源战略更为注重供应多元化。为此，欧盟委员会从 2008 年开始规划

① 程卫东：《欧盟能源供应安全的国际战略及其困境》，《欧洲研究》2015 年第 3 期。

“南方天然气走廊”与建成的巴杰（BTC）输油管道，可以直接获取里海区域的油气资源。此外，欧盟国家制定《2020—2030年气候和能源政策框架》提出到2030年欧盟范围内可再生能源占能源使用总量比例至少提高到27%的约束性目标。① 欧盟的能源政策对俄罗斯造成巨大压力，迫使其向东扩展市场。

第四节 中俄能源合作的挑战与短板

受到国际地缘政治局势和中俄国家间利益博弈的影响，中俄能源合作进展也不是一帆风顺的，仔细分析发现在总体水平保持不断提升的大趋势下各阶段都蕴藏着各种复杂的问题。特别是国际局势受到大国博弈的影响，中俄双边合作的协作性还有待加强，合作机制体制需要不断完善。

一 国际环境的影响

在供需变化、经济发展和技术进步的影响下，国际能源战略格局正在经历着历史性巨变，中俄能源合作不只是停留在经济层面，更影响着世界格局，面临着大国制衡的难题。

（一）日本对“安纳线”的介入

日本对中俄能源合作有重要影响。日本作为全球第四大能源消费国极度依赖能源进口，因为海洋岛国资源匮乏、能源供给严重不足，能源对外依存度高达80%，石油对外依存度超过90%。一直以来，日本主要从中东地区和俄罗斯进口能源，由于进口中东能源要途经南海，顾及中日关系可能对能源安全带来不利影响，日本十分积极拓展对俄能源合作，日本政府认为俄罗斯长期稳定的能源供应是其国家能源安全的一大可靠保障。与此同时，俄罗斯也把日本作为未来能源出口的重点方向，因此中日两国在与俄罗斯能源合作上处于竞争态势，俄罗斯与其中一方紧密联系都会对另一方具有重要影响。为了取得竞争优势，日本竭尽所能利用资金和技术优势拉拢、要挟俄罗斯，目的是深入参与俄罗斯的能源开发。这种中日竞争

① European Commission, A Policy Framework for Climate and Energy in the Period from 2020 to 2030, 22.01.2014, http://eur-lex.europa.eu/legal-content/EN/TXT/PDF/?uri=CELEX:52014DC0015&from=EN.，访问日期：2020年5月20日。

使俄罗斯在选择对外能源合作伙伴时处于主动地位，拥有更大的选择权。

同是处于亚太地区的大国，能源需求的同质性、地缘博弈的相关性和进口油气的同源性导致中日不可避免地展开竞争。中俄“安大线”原油管道建设经历了长达十五年的艰难谈判就有日本介入的因素，日本提出以75亿美元贷款投资西伯利亚油田开发和管道建设为条件要求铺设“安纳线”，其目的一是为了石油进口多元化，二是为了提升在远东地区的影响力。正因为日本的介入，俄罗斯内部开始重新讨论原油管道的线路和走向，一度决定实施“泰纳线”①。

日本介入中俄石油管道合作使得俄罗斯获得了更大的筹码，直接拖延甚至几乎破坏了中俄合作协议的达成。日本主要是出于非经济性的地缘政治竞争目标，主要是谋求能源安全利益最大化，不只是获得俄罗斯的能源，还能实现石油进口多元化，同时，通过与俄罗斯开展能源合作，还将使日本在东亚地区与中国的长期竞争中占得先机，提高日本在远东地区的影响力。对日本来说，与俄罗斯合作石油管线铺设有一举多得的成效，日本和俄罗斯能源合作一旦深入拓展必将压缩中国对俄罗斯能源的市场占有份额和贸易空间，对中国的发展也具有一定的遏制作用。

在“安大线”—“安纳线”—“泰纳线”的决策谈判过程中，中、日、俄三方博弈使日本的管道投资额度从100亿美元涨到130亿美元，但最初报价是50亿美元。根据日本石油联盟大致估算，这条运输管道建成后的运营成本将是用油轮从中东运输的两倍以上，将会成为世界上最贵的管道，这就意味着管道投资的风险大增。

（二）美国页岩气革命推动竞争加剧

美国视中俄为主要战略对手，对两国发展战略伙伴关系非常关注和警惕，特别是对中国快速发展和对能源日益增长的需求更为警惕，认为这是对美国经济、环境和地缘战略等方面的挑战。碳排放和生态环境问题是美国插手中国对外能源合作的常用借口。俄罗斯能源部制定的《国家能源安全学说（草案）》指出其主要威胁是，“美国及其同盟者对俄经济和能源

① “泰纳线”分两期建设，一期工程首先铺设泰舍特—斯科沃罗季诺区段石油管道，设计年输油量为3000万吨，在纳霍德卡同时建设大型石油储存装置。斯科沃罗季诺与我国黑龙江省漠河隔黑龙江相望，管道由俄罗斯一侧黑龙江边的腾达穿越黑龙江，再由中方建设从漠河到大庆的管道。二期工程包括铺设斯科沃罗季诺—纳霍德卡石油管道，这一段的年输送能力为5000万吨，并将泰舍特—斯科沃罗季诺这段石油管道的年输油能力扩大为8000万吨。

部门的制裁，限制俄接触西方技术装备和长期投资等歧视性政策”，俄国家能源安全基金会专家尤什科夫指出，正是美国的制裁干扰着俄新油气田的开发。[①]

中俄两大国之间的能源合作确实对全球能源地缘政治产生一定影响。中俄能源合作深化将进一步夯实两国战略合作伙伴关系的基础，制衡美国在亚欧大陆西部的“东扩”和东部的“重返”战略，这对美国构建霸权中心有一定的战略对抗作用；欧盟则担忧中俄能源合作会使俄罗斯更有战略底气，不会完全屈从西方的安排来解决乌克兰问题。而俄罗斯重视与中国的能源合作是其战略重心转向亚太的一个表现，两国战略关系的稳固程度和影响深度未来还将持续推进深化。

美国引导的页岩油气革命直接改变了世界能源供需格局。“页岩气革命”不仅将美国推上全球最大能源生产国宝座，而且正在撼动传统油气市场的博弈规则，进而改变全球能源地缘政治格局。[②] 俄罗斯经历过金融危机，又赶上美国大力开采页岩气，天然气出口遭受一定威胁。这或许能从一定程度上加强俄罗斯与中国进行能源合作的意愿：第一，美国凭借页岩气革命取得资源主导优势，由此在世界能源贸易中有更大主动权，特别是西欧国家对俄罗斯的依赖大大降低，这会深刻影响俄欧关系；第二，页岩气革命改变了美国在国际能源格局中的地位，俄罗斯天然气出口的价格和市场份额都会受到一定的冲击，中国也会对美国的页岩油气资源表示兴趣，能源格局变动可能使俄罗斯感到竞争压力，增强其向中国出口天然气的意愿，主动推动双边谈判；第三，页岩气革命严重影响天然气国际价格，促使俄罗斯在中俄天然气价格分歧上能充分考虑并权衡各方利益，采取更为积极的态度解决问题。

美国原油库存增减已直接影响全球石油价格。特朗普政府上台以来，“美国优先”战略更是加快了其在能源市场的竞争进程：一方面美国加大对传统原油生产国的经济制裁；另一方面通过政治施压的方式影响能源需求国进口美国油气。其中，美国近年来明显加大了对欧洲油气进口渠道多元化的政治压力。同时，基于自身能源供应安全考量，欧洲进口平衡策略

---

① Минэнерго РФ назвало главные угрозы энергобезопасности страны. https：//teknoblog. ru/，访问日期：2020 年 5 月 20 日。

② Meghan L. O’sullivan，Windfall：How the New Energy Abundance Upends Global Politics and Strengthens America’s Power，New York：Simon & Schuster，2017，p. 80.

的选择使其与美国开展天然气合作的意愿在加强。在美国利益优先的单边主义影响下，未来美国、沙特、俄罗斯在国际能源消费市场份额的竞争将加剧，沙特与俄罗斯2016年成功达成减产协议并在推动石油价格稳步提升上保持明显的步调一致，也是积极应对美国页岩油气增产和出口增加的现实需要。欧洲是俄罗斯天然气出口的重要市场，2018年俄罗斯出口欧洲的天然气规模达到2019亿立方米，创下历史新高，但出口规模占欧洲天然气进口规模比例却在下降（见表3－3）。为了阻止俄罗斯与欧洲形成更为紧密的天然气市场合作关系，美国甚至提出要制裁参与“北溪2号”项目的企业，由此可见，美俄在欧洲天然气市场的利益博弈正在升级。此外，波斯湾油气出口国在失去美国市场之后寻求向欧洲出口能源，尤其是伊朗、卡塔尔谋求铺设直通欧洲的天然气管线，一旦实施，欧洲市场多元卖方之间的竞争将更加激烈。

表3－3　**欧洲天然气进口规模及俄罗斯供应占比**

年份	欧洲天然气消费量（10亿立方米）	欧洲天然气产量（10亿立方米）	欧洲天然气进口总量（10亿立方米）	进口俄罗斯的总量（10亿立方米）	俄罗斯进口占比（%）
2012	542.1	290.1	259.5	139.9	53.9
2013	540.4	282.8	261.3	162.7	62.3
2014	485.5	268.8	243.6	147.6	60.6
2015	506.6	264.1	258.9	159.4	61.6
2016	541.7	260.3	287.7	179.3	62.3
2017	568.7	264.1	311.5	194.4	62.4
2018	548.6	253.3	326.0	201.9	61.9

资料来源：Gazprom 2018 Annual Report。

（三）欧洲制裁政策的影响

经济制裁和低油价导致俄罗斯上游行业外来投资骤减，特别是北极海域和页岩项目获取投资非常困难。2014年，美国因乌克兰问题对俄罗斯实施了一系列更加严厉的制裁。该制裁禁止向俄罗斯出口北极的深海和页岩开采项目所需技术和装备；同时，欧盟也在其他方面对俄罗斯实施制裁。

近年来，俄罗斯政府提供了特殊税率或免税，鼓励投资难以开发的资源。比如，北极海上和低渗储层，包括页岩储层。许多国际公司被税收优惠和潜在的巨大资源所吸引，与俄罗斯公司合作共同开发北极和页岩资源。2012 年、2013 年，埃克森美孚、埃尼公司、挪威国家石油公司、中国石油天然气总公司都与俄罗斯石油公司合作进行北极地区的勘探开发。但受制裁影响，所有西方石油公司都停止参与北极海域和页岩项目。如果没有西方石油公司的参与，北极海域和页岩资源的开发是不可能完成的。然而在短期内，这些制裁对俄罗斯的生产影响不大，因为这些资源预计最早也需要 5—10 年才开始生产。这些制裁措施的直接影响是阻止西方公司在这些资源开发项目中进行大规模投资。

据俄罗斯能源部数据，2017 年俄罗斯共开采原油 5. 467 亿吨，与 2016 年相比下降 0. 1%。在出口方面，2017 年俄原油出口 2. 569 亿吨，同比增长 1. 3%。在加工方面，2017 年俄原油加工 2. 795 亿吨，同比下降 0. 1%；共开采天然气 6909 亿立方米，同比增长 8. 1%。天然气出口 1798 亿立方米，同比增长 1. 0%。[①] 俄罗斯的主力油气产区目前基本已达生产峰值，下一步需要积极投资开发新油气产区才能保持产量，远东、东西伯利亚和北极地区都是具有油气生产潜力的开发区域，但技术和投资从很大程度上限制了开发进程。乌克兰危机后，俄罗斯北极油气开发面临更大困境，西方的跨国石油公司相继退出共同开发项目。与此同时，俄罗斯能源出口也压力重重：欧洲加大能源进口多元化，美国开始向波兰出口液化天然气，波罗的海三国也启动液化天然气进口终端建设。

（四）主要产油国间的博弈所带来的不确定性

1. 复杂的中东地缘政治关系增加全球能源市场的不确定性

长期以来，中东地区形成了阿拉伯世界与以色列、沙特为首的穆斯林逊尼派与伊朗为首的什叶派的阵营分野，为域外大国推动平衡战略、寻求代理人提供了实用主义外交的平台。在此情况下，形成了美国与沙特的“石油美元”同盟关系和美国与以色列的战略同盟关系。然而，近年来，中东地缘政治局势在各种因素交织作用下越发复杂。一方面，伊朗在达成核协议放松制裁后地缘政治影响力显著变强，引起沙特阿拉伯和以色列的高度关注，加之美国近来退出伊核协议并恢复对伊朗制裁，使得美国在中

---

① Нефтяная Отрасль, Итоги 2017 Года и Краткосрочны Перспективы, 27. 03. 2020. http: // ac. gov. ru/files/publication/a/15796. pdf，访问日期：2020 年 5 月 20 日。

东的影响力显著增强。另一方面，受美国页岩气革命和世界石油价格大幅走低影响，2016 年年底，俄罗斯和沙特最终达成协议，联合减产推高全球油价，这是俄罗斯对中东影响力的直接体现。此外，围绕着叙利亚的反恐战争逐渐形成的俄罗斯、伊朗和土耳其三国协作关系的地缘影响力也在大幅提升。整体来看，围绕着中东叙利亚国内政治的美俄博弈、欧美与伊朗未来关系的不确定性，加之伊朗与沙特之间长期以来的矛盾，等等，将会使中东地缘政治形势更加复杂多变。

与此同时，随着卡塔尔退出 OPEC，委内瑞拉和伊朗在美国制裁下原油产量下降，很大程度上削弱了 OPEC 对国际石油市场的影响，加上全球经济不景气减弱需求可能造成市场供给主体间竞争加剧，减产提价将面临市场份额被美国抢占的潜在危机，“OPEC + 减产联盟”的牢固性将受到挑战。沙特曾表示，不排除在不经 OPEC 会议同意的情况下配合美国对伊朗的制裁，有能力填补因制裁产生的原油供应缺口。整体来看，错综复杂的形势使得全球能源市场的不确定性大大增加，2018 年以来全球石油价格震荡波动的走势或将继续延续。由于过分依赖油气出口，世界油价的震荡波动将使俄罗斯经济的脆弱性进一步加大，经济承压下行的风险明显提升。

2. 2020 年俄罗斯与沙特石油价格战的影响

2020 年年初的新型冠状病毒疫情肆虐全球，限制了世界上超过 30 亿人口生活和经济活动，对全球能源需求特别是石油等运输燃料需求影响巨大。国际能源署大幅下调 2020 年全球石油需求，预计全年石油需求同比下降 9 万桶/日，这将是 2009 年以来全球年度石油需求的首次下降。疫情快速在全球蔓延，同时俄罗斯和沙特阿拉伯两个产油大国之间进行石油价格战，对国际油价和石油市场产生震荡性影响，国际原油价格出现“史诗级暴跌”，美国 5 月原油期货价格骤降 306%，收于每桶 -37.63 美元，为历史首次。

最终，两国自身也扛不住石油增产带来的负面影响，经过多轮谈判，于 4 月 13 日由沙特主持召开的“OPEC +”紧急视频会议达成了一项自该机制成立以来的最大规模减产协议，决定 5—6 月每日减产石油产量 970 万桶，至此两国结束石油价格战。对中国而言，作为石油净进口国，油价下跌将减少支出提供政策空间，将有利于短期经济发展；但是油价大跌并不利于金融市场的稳定，尤其是原油价格暴跌还会刺激世界经济陷入通缩风险，在高度全球化的现今国际格局中，中国这样的生产型国家也未必真正得利。因为，全球经济转坏时，中国的出口、对外投资、海外业务不可避免受到影响，很难独善其身。

《中俄石油领域合作政府间协议》签订于国际油价处于最高位的2009年，国际油价一直稳定在100美元/桶左右并未得到过多关注，直至2014年国际油价大跌造成波动才引发热议，一些舆论质疑“从俄罗斯进口石油亏大了”。事实上，“俄方向中国出口原油价格为纳霍德卡油价减去斯科沃罗季诺到纳霍德卡的运费。给出的价格公式是P = N – T…T的值逐渐靠拢，最终达成了一致”①，这意味着中国进口俄罗斯石油的价格是随行就市的，跟随国际油价波动，而不是一成不变的固定价格。要强调的是，价格问题是双方原油管道建设谈判中的最大难点之一，是经过长期艰苦的谈判才达成协议的，应该说是一个长期平衡的动态过程，这也是中俄签订长期供油协议规定俄罗斯要“逐年对华增供原油”能谈成期限25年的原因之一。在成熟的石油交易市场中，国家间的长期石油协议采用固定价格结算几乎不成立，不只是进口国担心价格下跌，出口国也会担心石油价格上涨。俄罗斯由于俄气从未披露开发的实际成本，因此各项数据并不足以评估项目是否盈利。唯一确定的是，卢布贬值大大减轻了俄气出口价格下跌所带来的影响。

具体来看，应该从能源安全战略层面和原油贸易经济角度进行解读。能源安全方面，俄罗斯作为油气大国实力有保证，而且在中东产油国深受美国影响下不论是地区局势还是经济形势都具有波动性，从供应稳定性和地缘角度来看，中俄双方为应对复杂的国际局势进行紧密的石油合作具有战略性意义；贸易经济方面，购买俄罗斯石油并不是远高于国际平均水平的天价，双方还会以石油合作稳定开展为切入点展开贷款、中小企业、基础建设、天然气合作等多领域合作。

二　中俄能源的战略协作不足

第一，战略规划的实施。俄罗斯对本国能源区域规划与实际举措存在较大差距，虽然2002年和2007年出台的开发规划和部署都强调东部地区是未来能源发展的关键，但是在具体投入中并未切实落实，远东地区的项目未能如期开工。而这是中国非常关切的合作地区，这可能也和俄罗斯国

① 张国宝：《见证中俄原油管道谈判十五年》，《新能源经贸观察》2018年第Z1期。

内受到西方影响对中国产生的顾虑不无关系，一定程度上减缓了双边能源合作进程。俄罗斯注重总体上的国家利益，二十多年来能源规划变化不定，近年来北极地区开发并不顺利，之后东部地区的油气开发计划也未定。

第二，能源定价的分歧。中俄能源交易主要是靠铁路和管道运输，远距离、高投资和长周期的特点导致不确定系数高，俄罗斯在油气价格上强调主导权，而中国认为应该根据市场规则来做出调整，但俄罗斯认为这会影响其向别国出口的价格谈判，因此价格往往是两国能源项目谈判的关键。从根本上看，合作中还是欠缺些许完全信任，俄罗斯油气专家克鲁季辛认为“中国只有在太平洋出现严重军事政治局势时，才需要俄罗斯的天然气”①。双方在天然气谈判过程中，俄方如果坚持脱离实际的高价，那么很可能失去争取中国天然气市场有力份额的机会。

第三，能源战略的定位。能源战略是国家为实现本国发展目标制定的能源发展原则、措施和目标的根本性系统规划，一般具有全面性、时段性等特征，是国家战略的有机组成部分。它的出发点和落脚点都是国家利益，两国之间不可能完全吻合，必然会出现一些偏差或者冲突。俄罗斯的战略重心从欧洲转向亚太才开始起步，而且主要产油区西西伯利亚与欧洲更近；而中国的主要能源进口对象是中东，俄罗斯是多元战略的就近选择，尤其是经济高速增长产生能源高需求且遭遇严重不足，希望能与俄罗斯进行更深入的合作，但是直到2011年才建成石油合资公司。国家能源利益和战略定位的差异，决定了中俄今后能源合作还需要互谅与磨合。

2018年国际油价波动性加大，全年最大波幅达71%。中俄均为世界能源大国，都需要国际能源市场的稳定和可持续发展作为保障。《中国的能源政策（2012）》指出中国要“积极参与全球能源治理，加强与世界各国的沟通与合作，共同应对国际货币体系、过度投机、垄断经营等因素对能源市场的影响，维护国际能源市场及价格的稳定”②。然而，相较于能源格局变迁下利益差异化日趋明显的现实，当前却没有有效的治理体系来应

① Российский эксперт: *Китайцы многие годы сопротивлялись уговорам Газпрома, который намеревался продавать им газ*, http://ru.redtram.com/news/politics/400122708/，访问日期：2020年3月27日。

② 《中国的能源政策（2012）》白皮书，2012年10月24日，国新办网站，http://www.scio.gov.cn/zfbps/ndhf/2012/Document/1233790/1233790.htm，访问日期：2020年5月20日。

对出现的新问题，近年来围绕着能源贸易、能源过境、能源投资以及能源供求主体之间的矛盾日趋激烈化，因此加快全球能源治理体系变革愈加重要。2013 年，习近平主席首访选择俄罗斯并在俄罗斯莫斯科国际关系学院演讲时首次提出“人类命运共同体”，“全球能源命运共同体”为全球能源新议题的解决和推进全球能源治理变革提供了新理念。在 2018 年《中俄联合声明》中，双方强调在国际环境不稳定不确定性的大背景下，需要进行战略安全磋商，深化在国际事务中的配合。

三 合作制度化框架不完善

顶层规划设计缺乏保障。中俄能源合作的稳定性、规划性和机制性不足，极其容易受外因作用影响，这需要两国政府间的紧密协作，从政治合作引导双方共同制定具有战略性的合作协议，对双边能源合作进行引领、促进和保障，成为中俄能源合作的纲领性文件。这种保障不仅体现在能推动长期友好合作可持续发展的意向性上，主要是能共同应对国际局势的瞬息万变，包括地缘政治环境的变化和能源市场价格波动，更好地维护两国的国家能源安全和经济利益。

市场协调机制尚待完善。缺乏达成一致的定价机制是长期困扰中俄能源合作的问题，石油价格能参考 WIT、布伦特价格，而天然气完全是双边自由议价，完全没有任何市场标准进行调控，因此在双方思考角度和选取标准不统一时很难达成一致，例如 2014 年《中俄东线管道供气购销合同》和中俄天然气管道西线的建设，都因定价分歧而进展困难。可以说，议价问题已经严重影响中俄能源合作的快速发展，亟待共商共议符合双方预期并遵循市场规律的调节机制，这对两国能源合作健康、稳定、发展是很有必要的。由于能源属于战略物资，自带政治内涵，价格市场化不足的情况下就会产生垄断，不仅不利于国际合作，还会损害双边关系。

能源合作的法律基础还需夯实。中俄能源合作的法律依据主要有共同参与的多边条约、双方签署的协议和各自的法律，但是专门的法律制度建设还处于初步阶段。在多边条约方面，《联合国宪章》规定了包括投资在内的国际交往基本准则，《多边投资担保机构公约》针对的是各国投资者的政治风险担保问题，《解决国家与他国国民之间投资争端公约》为投资可能出现的争端提供调解的制度机制，《承认及执行外国仲裁裁决公约》有助于提高仲裁执行的效率，可是这些只是意向性框架协议，并不具有法律的强制性，也不能指导具体操作。中俄两国的能源立法也有各种的问题，中国还未有完善的能源合作相关法律制度，俄罗斯则存在并不统一的多种能源法律体系。总而言之，双方的能源相关法律都不完善，不能对相关项目的实施进行有效保障。特别需要指出的是，俄罗斯对可再生能源的补贴政策要求国产化，规定必须在当地进行生产设施投资，而且投资程序复杂影响资方的投资热情。例如，2014 年 5 月中俄双方签署的输气管道协议，原定 2019 年年底实现年供气 380 亿立方米的目标估计 2025 年后方能达到，有专家认为这可能与供气基地开发和基础设施建设有关，也与俄方为抽取东西伯利亚和远东气田天然气中的氦气有关。①

四　萨哈林项目曲折进程分析

萨哈林油田是指在萨哈林岛的一系列开发项目，陆上勘探较为成熟，海上勘探程度相对较低，由俄罗斯主持开发，目前设计了 9 个项目，具有较大的勘探潜力。据 IHS 数据库的资料（2007 年），萨哈林地区石油地质储量为 94.03 亿桶，天然气可采储量为 1.09 万亿立方米，凝析油可采储量为 5.67 亿桶。② 萨哈林 1 号、萨哈林 2 号的对外合作为产品分成协议模式，其他项目为矿税制合同模式。由于萨哈林 1 号、2 号项目的产品分成协议条款对俄方有诸多不利，俄政府对产品分成协议的授予做出了严格限制。鉴于俄政府利用国有化政策、环保政策等调控外资项目，国外公司只有把利益与俄罗斯国家石油公司进行捆绑才能更好地规避风险。应该说，萨哈林油气项目不仅对俄罗斯远东经济和能源结构有重大意义，其将产生的效益也具有非常大的吸引力。

美日欧盟印等国家和地区早已参与萨哈林项目并获益，中国石化集团也曾两度参与其中开发油田，但是由于项目庞大、资源丰富、参与国多，项目进展较为曲折。该项目的初衷是俄罗斯独立初期急需外资，故而低价出售油气，随着自身逐步发展，俄罗斯希望本国企业能参与管理。

最早的“萨哈林 2 号”项目运营商萨哈林能源公司由俄英日三国的能源企业共同组建，该项目的天然气年生产能力约为 960 万吨，约 60% 向日

① Денис Давыдов, *Китай готовится существенно повысить импорт газа из России*, 06. 03. 2018, https://teknoblog.ru/2018/03/06/87681，访问日期：2020 年 5 月 20 日。

② 梁海云、刘鸣、谢波、胡学智：《资源、经济与政治：萨哈林油气项目全景式扫描》，《国际石油经济》2007 年第 6 期。

本出口，其余40%向韩国和美国提供，首次出口日本的天然气共有6万吨。“萨哈林3号”项目的其他合作伙伴有俄罗斯石油公司和中国石油化工集团有限公司，两家公司配合开辟维宁斯基油气区块。

中俄政府在两国首脑强有力的推动下协议由中石化与俄罗斯石油公司合作开发萨哈林3号项目，俄方的目的在于吸引资金以开发该地区的油气资源，俄石油公司2003年取得该地区5年地质研究许可证后进行过前期勘查。2005年7月1日，中石化与俄罗斯石油公司商定成立合资公司以负责萨哈林3号地区的油气勘探开发，双方的股权比例定为3∶7，即便加入新投资者也不改变中方的持股比例。但是深海探井效果不佳，2010年9月28日中石化撤出了全部作业人员，直至2013年中国天然气需求猛增才再次谋划萨哈林岛开发，因为推行能源出口多元化，俄罗斯对天然气项目的外资进入有所放松，有效促进了双方的合作。

第五节　推动中俄能源深化合作建议

中俄两国从能源资源禀赋和毗邻的天然优势来看，具备能源合作的有利条件。未来很长一段时期，油气消费对中国发展和油气生产对俄罗斯经济的重要性将越发重要，随着油气管道设施建设不断推进的保障作用，两国深化能源合作的层次和水平也会继续提升，具有深厚的潜力。近年来，国际能源格局逐步发生深层次变革，中俄能源合作日益加深，前景广阔，未来要不断提升中俄能源合作的层次和水平，在节能技术、市场、资本等方面形成较多合作点，这对提高能效、节约能源资源、积极应对气候变化具有重要意义。要保持长期稳定深入的能源合作，推动中俄能源合作迈向更高水平、更广范围和更深层次。当前中俄能源合作的形势中，俄罗斯更为主动，中国需要不断探索合作模式，保持积极友好态度、创新多元化思维持续推动双方深化合作，统筹考量投资总量、利益分配和合作环节，不拘泥于局部争议而要创造整体上的多赢合作成果。

一　加强研究科学规划，深化战略伙伴关系

中俄长期致力于发展经济，随着经济全球化的发展，能源合作需求愈加增强，是双边建设全方位战略协作的重中之重，特别是对国家能源安全的协同保障具有战略意义。不论是从中俄两国自身发展需求来看，还是从

共同应对国际局势和外部压力的角度，双边合作是大势所趋，主要关注的是在合作进程中的关系处理，如何共同规划行之有效、科学高效的双边政策，最大限度上运用能源外交，采取多渠道并创新方式，实现彼此取长补短，最大限度、更多领域的双赢。

对俄能源合作是中国能源对外合作最重要的部分，应进一步加强合作力度，谋划新规划布局，加强研究俄罗斯能源战略，密切关注其能源开发动向，结合国际能源战略格局新变化，预判未来一段时期内俄罗斯的能源战略动向，积极谋求两国持续深入合作的战略契合点，为我国有计划分阶段地切实推进对俄能源合作项目做好准备，提供预案和建议。

特别关注俄罗斯开发东部的能源政策，提前制定应对方案，提前规划合作项目。与此同时，必须时刻关注国际能源形势与俄罗斯的相关政策，前瞻性预测和制定应急预案能减少和降低各种不确定因素的不利影响。灵活把握世界能源发展趋势，制定内外联动的能源战略以提升在国际能源战略格局重大影响力，更高效发挥在多边能源治理中的作用。

二　探索新机制新模式，积极开拓合作新领域

加强双/多边能源合作机制建设。考虑到中俄能源合作的现状和未来，双边未来合作方向的选择可以是在继续巩固深化双边合作的基础上，不断加强在多边和全球能源治理层面的战略协作，为全球能源市场稳定有序发展发挥积极的建设性作用。目前来看，中俄两国双边能源合作机制日趋完善，不仅有两国总理的高层定期会晤机制，还有双方企业间通过交流平台推进战略落地。例如，两国正在推进的中俄能源合作商务论坛就是双方企业的交流平台。从多边机制看，中俄在密切加强同已有多边合作组织联系的基础上，也在不断拓展更加符合现实需要的多边合作机制。在批准新版的俄罗斯国家能源安全学说后，普京总统表示将促进与欧亚经济联盟和独联体国家一体化发展，深化与金砖国家、上海合作组织、天然气输出国论坛、石油输出国组织的合作伙伴关系。从中可以看出，中俄同为金砖国家和上海合作组织的重要成员，并在两国联合声明中明确要推进“一带一路”建设和欧亚经济联盟对接，探讨构建“欧亚伙伴关系”，有理由相信未来中俄将会在能源合作多边机制上携手合作，共同推进能源治理体系变革进程。

完善多层次工作机制。一方面，能源对话机制在总理层级的框架中，

向上增加首脑会晤、向下增设企业高层会谈，搭建立体传导、平行协调的对话有利于政策落地到具体项目实施；另一方面，组建包括政府主管部门、企业项目负责领导以及智库等研究机构在内的联合工作小组，全程服务、监管项目实施以及时反馈、沟通和解决问题，也能为各方积累经验、改进工作方法提供参考。

全面拓展全产业链合作。中俄能源合作的全产业链发展不足，主要集中在油气贸易，前期的合作开发勘探、中期的管道运输建设和后期的炼化销售等虽有涉足但比例不高。单纯能源贸易的买卖双方之间的利益绑定不够紧密，容易受到外部因素干扰，几乎不具备共同承担风险的意愿。鉴于过往经验，应该从共同投资勘探开发起步就密切合作，牢固双方利益联系以稳定双边合作，直接提升中俄能源合作的水平。而且，全产业链的合作能更大限度地拓展合作空间和产业附加值，使得两国之间的能源供求关系可持续稳定健康发展。

三　加强基础设施联通，推进北方海路布局

基础设施建设是长期阻碍俄罗斯远东地区开发的一大因素，也无法满足中俄日益增长的能源合作需求。中俄在美国遏制战略下坚持联合、加强互联互通、积极推进跨境管道建设、不断拓宽互联通道规模以提升双边能源贸易水平、共建共享能源通道建设带来的贸易便利。2015 年 6 月，俄罗斯政府批准《北方海路发展综合方案（2015—2030 年）》，预计 2020 年北方海路年运输货物 6370 万吨，2030 年达到 8000 万吨。加快推进并落实中俄有关能源基础设施建设的协议与合作，特别是积极调研和推动包括北方海路在内的海上能源通道，还要规划纵贯亚欧大陆的互联互通项目，完善整体基础设施布局以进一步加强能源运输安全。

宏观上中俄跨国能源基础设施建设，双方应当通力协作、落实资金，集中精力加强跨境能源运输通道建设以推动两国的能源顺畅深化合作。局部看要加快开发北方海路建设作为战略布局的亮点之处。中国黑龙江省具有边境地区的毗邻优势，“三桥一岛”建设可实现区域的互联互通格局，同时可采取科技合作政策拉动造船、环保、能源动力、新材料、水下高科技等领域参与共同建设。中国积极加大对俄罗斯东部地区的能源基础设施建设，如勘探开发、管道修建等方面的投入力度，有助于提升两国能源合作的广度与深度。

随着油气管网基础设施互联互通范围的进一步扩增，俄罗斯与中国能源供求市场的紧密性将进一步增强。例如，中俄东线天然气管道工程包括俄罗斯境内“西伯利亚力量”管道和中俄东线天然气管道工程中方境内段（即黑河—上海），全线建成投用后将实现俄罗斯天然气资源与中国东北、京津冀和长三角地区等重点天然气市场相连。

四　注重地方能源项目，推动企业具体合作

中俄能源合作项目基本是国有大型企业主导，但是对外能源合作的边境地区参与也很重要。中国东北毗邻俄罗斯远东地区，是进口能源的第一站，具有先天的地理位置优势，应该发挥其在中俄能源合作中的战略地位，扩大合作规模和深度，加强全方位合作，建设代表性项目。特别是以煤炭、电力为重点扩大俄能源引进规模，注重中俄地方能源项目整体协同。

加强中俄企业之间的合作。企业是跨国经济合作的实施载体，在推进中俄能源合作过程中必须重视发挥能源企业作为主要参与者的关键作用，而且要在大力发挥国有大型企业的示范领头效应的同时积极推进非公有企业的功能互补作用。尤其是需要加强与在地区具有独特优势的公司，如俄罗斯东部地区的苏尔古特油气公司等的合作，采取创新合作方式推进各层次项目共同开发、相互配合，达成总体效应加强的效果。

发挥政府对企业的引导和保障作用。中国政府除了利用“走出去”政策积极引导企业加强国际合作，还要护航保障企业在海外的安全和利益不受非法和蓄意的侵害，研究俄罗斯政策的变化和特殊性，争取更多有利发展环境，实现效益最大化。着眼于长期战略，积极与俄罗斯当地企业合作，争取更有利的投资营商环境，有效地影响资源或产品的价格，为务实合作的顺利开展提供便利条件。

本章执笔：史谢虹

第四章　中俄禁毒合作

随着中俄两国政治、经贸、人文等领域交流的不断发展，两国之间的人员和货物往来也在不断增加，与此同时，两国之间的跨境犯罪出现了增长趋势。中国和俄罗斯共同面临毒品犯罪的现实威胁，俄罗斯甚至成为海洛因等毒品的主要消费市场之一。毒品问题带来的威胁是单凭某一个国家的力量无法解决的，因此禁毒工作十分需要加强国际合作。俄罗斯是中国的重要战略合作伙伴，两国关系的良好发展为中俄禁毒合作的顺利开展奠定了基础。近年来，中俄禁毒合作发展顺利，双方在双边和多边框架下的交流十分频繁，为打击跨境毒品犯罪营造了很好的氛围。但是，随着跨境毒品犯罪在中国和俄罗斯的迅速发展，同洗钱等其他有组织犯罪之间的关系日趋密切，甚至出现“以毒资恐”的现象，对中俄两国和地区的安全、稳定和发展造成极大威胁。因此，厘清中俄禁毒合作的现状及存在的问题，对于未来两国禁毒合作的顺利开展，共同维护两国及地区的安全与稳定具有重要意义。

第一节　中国与俄罗斯毒情特点

当前全球毒品犯罪形势日趋复杂化，毒品制造、贩运和滥用问题日益突出，毒品的种类、来源增加，吸毒人口的数量也在扩大，并且呈现了低龄化的趋势。毒品的制贩与滥用问题在阿富汗等国家难以解决，吸毒导致的流行病和死亡等现象屡见不鲜，成为全球性威胁。除此之外，加拿大等国家实行的“大麻合法化”政策给国际毒品形势带来了更大变数。现今世界毒品滥用最主要的种类首先是大麻；其次是鸦片类毒品（包括鸦片、海洛因和吗啡等），也就是所谓传统毒品；最后也是增长最为迅速的是合成毒品与新精神活性物质。

一　毒品犯罪与非传统安全

毒品问题不仅仅是简单的犯罪学或者是社会问题，已经成为中俄两国在非传统安全领域面临的重要威胁。包括中俄在内的世界各国都面临着恐怖主义、毒品贸易、有组织犯罪、环境问题、民族与宗教问题、金融攻击、信息网络安全等问题的威胁，这些问题有别于以军事安全为代表的传统安全领域，都被归属于非传统安全威胁，“由非政治和非军事因素所引发的，直接影响甚至威胁本国和别国乃至地区与全球发展、稳定和安全的跨国性问题以及与此相应的一种新安全观和新的安全研究领域”①。中俄两国都很重视非传统安全的威胁，在俄罗斯于1999年颁布的《俄罗斯联邦国家安全构想》中就已经将包括技术、生态环境、信息等多个领域的威胁列入俄罗斯需要全力抵御的安全威胁当中。习近平总书记提出的“总体国家安全观”中明确将“既重视传统安全，又重视非传统安全”作为重要内容。毒品问题作为非传统安全威胁的重要内容引起了中俄两国的共同关注。

二　俄罗斯的毒品形势

俄罗斯已经成为世界毒品市场的重要组成部分，从消费端来看，俄罗斯是阿富汗鸦片和海洛因的主要消费市场；从运输段来看，俄罗斯是多条国际毒品运输路线上的重要环节，比如阿富汗毒品外流的“北方路线”“巴尔干路线”等都经过俄罗斯，或者以俄罗斯为贩运目的地。值得注意的是，近年来俄罗斯还深受合成毒品和新精神活性物质流行的威胁，同时易制毒化学品及前体的走私问题也屡见不鲜。因此，俄罗斯面临十分复杂严峻的毒品犯罪和滥用形势。俄罗斯是中国的重要邻国，随着中俄经贸关系和人员往来日益密切，毒品犯罪分子的跨境活动日趋频繁，给中俄两国的禁毒工作都造成了极大困难，成为中俄两国禁毒部门所共同面对的现实困难。

俄罗斯面临着明显的毒品威胁。《俄罗斯联邦2020年前国家安全战略》明确将滥用毒品与跨国毒品犯罪集团的活动列为安全威胁之一。② 根

① 陆忠伟：《非传统安全论》，时事出版社2003年版，第20页。

② Kremlin. ru：Указ Президента Российской Федерации от 09. 06. 2010 г. NO. 690，http：//www. kremlin. ru/acts/bank/31218，访问日期：2020年3月9日。

据俄罗斯国家禁毒委员会公布的数据，2018 年俄在册吸毒人员共 42. 34 万人，其中 5. 4 万人是未成年人。[①] 但这仅仅是在册人员数据，实际吸毒人员数量有可能远高于此数据。

苏联解体之后，俄罗斯的经济与社会发展曾出现严重困难，贫困、腐败等问题相交织，成为有组织犯罪滋生的土壤。一批处于贫困当中的民众或者酗酒，或者依赖于毒品的麻醉，使俄罗斯产生了吸毒的亚文化圈子。同时跨国犯罪组织的活跃使俄罗斯成为国际贩毒组织眼中的庞大市场。从俄罗斯的毒品缴获量可见其毒品消费市场的规模。2018 年俄罗斯执法部门共查获 15. 2 吨大麻、4. 2 吨合成毒品以及 1162 公斤的鸦片类毒品，其中包括 721. 7 公斤的海洛因。[②] 被查获的毒品仅能代表市面上流通的毒品总量的一部分。另外，根据俄罗斯禁毒部门的观点，现今俄罗斯市场上销售的毒品当中，约 50% 来自境外。《俄罗斯联邦 2020 年前国家禁毒战略》对俄面临的毒品形势的总结是：毒品的非法贩运以及滥用不断增加，尤其是海洛因、可卡因、苯丙胺类兴奋剂、精神药物等。毒品滥用问题导致包括艾滋病、肝炎等疾病的流行，成为广泛影响俄罗斯国家安全、经济发展和人民健康的威胁。俄罗斯禁毒形势面临的最大威胁是阿富汗毒品产量的长年高企以及大量毒品被贩运进入俄罗斯。与此同时在俄罗斯境内本土生产的合成毒品与新精神活性物质的案例不断增加。[③] 俄罗斯国家禁毒委员会对俄毒品形势每年都进行总结，同之前相比，2018 年的俄罗斯毒品形势出现了新的趋势。

第一，俄罗斯吸毒人数出现下降趋势，但仍是俄社会稳定与发展的重大威胁。2018 年俄罗斯在册吸毒人员数量为 42. 34 万人[④]，而 2017 年俄罗斯在册吸毒人员数量为 45. 92 万人[⑤]，2018 年同 2017 年相比有所下降。这说明俄罗斯在治理毒品滥用领域的工作取得了一定成绩，但是形势仍然十分严峻复杂，青少年吸毒现象明显，合成毒品与新精神活性物质滥用呈蔓

---

① Государственный антинаркотический комитет: Доклад о Наркоситуации в Российской Федерации в 2018г, p. 3.

② Ibid. , p. 17.

③ Стратегия Государственной антинаркотической политики Российской Федерации до 2020 года.

④ Государственный антинаркотический комитет: Доклад о Наркоситуации в Российской Федерации в 2018г, p. 3.

⑤ Ibid. , p. 4.

延势头，市场当中的毒品种类与结构也有变化。

毒品滥用人数下降但总量较大，青少年吸毒现象明显。2018 年俄罗斯总人口为 1. 44 亿，其中 42. 34 万人为在册吸毒人员，而实际吸毒人员数量远大于在册吸毒人员数量。俄罗斯内务部认为，目前俄滥用毒品的人数已超过 300 万人。除此之外，俄罗斯青少年吸毒现象明显。在 2018 年的在册吸毒人员中，5. 4 万人是未成年人。未成年人吸毒给俄罗斯带来了一系列社会问题，其中包括未成年人参与同毒品相关犯罪。但是总体而言，俄青少年吸毒人数有所下降，2017 年俄在册吸毒人员中的青少年人数为 6. 6 万人①，另外涉毒犯罪中少年犯的数量也有所下降。说明俄政府充分认识到了青少年吸毒问题带来的危害，采取的对策取得了效果，青少年毒品预防教育取得了成效。

吸毒人员中出现“混合吸毒者”。传统而言，俄罗斯的吸毒群体中最为流行的吸毒方式为静脉注射海洛因或者吗啡，近年来吸食大麻的现象也有所增加。但是应当注意的是，俄罗斯禁毒部门自 2018 年注意到在吸毒群体中出现同时吸食多种毒品的“混合吸毒者”，并且这一群体的数量有所上升，达到 1800 人②，多数为传统毒品与新型毒品混用。

第二，俄罗斯毒品市场种类发生变化，大麻和美沙酮滥用现象有所增加。根据俄罗斯禁毒部门统计的缴毒量，2018 年缴获量最大的毒品是大麻，达到 15. 2 吨，比上年同期增加了 6%。③ 应当注意的是，大麻的查获量和使用量上升几乎成为全世界共同的趋势，其中包括了某些国家“大麻合法化”政策所带来的影响。俄罗斯禁毒部门缴获的大麻来自于俄境内外，一部分为经中亚地区贩运流入，一部分是俄原产大麻。近年俄罗斯禁毒部门多次报告在境内铲除大麻种植，或者发现野生大麻植株的案例。在俄罗斯远东地区、西伯利亚和北高加索地区有野生大麻原植物生长，其含有较高含量的四氢大麻酚。每年在俄罗斯缴获的大麻当中约一半来自布里亚特共和国、阿尔泰、外贝加尔、克拉斯诺亚尔斯克、滨海和哈巴罗夫斯克边疆区，以及阿穆尔州、伊尔库茨克州和犹太自治州等地。另外值得注意的是，美沙酮滥用现象在俄罗斯十分普遍。根据俄禁毒部门的统计，

① Государственный антинаркотический комитет: Доклад о Наркоситуации в Российской Федерации в 2018г, p. 4.

② Ibid. , p. 46.

③ Ibid. , p. 17.

2018年美沙酮成为该国第三位的滥用毒品，俄罗斯内务部缴获的美沙酮数量同2017年相比上升了4.5倍，为80.3公斤。美沙酮主要流行于俄罗斯城市吸毒人群当中，主要集中于圣彼得堡市、列宁格勒州、莫斯科市和莫斯科州。俄罗斯禁毒部门认为，美沙酮滥用情况的增加是由于所谓"替代疗法"失控而导致的，而这一趋势同欧洲的新精神活性物质滥用趋势完全相同。

第三，合成毒品与新精神活性物质成为俄罗斯最流行的毒品。俄罗斯国家禁毒委员会认为，合成毒品与新精神活性物质已经成为俄最流行的毒品。合成毒品及新精神活性物质种类繁多，隐蔽性强，查缉难度很大，并且成瘾性明显。合成毒品与新精神活性物质在俄罗斯吸毒群体中十分流行，尤其是青少年群体，在部分青少年中形成认为其"时尚""炫酷"的亚文化认知，给俄罗斯的青少年吸毒预防工作带来困难。俄罗斯境内的合成毒品与新精神活性物质来源既有境内，也有境外，部分毒品自欧洲等地流入俄罗斯；部分毒品则在俄境内生产。2018年俄罗斯禁毒部门对国内毒品生产形势进行监测的结果表明，麻醉药品和精神药物的生产量有所增加，毒品加工厂的数量、规模和产品种类都有所增加，甲基麻黄碱、安非他明、美沙酮等产品的产量上升。2018年俄罗斯执法部门共破获了108个地下毒品加工厂，其中大部分都位于莫斯科州。俄罗斯贩毒组织一般通过网络商店或者是电商平台销售合成毒品及新精神活性物质，并用"香料""鳄鱼"等名称来指代不同毒品。网络销售毒品能够做到"人货分离"，使买家无法接触到真正的卖家，给禁毒工作带来了很大阻碍。

第四，俄罗斯毒品来源渠道复杂，既有境内贩运，又有境外贩运，已成为全球毒品贩运路线的目的国和过境国。俄罗斯毒品来源于境内制造和境外输入，近年来随着俄罗斯禁毒部门加大执法力度，对毒品贩运的打击取得了一定成绩。但是俄罗斯仍然面临阿富汗毒品的威胁，同时境外流入的合成毒品也给俄罗斯造成现实威胁。俄境内外贩毒集团已结合成为跨国贩毒网络，贩毒手段升级变化迅速，给俄造成的现实与潜在威胁进一步加大。

首先，阿富汗毒品持续渗透，海洛因成为"北方路线"的主流。俄罗斯位于阿富汗毒品外流的重要通道"北方路线"之上，联合国毒品与犯罪问题办公室、国际麻醉品管制局等都公认俄罗斯是"北方路线"毒品外流的主要消费市场。国际麻醉品管制局认为，大部分流经"北方路线"的鸦片类毒品是从阿富汗经过塔吉克斯坦流入中亚，再从中亚被贩运进入俄罗斯。[①] 虽然近年由于贩毒路线转移、合成毒品占领市场等原因，“北方路线”上的毒品数量有所下降，联合国毒品与犯罪问题办公室对比了2008年与2017年在中亚国家缴获的鸦片类毒品数量占全球缴毒量的比例，2008年占比为10%，至2017年则下降为1%。[②] 但流入俄罗斯的毒品数量仍然维持在较高水平。根据俄罗斯禁毒部门统计的数据，从2014年起“北方路线”上缴获的鸦片数量开始下降，而海洛因的缴获量则有所上升，说明自“北方路线”流入俄罗斯的毒品总量并未有显著下降，只是种类发生了变化。除了“北方路线”之外，从阿富汗经伊朗、阿塞拜疆和格鲁吉亚等外高加索国家贩运毒品的“巴尔干路线”也成为毒品流入俄罗斯的通道之一，部分海洛因等毒品经此路线，通过俄罗斯的高加索地区进入俄毒品市场。

其次，除了海洛因之外，大麻也是走私进入俄罗斯的主要毒品种类。除了鸦片类毒品之外，近年来大麻也在大量流入俄罗斯市场。俄罗斯禁毒部门2017年缴获的大麻已达到1.1吨[③]，俄罗斯禁毒部门发现，自2017年起通过白俄罗斯和波罗的海国家走私进入俄的“摩洛哥大麻”数量大幅度上升。

再次，合成毒品与新精神活性物质走私入境情况有所改善，境内产量增加。近年来俄罗斯的毒品市场结构发生显著变化，合成毒品与新精神活性物质成为俄罗斯毒品消费市场上最主要的毒品种类。国际麻醉品管制局注意到，2017年起俄罗斯查获的苯丙胺、甲基苯丙胺类毒品数量都在1公斤以上。根据俄罗斯国家禁毒委员会的观点，从境外贩运进入俄罗斯的合成毒品多数来自欧盟和中国，近年来随着中国加大对合成毒品及新精神活性物质生产的打击力度，从中国进入俄罗斯的毒品数量有所减少。因此，俄罗斯境内生产的合成毒品和新精神活性物质逐渐占到一半的市场份额。2017年俄罗斯的新精神活性物质缴获量位居全球第三，被缴获的新精神活性物质主要是合成卡西酮。[④]

最后，毒品销售渠道日趋多元化，网络贩售成为新潮流。俄罗斯贩毒

---

① 国际麻醉品管制局：《2018年年度报告》，第90页。

② UNODC, World Drug Report 2019, p. 3.

③ 国际麻醉品管制局：《2018年年度报告》，第90页。

④ UNODC, World Drug Report 2019, p. 48.

组织充分利用互联网等现代技术贩售毒品，通过互联网，使用境外服务器的网站来宣传和销售毒品，建立毒品“电商平台”。这些“电商平台”主要通过“暗网”运行，买家同卖家之间身份互相保密，使用电子货币进行支付，做到销售全环节匿名进行。2017 年 7 月执法部门打击并关闭了“Russian Anonymous Market”（俄罗斯匿名市场）和“Hansa”的暗网毒品销售网站，当时该网站的销售量占整个暗网毒品销售量的 87%。

2020 年是俄罗斯政府《俄罗斯联邦 2020 年前国家禁毒战略》的收官之年，俄罗斯禁毒部门将继续加强对毒品犯罪的打击力度，深化预防教育，做好戒毒治疗，并进一步加大国际禁毒合作力度。俄罗斯面临的毒品形势将得到更大改善。

三　中国的毒品形势

当前全球毒品形势日趋复杂严峻，中国作为当今世界增长最为迅速的经济体，也是世界最大的消费市场，自然成为国际毒品贩运组织的目标。与俄罗斯相似的是，中国也是兼具毒品消费国和过境国身份，同时还有合成毒品和新精神活性物质生产现象。随着经济全球化和社会的信息化发展，跨境人员与货物流动日益频繁，加上世界范围内毒品泛滥严重，周边毒源地对中国的渗透不断加剧，成为中国毒情复杂化的重要外部因素。

中国政府高度重视禁毒工作，在党中央和国务院的领导部署下，中国禁毒部门不断加大工作力度，取得了明显成绩。2018 年中国共破获毒品犯罪案件 10.96 万起，抓获犯罪嫌疑人 13.74 万人，缴获各类毒品 67.9 吨，查处吸毒人员 71.7 万人次。[①] 在中国禁毒部门的不懈努力下，中国的毒品形势呈现“整体向好，持续改观”的变化，极大地减轻了毒品对社会的危害程度，维护了社会的稳定与发展。

毒品滥用人数首次下降，但滥用的毒品种类发生了明显变化。2018 年中国现有吸毒人员 240.4 万人，同 2017 年相比下降了 5.8%，首次出现下降[②]，同时吸毒人员中未成年人比例也出现下降趋势，说明中国针对未成年人所做的预防教育工作成果进一步得到了巩固。传统上来说，以海洛因

---

① 国家禁毒办：《2018 年中国毒品形势报告》，2019 年 6 月 17 日，中国禁毒网，http://www.nncc626.com/2019-06/17/c_1210161797.htm，访问日期：2020 年 3 月 9 日。

② 国家禁毒办：《2018 年中国毒品形势报告》，2019 年 6 月 17 日，中国禁毒网，http://www.nncc626.com/2019-06/17/c_1210161797.htm，访问日期：2020 年 3 月 9 日。

为代表的鸦片类毒品是中国毒品滥用人群的主流选择，但近年来，中国毒品滥用的种类发生了明显变化，合成毒品迅速占领市场，同时随着某些国家“大麻合法化”的泛滥，大麻滥用现象也在增加。根据中国禁毒部门的数据，2018 年，在 240.4 万吸毒人员当中，滥用冰毒的人数为 135 万人，占 56.1%，位居第二的是滥用海洛因的人数，为 88.9 万人，占 37%，氯胺酮滥用人数占第三位。[①] 由此可见，冰毒已经正式取代海洛因成为中国毒品市场上最主流的毒品。同时，大麻滥用人数持续上升，在有国（境）外生活背景以及演艺圈人士当中尤为明显。

“混合吸毒者”增加，新型毒品不断涌现。合成毒品已经成为吸毒人员滥用的主流毒品，同时吸食阿片类毒品和合成毒品的现象日益突出。截至 2018 年，中国国内“混合吸毒者”达到 31.2 万人，同比上升 16.8%，占吸毒人员总数的 12%。[②] 在毒品市场上，冠以“神仙水”“娜塔莎”等不同新名字的新型毒品层出不穷，给禁毒工作带来很大困难。从中国国家毒品实验室的监测数据来看，2018 年全年新发现新精神活性物质 31 种。

境外渗透与境内制造同时成为毒品来源，境内制造下降，境外渗透风险上升。“金三角”和“金新月”生产的毒品不断渗透进入中国，合成毒品被贩运入境的情况增多。“金三角”地区是中国面临的最大境外毒源地，近年来“金三角”地区在保持海洛因产量的同时，开始大量制贩冰毒片剂和晶体，以及氯胺酮等合成毒品，将中国作为主要消费市场。同时，从“金新月”地区贩运海洛因进入中国的案件也时有发生。南美生产的可卡因则将中国作为贩毒通道的过境国，2018 年中国的禁毒部门曾数次查获此类案件。另外，自从加拿大实行“大麻合法化”政策之后，从北美地区走私大麻进入中国的案例有所上升，对中国的威胁进一步加大。值得注意的是，在中国禁毒部门的持续高压之下，中国境内毒品制造能力下降，制毒活动开始萎缩。同时易制毒化学品被非法使用的趋势也被阻遏，但风险仍然很大。

贩毒手段与渠道复杂，跨国（境）贩毒活动增加，贩毒组织开始在犯罪活动中充分应用新技术和新业态。随着中国技术发展的脚步，新业态和

---

① 国家禁毒办：《2018 年中国毒品形势报告》，2019 年 6 月 17 日，中国禁毒网，http://www.nncc626.com/2019-06/17/c_1210161797.htm，访问日期：2020 年 3 月 9 日。

② 国家禁毒办：《2018 年中国毒品形势报告》，2019 年 6 月 17 日，中国禁毒网，http://www.nncc626.com/2019-06/17/c_1210161797.htm，访问日期：2020 年 3 月 9 日。

新技术也被贩毒组织应用到毒品走私当中，“互联网 + 物流”成为毒品贩运常见形式，包括使用网络平台和社交软件交易毒品，利用快递柜实现“无接触取货”，还有使用暗网进行交易的案例，给毒品案件的侦破带来困难。与此同时，贩毒分子充分利用中国交通物流网络的便捷性，已经实现了毒品走私“海陆空联运”。在贩毒组织方面，部分贩毒组织为了逃避国内打击，流窜至国（境）外，同国际贩毒组织勾结进行毒品犯罪；还有一种情况是国际贩毒组织直接在中国境内活动，尤其是“人体藏毒”案件中外籍犯罪分子带毒入境的情况有所增加。2018 年中国禁毒部门共抓获外籍贩毒人员 1268 人。[①] 说明境外贩毒组织正在不断加大对中国的渗透力度。

第二节　中国与俄罗斯之间的跨境毒品犯罪

近年来，中俄两国已经成为对方重要贸易伙伴，两国之间的贸易额和人员往来密切度不断提高，中国是俄罗斯的第一大贸易伙伴国，俄罗斯是中国的第十大贸易伙伴国，根据中方统计数据，2019 年前 11 个月中俄双边贸易额达到 1003.2 亿美元，同比增长 3.1%[②]，大量人员由于经商、求学、旅游等各种原因往返于两国。在这种背景下，毒品犯罪组织也在充分利用这一情况从事毒品走私犯罪活动，成为中俄两国社会安全稳定和经济社会发展面临的共同威胁。

一　走私毒品种类以合成毒品为主

俄罗斯与中国的毒品消费种类相似，都是以海洛因及阿片类毒品为主。但是两国的毒品来源并不相同，俄罗斯的阿片类毒品主要来自阿富汗，沿中亚国家流入境内。中国的阿片类毒品则主要来自“金三角”。一般来讲，不同的毒源地是由不同的贩毒组织把控，“跨界”合作可能性不高，因此在很长一段时间中俄跨境毒品犯罪问题并不突出。但是随着两国毒品消费市场结构变化，合成毒品不断泛滥，中俄跨境毒品犯罪活动日趋猖獗。合成毒品从中国被贩运入俄罗斯，特别是远东地区这种情况较为明

---

① 国家禁毒办：《2018 年中国毒品形势报告》，2019 年 6 月 17 日，中国禁毒网，http://www.nncc626.com/2019-06/17/c_1210161797.htm，访问日期：2020 年 3 月 9 日。

② 《中俄全年贸易额将突破 1000 亿美元》，《人民日报》（海外版）2019 年 12 月 13 日。

显。2012年俄罗斯联邦麻醉品管制局表示，有必要同中国公安部门开展中俄边境打击贩毒的合作，当时在俄罗斯的远东地区，尤其是阿穆尔州、哈巴罗夫斯克等地区多次查获自中国贩运入境的合成毒品。2014年时任联邦麻醉品管制局局长伊万诺夫曾表示，俄罗斯发现来自中国的合成大麻素（市场名为“香料”）。在这起案例中，贩毒网络的组织者为长期生活在泰国的中国人，合成大麻素在中国生产后，通过浓缩加工隐藏在其他商品中被走私进入俄罗斯。值得注意的是，这个案例也是中俄联合行动铲除跨境贩毒网络的典型之一。近年来，随着中国对国内合成毒品制造打击力度的加大，国内合成毒品生产难度迅速提高，跨境贩运合成毒品的现象有所减少。俄罗斯国家禁毒委员会2018年表示，来自中国的合成毒品数量大幅度减少，现俄境内的合成毒品主要来源为本国制造。

二　易制毒化学品及前体也是中俄跨境毒品走私犯罪的重要内容

中国是世界主要的化学品生产大国，化工产品品种多，门类全，价格低廉。中国生产的化学品引起了国际贩毒组织的注意，他们充分利用中国的贸易便利条件走私易制毒化学品及前体，这种类型犯罪在中俄边境地区发生过多起，成为中俄跨境毒品犯罪的重要内容。2012年12月初，俄罗斯禁毒部门查获了120吨从中国贩运入境的易制毒化学品，当时贩毒集团计划将化学品自中国经俄罗斯贩运至立陶宛，在立陶宛的毒品加工厂生产毒品之后再将毒品贩运至圣彼得堡、莫斯科等俄罗斯城市。2018年俄罗斯国家禁毒委员会也认为，从中国走私入境的易制毒化学品及前体仍然是俄禁毒工作面临的现实毒情。近年来中国不断提升对易制毒化学品及前体的管理水平，对相关走私犯罪的打击力度也在不断加大。2018年中国各级相关部门对易制毒化学品流失问题加大了监管力度，实行严密追查、严厉打击的政策，实施严格的管理制度。2018年中国共破获制毒物品案件1157起，缴获各类物质1.1万吨，同比分别上升了1.6倍和3.5倍。[①] 除此之外，中国政府对非法生产和贩运前体的打击力度也在加大。2016年中国共摧毁了27个麻黄碱非法加工厂和仓库。[②] 中国的努力取得了成效，与之相

① 国家禁毒办：《2018年中国毒品形势报告》，2019年6月17日，中国禁毒网，http：//www.nncc626.com/2019－06/17/c_1210161797.htm，访问日期：2020年3月9日。

② 国际麻醉品管制局：《2018年年度报告》，第78页。

应的是中俄跨境走私易制毒化学品及前体的现象有所缓解，但仍然是中俄两国禁毒合作的重要组成部分。

第三节　中俄禁毒合作的发展与现状

毒品犯罪是中俄两国共同面临的威胁，同时随着两国关系日益密切以及全球化的发展，跨境毒品犯罪问题将日益突出。因此中俄两国积极开展禁毒合作便成为应有之义。

一　双边合作

中国与俄罗斯在双边合作框架下积极开展禁毒合作，并取得了一系列成效。

（一）已签署一系列双边条约或协议，为禁毒合作奠定坚实的法律基础

中国和俄罗斯都加入了《麻醉品单一公约》（1961年）、《精神药物公约》（1971年）和《联合国禁止非法贩运麻醉药品和精神药物公约》（1988年）。联合国三大禁毒公约是中俄双边禁毒合作的基础。首先是禁毒领域，早在1996年中国便同俄罗斯签署了《中华人民共和国政府和俄罗斯联邦政府关于禁止非法贩运和滥用麻醉药品和精神药物的合作协议》，该协议的签署标志着中俄两国正式建立了禁毒合作关系。在协议中明确指出“中俄两国政府认识到麻醉药品和精神药物的非法贩运和滥用是对两国人民健康和幸福的严重威胁，并且是政治、经济、社会、文化等社会领域的一大问题”①。在协议的第二条中规定，双方在制止非法贩运麻醉药品和精神药物方面实行合作并在必要时：交换企图向其中一方走私麻醉药品和精神药物的有关情报；交换非法麻醉药品和精神药物过境时所采取的隐藏方法及发现这些药物的方法的有关情报；交换非法运输麻醉药品和精神药物的人员及其运输路线的有关情报等②，明确提出了情报交换的要求。除此之外，协议的第三条规定了双方业务主管机关将根据各自国家的立法制

① 《中华人民共和国政府和俄罗斯联邦政府关于禁止非法贩运和滥用麻醉药品和精神药物的合作协议》。

② 《中华人民共和国政府和俄罗斯联邦政府关于禁止非法贩运和滥用麻醉药品和精神药物的合作协议》。

度考虑共同采用控制下交付及其他类似方法的可能性①，明确提出了两国禁毒合作需要向执法合作方向深化发展。这份协议提出了中俄禁毒合作的方向和内容，是两国在打击跨境毒品犯罪方面达成的首份协议，为两国在禁毒领域深化合作奠定基础。除了禁毒领域的专门协议之外，中俄两国还签署了《中华人民共和国和俄罗斯联邦引渡条约》《中华人民共和国与俄罗斯联邦关于移管被判刑人的条约》等文件，这些文件同《禁止非法贩运和滥用麻醉药品和精神药物的合作协议》一起构成了中俄禁毒合作的法律框架。另外，中俄关系发展中的重要文件也将禁毒作为重要合作内容。如2019年6月中俄两国元首在莫斯科签署的《中俄关于发展新时代全面战略协作伙伴关系的联合声明》中专门强调，双方将“加强禁毒领域立场协调、经验交流和务实合作，巩固双边禁毒合作机制，深化毒品减需减供情报交换、联合执法等领域交流合作。坚定维护基于联合国三大禁毒公约的现行国际禁毒体制，促进上海合作组织禁毒合作务实、可持续发展，推动金砖国家禁毒合作”②。为推动中俄禁毒合作的进一步深化，2015年两国签署了《中华人民共和国与俄罗斯联邦合作应对新精神活性物质备忘录》，进一步拓宽了合作领域。

（二）形成从国家到地方多层次、务实化的合作机制

禁毒合作是执法安全合作的重要领域，需要从国家到地方各个层面的主管部门和执法机构通力合作。中俄两国在国家层面已经签署了《禁止非法贩运和滥用麻醉药品和精神药物的合作协议》以及其他的配套协议，从顶层设计上搭建了两国禁毒合作的基础。除此之外，中俄之间还形成了禁毒部门领导人会晤机制，这一机制成为两国禁毒部门领导人定期开展沟通协调的重要平台。从具体业务部门层面，中国公安部一直都高度重视同俄罗斯的执法安全合作，1992年两国警务部门便签署了《中华人民共和国公安部与俄罗斯联邦内务部合作协议》，开启了双方之间规范化和机制化的警务合作。除此之外，2001年公安部同俄联邦麻醉品监管总局签署了《中华人民共和国公安部和俄罗斯联邦麻醉品监管总局边境地区禁毒合作议定

① 《中华人民共和国政府和俄罗斯联邦政府关于禁止非法贩运和滥用麻醉药品和精神药物的合作协议》。

② 《中华人民共和国和俄罗斯联邦关于发展新时代全面战略协作伙伴关系的联合声明（全文）》，2019年6月6日，外交部网站，https：//www.mfa.gov.cn/web/gjhdq_ 676201/gj_ 676203/oz_ 678770/1206_ 679110/1207_ 679122/201906/t20190606_ 9337173.shtml。

书》，这份议定书成为两国执法机关开展务实禁毒合作的专门文件基础。值得注意的是，在协议书中专门规定了黑龙江、吉林、新疆、内蒙古等同俄罗斯接壤的中国边境省区可在授权范围内同俄罗斯远东联邦区、西伯利亚联邦区的禁毒部门直接进行情报信息交流与协作①，以共同打击跨国毒品犯罪。从此中俄两国边境地区开展地方跨境禁毒合作变得有章可循，在议定书框架下，各边境省份同俄毗邻地区展开直接对话，并形成了一系列执法合作的地方合作文件。比如2004年黑龙江省公安厅同俄罗斯远东联邦区内务和安全机关签订了《中华人民共和国黑龙江省公安厅和俄罗斯联邦远东联邦区内务总局代表团会晤纪要》，确定了双方建立定期会晤、办案协作、情报信息交流、联络机构和联络官四个机制，并在同远东联邦区会晤纪要的框架下，与萨哈林州、犹太自治州等地内务局签订了会晤纪要，将边境地区包括禁毒在内的执法合作机制明确到基层。除此之外，黑龙江省公安厅同滨海边疆区、哈巴罗夫斯克边疆区、阿穆尔州等地内务局签署了专门的在边境地区打击跨国毒品违法犯罪协议，在协议中规定双方在情报交流、协调抓捕、边境口岸查缉、建立联络制度、取样化验等领域进行紧密合作。②

（三）务实合作取得成效，有效打击了边境地区的跨境毒品犯罪

中国与俄罗斯在禁毒领域开展的务实合作取得了一定成效，对边境地区的毒品、易制毒化学品和前体的跨境走私等犯罪活动形成了有效打击。中国同俄罗斯的禁毒机构曾通过组织联合行动、实施控制下交付等方式进行合作，有效震慑了跨国毒品犯罪活动。2011年5月中俄两国警方在边境地区开展了代号为“扫雷2011”的联合禁毒执法行动，在行动中共破获200多起毒品案件。2015年中俄两国禁毒部门首次顺利实施了跨国控制下交付新精神活性物质联合行动，有效打击了两国之间的新精神活性物质的贩运犯罪。同时，两国禁毒部门积极开展联合演练、培训学员等合作，还在边境地区举行中俄禁毒合作成就展，共同开展预防教育。可以说，中俄两国在边境地区的禁毒务实合作已取得明显成绩，有效打击了两国之间跨境毒品合作，极大地改善了两国边境地区的毒情，为推动两国禁毒工作发

---

① 《中华人民共和国公安部和俄罗斯联邦麻醉品监管总局边境地区禁毒合作议定书》。

② 《中方有信心与俄罗斯合作阻断新的毒品贩运通道》，2002年6月26日，http：//mil. news. sina. com. cn/2002 - 06 - 26/72421. html? domain = mil. news. sina. com. cn& amp; vt = 4&from = wap，访问日期：2020年3月9日。

展做出了贡献。

二　多边框架下的禁毒合作

俄罗斯和中国都是联合国常任理事国，也是在国际和地区事务中具有重要影响力的国家。在多边框架下推动国际禁毒合作是中俄两国履行国际义务、承担国际责任的体现，也是两国维护地区和世界的安全与稳定的重要表现。中国与俄罗斯积极推动多个国际组织框架下的多边禁毒合作，形成了多层次、全方位的多边合作机制。

（一）联合国框架下的禁毒合作

中国和俄罗斯是联合国安理会常任理事国，禁毒合作是两国以联合国为平台开展合作的重要内容。联合国禁毒合作的法律框架是由签署的《麻醉品单一公约》《精神药物公约》和《联合国禁止非法贩运麻醉药品和精神药物公约》构成，中国和俄罗斯都加入了三大禁毒公约，由此构成了中俄两国以联合国为平台开展多边禁毒合作的基础。联合国毒品与犯罪问题办公室及联合国麻醉品管理委员会是联合国框架内专门负责应对全球毒品威胁的机构。联合国毒品与犯罪问题办公室在中国和俄罗斯都设立有分办公室。因此，中国与俄罗斯开展多边禁毒合作时通常是以联合国毒品与犯罪问题办公室为平台进行三边或者多边合作，以此参与国际禁毒事务，并支持联合国的禁毒斗争。

（二）上海合作组织框架下的禁毒合作

中国和俄罗斯都是上海合作组织的成员国，两国都致力于推动上合框架下的禁毒合作。上合组织在成立之初便将毒品作为其重要的合作领域，十分重视推动国际禁毒合作。至今上合组织禁毒合作的框架已基本形成，包括中俄在内的成员国在培训交流、联合演练等方面开展了一系列合作。

第一，上合组织框架下禁毒合作的法律基础得到不断巩固和完善。自2001年成立以来，上海合作组织就没有停止过推动禁毒合作的努力，不断巩固完善合作的法律基础。在上合成立之初发表的《上海合作组织成立宣言》和《上海合作组织宪章》中都有打击毒品犯罪、推动开展国际禁毒合作的内容。2004年签署的《上海合作组织关于打击非法贩运麻醉药品、精神药物以及其前体的协议》成为上合组织禁毒合作的里程碑，该协议确定了上合组织禁毒合作的方向与领域，明确了禁毒合作当中应当遵循的基本原则和相应的主管机构，规定了具体的合作内容与方式，从而推动禁毒合作向务实方向发展。上合组织高度重视阿富汗毒品问题，认为必须通过与阿富汗的合作，从根本上堵住阿富汗毒品外流的渠道。因此，2009 年上海合作组织同阿富汗签署了《上海合作组织成员国与阿富汗伊斯兰共和国打击恐怖主义、毒品走私和有组织犯罪行动计划》，双方同意开展禁毒合作，构筑环阿富汗禁毒带。上合组织在历次元首峰会上都十分重视禁毒合作的顶层设计，并两次通过了上合组织禁毒战略，分别是《上海合作组织成员国禁毒战略 2011—2016 年》和《上海合作组织成员国禁毒战略 2018—2023 年》，并制订了相应的落实措施计划。在《上海合作组织 2025 年发展战略》中将禁毒列为国际合作的优先方向，要求未来禁毒合作的重点发展内容是提升对外合作水平，开展联合行动，推动能力建设，深化减少需求领域的合作。

第二，机制建设水平得到提高。上海合作组织十分重视禁毒合作机制化建设，以机制建设为抓手，推动合作不断深化发展。2004 年上合组织成员国元首塔什干峰会上，与会各方决定由上合组织安秘会负责关注禁毒机制建设情况。2006 年上合组织成员国决定建立禁毒部门高管会晤机制，同时决定建立禁毒联络员机制。2009 年上合组织禁毒合作机制化进程迅速加快，正式形成了禁毒部门领导人、高官、专家工作组三级会晤机制，为禁毒部门强化交流与组织协调奠定了基础。同时还建立了法律基础、禁毒执法、易制毒化学品管控和减少需求四个专家工作组，基本涵盖了上合组织禁毒合作的主要领域，为务实合作开辟了专家对话平台。除此之外，上合组织框架下的其他机制也为禁毒合作的顺利开展带来助力，比如“上海合作组织—阿富汗联络小组”、上海合作组织总检察长会议、上海合作组织最高法院院长会议等机制，这些机制或者将禁毒合作作为机制合作的重要内容，或者是为禁毒合作提供了司法和法律协调保障。

第三，务实合作得以深化。在务实合作方面，上合组织成员国在组织框架下开展了多次联合禁毒执法行动，举行了“捕鼠器”“蛛网”等国际禁毒行动，成效显著。同时，上合组织还成为成员国与阿富汗开展禁毒合作的重要平台，2019 年 11 月 26 日上合组织承办了“巴黎进程”专家工作组会议，这是上合组织秘书处连续第二年承办“巴黎进程”专家工作组会议，说明上合组织对阿富汗问题的高度重视。除此之外，上合组织框架下还多次举办禁毒官员培训班，为成员国禁毒部门官员之间开展交流、加深了解、提高执法工作能力提供平台。

第四，中国与俄罗斯都重视在上合框架内开展禁毒合作。俄罗斯和中国都将禁毒看作两国和地区面临的共同威胁，也是上合组织合作的重要组成部分。两国元首在元首峰会等多个场合，多次强调要加强禁毒合作。2016 年习近平主席在出席上海合作组织成员国元首理事会第十六次会议时曾发表讲话，要求上合组织要强有力地推进反恐、禁毒、防务合作。2012 年普京总统曾在《人民日报》发表署名文章《俄罗斯与中国：合作新天地》，其中专门提出中俄面临的“还有一个严峻的挑战来自恐怖主义、毒品生产和非法贩卖之间相互关联问题。与这些恶势力斗争需要我们采取协调一致的合作。我们需要首先在上合组织禁毒战略框架内积极发展合作”[1]。除了两国元首之外，两国执法部门对在上合框架下推动禁毒合作的重视程度非常高。2013 年 7 月 2 日，国务院新闻办公室在中老缅泰“平安航道”联合扫毒行动情况新闻发布会上表示，将积极推进落实上海合作组织成员国三级禁毒的合作机制。[2]

总体而言，中国与俄罗斯两国都高度重视禁毒合作，将其作为两国安全合作与战略合作的重要方面，已经形成了从地方到国家层面的完整合作机制，务实合作内容不断深化。面对日趋严峻的国际和地区毒情，中俄两国禁毒部门的合作不断加强，务实合作不断深化的趋势能有效改善国际和地区面临的毒品形势。中俄两国在国际毒品问题上立场一致，尤其是针对国际上出现的毒品“合法化”、质疑联合国三大禁毒公约以及否定现行国际禁毒体系的声音和政策，两国都持反对立场。同时两国都十分赞成推动多边框架下的国际禁毒合作，共同努力落实上合组织各项禁毒战略及行动计划，并合力推动建设金砖国家禁毒合作机制。可以说，中俄两国禁毒合作已经取得明显成效，形成了较为完整的机制。

第四节　中俄禁毒合作中存在的问题

中国与俄罗斯同样面临毒品犯罪的威胁，因此都大力开展禁毒合作以

① 《普京人民日报撰文〈俄罗斯与中国：合作新天地〉》，2012 年 6 月 6 日，环球网，https：//opinion. huanqiu. com/article/9CaKrnJyZYc，访问日期：2020 年 3 月 9 日。

② 《中国将采取五方面措施推进国际禁毒合作》，2013 年 7 月 2 日，国新办网站，http：//www. scio. gov. cn/xwfbh/xwbfbh/wqfbh/2013/0702/zy/Document/1333791/1333791. htm，访问日期：2020 年 3 月 9 日。

共同打击涉毒犯罪，两国禁毒合作发展顺利，成效显著。但中俄禁毒合作中仍存在一定的问题，需要在未来合作中加以解决。

一　两国涉毒犯罪法律条款的不一致为禁毒合作带来阻碍

中国与俄罗斯都形成了较为完善的涉及毒品犯罪法律体系，两国在立法精神、法律框架等方面没有太大的区别，但鉴于中俄两国国情与毒情都有所不同，涉及毒品犯罪的法律条款中部分具体内容有所不同，给禁毒执法合作带来了困难。

（一）中俄两国法律体系中对“毒品”的具体定义不同

俄罗斯涉及毒品犯罪的法律主要是《俄罗斯联邦刑法典》《俄罗斯联邦麻醉品和精神药物法》等相关法律。在《俄罗斯联邦刑法典》中将毒品犯罪行为列入第25类“侵犯居民健康和社会道德的犯罪”类别。[①] 对毒品的具体定义则主要在《俄罗斯联邦麻醉品和精神药物法》中，将麻醉品规定为“根据俄罗斯联邦立法以及包括1961年《麻醉品单一公约》在内的，俄罗斯联邦缔结的国际条约的规定，列入俄罗斯联邦规定监管的《俄罗斯联邦麻醉品、精神药物及前体物目录》中的人工合成或天然来源的物质或制剂”[②]；精神药物、前体物的规定同麻醉品相类似，都是被列入《俄罗斯联邦麻醉品、精神药物及前体物目录》中的人工合成或天然来源的物质、制剂或天然材料，前体则指的是被列入《俄罗斯联邦麻醉品、精神药物及前体物目录》中的，用于生产、制造和加工麻醉品及精神药物的物质。[③] 值得注意的是，为了应对合成毒品与新精神活性物质的威胁，俄罗斯在制定《俄罗斯联邦麻醉品和精神药物法》中将“麻醉品和精神药物同类物”也列入监管及打击范围。根据《俄罗斯联邦麻醉品和精神药物法》，“麻醉品和精神药物同类物”指的是未列入《俄罗斯联邦麻醉品、精神药物及前体物目录》，但在俄联邦境内禁止非法流通，且化学结构式和性质与被管制的麻醉品、精神药物相类似并且可以引起精神兴奋的人工合成或天然来

---

① Уголовный Кодекс Российской Федераций, https://base.garant.ru/10108000/，访问日期：2020年3月9日。

② Федеральный Закон о наркотических средствах и психотропных веществах Российской Федераций, https://normativ.kontur.ru/document?moduleId=1&documentId=339251，访问日期：2020年3月9日。

③ Ibid..

源的物质。[①]

中国已形成了比较完善的禁毒法律体系，同俄罗斯相类似，中国的禁毒法律基础是包括联合国三大禁毒公约在内的，中国参与的国际禁毒公约。《中华人民共和国刑法》和《中华人民共和国禁毒法》是中国在禁毒领域的主要法律，配套的法律体系有《中华人民共和国刑事诉讼法》等。其中在《中华人民共和国刑法》第357条中就已对毒品做了明确定义：毒品是指鸦片、海洛因、甲基苯丙胺（冰毒）、吗啡、大麻、可卡因以及国家规定管制的其他能够使人形成瘾癖的麻醉药品和精神药品。[②] 在《禁毒法》中也有相关的规定，基本是在刑法基础之上的。除了上述的法律之外，还有国务院制定发布的禁毒行政法规以及地方性法规，其中包括了《麻醉药品和精神药品管理条例》《易制毒化学品管理条例》等。在对毒品的定义上，中俄两国都基于联合国三大禁毒公约精神，没有太大的差异，同时两国都是使用成文法的形式对毒品进行定义，都明确指出了毒品的法律特征：受到国家管制的麻醉品或精神药品及其制品，以及能对精神产生影响（产生瘾癖）的其他物品。这种定义上的一致之处为中俄两国禁毒合作法律基础的形成构成了有利条件。但是在毒品的含义上，中俄两国的区别在于，中国是采用了列举加概括的方式，列举了六种常见的毒品以及能够使人形成瘾癖的其他物质，将毒品的最重要特征放于“成瘾性”上；而俄罗斯的《麻醉品和精神药物法》中则对麻醉品、精神药物、前体等相关概念做了定义，同时重点并未放在毒品的成瘾性，而是将违法性作为其最主要特征，也就是着眼于麻醉品、精神药物以及前体等类似物质的流通受到俄罗斯法律及相关国际公约等的限制，而这种限制就构成了“违法性”。因此，同中国相比，俄罗斯毒品立法中的内涵更为宽泛，同时更加关注相关犯罪对法律的违背。

总体而言，中俄两国的毒品分类都是按照归类处理，而不是采取的所谓“软型毒品”“轻型毒品”之类的毒品分级制度。两国按照各自的列管目录，对不同的毒品进行分类归档管理。应当注意的是，两国的毒品分类标准和种类并不一致，比如苯丙胺类兴奋剂（又称MDMA，“摇头丸”）

---

① Ibid. .

② 《中华人民共和国刑法》第357条，中国人大网，http：//www. npc. gov. cn/wxzl/wxzl/2000－12/17/content_ 4680. htm，访问日期：2020年3月9日。

在中国被列入精神药物进行管理，而在俄罗斯则被列入麻醉品目录进行管理。与对毒品内涵的法律定义不同相比，这种列管目录不一致对于两国禁毒合作的影响更为明显，因为列管目录不同的话，将导致在定罪量刑等一系列具体问题当中出现不一致。

（二）中俄两国在毒品种类和量刑标准上有差异

在毒品种类分类上，两国在处理具体案件时，一般都会根据《俄罗斯联邦麻醉品、精神药物及前体物目录》和《中华人民共和国麻醉药品和精神药物管制清单》等具体条目来判断，被列入条目列管的物品被认定为麻醉品、精神药物及前体。除此之外，2015 年中国修订了《非药用类麻醉药品和精神药品列管办法》，在其中规定非药用类麻醉药品和精神药品也属于毒品。[①] 这可以使两国禁毒机关在具体合作过程中就毒品种类达成共识。但是近些年中国和俄罗斯都受到合成毒品与新精神活性物质的直接威胁，合成毒品与新精神活性物质的特点就是种类繁多，变化多样。在面对层出不穷的新型毒品种类时很难做到与时俱进，给两国合作打击合成毒品与新精神活性物质犯罪带来困难。

除此之外，具体毒品案件在定罪量刑时常常涉及毒品折算标准。中国在禁毒法律法规中以海洛因为基准，制定了其他毒品的折算标准，分为“少量毒品”“数量较大”和“数量大”三个标准，以鸦片为例，以海洛因为基准，少于 200 克属于“少量毒品”，200—1000 克为“数量较大”，1000 克以上的被认定为“数量大”[②]。而同中国相比，俄罗斯将予以管制的所有毒品都列入《根据俄罗斯联邦立法和国际公约规定其流通在俄罗斯联邦境内予以限制并采取监管措施的麻醉品和精神药物目录》以及《根据俄罗斯联邦立法和国际公约规定其流通在俄罗斯联邦境内予以限制并允许采取监管例外措施的精神药品目录》进行管理，毒品数量标准是按照“数量大”“数量巨大”和“数量特别巨大”三个档次，而俄罗斯的毒品数量标准并不是像中国这样以海洛因为基准，没有规定毒品折算标准，数量“特别大”与“特别巨大”之间的规定可以相差近百倍。[③] 毒品数量标准

---

① 《非药用类麻醉药品和精神药物列管办法》，2015 年 11 月 26 日，中国禁毒网，http：//www. nncc626. com/2015 – 11/26/c_ 128472233. htm，访问日期：2020 年 3 月 9 日。

② 《最高人民法院关于审理毒品犯罪案件适用法律若干问题的解释》，最高人民法院网站，http：//www. court. gov. cn/fabu-xiangqing – 19122. html，访问日期：2020 年 3 月 9 日。

③ Федеральный Закогн：О наркотических средствах и психотропных веществах.

不同涉及量刑问题，也就是说同样数量的贩毒案件，在中俄两国所受的处罚有可能完全不同。在中国处理毒品案件时，非法持有毒品罪和走私、贩卖、运输与制造毒品罪的实际审判标准并不一致，为了保持对日趋严峻的毒品犯罪形势的打击力度，非法持有毒品罪的立案标准一般并不高，按照法律规定非法持有10克以上的海洛因即可构成犯罪，并且在具体案件审判中，纯度不是量刑因素，因此非法持有毒品罪的立案标准远低于包括俄罗斯在内的其他国家。但是根据法律规定，走私、贩卖、运输与制造毒品罪的涉案毒品达到50克以上即可达到死刑标准。在实际案件当中，中国各地法院很少严格执行此标准，并且不再以数量为唯一的审判标准。而俄罗斯在处理毒品案件量刑标准时主要有如下特点：首先，毒品案件定罪量刑的起刑点不高，毒品数量标准偏低。这样能降低毒品犯罪的入刑标准，保持对毒品犯罪的强大打击力度和威慑力；其次，毒品案件法定刑程度越高，定罪量刑标准也随之大幅度升高。这样主要是为了在对毒品案件的处罚过程中体现法律的公正性；最后，在量刑过程中，同中国主要以数量为标准不同的是，俄罗斯主要以纯度来计算。两国在毒品种类、量刑标准等方面的差异是中俄两国在禁毒领域的务实合作过程中，特别是刑事司法合作过程中遇到的主要障碍之一。因此，两国在禁毒合作当中可以探讨，在毒品种类和量刑标准上进行一定程度的协调，减少两国司法机关在涉毒案件合作当中面临的困难。

（三）中俄两国在处罚涉毒案件时财产刑的标准不一致

财产刑是附加刑的主要种类和对毒品犯罪的惩罚之一。毒品犯罪的重要动力是获取高额利润，因此，重视对毒品犯罪分子的经济惩罚，剥夺其从毒品犯罪当中牟取的非法收益从而使其无力再次从事毒品犯罪活动，同时对其他毒品犯罪分子形成震慑，也能防止其他人员从事毒品犯罪活动。这是中俄两国在制定禁毒法律法规时都在秉持的立法原则和目标。中国和俄罗斯的涉及毒品犯罪相关法律法规中都广泛适用财产刑，以中国的《中华人民共和国刑法》为例，涉及毒品犯罪的12个罪名当中，除包庇毒品犯罪分子罪以及窝藏、转移、隐瞒毒品、毒赃罪之外，其他10个罪名都适用附加财产刑，且属于必科刑，包括没收财产、并处罚金或者单处罚金。在俄罗斯的《刑法典》当中也对涉及毒品犯罪的罪名规定了财产刑，只有3个罪名没有适用：引诱他人服用麻醉药品和精神药物罪、组织和经营吸毒场所罪以及多次为他人提供吸毒场所罪。但是同中国相比，俄罗斯涉及毒品犯罪的法律法规中设置的财产刑力度不大。首先，中国在涉毒犯罪的财产刑处罚中设置了没收财产，而俄罗斯则设置的是罚金刑，在处罚力度上有所不同；其次，中国设置的财产刑中采取的是并处罚金或者单处罚金的形式，而俄罗斯没有“并处”，处罚方式上不同；最后，中国在设置毒品犯罪罚金刑时没有设置具体数额，而俄罗斯则设置了具体的数额，处罚金额也有所不同。中俄两国在涉毒犯罪的罚金刑上立法精神基本一致，但处罚力度不同，具体规定不同，属于涉毒犯罪司法合作当中需要注意的事项。

总体而言，法律法规是中俄两国禁毒合作的基础，对于禁毒领域的刑事司法合作的顺利开展具有重要意义。两国在出台制定禁毒法律法规时都是基于各自的禁毒政策，根据《中华人民共和国禁毒法》，中国的禁毒方针是“预防为主，综合治理，禁种、禁制、禁贩、禁吸并举的方针”①。俄罗斯在其《俄罗斯联邦2020年前国家禁毒战略》中则将禁毒工作的主要目标定为：有针对性地打击俄境内的非法生产和贩运，减少供应，阻止毒品在俄境内的蔓延；改进预防教育、戒毒治疗和康复工作，从而减少需求；促进和加强毒品管制领域的国际合作。② 由此可见，中俄两国禁毒政策的原则与目标基本一致，为两国禁毒合作交流奠定了良好基础。同时，两国法律法规体系中还存在基于各自立法原则和实际情况而产生的差异之处，形成了具有自身特色的禁毒法律法规体系，一方面给两国禁毒合作带来一定阻碍；另一方面也为两国制定禁毒政策和法律法规提供了相互借鉴的参照。

二 禁毒合作中控制下交付实施力度尚需进一步加大

控制下交付是禁毒合作中务实合作的常用侦查方法。根据1988年《联合国禁止非法贩运麻醉药品和精神药物公约》的规定，控制下交付指的是“在有关国家当局的监控下，允许公约中规定的禁止贩运的麻醉药品和精神药物进入其领土或从其领土离开，通过监视其流通来查获有关犯罪嫌疑人，固定犯罪证据的一种手段”③。随着国际毒品市场形势变化，跨国

---

① 《中华人民共和国禁毒法》，2007年12月30日，中国网，http：//www. china. com. cn/policy/txt/2007－12/30/content_ 9456691. htm，访问日期：2020年3月9日。

② Стратегия государственной антинаркотической политики Российской Федерации до 2020 года，https：//rg. ru/2010/06/15/strategiya-dok. html，访问日期：2020年3月9日。

③ 《联合国禁止非法贩运麻醉药品和精神药物公约》。

毒品贩运日益成为毒品犯罪的主流，因此对各国禁毒机构之间开展控制下交付的要求不断提高。

（一）中俄两国在毒品案件中实施控制下交付合作已形成法律基础

中俄两国禁毒合作当中，控制下交付同样也是重要内容之一，现今两国都已形成较为完整的实施控制下交付的法律基础。首先，中俄两国都加入了《联合国禁止非法贩运麻醉药品和精神药物公约》；其次，中俄两国共同签署的，包括《上海合作组织成员国禁毒战略》等在内的一系列多边禁毒合作协议，以及中俄两国之间签署的关于禁毒及执法安全、刑事司法合作双边协议都构成了两国执法部门开展控制下交付的重要法律基础。在中国的刑事司法实践当中，控制下交付也是禁毒案件的常用侦查手段。值得注意的是，2012 年修正的《中华人民共和国刑事诉讼法》中“技术侦查措施”类目下的第 151 条第二款对控制下交付进行了具体规定：为了查明案情，在必要的时候，经公安机关负责人决定，可以由有关人员隐匿其身份实施侦查，但是不得诱惑他人犯罪，不得采用可能危害公共安全或者发生重大人身危险的方法。对涉及给付毒品等违禁品或者财务的犯罪活动，公安机关根据侦查犯罪的需要，可以依照规定实施控制下交付。[①] 这是中国首次对侦办包括毒品犯罪案件在内的案件实施控制下交付措施给予法律认可。除此之外，公安部根据《刑事诉讼法》修订了新的《公安机关办理刑事案件程序规定》，在其中第 263 条和第 264 条对控制下交付进行了相关规定：应根据侦查需要而启动，批准主体为县级以上公安机关负责人；采取控制下交付措施获取的材料可以作为证据使用，并应对由此可能产生人身危险的有关人员采取保护措施。[②] 除此之外，公安部禁毒局还发布了《毒品案件侦查协作规定》《公安机关禁毒业务工作规范》等一系列内部规定。这些法律法规为中国禁毒执法机关同包括俄罗斯在内的其他国家开展控制下交付合作奠定了基础。但是中国对控制下交付的规范化工作仍然存在不足之处，首先，就是长期以来的“重实体，轻程序”，程序制度配套长期没有跟上；其次，在毒品案件实际侦办中，控制下交付通常面

① 《中华人民共和国刑事诉讼法》，2012 年 3 月 17 日，中国政府网，http://www.gov.cn/flfg/2012-03/17/content_2094354.htm，访问日期：2020 年 3 月 9 日。

② 《公安机关办理刑事案件程序规定》，2012 年 12 月 26 日，公安部网站，https://www.mps.gov.cn/n2254314/n2254409/n2254443/n2254454/c3708286/content.html，访问日期：2020 年 3 月 9 日。

临极大风险，并且需要根据现场情况变化，灵活机动处理各种突发状况，对控制下交付过程做过多限制将会导致一线侦查员和指挥员难以及时做出适合的决策。

俄罗斯执法机关对控制下交付的关注度较高，并且较早开始了对控制下交付的规范化工作，不断地完善本国立法，在考虑到一线案件侦查实际的基础上健全控制下交付各程序阶段的规范，奠定了良好的法律基础。俄罗斯制定涉及控制下交付的法律法规的基础同样也是 1988 年联合国《禁止非法贩运麻醉药品和精神药物公约》。1993 年俄罗斯颁行的《俄罗斯联邦海关法》当中就对控制下交付进行了相关规定，在其中第 227 款中就规定了“为了打击国际毒品贩运犯罪，可以同与俄罗斯联邦签署了双边协议或者类似情况的国家的相关机构开展对麻醉药品和精神药物的控制下交付行动”①。之后在《俄罗斯联邦麻醉品和精神药物法》中第 49 条也规定了“俄罗斯联邦侦查机关在侦办处于或者经过俄联邦领土的，涉及麻醉品和精神药物、易制毒化学品及前体的案件时可以采用控制下交付手段”②。在《俄罗斯联邦侦查活动法》当中也承认了控制下交付的合法性，厘清了控制下交付的定义、程序规范等。③

（二）中俄两国法律法规中对控制下交付实施程序存在一定差异

中俄两国对控制下交付都已有较为系统的法律基础，但是两国法律对控制下交付的实施程序略有差异。首先，是实施机关，中国在《刑事诉讼法》等相关法律中明确规定，控制下交付的实施机关必须是公安机关。这也就意味着其他部门暂无控制下交付的实施权限。而俄罗斯除了内务部门之外，海关、安全部门等其他侦查机关，只要侦办的是涉及毒品犯罪的案件都可以使用控制下交付手段。其次，中俄两国控制下交付手段适用的案件范围不同。中国的法律规定，毒品案件可以使用控制下交付手段进行侦查，而没有涉及其他类型违禁品制造和贩运案件。俄罗斯的法律中则明确了除麻醉药品和精神药物案件之外，非法武器贩运、管制物品走私等案件也可以使用控制下交付措施。另外，中国现行的规定当中对于侦办易制毒化学品和前体的案件中是否能够使用控制下交付手段、如何使用控制下交

① Таможенный Кондекс Росийской Федераций.

② О Наркотических Средствах и Психотропных Веществах.

③ Об Оперативно-розыскной Деятельности Росийской Федераций.

付暂时没有明确规定。而俄罗斯的法律规定中已经明确，易制毒化学品和前体的非法制造和贩运案件也可以使用控制下交付措施。最后，中俄两国在判定通过控制下交付措施获取的证据有效性方面存在一定差异。两国的法定证据形式不尽相同，比如中国已经承认包括微信记录等在内的电子记录可作为证据使用，俄罗斯在此方面暂无相关明确规定。还有两国对于所谓“瑕疵证据”能否使用、使用有效性等之间存在差异。所谓的瑕疵证据指的是在侦办过程中存在轻微违反法定程序的现象的证据，中国的审判机关允许通过补充程序或者经过补充说明后作为合法证据使用，因为“瑕疵证据”是在程序上存在“瑕疵”，而并非在合法性上存在瑕疵。但在俄罗斯的审判机关对证据的使用和认定当中并无关于“瑕疵证据”的相关规定，对于实施以控制下交付为代表的秘密侦查手段而获得的证据而言，缺乏对“瑕疵证据”的明确规定，对于犯罪分子的定罪量刑存在风险。

控制下交付属于跨国禁毒合作中难度最大，但对于毒品犯罪的打击最有效的侦查措施之一。难度主要在于组织协调、情报共享、风险评估与控制以及具体实施过程，一方面需要两国执法部门加强沟通协调与提升相互了解、信任程度；另一方面需要两国执法部门根据各自国家的法律法规要求，对获取的证物、证人等按照本国规定进行转化，充分运用好证据，避免出现程序上的瑕疵，使案件证据链能被固定，防止两国之间由于证据使用规定等具体法律程序上的差异导致诉讼难以顺利进行。

（三）中俄两国在实施控制下交付后的刑事司法制度中存在的差异不利于禁毒执法合作的顺利开展

中俄两国在法律制度上存在的差异以及司法协助的渠道还较为狭窄，阻碍了两国禁毒合作的进一步深化。比如控制下交付作为毒品犯罪侦查中的常用手段，1988 年的《联合国禁止非法贩运麻醉药品和精神药物公约》是开展跨国控制下交付合作的最重要的国际法基础。在实践当中，控制下交付为打击跨国毒品犯罪发挥了重要作用，联合国在吸取经验之后将该举措拓展到对其他跨国/境有组织犯罪的打击当中。但在实施控制下交付的过程当中，如何做到在尊重并遵守合作双方法律法规的基础上，顺利实施侦查行动，从而破获毒品犯罪整个链条，这给中俄两国禁毒机构提出了较高要求。必须在有效打击犯罪的同时，确保在对方境内使用的控制下交付措施符合对方法律。因此在实施控制下交付行动时经常面临程序理解不一致、管辖权不一致等各种困难，在一定程度上影响了对毒品犯罪的打击效果。

第五节　推动中俄禁毒合作的建议

作为两国执法安全合作的重要内容，禁毒合作得到了中俄两国政府和执法机构的高度重视，并取得了明显成果，奠定了坚实的合作基础。但是正如上文所述，两国在禁毒领域的合作还存在一定问题，比如法律规定不一致、司法程序相冲突等。这一方面说明中俄禁毒合作当中面临困难和阻碍；另一方面也说明两国禁毒合作还有极大的提升空间。

第一，通过强化司法合作为中俄禁毒合作提供坚实的法律基础。中俄两国在涉及毒品的立法上对于毒品的内涵略有区别，而这种立法上的区别对于两国在认定毒品的范围以及在讨论合作内容时会存在理解不一致之处。在两国立法机关的立法精神没有改变的前提下，禁毒执法部门在具体合作中可以在尊重各自立法精神、遵守各自法律标准的基础之上，求同存异，进行合作。同时两国司法机关可以探讨在禁毒执法部门的参与下开展司法合作，在尊重各自立法原则和具体国情、毒情的基础上修订涉毒法律规章制度条款，为两国禁毒合作奠定坚实基础。

第二，通过细化程序规定以推动跨境禁毒警务合作与司法协助的进一步深化。打击毒品走私犯罪十分需要高效务实的跨境警务合作，中俄两国在此领域已取得明显成绩，但是都存在对跨境警务合作缺乏详细的法律规定和程序指导的问题。俄罗斯在《侦查活动法》《海关法》等法律当中规定了可以同案件相关或者是签署了双边合作协议的其他国家展开包括控制下交付在内的警务侦查合作。但是如何开展、如何保障程序的合法性等方面没有具体规定。而对中国禁毒机关而言，在同俄罗斯禁毒机关开展合作时，要考虑如何保证在俄境内实施的侦查活动及取得的证据能够尊重并符合俄法律法规要求，同时也符合中国法律法规要求。除此之外，中国尚未完善国际刑事司法协助相关法律规定，现今国际刑事司法协助主要依据的是《中华人民共和国引渡法》以及《中华人民共和国刑事诉讼法》中的相关规定：根据中华人民共和国缔结或者参加的国际条约，或者按照互惠原则，我国司法机关和外国司法机关可以相互请求刑事司法协助。[①] 而这些

① 《中华人民共和国刑事诉讼法》，2012 年 3 月 17 日，中国政府网，http：//www. gov. cn/flfg/2012 –03/17/content_ 2094354. htm，访问日期：2020 年 3 月 9 日。

规定主要涉及的是广义的刑事司法协助，在具体的案件办理过程中更多涉及的是调查取证、刑事诉讼文书传递、接送被羁押者、物证和书面证据移交、涉案财物冻结、情报交流等工作，而在此类问题上暂时没有具体的规定，给一线办案机关增添了工作难度。尤其是在毒品案件当中，由于经常需要采取特殊侦查手段，如何保障执法的合法性与证据的效力，保证包括控制下交付在内的特殊侦查手段的有效性是横亘在实施跨境警务合作的一线办案机关面前的重大难题。同时，这也是中俄禁毒合作经常停留在高官会晤、情报交流等层面上，具体案件合作还有待进一步加强的主要原因。因此，两国应进一步细化跨境警务合作程序，制定符合实际的执法程序，并在各自法律体系基础上有的放矢地制定专门司法协助规程，以提高执法部门开展跨境禁毒合作的积极性和有效性，进一步深化中俄禁毒合作。

第三，中俄禁毒部门可尝试建立常态化的情报交流机制，努力形成情报研判与风险评估的合力。侦办毒品案件十分依赖情报，国际禁毒合作当中，主要的打击对象是跨国毒品犯罪组织，对情报合作的水平和层次要求很高。中俄两国需要进一步深化禁毒合作，以具体案件的侦办为最终落脚点，这需要以顺畅的情报分享为基础。实施跨国禁毒执法合作需要集中大量情报资源，涉及面广、类型和载体多样、体量巨大，并且禁毒情报时效性强，对双方的语言应用能力都提出了很高要求，这些都给中俄两国禁毒机关在情报分享和交流上造成了困难。但在打击国际毒品犯罪时，若中俄两国能建立固定的禁毒情报交流机制，并且形成情报研判和风险评估合作，必然能极大提高对犯罪的打击力度和威慑程度。

第四，进一步加强中俄两国在戒毒治疗和预防教育领域的合作。中俄两国近年来都加强了对戒毒治疗和预防教育工作的重视程度，中国深入实施了青少年毒品预防教育工程，有效减缓了新生吸毒人员的产生，同时积极推进社区戒毒康复工作，有效地减轻了毒品对社会的危害。俄罗斯在2018年开始出现的青少年吸毒人数下降的趋势也说明，在青少年当中开展的毒品预防教育是有效的。同时，俄罗斯形成了一套涵盖社会各个层面的、在俄罗斯禁毒部门指导下开展宣传和治疗等相关工作的社会组织配合机制，为俄罗斯的预防教育和戒毒治疗工作做出了很大贡献。可以说，中俄两国都在探索适合本国国情的戒毒治疗与预防教育路径，并且在该领域已有了一定经验。毒品对社会的危害是中俄两国共同面临的课题，两国可以在这一领域开展交流合作，互相交流与借鉴经验，进一步提高两国禁毒综合治理水平。

第五，中俄两国可共同开展应对新技术条件下毒品犯罪威胁的合作。随着中国和俄罗斯经济发展和技术水平的进步，网络购物、电子货币、快递等新业态和新技术应用不断涌现，在改变民众生活方式的同时，也被毒品犯罪分子利用来进行犯罪活动。在中国通过快递、社交媒体、微信支付、网络购物等方式进行毒品交易已经成为常见犯罪手段。而这种情况在俄罗斯也开始逐渐显见。除此之外，利用“暗网”、比特币等手段进行犯罪也成为中俄两国犯罪分子，尤其是跨国毒品犯罪分子的常用选择。这些新技术被犯罪分子应用而导致的新威胁给中俄两国执法机关打击毒品犯罪提出了新的要求，也加大了打击犯罪的难度。在此方面，需要中俄两国禁毒部门之间加强合作，共同开展对新的毒品犯罪手段的监控与分析，切断毒品犯罪的新路径。另外，随着中国网络购物平台、物流等企业在俄罗斯业务的顺利开展，其也存在被犯罪分子利用的风险。两国禁毒部门可以协调中俄两国相关企业组成联动机制，形成预防和打击毒品犯罪分子利用新业态和新技术进行犯罪的合力。

第六，中俄两国应在各种国际平台中相互协作，形成对外宣传合作局面，获得更大的国际禁毒合作话语权。现行的国际禁毒体系是第二次世界大战后以美国为主导建立的，从建立伊始便是美国对外政策的重要组成部分，不可避免地受到美国国家战略的影响。因此，在现行的国际禁毒体系中美国等西方国家的禁毒理念成为主导声音，在“大麻合法化”、阿富汗禁毒工作等问题上得到十分明显的体现。但西方为主导的禁毒理念并不符合中俄两国的国情和毒情，同时也不利于中俄两国地区禁毒工作及安全稳定。因此，在各种国际舞台上，中俄两国在涉及毒品问题的宣传上可以相互协作，在国际禁毒工作上获取更大和更为均衡的话语权。除此之外，自美国炒作芬太尼问题以来，西方国家利用毒品问题来发动对中国舆论攻势的态势日益浮现。中俄两国在国际舞台和对外宣传中相互协作，能更好地做好外宣工作，避免中国或者俄罗斯在毒品问题上遭到美国等西方国家的攻击和抹黑，从而更好地维护两国的国家形象和国家利益。

本章执笔：李昕玮

第五章　中俄人文交流

第一节　人文合作是中俄新时代全面战略协作伙伴关系的重要组成部分

一　人文合作的内涵和重要性

“人文”一词在《辞海》中的释义有二，一释义为“指人类社会出现的各种文化现象，语出《易・贲》：‘文明以止，人文也。观乎天文，以察时变；观乎人文，以化成天下’”，另一释义为“人事，《后汉书・公孙瓒传论》：‘舍诸天运，征乎人文’”。[①]《辞源》中的解释更为直观，一指“礼教文化”，二指“人事”，“对自然而言”。[②]“Гуманитарный”（人文的）在俄罗斯《С. И. 奥热戈夫俄语详解词典》中有两层含义：一是人格、人权和人的利益等人道方面，例如人道问题和人道援助；二是与自然科学相区别的，关于一个民族的社会、文化和历史研究，例如人文教育。[③]因此，广义上的“人文”不仅包括社会、文化、历史等礼教文化，而且关乎“人事”“人格、人权和人的利益”等人道问题。因此，人文合作的内容并不停留在礼教文化层面，也包括人事和人道方面的交流与合作。

人文的内涵决定了人文合作的重要性。人文交流和合作包含了对人和社会产生影响的一整套文化和文明层面的交流和互动，在此过程中，一国

---

① 辞海编辑委员会编：《辞海》（1979 年版）（缩印本），上海辞书出版社 1980 年版，第 302 页。

② 广东、广西、湖南、河南辞源修订组、商务印书馆编辑部编：《辞源》（修订本）第一册，商务印书馆 1983 年版，第 158 页。

③ Толковый Словарь Ожегова Онлайн，https：//slovarozhegova. ru/word. php？ wordid = 5912，访问日期：2020 年 5 月 4 日。

的优秀文化现象和价值在更广的范围内得到传播、理解和吸纳，同时伴随着这种理解和吸纳，会产生吸引力和认同，建立起友好和欣赏的关系，甚至是保护欲和责任感，在国际交往中树立良好国家形象，为开展政治、经济等其他方面活动创造良好环境。

冷战时期，最重要的议题是军备和安全领域合作，冷战结束后各国更加关注经济和社会发展。当今世界上军备竞争和军事行动受到了很大制约，现代战争已经进入核战争阶段，大规模军事行动可能带来的灾难性后果是任何国家都无法承受的，高精度武器也需要花费大量的时间和经济成本才能取得成果。因此，要巩固世界大国在国际舞台的话语权，需要配合其他影响手段，实现所谓“不战而屈人之兵”。

约瑟夫·奈认为，“硬实力和软实力共同促成了冷战胜利。硬实力制造了军事遏制，软实力从内部瓦解了苏联体系”。其中国家软实力包括三方面：文化（在其能发挥魅力的地方）、政治价值观（无论在国内外都能付诸实践）、外交政策（当其被视为合法，并具有道德权威时）。[①] 文化是人文合作的重要内容，政治价值观是其基础，人文合作本就是外交政策之一，因此人文合作是一国增强软实力的重要途径，是考查一国综合国力的重要维度。

西方国家一向重视软实力在对外交往中的作用。除美国通过文化、教育、生活方式等方方面面的渗透，成功地“从内部瓦解了苏联体系”外，西欧的文学、艺术、音乐、时尚等长期以来占领着这些领域的“最高权威”，代表了这些领域的辉煌，享受着世界人民的钦佩和敬重，英语、法语在语言世界图景中占有重要地位。在政治、经济实力的加持下，强大的传媒影响力和控制力巩固了西方在世界舞台上的话语权，进而使文化和价值观更加“得心应手”地绑架全球。日本在增强自己的软实力方面也积累了丰富的经验，一方面通过高品质的制造业、科研成果以及大规模的发展援助赚取了良好的国家形象；另一方面通过动漫、日料、音乐、电影、文学和武士道精神在世界上拥有了自己的文化符号和粉丝。

每个国家都具备构成本国软实力的资源，通过国际合作将其转化为国家对外竞争的实力和对外国家形象，并作为国家对外交往的内容和工具，是各国的追求之一。在全球化的竞争中，各国都希望通过增强自己的文化

---

① ［美］约瑟夫·奈：《软实力》，马娟娟译，中信出版社2013年版，第19页。

影响力，吸引新的力量中心向自己靠近，进而增强自己的政治、经济影响力。在这一过程中，不同文明之间出现碰撞的概率会大大增加，人文背景不同导致看问题的角度和出发点不同，因而出现分歧的概率也会大大增加，文明间的对话和人文交流合作的能力作为化解国际分歧的有效调解手段，其潜力正在逐渐发挥。

“国之交在于民相亲，民相亲在于心相通”。“和平合作、开放包容、互学互鉴、互利共赢”是古丝绸之路给我们留下的精神财富，深化人文交流互鉴是消除不同国家之间的隔阂和误解、促进民心相知相通的重要途径。在共同应对全球挑战和威胁时，以共同的价值观为原则，是解决问题的最优方案，也是保护共同利益的重要条件。形成一个“相互欣赏、相互理解、相互尊重的人文格局”，是构建国家现实安全体系的要素，也是构建人类命运共同体的必要元素。

中俄互为最大邻国，又都是人文大国，中俄两国领导人对于深化中俄人文合作的决心也是显而易见的。俄罗斯总统普京在2007年俄罗斯“中国年”开幕式上的致辞中指出，“两国人民的历史和文化本身就说明，两个伟大国家在文化和精神上深深地相互吸引”。习近平主席指出，“中俄关系是世界上最重要的一组双边关系，更是最好的一组大国关系。一个高水平、强有力的中俄关系，不仅符合中俄双方利益，也是维护国际战略平衡和世界和平稳定的重要保障”，进一步推动两国人民友好关系是中俄关系发展的战略方向。他曾与俄罗斯的“中国通”一起座谈，体现了对该问题的重视和中俄人文交流的深度。俄罗斯汉学家和中国俄罗斯问题专家承载着一项重要任务，即向本国民众传递友好邻邦发展变化的准确信息和交流丰厚的历史文化财富。

与塞缪尔·亨廷顿所代表的西方文化认为的“文明的冲突”不同，中俄在处理国际事务、应对国际问题时，秉持尊重文明的多样性、和谐共处的文化价值观。

作为公共外交的工具之一，人文合作反映的是两国“民心相通”和“文化相通”的水平，构建的是两国关系持久深入合作的社会基础和抵御外部压力冲击的能力，塑造的是两国人民对彼此的形象认知。通过两国人文合作，丰富两国的文化内涵，通过文明互鉴为本国文化注入新鲜血液，展现更加强劲的生命力。另外，中俄人文合作能够为文化、体育、旅游等产业的发展提供新的动力和空间，促进人文领域的现代化，具有重要意义。

2019年中俄两国宣布将致力于发展新时代全面战略协作伙伴关系，两国关系进入了新时代，迎来更大发展的新机遇，守望相助、深度融通成为两国关系的目标和方向。人文合作能够进一步化解两国关系中存在的分歧和困难，使“民心更加友好相通，文化更加互鉴相融”。深入发展中俄人文合作也是夯实中俄新时代全面战略协作伙伴关系、务实对接“一带一路”和欧亚经济联盟的需要。

二　俄罗斯国际人文合作规划

俄罗斯已经清楚地认识到其在世界舞台上的地位和威信不仅依靠政治、军事实力，还要依靠文化影响力。不管是在斯拉夫文明的圈子中，还是在后苏联空间，俄罗斯的人文影响力对其对外政策的实施具有特殊的作用，能够大大提高其对外政策的有效性。特别是在当前复杂的国际背景下，“在所谓的‘遏制俄罗斯’的口号下，文化外交具有了更加重要的意义”。因此，国际人文合作一直是俄罗斯政府对外政策的重要组成部分。

在俄罗斯2013年《对外政策构想》中首次提到国家的“软实力”，并将“加强俄罗斯传媒在全球信息空间的地位、将俄罗斯视角传达至世界更广阔的范围”作为其发展对外关系的重要任务。实际上，2010年12月18日的俄罗斯总统令《俄罗斯联邦国际文化和人文合作政策的主要方向》中已经就俄罗斯发展国际人文合作的目的、优先方向和合作对象进行了详细阐述，并以独立章节来论述跨文明对话。

俄罗斯将对外人文合作视为“国家‘软实力’的工具和俄罗斯联邦作为一个自由民主国家复兴的有力证明”，其核心任务在于形成和强化与其他国家的相互理解和相互信任，发展平等互惠的伙伴关系，增强俄罗斯在国际文化体系中的参与性和存在度，促进俄罗斯与其他民族文化的交流。其他国家在俄罗斯的文化存在，也是俄罗斯在世界舞台上的地缘政治地位、综合实力的体现。国际文化和人文合作同时也能够促进俄罗斯联邦对内文化政策的落实，保护俄罗斯的文化道德价值观和民族精神。

俄罗斯丰富的艺术文化成为俄罗斯发展国际人文合作的宝贵财富，俄罗斯认为“艺术交流应该成为俄罗斯国际人文合作的支柱性内容”。俄罗斯艺术历史悠久，成就卓越，涵盖了造型艺术、表演艺术、综合艺术和语言艺术，如音乐、戏剧、芭蕾、歌剧、戏剧、马戏以及各民族歌曲和舞蹈，在国际上享受很高的声誉。因此，应该在国外尽可能广泛地展示俄罗斯的艺术成就。“互办艺术展览应该最大限度地传递对俄罗斯文化经典遗产和现代造型艺术的完整认识。”“必须扩大我们在世界书展和书市的参与度，支持俄罗斯文学的出版和翻译工作，并推动俄罗斯民众了解国外文化的优秀成就。”

俄罗斯深知自己的历史积淀，特别是第二次世界大战期间为世界做出的卓越贡献，是其重要的“软实力”。因此，俄罗斯非常重视其遗落在境外的历史遗迹的保护工作，希望与有关国家主管部门合作，查清和保护在境外与俄罗斯历史相关的文化纪念物和其他文化遗产，特别关注保护第二次世界大战期间在其他国家牺牲和埋葬的俄罗斯人的墓地，因为“这些墓地代表了俄罗斯为第二次世界大战胜利做出的贡献和牺牲，象征着俄罗斯的军事荣誉”。

保护、加强、发展和推广俄语的工作也是俄罗斯国际人文合作的重要内容，因为俄语是俄罗斯参与世界经济、政治、文化、教育空间以及独联体国家一体化的“最重要的方式”，是“其他民族了解和亲近俄罗斯文化的工具”，是国际社会中形成对俄罗斯正面认识的最重要工具，因此在国际交流中，包括在国际组织活动领域中，大力推广俄语的应用是俄罗斯对外人文合作的重要内容，培养俄语教师和俄罗斯研究者，在国际法框架内，利用一切可能对抗境外任何侮辱和歧视俄语的企图。

俄罗斯对外人文合作的主要对象和合作方式的显著特点是“平衡性”和“多维性”。强调“俄罗斯文化对整个世界是开放的”的同时，与各个国家的文化联系的深度和形式则各有不同，这取决于双方的历史传统、地理因素、关系水平、法律基础、财金实力和对彼此的直观兴趣。

独联体国家仍是俄罗斯国际人文合作的优先方向，但独联体国家是作为一个整体出现在规划中，俄罗斯首先提及的国家是美国，指出“文化是俄美关系中的重要元素”，而且在俄美人文合作中“要考虑到美国对世界文明进程的影响”，可以看到加强与美国的人文合作在俄罗斯的对外政策中占有极为重要的地位。

全文中唯一一次提到“中国”是在谈到“要与日益发挥重要作用的亚太国家建立人文合作”，其中“与中国、印度、日本的文化合作具有特殊意义”，而越南、蒙古国等国的大部分精英阶层在俄罗斯受教育，对俄罗斯的精神价值观认同感很强。

俄罗斯也注重在多边合作框架内积极推进文化人文合作，积极开展与联合国教科文组织、欧洲安全与合作组织、欧洲委员会开展合作，主要目的“在于最大化利用其中资源，包括资金方面”。俄罗斯与联合国教科文组织的合作成果丰硕。目前俄罗斯境内已经有29处世界遗产列入《世界遗产名录》（其中文化遗产18处），塞梅斯基（“Семейский”，18世纪时期全家徙居外贝加尔的礼仪派教徒的后裔）口头艺术传统和雅库特民族史诗奥龙霍（“Олонхо”，雅库特英雄史诗的总称）已被列入非物质文化遗产。除了要继续加强与世界知识产权组织、联合国儿童基金会、联合国环境规划署、国际文物保护和修复研究中心、国际博物馆协会、国际档案理事会、联合国世界旅游组织等的合作外，还需要在上合组织、黑海经济合作组织、“俄罗斯+东盟”伙伴对话机制、亚太经济合作论坛以及突厥文化国际组织等平台发展对外人文合作。

俄罗斯认为通过对外人文合作，形成本国文化与其他国家文化的互动，不仅有助于国际社会了解俄罗斯文化，而且能够体现俄罗斯民主开放的形象。为了保持和加强俄罗斯作为世界文化中心之一的地位，俄罗斯设立了专门机构推动俄罗斯的对外人文合作，如“俄罗斯世界”基金会及其所支持的俄罗斯文化中心。

“俄罗斯世界”基金会根据2007年6月21日总统令成立，专注于面向全世界推广俄罗斯文化和俄语，支持在俄罗斯境内外的俄语学习项目，向在俄罗斯境内外的俄罗斯人、侨民和对俄罗斯感兴趣的外国人提供广泛机会接触俄罗斯的艺术、科学、教育、俄语、历史、社会和现代俄罗斯。“作为资源中心”，在开放性、公开性和包容性原则基础上，展现由历史和文化凝聚而成的“俄罗斯世界”的多样性，并作为一个“创造和沟通平台”，与世界领先的教育机构展开合作，发展文化间对话，增强各民族的相互理解，为艺术创造活动、科学讨论和不同文化信息交流活动创造条件。这种集“资源中心”和“创造和沟通平台”为一体的形式，可以兼顾不同层面的文化输入和输出，是俄罗斯开展对外人文交往的重要依托。

三　俄罗斯外交政策新思想中的国家形象

2020年4月22日，第21届“四月国际经济和社会发展问题学术会议”主办方俄罗斯高等经济大学通过俄罗斯塔斯社新闻中心以网络形式发布名为《保护和平、地球以及所有国家的自主选择：俄罗斯对外政策新思想》（以下简称“俄罗斯外交政策新思想”）的报告。该报告由俄罗斯高等经济大学世界政治与经济研究系系主任 С. А. 卡拉加诺夫与俄罗斯高等经济研究大学欧洲与国际研究中心副主任 Д. В. 苏斯洛夫主笔，得到了俄罗斯联邦国家杜马（下议院）国际事务委员会、“俄罗斯世界”基金会、外交和国防政策委员会以及《全球政治中的俄罗斯》杂志的联合支持。

编制俄罗斯外交政策新思想报告的想法缘于当今已经发生了根本性变化的世界图景和俄罗斯对外政策，特别是 2019 年 4 月外交和国防政策委员会全体会议上对俄罗斯外交政策缺乏新战略思想和明确目标的批评。当时外交部长 С. В. 拉夫罗夫呼吁提出新的具有建设性的外交思想。之后外交和国防政策委员会与其他专家组织进行了国际军事战略和战略稳定状态的形势分析并形成报告。外交政策新思想报告的部分构想来源于该报告的思想和结论，并就新冠肺炎疫情对世界政治经济格局的影响和疫情后俄罗斯的对外政策进行探究，核心任务在于提出目标明确、符合国家利益和发展要求的新对外政策战略思想。

在该报告的发布会上俄罗斯外交部副部长谢尔盖·利亚布科夫表示，“该报告的内容非常现实和及时，其中许多内容将会纳入外交部对外政策中”①。俄罗斯外交政策新思想报告主编、俄罗斯高等经济研究大学世界政治与经济研究系系主任 С. А. 卡拉加诺夫认为“这一新的外交思想应该在未来 10—15 年逐渐展开”②。

当今国际政治的本质是在快速崩溃的旧世界秩序上建立新世界秩序的斗争。现在正在衰落的不只是单极世界格局，还有近五百年来西方在经济、政治、思想和文化等各个领域的支配地位，而新冠肺炎疫情的全球化蔓延加剧了这一进程。在过去的 15 年间，俄罗斯的对外政策是成功的，但其中一些思想已经滞后于世界发展趋势和俄罗斯的发展需求，对俄罗斯在世界上的地位和国际社会对俄罗斯的支持力度造成了负面影响。因此，俄罗斯的外交政策重点需要从“纠正国际秩序中的不合理和错误”转移至

---

① ИА REGNUM，МИД России учтёт в работе идеи из доклада ВШЭ по внешней политике，22 апреля 2020г. https：//regnum. ru/news/polit/2925448. html，访问日期：2020 年 5 月 4 日。

② Anti-maidan，Время Запада уходит：В МИД России заявили о необходимости новой политики，23 апреля 2020г. https：//anti-maidan. com/2020/04/23/vremya-zapada-uhodit-v-mid-rossii-zayavili-o-neobhodimosti-novoj-politiki/，访问日期：2020 年 5 月 4 日。

“更好地拟定和展现自己对其他国家有吸引力的思想”①。

根据世界发展趋势、俄罗斯当前的外交政策和外交成就以及未来的现实需要，俄罗斯外交政策新思想报告提议为俄罗斯打造“三位一体”的新形象、新身份——世界和平捍卫者、“新不结盟”担保人、地球自然环境和资源保护者。

为全面推动俄罗斯“三位一体”新形象，报告提议主要从以下五个方面着手。

第一，做世界和平的捍卫者：保护世界和平，降低核大国之间发生战争的可能性，巩固多边战略稳定；推进俄罗斯作为和平缔造者的形象；持续推进维和政策。

第二，做“新不结盟”担保人：保护世界其他国家的主权和自由；保护政治和文化的多样性，保护各国自主选择发展模式的权力；反对任何政治、经济、意识形态方面的霸权。

第三，做地球自然环境和资源保护者：倡导保护自然环境；持续推广自然环境和资源保护政策，支持基于保护人类生存的自然环境、精神和身体健康的新发展模式。

第四，加强俄罗斯在世界抗击新冠肺炎疫情中的作用：利用俄罗斯的抗疫经验和科研、医疗资源，积极开展双边和多边协作抗击疫情，提升本国形象。

第五，优化俄罗斯的对外人文政策，加强国际人文合作：现在俄罗斯的人文政策与现有人文力量的潜能不匹配，并且明显不能拉动其他方向的对外政策走向成功，对于“文化、艺术、教育等领域的合作需要进行重大更新”，改进人文合作的模式，并将跨国援助、生态问题、贫困问题、惠民医学、灾后心理康健、垃圾回收与处理等人道主义相关内容纳入其中，全面树立俄罗斯在世界体系内的国家形象和影响力。

这一新思想旨在通过构建新的统一外交思想和国家形象，增强俄罗斯在国际舞台的存在和话语权，吸引其他国家对俄罗斯的支持，增加在构建新世界秩序进程中对抗其他大国影响力的资本。该报告所提出的“三位一

① Защита мира, Земли, свободы выбора для всех стран: Новые идеи для внешней политики России, докл. к XXI Апр. междунар. науч. конф. по проблемам развития экономики и общества, Москва, 2020 г. / С. А. Караганов, Д. В. Суслов и др. ; Нац. исслед. ун-т 《Высшая школа экономики》. — М. : Изд. дом Высшей школы экономики, 2020. с. 9.

体”形象，与全球和平与发展的主题是契合的，与当前保护生态环境、倡导绿色发展的理念是一致的，并且尊重和保护各国的主权和自主发展权，以这些思想来切入，更加容易得到国际社会的认可。其实其中很多内容，如进一步削减和限制进攻性战略武器等，已经在俄罗斯外交活动中得以实践，只是尚未整理成文、整体宣传、形成影响力，因此这样的“三位一体”形象对很多国家来说比较容易接受。

新“三位一体”外交思想的落实建议比较现实，不仅资金要求较少，有些从经济角度看未来还会盈利，而且充分发掘人文潜力和利用人文影响力，灵活运用人文政策。据报告主编介绍，专门增加了第四章建议通过加强国际人文合作来推广俄罗斯的新形象。[①] 在推广和平、独立和人权等理念时，俄罗斯具有独特的优势，即俄罗斯（苏联）在第二次世界大战中为保卫世界免遭法西斯侵略付出了巨大牺牲，做出了巨大贡献，而且俄罗斯文学的核心主题即为“人的精神发展优先于物质”[②]，辅以人道主义援助和人权保护，并积极开展新冠肺炎疫情防治国际合作，这样的落实路径在现实推行中受到的阻力会小很多。

俄罗斯外交政策新思想面向的对象首先是非西方国家，如上合组织成员国、金砖国家、东盟、阿拉伯世界以及日本、韩国和土耳其。在该报告中，共提到中国 71 次，将中国视为“潜在的强大盟友”。而西方国家是这一外交思想的第二或者第三梯队的受众和合作伙伴，需要告诉美国的是“他们已经无法拿回自己曾经的战略优势”，而不需要使欧洲感到害怕，而是需要邀请欧洲增强政治和军事互信，因为欧洲已经了解了俄罗斯的力量。[③]

2020 年正值第二次世界大战胜利 75 周年，俄罗斯还将担任金砖国家

---

① Защита мира, Земли, свободы выбора для всех стран: Новые идеи для внешней политики России, докл. к XXI Апр. междунар. науч. конф. по проблемам развития экономики и общества, Москва, 2020 г. / С. А. Караганов, Д. В. Суслов и др. ; Нац. исслед. ун-т《Высшая школа экономики》. — М. : Изд. дом Высшей школы экономики, 2020. с. 7.

② Коммерсантъ, Идейная триада для России Политолог Дмитрий Суслов — о российской внешней политике после пандемии, 22. 04. 2020, https://www.kommersant.ru/doc/4327859，访问日期：2020 年 5 月 4 日。

③ Защита мира, Земли, свободы выбора для всех стран: Новые идеи для внешней политики России, докл. к XXI Апр. междунар. науч. конф. по проблемам развития экономики и общества, Москва, 2020 г. / С. А. Караганов, Д. В. Суслов и др. ; Нац. исслед. ун-т《Высшая школа экономики》. — М. : Изд. дом Высшей школы экономики, 2020. с. 1.

和上海合作组织轮值主席国，这一外交政策新思想可被视为俄罗斯在变化了的世界格局中，启动新的外交政策、塑造新国家形象的信号，[①] 特别是其中关于国际人文合作政策的建议对未来中俄人文合作具有重要影响。

四　中俄人文合作的机制、法律基础和平台

中俄人文合作模式的重要特征首先在于两国政府的高度重视和多层次合作平台，既有国家层面战略宏观引导下的“遍地开花”，也有区域合作、城市合作、项目合作之间的“精准对接”，还有非政府组织、人文机构的“专业深耕”，形成了丰富完整的发展体系。

（一）合作机制

中俄人文合作委员会是目前我国八大中外高级别人文交流机制中最早建立的。2000 年 12 月中俄在总理定期会晤机制框架下设立中俄教文卫体委员会，随着交流合作领域的不断拓展，中俄教文卫体委员会于 2007 年 7 月更名为中俄人文合作委员会，下设教育、文化、卫生、体育、旅游、媒体、电影、青年和档案 9 个领域的合作分委会。两国委员会分别由主管教育的副总理担任主席，委员会秘书处设在教育部，由教育部统筹协调两国人文合作项目，卫生部、文旅部、外交部等各部委广泛参与。教育部国际合作与交流司承担秘书处办公室职责，负责协调和督促两国元首、双方主席所达成的人文合作协议的落实和执行，并会同有关部门及时汇总上报合作情况，还设有教育部中外人文交流中心承担中外人文交流机制项目的具体组织实施。

2000 年 12 月 5 日，中俄签署了《中俄教育、文化、卫生、体育合作委员会第一次会议纪要》，从此中俄人文合作委员会机制走向新阶段。

《落实〈中俄睦邻友好合作协议〉的行动计划（2009—2012 年）》用很大篇幅来推动中俄人文合作和民间外交，全面激活了两国务实合作，之后于 2012 年 12 月 6 日签署的《中俄人文合作行动计划落实谅解备忘录》进一步为中俄人文合作指明了发展方向和路径。自 1995 年起每隔一年两国文化部都会公布后两年的文化合作计划，以议定书的形式就文化交流项

---

① Коммерсантъ, Идейная триада для России Политолог Дмитрий Суслов — о российской внешней политике после пандемии, 22 апреля 2020г. https://www.kommersant.ru/doc/4327859，访问日期：2020 年 5 月 4 日。

目和外事接待进行约定，为文化活动提供充分有序的中央政府层面的保障。

从2000年始建“中俄教文卫体合作委员会”，中俄人文合作机制化工作已经进入第20年，委员会成功举办了20次会议，双方互办了国家年、语言年、旅游年、青年友好交流年、媒体交流年等国家级主题年活动，高规格、长效性的合作机制为中俄人文合作的大规模开展和持续发展提供了重要保障和动力。

（二）法律基础

在中俄双方宣布关系进入友好阶段后，在第一时间将两国人文合作提上日程，为两国人文合作奠定法律基础。人文合作再次成为两国关系发展的先锋，为两国友好关系的进一步发展奠定基础。

1992年12月17—19日叶利钦访华期间，两国签订《关于中华人民共和国和俄罗斯联邦相互关系基础的联合声明》，宣布“相互视为友好国家”，实现了两国关系从中苏关系到中俄关系的平稳过渡，为两国关系在各方面的发展奠定了原则基础。双方签署了经贸、科技等20多个合作文件，其中《中华人民共和国政府和俄罗斯联邦政府文化合作协定》成为中俄第一份宝贵的政府间文化艺术协议，“鼓励和支持两国有关机构在文化、艺术、教育、社会科学、新闻、出版、广播、电视、电影、体育、旅游和卫生等方面的交流和合作”，特别提出“双方将促进两国毗邻的边境地区及相应地区在本协定所涉及的领域有步骤地发展交流与合作关系”。

两国政府相继于1992年12月18日签订《中华人民共和国政府和俄罗斯联邦政府关于互免团体旅游签证的协定》、2013年3月22日签署《俄罗斯联邦政府和中华人民共和国政府关于便利公民往来的协议》、1994年6月28日签署《中华人民共和国外交部和俄罗斯联邦外交部新闻领域合作议定书》、1995年6月26日签署《中华人民共和国政府和俄罗斯联邦政府关于相互承认学历、学位证书的协议》，为两国开启旅游、新闻、教育领域的广泛交流与合作提供了法律基础。

2001年7月16日，时任中国国家主席江泽民与俄罗斯总统普京在莫斯科签署《中华人民共和国和俄罗斯联邦睦邻友好合作条约》，将两国和两国人民“世代友好、永不为敌”的和平思想用法律形式固定下来，成为两国关系新的法律基础。其中第16条专门指出，“将大力促进发展文化、教育、卫生、信息、旅游、体育和法制领域的交流与合作”。

2005 年 11 月 3 日，中俄两国签署《中华人民共和国政府和俄罗斯联邦政府关于在俄罗斯联邦学习汉语和在中华人民共和国学习俄语的协议》，2006 年 11 月签署《中华人民共和国教育部与俄罗斯联邦科学教育部教育合作协议》，2012 年 6 月签署《中华人民共和国国家旅游局和俄罗斯联邦旅游署关于进一步扩大旅游合作的谅解备忘录》，为两国进一步扩大语言、文化、教育、旅游合作奠定了基础。

此后，两国元首每次会晤时见证签署的一系列媒体、教育、文化、体育等人文领域的文件为中俄全方位人文合作奠定了全面、坚实、完善的法律基础。

（三）合作平台

目前中俄人文合作已建立多层次的合作平台。国家层面的合作具有计划性和引导性，并通过高级别合作机制协调各相关单位给予大力支持，从宏观上指导和推动两国人文合作。从 2006 年起，确立国家主题年（见表 5 –1）既是国家层面人文合作的重要成果之一，也是开展中俄人文交流最重要的平台之一，为人文各领域取得精彩纷呈的丰富成果提供重要政策支持。

表 5 –1　**中俄国家主题年**

年份	主题	年份	主题
2006	中国“俄罗斯年”	2016	媒体交流年
2007	俄罗斯“中国年”	2017	
2009	中国“俄语年”	2018	地方合作交流年
2010	俄罗斯“汉语年”	2019	
2012	中国“俄罗斯旅游年”	2020	科技创新年
2013	俄罗斯“中国旅游年”	2021	媒体交流年
2014	青年友好交流年		
2015			

资料来源：笔者整理自制。

除互办国家年活动外，近些年两国通过互授勋章的形式，进一步加强对中俄人文交流工作的认可和鼓励。

“圣安德烈”勋章是俄罗斯第一枚勋章，也是最高荣誉勋章，授予为俄罗斯的繁荣、伟大、荣誉做出卓越功勋的国家和社会活动家以及科学、文化、艺术和其他各个领域的杰出代表，也可颁发给为俄罗斯联邦做出杰出贡献的外国元首。2017 年 7 月 4 日，俄罗斯总统普京向习近平主席授予了“圣安德烈”勋章。2018 年 6 月 10 日，习近平主席将中国首枚“友谊勋章”授予俄罗斯总统普京。两国元首相互授予本国对外最高荣誉勋章，体现了两国人文关系的高水平和两国人民之间的深情厚谊。

2017 年 11 月 1 日，时任中俄人文合作委员会中方主席、国家副总理刘延东被俄罗斯政府授予“友谊勋章”。2019 年 9 月 29 日，中俄友好协会第一副主席加林娜·库利科娃成为继普京总统之后第二位获得中国“友谊勋章”的俄罗斯人。目前已有数十位中国俄语专家和俄罗斯研究者获得了俄罗斯国家级奖章——普希金奖章。不论是在官方合作机制内，还是在民间友好协会，他们都在自己的岗位上，为发展两国人文交流、增进两国人民友谊做出了杰出贡献。

在地方层面的人文合作上，进一步挖掘两国历史、文化、教育合作潜力。中国东北地区和俄罗斯远东及贝加尔地区政府间合作委员会、中国长江中上游地区和俄罗斯伏尔加河沿岸联邦区地方合作理事会是中俄地方合作的两大重要机制，促进了中俄人文合作从国家层面进一步落实到地方。截至 2018 年 6 月 16 日，中俄两国已建立了 139 对友好省州和城市关系。① 2015 年湖北省武汉市东正教亚利桑德涅夫教堂修缮工作完成，武汉中俄文化交流馆正式启用。此外，湖北省持续推动开设中国第一座苏联空军援华志愿队烈士主题陈列馆，并出版了我国首部跨国寻访抗战期间苏联援华烈士的专著《武汉上空的鹰》。

双方在对方国家所设立的人文机构，如国家文化中心、友好协会、信息中心、教育机构等，成为中俄人文交流“精耕细作”的平台。2010 年 9 月在北京开设的俄罗斯文化中心和 2012 年 12 月在莫斯科开设的中国文化中心，作为专业的人文合作平台，积极举办各类人文交流活动，不断拓展中俄人文交流的深度和广度，成为中俄人文交流一线的重要执行者。

---

① 《中国人民对外友好协会副会长宋敬武在中俄地方合作交流论坛暨中俄友城合作论坛上致辞》，2018 年 6 月 16 日，俄罗斯卫星通讯社网站，http：//sputniknews. cn/russia_ china_ relations/ 201806161025668936/，访问日期：2020 年 2 月 23 日。

第二节　全方位推动中俄人文交流

中俄人文合作具有全面性和系统性，在中俄全面战略协作伙伴关系中，人文合作的作用并不小于政治合作和经济合作，人文合作能够为双边关系奠定社会和精神基础。[①] 中俄高级别人文合作机制建立20年以来，在中俄关系稳定递进的大背景下，中俄人文合作从最初在教育、文化、卫生、体育4个领域做好制度安排，逐步扩展至智库、旅游、媒体等领域。特别是在抗击新冠肺炎疫情的战役中，中俄守望相助，并共同着眼疫后发展，丰富了两国新时代全面战略协作伙伴关系的内涵，进一步增强了两国的民心相通和传统友谊，为世界大国公共卫生合作以及应对突发事件国际合作树立了典范。

一　中俄文教领域的合作

（一）从了解文化符号到交流思想

文化交流是两国的民心工程和未来工程，中俄文化合作方面已经打造了一系列品牌项目。中俄互办文化节已成为两国文化交流中规模最大、影响范围最广、受众人数最多的品牌项目。[②] 中俄文化大集已经举办十届，不仅成为展示两国文化艺术的重要平台，而且已经将旅游、体育、商务等多个领域紧密结合起来，成为中俄两国边境地区文化交流的盛大节日。

截至2019年，俄罗斯在中国设立的俄罗斯文化中心共计35个，中国开设俄语专业的高校有153所，开设公共俄语教学的高校约150所。俄罗斯目前共有230所学校开设汉语课程，学习汉语的学生达2.6万人，其中有80余所中小学校，学习人数为1.2万人。[③] 自2019年以来，汉语已作为第五外语进入俄罗斯国家统一考试。根据国家汉办的资料，截至2020

① РИА НОВОСТИ：《МИД：гуманитарное сотрудничество России и Китая имеет системный характер》，29 мая 2017г. https：//ria. ru/20170529/1495319163. html ，访问日期：2020年5月4日。

② 《刘延东谈中俄人文合作委员会合作成果》，2016年7月5日，中国政府网，http：//www. gov. cn/xinwen/2016－07/05/content_ 5088204. htm，访问日期：2020年2月23日。

③ 姜晓燕：《中俄教育合作现状与愿景》，《光明日报》2019年6月13日。

年1月底，中国在俄罗斯共开设19所孔子学院和4所孔子课堂，已经覆盖俄罗斯八大联邦区中的七个（见表5－2）。

表5－2　　中国在俄罗斯设立的孔子学院（截至2020年1月）

序号	联邦区	孔子学院
1	中央联邦区	俄罗斯国立人文大学孔子学院
2		莫斯科国立大学孔子学院
3		莫斯科国立语言大学孔子学院
4		梁赞国立大学孔子学院
5	西北联邦区	圣彼得堡国立大学孔子学院
6	伏尔加联邦区	下诺夫哥罗德国立语言大学孔子学院
7		喀山联邦大学孔子学院
8	乌拉尔联邦区	乌拉尔联邦大学孔子学院
9	西伯利亚联邦区	新西伯利亚国立大学孔子学院
10		新西伯利亚国立技术大学孔子学院
11		伊尔库茨克国立大学孔子学院
12		克拉斯诺亚尔斯克阿斯塔菲耶夫国立师范大学孔子学院
13		托木斯克国立大学孔子学院
14	南部联邦区	伏尔加格勒国立社会师范大学孔子学院
15		卡尔梅克国立大学孔子学院
16	远东联邦区	远东联邦大学孔子学院
17		布拉戈维申斯克国立师范大学孔子学院
18		阿穆尔国立人文师范大学孔子学院
19		布里亚特国立大学孔子学院

资料来源：笔者根据国家汉办官方网站信息整理、自制。

中俄文化中有许多共性因素。例如受“村社”这一古老的集体生产组织形式的影响，俄罗斯文化中对集体主义和个人对社会的责任和奉献的认同感比西方国家要高很多。另外，在处理父母与子女的关系、上下级关系时，俄罗斯人也注重“孝”“忠”，注重抚养与赡养、威严与服从的理念。俄罗斯哲学家尼古拉·费多罗维奇·费多罗夫认为中俄两国民众伦理原则的近似为东正教的俄国和儒家的中国创造了接近的机会。[①]

更深层次地讲，在中俄文化交流中，我们应该努力去理解“俄罗斯灵魂”和“俄罗斯思想”。“在俄罗斯精神中，东方与西方两种因素永远在相互角力”，东西方两股发展潮流和思想潮流在俄罗斯进行了碰撞，俄罗斯精神中所具有的矛盾性和极端性也与之有关。“俄罗斯早已被认为是伟大的强国，它应当受到世界各国的尊重，它在国际政治中起着重要作用。”[②] 只有深入理解了俄罗斯思想，才能真正理解俄罗斯当前的内政外交。

2016 年，中国光明日报社和俄罗斯塔斯社联合举办了“在中国最有影响的十部俄罗斯文学作品”和“在俄罗斯最有影响的十部中国文学作品”评选活动，由网民在网上进行投票选出。俄罗斯人选出的十部中国文学作品排名依次为《论语》（孔子）、《道德经》（老子）、《史记》（司马迁）、《红楼梦》（曹雪芹）、《野草集》（鲁迅）、《水浒传》（施耐庵）、《三国演义》（罗贯中）、《聊斋志异》（蒲松龄）、《生死疲劳》（莫言）、《西游记》（吴承恩）。中国人选出的十部俄罗斯文学作品依次为《叶甫盖尼·奥涅金》（普希金）、《当代英雄》（莱蒙托夫）、《死魂灵》（果戈理）、《父与子》（屠格涅夫）、《罪与罚》（陀思妥耶夫斯基）、《战争与和平》（托尔斯泰）、《套中人》（契诃夫）、自传三部曲《童年》《在人间》《我的大学》（高尔基）、《静静的顿河》（肖洛霍夫）、《钢铁是怎样炼成的》（H. 奥斯特洛夫斯基）。

可以看出两份清单有一个共同点，那就是对两国人民影响深远的都是两国的经典作品，融合中国传统思想的《论语》《道德经》等以及“四大名著”尽在榜上，俄罗斯文学史上分量最重的 19 世纪现实主义文学也是对中国读者最有影响力的作品，可见这些经典著作伴随着中俄人文合作已经进入两国民众的生活，代表了中俄文化合作和文学交流的成果。不同之处在于俄方将《论语》《道德经》等哲学类著作纳入了其中，而俄罗斯哲学思想对中国人影响有限。而现代著作则较少是双方共同的话题。

---

① Федоров Н. Ф.，“Чему научает древнейший христианский памятник в Китае?”，*Русский архив*，1901 №4，с. 631－637.

② ［俄］尼古拉·别尔嘉耶夫：《俄罗斯的命运》，汪剑钊译，译林出版社 2014 年版，第 2 页。

2019 年，光明日报社和俄罗斯塔斯社共同主办了“中俄互评人文交流领域十大杰出人物”。中俄双方所评选出的杰出人物包括了致力于中俄友好的活动家、教育家、翻译家、科研工作者以及文化、艺术和传媒界的代表，并向为中俄人文交流做出贡献的已故人士致敬，如俄罗斯科学院远东研究所前所长米哈伊尔·季塔连科、俄中友协前名誉主席谢尔盖·齐赫文斯基以及中国美术家协会第一任主席齐白石等。他们在自己的专业方面“精耕细作”，将个人事业与时代发展相结合，成为推动中俄人文交流合作的使者，代表各自领域在中俄人文合作中做出积极贡献。

（二）教育合作常态化、品牌化

据俄罗斯教育部的数据，2018 年俄罗斯有 39239 名中国留学生，中国共有 19239 名俄罗斯留学生，加上短期培养项目的学术交流，两国教育领域人员往来已超过 9 万人，这样两国“2020 年前双方留学人数达到 10 万人”的目标接近完成。① 截至 2019 年 9 月，在中国依法举办的中俄合作办学机构和项目共计 121 个，其中本科以上机构和项目 96 个。②

国家层面上，教育部已经在中俄人文合作委员会框架内将艺术类留学人员培养项目、中俄联合培养硕士和博士研究生项目、中俄大学生艺术联欢节、中俄青少年学生夏（冬）令营活动、中俄青少年学生俄语（汉语）比赛、中俄大学校长论坛、中俄高等教育展 7 个项目常态化，其中不乏“国家年”教育领域的机制化项目，每年定期轮流在对方国家举办。③

在地方层面，已成立中国东北地区与俄罗斯远东西伯利亚地区大学联盟、中国长江中上游地区和俄罗斯伏尔加河沿岸联邦区高校联盟两个区域性大学联盟，联合成立了 11 个同类大学联盟，④ 有 150 所俄罗斯高校与约 600 所中国高校建立了伙伴关系，签署了 950 项合作协议，仅莫斯科一地

---

① Марина Боровская приняла участие в работе 20 – ого заседания Российско-Китайской комиссии по гуманитарному сотрудничеству, 16 сентября 2019г. https：//minobrnauki. gov. ru/ru/press-center/card/？ id_ 4 = 1870 ，访问日期：2020 年 2 月 23 日。

② 《对十三届全国人大二次会议第 8695 号建议的答复》，2019 年 9 月 27 日，教育部官网，http：//www. moe. gov. cn/jyb_ xxgk/xxgk_ jyta/jyta_ gjs/201910/t20191028_ 405552. html，访问日期：2020 年 2 月 23 日。

③ 《中俄教育交流项目简介》，2010 年 2 月 2 日，教育部官网，http：//www. moe. gov. cn/s78/A20/s3117/moe_ 2067/201002/t20100202_ 82581. html，访问日期：2020 年 2 月 23 日。

④ 姜晓燕：《中俄教育合作现状与愿景》，《光明日报》2019 年 6 月 13 日。

的高校就与200多所中国高校建立了伙伴关系。①

除此之外，两国在教育领域还打造了一系列品牌合作项目。双方合作筹办的深圳北理莫斯科大学已于2017年正式招生、开学。作为国内第一所引进俄罗斯优质教育资源的中外合作大学，该校利用莫斯科大学和北京理工大学的师资和学科优势，开展精英教育以及高水平的研究和创新活动，着力打造独具特色的世界一流国际化综合性研究型大学，为中俄战略合作与区域经济社会发展培养高质量的创新人才。深圳北理莫斯科大学面向的不仅是对世界名校有情结的中国父母，而且对中亚国家的吸引力巨大，能够在人文层面促进欧亚一体化进程，被俄媒誉为目前“最大的欧亚人文项目”，具有里程碑意义。

结合国家发展战略培养人才、服务两国高层次战略合作是中俄教育合作的新特点。在中俄合作研制宽体客机的背景下，上海交通大学与莫斯科航空学院的合作得到了中国商飞、中国航发商发、俄罗斯联合飞机制造集团（UAC）、联合发动机集团（UEC）的支持。2017年两校签署了双学位协议，将整合双方优势课程和师资，打造真正的国际化课堂，培养具有空天情怀、扎实基础、重实践、国际化的创新型空天科技英才。

（三）从档案中探寻历史

中俄档案合作工作小组是目前唯一一个涉及档案的中外人文交流机制，成立于2003年，并于2016年11月晋升为中俄档案合作分委会，已经取得一系列为人熟知的成果。两国关系档案的重要成果《中国与苏联关系文献汇编（1949年10月—1951年12月）》《中国与苏联关系文献汇编（1952—1955年）》已经分别于1999年、2016年出版发行，“中苏联合抗击法西斯胜利70周年档案展”“庆祝中华人民共和国成立70周年——中俄友好关系历史档案文献展”以及“上海的俄罗斯记忆”“中俄‘丝路’历史档案展”“中国和俄罗斯建立和发展关系（1618—1927）”等专题展览已经举办或在筹办中。

同时，信息时代和大数据时代给档案工作带来了新的变化，这些也已经成为中俄档案合作中的新议题，如中俄“档案利用领域的现代技术”“大数据时代与档案工作”“中俄电子文件管理和利用”等论坛已经成功

① 汪嘉波：《访俄罗斯联邦教育与科学部副部长柳德米拉·奥戈罗多娃》，《光明日报》2017年12月13日。

举办。另外，民间社会团体、企业和个人参与到两国档案合作中，助力行业创新发展，推动档案资料的有效利用和深化两国人文合作，是中俄档案合作发展的新空间。

“一个近代社会所有的历史都是在观念的基础上完成的，因此，历史变成了真正的教育。”① “历史，是理解各民族的一把钥匙。”② 中俄两国拥有悠久的历史，中俄之间建立联系也已有四百多年之久，丰富的历史资源是中俄档案合作的重要内容，也是两国面对全球治理难题、共同应对百年未有之大变局的宝贵财富。

（四）青少年交流构筑世代友好

重视青少年工作是中俄两国共同的文化传统。俄罗斯著名作家果戈里说过，青春之所以幸福，是因为拥有未来。习近平主席曾经多次在各种中俄人文外交场合和致辞中提到过“青年是国家的未来，是中俄友好的未来，是世界的未来”。加强中俄青年友好交流，为中俄关系的健康持续发展做投资、做准备，培养中俄友好接班人。

中俄两国所有的人文合作领域都关注到了青年之间的相互了解和友好交流。一系列中俄青年新闻工作者论坛、青年企业家论坛、中俄青年学者论坛、“中俄青年创业孵化器”项目，积极全面落实习近平主席提出的“促进两国青年政治家、科学家、工程师、艺术家、作家、学生、运动员、医生、新闻工作者、企业家等群体的友好交流、务实合作、互利共赢”，以青年交流保证民心相通的可持续发展。

在如今美国“快餐文化”深刻影响世界的时代，很多国家的年轻人都对欧美文化了解更多，对欧美国家产生向往之情。然而随着中俄青年交流的日益深入，特别是受益于中俄人文合作而到过中国的俄罗斯青年，对中国日新月异的发展变化感到赞叹，醉心于中国便捷的生活方式和安全的生活环境，钦佩中国年轻人的勤奋上进，感谢中国朋友的热情好客，进而对中国文化和汉语产生浓厚兴趣，坚定成为中俄世代友好的接班人和传播中国文化的使者，进一步落实《中俄青少年世代友好宣言》，“团结协作，维护世界和平与发展，携手将中俄睦邻友好世代相传，推动世界迈向更加美

---

① ［俄］彼得·雅科夫列维奇恰达耶夫：《哲学书简》，刘文飞译，北京联合出版公司2013年版，第18页。

② ［俄］彼得·雅科夫列维奇恰达耶夫：《哲学书简》，刘文飞译，北京联合出版公司2013年版，第14页。

好的明天”，真正实现中俄友谊和友好协作通过青年交流而薪火相传。

二　专业领域人文力量的合作

自2007年媒体、电影、旅游、青年交流合作小组升级为中俄人文合作分委会后，特别是在两国政府连续举办相应主题年期间，这些领域民间力量广泛参与，开展了丰富深入的专业对话，增进了解和合作，逐步在各个领域将两国人文合作推向更高水平，打造更加坚实的民众基础。

（一）全方位媒体合作向世界发出中俄声音

媒体是开展对外传播、塑造国家形象的重要手段。在中俄媒体交流年框架内，两国媒体业开展了众多专业对话和合作。在“中俄媒体交流年”闭幕式上，俄罗斯总统办公厅第一副主任格罗莫夫表示，俄中“媒体交流年”是俄中两国在人文领域最成功的合作项目，充分体现了两国关系的高水平发展。[①] 两国举办了两次大型中俄媒体论坛，俄罗斯喀秋莎电视频道在中国开播，中国国际广播电台对俄广播也首次实现在俄罗斯调频落地，由中国国际广播电台和“今日俄罗斯”国际新闻通讯社联合推出的“中俄头条”双语客户端已经上线，是俄罗斯首次尝试与其他国家制作这样的新媒体平台。中俄多家媒体以纸质、影像、传统互联网、新媒体等多种渠道进行信息传播，有助于两国民众了解对方国家的真实现状和经济、社会、文化发展成就。

在俄罗斯工作的日本女记者 Asuka Tokuyama 于2018年12月7日在日本 IB Press 网站上发表了《俄罗斯和中国开始控制世界媒体》[②] 一文，在对比了中俄媒体合作和日俄媒体合作的形势后，对中俄媒体合作的进展和成果表示了惊讶，为日本媒体在俄罗斯市场上的前景感到担忧，呼吁日本媒体积极发展与俄罗斯的合作。这从一个侧面反映出近年来中俄媒体合作取得了显著的成就。

中俄媒体合作的重要意义还在于合作应对西方的信息垄断和舆论威胁。“中俄锐评”是2019年6月由中央广播电视总台与俄罗斯政府机关报

---

① 《“中俄媒体交流年”圆满闭幕》，2018年1月27日，国新办网站，http：//www. scio. gov. cn/31773/35507/35514/35522/Document/1618298/1618298. htm，访问日期：2020年2月23日。

② 德山 あすか：《世界のメディアを支配し始めたロシアと中国》，2017年12月7日，IB Press 网站，https：//jbpress. ismedia. jp/articles/ －/54874，https：//inosmi. ru/politic/20181229/244329731. htm，访问日期：2020年2月23日。

《俄罗斯报》共同打造的联合评论工作室，评论是媒体的灵魂和品牌，中俄联合评论是提升中俄主流媒体舆论引导力所做的崭新尝试，旨在进一步深化全方位合作，提升影响力，让公平、正义和真实的声音传播得更广更远。长久以来，西方媒体总是以自己的价值观和立场来报道国际事件，引导舆论走向和评价，并通过媒体和民众舆论对其他国家的独立发展施压，这已经成为干扰其他国家内政、影响国际社会健康发展的重要因素。中俄两国媒体的专业合作有助于客观、全面报道重大国际事件，进一步提升两国主流媒体的权威性和公信力，这是保障世界媒体秩序和舆论公正客观的必要条件。

（二）电影行业以专业合作融通文化

两国关系的不断亲近、旺盛的市场需求推动了中俄电影合作的发展，电影合作贯穿中俄双边和多边人文友好交流之中，成为各类人文活动中的重要组成部分，也直接反映了这些年两国人文交流的高度。

按照合作深度，中俄电影合作成果主要可以分为三类：第一类是通过电影周、电影展等活动宣介两国电影，安排成片上映，如《斯大林格勒战役》（费尔多·邦达尔丘克导演，2013 年）、《他是龙》（英达尔·珍杜巴耶夫导演，2015 年）以及中国的经典功夫片等，本国民众可以通过此类影片了解对方国家的历史和文化传统；第二类是到对方国家取景拍摄本国故事，此类影片代入感更强，更容易捕捉到本国民众的兴趣点，更加直观地了解对方国家的真实现状和自然人文风光，带动该国的入境旅游业，如《囧妈》（徐峥导演，2020 年）等；第三类是两国制片团队深入合作，联合拍摄、出品，如《战斗民族养成记》（阿卡季·萨赫拉什维利/夏昊导演，2019 年）、《中国游记——铁面人之谜》（伊哥·斯坦普陈科导演，2017 年），这一类合作为两国电影产业进行专业、深入对接提供了良好机遇，有助于推动两国电影产业在合作中优势互补，共同提高专业素养和市场占有率。同时合作影片的题材也从历史、喜剧、功夫等向动画片、科幻片发展，满足不同受众的需求。

俄罗斯电影学派与好莱坞电影在历史上走的是不同的发展道路。[①] 好莱坞电影中前卫的人文思想、高超的电脑特技以及强大而健全的 IP 产业模式诚然是中俄电影需要努力的方向，但同时我们也需要看到成功的苏联电

① 吴江：《中俄电影合作的开端和战略意义》，《中国电影报》2012 年第 6 期。

影或者俄罗斯电影都深深植根于厚重的俄罗斯文化土壤之中，深受托尔斯泰、陀思妥耶夫斯基、屠格涅夫、契诃夫等大师的经典文学作品的影响，凝聚着对生命和人性的思考、对小人物命运的关切和悲悯、对现实的批判和道德的自我救赎。因此，俄罗斯电影如同其文学和艺术，其内核是沉重的，尽管时常披着喜剧的外衣。近些年中国大陆票房破十亿的电影《泰囧》《夏洛特烦恼》等以小人物的窘迫人生为剧情，在一定程度上有相似之处。因此，中俄电影合作既要满足市场上的文化产品缺口，又要深入挖掘两国的文化积淀，在潜力巨大的市场和资本刺激下，中俄电影合作能够碰撞出与好莱坞电影不同的火花。

（三）体育人文与体育经济

中俄体育合作由来已久，许多项目已经成为中俄人文交流中的品牌项目。从 2006 年起轮流在两国举办中俄夏季青年运动会，从 2016 年起轮流在两国举行中俄冬季青年运动会。俄罗斯是世界冰雪项目强国并且顺利承办过索契冬奥会，中俄双方围绕北京 2022 年冬奥会筹办而深入开展的一系列合作成为这一领域的新亮点。另外，中医运动康复、高水平教练员和运动员互换也是两国体育合作中的新空间。

黑龙江省充分发挥边疆优势，积极组织横跨中俄界江的国际冰球友谊比赛、冬泳比赛、冰雪汽车挑战赛、界河橡皮艇拉力赛等大型品牌赛事，吸引了广泛关注。这些赛事很多已经从民间品牌项目发展成为两国官方认证的体育交往机制化项目。此外，中俄边境地区将进一步利用当地的自然地理条件，推进跨界徒步、自驾等体育休闲合作，带动体育产业发展，发挥体育合作的经济效应，将体育合作的空间拓展至经济领域，为体育合作的进一步发展注入了新的活力。

三　中俄旅游合作

中俄两国都有“百闻不如一见”（Лучше один раз увидеть, чем десять раз услышать）的谚语，如果说媒体、电影对于国家形象的宣传还停留在“印象”上，旅游则是切实增进两国人民相互了解彼此真实情况的最直观方式，能够让人真切地了解当地文化、历史和民众，对另一个国家产生情感。中俄两国都是旅游资源非常丰富的国家，不但国土广阔，山河秀丽，地形地貌、自然景观丰富，而且历史古迹和人文景观众多，地域特色突出。

旅游合作已成为中俄务实合作的一个新亮点。[①] 近些年中俄旅游合作的动力已经逐渐从官方主导转向市场化供需关系，并且互动活跃，从边境地区、一线城市向二三线城市扩展，红色旅游、中医养生等特色且富有针对性的品牌项目受到两国游客的热烈欢迎。在市场需求日益旺盛的同时，旅游业发展所需的航空运力、行业人才和基础配套都在逐步跟上。

中俄团体旅游免签制度对推动中俄旅游合作起到了非常大的推动作用。在1992年、2012年《中俄互免团体旅游签证协定》的基础上，两国2018年宣布将对团体旅游免签制度进一步优化，按照新协议规定，免签旅游团人数要求从5人减少到3人，并将接待国境内游客免签证逗留期限从15天延长至3周。

中俄两国已经互为重要旅游客源地和目的地。2014年中国赴俄罗斯游客超过110万人，超过德国成为俄罗斯入境游最大客源国。2018年中国赴俄罗斯游客人数（169万人）是2000年（17.2万人）的近10倍。[②] 在2014—2018年5年内，中国赴俄游客人数增长达到93%，几乎翻了一番，2018年赴俄游客达到169万人。[③] 2019年前9个月中国赴俄罗斯游客人数达到129万人，同比增长20%。[④]

然而，相对于中国巨大的出境旅游客源（2018年中国出境游客约1.5亿人，是全球最大出境游客源国），选择到俄罗斯旅游的人只占到1.1%，中国人出境到俄罗斯旅游方面仍有巨大合作空间。

俄罗斯赴中国旅游人数也在不断增长，2017年曾一度超越美国，成为仅次于韩国、日本的第三大客源国。2018年俄罗斯出境游客总人数为4196.4万人，选择中国作为目的地的人约占5%，土耳其、芬兰、哈萨克

---

① 《中国国务院总理李克强在俄罗斯“中国旅游年”闭幕式上的致辞》，2013年9月27日，中国政府网，http://www.gov.cn/gzdt/2013-11/27/content_2535878.htm，访问日期：2020年2月23日。

② 中华人民共和国国家统计局：《中国统计年鉴2019》，国家统计局网站，http://www.stats.gov.cn/tjsj/ndsj/2019/indexch.htm.

③ Путин, Число китайских туристов в Россию удвоилось за пять лет, 25 апреля 2019г. http://www.visit-russia.ru/news/putin-chislo-kitayskih-turistov-v-rossiyu-udvoilos-za-pyat-let，访问日期：2020年5月4日。

④ РИА Новоость: Число посетивших Россию китайских туристов выросло за 9 месяцев на 20%., 06 ноября 2019г. https://ria.ru/20191106/1560635883.html，访问日期：2020年5月4日。

斯坦等国仍是俄罗斯人最主要的出境旅游目的地，且近些年前往土耳其、泰国等地游客增长明显。

据俄罗斯导游介绍，中国游客到俄罗斯旅游有一个很大的特点：对俄罗斯普通人的生活的兴趣大于对博物馆的兴趣。中国游客经常会向俄罗斯导游询问关于“俄罗斯公务员的工资”“看病的费用”“怎么上大学”“免费分房”等问题，其中最常见的问题则为“现在过得好还是苏联时候过得好?”[①] 这种对俄罗斯当代社会问题的好奇，一方面体现出中国大众对俄罗斯民生和社会问题的关注；另一方面也反映出目前中国人对俄罗斯当代社会文化了解程度较低，或者说了解渠道较为匮乏。

另外，还需要注意的是，旅游活动易受国际关系、经济危机、重大突发自然和人为事件的影响以及其他类似市场的竞争。需要思考如何保持长久的竞争力和吸引力，培养两国民众的习惯性休闲度假旅游情结，而不是一次性“猎奇观光”。同时，俄罗斯人到中国的海南、北戴河度假疗养已经成为常态化行为，但是土耳其和东南亚的旅游市场同样具有非常强的竞争力，近年来已经分流走了大量俄罗斯游客。中国已经成为世界最大的出境游客源国，但友好邻邦俄罗斯却还没有成为中国游客最心仪和满意的目的地。

使俄罗斯游客对中国旅游市场产生黏性，并提高俄罗斯对中国游客的吸引力，可以从旅游人文与旅游经济结合的角度进行尝试。近些年推出了“红色旅游路线”即为旅游活动与文化历史相结合，有效地满足了中国游客对俄罗斯这个“列宁的国家”“苏联记忆”国家的历史期待，受到了广泛欢迎。另外，类似“北极旅行”“狩猎旅游”“夏日避暑”“勘察加漂流”等俄罗斯特色旅游项目，也是根植于俄罗斯独特的地理位置和文化土壤，对中国游客有着很强的吸引力。

源远流长、博大精深的中俄历史文化和丰富的教育资源，是两国旅游业的宝贵财富。旅游与文化、教育的结合能够使中俄旅游合作保持更强的国际竞争力和持续发展的动力，同时需要妥善处理旅游产业发展过程中出现的生态保护和经济利益冲突问题，真正实现“山水相连，亲仁善邻”。

---

① Едут, но не тратят: почему китайские туристы не приносят дохода России, 14 марта 2018г. https://newizv.ru/news/economy/14-03-2018/edut-no-ne-tratyat-pochemu-kitayskie-turisty-ne-prinosyat-dohoda-rossii，访问日期：2020 年 5 月 4 日。

四　中俄抗疫合作

卫生也是中俄人文合作最早开始发力的领域之一，双方不仅在慢病防控、现代医疗技术应用、灾后医疗救援、药品和医疗器械监管、现代化生物医学应用等领域开展广泛合作，并且一直将居民卫生防疫安全、各种新旧传染病防控工作作为中俄两国合作的重要内容，持续加强信息共享和协作，充分利用两国学科优势，在医疗和科研资源及机构组织方面相互协作、守望相助，多年来取得了卓越成效。

保护公民健康和流行性疾病防治已经成为保护国家安全的一部分。“全球化背景下，重大传染病和生物安全风险，事关国家安全和发展、事关社会大局稳定，已经成为全世界、全人类面临的重大生存和发展威胁之一。”[①] 一国抗击疫情的成效会受到国内多种因素的影响，如医疗水平和科技因素、国家社会组织动员能力和行动能力以及信息沟通和协作因素等，而在全球化背景下，开展国际合作应对全球疫情蔓延局势也成为国家抗疫成效的重要影响因素。

传染病防治是重要的民生工程，在抗击传染病疫情方面的协作能够为中俄两国人民带来实实在在的福祉，推动两国民心相通和战略互信，成为中俄两国全面战略协作伙伴关系的重要内容。“疫情当前，中俄再次携手，成为人类抗击新冠肺炎疫情和‘政治病毒’的中坚力量。”[②]

两国元首保持密切沟通，高度互信。自疫情暴发以来，作为好邻居、好伙伴，俄罗斯总统普京第一时间向习近平主席发来慰问电，此后他又多次公开赞赏中国采取的防疫措施，表示俄罗斯将尽全力支持中国人民抗击疫情，并对西方媒体抹黑中国的做法表示“不可接受”。中俄元首在一个月内两次通电话，不仅就更好开展疫情防控合作进行交流和鼎力相助，而且达成了携手合作、共同维护世界公共卫生安全的政治共识和反对将疫情政治化、标签化的共同立场，探讨了在常态化疫情防控中的新合作方式，为中俄抗疫合作指明了方向。

---

① 陈文清：《总体国家安全观的生动实践和丰富发展——深入学习贯彻习近平总书记关于疫情防控的重要论述》，《求是》2020 年第 8 期。

② Посол КНР в РФ Чжан Ханьхуэй: ВЗАИМОПОМОЩЬ И ПОДДЕРЖКА В БОРЬБЕ С ЭПИДЕМИИ, 30 апреля 2020г. http://ru.china-embassy.org/rus/dssghd/t1774971.htm，访问日期：2020 年 5 月 4 日。

相互援助抗疫物资。中俄相互援助抗疫物资既有国家层面的，也有地方和民间层面的，例如通过“友好城市”的通道相互提供帮助，生动体现了中俄两国守望相助的情谊以及这些年两国深度友好合作的成果。

2020 年 2 月 1 日，俄罗斯 SPB 电视台捐赠的 5 万只口罩运抵成都。2 月 5 日俄罗斯的撤侨军机为武汉带去了急需的医用物资，缓解了燃眉之急。2 月 9 日由俄罗斯工业和贸易部、紧急情况部、外交部紧急协调，以最快的速度又专门派出伊尔－76 大型运输机为武汉提供了 23 吨（183.6 立方米）人道主义医疗救援物资，其中包括超过 200 万只口罩在内的大量医疗防护用品。

4 月 2 日，中国政府向俄罗斯援助的 25.5 吨（269 立方米）防疫物资抵达莫斯科，上书“病毒终将过去，胜利属于我们”的口号，使俄罗斯人回想起第二次世界大战时期的著名口号“敌人终将被打败，胜利属于我们”①。俄罗斯马加丹市与中国双鸭山市是“友好城市”，1 月底马加丹市向双鸭山市捐赠 2000 只医用防毒面罩和 200 套防护服。3 月底双鸭山市向马加丹市提供了 2 万只医用口罩。中国国药集团与俄方签署了防护物资供货协议，首批物资于 3 月 23 日运抵俄罗斯。中方还将陆续提供防护用品、诊疗设备等俄罗斯急需的物资。②

医疗专家和医疗技术合作。医疗专家和医疗技术的合作体现了两国抗疫合作的深度，对提高两国抗击疫情的水平和信心具有重要意义。

中国疫情暴发之初，俄罗斯不仅及时向中国提供了医疗救援物资援助，而且还组建、派遣了由消费者权益保护和公益监督局、卫生部专家构成的 7 人防疫专家代表团来华，赴武汉与中方专家共同探讨合作应对疫情，一起合作研制测试盒和疫苗。俄罗斯专家研制的诊断新冠病毒系统在中国条件下通过了测试，该款测试盒易于保存，操作简单，获知检测结果快，获得中俄专家的一致肯定。③ 俄罗斯还将乌拉尔联邦大学研发的抗病

---

① РИА Новость, Помощь России из Китая пришла с лозунгом “Победа будет за нами!”, 03 апреля 2020г. https://ria.ru/20200403/1569538018.html，访问日期：2020 年 5 月 4 日。

② 张健：《中俄携手共战“疫”守望相助渡难关》，《中国青年报》2020 年 4 月 2 日。

③ Ли Юнхуэй, Богатое содержание отношений всеобъемлющего партнерства и стратегического взаимодействия Китая и России в условиях атипичной пневмонии, вызванной коронавирусом нового типа, 14 февраля 2020. https://russiancouncil.ru/analytics-and-comments/analytics/covid-19-proverka-na-prochnost-i-stimul-dlya-razvitiya-rossiysko-kitayskogo-vseobemlyushchego-partne/，访问日期：2020 年 5 月 4 日。

毒药物三氮唑核苷（Ribavirin）提供给中国以测试其针对新型冠状病毒感染肺炎的效果。“俄专家表示，用于实验室诊断的试剂盒基于分子遗传学研究方法，可识别新菌株和 SARS 的病原体，两国科学家还将共同研制疫苗。”① 俄罗斯防疫专家代表团是首个也是唯一一个来华开展疫情防治合作的外国专家团，展现了俄方对中方抗击疫情的大力支持，反映了两国守望相助的深厚情谊。②

4 月 11—18 日，由 10 位专家组成的中国政府医疗专家组赴俄协助开展疫情防控工作，走访了俄罗斯多家医疗机构，与俄方同行进行了深入交流，分享了抗疫经验，做了大量卓有成效的工作，以高度的专业素质、丰富的实战经验、忘我的敬业精神获得了俄方的高度认可。

抗疫中的媒体合作。中国抗击疫情期间，俄罗斯主流媒体不仅及时跟进我国抗疫进展和有效措施，还对西方媒体的不实言论予以反击。

自疫情暴发以来，俄罗斯政府机关报《俄罗斯报》“中俄锐评”栏目连续发表数篇文章客观报道抗疫进展和成效，为抗疫工作注入信心，营造良好的舆论环境，多篇文章获其他中俄媒体转载，为两国的抗疫舆论环境起到了正面引导作用。2 月 10 日，该报第 6 版刊发社论《中俄患难与共》，并关注疫情下的民生，第 7 版以红色爱心和紧紧握在一起的双手的形象，配以“武汉”“武汉加油我们在一起”的文字，表达对中国人民抗疫胜利的支援和信心。③ 4 月 17 日，再次发表文章《俄罗斯与中国加强抗疫协作》，就疫情暴发以来两国领导人第二次通话所达成的共识进行报道，增强两国对抗疫胜利的信心。④ 5 月 4 日再次刊发社论《所有对中国的指责

---

① Ли Юнхуэй, Богатое содержание отношений всеобъемлющего партнерства и стратегического взаимодействия Китая и России в условиях атипичной пневмонии, вызванной коронавирусом нового типа, 14 февраля 2020. https：//russiancouncil. ru/analytics-and-comments/analytics/covid – 19 – proverka-na-prochnost-i-stimul-dlya-razvitiya-rossiysko-kitayskogo-vseobemlyushchego-partne/，访问日期：2020 年 5 月 4 日。

② 《中俄守望相助，携手共抗疫情——外交部副部长乐玉成会见俄罗斯防疫专家代表团》，2020 年 2 月 6 日，外交部网站，http：//new. fmprc. gov. cn/web/wjbxw_ 673019/t1741144. shtml，访问日期：2020 年 4 月 24 日。

③ Российская газета, Не бросим Пекин в беде Как россияне поддерживают Китай в борьбе с коронавирусом, 09 февраля 2020г. https：//rg. ru/2020/02/09/kak-rossiiane-podderzhivaiut-kitaj-v-borbe-s-koronavirusom. html，访问日期：2020 年 5 月 4 日。

④ Российская газета, Россия и КНР усилили совместную борьбу с COVID – 19, 17 апреля 2020, https：//rg. ru/2020/04/17/rossiia-i-knr-usilili-sovmestnuiu-borbu-s-covid-19. html，访问日期：2020 年 5 月 4 日。

都是毫无根据的》，认为“当全世界都在关注美国的疫情时，美国的一些政治家并没有尽最大的努力来抗击疫情，而是不断挑起冲突，把责任转移到中国身上，浪费了很多时间来拯救生命”，对部分美国政治家不负责任的言论予以坚决回击，“美国人民必须明白，激进人士的言论和行动将导致加强防疫的失败，而美国未来会陷入混乱和危机之中”，而“中国始终保持开放、透明和负责任的态度，早在去年 12 月 31 日就向世界卫生组织通报了新型冠状病毒肺炎的情况，并及时通报流行病学情况，与世界各国分享冠状病毒基因组序列，开展国际合作，同时坚决采取了‘封城’的措施，并取得了明显成效，将疫情在国外的传播推迟了两至三周，中国人民为防治新型冠状病毒肺炎做出了巨大努力”①。

多边组织框架内的合作。疫情暴发后，中俄不仅相互实施了双边援助，而且在联合国、G20、世界卫生组织、金砖国家框架内积极开展合作，助力全球抗疫取得全面胜利。

从 2011 年起，金砖国家就在卫健领域建立了部长级定期会晤机制，成立了五个专项工作组致力于以下五个领域的合作：重点关注传染病和非传染病的战略性卫生技术（巴西主导），医疗技术（俄罗斯主导），加强卫生监测体系（印度主导），药品研发（中国主导），降低慢病风险因素、慢病预防、健康促进和全民健康覆盖（南非主导），支持世卫组织行动计划的领导作用和全面指导方向，与世卫组织共同监测全民健康覆盖实现的进展情况，得到了世卫组织的高度认可。②

中俄两国均对世界卫生组织的作用和工作给予了肯定，为抗击新冠肺炎疫情，中国目前已向世界卫生组织提供 5000 万美元现汇，俄罗斯也计划从国家预算中一次性拨出 100 万美元专款用于支持世界卫生组织开展抗疫工作③，并表示将继续对世界卫生组织的工作进行资助。④

---

① Российская газета, Все обвинения Китая безосновательны, 04 мая 2020г. https: //rg. ru/2020/05/04/vse-obvineniia-kitaia-bezosnovatelny. html , 访问日期：2020 年 5 月 6 日。

② Сотрудничество стран БРИКС по стратегическим проектам в области здравоохранения. Бюллетень Всемирной организации здравоохранения. Выпуск 92, Номер 6, июнь 2014 г. , 385 –464.

③ РИА Новости, Россия выделит ВОЗ до миллиона долларов на борьбу с коронавирусом, 06 апреля 2020г. https: //ria. ru/20200406/1569642836. html , 访问日期：2020 年 5 月 6 日。

④ Газета, Лавров заявил, что Россия продолжит финансировать ВОЗ. 28 апреля 2020г. https: //www. gazeta. ru/politics/news/2020/04/28/n_ 14352937. shtml , 访问日期：2020 年 5 月 6 日。

在抗击新冠肺炎疫情的战役中，两国不仅为对方提供了实质性帮助[①]，而且经济合作也经受住了疫情防控的考验。在2020年第一季度中美、中欧贸易额都下降的背景下，中俄贸易逆势而上，而且战略性大项目进展未受影响，并继续寻找新的灵活和多种形式的经济合作方式。“可以说中俄抗疫协作不止在医学层面是成功的，而且在政治和经济层面上也取得了成功。”[②] 在全球抗疫的艰难时刻，中俄两国不仅做好本国国内的疫情防控，而且为国际抗疫合作树立了良好典范。

同时，我们需要警惕抹黑两国抗疫协作成果的言论。在抗疫初期，两国民众对国际疫情防控形势和政策的认知和重视不足，两国海关和航空信息的协作和联动不足，给疫情防控带来了一些困难。西方媒体，如美国的《纽约时报》（*The New York Times*）、法国的《世界报》（*Le Monde*）2月都发布了唱衰中俄关系、中俄经贸发展的文章，认为“中国在俄罗斯的形象受到了损失”，“成为疾病的来源，让人没信心，辜负了希望”[③]。美国智库詹姆斯敦基金会（Jamestown Foundation）研究人员也发表文章，认为“中俄战略伙伴关系不是基于信任，而是利益一致”，“当利益分化时，就会出现裂缝”，“虽然围绕新冠肺炎疫情的摩擦没有继续发展，但是证明双方不能建立牢固联盟”[④]。但是，俄罗斯科学院远东研究所高级研究员瓦西里·卡申认为，“这不过是典型的美国宣传路线，这种路线从来没有消失过，从来都是远离事实”，俄罗斯采取的限制措施并没有震惊中国，中国可以就自己不认同的做法提出抗议，“提出抗议在相邻大国之间是完全正常的，不可能双方之间一点意见都没有，但这并不涉及政治关系”[⑤]。

疫情之下，世界政治形势更加复杂，不确定性进一步增强。面对疫

① Василий Кашин, Партнерство на фоне вируса Как коронакризис сказался на отношениях России и Китая, Профель, 17 апреля 2020г. https://profile.ru/columnist/partnerstvo-na-fone-virusa-285913/, 访问日期：2020年5月6日。

② РИА Новость, Лидеры РФ и КНР скоординировали позиции в совместной борьбе с COVID-19, 17 апреля 2020г. https://ria.ru/20200417/1570173558.html, 访问日期：2020年5月6日。

③ AMUR INFO, Топовые газеты США и Европы написали о ситуации в Благовещенске, 28 февраля 2020г. https://www.amur.info/news/2020/02/28/168660, 访问日期：2020年5月6日。

④ Независимая газета, Уханьская пневмония испытывает отношения России и КНР на прочность, http://www.ng.ru/world/2020-03-03/6_7808_china.html, 访问日期：2020年5月6日。

⑤ Ibid..

情，美国妄图要中国承担所谓“责任”的“呼吁”已经上升到政治和法律层面，俄罗斯与美国的关系也没有改善，但是中俄传统友谊和战略协作伙伴关系经受住了新冠肺炎疫情和疫情防控的考验，必会历久弥坚，“有足够的理由期待中俄共识的进一步加强”①。

新冠肺炎疫情的全球蔓延再次告诫我们，人类是一个命运共同体。全球阻击疫情的关键时刻，中俄两国守望相助，携手抗疫，共同维护全球公共卫生安全，并着眼疫后发展。新冠肺炎疫情不仅没有影响中俄新时代全面战略协作伙伴关系的稳定发展，而且两国联合抗击疫情的合作进一步丰富了两国新时代全面战略协作伙伴关系的内涵，进一步增强了两国的民心相通和传统友谊，进一步坚定了中俄关系稳步递进的信念，也为世界大国公共卫生合作以及应对突发事件国际合作树立了典范。

第三节　俄罗斯对中国的形象认知

国家之间相互的形象认知在国际关系中具有非常重要的意义，特别是对于中俄这样山水相连、交往历史错综复杂的国家。从历史上看，俄罗斯对中国形象的认知不仅对其对华政策和对华事务处理具有影响，而且会明显地影响其国内政策，例如远东地区的开发政策。了解和研究俄罗斯对中国形象认知的影响因素，并考察近些年俄罗斯民众心目中的中俄关系，不仅具有理论意义，而且在推动中俄新时代全面战略协作伙伴关系的民心相通和夯实两国友好关系的人文基础方面也具有十分重大的现实意义。

一　俄罗斯对中国形象认知的主要影响因素

A. B. 卢金认为国家形象认知的演进可以有三种分析解释的模型：镜像否定（新的认知与旧的认知完全相反）、回到更早的认知和借鉴外来认知（例如，外国文化），但是在现实中不存在完全否定，也不会完全回到更早的认知或完全借鉴外来的认知，而只会是新要素与现有文化的相互作

① Василий Кашин，Партнерство на фоне вируса Как коронакризис сказался на отношениях России и Китая，Профель，17 апреля 2020г. https：//profile. ru/columnist/partnerstvo-na-fone-virusa－285913/，访问日期：2020 年 5 月 6 日。

用和相互影响，引导多元素文化系统的更新。[①]

中国与俄罗斯拥有超过4000公里的边界线，中俄两国的直接交往历史已有400年之久。俄罗斯政治精英阶层和知识分子阶层在不同时期对中国形象的不同认知既受到本国历史因素的影响，大部分则来自欧洲思想中对中国形象的认知。同时随着俄罗斯与西方、中国关系的亲疏以及国家力量对比的变化，形象认知也会发生重大演变，其中最重要的原则即为国家利益取向。两国民众经济和人文交流得来的切身经验也构成了俄罗斯对中国形象认知中的一部分，在不同时期、不同地域、不同领域、不同公众群体中存在着以不同构图方法和角度勾画出的中国形象素描，阐释自己心目中的中国形象系统中的“子形象”，形象认知也因此而呈现普遍性和特殊性之分。因此，中国在俄罗斯的形象其实是主流观念引导、多种影响因素作用下不断演变的多维立体系统。

（一）历史因素

俄罗斯人最早接触到关于中国的信息是在15世纪罗斯公国时期，16—17世纪有关中国的信息通过各种渠道陆续进入俄罗斯社会，逐渐充实人们对这个“遥远的”“难以理解的”东方国家的想象。曾有学者认为“俄罗斯在17世纪掌握了完整的和有自我依据的可信的中国形象”[②]，实际上这一时期中国在俄罗斯的形象是“碎片化的、简化了的和表面的”[③]。因为这些只是对中国社会和政治结构的初步了解，表面性地触及了中国的小农经济、手工作坊的情况，对瓷器和漆器等工艺品有了表面了解，而中国人的精神世界完全不在俄罗斯人的视域之内。[④]

---

① Лукин А. В.：Эволюция образа Китая в России и российско－китайские отношения, дипломная работа на соискание ученой степени доктора исторических наук, Дипломатическая академия МИД России, 2006г.

② Кычанов Е. Н.， “Образ Китая в России XVII веке”, *Вестник Восточного иститута*, 1997, №2（6）, Т.3, С.78. 转引自 Лукин А. В.：Эволюция образа Китая в России и российско-китайские отношения, дипломная работа на соискание ученой степени доктора исторических наук, Дипломатическая академия МИД России, 2006г.

③ Andress Kappeler, *Die Anfaenge eines russischen Chinabildes im 17. Jahrhundert*, in: Saeculum. Jahrbuch fuer Universalgeschichte 1980. 31 （1980）. p.41. 转引自 Лукин А. В.：Эволюция образа Китая в России и российско-китайские отношения, дипломная работа на соискание ученой степени доктора исторических наук, Дипломатическая академия МИД России, 2006г.

④ Лукин А. В.， Эволюция образа Китая в России и российско-китайские отношения, дипломная работа на соискание ученой степени доктора исторических наук, Дипломатическая академия МИД России, 2006г.

但是，彼时对于有意在西伯利亚以东和远东地区进行土地扩张的沙皇俄国来说，中国“幅员辽阔、物产丰富”“专制腐朽，人口众多”，“有火枪和大量筑城设施，但军事实力并不突出”，这些形象足够作为沙皇俄国与清政府进行外交谈判和制定自己下一步扩张计划的基础，因此这一时期片面的认知也因具备了现实土壤而得以流传。

俄罗斯对“中国威胁”的认知可以追溯到19世纪，特别是中日甲午战争期间，出版物中逐渐出现了亚洲人“占领”远东地区的说法。[①]《瑷珲条约》《北京条约》等条约签订后，俄罗斯对自己侵占的土地要急切地进行“俄罗斯化”，将其纳入俄罗斯统一军政、经济、文化体系内。阿穆尔州总督谢尔盖·米哈伊洛维奇·杜霍夫斯基在给沙皇的1893—1895年报告中写道，邻国中国对远东的非俄罗斯族人的生活产生影响，因为中国想要将这些非俄罗斯族人置于自己的管辖之下，为了抵制这种影响，对非俄罗斯族人的保护也纳入了当地警察的权责之中。[②]

这种早期自以为“有依据的可信的中国形象”实际上一直流传并延续，对后来包括现在俄罗斯人对中国造成了刻板印象，很多人对中国的首要印象仍停留在清朝时期或者脱胎于那一时期。

（二）欧洲思想因素

19世纪后半叶和20世纪初期俄罗斯对中国形象的认知更加全面，“中国文化和中国积贫积弱的形象”，以及“俄罗斯将西方文明带到亚洲”的自我定位，则形成于19世纪后半叶。而这一阶段对中国的认知是在欧洲思想、俄罗斯自身的发展历史以及这一阶段与中国的政治和外交往来等一系列因素的影响之下形成的，但是“其中影响最大的则是欧洲的理论和观点，脱离开当时的欧洲思想背景，就不能理解俄罗斯人心目中的中国形象”[③]。

当时欧洲思想在俄罗斯广受推崇，尽管西欧派的一些说法在当时仍有争议，但是两次工业革命给欧洲带来科技和经济繁荣是事实，西欧国家的

① Коновалова О. С.，“Формирование термина《желтая экспансия》относительно образа Китая в средствах массовой информации”，*Вестник РУДН*，2011，№ 3，с. 74.

② ГАХК，НСБ. Отчет Приамурского генерал-губернатора за 1893 – 1895 гг. Инв. № 2708. С. 8 – 12. 转引自 Ахметова А. В.，“Социально-Экономическая Политика И Законодательное Оформление Царской Властью Жизни Аборигенного Населения Дальнего Востока В Xix – Начале Xx Вв”，*Современные исследования социальных проблем*，№11，2012，с. 19。

③ Лукин А. В.，Эволюция образа Китая в России и российско-китайские отношения，дипломная работа на соискание ученой степени доктора исторических наук，Дипломатическая академия МИД России，2006г.

文化艺术成就也引领了世界文明的发展，因此俄罗斯整体上非常推崇欧洲的发展之路以及欧洲对“发明”和“发展”的理解。而西方文化在西方本土被认为是世界进步的唯一体现，欧洲的发展之路是世界文明发展的唯一可行方法。从18世纪末开始，关于东方文化（包括中国文化）“无用、落后和停滞”的观念就已经在欧洲占据上风，这种思想便同其他欧洲思想一同进入了俄罗斯。同时想要拯救俄罗斯的西欧派也希望带领俄罗斯远离停滞的东方，自然也以最极端的方式否认东方文化。内外因素，即俄罗斯的“欧洲定位”和“欧洲思想”推动了中国在俄罗斯“积贫积弱”的形象认知的形成。

（三）新西方因素

2014年乌克兰危机之后，俄罗斯与西方关系进一步恶化。2018年俄罗斯不仅与西方（首先是美国和英国）保持了分裂的局面，而且出现了新的对抗重点，加剧了这种局面。① 美国总统特朗普多次在国内或者国际场合演讲时向中国和俄罗斯公开发出了挑战，公开将中俄两国视为美国国家利益、经济和价值观的威胁，五角大楼的官方代表宣布在获得核武器改型的额外经费时有可能先发制人发起核打击。②

在这样的背景下，中国在俄罗斯的形象是“共同抵御美国霸权主义的战略伙伴”，在俄罗斯与西方的对抗中，中国给予了俄罗斯“不公开的支持”③，“现在中俄战略伙伴关系的模式从政治和功能上都是符合两国的国际利益的”④。

在看待中美贸易摩擦时，俄罗斯认为美国的保护主义抬头是两国面临的共同挑战，特朗普政府准备对所有中国出口产品征收不合理的关税，绝对是极不明智的举动。⑤ 对中国和俄罗斯来说，未来五年将会是面临最严峻挑战的五年，不排除出现威胁两国国家安全的不可抗力的可能性，未来两国要在政治、国家安全方面进一步深化合作。⑥

① Лузянин С. Г. , *Россия-Китай: формирование обновленного мира*, Москва: Издательство《Весь Мир》, 2018г, с. 220.

② Ibid. .

③ Лузянин С. Г. , Россия и Китай: новый контекст отношений, 12 января 2015г. https: //mgimo. ru/about/news/experts/263701/，访问日期：2020年5月6日。

④ Ibid. .

⑤ Комментарий. , Россия и Китай: спина к спине — пути сотрудничества, 18 сентября 2018г. https: //kvedomosti. ru/news/kommentarij-rossiya-i-kitaj-spina-k-spine-puti-sotrudnichestva. html，访问日期：2020年5月6日。

⑥ Лузянин С. Г. , *Россия-Китай: формирование обновленного мира*, Москва: Издательство《Весь Мир》, 2018г, с 220.

（四）形象认知的国家利益原则取向

中国形象在俄罗斯具有比较明显的历史继承性，这既包括中俄传统友谊等良好论调，也包括关于中国的负面看法，二者并行不悖，只是根据不同历史时期的国家利益需要或者特定的历史事件背景而有主次之分。

关于中俄传统友好的认知，可以追溯到17世纪。从17世纪开始，俄罗斯社会就存在一种认识，即中俄关系与中国和其他国家关系的很大不同之处就在于中俄关系具有“特别友好”的特征。[①] 19世纪如Д. И. 门捷列夫、Л. Н. 托尔斯泰等众多具有世界性影响力的巨匠对中国和中国文化的正面评价和认可，在俄罗斯人对中国形象的正面认知方面，具有重要的推动意义。20世纪苏联时期两国的“兄弟”情谊既是两国对彼此形象认知的历史继承，又是进一步开展良好合作的认知基础。而“中国威胁论”的历史继承性也非常明显。

不论是“特殊友好论”还是“威胁论”，都有自己的“历史依据”，哪种认知更占上风，实际上首先取决于国家利益取向。

（五）国家实力对比的变化

重新调整对中国的认识、平视中国成为俄罗斯人需要接受的现实。俄罗斯在20世纪末没有像中国那样发展起来，但是这样的现实在短时间内是无法改变的，需要接受现实，俄罗斯的外交应该依据自身的实际力量。[②]

在新时代背景下，对中国形象的认知首先是“与经济发展、社会政治改革进程以及其在世界上的影响力增强相关”。“中国不只想要融入国际社会，融入国际关系全球体系，做地区的领导者，而且要成为全球进程的参与者，新世界秩序谈判、新安全和合作体系的主要参与者。”[③] 中国曾在两极对抗世界中熟练地采取行动，并在当前条件下继续熟练地行动，为国家

---

① Лукин А. В.：Эволюция образа Китая в России и российско-китайские отношения, дипломная работа на соискание ученой степени доктора исторических наук, Дипломатическая академия МИД России, 2006г.

② ЛУКИН А. В. “Российско-Китайские Отношения：Не Ослаблять Усилий”, *Международная Жизнь*, 2009г, №11, с. 89.

③ Горяина Ю. П.，“Образ Китая в контексте современных международных отношений”, *МАТЕРИАЛЫ ДОКЛАДОВ XIV МЕЖДУНАРОДНОЙ НАУЧНОЙ КОНФЕРЕНЦИИ СТУДЕНТОВ, АСПИРАНТОВ И МОЛОДЫХ УЧЕНЫХ “ЛОМОНОСОВ—2007”, ВОСТОКОВЕДЕНИЕ И АФРИКАНИСТИКА*, Московский государственный университет им. М. В. Ломоносова, Институт стран Азии и Африки, Студенческий союз МГУ, Научное студенческое общество Института стран Азии и Африки МГУ, Москва, 11–14 апреля 2007 г.

的经济增长而努力，使中国成为一个强大、繁荣、高度发达的现代国家。① 当然，中国仍有很多严重的问题，但是这些问题不是由社会经济结构效率低下和管理体制落后造成的，而是发展问题。②

现在中国的外交任务需要处理新出现的问题，即需要将国际环境中对中国作为世界强国，综合国力和地位快速上升引起的负面反应进行中性化处理，并引导其正面化。这并不是一件容易的事，除了要“练好内功”，还要树立积极的国际化国家形象，而且是包含经济形象、政治形象和文化形象等要素在内的整体形象。中国对外政策旨在维护世界和平、促进共同发展，“和平崛起”不是简单的政策宣传口号，它是中国发展到一定历史阶段的产物，也是中国融入国际社会的庄严承诺，反映了中国对于国际体系的基本态度和对国际秩序的基本看法。③

（六）形象认知的普遍性和特殊性

在国与国交往的早期阶段，占有主流思想地位的政治精英和知识分子对另一国的形象认知会对该国民众的认知产生重要引导作用。实际上，沙俄时期，沙俄社会上流传着几种对于中国、中国文化、中国的国际地位及走势的判断，既有人认为中国是“落后的”“虚弱病态的”国家，是俄罗斯争夺殖民地和财富的对象来源地，也有人认为“中国文化具有独特性，与西方文化不同”，“是东方智者、神秘主义者、哲学家的国家”，比“极端的欧洲人更深刻地认识真理”，未来能够抛弃专制，克服困难，走出停滞，超越欧洲。

大多数普通人只能从中选取几个形象组合成自己心目中的中国，这取决于本人的整体世界观和社会主流思想的引导，所以大众对中国形象的认知既有共性，也有个性，但是能够纳入历史记载的主要是主流思想和知识分子在自己作品中的思想。影响普通大众对中国形象的认知主要是经济影

---

① Горяина Ю. П.，“Образ Китая в контексте современных международных отношений”，*МАТЕРИАЛЫ ДОКЛАДОВ XIV МЕЖДУНАРОДНОЙ НАУЧНОЙ КОНФЕРЕНЦИИ СТУДЕНТОВ，АСПИРАНТОВ И МОЛОДЫХ УЧЕНЫХ “ЛОМОНОСОВ—2007”，ВОСТОКОВЕДЕНИЕ И АФРИКАНИСТИКА*，Московский государственный университет им. М. В. Ломоносова，Институт стран Азии и Африки，Студенческий союз МГУ，Научное студенческое общество Института стран Азии и Африки МГУ，Москва，11 – 14 апреля 2007 г.

② Подолько Е. О.，“Китайский фактор в современных международных отношениях”，http：//www.synologia.ru，访问日期：2020 年 5 月 6 日。

③ 胡宗山：《中国的和平崛起：理论、历史与战略背景》，世界知识出版社 2006 年版，第 1 页。

响力、人文影响力、切身交往经验等要素。

经济影响力。20 世纪 90 年代一些自发贸易中出现的低质产品给中国产品挂上了“假冒伪劣”的标签。这一方面既是一些商人过分逐利所致，对国家形象造成了重要损失，同时也要考虑到当时俄罗斯人的购买力水平大幅降低而对低价产品产生大量需求以及双边市场和海关监管的缺位。另一方面一些涉嫌非法走私珍稀动植物和破坏生态环境的行为触及了当地的法律，影响更为恶劣。

近些年中国经济已经逐渐向高质量发展的目标迈进，不仅中国的信息技术和产品在世界上享有一定声誉，而且日常用品的质量也逐渐得到俄罗斯大众的认可。例如，笔者接触过的一位出租车司机曾经表示，“我们现在都很感谢中国，因为我们穿的衣服是中国造的，吃的食品是从中国运来的，质量良好，价格亲民，我开的车也是中国的，如果没有中国汽车，我买不起欧洲汽车，拿什么养家糊口?”另外，经常与中国有直接接触或者经常到中国的人，则会对中国经济的活力和便捷的社会生活表示赞叹，特别是新经济业态，如共享经济、移动支付等，经济吸引力对中国形象的提升具有重要作用。

人文影响力。比较全面和深入介绍和研究中国的文献只在少数研究专家和东方文化爱好者中流行，但是普通大众对事物的认知往往并不来源于学术刊物和专业著作，而是新闻媒体，特别是畅销文学作品、影视剧和新媒体的长期灌输、充斥。

俄罗斯大众所接触到的以中国或者中国人为题材的影视剧一方面数量不足，俄罗斯最流行的视频网站 Doramatv 上中国电视剧只有 2713 部，而日本电视剧有 6228 部，韩国电视剧有 6278 部①；另一方面所反映的中国社会实际是片面的和扭曲的，主要是香港拍的功夫片，或者时间线停留在古代，中国经常被刻板地形容为“古老智慧的国家，并且在这个神秘的国度气功、武术盛行”，将中国文化等同于佛教或者道教，对中国形象和中国人形象的塑造多有偏颇。

切身经验。中国市场在国外是一种比较特殊的存在，一些工作上与中国没有交集、自己平常也不接触中国人的俄罗斯人最有可能接触到中国人的场合就是在各大中国市场。虽然个别群体的形象并不能代表中国形象，

① https：//doramatv. live/，访问日期：2020 年 5 月 1 日。

但是与中国市场的中国商人的接触形成了没有其他接触渠道的俄罗斯人对中国最直接的印象。经常与中国科技、金融等领域接触的俄罗斯人则会对中国同行、专家的专业知识、国际视野和职业素养表示钦佩。

从上述就国家形象认知影响因素的探讨可以发现，理解和改善俄罗斯对中国形象的认知，不能脱离西方影响因素，俄美关系、俄欧关系的变迁会导致俄罗斯自我定位的变化，也会引起俄罗斯对中国形象认知的演化。俄罗斯社会对中国的形象认知越来越务实，逐步会走向既不完全否定，也不完全借鉴西方国家中的中国形象，而是根据变化了的国际格局以及自己的国家利益有意识地以发展的眼光看待中国和中俄关系。

中国形象会在两国逐渐深化的关系中加速演化进程，这一进程越快，就越会尖锐地暴露出一些由于历史延续性而带来的问题。同时，两国发展的水平越高，对彼此国家形象的良好、全面认知要求就会更高。

二　近六年俄罗斯民众眼中的中俄关系

最有价值、亲近友好的伙伴国。俄罗斯民意调查基金连续多年开展的社会调查①显示，在俄罗斯最需要、最有价值的伙伴国家中，中国已连续六年位列第一，并且得票率（近 5 年保持在 28%—35%）远超排在第二位和第三位的白俄罗斯（11%—17%）和美国（3%—12%）（见图 5－1）。在与俄罗斯最亲近友好的国家调查中，2019 年中国获得 51% 的选票，仅次于白俄罗斯，2017 年曾一度超越白俄罗斯，位列第一（见图 5－2），并在近些年中远超印度和日本，一直处于高位。可以看出，中国在俄罗斯的国际关系中的地位处于良好态势，俄罗斯人对中国与俄罗斯的友好外交和战略协作伙伴地位的认可和价值认知是非常清晰的。

共同语言、相互理解以及文化社会吸引力有待加强。在与俄罗斯最容易找到共同语言和相互理解的国家中，中国（近 6 年得票率在 13%—22%）排在白俄罗斯（63%—71%）和哈萨克斯坦（35%—46%）之后，而且所得票数差距较大（见图 5－3）。如果说俄罗斯与独联体国家在语言交流方面更加便利，在历史、文化方面相互理解方面有着较好的基础，这种差距是可以理解的，那么在战略互信的背景下，俄罗斯人对了解中国文化的兴趣和找到共同语言的信心是怎样的呢？

---

① 调查方法：在俄罗斯联邦 53 个联邦主体 104 个居民点进行问卷调查，受访人员 1500 人。

同时，关于“如果免费最想去哪个国家”时，选择中国为目的地的人仍然不多，得票率仅排第五位，远落在意大利、法国、德国和日本之后（见图5－4）。2015年俄罗斯列瓦达舆论调查中心公布的数据同样显示，俄罗斯55%的人认为俄罗斯文化传统与欧洲更为接近，只有18%的人认为俄罗斯文化传统与东方接近，在回答更加直白的问题“您对中国文化更感兴趣还是对欧洲文化更感兴趣”时，只有13%的人选择了中国文化。

全俄社会舆论研究中心在2019年9月关于俄罗斯人对外语掌握情况的调查显示，目前英语达到流利程度的人占5%，58%的人可以阅读或者知道一些句子，不掌握英语的人只有37%，44%的人可以阅读德语或者知道一些句子，1%的人流利掌握德语，完全不掌握德语的人占53%，完全不掌握中文的人达到94%，其余6%的人只能阅读或者知道一些句子。在多选问题“现在学习哪种语言重要且有用”中，93%的人选择了英语，只有48%的人选择了中文。可以看出，俄罗斯人对中国社会和文化的向往程度低于欧美国家和日本，对语言学习和相互理解的信心不足。

这两方面的对比使我们可以看到，中俄全面战略协作伙伴关系的定位和价值得到了民众认可，中国在俄罗斯的对外关系中占有极为重要的战略地位，但是中国在文化融通、民心亲和、国家形象方面仍然存在努力空间。

关于俄罗斯人将中国作为俄罗斯最有价值的伙伴的原因，调查中“中国发展迅速，具有巨大的经济潜力”和“与俄罗斯经济合作密切”的因素占到了一半以上（见图5－5）。这也说明中国现在在俄罗斯的影响力主要是政治影响力和经济影响力，由于种种历史和文化的原因，中国文化和国家形象在俄罗斯的感召力并未得到充分释放，相对于斯拉夫国家、原苏联加盟共和国以及西欧国家、日本，中国与俄罗斯在文化融通和民心亲和方面仍然存在差距，这与目前的学术研究结论相一致。

同时，我们还要注意到，俄罗斯不同地区的人对中国的态度不尽相同，在2019年5月关于对俄友好国家民意调查中，认为中国是俄罗斯最亲近友好国家的人在远东地区占70%，其他地区基本占40%，而在北高加索地区只占28%（见图5－6）。出现这种现象的原因是各地区对中国和中国人的接触深度和广度有差别，与中国接触更为频繁的远东地区对中国在俄罗斯的存在有更加清晰和客观的认识，同时对中俄关系更有信心。

中俄新时代全面战略协作伙伴关系在世界政治经济格局中对两国的意义重大，符合两国人民的利益。我们在发展与俄罗斯的关系时，必须要考虑到上述民众心理，正视中俄文化之间的差异和当前民心相通方面的差距，在尊重俄罗斯本国历史文化和欧洲文化在俄罗斯的深远影响的基础上，“坚定不移发展面向未来的关系，坚定不移发展两国人民友好关系”①。

“中俄两国都具有悠久的历史、灿烂的文化，人文交流对增进两国人民友谊具有不可替代的作用”，因此我们一方面要以实际行动坚定支持对方维护本国核心利益，不断提高两国务实合作层次和水平，另一方面要做好人文交流工作，进一步深化和拓展中俄人文交流和互动，促进两国民众和政治精英阶层的互知互信，推动两国对彼此国家形象的全面、客观认知和改善，夯实中俄全面战略协作伙伴关系的社会和民众基础。“在两国政府和人民共同努力下，中俄关系一定能够继续乘风破浪、扬帆远航，更好造福两国人民，更好促进世界和平与发展。”②

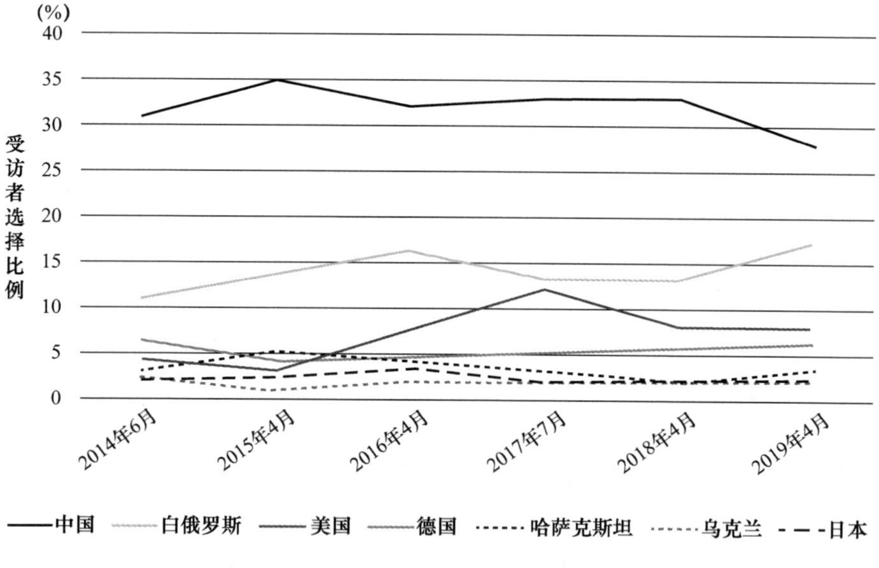

图5－1　近六年俄罗斯人认为自己国家最需要、最有价值的伙伴国（前七位）

资料来源：笔者根据 Фонд《Общественное мнение》发布的数据自制。

---

① 习近平：《顺应时代前进潮流　促进世界和平发展——在莫斯科国际关系学院的演讲》，《人民日报》2013 年 3 月 24 日。

② 习近平：《顺应时代前进潮流　促进世界和平发展——在莫斯科国际关系学院的演讲》，《人民日报》2013 年 3 月 24 日。

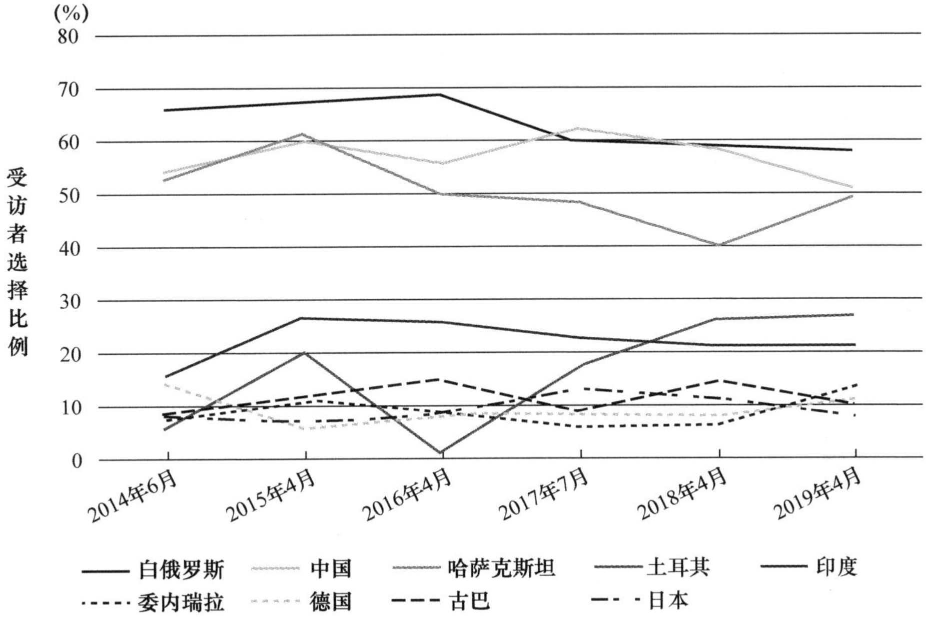

图 5－2　近六年俄罗斯人认为对自己国家最亲近友好的国家（前十位）

资料来源：笔者根据 Фонд《Общественное мнение》发布的数据自制。

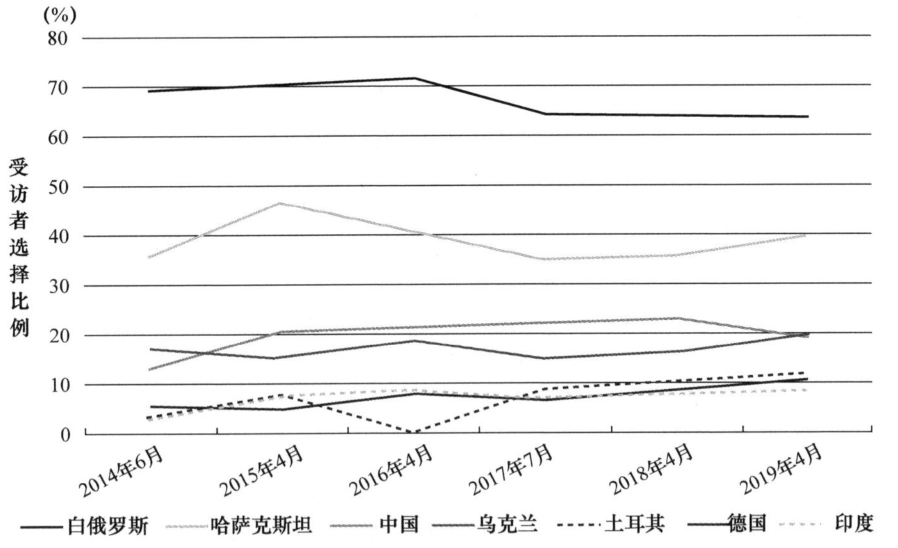

图 5－3　近六年俄罗斯人认为自己国家最容易找到共同语言和相互理解的国家（前七位）

资料来源：笔者根据 Фонд《Общественное мнение》发布的数据自制。

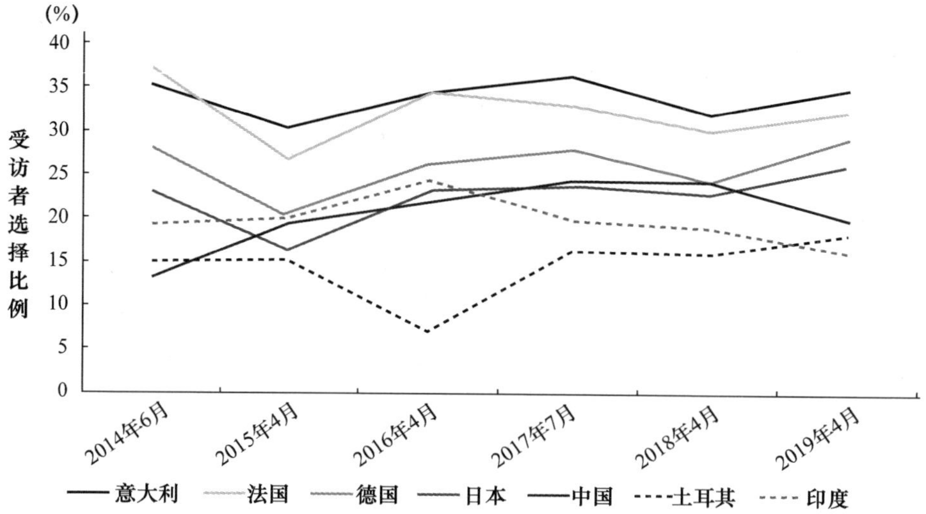

图 5－4 如果免费，俄罗斯人最想去的国家（前七位）

资料来源：笔者根据 Фонд《Общественное мнение》发布的数据自制。

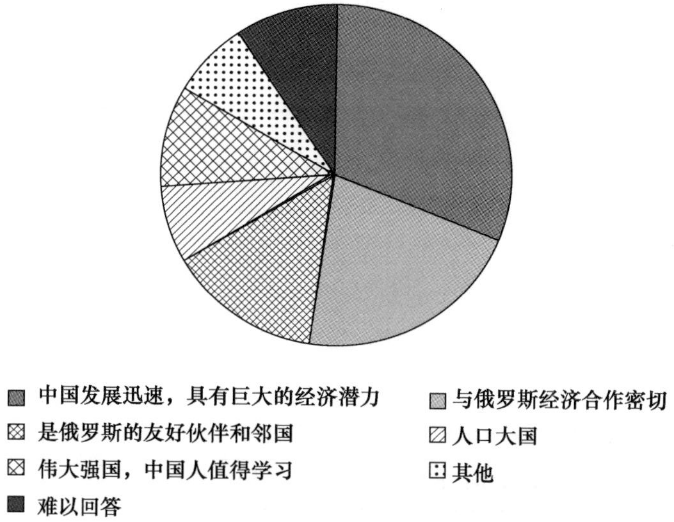

图 5－5 俄罗斯人选择中国作为最有价值伙伴国的原因

资料来源：笔者根据 Фонд《Общественное мнение》发布的数据自制。

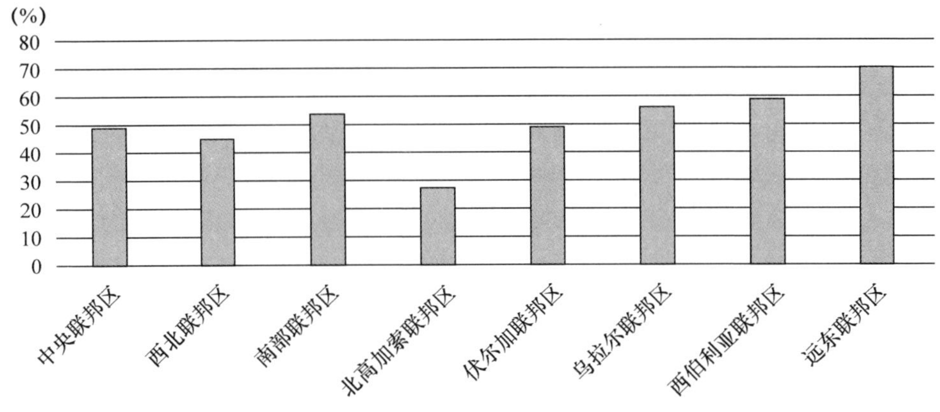

图 5－6 俄罗斯各联邦区认为中国是对俄最友好国家的人员占比

资料来源：笔者根据 Фонд《Общественное мнение》发布的数据自制。

第四节 中俄人文交流进一步发展的空间

近年来，中俄人文交流水平得到了很大提升，打造了系列品牌项目，为中俄人文交流创造了良好条件。同时，从推动两国形象的全面认知和亲善、筑牢中俄新时代全面战略协作关系的民心和社会基础来看，中俄人文交流仍然存在十分广阔的拓展和深化空间。需要进一步深入探讨中俄人文交流的短板及障碍性因素，围绕国家整体形象，推动中俄人文合作聚焦质量建设和内涵发展，进一步重视和提升中俄智库合作的作用，增强两国在人道主义救援方面的合作，发动多种社会力量和经济力量助力人文交流，重视自媒体和社交平台的作用，充分发挥人文交流在推进两国国家形象认知和民心相通的作用，推进两国对彼此形象客观、全面的认知，并就疫情防控常态化下和疫情后经济发展和社会稳定开展研究，在疫情后世界地缘政治经济环境中相互给予信任和支持。

一 当前中俄人文交流的短板

（一）人文交流活动的技术水平有待提高

目前，中俄之间的许多人文活动在规划设计阶段缺乏对目标受众的需求的全面分析，在活动结束后缺乏有效性评估和跟踪，造成许多人文活动只是流于形式，这一问题在中国的对外人文交流中同样存在。

另外，由于一些文化交流活动具体操作和落实的方式单一、渠道有限，既有模式重复率高，导致人文交流的效果不尽如人意，造成“审美疲劳”，甚至引起反面效果。除考虑外在政治因素外，我们也需要思考如何提高组织文化交流活动的技术水平。

中国形象在俄罗斯的吸引力不足，中国开发的俄语媒体只是简单地翻译成俄文，没有考虑到对俄罗斯受众的精准把握，也缺乏互动性，在当地的认知度和接受度较低。①

由于一些组织协调工作尚不完善，导致资源枯竭或者未被充分利用，造成“意大利面碗”效应，甚至是恶意利用资源。例如中俄合作办学面临着若干发展瓶颈和挑战，部分俄方高校涉嫌在华开展“连锁店”式办学，甚至存在中介公司“包办”和介入合作办学的情形。②

（二）人文合作的内容仍有所缺失

“人文合作”的内容应该回到“人文”内涵本身，广义上的“人文合作”不仅包括社会、文化、历史等礼教文化，而且关乎“人格、人权和人的利益”的人道问题，“包括至关重要的获取文化、文明和健康的权利和可实现性”，不仅支持个体人权，也包括家庭、社会和国家自主选择发展模式的权力。③

现在中俄人文合作的主要内容集中于文化教育等传统领域，对社会问题和人权健康问题关注较少，诸如在俄华人的信息畅通、证件办理等民生问题，由技术成因带来的人文问题，紧急救援和灾后心理创伤康复，土地污染和水污染问题、垃圾回收和重复利用、放射性元素和石油泄漏引起的生态问题，以及贫困地区房屋、学校、门诊、医院等基础设施建设和劳动技能培训，等等。

尽管这些内容在对外政策和交往实践中一直在落实，但未纳入传统意

---

① 唐小松、程帅：《中国对俄罗斯公共外交评析》，《社会科学》2017 年第 7 期。

② 《对十三届全国人大二次会议第 8695 号建议的答复》，2019 年 9 月 27 日，教育部网站，http：//www. moe. gov. cn/jyb_ xxgk/xxgk_ jyta/jyta_ gjs/201910/t20191028_ 405552. html，访问日期：2020 年 2 月 23 日。

③ Защита мира, Земли, свободы выбора для всех стран: Новые идеи для внешней политики России, докл. к XXI Апр. междунар. науч. конф. по проблемам развития экономики и общества, Москва, 2020 г. / С. А. Караганов, Д. В. Суслов и др.; Нац. исслед. ун-т 《Высшая школа экономики》. — М.: Изд. дом Высшей школы экономики, 2020. с. 92.

义上的人文合作，没有统一至国家人文力量和国家形象的大概念之中，因此对落实其他方面对外政策的推动效果有限，对营造有利的国际氛围作用有限，未能在促进文化融通和民心相通的层面发挥作用。

（三）交流深度不足

孔子学院是增进世界人民对中国语言文化的了解、积极开展人文交流的重要人文力量。孔子学院在俄罗斯的工作卓有成效，但同时需要注意到美国已经拥有 81 所孔子学院和 13 所孔子课堂，远远超过在俄罗斯的孔子学院数量，这是我们需要思考和正视的问题。

同时，中俄文化交流有待进一步深入。中国人对俄罗斯文化的了解应该从“伏特加”“熊”等文化符号，深入到了解一些已经烙印在俄罗斯人生活中的文化传统以及背后的历史渊源，例如面包和盐的高规格待客礼遇、送花不能送双数花、东正教的圣诞节和俄历新年与西方节日有区别等。对其文化的了解和尊重既是商务交往的需要，也是得到俄罗斯人发自内心的认可和钦佩、拉近彼此的距离的重要途径。历史上两国也曾进行过多次深入的思想和文化交流。反观现在的中俄文化交流，主要仍以经典作品交流为主，对现代文化的交流较少，交流的深度也远远不足。

（四）人文交流所吸纳的力量范围有限或缺乏专业引导

现在人文交流的主要力量仍然以国家相关部委、地方政府以及教育和科研院所为主，所能覆盖的领域和受众终究是有限的。实际上所有从事对外交往的人员都能够成为人文交流力量，特别是许多大型跨国企业和民间公益组织在推动民心相通、塑造国家形象方面具有特殊优势，能够真正在“人”与“人”的实际交流和交往中实现文化和价值观的交流，形成一定范围的文化感召力。

现在这部分力量还没有被纳入中俄人文合作的正式轨道中，一直在自然而然地进行着。但是出于无意识，或者自身能力有限，中俄交流的覆盖面和深度有限，甚至许多赴俄游客的不当行为引发了负面效应。尽管这些年从规范旅游行业和游客行为的角度，中俄出台了系列文件，但是实际上旅游活动也是一种人文交流活动，需要从人文交流的层面对涉外人员的涉外活动给予指导。

二 影响合作潜力释放的因素

（一）西方文化的吸引

由于历史、地理和教育的原因，俄罗斯政治精英阶层在很大程度上受到盎格鲁—撒克逊文明的吸引，对中国文化的了解和认同水平比较低，阻滞了中俄在政治、经济、人文层面的对话。“彼得大帝在自己家里找到的只是白纸一张，他在上面写了两个字：欧洲和西方。从那时起，我们便属于欧洲和西方。”[①] “俄罗斯一直致力于与西欧融为一体，从那里引进各种最严肃的观念、成效显著的认识和最愉悦的享受。”[②]

西方文化对俄罗斯的吸引力和影响力不仅对俄罗斯本国文化具有影响，而且影响俄罗斯人接近、了解中国文化的兴趣和交流深度，其中的一些关于中国形象的看法也会影响俄罗斯对中国的认知。

（二）民间动力的缺失

经济关系能够很快地带动人员交往和沟通，促进文化交流和互动。在过去很长时间内，中俄经贸关系处于低位徘徊，俄罗斯经济的存在感和吸引力较低，参与主体和参与程度有限，因此经济关系在提升对彼此的兴趣和认知、推动人文交流与互动方面的效应也就受到了制约，人文合作的民间动力在一定程度上出现了缺失。

上述不利因素并不能够从根本上影响中俄关系发展的大趋势，其中很多是由于相互不了解造成的，而人文合作本身的意义首先就在于增进相互了解，并且扎实做好政治、经济等领域的合作能够为削弱或者化解这些不利因素创造条件，推动中俄人文合作进一步深化和拓展，进一步改善中俄人文合作的环境。

三　中俄人文交流进一步发展的建议

（一）树立国家整体形象概念

俄罗斯智库已经为俄罗斯外交政策提出了新的核心思想，将大力着重构建世界和平捍卫者、“新不结盟”担保人、地球自然环境和资源保护者“三位一体”的新形象、新身份、新使命。为实现上述使命，俄罗斯智库提出要加强俄罗斯在世界抗击新冠肺炎疫情中的作用和优化俄罗斯的对外人文政策，因为“现在俄罗斯的人文政策已经不符合自己的潜能，并且明

① ［俄］彼得·恰达耶夫：《一个疯子的辩护》，载索洛维约夫《俄罗斯思想》，贾泽林、李树柏译，浙江人民出版社 2000 年版，第 7 页。

② ［俄］彼得·恰达耶夫：《一个疯子的辩护》，载索洛维约夫《俄罗斯思想》，贾泽林、李树柏译，浙江人民出版社 2000 年版，第 5 页。

显不能拉动其他方向对外政策走向成功”①。因此，俄罗斯现有的人文政策中对于“文化、艺术、教育等领域的合作需要进行重大更新”，并将跨国援助、生态问题、贫困问题、惠民医学的政策纳入其中，全面树立和塑造俄罗斯在世界范围内的国家形象和影响力。

这对于中国的国家形象国际传播和软实力战略，特别是“一带一路”倡议推进的国际环境塑造具有重要借鉴意义。中国形象的“走出去”，也应该在统一的对外思想的指导下，不仅从教育、文化、旅游、影视作品等传统渠道提高影响力和感召力，也应将当地生态问题、贫困问题、医疗与传染病防治等国际合作发展问题纳入整体国家形象建设中。

（二）进入高质量发展阶段，聚焦质量建设和内涵发展

中俄人文合作的绩效指标不应是活动或者人员的数量，而应该是质量，着重于解决现实合作中存在的人文障碍和困难，增进两国人民对彼此的全面了解和客观认识，搭建对外传播的平台，化解历史包袱和心结，从一般性的友好交流提升至高质量建设和内涵发展，实现文明互鉴、共生共荣。

教育领域一直是中俄人文合作的先进示范领域，中国教育部已经建议“现阶段中俄开展合作办学的工作重点应聚焦于质量建设和内涵发展”②。继续推进结合国家合作战略和发展需要培养人才，丰富基础教育、高等教育、职业教育和补充教育领域的合作内涵。

文化交流应致力于深刻理解彼此文化中的异同和兼容性，共同与西方文化开展友好对话和交流，探求中西方现代社会和文化发展模式的对接，为在各自核心利益和重大关切问题上的相互理解和关切奠定价值观基础，将其打造成为未来中俄文化合作中的重要内容。

（三）进一步重视中俄智库合作

目前中俄智库合作已经取得了一定成果，但是仍有潜力尚待挖掘。中俄智库合作进一步发展的方向主要可以分为三个方面：第一，通过交流合作，提升智库本身的研究能力，拓展研究视角，保持研究方向的前瞻性和

---

① Защита мира, Земли, свободы выбора для всех стран: Новые идеи для внешней политики России, Докл. к XXI Апр. междунар. науч. конф. по проблемам развития экономики и общества, Москва, 2020 г. / С. А. Караганов, Д. В. Суслов и др. ; Нац. исслед. ун-т 《Высшая школа экономики》. — М. : Изд. дом Высшей школы экономики, 17 апреля 2020.

② 《对十三届全国人大二次会议第 8695 号建议的答复》，2019 年 9 月 27 日，教育部网站，http: //www. moe. gov. cn/jyb_ xxgk/xxgk_ jyta/jyta_ gjs/201910/t20191028_ 405552. html，访问日期：2020 年 2 月 23 日。

现实意义。例如，加强基础理论和方法论研究方面的合作，扎实学术功底，注重学术研究的前沿性，站在更高的层面以更大的视角和格局为国家贡献高质量的智库力量。交流和合作的形式要灵活、多样，例如，认可和鼓励相互刊发研究成果，推动两国学界彼此的相互了解和全面认知。

第二，通过开展联合研究和成果呈报，为两国关系水平和质量的进一步提升做出智力贡献，充分发挥"二轨外交"的优势，服务国家总体外交战略，建设中国特色新型智库，并视情况畅通中国特色"旋转门"机制。

第三，针对性地就一些重大倡议的民众基础和重大问题的澄清相互给予协助，共同提升两国的学术影响力和话语权。两国智库可以有针对性地相互推介成果，吸引著名专家和政治家参与共振会议和讨论会，或者通过多元化的网络和社交网站积极开展创新活动，在更加广阔的国际舆论传播空间，推动国家形象改善和民心相通。

（四）进一步拓展人文合作的路径

发动多种社会力量助力人文交流。鼓励各类对外交往机构和民间组织参与人文交流和公益事业，选择对其业务增长有益的方向，必要时在税务政策方面给予优惠等，并关注两国人民在对方国家工作和生活的切身利益问题，如签证、认证、警务保护等问题，不仅能够扩大人文交流的覆盖面，而且可以较为精准地对两国的人文交流和民心基础起到夯实作用。

许多中国的大型跨国企业都对中外员工和客户的人文交流工作非常重视，自发在这方面投入资金和人力，不仅在当地员工和居民中推广和传播中国语言文化，而且树立了亲、诚、惠、容的良好形象，形成了良好效应。俄罗斯中国志愿者联盟自 2009 年成立以来，一直从事公益活动，救助在俄遇困的华人，也关注俄弱势群体，每年都为俄孤儿院捐款捐物，其宗旨是树立中国人在俄罗斯人心目中的正面形象，使两国人民走得更近。①

以产业经济带动人文交流。随着中俄关系的稳步递进，两国人民希望相互了解的愿望越来越强烈。深入挖掘中俄两国在旅游、艺术、体育、电影、医药卫生等方面的独特优势和合作潜力，主动开发和引入产业合作，既可以促进相关产业的现代化进程，又能够带动经济效益，为人文合作提供持久动力。

重视新媒体和社交平台的作用。重视新媒体和社交平台的作用，一方

---

① 于晓丽：《在俄华人灰色经营问题解析》，《俄罗斯学刊》2020 年第 1 期。

面要充分利用这些新生力量作为社会文化和经济发展的窗口，展示中国普通民众丰富多彩的生活和自信、包容、开放的良好精神面貌，同时要注重对外宣传工作的理性和客观，加大对自媒体宣传内容的管控，及时打击散布虚假信息和恶意引发恐慌的网络账号，集中清理违法违规信息，广大网民、媒体和社会各界共建清朗网络空间，避免引起国外媒体的过度揣测和解读。

增强中俄在人道主义救援方面的合作。新冠肺炎疫情防控中，凸显了西方世界及其主导的G7、北约等国际组织在面对公共危机时的系统性危机与脆弱性。俄罗斯在紧急情况救援方面具有丰富的经验，中国具有强大的体制保障，在两国或世界其他国家发生紧急情况或自然灾害时，可以第一时间合作提供专业人道主义援助，建立信息共享和应急联动机制，并就灾后生态问题和灾民康养问题给予协助。人道主义救援合作既能够体现大国担当和人道主义精神，提高紧急情况应对效率，又能进一步巩固中俄新时代全面战略协作伙伴关系，增强政治互信和民心相通。

（五）加强疫情防控常态化下和疫情后的人文合作

目前疫情防控趋于常态化，中俄两国的抗击疫情合作也从联合抗击传染性疾病、保卫两国人民生命和健康，拓展至在阻击疫情的同时，保持本国和地区的经济发展和社会稳定等更加艰巨的任务。

在后续合作中，首先，要建立基础医学研究长效合作机制，继续加强传染病防治手段，如疫苗、特效药等的科研合作，发挥两国各自的学科优势，积极动员利益攸关方，以透明和科学为基础，共同制定解决方案，共享专业技术和知识，共同开拓世界医学的前沿领域；其次，加强疫情防控组织动员和应急响应经验交流，鼓励数字技术在常态化疫情防控和精准防控中的应用和协作，拓展医疗建筑建设和设计方面的合作，确保所有人能够更快地、公平地获取安全、高质量、有效且负担得起的新冠肺炎疫情应对工具，包括诊断和治疗工具及疫苗；再次，积极磋商解决疫情下经济合作项目进度推进和人员往来的问题，提倡精准化防控；最后，继续深化两国相关机构和智库合作，就疫情防控常态化下和疫情后对社会稳定和国家政治经济安全产生的影响开展研究，包括居民失业、收入下降、心理创伤等社会问题，并对疫情影响下恐怖主义和极端主义的进一步作祟给予重视，在疫情后世界地缘政治经济环境中相互给予信任和支持。

（六）牵头推动多边组织内的人文交流

中俄主导推动的多边组织是中俄合作的进一步延伸，要进一步增强中俄在金砖国家、上合组织等多边组织框架内的人文合作。金砖国家是一个很特殊的国际组织，其成员国涵盖了塞缪尔·亨廷顿在《文明的冲突与世界秩序的重建》中提到的“七个或八个主要文明构成”（即西方文明、中国文明、印度文明、日本文明、伊斯兰文明、东正教文明、拉丁美洲文明和可能的非洲文明）中的五种，需要以更加深入务实的人文合作加强文明间的对话和互信，以“开放、包容、合作、共赢”的金砖精神，成为构建多元文明的典范。中俄人文合作为金砖国家的人文合作打下了坚实的基础，是深化金砖国家人文交流的主要力量。

中俄关系的发展是上合组织中的重要因素，中俄双边合作在很大程度上会影响上合组织整个区域的趋势。俄罗斯在中亚地区的软实力和人文影响依然强劲，这是中国在发展对外关系道路上必须要考虑到的因素。同时，中俄两国对于尊重中亚独特的历史和文化传统和促进中亚地区公共福利具有战略共识。中俄可以利用各自的优势，鼓励教育和文化等领域的人员交往，增强中亚相关专业人才队伍力量，在改善当地卫健条件、生态保护（咸海枯竭、土地荒漠化等）、文化遗产保护和修复等方面开展合作。中俄牵头加强上合组织成员国之间的人文协作，实实在在为中亚国家人民带来福祉，增强上合组织凝聚力，也是维护亚欧大陆长久稳定和快速发展的必要条件。

本章执笔：郭晓婷

第六章　中俄远东劳务合作

劳务合作是中俄经济与贸易合作的重要领域之一。俄罗斯远东地区一直是中俄劳务合作的主要地区，两国劳务合作主要包括承包建筑工程、农业劳务合作、林业劳务合作以及渔业劳务合作等领域。中俄关系的友好发展、劳动力资源的互补以及中俄两国国家发展政策的契合等因素，为中俄劳务合作奠定了坚实的基础。中俄远东劳务合作达到了两国互利共赢的目的，不仅减轻了俄罗斯远东地区因劳动力的短缺而造成地区发展缓慢的压力，同时在一定程度上解决了中国剩余劳动力的就业问题。

随着国际经济发展形势的变化，中俄国家发展战略的契合、中俄新时代全面战略合作伙伴关系的形成，未来中俄远东劳务合作仍会继续发展，中国劳务输出人员也会继续参与俄罗斯远东地区的开发与建设。但中国劳务输出人员总人数会有所下降，技术型劳务输出人员占比有所增加。尽管中俄远东劳务合作发展的前景仍很广阔，但制约中国远东劳务合作发展的“中国人口威胁论”“中国人口扩张论”等消极因素仍会继续存在。

第一节　中俄劳务合作的基础

苏联解体后，中俄关系的正常化为中俄劳务合作提供了政治前提，中俄地理位置的相邻为中俄远东劳务合作提供了客观条件，中俄劳动力资源的互补性以及中国振兴东北地区的战略决策与俄罗斯加速远东地区的发展计划相契合，为中俄远东劳务合作提供了重要条件。随着国际形势的日趋变化与本国发展的实际情况，中俄劳务合作已成为中俄两国的现实一种需要。

一　劳动力资源的互补

劳动力资源的互补性是中俄远东地区劳务合作的重要条件之一。2017年，俄罗斯远东地区总面积约620万平方公里，约占俄罗斯联邦领土的36%，而远东地区人口约616.4万人，仅占全俄总人口的4.2%。劳动力的匮乏限制了俄罗斯远东地区丰富的森林、石油、矿产等自然资源以及250万公顷的耕地和超过400万公顷的牧场和草场农业资源的开发。[①] 中国作为人口大国拥有大量的剩余劳动力，特别是随着近年来中国科学技术及机械制造业的不断发展，在促进东北农业机械化水平提高的同时，一定程度上也导致了农村剩余劳动力的逐渐增多。中俄双方在土地资源、劳动力资源方面的互补性为中俄劳务合作提供了有利条件。

（一）远东地区劳动力匮乏

人口危机是俄罗斯当今面临的重要问题之一，其总人口数长期以来为负增长，直至2009年以后总人口数才有所增长。但远东地区人口数量，从20世纪90年代起至今持续为负增长（见图6-1），其人口数量从1990年的804.5万人下降至2017年的616.4万人，人口数量减少了23.4%。除了俄罗斯远东地区人口出生率低、死亡率高导致人口自然增长数量逐年减少外，受其地区基础设施不完善、交通不便、生活水平偏低以及地区自然环境恶劣等因素的影响，跨区域人口流动频繁，其地区迁出人口一直高于迁入人口。近年来，俄罗斯联邦政府通过扶持远东地区基础设施建设、鼓励国内人口向远东移民定居等措施，使迁入远东地区人口数量有逐年增加的趋势，2011年约3.5万人迁入远东地区，至2014年以后每年超过5万人迁入远东地区。但远东地区迁出人口始终高于迁入人口的情况并未改变，每年仍有约8万人从远东地区迁出（见图6-2）。

远东地区人口出生率低、死亡率高、老龄化严重、男女比例失调以及从远东向欧俄回流的国内人口跨区域流动等原因，均导致了远东地区常住人口的不断减少。而人口的不断减少、技术人才的流失、劳动力的匮乏又造成俄罗斯远东地区的社会经济发展、基础设施建设等远远落后于其他地区。面对这种情况，俄罗斯联邦政府不得不通过扩大对外合作、吸引外籍

---

① 《中俄在俄罗斯远东地区合作发展规划（2018—2024年）》，2018年11月18日，中国一带一路网，https://www.yidaiyilu.gov.cn/zchj/xzcjd/71949.htm，访问日期：2020年3月5日。

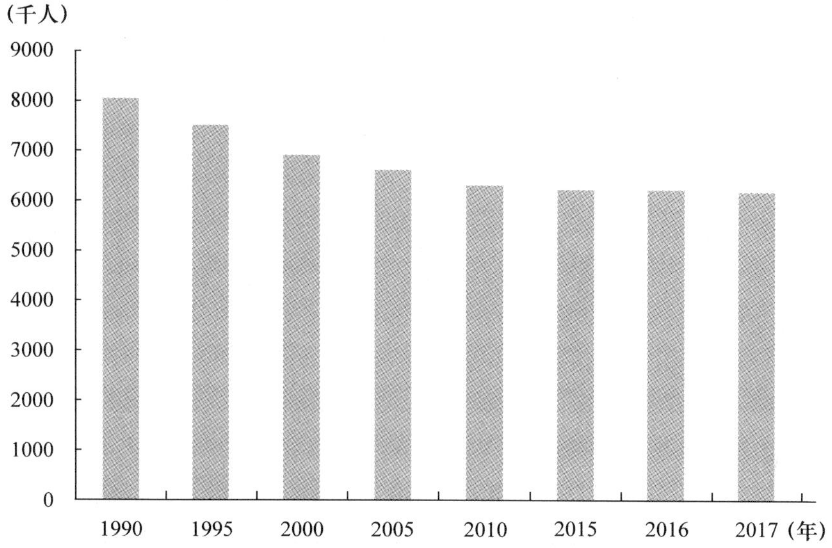

图 6－1　俄罗斯远东地区人口增长

资料来源：根据《俄罗斯联邦统计年鉴》（2003—2018 年）数据整理。

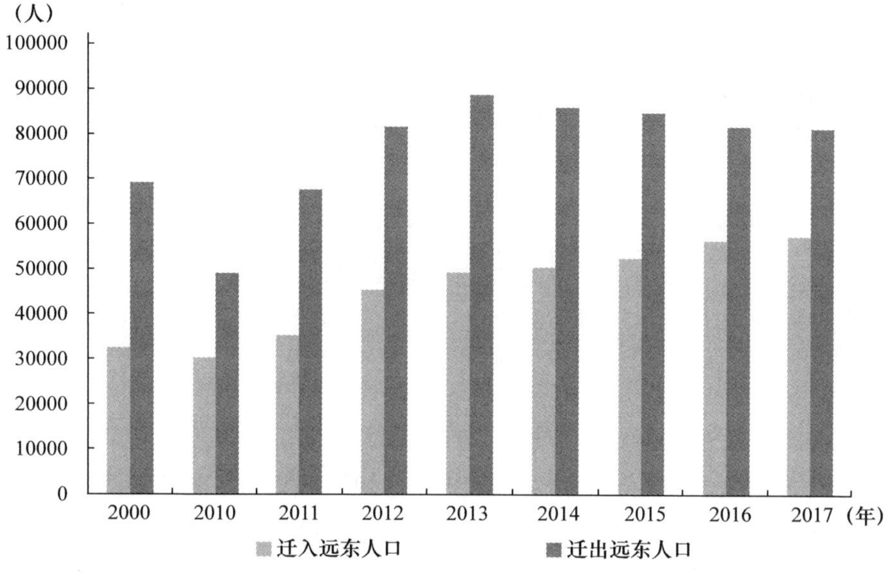

图 6－2　俄罗斯远东地区国内迁出与迁入数量对比

资料来源：根据《俄罗斯联邦统计年鉴》（2012—2018 年）数据整理。

劳动力等方式，解决远东地区劳动力短缺，平衡劳动力市场，促进远东地区建筑业、运输业、服务业和贸易等领域的发展。

（二）中国劳动力资源充足

中国作为世界人口大国，人口密度大且具有丰富的劳动力资源。尽管计划生育的实施使中国人口出生率持续走低，但人口基数的庞大，使中国人口总量仍居世界第一，仅东北三省人口数量就约有 1.08 亿人，中国东北三省与俄罗斯远东地区人口数量的差距，为中俄远东劳务合作提供了基础（见图 6－3）。

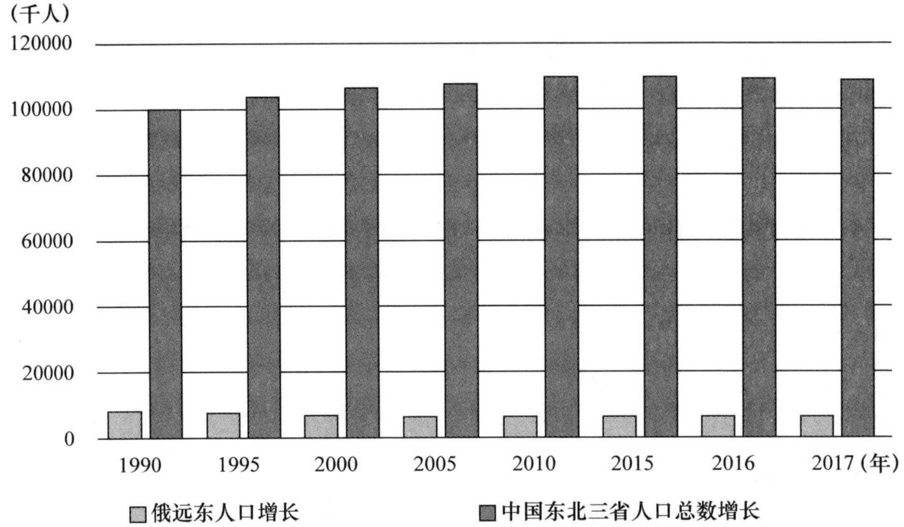

图 6－3　中国东北三省与俄远东人口对比

资料来源：根据《中国统计年鉴》（1990—2018 年）、《俄罗斯联邦统计年鉴》（2003—2018 年）数据整理。

中国实行改革开放政策以后，产业结构进行了调整，造成东北地区出现了劳动力剩余、就业压力过大的问题。1990 年仅东北三省城镇年末失业人口约 54.6 万人（黑龙江省约 20.4 万人、吉林省约 10.5 万人、辽宁省约 23.7 万人），1991 年约 51.9 万人（黑龙江省 21.3 万人、吉林省 10.3 万人、辽宁省 20.3 万人），从 1990 年至今，东北三省城镇失业人口数量大体呈上升趋势。近几年东北三省年末城镇失业人口数在 100 万人左右，其中黑龙江省与辽宁省年末城镇失业人口较多，每年约有 40 万人失业

（见图 6－4）。同时随着东北土地机械化管理，农村剩余劳动力逐渐增多，又进一步加剧了本国就业压力。中俄劳务合作、向俄远东进行劳务输出，是解决中国剩余劳动力、增加东北地区居民家庭收入的重要措施之一。

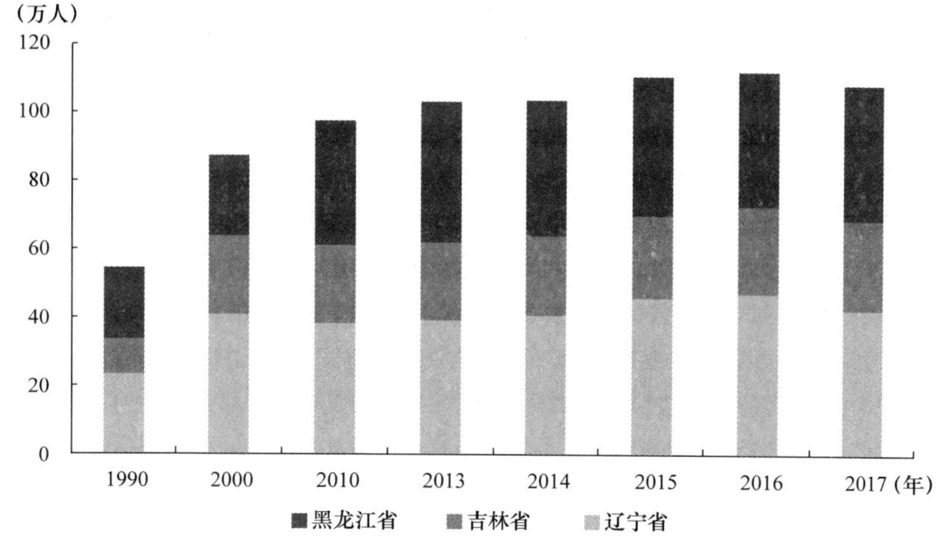

图 6－4　东北三省年末城镇登记失业人口变化

资料来源：根据《中国劳动统计年鉴》（2001—2018 年）数据整理。

除了中俄劳动力资源的互补性促进中俄劳务合作的发展外，中国劳动力成本偏低、生产效率高以及劳动力本身吃苦耐劳的品质等均受到当地雇主的青睐。“中国劳动力的成本较低，要普遍低于其他国家，亚洲地区平均的劳动力成本在产品总成本中所占比例为 4% 左右，而中国只占 3.5% 左右。”① 同时，中国劳动力个人吃苦耐劳、快速学习的能力以及对生活环境的适应性等特点亦促进了中国对俄罗斯远东地区的劳务输出。“雇主之所以喜欢雇用中国劳务人员，原因在于他们不仅勤劳朴素，而且同俄罗斯本国工人相比，他们工资相对较低且对工作条件的要求不高，也不需要社会福利。”②

① 杨长勇：《我国劳动力成本趋势及应对策略》，《宏观经济管理》2011 年第 4 期。

② Власов Сергей Александрович, “Трудовые ресурсы в стройиндустрии российского Дальнего Востока: рабочие из Китая в конце XX - начале XXI века”, История. Вып, № . 10, 2009, с. 120.

二 中国东北与俄罗斯远东地理位置的优势

中国东北地区与俄罗斯远东地区地理位置的相邻、便利的交通以及相似的气候环境为中俄劳务合作提供了重要条件。中俄两国陆地边界共长4300多公里，分成东、西两段。其中东段与俄边界线约3000公里，占中国与俄罗斯边界线的3/4，相互毗邻的地理位置、便利的交通条件为中国向俄罗斯远东地区劳务输出提供了地理位置的优势。

相邻的地理位置优势及便利的交通条件，为中国劳务人员向俄罗斯远东地区的输出，节约了在路程上所花费的时间和成本。在中国东北与俄罗斯远东沿边地区，开通了众多水运（河港）口岸、陆路口岸（公路与铁路口岸）、空运口岸。如黑龙江绥芬河口岸与滨海边疆区首府符拉迪沃斯托克相距230公里，是中国第二大对俄铁路口岸；虎林公路口岸与俄罗斯滨海边疆区对应口岸马尔科沃隔松阿察河相望；东宁公路口岸与俄罗斯滨海边疆区波尔塔夫卡公路口岸隔瑚布图界河相望；黑河水运口岸隔江与俄罗斯阿穆尔州首府布拉戈维申斯克口岸相对；漠河水运口岸同俄罗斯阿穆尔州斯科沃罗季诺区对应口岸加林达隔江相望。[①]

为了促进经贸合作，中俄两国共同协商对中俄口岸及边境基础设施进行建设与改造，为中俄劳务合作创造了良好的交通条件。《中华人民共和国东北地区与俄罗斯联邦远东及东西伯利亚地区合作规划纲要（2009—2018年）》提出，中俄合作开辟中俄国际铁路联运通道，同时确定将哈尔滨、长春、沈阳、呼和浩特作为中华人民共和国东北地区优先机场，哈巴罗夫斯克、符拉迪沃斯托克、伊尔库茨克和雅库茨克作为俄罗斯联邦远东和东西伯利亚优先机场。

2016年12月，俄罗斯联邦政府批准了《“滨海1号”和“滨号2号”国际交通走廊发展构想》，根据该构想，拟对港口、口岸、公路和铁路等边境基础设施进行现代化改造，并大幅简化中俄货物过境程序。中俄《关于进一步深化全面战略协作伙伴关系的联合声明》[②]《中俄在俄

---

① 《开放口岸概述》，中国口岸协会网站，http：//kouanxiehui. langye. net/kaifangkouan/gaishu/，访问日期：2020年3月18日。

② 《中华人民共和国和俄罗斯联邦关于进一步深化全面战略协作伙伴关系的联合声明（全文）》，2017年7月5日，外交部网站，https：//www. mfa. gov. cn/web/gjhdq_ 676201/gj_ 676203/oz_ 678770/1206_ 679110/1207_ 679122/201707/t20170705_ 9337163. shtml。

罗斯远东地区合作发展规划（2018—2024 年）》均指出，中俄将合作推动交通和基础设施建设，包括同江—下列宁斯阔耶铁路大桥、黑河—布拉戈维申斯克公路桥以及加快推进“滨海 1 号”和“滨海 2 号”国际交通走廊建设。

此外，中俄相邻地区自然条件的相似性，亦促进了中俄劳务合作的发展。中国东北地区与俄罗斯远东地区相似的气候条件，使来自中国东北的劳务输出人员较快地适应远东当地生活并投入到生产当中。同时，农业发展条件的相似性也为中俄远东农业劳务合作提供了可能。20 世纪 90 年代初期，俄罗斯为解决国内劳动力短缺，促进经济复苏，加大对外劳务合作。中国凭借相邻的地理位置的优势迅速占据俄罗斯远东地区的劳动力市场，特别是占据了承包建筑工程和农业等劳动力市场。

三 中俄国家政策的契合

中国东北地区与俄罗斯远东地区就本国而言，均是常住人口不断减少、人才流失严重且经济发展相对落后的地区。尽管在国家政策的扶持下，中国东北和俄罗斯远东地区在一定程度上得到了发展，但同本国其他区域相比仍然落后。如何促进本国欠发达地区社会经济的发展，稳定常住人口数量，防止人才流失是两国目前所面临的问题。中国东北老工业基地振兴战略同俄罗斯远东发展计划、中国“一带一路”的建设与俄罗斯向亚太地区战略转移的契合，为中俄劳务合作及发展提供了新的机遇。

（一）俄罗斯加速远东地区发展计划

俄罗斯加速远东地区的发展，是提高国家整体经济发展水平、增强综合国力、维护国家安全的重要组成部分，也是提高俄罗斯在东北亚地区地位的关键。为了稳定远东地区人口数量，维护国家领土完整，促进本国经济快速发展，提高国内生产总值，俄罗斯联邦政府采取一系列措施促进远东地区的经济发展。

远东地区因历史原因、地理位置、区域环境等因素的影响，人口自然增长和机械增长均呈负增长。而人口的减少、劳动力的短缺以及人才的流失，不仅导致了俄罗斯远东地区发展一直落后于西部地区，而且也加重了俄罗斯联邦政府的财政负担。同时，“俄罗斯若想成为真正意义上的世界级强大国家，光靠西部地区的崛起是远远不够的，必须使东部地区的发展水平与西部地区接近”[①]。随着俄罗斯本国经济实力的不断提升，俄罗斯开始制订各种计划和纲要，在政策上扶持远东地区的经济发展，加快远东地区的投资、兴建基础设施以及加快工业领域和农业领域的建设，以此提高国家整体发展水平。

要促进远东地区经济的发展，首先要解决远东地区人口问题。《俄罗斯联邦国家安全构想》指出，人口出生率低、平均寿命短，人口结构和社会结构的畸形，劳动力资源的匮乏等原因造成了俄罗斯深刻的社会危机。为此，俄罗斯联邦政府通过采取经济补偿方式鼓励生育，实施国内跨区域的移民计划，完善基础设施建设，加强公共卫生管理等措施，稳定并增加俄罗斯远东地区常住人口数量。2012 年俄罗斯联邦远东发展部成立，其任务之一是在现有的框架内，制订新的计划，以促进国内劳动力向远东地区的转移，改善社会基础设施，完善居住环境。

2012 年，俄罗斯总统普京批准了《2025 年前俄罗斯联邦国家移民政策构想》，该构想旨在促进国内跨区域移民，内容涉及了要提高远东地区作为边境地区的重要战略地位，加大远东地区的投资吸引力，并完善远东地区的基础设施建设。自 2014 年以来，俄罗斯联邦政府加大了对远东地区的开发力度，通过降低个人所得税和降低社会保险缴纳费率等措施鼓励国内居民向远东地区迁移。

2016 年俄罗斯联邦政府实施“远东一公顷”计划，该计划规定远东地区土地的使用期为 5 年，5 年后将根据土地使用情况可以继续租用或获得所有权，其政策有助于推动远东地区建筑业和农业的发展，创造大量就业岗位，吸引技术型人才。2017 年联邦政府批准《远东人口政策概念》[②]，此计划分为两个阶段，第一阶段（2017—2020 年），通过采取一系列措施，改善人口状况并稳定远东地区人口数量；第二阶段（2021—2025 年），在第一阶段的基础上，促进远东地区人口自然增长和移民的增加。2019 年俄罗斯联邦政府从储备金中拨出 143.426 亿卢布，用于鼓励生育、增加出生人口数量。

俄罗斯联邦政府在致力于解决远东地区人口危机的同时，大力实施远

---

① 邢广程：《俄罗斯亚太战略和政策的新变化》，《国际问题研究》2012 年第 5 期。

② Правительство России，“Об утверждении Концепции демографической политики Дальнего Востока”，28 июня 2017г. http：//government. ru/docs/28228/. 访问日期：2020 年 5 月 5 日。

东开发战略，促进远东地区经济发展。《远东和贝加尔湖地区直至2025年的社会经济发展战略》[①] 指出，远东和贝加尔湖地区发展的战略目标要促进远东地区经济的发展，并达到俄罗斯社会经济发展的平均水平，确保远东地区的人口安全。

从实际效果看，虽然联邦政府采取的一系列措施在一定程度上促进了远东地区社会经济的发展，吸引了国内公民移民远东地区，减少当地人口的外流。但奖励移民所采取的“远东一公顷”计划的实施及其他措施，并没有达到最佳效果，远东地区人口不断减少、劳动力的短缺、地区经济发展相对落后等问题依然没有解决。

（二）中国东北老工业基地振兴战略

1978年改革开放以后，东北地区产业结构不合理，区域资源枯竭，经济发展落后，居民生活水平偏低等问题日益突出。如何促进东北地区企业转型，加快区域经济发展，提高居民生活水平等问题是中国振兴东北所要解决的。2003年，中国为促进东北地区的发展，正式提出对东北老工业基地进行改造，2007年又提出振兴东北的战略决策。自此以后国务院又相应出台了关于振兴东北老工业基地的一系列建议和措施。东北地区为谋求自身的全面发展，依据其地理位置的优势，充分响应国家政策，加快了东北向东北亚地区对外开放的步伐，但从目前的情况看，中国东北三省仍然面临着经济发展缓慢，人才流失严重以及传统工业化城市转型缓慢、发展滞后的问题，而且这些问题已经逐渐形成了“体制机制死板—经济下行—人才流失—财政吃紧—社会保障无力—生育率下降—经济下行”的恶性循环怪圈。[②]

从东北三省内部生产总值总体情况来看，大体上呈现上升趋势，从1990年的2203.8亿元，到2017年增长至54256.43亿元，但2016年较2015年的57793.23亿元却下降至52059.1亿元，下降了10%。从东北三省生产总值占全国生产总值比重上看，从1990年的11.7%下降至2017年的6.6%，且连续5年持续下降（见表6－1）。东北三省生产总值占全国

① Правительство России,“Об утверждении Стратегии социально-экономического развития Дальнего Востока и Байкальского региона на период до 2025 года”, 28 декабря 2009г. http://government.ru/docs/33593/，访问日期：2020年5月5日。

② 安虎森、肖欢：《东北经济问题解决的主要途径：人力资本重置》，《南开学报》（哲学社会科学版）2017年第2期。

比重的下降，同东北地区产业结构调整滞后、资源型城市转型缓慢、人口流失严重密切相关。

表 6－1　　东北三省生产总值及占全国比重

类别／年份	全国生产总值（亿元）	东北三省生产总值（亿元）	占比（%）
1990	18872.9	2203.8	11.7
2000	100280.1	9772.01	9.7
2005	187318.9	17286.17	9.2
2010	412119.3	37638.38	9.1
2013	592963.2	54838.9	9.2
2014	641280.6	57547.64	9.0
2015	685992.9	57793.23	8.4
2016	740060.8	52059.1	7.0
2017	820754.3	54256.43	6.6

资料来源：根据《中国统计年鉴 2018 年》《黑龙江统计年鉴 2018 年》《吉林统计年鉴 2018 年》《辽宁统计年鉴 2018 年》数据整理。

“资源型城市是因自然资源的开采而兴起或发展壮大，且资源性产业在工业中占有较大份额的城市。”① 东北三省资源型城市，约占全国资源型城市的 1/4。随着地区自然资源过度开采、资源生产量逐年减少，资源型城市随之衰退。在全国确定的 69 个典型资源枯竭城市中，东北三省占总数的近 1/3，主要涉及资源枯竭城市类型包括煤炭、森工、石油及有色冶金等，其中煤炭和森工型资源枯竭城市占绝大多数。

为促进资源枯竭型城市的转型，支持资源枯竭城市的基础设施、公共服务设施和失业员工的再就业，国务院 2007 年颁布《关于促进资源型城市可持续发展的若干意见》，提出设立针对资源枯竭城市的财力性转移支付，增强其基本公共服务保障能力，重点用于完善社会保障、教育卫生、

① 国家计委宏观经济研究院课题组：《我国资源型城市的界定与分类》，《宏观经济研究》2002 年第 11 期。

环境保护、公共基础设施建设和专项贷款贴息等方面。① 享受资源枯竭城市转移支付较多的地区为东北三省，占总金额的1/4以上。2018年资源枯竭城市转移支付192.2亿元，其中东北三省共56.53亿元，占29.4%；2019年总金额为154.33亿元，东北三省共45.22亿元，占29.3%；2020年总金额为149.06亿元，东北三省共40.06亿元，约占26.9%。尽管国家通过对资源枯竭城市进行财政补贴等手段，加速资源枯竭型城市的转型，调整产业结构，完善基础设施建设，促进社会经济的发展。但从目前的情况看，资源枯竭型城市转型程度依然很低。

以近几年东北三省煤炭型资源枯竭城市经济发展为例。截至2016年，在东北三省煤炭型资源枯竭城市中，只有吉林省辽源市经济生产总值持续上涨，但增长的速度缓慢。2014年以后，黑龙江省双鸭山市、七台河市和鹤岗市的经济发展速度十分缓慢，而辽宁省抚顺市的经济发展起伏性较大。同时，区域内的煤炭型资源枯竭城市经济差距较大、发展不平衡的特点突出，特别是黑龙江省的七台河市和鹤岗市与其他煤炭资源枯竭型城市相比，经济发展一直比较落后（见图6-5）。

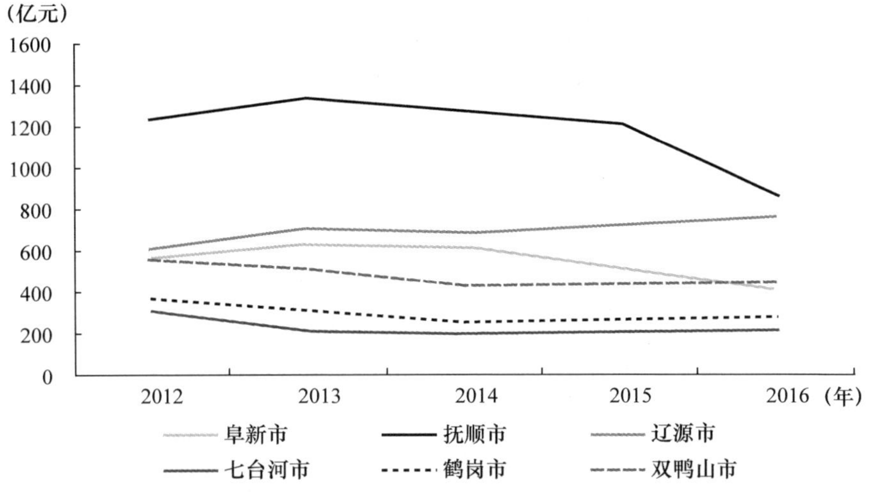

图6-5　东北三省煤炭型资源枯竭城市（地级市）生产总值变化

资料来源：根据《中国城市统计年鉴》（2013—2017年）数据整理。

① 《国务院关于促进资源型城市可持续发展的若干意见》，2007年12月24日，中国政府网，http：//www.gov.cn/zwgk/2007-12/24/content_841978.htm，访问日期：2020年4月29日。

目前，东北三省资源枯竭型城市的可持续发展，仍面临着经济发展缓慢、主导产业结构单一、产业结构严重失调、城市转型困难等问题。近年来政府加大力度，通过财政补贴、制定计划促进资源枯竭型城市转型，但资源枯竭型城市转型仍然很困难。以近5年辽宁省抚顺市经济发展为例，第一产业比重小、基础弱，第二产业比重大，约占全市生产总值的1/2，第三产业发展缓慢，产业结构严重失调的问题仍没有得到很好的解决。特别是自2015年以后，第二产业比重逐年增长，2018年已占全市生产总值的54.8%。而第三产业则发展迟缓，甚至有衰退的趋势。2015年第三产业占全市生产总值的43.1%，至2018年占比已经下降至39.9%（见图6-6）。

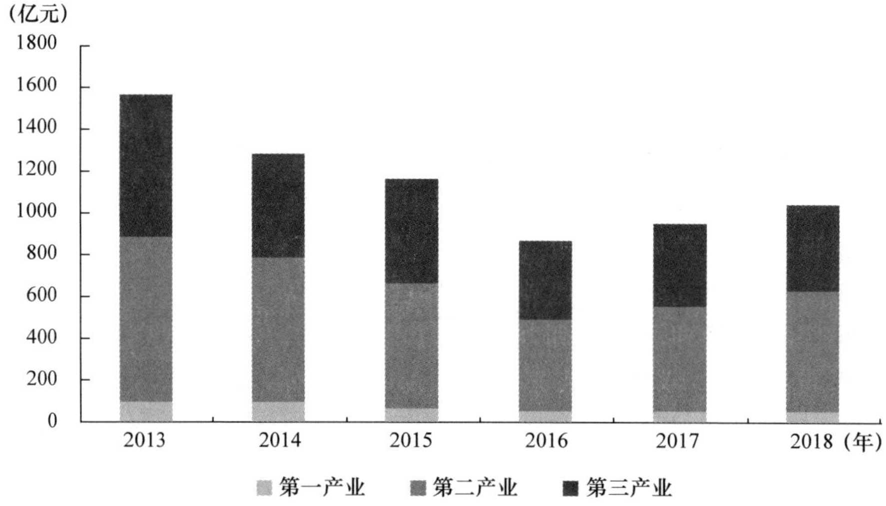

图6-6　抚顺市三大产业生产总值变化

资料来源：根据《辽宁统计年鉴》（2014—2019年）数据整理。

东北三省经济发展的落后，资源型城市及支柱企业转型缓慢，就业岗位减少，又间接造成东北人口的大量流失，特别是大专及以上高学历人才的流失，严重影响了东北地区的社会发展。黑龙江省是东北三省人口流失最为严重的省份。2014年黑龙江省省外流入人口占流动人口比例全国排名倒数第四，占比16.6%，仅高于安徽省（10.7%）、湖南省（11.8%）、山东省（11.5%）。而黑龙江省外流人口在流入地居住时间却是最久的，平均居住时间为88.5个月，相当于7年4个月，比全国流动人口到流入地居住平均时间4.8年多出2年多。① 此外，就业岗位较少、薪资较低亦是导致东北人口流失严重的重要原因之一。同其他地区相比，流动人口在东北地区就业机会要少于东部和中部地区，且薪资较低。

东北三省人口的大量流失，特别是人才的流失导致其区域发展一直处在全国发展的末端。“从2000年到2010年东北地区高学历人口就业比例，由5.38%增长至11.73%，就业人口的学历层次整体有所提高。”但“高学历人口流失严重，在东北流出人口中大专及以上受教育程度的人口比例达到25%”②。人才的流失直接导致东北地区人口素质的下降，影响其地区经济的可持续发展。

中国东北老工业基地振兴战略同俄罗斯远东发展计划、中国“一带一路”的建设与俄罗斯向亚太地区战略转移的契合，为中俄劳务合作及发展提供了新的机遇和条件。受国际形势的变化和本国实际发展情况的影响，近年来俄罗斯逐渐向亚太地区转移，而“中国是俄罗斯面向亚太的伙伴和桥梁，通过与中国的战略协作，俄罗斯可以比较顺畅地在亚太地区发挥应有的作用，实现自身的国家利益”③。中俄两国国家发展政策的契合，为中俄劳务合作的发展和完善提供了政治基础。

第二节 中俄远东劳务合作的发展

20世纪90年代初中俄两国政府达成协议，采用以企业为核心的国际劳务合作形式向俄罗斯进行劳务输出，经过近三十年劳务合作的探索与发展，中俄劳务合作不断深化、领域不断得到拓宽，至今已将中俄劳务合作推上了一个新的台阶。中俄劳务合作逐渐从简单的劳务合作转向深层次、多领域的劳务合作，中国劳动力的输出也逐渐呈现从低素质劳动力输出转向高素质、技术型劳动力输出为主的趋势。

---

① 国家卫生和计划生育委员会流动人口司编：《2015年中国流动人口报告》，中国人口出版社2016年版，第4页。

② 张剑宇、谷雨：《东北地区高学历人口流失及原因——基于吉林大学2013—2017年毕业生就业数据的分析》，《人口学刊》2018年第5期。

③ 邢广程：《俄罗斯亚太战略和政策的新变化》，《国际问题研究》2012年第5期。

一 中俄远东劳务合作方式

中俄劳务合作主要集中在俄罗斯远东地区，合作形式主要是工程承包和一般性劳务合作。中国通过承包建筑工程项目、农业、林业、渔业等领域的合作向俄远东地区进行劳动力的输出，其中农业与建筑业领域的劳务合作是中俄最早的劳务合作方式。因地理位置的相近及地区发展水平的因素，中国劳务输出人员主要集中在俄罗斯远东地区的滨海边疆区、哈巴罗夫斯克边疆区、犹太自治州及阿穆尔州等工业和社会基础设施较为发达的地区，尤其是犹太自治州和阿穆尔州的中国劳务输出人员占外国劳务输出人员数量的70%以上（见表6－2）。但在俄罗斯远东地区全部外国劳务输出人员中，中国劳务输出人员数量从来没有超过40%，目前仅占30%左右。①

表6－2　**中国公民在俄远东外国劳动力中的比例**　单位：%

年份＼地区	滨海边疆区	哈巴罗夫斯克边疆区	阿穆尔州	犹太自治州
2000	65.8	36.4	13.2	93.4
2001	64.9	38.0	14.6	95.0
2002	67.8	44.6	37.5	94.9
2003	72.3	45.5	56.5	93.2
2004	66.3	33.8	64.7	95.0
2005	63.0	38.4	64.3	96.8
2006	64.4	38.5	71.1	97.2
2007	59.4	37.3	72.9	94.5
2008	49.2	33.6	75.2	91.4

（一）承包建筑工程劳务合作

承包建筑工程是中俄最早进行劳务合作的领域之一，主要指中国企业通过在俄投标进行工程承包后，带动劳务输出。承包建筑工程涉及家庭住房、学校、医院、商业建筑及生产厂房建设等。“从设计、施工、装修到

① 《俄罗斯远东地区中国移民占外国劳动力总数30%》，2012年8月16日，新京报网，http：//www.bjnews.com.cn/world/2012/08/16/217196.html，访问日期：2020年3月7日。

设备、材料的供应，都由中方统一承担，完工后待俄方验收合格再结算。”① 中国劳务输出人员多进行技术要求较低的体力劳动，主要为混凝土工、钢筋工、装修工、装卸工，个别劳务人员作为电工、焊工、机械师等从事较为复杂的工作。② 随着俄罗斯东西部发展差距的不断拉大、远东地区战略地位的凸显，俄罗斯联邦政府不断出台促进远东地区社会经济发展，稳定远东地区人口、鼓励移民的政策，远东地区建筑业随之得到发展。

“从20世纪90年代起，中国公司在远东承建工程的规模逐渐扩大，投入建筑部分的劳动力占劳务人员总数的42%。”③ 2000年，由中国承包建造的115907座建筑竣工并投入使用，其中住宅楼110532栋。“2003年，中俄共签订的劳务、工程承包、设计咨询合同金额2.79亿美元，实现营业额2.05亿美元，中国共派出劳务11915人次。”④ 在中俄建筑劳务合作领域中，中国建筑工程总公司、中国土木工程集团总公司活跃度较高。

目前，俄罗斯远东地区承包建筑工程仍具有广阔的市场。近年来，俄罗斯联邦政府通过一系列措施旨在稳定本地人口、增加外来人口、解决人口危机，以促进远东地区社会经济的发展，保障国家安全。如2016年俄罗斯联邦政府采取“远东一公顷”计划，在一定程度上有助于远东地区建筑业的发展。同时，随着远东地区社会经济的发展、城市化的建设对其住房、学校、医院、商业建筑及其附属设施需求加大。未来中俄两国在远东地区基础设施、房建、民生工程等领域将继续加大合作力度。

中俄建筑工程劳务合作，一方面为当地居民提供了更多的就业岗位，提高了本地就业率，另一方面中国企业在远东地区承包建筑工程劳务合作中获得了巨大经济利益，并通过劳务输出增加了中国劳务人员的个人收入。

（二）农业劳务合作

中俄农业劳务合作具有互补性。俄罗斯远东地区拥有丰富的土地资源，“土地储备丰富，包括超过250万公顷播种面积以及400万公顷牧草

---

① 强晓云：《移民对当代中俄关系的影响——非传统安全视角的分析》，时事出版社2006年版，第148页。

② ［俄］B. A. 扎乌萨耶夫：《俄罗斯远东：加速增长问题》，李传勋译，《俄罗斯学刊》2012年第6期。

③ 初祥、苏国福：《俄罗斯远东的中国人和中国企业》，《西伯利亚研究》2007年第2期。

④ 宁艳红：《旅俄华侨史》，人民出版社2015年版，第335页。

和干草区，可养殖家禽、奶牛和肉牛，种植大豆、玉米、小麦、水稻、大麦和油菜”①。但人口的稀少、劳动力的不足，使大量的土地成为荒地、农业发展水平处于较低层次。而我国农业发展历史悠久，农业种植技术较俄远东地区先进，劳动力资源又相对充足，双方形成了互补。此外，中国东北与俄罗斯远东地区相邻，其自然条件、气候条件的相近，又为中俄远东农业劳务合作提供了客观条件。

中俄远东农业劳务合作，始于对粮食作物、蔬菜和水果的种植，双方通过分工进行合作。中国除了向远东地区输出劳动力外，还相应地提供部分机械设备。随着科技的发展，中俄农业劳务合作逐步得到深化，从最初简单的农作物种植的合作逐渐转向农业的双向投资、农产品加工与贸易、农业科技创新应用等领域的合作。“从2003年以来，中俄两国有意加大了合作力度，签订了系列农业技术合作协议，包括发展有机农业、推进育种技术、病虫害防治技术和遗传基因保持等方面的合作与交流。”②

中俄远东农业劳务项目主要集中在俄罗斯远东地区南部的阿穆尔州、滨海边疆区、犹太自治州和哈巴罗夫斯克边疆区四个粮食主产区，并有向俄罗斯腹地扩展的趋势。黑龙江省是中俄远东农业劳务合作的主要省份，截至2020年，“黑龙江省对俄境外农业企业131家，在远东地区开发面积达到930万亩，10万亩以上农业园区达到20个，境外投资达到11.9亿美元”③。黑龙江省牡丹江市是中国对俄农业境外开发最早的地区，该市充分发挥与俄毗邻的地缘优势，加大了对俄罗斯远东地区劳务输出和农业开发的力度。先后在俄罗斯建成3万亩以上大型综合农场25处，小型家庭农场414处，带动赴俄劳务输出2.25万人，人均年收入超过4万元。④

远东地区中国农业劳务输出人员，使远东地区大量荒废的土地得到开发，一定程度上，解决了远东地区农产品供应不足的问题，改善了居民生活水平。同时，也提升了中国东北地区企业及劳务人员的收入。随着中俄

① 《中俄在俄罗斯远东地区合作发展规划（2018—2024年）》，中俄经贸合作网，http：//images. mofcom. gov. cn/www/201811/20181115164728217，访问日期：2020年4月23日。

② 李敏、朱辉：《中俄毗邻区域农业合作深化路径》，《对外经贸实务》2019年第11期。

③ 《黑龙江省外向型农业持续快速发展》，2019年9月19日，中国青年网，http：//df. youth. cn/dfzl/201909/t20190919_ 12072529. htm，访问日期：2020年4月24日。

④ 《黑龙江牡丹江2016年劳务输出38.5万人年收入达50亿元》，2017年2月16日，东北网，https：//heilongjiang. dbw. cn/system/2017/02/16/057541103. shtml，访问日期：2020年4月22日。

劳务农业合作逐步转向有机农业、育种技术、病虫防害等研究领域的合作与交流，中俄劳务合作将有助于推进中俄双方农业科学技术的发展，提高农业科学技术研究的整体水平。

（三）林业劳务合作

俄罗斯是中国木材进口的主要来源之一，中国森林资源严重短缺，导致国家的发展所需木材供不应求。俄罗斯远东地区森林资源十分丰富，而远东地区劳动力的匮乏，使大量的森林资源难以进行开采和出口，经济获益较低。俄罗斯远东地区“原木每年允许采伐量为9380万立方米，实际采伐量1640万立方米，占比为17.4%；林地可以在不通过招标的情况下或按照较低的租赁费率先提供给计划进行木材深加工的投资者”①。20世纪90年代，中俄两国就已进行林业劳务合作，合作主要方式是中国企业通过在远东地区建厂，组织劳务人员对森林的采伐和木材的加工，并相应提供进行木材采伐、运输和加工所需的专用运输工具、机械设备及资金等。

中俄两国通过友好协商，在保障林业资源的可持续发展的基础上，加强中俄林业合作。1999年《关于加强中俄森林资源开发和利用业务管理的通知》为中俄林业合作提供了依据；根据2000年《关于共同开发森林资源合作协定》，中俄双方共同合作采伐俄罗斯联邦境内木材，并对木材加工、森林更新、森林防火、森林病虫害防治等进行长期合作。

截至2010年，大兴安岭对俄林业投资合作有9个林业局，共17支采伐队伍在俄罗斯从事森林资源开发，累计生产商品材289.42万立方米，投入机械设备917台套，输出劳务11609人次。② 同时，中俄通过建立工业园区，促进中俄林业劳务合作向更深层次发展。

2016年6月25日，中俄签署了《中华人民共和国国家林业局和俄罗斯联邦林务局关于林业合作的谅解备忘录》。根据《谅解备忘录》，双方将继续通过中俄林业工作组，在平等、友好和互利基础上发展在林业立法和执法、森林可持续经营、森林监测与森林清查、森林保护与利用、打击木材非法采伐及相关贸易、荒漠化防治、林业投资等领域的科技交流与经济

---

① 《中俄在俄罗斯远东地区合作发展规划（2018—2024年）》，中俄经贸合作网，http：//images.mofcom.gov.cn/www/201811/20181115164728217，访问日期：2020年4月23日。

② 《大兴安岭借地缘优势打好对俄经贸牌》，2011年1月30日，中俄经贸合作网，http：//www.crc.mofcom.gov.cn/article/ecotradeconsult/201710/15827.html，访问日期：2020年4月27日。

合作。2017 年绥芬河市在俄罗斯的森林采伐、原木加工等林业投资项目达 140 余个，投资总额 5 亿多美元，带动了当地经济发展，促进了中俄林业产业合作向前发展。此外，双方还通过中国租赁承包俄方渔场、渔船，合作捕鱼和出口渔业等进行渔业劳务合作。

中俄远东劳务合作，一方面，在一定程度上弥补了远东地区劳动力的匮乏，保障了远东农产品和生活必需品的供应，加强了远东地区资源的开发与利用，提高远东地区就业率，促进了远东社会经济的发展。另一方面，中国通过劳务输出，拓宽了就业渠道，在一定程度上解决了国内剩余劳动力就业的问题，同时通过从远东进口木材等自然资源，弥补了中国自然资源的短缺。近年来，随着科学技术的发展，中俄劳务合作也呈现出新的态势，逐渐从简单的劳务合作向深层次、多领域的劳务合作转变，中国劳动力的输出也逐渐呈现从低素质劳动力输出转向高素质、技术型劳动力输出为主的趋势。

二　年末在俄中国劳务输出人员数量变化

20 世纪 90 年代至今，中俄劳务合作、对俄劳务输出从未中断。受俄罗斯联邦政府对外籍劳务的管理政策的调整、世界经济发展的变化、中俄两国本国实际发展情况的影响，尽管在部分时间段内，年末在俄中国劳务输出人员呈上涨趋势，但在 2009 年以后下降趋势明显。特别是 2014 年以后，年末在俄中国劳务输出人员逐年下降。

（一）年末在俄中国劳务输出人员数量变化

20 世纪 90 年代初期，俄罗斯受其国内形势的影响，奉行宽松的移民政策。无论是俄罗斯国内内部人口流动，还是外来移民均呈现出活跃的状态。苏联解体后，俄罗斯国内经济从计划经济转变到市场经济，这种转变造成俄罗斯国内通货膨胀、经济萧条、生活必需品极其短缺等问题。面对国内社会发展存在的问题，俄罗斯联邦政府不得不通过加大对外开放、放宽移民政策以吸引外资与劳动力促进本国经济的复苏。而此时，作为邻国的中国，在改革开放产业结构调整后，纺织、食品、电子工业、通信器材等轻工业迅速发展，并凭借地缘优势迅速占据了俄罗斯劳动力市场，特别是远东地区的工程承包和农业方面的劳动力市场。

1992 年 12 月叶利钦访华，中俄联合发表《中华人民共和国与俄罗斯联邦相互关系基础的联合声明》，明确提出两国关系将提高到一个新的水平，同时双方就经贸、科技、文化签署了多种协议。[①] 1993 年，俄罗斯公布实施《俄罗斯联邦宪法》和《关于俄联邦引进和使用外来劳动力》规定，企业和个人有权雇用外籍劳务人员后，这使来自独联体国家、西方国家和亚洲一些国家的劳务人员开始大批涌入俄罗斯境内，其中以朝鲜和中国最多。1994 年以后，中俄劳务合作开始了以企业为核心带动中国劳务输出。

随着外来人口的增多，非法移民以及移民管理体系的不完善所带来的社会问题也逐渐显现。"在俄罗斯境内，针对外国人的犯罪正在上升，而针对移民的犯罪通常更为严重。"[②] 为解决因外来劳务人口特别是非法移民而带来社会治安的不稳定性，俄罗斯联邦政府对外来劳务人口政策从"宽"到"严"进行转变，通过颁布法律条文等措施规范外籍劳务人员。1993 年年底，俄罗斯政府开始加强对外国入境人口的管理，12 月 16 日俄发布《关于俄联邦境内吸引和使用外国劳力》，要求对外来劳务人员进行严格登记。1994 年《中俄政府关于公民往来签证协议》的实施，取消了之前中俄两国人员持因公护照可以免签的优惠政策，1993 年年底至 1994 年俄法令颁布关于移民与外来劳务的措施，使远东地区中国劳务输出人员有所减少。据统计，1992 年中国向俄劳务输出为 26423 人，1993 年为 29634 人，1994 年下降至 23534 人。

1992 年开始至 1995 年年末在俄从事承包工程与劳务合作人数从 11561 人逐年增加至 21311 人，达到 20 世纪年末在俄劳务合作人数的高峰。1996 年中俄发展平等与信任和面向 21 世纪的战略协作伙伴关系以后，年末在俄从事承包工程与劳务合作总人数呈现基本平稳的状态（见图 6 - 7）。

俄罗斯经济在经历长期衰退后，1999 年以后开始快速发展。经济的快速发展，使俄罗斯对外籍劳动力的需求加大，从而促进了中国对俄劳动力的输出。2000 年中俄签署《中华人民共和国政府和俄罗斯联邦政府关于中华人民共和国公民在俄罗斯联邦和俄罗斯联邦公民在中华人民共和国的短

---

① 中俄签署了《中华人民共和国政府和俄罗斯联邦政府关于派遣和吸收中国公民在俄罗斯联邦企业、联合公司及机构工作的原则协定》和《中华人民共和国政府和俄罗斯联邦政府关于互免团体旅游签证的协定》《中华人民共和国政府和俄罗斯联邦政府文化合作协定》等协议。

② Alexander Lukin, "The Image of China in Russian Border Regions", *Asian Survey*, Vol. 38, No. 9 (1998), pp. 821 - 835.

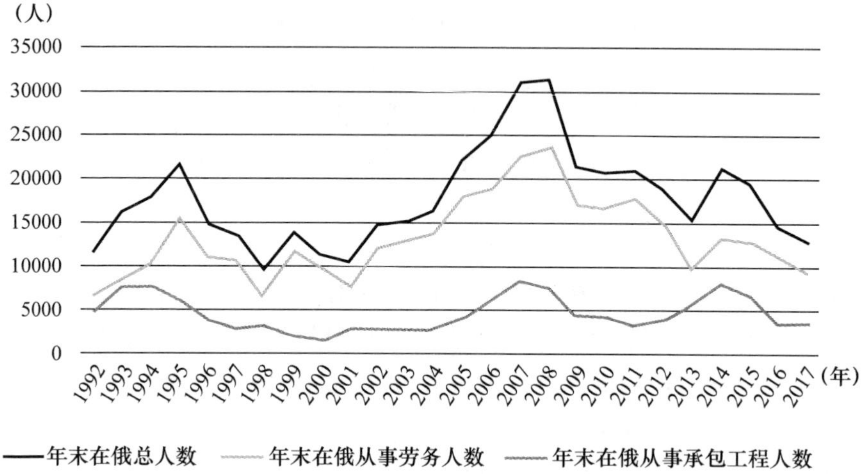

图 6－7　年末在俄从事承包工程与劳务合作人数

资料来源：根据《中国贸易外经统计年鉴》（1995—2018 年）数据整理。

期劳务协定》①，为进一步加强中俄劳务合作奠定了法律基础。协议规定劳动者在获得根据接受国引进和利用外国劳动力的法规而颁发的许可证后，方可在接受国进行劳动。许可证的有效期不超过一年。如雇主请求理由充分，许可证有效期可以延长，但延长期不超过一年，劳动者不得从事许可证指定范围以外的任何其他有偿劳动。2001 年《中俄睦邻友好合作条约》的签订，使中俄之间友好合作关系又得到进一步巩固。2001 年以后，年末在俄从事劳务工程与劳务合作人数逐年增长，至 2007 年为 30865 人、2008 年为 31093 人，达到 21 世纪以来的高峰（见图 6－7）。

受 2008 年国际经济危机的影响，不仅导致俄罗斯本国国内失业人员增多，而且使中俄劳务合作受到影响，特别是建筑承包工程劳务合作受到了冲击。为解决本国就业问题、提高就业率，俄罗斯联邦缩减对外劳务配额，2009 年年末在俄从事劳务工程与劳务合作人数骤降至 21457 人（见表 6－3）。

① 《中华人民共和国政府和俄罗斯联邦政府关于中华人民共和国公民在俄罗斯联邦和俄罗斯联邦公民在中华人民共和国的短期劳务协定》，2003 年 1 月 16 日，商务部网站，http：//www. mofcom. gov. cn/article/bh/200301/20030100063970. shtml，访问日期：2020 年 3 月 9 日。

表 6-3　2005—2010 年年末在俄从事承包工程与劳务合作人数　单位：人

年份＼人数	总人数	年末在俄从事承包工程人数	年末在俄从事劳务合作人数
2005	21956	4031	17925
2006	25275	6478	18797
2007	30862	8336	22526
2008	31093	7561	23532
2009	21457	4439	17018
2010	20809	4148	16661

资料来源：根据《中国贸易外经统计年鉴》2006—2011 年数据整理。

根据 2014 年 10 月俄罗斯联邦政府颁布的有关法律规定，“在俄罗斯远东地区跨越式发展区注册的企业有权直接邀请外籍劳务务工，并无须办理吸引外籍劳务来俄务工许可。此外，在此区域务工的外籍劳务不纳入俄罗斯外来人员登记范围”①。这使 2014 年年末在俄从事承包工程与劳务合作人数达到自 2008 年经济危机发生以后的高峰，共 20968 人。

2014 年，因“克里米亚事件”，美国和欧盟对俄发起制裁之战，禁止俄罗斯进入欧美借贷市场，俄罗斯金融、国防和工业等领域的相关企业均遭到了制裁，导致俄罗斯经济形势继续走向低迷，境内所需外籍劳动力数量整体下降。2015 年，中国对俄劳务输出人员和年末在俄劳务人员数量均有所下降，特别是年末在俄劳务输出人数下降趋势明显。

2015 年，俄罗斯联邦规定“凡需办理工作执照、劳务许可、暂住证及居住证的所有外国公民，均须参加并通过俄语语言、俄罗斯历史、俄罗斯法律三项考试”②。这一规定也间接导致 2016 年中国对俄罗斯承包工程及劳务合作派出人数下降，分别从 2015 年的 2197 人、5016 人，下降至 2016 年的 1688 人、1040 人。2017 年、2018 年中国对俄劳务输出人员数量大致在 4000 人左右，2018 年年末在俄劳务人员约 8000 人。在 2018 年以前，年末在俄劳务合作人数要始终高于承包工程在俄人数，但 2018 年年末在俄劳务合作人数迅速下降，同年末承包工程在俄人数均为 4000 人左右

① 《对外投资合作国别（地区）指南——俄罗斯 2019 对俄投资》，商务部网站，http://fec. mofcom. gov. cn/article/gbdqzn/#，访问日期：2020 年 3 月 5 日。

② 高际香：《俄罗斯外来移民政策演进与前瞻》，《俄罗斯学刊》2018 年第 3 期。

（见图6－8）。

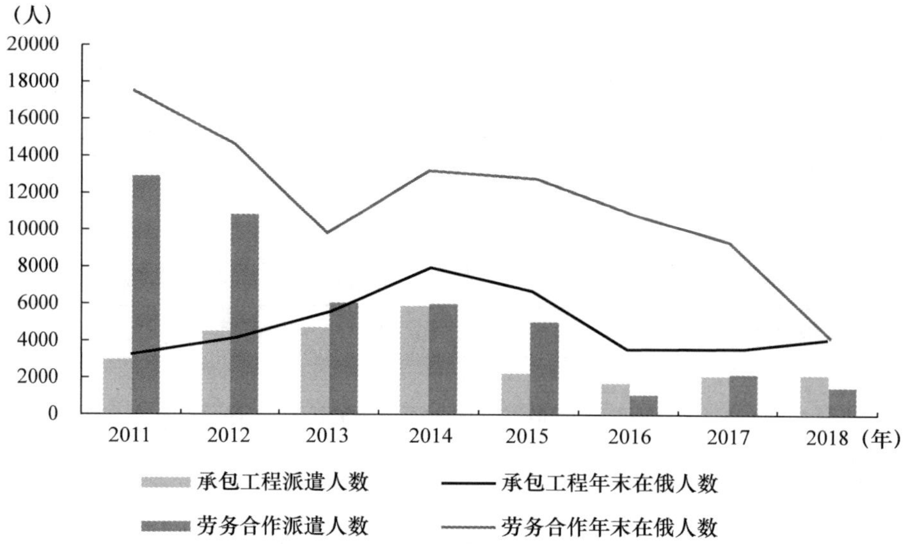

图6－8　2011—2018年中国对俄承包工程、劳务合作派遣人数及年末在俄人数

资料来源：根据《中国统计年鉴》（2012—2019年）数据整理。

（二）年末在俄中国劳务输出人员数量变化原因

20世纪90年代至今，中俄劳务合作、对俄劳务输出从未中断。受俄罗斯联邦政府对外籍劳务的管理政策的调整、世界经济发展的变化、中俄两国本国实际发展情况的影响，年末在俄中国劳务输出人员数量，变化起伏较大。

首先，中国对俄劳务输出，同俄罗斯本国经济发展实际情况密切相关。1991—1998年，俄罗斯经济处于衰退时期，年末在俄中国劳务输出人员数量呈波动性变化。随着俄罗斯经济的逐步增长，1999—2008年年末在俄中国劳务输出人员数量也持续上涨，在2008年达到31093人。受国际经济危机的影响，俄罗斯经济受到冲击，2009—2013年，在俄中国劳务输出人员数量持续下降。随着俄罗斯经济的复苏，2014年年末在俄中国劳务输出人员数量有所回升。2014年以后，受西方发动制裁之战和本国经济经济形势低迷的影响，为了保障本国人口就业，降低国内失业率，俄罗斯联邦政府缩减外籍劳动力配额，并通过颁布移民法律法规，加强了对外籍劳动力的管理。同时，因担忧外来人口的增加对国家安全产生影响，俄罗斯联邦政府采取优先使用来自欧亚经济联盟成员国的劳动力、侧重使用来自独联体国家的劳动力等政策，在一定程度上限制了中国劳务的输出。

其次，俄罗斯雇主对外来劳动力的需求下降，在一定程度上影响了中国对俄劳动力的输出。“俄罗斯方面的雇主对雇用外国劳动力逐渐失去了兴趣，15%的雇用公司指出了劳务人员的业务水平不足，还有10%的公司完全对国外劳动力失去兴趣。”① 俄罗斯联邦政府通过培养技术人才，加强本国青年劳动力培训，使本国劳动力整体素质有所提高。在劳动力素质相同的条件下，雇主优先任用本国劳动力，导致境内外籍劳动力数量减少。

最后，随着中国本国经济的发展、工资的提升，中国劳务人员更倾向在本国务工，这导致对外承包工程的企业招聘劳动力困难，赴俄劳务输出人数减少。“近年来我国劳务人员对出国劳务的薪资待遇期望随着我国国民收入的增加水涨船高，招选难问题始终困扰着大多数经营企业。”②

三　中俄劳务合作的制约因素——“中国人口威胁论”

随着两国劳务合作的开展，大量中国人因经商、劳务输出进入俄罗斯远东地区，在俄罗斯境内又逐渐开始流传“中国人口威胁”“中国人口扩张”的言论，认为随着中国在经济和人口方面的主导地位，俄罗斯将会失去对远东地区的控制。“自1992年年中开始，俄罗斯的中央报刊及远东和部分西伯利亚报刊上，谈论俄罗斯远东的‘中国扩张’的文章越来越多。到1995年年中的时候，刊登的这类文章已达150篇左右。”③ 近年来，随着两国经贸合作不断加深，在俄罗斯境内认为中国劳务输出人员促进远东地区经济增长的观点逐渐成为主流。

（一）“中国人口威胁论”产生的原因

“中国人口威胁论”宣称中国政府为解决国内劳动力剩余问题，转嫁国内就业危机，有组织地向远东地区进行劳务输出，导致远东地区中国人口数量的激增。而远东地区中国人口数量的增多，对俄罗斯民族安全和领

---

① 马友君：《国际经济危机背景下东北地区对俄劳务输出研究》，《东北亚论坛》2010年第3期。

② 《中国对外劳务合作发展报告2017—2018》，商务部网站，http：//fec. mofcom. gov. cn/article/tzhzcj/tzhz/，访问日期：2020年4月16日。

③ 李传勋：《俄远东地区对华舆论中的某些消极倾向评析》，《西伯利亚研究》2000年第2期。

土完整构成了威胁。[①] 产生“中国人口威胁论”的主要原因在于中俄人口之间的巨大差距、中国东北与俄罗斯远东地区的地缘关系、中俄两国文化习俗的差距、中国经济的不断发展以及受西方国家制造“中国威胁论”的影响等。

首先，俄罗斯远东地区人口的不断减少与其地区广袤土地之间的矛盾，引起了俄罗斯境内部分学者的担忧。俄罗斯远东人口从 20 世纪 90 年代至今一直呈负增长趋势，远东地区人口从 1990 年的 804.5 万人减少到 2017 年的 616.4 万人。尽管俄罗斯联邦政府采取鼓励生育、奖励国内人口及国外俄胞向远东地区移民定居等优惠政策，但远东常住人口不断减少的情况并未得到解决。远东人口的不断减少，导致了城市间的距离越来越远，而城市之间的区域又被看作是社会经济的荒漠地区。因此，俄罗斯部分学者担忧远东人口的减少，特别是将来兵力的不足，将无法保卫远东辽阔的疆域。[②]

作为相邻地区的东北，尽管近年来人口数量有所下降，但总人口数量约 1.08 亿人。自 20 世纪 90 年代，因中俄友好关系的发展、国家政策的契合、国内就业环境及地缘关系等原因，中国人在俄罗斯远东地区的务工人数不断增加。这使俄罗斯境内部分学者认为，“在俄远东边界上存在一个由中国东北各省组成的人口密集、发展迅速、多样化的地区经济体，它不仅得到中央政府的支持，而且受到积极而准确的调控，确实与正面临人口流失、经济结构越来越简单的俄罗斯远东地区形成鲜明的对比”[③]。

其次，历史因素、中俄两国文化习俗的差异性及中国劳务人员所带来的竞争力，导致俄罗斯境内产生“中国人口威胁论”“中国人口扩张论”。俄罗斯远东部分地区原属中国领土，1840 年鸦片战争后，沙俄通过一系列不平等条约将原属中国领土侵占。尽管中俄在 2001 年《中俄睦邻友好条约》中，已明确了中俄双方无领土纠纷。但在俄罗斯境内仍有部分人认为中国人坚信俄罗斯远东地区的土地同西伯利亚和外贝加尔土地一样，在历

---

① ［俄］А. И. 索尔仁尼琴：《崩溃中的俄罗斯》，转引自［俄］亚·弗·卢金《俄国熊看中国龙：17—20 世纪中国在俄罗斯的形象》，刘卓星等译，重庆出版社 2007 年版，第 335 页。

② 高际香：《俄罗斯人口问题及政策选择》，《欧亚经济》2016 年第 2 期。

③ ［俄］П. А. 米纳基尔：《俄罗斯与中国在远东：臆造的恐惧与现实的威胁》，李传勋译，《俄罗斯学刊》2012 年第 5 期。

史上是属于中国的一部分。①

“由于劳务输出人员所带来的经济竞争，激发了俄罗斯社会经济的脆弱性，使俄罗斯境内产生了恐慌。”② 随着中俄劳务合作的发展以及远东中国劳务输出人员的增多，中国劳务输出人员逐渐从事与其生活密切相关的工作，导致了工作竞争力的加强，从而引起了当地人的抵触。“中国劳务人员不断增多，且在俄罗斯社会中扮演着重要的经济角色，使当地人忽视中国劳务人员在当地所创造的价值，反而产生了对中国劳务人员嫉妒和敌视心理状态。”③ 同时，由于中国劳务输出人员在文化特征与结构、生活方式、行为习惯等方面与俄罗斯当地居民有很大的不同，也导致远东地区当地居民对中国劳务输出人员产生负面的情绪。

再次，由于中国经济实力不断提升、中俄两国经济增长速度呈现的反差，引起了俄罗斯部分精英的担忧。20 世纪 90 年代，中俄远东劳务合作达到了双赢。俄罗斯从中国获取大量廉价劳动力，对远东地区农业、林业等进行开发，弥补了远东地区劳动力的短缺，促进了远东地区的发展。而中国对俄劳务的输出，一方面解决了中国内部劳动力剩余问题，另一方面通过利用从远东地区进口的自然资源，实现了经济的快速发展，并在 2010 年实现经济总量超越日本，正式成为世界第二大经济体。中俄两国经济发展速度的差距，造成了部分俄罗斯人认为中俄劳务合作实际上对中国产生的效益要高于俄罗斯，中国向远东地区进行劳务输出，不仅获得了更多的自然资源促进经济的快速发展，同时也解决了本国剩余劳动力就业的问题，转嫁本国就业危机。

最后，西方国家所宣称的“中国威胁论”对“中国人口威胁论”“中国人口扩张论”的出现产生了影响。“中国与西方世界在国家意识形态、文化传统、人权理念以及宗教信仰等方面存在着重大差异”④，特别是在意

---

① ［俄］A. Г. 雅科夫列夫：《东北亚的国际政治局势和俄罗斯在该地区的状况》，转引自［俄］亚·弗·卢金《俄国熊看中国龙：17—20 世纪中国在俄罗斯的形象》，刘卓星等译，重庆出版社 2007 年版，第 337 页。

② Mikhail A. Alexseev, C. Richard HofstetterMikhail, "Russia, China, and the Immigration Security Dilemma", *Political Science Quarterly*, Vol. 121, No. 1 (2006), pp. 1 – 32.

③ Franck Billé, Grégory Delaplace and Caroline Humphrey, *Frontier Encounters*, UK: Open Book Publishers, 2012, p. 73.

④ 吴飞：《流动的中国国家形象：“中国威胁论”的缘起与演变》，《南京社会科学》2015 年第 9 期。

识形态领域的差异，直接导致了西方国家提出“中国威胁论”的主张。改革开放以后，随着中国经济实力的增长、社会发展的加快以及军事实力的不断提升，西方国家认为中国的迅速发展会威胁到自身的安全，因此西方国家提出并宣传所谓的“中国威胁论”，并试图以此破坏中俄之间的关系，以遏制中国的发展。

（二）“中国人口威胁论”的谬误

“中国人口扩张论”“中国人口威胁论”等观点在内容上具有谬误性，实际上是过度夸大中国劳务输出人员在远东地区的数量，并以此宣称中国政府以人口输出进行扩张的言论，忽视了中国劳务输出人员对远东地区经济发展做出的贡献。

首先，中俄两国人口的差距、远东地区的中国劳务输出人员对俄罗斯远东地区的经济安全、领土完整不会构成威胁。截至2017年年底，俄罗斯远东人口为616.4万人，中国东北三省总人口约1.08亿人，但相邻两国边界地区人口上的差距是一种常态，这并不能构成威胁。同时，在远东地区的中国劳务输出人员其目的是获取经济利益，多为季节性流动，只有极少数选择在远东定居生活。且他们多从事农业、建筑业、服务业等工作，尽管在远东外国劳务人员中占比较大，但占远东地区总人口比重却很低。远东地区中国企业以及劳务输出人员为远东经济的发展做出了重要贡献。“中国企业家作为纳税人、雇主在远东起到了积极作用，以及将技术和管理经验转让给当地农民的作用是显而易见的。”[①] 同时，关于远东领土归属问题，早在1989年5月中旬，邓小平与戈尔巴乔夫在北京会晤时，就已经解决。邓小平将双方此次会晤称为“结束过去，开辟未来”，认为双方之间应将“重点放在开辟未来的事情上，历史账讲了，这些问题一风吹。”[②]

其次，认为中国派出劳务人员是转嫁中国国内就业危机的说法亦是具有谬误性。“中国的就业依靠中国自身的经济发展来解决，不会转嫁给其他国家。通过对外劳务合作渠道派出的劳务人员在履行完合同后，由对外劳务合作企业负责组织其返回中国，不给劳务输入国带来就业、移民等社

① Зуенко Иван Юрьевич，“Китайское присутствие в сельском хозяйстве Дальнего Востока：некоторые аспекты проблемы”，Известия Восточного Института，No. 2，2015，c. 57.

② 曹应旺主编：《邓小平的智慧》，中共中央党校出版社1995年版，第369页。

会问题。”[①] 就业问题一直是中国关注的重点和要解决的社会问题。中国政府提出了经济发展同就业岗位增加相结合的形式，采取引导企业创造更多的就业机会、以工代赈、自主创业等措施，以解决本国剩余劳动力问题。

再次，中国一直致力于同周边国家的共同发展，中国经济的快速发展不但不会构成威胁，还会带动周边国家实现共同发展。近年来，中国通过“一带一路”合作构建人类命运共同体，坚持同周边国家共商、共建、共享的原则。“秉持和平合作、开放包容、互学互鉴、互利共赢的理念，全方位推行务实合作，打造政治互信、经济融合、文化包容的利益共同体、命运共同体和责任共同体。”[②]

中俄在远东的合作，为远东经济的增长做出重要贡献，“远东地区经济增长率中至少有10%要归功于与中国的贸易”[③]。此外，尽管自1978年改革开放以来，中国经济快速增长，并在2010年实现经济总量超越日本正式成为世界第二大经济体，但中国各区域发展不平衡、人均GDP偏低、城乡差距明显等问题仍然是中国发展所要面临的问题。

最后，中国始终坚持和平发展的路线，中华民族亦是爱好和平的民族。“中国始终坚持独立自主的和平外交政策，始终强调中国外交政策的宗旨是维护世界和平、促进共同发展。”[④] 一方面，中国坚持和平发展道路，同中国自身发展密切相关。尽管中国经济发展速度较快，但中国区域间发展的不平衡性、不协调性依然存在，发展依然是中国第一要务，而中国的发展离不开和平稳定的国际环境。另一方面，中国传统文化的优秀理念，为中国坚持和平发展奠定了思想基础。“中华民族传承几千年的仁者爱人的人本精神，亲仁善邻的和平志向，以和为贵的和谐理念等，都为我们今天走和平发展道路提供了重要支撑。”[⑤]

综上所述，尽管远东地区的中国劳务输出人员占外籍劳动力总人数比

---

① 《劳务合作成中俄经济合作的重要组成部分》，2008年6月19日，人民网，http：//www. crc. mofcom. gov. cn/article/ecotradeconsult/201710/13821. html，访问日期：2020年3月5日。

② 《习近平谈治国理政》第1卷，外文出版社2018年版，第266－267页。

③ 李靖宇、林靖：《俄罗斯远东区域开发中的中国移民问题探讨》，《西伯利亚研究》2012年第2期。

④ 《走和平发展道路是中国人民对实现自身发展目标的自信和自觉》，2014年3月28日，人民网，http：//cpc. people. com. cn/xuexi/n/2015/0721/c397563－27337518. html，访问日期：2020年3月8日。

⑤ 王毅：《坚持和平发展实现民族复兴中国梦》，《学习时报》2014年2月17日。

重较大，但占远东地区总人口数比重却很低，且多从事建筑业、农业、林业等劳动力短缺、素质要求偏低行业的体力劳动，对本地人口就业亦构不成威胁。相反，远东地区中国企业为当地提供了更多的就业岗位，提高了当地就业率和当地居民生活水平。此外，中国政府也始终坚持和平发展、互利共赢的合作理念，致力于通过自身发展解决中国剩余劳动力问题。因此，远东地区中国劳务输出人员不会对俄罗斯领土及经济安全产生威胁。

第三节　中俄劳务合作的趋势及建议

劳务合作是中俄经贸合作的重要组成部分，经过近三十年的发展，实现了互利双赢。中俄之间政治的互信、频繁的高层交往、多领域的合作及有效的沟通，为中俄劳务合作提供了广阔的前景和发展空间。但制约中俄劳务合作的消极因素，在未来的一段时间内仍会存在。随着国际劳动力市场竞争的日趋激烈，结合中俄两国经济发展的实际情况，如何加强和完善中俄劳务合作以及提高中国劳务人员的竞争力显得至关重要。

一　中俄劳务合作的趋势

受中俄友好合作关系的巩固与发展、中俄两国国家发展政策的契合、中俄劳动力资源的互补以及中俄经贸合作的扩大与完善等因素的影响，中国劳务输出人员未来仍会继续参与俄罗斯远东地区的开发，中俄劳务合作领域也将向更宽领域、更深层次发展。但受中俄两国本国经济发展的实际情况、俄罗斯外籍劳动力管理政策的变化以及对劳动力素质要求提高的影响，赴俄罗斯远东地区的中国劳务人员总体数量会有所下降，但技术型劳务人员占比将有所上升。此外，制约中俄劳务合作发展的“中国人口威胁论”“中国人口扩张论”等消极因素依然会存在。

（一）中国劳务输出人员将继续参与远东地区开发

远东地区的发展对俄罗斯国家整体发展与综合实力的提升具有重要作用，而劳动力的短缺依然是限制远东地区发展的主要原因之一。近年来，俄罗斯政府大力实施远东开发战略，以促进远东地区社会经济的跨越式发展。根据《2030 年前俄联邦经济安全战略》，未来俄罗斯将优先发展东西伯利亚、远东、北高加索、克里米亚和加里宁格勒州等区域，以促进这些区域社会经济的发展。虽然在俄罗斯联邦政府的支持和引导下，远东地区的社会经济得到了发展，但劳动力的短缺依然是限制远东地区可持续发展不可回避的问题。

俄罗斯仍陷入人口危机之中，人口出生率低、死亡率高、人口老龄化、男女比例失调、外流人口数量较多等原因，导致俄罗斯人口不断减少，特别是远东地区更为明显。梅德韦杰夫说："自 1991 年起的 20 年来，该区的人口减少了 25%。毫无疑问的，这是最叫人担忧且危险的趋势。"①尽管俄罗斯联邦政府试图通过奖励生育、促进移民、优待国外侨胞回国定居等措施，以提高俄罗斯人口数量解决人口危机，但实际效果并不是很理想。在较长的一段时间内，俄罗斯仍然面临劳动力短缺的问题。专家预测，"到 2025 年俄罗斯劳动力人口每年减少 80 万—90 万人。联合国有关组织预测，到 2025 年俄罗斯 15—24 岁年龄段的人口数量将不会超过 600 万"②。

俄罗斯人口不断减少，导致劳动力十分短缺，特别是在石油、天然气和木材等资源开发领域，劳动力短缺近 50%。未来俄罗斯仍"需要的是农民、建筑工人、石化专业人才、石油和天然气开采专业人才"③。根据俄罗斯联邦政府《关于确定吸引外国工人的需要》，引进农业、林业、渔业和建筑工人的劳务配额占劳务配额总数的比重较大，2019 年俄罗斯确定吸引外国劳务人员 144583 人，其中引进农业、林业、渔业以及建筑工人劳务配额 52017 人，占总人数的 36%，2020 年确定吸引外国劳务人员 104993 人，其中引进农业、林业、渔业以及从事建筑的安装、修理和施工的外籍劳动力配额为 29996 人，约占总人数的 28.6%（见表 6－4）。

从数据统计看，近 5 年来吸引外籍劳务配额总人数有所收缩，特别是农业、林业、渔业和建筑业工人的配额下降趋势明显，2020 年占配额总人数比重首次低于 30%。同时随着俄罗斯近年来本国经济增速的放缓，工业生产和投资状况的进一步恶化，间接导致了俄罗斯远东地区外籍劳动力数量的减少。据统计，2012 年年底，拥有工作许可证的外国公民在远东地区

---

① 《俄罗斯远东人口 20 年减少 25% 总统称"危险趋势"》，2010 年 7 月 5 日，中新网，http://www.chinanews.com/gj/2010/07－05/2380653.shtml，访问日期：2020 年 3 月 10 日。

② 《对外投资合作国别（地区）指南——俄罗斯 2019 对俄投资》，商务部网站，http://fec.mofcom.gov.cn/article/gbdqzn/#，访问日期：2020 年 3 月 5 日。

③ 《俄远东地区迫切需要农民、建筑工人和石化专业人员》，2016 年 7 月 7 日，中俄经贸合作网，http://www.crc.mofcom.gov.cn/article/supplycooperation/201710/43524.html，访问日期：2020 年 3 月 11 日。

的人数为81.8万人，比2011年增加了2.4%。2013年、2014年拥有工作许可证的外国公民则削减到72.5万人和70.9万人。由于俄罗斯整体经济状况的恶化，2015年、2016年，远东地区拥有工作许可证的外国公民数量急剧下降。同2013年、2014年相比，经授权工作的外国公民数量下降了一半以上，分别下降到2015年的34.4万人和2016年的30.1万人。[①] 同时，由于中国社会经济不断发展，国民收入不断增加，国内外薪资收入相差不大的情况下，中国劳务人员多选择在本国务工，这在一定程度上亦会导致未来中国赴俄远东地区劳务输出人员的减少。

表6-4　**俄罗斯2015—2020年所需外籍劳务配额与农业、林业、渔业、金属加工和机械制造业、工业企业所需外籍劳务配额**

类别＼年份	2015	2016	2017	2018	2019	2020
劳务配额总人数（人）	275856	213929	177043	140423	144583	104993
农业、林业、渔业、建筑业工人（人）	129730	99524	78560	44608	52075	29996
占配额总人数比（%）	47	46.5	44.4	31.8	36	28.6
金属加工和机械制造业工人（人）	13911	11911	10851	14826	16090	11541
占配额总人数比（%）	5	5.6	6.1	10.6	9.7	11
工业企业熟练工人（人）	23282	20619	29760	22092	20545	19612
占配额总人数比（%）	8.4	9.6	16.8	15.7	14.2	18.7

资料来源：俄罗斯联邦政府《关于确定吸引外国工人的需求》（2015—2020年）规定所需外籍劳务配额。

单纯依靠本国国内劳动力的区域流动，无法解决远东地区劳动力短缺的问题，俄罗斯联邦政府仍需要通过引进外籍劳动力，促进远东地区经济的发展。此外，中国“一带一路”建设与俄罗斯继续远东开发及向亚太地

① Д. А. Изотов, Е. Л. Мотрич, “Иностранная рабосчаясила дальнёго востока россии”, Проблемы прогнозирования, №.5, 2019, с. 134.

区的战略转移的契合，为中俄远东经贸合作进一步发展提供了新的机遇，而且随着中俄远东经贸合作领域继续拓展和深入，为中俄劳务合作又提供了重要保障。目前，“中国已成为俄远东地区第一大进口来源国、第二大出口目的地和主要外资来源地”①。据统计，中国企业在俄远东地区投资项目达28个，涵盖林业、农业、建材、轻工、矿产、商贸等诸多领域，规划总投资约40亿美元。② 在新的国际形势下，中俄远东的经贸合作将进一步拓展，在促进中国企业向俄罗斯远东地区建厂投资的同时，中国劳务输出人员也将继续参与俄罗斯远东地区的开发。但由于外国劳动力市场饱和，世界经济低迷的条件下失业问题的加剧以及俄罗斯实行严格的移民政策，导致俄罗斯联邦所需外籍劳动力数量下降，但对于高素质、技术型外籍劳动力则影响不大。

中国赴俄劳务输出人员数量的变化，直接受到俄罗斯本国经济发展对劳动力需求变化的影响。2014年以后，在西方国家的经济制裁下，俄罗斯经济的发展受到了限制。2020年在新冠肺炎疫情的影响下，俄罗斯经济发展又受到冲击。根据国际货币基金组织预测，受2020年新型冠状病毒大流行疫情影响，世界经济将经历大萧条以来最严重的衰退，俄罗斯生产总值将下降5.5%。③ 而俄罗斯经济的衰退，导致企业对劳动力的需求减少，从而使本国失业人口不断增加。据俄罗斯经济专家预测，目前俄罗斯大约有7000万从业人员和350万失业者，失业者占从业人员的5%。假设疫情能够得到很好的控制，乐观预测在2020年年底，俄罗斯失业人数将增加150万人，达到500万人，约占从业人员的7.3%。否则，失业人数将超过700万人，约占从业人数的10.5%。④ 由于失业人口的增加，导致了俄罗斯国内劳动力市场失衡。俄罗斯为优先解决本国人口就业的问题，对外籍劳动力的需求将会降低，从而

---

① 《中华人民共和国和俄罗斯联邦关于发展新时代全面战略协作伙伴关系的联合声明》，2019年6月6日，中国政府网，http://www.gov.cn/xinwen/2019-06/06/content_5397865.htm，访问日期：2020年3月12日。

② 《中国驻俄大使：俄中远东开发合作正处在茁壮成长阶段》，2017年12月26日，人民网，http://ru.people.com.cn/n1/2017/1226/c408039-29730149.html，访问日期：2020年3月11日。

③ Кира Камнева：Эксперты назвали главные задачи властей после пандемии，*Российская газета*，06 мая 2020г. https://rg.ru/2020/05/06/eksperty-nazvali-glavnye-zadachi-vlastej-posle-pandemii.html. 访问日期：2020年3月11日。

④ Татьяна Панина：Определены два сценария роста безработицы и снижения зарплат，*Российская газета*，05 мая 2020г. https://rg.ru/2020/05/05/opredeleny-dva-scenariia-rosta-bezraboticy-i-snizheniia-zarplat.html. 访问日期：2020年3月11日。

使赴俄罗斯远东地区的中国劳务输出人员数量下降。

（二）劳务需求从普通劳务到技术人员转变

俄罗斯远东地区人口流失，特别是人才流失严重，而人才的流失又导致地区劳动力整体素质的下降、科研水平的削弱以及经济发展的落后。为了解决因人才流失导致远东地区发展缓慢的问题，俄罗斯联邦政府采取放宽对外籍高层次人才引进的政策。2010 年以后，引进高技能专家将不占用外国劳务配额。俄罗斯移民局可向外国专家发放 2 年劳务许可，向高端专业人员发放 3 年劳务许可。在引进高层次人才的同时，俄罗斯联邦政府加紧培训本国青年劳动力，增加远东地区本土技术型人才，增加远东地区发展所需要的人才。2018 年通过的《批准针对远东联邦区主要经济部门的培训计划以及劳动力市场中的青年支持》①，目标是培训必要数量的具有中等职业和高等教育学历的专家，并在远东联邦区创造新的工作岗位。

因担忧外来人口对本国国家安全产生影响、保障本国人口就业、提升就业率，俄罗斯所需外籍劳务配额逐渐削减。同时，对外籍劳动力技术水平的要求不断提高，特别是对工业、机械制造业等领域的专业技术劳务人员的引进逐渐重视。俄罗斯所需外籍劳务配额人数从 2015 年的 275856 人，到 2020 年缩减至 104993 人。农业、林业、渔业和建筑业等行业的所需外籍劳务配额，同所需外籍劳务配额总数变化趋势相同，从 2015 年的 129730 人至 2020 年下降至 29996 人，比重从 47% 降至 24% 。相反，对外引进机械制造业及工业企业劳务需求比重逐渐上升，分别从 2015 年的 5% 和 8.4% 上升至 2020 年的 11% 和 18.7%（见图 6－9、图 6－10）。但从整体上看，俄罗斯所需外籍劳动力仍以农业、林业、渔业和建筑业等行业的劳动力为主。

随着科技的发展，俄罗斯对外籍劳动力的需求也发生了改变。从最初偏重对从事农业、林业、渔业、建筑业等行业体力劳动力的引进，逐步转向对高层次技术人才的引进。俄罗斯联邦政府通过采取对技术开发专家、企业高管、行业专家、高技能人才的入境手续的简化，以及对个别行业取消配额限制或工种准入限制的措施，对外籍劳动力需求的整体结构进行了

① Правительство России，“Об утверждении программы по подготовке кадров для ключевых отраслей экономики Дальневосточного федерального округа и поддержке молодёжи на рынке труда”，22 августа 2018г. http：//government. ru/docs/33720/. 访问日期：2020 年 3 月 11 日。

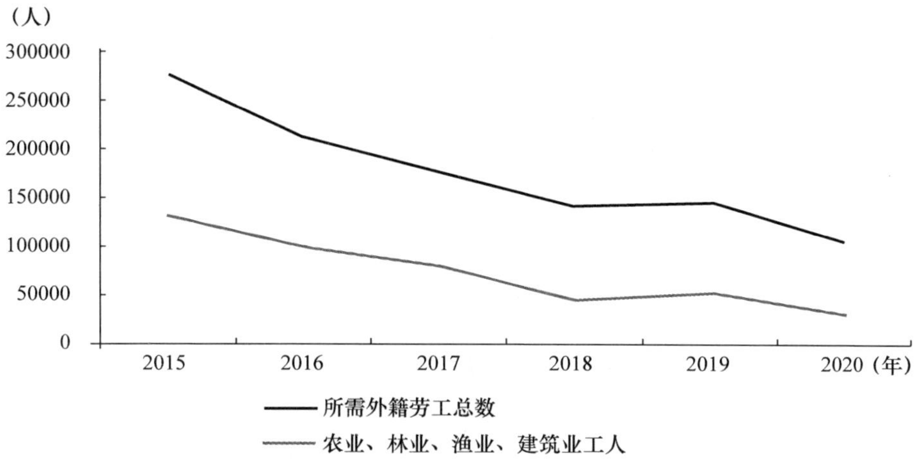

图6－9　俄罗斯2015—2020年所需外籍劳务配额与农业、林业、渔业、制造业、所需外籍劳务配额

资料来源：俄罗斯联邦政府《关于确定吸引外国工人的需求》（2015—2020年）规定所需外籍劳务配额。

调整。① 这种调整导致未来俄罗斯将继续加大对工业、机械制造业等领域技术人才的引进，而农业、渔业、林业和建筑业等劳动力素质要求偏低的需求将会降低。针对俄罗斯对外籍劳动力需求的变化，中国应加强劳动力的培训，提高劳动力的素质，培养技术型人才，增强中国劳动力在国际劳动力市场的竞争力。

（三）制约中俄劳务合作的因素仍会存在

近年来，中俄经贸合作不断发展和完善、中俄友好关系不断加强，尽管“在过去的十年里，俄罗斯从把中国视为俄罗斯远东地区的威胁，转变为把中国视为该地区发展的重要伙伴”②，但制约中俄劳务合作的“中国人口威胁论”“中国人口扩张论”、俄罗斯国内经济实际发展情况，以及俄罗斯联邦政府对外籍劳动力的规定和管理政策的不断变化等制约了中国向俄进行劳务输出，尽管这些因素已经得到中俄双方的重视，但短时间内仍很

① 纪建全：《俄罗斯外国劳务管理现状与中俄劳务合作浅析》，《西伯利亚研究》2017年第2期。

② Paul Stronski and Nicole Ng, “Cooperation and Competition: Russia and China in Central Asia, the Russian Far East, and the Arctic”, *Carnegie Endowment for International Peace*, 2018, p. 17.

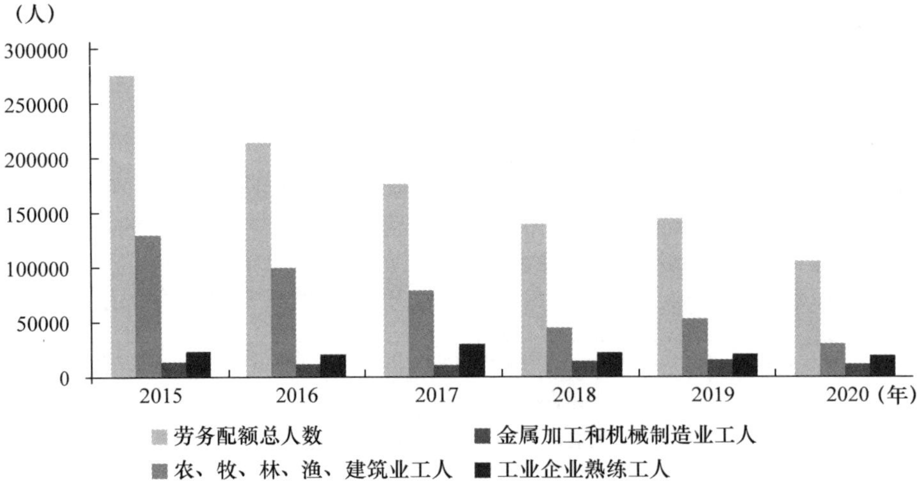

图 6－10　俄罗斯 2015—2020 年所需外籍劳务配额与农业、林业、渔业、制造业、所需外籍劳务配额

资料来源：俄罗斯联邦政府《关于确定吸引外国工人的需求》（2015—2020 年）规定所需外籍劳务配额。

难得到解决。

因人口的不断减少，俄罗斯联邦政府担忧外籍人口对俄罗斯国家领土与安全产生影响，在引进外籍劳动力政策上进行了调整，首先解决本国居民就业，并根据与俄罗斯亲疏关系，优先使用来自欧亚经济联盟成员国的劳动力、侧重使用来自独联体国家的劳动力，这在一定程度上限制了中国对俄罗斯的劳务输出。近年来，俄罗斯联邦政府使用外籍劳动力政策调整可以 2015 年为分界点。2015 年以前，俄罗斯联邦优先使用来自独联体国家的劳动力。2015 年欧亚经济联盟成立后，俄罗斯联邦政府则鼓励优先使用来自成员国的劳动力，侧重使用独联体国家的劳动力。且 2015 年俄罗斯联邦政府又规定，入俄外籍劳务人员必须通过俄语语言、俄罗斯历史、俄罗斯法律三项考试，才能获得工作许可证，这在一定程度上限制了中国对俄劳务输出。

除了在一定程度上提高了吸纳外籍劳动力的门槛外，俄罗斯联邦政府对外籍劳动力的工作范围也进行了不断的调整和规定。《确定 2020 年外国工人在某些类型的经济活动中的允许份额》[①] 指出，要确定和规范外国劳工参与某些类型的经济活动，同时考虑到劳工市场的区域特征以及优先雇用俄罗斯公民的需要。

（四）影响中俄劳务合作的不确定因素

影响中俄劳务合作的发展，存在许多不确定因素，如国际经济危机、突发公共卫生安全事件、俄罗斯与西方国家关系的发展等。这些不确定因素首先影响了俄罗斯经济的发展，并导致对劳动力需求的变化，从而影响了中俄劳务合作的发展规模。在全球化背景下，各国在金融、工业、科技、贸易、投资等领域联系加强。全球经济的平稳发展，与西方国家关系友好发展，将有助于俄罗斯经济的发展，促进吸引外资和对固定资产投资的加大。相反，世界经济的低迷，与西方国家关系的紧张，将会限制俄罗斯经济的发展，造成各行业发展速度放缓，建筑业等中俄劳务合作主要领域也会受到冲击。此外，俄罗斯国内经济的低迷或衰退，又难以在较短的时间内恢复，为了解决本国就业问题，俄罗斯政府优先使用本国劳动力，削减劳务配额，限制了中国对俄劳动力的输出。

综上所述，随着俄罗斯联邦政府对吸引外来劳动力政策的调整，对外来劳动力素质要求的提高，以及优先使用来自欧亚经济联盟成员国的劳动力、偏重使用来自独联体国家的劳务人员等政策，在一定程度上限制了中国向俄罗斯远东地区进行劳务输出，赴俄罗斯远东地区的中国劳务输出人员数量将继续下降。但出于俄罗斯劳动力短缺的现实情况以及开发远东地区和向亚太地区的战略转移的需要，中国劳务输出人员仍会参与俄罗斯远东地区的开发。

二 促进中俄劳务合作可持续发展的建议

尽管中国劳务输出人员未来仍会继续参与俄罗斯远东地区的开发，但国际劳动力市场竞争的激烈，俄罗斯吸引外籍劳动力政策的调整和对外籍劳动力素质要求的提高，以及“中国人口威胁论”“中国人口扩张论”等因素，制约着中国对俄罗斯远东地区的劳务输出。促进中俄劳务合作可持

① Правительство России, “Установлена допустимая доля иностранных работников в отдельных видах экономической деятельности на 2020 год”, 7 октября 2019г. http: //government. ru/dep_ news/38025/. 访问日期：2020 年 3 月 11 日。

续发展显得至关重要。

（一）加强政治合作，增进政治互信

中俄友好合作关系的发展、增进双方政治互信是中俄劳务合作的必要前提。20 世纪 90 年代，中俄关系正常化，双方开始进行政治、经济、军事、文化等方面的合作。1996 年双方签署《中俄联合声明》，使两国发展成为政治互信及战略协作伙伴关系。2001 年中俄又签署《中俄睦邻友好条约》，使双方友好合作关系更加稳固。2019 年 6 月 5 日中俄联合发布《中华人民共和国和俄罗斯联邦关于发展新时代全面战略协作伙伴关系的联合声明》，中俄友好关系进一步发展成为新时代全面战略合作伙伴关系。

“中俄关系发展的可持续性好于中苏关系时期，最主要的原因是中俄两个国家从战略层面解决了中苏关系中没有解决好的一系列问题，极其深刻地总结了中苏关系中的经验教训并形成了一系列规范和原则，这就为中俄关系的持续发展奠定了基础，提供了充足的动力。”① 中俄两国应继续总结和吸取中苏关系中的经验教训、继续加强合作、增进双方政治互信，以促进中俄在政治、经济、文化、科技、军事及其他领域的合作与发展。

（二）发挥地缘优势，扩大对外开放

发挥中国东北与俄罗斯远东地区地缘相邻的优势，加大东北对外开放，加强边界地区的合作交流，促进东北地区的发展。目前，中国东北地区依然面临产业结构不合理、经济发展落后、居民生活水平偏低等问题。东北地区应继续实施“走出去”战略、加强区域对外开放。在日趋复杂多变的国际形势之下，“俄罗斯向东发展，将会使亚太地区在多极国际秩序中处于中心地位，成为全球经济增长的引擎。据预测，未来 30 年，东亚、东南亚和南亚国家将占全球经济的一半”②。中国东北与俄罗斯远东地区相互毗邻，发挥东北与远东地区接壤的地理位置优势，抓住俄罗斯积极向东北亚地区发展的机遇，加强东北对俄开放，有助于增强双方的信息交流和相互了解。

（三）加强移民管理，合作打击非法移民

健全和完善劳务输出管理体制与法律建设，加强劳务输出管理，

① 邢广程：《中俄关系 70 年的多维思考》，《中国边疆史地研究》2019 年第 4 期。

② S. Dze, “China’s Role in the New Stage of Russia’s Development of Its Eastern Regions”, *Problems of Economic Transition*, Vol. 59, No. 10 (2017), pp. 768 –777.

促进劳务输出规范化。同时，进一步简化中国劳务输出人员的出国程序，方便劳务人员进出国境。在俄远东地区的外籍劳务人员，对弥补俄罗斯远东地区劳动力短缺、促进远东地区经济的发展起到了积极作用，但随着外籍劳动力的增多亦带来了一定的消极影响，特别是非法劳工的移徙导致俄罗斯劳动力市场失衡，对于社会的治理与稳定产生了不良影响。

中俄双方应合作打击非法移民，促进中俄劳务合作有序发展。2001年，中俄签署《中华人民共和国和俄罗斯联邦睦邻友好合作条约》，强调中俄双方将合作打击非法移民，包括打击通过本国领土非法运送自然人的行为。[①] 2006年中俄两国签署了《关于成立移民问题的联合工作组的议定书》，并在此基础上成立中俄移民问题联合工作组，分别于2006年10月、2007年3月、2009年5月、2010年6月在哈巴罗夫斯克、北京、莫斯科、厦门召开联合工作组会议，对打击非法外派劳务人员的行为、依法保护劳务人员的合法权益等问题进行了讨论。2011年，中俄双方根据2000年11月签署的《中俄短期劳务协定》而成立的中俄劳务合作工作组在莫斯科召开首次会议，提出了中俄双方应加强劳务合作、保护劳务人员权益、打击非法劳务等。2013年3月22日，中俄双方签署了《俄罗斯联邦政府与中华人民共和国政府关于合作打击非法移民的协定》。中俄双方在打击非法移民已有的合作基础上，应继续加强移民管理、打击非法移民、健全和完善劳务合作的管理体制、加强劳务输出管理，以维护中俄两国社会秩序的稳定、促进中俄劳务合作的持续发展。

（四）加强人文合作，促进民间友好往来

人文合作亦是巩固中俄劳务合作的重要方式之一。全面深入的文化交流为中俄劳务合作奠定坚实的文化基础。两国应积极开展中俄文化交流合作，搭建文化交流平台，增进两国知识分子的交流。加强中俄两国媒体之间的交流，注重强化对俄罗斯的舆论宣传力度。并通过举办“国家年”“语言年”“旅游年”等活动，大力宣传中国的历史与文化，增进两国彼此间的了解和信任，发展两国友好关系，并以此缓解俄罗斯境内“中国移民威胁论”“中国人口扩张论”的误解。

---

① 《中华人民共和国和俄罗斯联邦睦邻友好合作条约》，2001年7月16日，人民网，http://www.people.com.cn/GB/historic/0716/6761.html，访问日期：2020年3月19日。

（五）加强劳务输出人员的培训，提高劳动力素质

提高对俄劳务输出人员的整体素质，是中俄劳务合作可持续发展的重要保障。中俄远东劳务合作主要以农业、林业、建筑业为主，劳务人员主要从事对劳动力素质要求不高的体力劳动，如农业种植、森林砍伐以及工地修建等工作。尽管随着中国义务教育的普及，中国劳务输出人员的教育程度有所提高，劳务人员的知识水平和素质也有所提升，但随着中俄合作从贸易转向交通、能源、技术、投资和金融等多领域合作，从传统劳务合作中的农业、建筑业等素质要求偏低的劳务合作，逐步转向高工资、有发展前景的劳务合作，对劳动力的素质要求逐渐提高。

俄罗斯远东地区的中国劳务输出人员代表着中国形象。中国政府应在保持中国劳动力吃苦耐劳、生产效率高等传统优势的同时，顺应俄罗斯劳动力市场的需求，有针对性地培养人才，加强中国劳动力技术人才的培训，调整对外劳务市场结构，加快劳动力素质的提升，促进中国劳务人口的输出。针对俄罗斯联邦政府要求外籍劳动力须通过俄罗斯历史文化、法律、语言的考试等政策的调整，中央和地方政府应通过多种途径加强劳动力的培训和教育。通过普及俄罗斯有关政策法规和文化知识、当地风俗习惯，加强语言的培训，提高中国劳务人员在国际劳动力市场的竞争力，并在国外树立起中国劳务人员的良好形象。

（六）搭建劳务合作服务平台，以企业带动劳务输出

搭建劳务合作服务平台，公布劳务信息，推进服务平台的建设。通过服务平台提供对外承包项目信息、对外劳务合作企业名单、对外劳务合作指南、俄罗斯移民政策的相关解读等，增加中国劳务人员对俄劳务输出相关信息的掌握。通过服务平台的建设，促进对外劳务合作信息的共享，引导中国劳务人员从正规渠道赴俄务工，了解当地法律法规，并有针对性地进行劳务输出，提高中俄劳务合作的效率。

中央和地方政府通过采取资金补贴等方式，扶植中小企业在远东地区投资设厂，特别是劳动密集型企业，发挥其优势。加强对企业的培训，增进企业对俄罗斯远东地区投资设厂政策的了解。在保持和深化中俄农业、林业、建筑业等领域传统劳务合作的基础上，拓宽企业对俄劳务合作领域，向服务业、制造业、批发和零售业等行业发展。并通过创新对外投资方式，加强境外经贸合作，推动中俄劳务合作的可持续发展。同时，要简化企业带动劳务输出的手续，便利企业带动劳务输出。此外，依据《对外

承包工程管理条例》《对外劳务合作管理条例》《境外投资管理办法》等有关规定，加强对外劳务合作企业的监管，保护劳务输出人员的合法权益。

在加强两国政府合作、实现对俄劳务合作质量提升，促进中俄劳务合作可持续发展的同时，中俄劳务合作也受到了许多不确定因素的影响。中国在俄劳务输出人员数量的变化，受到俄罗斯经济发展的制约。而影响俄罗斯经济发展的因素，又具有不确定性。在本国经济发展低迷或衰退时，俄罗斯优先解决本国失业人口，导致对外籍劳动力需求的下降。因此在一定程度上，影响了中国在俄劳务输出人员的数量。为防止因俄罗斯劳动力市场的收缩，而导致中国劳务输出人员回流所产生的就业问题，中国政府应加强本国经济的发展，提高应对突发事件的能力，扩大内需，开辟更多就业岗位，从而缓解不确定因素对劳务输出人员就业和收入的影响。

本章执笔：张　波

第七章 中国东北与俄罗斯远东地区合作

2019年，中俄关系进入新时代，全面战略协作伙伴关系模式形成，这不仅为两国的共同发展谋划了战略空间，同时也为两国的区域间合作提供了良好的发展背景和机遇。中国东北地区与俄罗斯远东地区共同组成的地域合作圈，是“一带一路”倡议北进、俄罗斯战略东进的重合点和关键点所在，是中俄两国共建亚欧大陆交通运输走廊、经贸开发走廊以及能源合作走廊的重要节点区域，更是新时代中俄关系纵深发展的优先合作方向，发展前景广阔。正如习近平总书记所说：“中俄两国都处于国家发展和民族复兴的重要时期，发展蓝图高度契合，地方合作大有可为。”①

当下，中国东北老工业基地振兴战略持续推进，为东北地区经济复苏、实现“造血”式发展提供了良好的政策支持。俄罗斯自2013年年底乌克兰危机之后，为了摆脱西方的经济围堵，实现国内区域间平衡发展，其“向东看”的步伐加快，采取了一系列措施来实现远东地区的发展。在此发展背景下，两地区间应该进一步增强政治互信，拓展合作内容、拓宽交流渠道，建立区域间协调、高效的互动共赢联通方式。更应该利用“一带一路”倡议与“欧亚经济联盟战略”对接合作的关键时期，发挥高度契合的地缘环境优势，抓住历史机遇，寻找两地区间发展的最大利益契合点，实现共同跨越式发展。本章在梳理了中国东北地区与俄罗斯远东地区发展进程的基础上，分析了两地区合作的可能性和存在的困难，对提升两地区之间的合作水平提出了具体建议。

---

① 《习近平同俄罗斯总统普京分别向中俄地方合作交流年开幕式致贺辞》，《人民日报》2018年2月8日。

第一节　中国东北与俄远东发展进程及发展规划

一　中国东北地区发展特征及老工业基地振兴战略

（一）东北地区发展存在的问题

中国东北地区[①]曾是新中国工业的摇篮，是共和国成长的“长子”，在20世纪90年代以前该地区配套设施完备、产量巨大的重工业企业为当时中国形成完整、独立的工业体系以及综合国力的提升都做出了巨大的贡献。在我国实行计划经济时期，东北地区的重工业基地，曾一度拥有国家98%的重工业企业。1978年，东北三省的GDP占全国比重虽然降至13.2%，但财政收入却占了全国近1/5，辽宁省的总产值更是长期占据着中国第一的位置。[②] 但是，随着改革开放步伐的加快、市场经济大潮的不断冲击，东北地区体制性、结构性的矛盾凸显。例如：国有企业发展动力不足，部分国有企业还没有完全融入市场经济发展模式中，政府干预过多，创新主体错位，企业竞争力不强；产业结构单一，没有形成多结构共同发展的产业经济模式，新兴产业发展缓慢，偏资源型、传统型、重化工型产业比重仍然较大；城市转型升级步伐缓慢，多数资源型地区面临资源枯竭、社会保障和民生压力较大的难题；对外开放水平不高，没有形成系统性对外区域发展机制，在对接国家、国际发展战略，搭建国际发展平台、打造向北开放窗口等举措上纵深推进程度还不够深入。这些存在的问题，制约了东北地区的竞争力和发展能力，使该地区不仅失去了原有国内经济发展“长子”的优越地位，反而在国内区域经济发展中逐步“没落”。

通过对2009—2018年（见表7－1　2009—2018年内陆各省份GDP数值变化）全国内陆各省GDP数据进行分析，近一段时期以来东北地区的经济发展呈现出以下几个特点。

---

① 东北地区是对辽宁省、吉林省、黑龙江省和内蒙古自治区呼伦贝尔市、兴安盟、通辽市、赤峰市和锡林郭勒盟等地的统称。本章为了论述方便，相关数据提供仅为东北三省，即辽宁省、吉林省和黑龙江省。

② 曾燕南：《习近平东北老工业基地振兴与国企改革思想研究》，《上海经济研究》2019年第12期。

表 7－1　　2009—2018 年内陆各省份 GDP 数值变化　　单位：亿元

时间 / 地区	2018 年	2017 年	2016 年	2015 年	2014 年	2013 年	2012 年	2011 年	2010 年	2009 年
全国	919281.1	832035.9	746395.1	688858.2	643563.1	592963.2	538580	487940.2	412119.3	348517.7
北京	33105.97	28014.94	25669.13	23014.59	21330.83	19800.81	17879.4	16251.93	14113.58	12153.03
天津	13362.92	18549.19	17885.39	16538.19	15726.93	14442.01	12893.88	11307.28	9224.46	7521.85
河北	32494.61	34016.32	32070.45	29806.11	29421.15	28442.95	26575.01	24515.76	20394.26	17235.48
山西	15958.13	15528.42	13050.41	12766.49	12761.49	12665.25	12112.83	11237.55	9200.86	7358.31
内蒙古	16140.76	16096.21	18128.1	17831.51	17770.19	16916.5	15880.58	14359.88	11672	9740.25
辽宁	23510.54	23409.24	22246.9	28669.02	28626.58	27213.22	24846.43	22226.7	18457.27	15212.49
吉林	11253.81	14944.53	14776.8	14063.13	13803.14	13046.4	11939.24	10568.83	8667.58	7278.75
黑龙江	12846.48	15902.68	15386.09	15083.67	15039.38	14454.91	13691.58	12582	10368.6	8587
上海	36011.82	30632.99	28178.65	25123.45	23567.7	21818.15	20181.72	19195.69	17165.98	15046.45
江苏	93207.55	85869.76	77388.28	70116.38	65088.32	59753.37	54058.22	49110.27	41425.48	34457.3
浙江	58002.84	51768.26	47251.36	42886.49	40173.03	37756.59	34665.33	32318.85	27722.31	22990.35
安徽	34010.91	27018	24407.62	22005.63	20848.75	19229.34	17212.05	15300.65	12359.33	10062.82
福建	38687.77	32182.09	28810.58	25979.82	24055.76	21868.49	19701.78	17560.18	14737.12	12236.53
江西	22716.51	20006.31	18499	16723.78	15714.63	14410.19	12948.88	11702.82	9451.26	7655.18
山东	66648.87	72634.15	68024.49	63002.33	59426.59	55230.32	50013.24	45361.85	39169.92	33896.65
河南	49935.9	44552.83	40471.79	37002.16	34938.24	32191.3	29599.31	26931.03	23092.36	19480.46
湖北	42021.95	35478.09	32665.38	29550.19	27379.22	24791.83	22250.45	19632.26	15967.61	12961.1
湖南	36329.68	33902.96	31551.37	28902.21	27037.32	24621.67	22154.23	19669.56	16037.96	13059.69
广东	99945.22	89705.23	80854.91	72812.55	67809.85	62474.79	57067.92	53210.28	46013.06	39482.56
广西	19627.81	18523.26	18317.64	16803.12	15672.89	14449.9	13035.1	11720.87	9569.85	7759.16
海南	4910.69	4462.54	4053.2	3702.76	3500.72	3177.56	2855.54	2522.66	2064.5	1654.21
重庆	21588.8	19424.73	17740.59	15717.27	14262.6	12783.26	11409.6	10011.37	7925.58	6530.01
四川	42902.1	36980.22	32934.54	30053.1	28536.66	26392.07	23872.8	21026.68	17185.48	14151.28
贵州	15353.21	13540.83	11776.73	10502.56	9266.39	8086.86	6852.2	5701.84	4602.16	3912.68
云南	20880.63	16376.34	14788.42	13619.17	12814.59	11832.31	10309.47	8893.12	7224.18	6169.75
西藏	1548.39	1310.92	1151.41	1026.39	920.83	815.67	701.03	605.83	507.46	441.36
陕西	23941.88	21898.81	19399.59	18021.86	17689.94	16205.45	14453.68	12512.3	10123.48	8169.8
甘肃	8104.07	7459.9	7200.37	6790.32	6836.82	6330.69	5650.2	5020.37	4120.75	3387.56
青海	2748	2624.83	2572.49	2417.05	2303.32	2122.06	1893.54	1670.44	1350.43	1081.27
宁夏	3510.21	3443.56	3168.59	2911.77	2752.1	2577.57	2341.29	2102.21	1689.65	1353.31

续表

时间 地区	2018年	2017年	2016年	2015年	2014年	2013年	2012年	2011年	2010年	2009年
新疆	12809.39	10881.96	9649.7	9324.8	9273.46	8443.84	7505.31	6610.05	5437.47	4277.05
平均值	29487.66	27327.10	25163.55	23315.09	22075.79	20462.75	18598.45	16820.68	14098.13	11783.99

资料来源：根据国家统计局网站分省年度 GDP 数据整理核算所得，http：//data.stats.gov.cn/easyquery.htm?cn=E0103，最后访问日期：2020 年 5 月 6 日。

一是从东北三省 GDP 占全国的比重来看，下降趋势明显。2012 年之后，东北三省 GDP 占全国的比重开始出现下降趋势，2015 年下降趋势明显增大，2018 年已经降至 6% 以下（具体数据见图 7－1　东北三省 GDP 总值占全国比重）。二是从东北三省的 GDP 增长速度来看，GDP 增长迟缓现象明显。甚至辽宁省在 2016 年，吉林省、黑龙江省在 2018 年均都出现了负增长的现象（具体数据见图 7－2　东北三省 GDP 增长率），足见东北三省经济发展的困窘。三是在全国范围内来看，辽吉黑三省经济发展水平明显已经处于下游。2009—2018 年，黑、吉两省的年 GDP 平均值每年都低于全国平均 GDP 数值，辽宁省从 2016 年开始也已经处于拉低平均数的段位。以 2018 年为例，在 31 个内陆省级行政区划范围内，年 GDP 总值辽宁省排名 15，占全国的 2.56%；黑龙江省排名 24，占全国的 1.4%；吉林省排名 26，占全国的 1.22%。三省 GDP 总值仅占全国的 5.18%，集三省之力仍低于广东省、江苏省、山东省、浙江省和河南省，全国排名第 6。

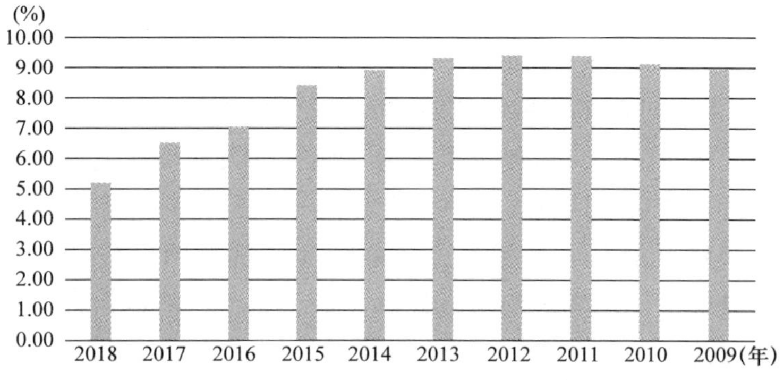

图 7－1　东北三省 GDP 总值占全国比重

资料来源：根据国家统计局官方网站数据整理所得，http：//www.stats.gov.cn/，最后访问日期：2020 年 5 月 6 日。

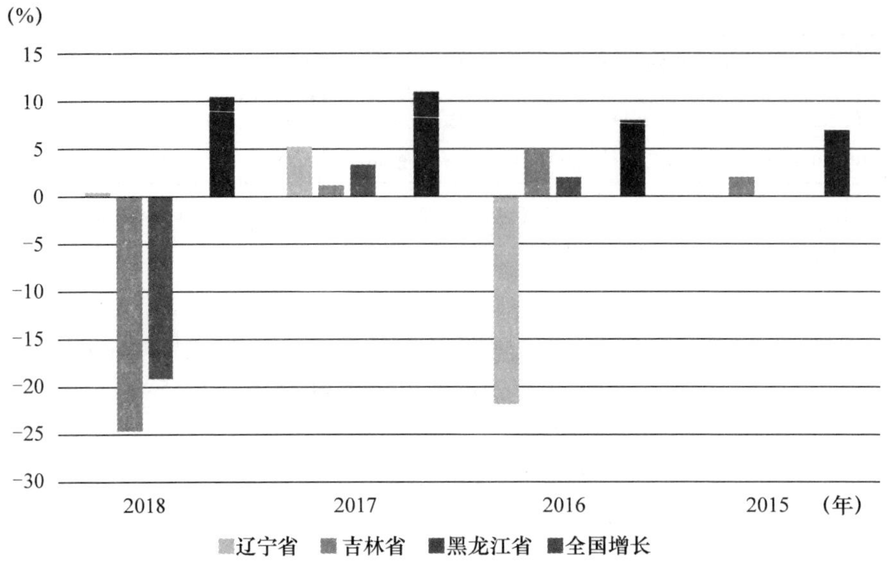

图 7－2　东北三省 GDP 增长率

资料来源：根据国家统计局官方网站数据整理所得，http：//www. stats. gov. cn/，最后访问日期：2020 年 5 月 6 日。

由此我们可以明确地看出东北三省的生产能力以及其对于国民经济的贡献能力的下降趋势已经非常严峻，前景堪忧。当下东北三省经济发展水平和发展能力，没有与其占地面积和原有国内的综合地位实现完全的匹配，其缓慢的经济增长速度已经成为全国经济提挡加速、爬坡过坎的影响因素之一。甚至可以说，东北三省已经处于滑出全国经济快速增长轨道的边缘，随时都有“脱轨”的危险。

（二）东北老工业基地振兴战略的主要目的

东北地区幅员辽阔，地理位置优越，具有巨大的经济发展潜力，是全国重要的经济增长极。因此，只有实现东北地区的新一轮振兴，推动这艘搁浅了的“经济巨船”入海航行，才能切实实现全国经济整体腾飞。所以，从转型升级、协调发展的角度分析，东北老工业基地振兴战略，主要有以下四个目的。

一是解决东北地区经济再发展存在的实际问题，即通过老工业基地振兴解决该地区在体制机制、转型升级以及对外开放等层面存在的实际问题。

二是培育新兴经济增长点，实现东北地区的新一轮振兴发展。东北地区是全国重要的经济增长极，但是其 GDP 总量却还不到全国的6%（2018年数据），而且近几年来辽宁省、吉林省以及黑龙江省的平均省级 GDP 数值几乎均低于国家平均值，在全国范围内已经处于下游，成为经济发展的“落后区”，经济增长极作用发挥不明显，对于全国经济快速发展和转型升级大局已经产生了一定的“阻碍”。因此，要通过老工业基地振兴战略培育出新兴经济增长点，实现区域总体经济快速、和谐、高效发展。

三是解决区域发展矛盾，实现国内各区域间平衡发展。由全国各省 GDP 总值的数据（见表 7-1）可以看出，在东北三省中仅辽宁省 GDP 总值徘徊在全国前一半的行列，吉林省和黑龙江省 GDP 总值均处在全国后 1/3 行列，三省的经济发展水平远远落后于沿海及部分内陆地区，这种区域间经济发展不平衡造成了国内区域间发展矛盾，影响了整体国民经济结构调整的步伐。因此，东北三省作为相对落后的经济区域，应该借助振兴战略，在完善内部地区间合作机制的基础上，积极对接国内其他整体区域的协同开发，通过有序承接京津冀地区产业转移，加强与山东半岛以及长三角、珠三角等经济区合作，拓展“飞地经济”合作发展模式等方式，实现自身的多维、全面发展，进而逐步缩小全国区域间发展不平衡程度。

四是拓展对外开放平台，让东北地区成为国家向北开放的重要窗口和枢纽，进而有效对接国家及国际间发展战略。在《东北振兴“十三五”规划》中，明确指出：主动参与推进“一带一路”建设……推进中蒙俄经济走廊建设。建立健全三方毗邻地区地方政府合作机制，对接俄罗斯跨欧亚大通道、蒙古国“草原之路”倡议，促进政策沟通。[①] 东北三省以其特殊的地缘环境承担了特殊的地缘政治与地缘经济作用，成为中国向北开放的桥头堡和枢纽。自“一带一路”倡议开始实施以来，东北地区就扮演了“中转站”的重要的角色，在互联互通领域承担着不可替代的作用。辽宁省“一带一路”综合试验区的建设更是开创了东北地区乃至全国对接“一带一路”倡议的实践、创新路径，彰显了地理区位的重要作用。同时，东北地区在对接俄罗斯、蒙古国等毗邻国家的经济发展战略上也承担着节点

① 国家发展和改革委员会：《东北振兴“十三五”规划》，2016 年 12 月 19 日，发展改革委网站，https：//www. ndrc. gov. cn/xxgk/zcfb/tz/201612/t20161219_ 962821. html，访问日期：2020 年 3 月 12 日。

和枢纽的重要作用。尤其是在与俄罗斯的经贸合作中，东北地区与俄罗斯远东地区的对接式发展，更是促进中俄区域合作模式快速形成的主要方式和重要途径。

（三）东北老工业基地振兴战略的实施阶段及其对外开放特点

东北老工业基地振兴战略2003年开始实施以来，经过了第一阶段的夯实基础、第二阶段的巩固提升，如今已经进入了高质量发展的全方位振兴阶段。从打造对外开放平台的视角分析三个阶段的进程，其每个阶段都有各自不同的特点。

第一阶段是夯实基础、探索路径阶段。该阶段的时间节点可以定义为2003年开始一直持续到2015年。2003年10月，国家出台了《关于实施东北地区等老工业基地振兴战略的若干意见》，在体制机制创新、工业结构优化升级、现代农业、第三产业、资源型城市经济转型、基础设施建设、扩大对外对内开放、发展科技教育文化事业等方面制定了各项战略举措，正式吹响了振兴东北老工业基地的号角。为了进一步夯实具体措施，又相继于2007年8月发布了《东北地区振兴规划》，2009年9月出台了《关于进一步实施东北地区等老工业基地振兴战略的若干意见》，2014年8月出台了《关于近期支持东北振兴若干重大政策举措的意见》。在该阶段里国家出台的一系列政策规划，将东北老工业基地的振兴提升到了我国区域发展“四大板块”之一的重要位置，夯实了发展基础，逐步探索出了适合东北地区振兴发展的路径，发现并解决了发展过程中存在的一系列问题，为全面振兴打下了基础。

该阶段在地区对外开放方面主要有三个特点：一是目标明确，即承接国际产业转移，拓宽跨境市场范围和领域，实现投资主体多元化，利用外资帮助老工业基地实现产业结构调整。二是地位明确，即扩大对外开放水平是实现老工业基地振兴的重要途径，更是实现东北地区开展国际经济合作、建立国际能源基地、拓宽商品销售途径的有效手段。三是方式明确，即发挥区位优势与周边国家和地区构建合作开放机制。着重强调了提升与俄罗斯远东地区之间的开放水平和贸易发展水平是一项重要措施和努力方向，要在推动《中国东北地区老工业基地与俄罗斯远东地区合作规划纲要》落地见效的基础上，实现东北老工业基地振兴战略与俄罗斯远东地区开发战略的有效衔接，“启动中俄远东开发合作机制，推动在能源、矿产资源、制造业等领域实施一批重大合作项目，按照国务院批复方案加快筹备中俄地区合作发展（投资）基金，支持哈尔滨打造对俄合作中心城市”[①]。这不仅明确了东北与远东地区的合作机制，还推进了区域合作中心城市的构建进程，为两地区的合作开创了一条有效路径。

第二阶段是蓄积力量、巩固提升阶段。由2016年一直持续到2018年9月。2016年4月，《关于全面振兴东北地区等老工业基地的若干意见》出台。同年8月，国家发展和改革委员会印发了《推进东北地区等老工业基地振兴三年滚动实施方案（2016—2018年）》，分年度明确了137项重点工作，对于东北地区的进一步振兴发展起到了强力的推进作用。12月，《东北振兴“十三五”规划》正式出台。明确了“十三五”期间东北地区振兴的总体目标是：2020年，东北地区体制机制改革创新和经济发展方式转变取得重大进展，发展的平衡性、协调性、可持续性明显提高，与全国同步实现全面建成小康社会。[②]

在对外开放方面，该阶段一是明确了东北地区的发展方向，即融入“一带一路”倡议进程，要“将东北地区打造成为我国向北开放的重要窗口和东北亚地区合作的中心枢纽”[③]，形成全方位对外开放格局。二是东北地区开放平台的打造已经上升到推进“一带一路”倡议，促进东北亚地区发展的战略高度，承载着“事关我国周边和东北亚地区的安全稳定”的重要意义。三是东北振兴与俄罗斯远东开发对接发展已经上升到战略层次，意义重大。

第三阶段是高质量发展的全方位振兴阶段。起点是2018年9月。2018年9月，习近平总书记对东北三省进行了考察，并对于深入推进东北振兴做了重要指示，“强调以新气象新担当新作为推进东北振兴，明确提出新时代东北振兴，是全面振兴、全方位振兴”[④]。2019年12月，习近平总书

---

① 《关于近期支持东北振兴若干重大政策举措的意见》，2014年8月19日，中国政府网，http://www.gov.cn/zhengce/content/2014-08/19/content_8996.htm，访问日期：2020年3月19日。

② 国家发展和改革委员会：《东北振兴“十三五”规划》，2016年12月19日，发展改革委网站，https://www.ndrc.gov.cn/xxgk/zcfb/tz/201612/t20161219_962821.html，访问日期：2020年3月20日。

③ 《关于全面振兴东北地区等老工业基地的若干意见》，2016年4月26日，中国政府网，http://www.gov.cn/zhengce/2016-04/26/content_5068242.htm，访问日期：2020年3月18日。

④ 《实现新时代东北全面振兴——解读习近平总书记在深入推进东北振兴座谈会上的重要讲话》，《共产党员》2018年第19期。

记在《求是》杂志上的署名文章《推动形成优势互补高质量发展的区域经济布局》中指出：特别是“十四五”时期，要有新的战略性举措，推动东北地区实现全面振兴。[①] 这在一定程度上不仅明确了“十四五”期间东北地区的发展方向，同时也是东北地区高质量、全方位振兴阶段的正式开始。该阶段，世界面临百年未有之大变局，中国进入新时代，东北地区将进入发展动力强劲的关键期，因此“东北地区要主动调整经济结构，推进产业多元化发展，加快国有企业改革，打造对外开放新前沿，加快转变政府职能，弘扬企业家精神，加强干部正向激励，树立鲜明用人导向，实现全面振兴”[②]。另外，在此阶段对外开放作用更加重要，更应该是振兴的“着力点”。因此，将高水平、高质量的多边合作演变为东北地区的改革发展的直接动力已经成为当前东北老工业基地振兴的关键和方向。

综合东北地区发展存在的问题及发展阶段，我们可以将该地区的发展现实概括为四个方面：一是中国东北地区的发展现实严峻、已经成为中国当下一段时期内要尽快解决的重大问题，已经关系到中国经济转型升级的大势。二是经过一系列振兴措施，虽然东北地区的经济发展水平也有了一定的提升，但是总体来看提升效果不明显，还没有达到预想中经济增长极的标准要求。三是国家高度重视东北地区的经济发展水平和人民生活水平的提升，经过近20年的蓄积力量、补足短板、创新发展方式，已经逐步勾勒出了东北地区转型升级、全面振兴、全方位振兴的实践方向。四是国家“一带一路”倡议为东北地区的发展提供了良好的国际便利，其对外开放“桥头堡”“中转站”的作用凸显。因此，下一步东北地区有必要积极打造对外开放新前沿，坚持“引进来”“走出去”，加深国际区域间经贸合作深度和广度。在“一带一路”倡议的大背景下，主动对接东北亚经济发展轨道，融入东北亚区域经济一体化进程，积极构建节点城市和节点区域，扩大开放程度，抓紧国内、国际两个市场、两个机遇。中国东北振兴研究院副院长李凯表示：“东北要积极打造对外开放新前沿，要聚焦若干对外开放的重要方向，聚焦若干对外开放的重点领域，聚焦若干对外开放

① 习近平：《推动形成优势互补高质量发展的区域经济布局》，《求是》2019年第24期。

② 《推动形成优势互补高质量发展的区域经济布局　发挥优势提升产业基础能力和产业链水平》，《光明日报》2019年8月27日。

的重点区域和城市。”[①] 尤其是在中俄关系进入新时代的国际外交背景和区域经济发展的时代机遇下，东北地区可以积极主动对接俄罗斯“向东转”战略，提升与俄罗斯远东地区的合作和开放水平，发挥地缘优势实现本地区的新一轮经济振兴发展。

二　俄罗斯远东地区发展特征及远东开发战略

（一）俄罗斯远东地区的发展现实[②]

俄罗斯远东联邦地区位于俄罗斯东部，西伯利亚中东部，西面直接眺望勒拿河东侧，东面跨白令海峡毗邻美国，北面有北冰洋环绕，南面则接壤中国和朝鲜，与中国东北地区有超过3000公里的边界线和二十多个对应开放口岸。俄罗斯远东联邦地区面积为695.26万平方千米，占俄罗斯全国面积的40.6%。该地区人口数为818.86万人，占俄罗斯全国人口的5.58%，每平方公里人口密度仅为1.2人，是典型的地广人稀的区域。[③]

俄远东地区矿藏资源丰富，分布着亚太地区规模最大的煤矿、锡矿和世界级的大型金属矿，以及占整个亚太地区81%的钻石储量、51%的森林资源、37%的淡水资源、33%的水生生物资源，还有32%的黄金储量、27%的天然气储量和17%的石油储量。[④] 但是由于严酷的自然条件、落后的交通运输条件和发展滞后的市场机制体制，导致了该地区的各类资源利用率不高，很多都是处于“有储存数目，没有使用数目”的状态。

虽然远东一直都是俄罗斯的“能源储备仓和供应地”，但是该地区经济发展水平滞后，2000—2018年该地区生产总值所占俄罗斯联邦国内生产总值的比例一直在6%左右徘徊，几乎没有太大变化。[⑤] 落后的远东地区已

---

① 《专家建议东北以改革打造对外开放新前沿》，2019年12月26日，振兴东北网，http://www.zxdbw.net/2019-12/26/c_138658629.htm，访问日期：2019年3月25日。

② 关于远东地区的开发状况以及下文的部分具体开发措施，参见高立伟《东方经济论坛与俄罗斯经济东转》，《西伯利亚研究》2019年第6期。

③ Бюллетень “Численность и миграция населения Российской Федерации в 2018 году” - выпуск 2019 г., Федеральная служба государственной статистики, 28.06.2019, https://www.gks.ru/compendium/document/13283，访问日期：2020年4月3日。

④ 《中俄在俄罗斯远东地区合作发展规划（2018—2024年）》，2018年11月18日，中国一带一路网，https://www.yidaiyilu.gov.cn/zchj/xzcjd/71949.htm，访问日期：2020年4月10日。

⑤ Валовой региональный продукт/В текущих основных ценах на душу населения - (1998 - 2018гг.), Федеральная службагосударственной статистики, 27.02.2020, https://www.gks.ru/accounts，访问日期：2020年4月15日。

经严重阻碍了俄罗斯的整体国家经济发展水平的提升，成为俄罗斯国内区域间失衡发展、贫富差距加大的重要原因，造成了比较严重的国内发展矛盾。

（二）俄罗斯实施远东开发战略的动因

关于俄罗斯远东地区的发展问题，普京在上任之初其实就已经形成了明确态度，回答了俄罗斯到底需要一个什么样的远东、远东地区到底应该如何发展。2000 年 7 月在布拉维申斯克的“远东和外贝加尔湖地区发展前景”会议上，普京总统做出了明确的回答，确定了远东地区“外向型”的发展定位和发展思路：即要开放远东地区作为通向亚洲的一个窗口，而不是作为俄罗斯的原材料出产地。① 在这次会议上普京明确表示：“远东和外贝加尔湖地区占全国领土的 40%，单是这个事实就说明了许多问题，所以我们必须从根本上改变我们在远东的政策，这不应该是俄罗斯联邦个别主体的政策，这应该是俄罗斯国家的政策。”② 这为将远东地区开发战略作为俄罗斯的一项长期国策奠定了基础。同时，通过对全篇讲话的分析，我们不仅能够明确地感受到普京对于远东地区发展的决心，同时还可以从中分析出其对于远东发展“草稿式”的设计方案，主要有四方面内容：一是远东地区将逐渐改变其资源型发展模式和“俄罗斯原材料仓库”的国内地位，实现资源供应到自我发展的转变。二是开发远东地区将作为俄罗斯一项长期坚持的国策来施行，通过“大动作”逐步改变远东地区落后的局面，摆脱该地区的“经济困扰”。三是远东地区将以其独特的地缘位置承担起俄罗斯“进军”亚太一体化进程的“急先锋”，是俄罗斯对接亚太经济发展、重塑大国地位、实现国家的地缘政治利益的重要一步。四是解决当前远东地区存在的自身问题，阻断内部矛盾进程，为远东地区的开发创造必要的内部条件。此次会议，是俄罗斯远东开发战略的“号角式”的会议。

远东地区开发战略作为俄罗斯“向东转”的重要“抓手”，主要是想要解决三个问题，在这些问题的解决过程中就逐步明确了远东地区开发战略的基本脉络、手段和方向。

第一，明确发展方向，要解决远东地区发展速度迟缓、经济水平落后

---

① ［俄］普京：《普京文集：文章和讲话选集》，中国社会科学出版社 2002 年版，第 121 页。

② ［俄］普京：《普京文集：文章和讲话选集》，中国社会科学出版社 2002 年版，第 121 页。

的问题。1999年年底叶利钦留给普京的是一个“问题重重”的远东。苏联时期远东就落后于其他地区，但是在当时的计划经济体制下，政府投入了大量的补贴来保证远东地区的经济发展。然而，苏联解体之后，俄罗斯转向市场经济运行模式，远东地区失去了政府补贴的传统优势，加之该地区原本严重军事化的、不合理的经济发展结构，致使远东地区经济陷入严重的危机之中，人民生活水平下降趋势明显。当时，远东地区有近1/3的人口生活在贫困线以下，与全国平均水平有很大的差距，与此同时这种状况也造成了大量人口外流，从1989年到1997年远东地区居民减少50万人以上。[①] 鉴于此种情况，普京不得不采取措施迅速加快远东地区的发展，改变贫穷落后的现状。所以普京当时的态度是“我们没有丝毫权力丧失发展速度，允许边疆区落后”[②]。然而，当时处在市场经济的转型期，远东地区想要发展举步维艰，混乱的价格体制导致交通费用疯涨，“在1990—1993年，俄罗斯的铁路运价上涨了1700倍，港口装卸仓储费上涨了500倍”[③]，综合考虑与西部地区的距离、亚太地区经济发展的良好势头以及独特的地理位置等现实原因，远东发展的出路指向了亚太地区，计划实行“外向型”经济发展模式。普京总统在署名文章《俄罗斯：新的东方前景》中强调：“俄罗斯永远感到自己是欧亚国家，我们任何时候也没忘记，俄罗斯的大部分领土位于亚洲，但是应该诚实地说，并不是所有时候（俄罗斯）都利用了这一优势。”[④] 由此，可以更加清晰地看出普京时代发展远东地区的国家政策取向。

第二，明确发展路径，要解决对外封闭、与亚太地区联系不紧密的问题。一直以来，俄罗斯远东地区的制造业中80%都是国家军工企业，出于国家安全考虑，致使该地区长期相对封闭，与亚太地区没有形成良性互动发展模式，与周边国家毗邻地区联系的都不够紧密。而该地区的优先发展方向又是亚太地区，鉴于此，2003年，俄罗斯政府出台了《1996年至2005年及2010年前远东和外贝加尔地区社会经济发展联邦专项纲要》。这部规划纲要是对叶利钦时代出台的《1996—2005年远东和外贝加尔地区社

---

① 李传勋：《转型期的俄罗斯远东》，哈尔滨工程大学出版社1998年版，第57页。

② ［俄］普京：《普京文集：文章和讲话选集》，中国社会科学出版社2002年版，第121页。

③ 胡仁霞：《中国东北与俄罗斯远东区域经济合作研究》，社会科学文献出版社2014年版，第52页。

④ ［俄］普京：《普京文集：文章和讲话选集》，中国社会科学出版社2002年版，第196页。

会经济发展联邦专项纲要》的延续、修改和补充，为俄罗斯远东地区发展明确了路径。在此强调的是，在该规划纲要中将与中国东北地区的经济合作作为助力远东开发的一项重要措施提了出来，这为中俄毗邻地区区域合作奠定了基础，意义重大。另外，在2007年俄罗斯政府又制定了《远东及东西伯利亚地区2013年前经济社会发展纲要》。从地缘战略利益和保障俄联邦安全角度出发，为远东及外贝加尔地区经济的快速发展优化了投资环境，建立了一系列便于经济发展的基础设施，为实现"外向型"发展夯实了基础。2009年年底，时任俄罗斯总理的普京签署联邦政府令，批准俄罗斯联邦《2025年前远东和贝加尔地区经济社会发展战略》，其目的是利用远东和外贝加尔地区的资源和地缘优势，加快俄罗斯融入亚太地区经济空间。同时，也是"防止国家对远东和贝加尔地区的经济和政治影响力下降，遏制远东和贝加尔地区人口下降趋势，以维护俄罗斯的地缘政治和地缘经济利益"①。在该战略规划中，中国东北地区成为远东地区的优先合作区，强调了在交通、电信以及网络等方面的合作方向。

第三，实现经济东转，解决西方经济封锁、国内区域发展不平衡的问题。2013年年底乌克兰危机爆发，这成为俄罗斯经济向东转，加速开发远东地区的关键节点。乌克兰危机后，西方的经济、政治以及军事制裁接踵而至，使原本在欧债危机、油价暴跌等影响下举步维艰的俄罗斯经济雪上加霜。当时"美国及其盟国对俄罗斯整个工业领域内政治官员和企业实施了制裁。一连串的制裁浪潮，再加上俄罗斯日益被孤立的政治局势，导致了俄罗斯股市急剧下跌，大量资本外流以及卢布走势持续偏低等状况"②。这使得俄罗斯不得不发挥其"双头鹰"的优势，加快推进"向东转"步伐，开发远东地区，对接亚太地区经济发展的大趋势，先一步实现经济东转。一方面可以突破西方经济围堵，另一方面也可以促进国内"欧亚"区域间平衡发展。2015年普京总统创建了东方经济论坛。该论坛创建的主要目的就是吸引外来资本驻足远东地区，实现远东地区的经济快速发展。该论坛的创建可以作为俄罗斯远东开发战略的重要节点式的事件，自此俄罗

① 高际香：《俄罗斯〈2025年前远东和贝加尔地区经济社会发展战略〉解读》，《俄罗斯东欧中亚市场》2011年第1期。

② Дмитрий Тренин, Украинский кризис и возобновление великодержавного соперничества, Московский Центр Карнеги/, 15. 10. 2014, https: //carnegie. ru/2014/10/15/ru-pub - 56935//, 访问日期：2020年4月5日。

斯远东开发战略正式进入了纵深推进的进程之中。

（三）俄罗斯远东开发的战略举措

为了逐步推进远东开发战略，俄罗斯政府实行了一系列举措。这些举措不仅提升了远东地区的开放水平和外资吸引力，同时也为中国东北与远东合作发展创造了条件。

一是设立远东发展基金。该基金于2011年由俄罗斯“发展和对外经济活动银行”成立，成立资金470亿美元。该发展基金旨在通过年利率5%的融资政策吸引外资，促进远东和贝加尔地区的快速发展。在2016年的第二届东方经济论坛上，普京总统还特意介绍了该基金，他指出：俄罗斯已经为远东地区创建了一个特殊的发展基金，该基金以每年给远东企业提供年息5%的卢布进行融资。[①] 虽然，普京总统在2019年的国际北极论坛全体会议上宣称，为了适应北极项目融资的需要，可能对该基金进行资本重组，但是这并不影响该基金对于俄罗斯远东地区发展的助力作用。近5年来，该基金对远东地区项目投资超350亿卢布，56%的投资集中于基础设施领域，23%用于农业领域，13%用于工业领域。截至2019年4月，正在积极实施的项目有14个，投资总额为2150亿卢布。[②] 如今，远东发展基金已经成为俄罗斯远东地区发展最重要的资金来源，是远东地区融入亚太一体化进程、开发国际重大项目的有力保障。

二是成立专门服务机构。2012年6月俄罗斯成立了远东发展部，专门负责远东地区的开发事宜。当时的远东发展部部长伊沙耶夫表示，俄罗斯当前的目标是集中力量，推动俄远东社会、经济实现进一步大发展，最终使远东成为俄在亚太地区的影响力中心。[③] 远东发展部的成立，为远东地区的发展带来了巨大的国家支持，2018年远东发展部制定了至2020年远东联邦区发展规划，预计2020年年底建设完成191个开发项目，投资额达537亿卢布。2019年2月，普京签署总统令，将远东发展部更名为远东与北极发展部，同时承担远东及北极开发任务，旨在提高远东和北极发展

① В. В. Путин. Выступление на Восточном экономическом форуме, 03. 09. 2016, http://www. kremlin. ru/events/president/news/52808，访问日期：2020年3月27日。

② 《普京称远东发展基金可能会进行资本重组》，2019年4月16日，商务部网站，http://ru. mofcom. gov. cn/article/jmxw/201904/20190402852985. shtml，访问日期：2020年4月15日。

③ 《俄罗斯以APEC为机遇推进亚太战略》，2012年9月4日，海南网，http://hnrb. hinews. cn/html/2012-09/04/content_ 522453. htm，访问日期：2020年2月25日。

的国家管理效率。远东发展部的更名，不仅是北极开发权利的移交，更是拓展发展潜力的一种手段。北极地区储藏的丰富能源、极具潜力的交通资源以及重要的战略地位都将成为远东地区发展的强大助力。

三是实施优惠的税收政策。俄罗斯政府对税收法案进行了修正，进一步宽松了远东地区的营商环境，创造了优惠的税收政策。在 2013—2028 年，三年内投资额达到 5000 万卢布或者五年内投资额达到 5 亿卢布的企业可以享受免缴前 10 年联邦财政利润税、前 2 年矿产资源开采税以及前 5 年地方财政利润税税率为 0%—10% 等优惠政策（不包括汽车、摩托车以及油气开采企业）；2018—2022 年，旅游休闲行业不收取利润税；2022 年年底前，不收取锡矿开采税。①

四是持续建立社会经济超前发展区。2015 年 3 月《俄罗斯联邦社会经济超前发展区法》开始生效。通过降低或减免各项税费、自由关税制度以及简化各种手续办理、放宽基础设施使用权限等手段吸引外来企业入驻远东。截至 2019 年，远东地区已经建立了 20 个超前发展区，批准入驻企业 400 家，创造就业岗位超过 70000 个。②

五是建立自由港机制。2015 年 7 月 13 日，俄罗斯总统普京签署了《符拉迪沃斯托克自由港联邦法》，该法规在 2015 年 10 月正式生效。具体优惠政策为：税务方面，前 10 年社会保险费费率为 7.6%，前 5 年免缴联邦财政利润税、财产税和土地税，地方财政利润税税率不高于 5%；时间方面，各项检查时间不超过 15 天，建设项目申请许可审批时间不超过 40 天，简化签证手续，可获得为期 8 天的落地签证权限。同时，实行海关和边检统一监管的“一站式”检查机制。③ 自由港制度的建立，进一步拓宽了远东地区的发展途径，吸引了大量的国外资本。2019 年符拉迪沃斯托克自由港区域入驻企业达 1558 个，提供工作岗位 73504 个，投资额达到了 744 亿卢布。④

六是创建东方经济论坛。在乌克兰危机后的国际封锁围堵、国内远东

---

① 《俄投资贸易政策和远东地区相关优惠政策》，2018 年 3 月 6 日，商务部网站，http://www.mofcom.gov.cn/article/i/dxfw/ae/201802/20180202709096.shtml，访问日期：2020 年 2 月 25 日。

② Всего на территории Дальнего Востока создано 20 ТОР, Корпорация развития Дальнего Востока, https://erdc.ru/about-tor/.

③ Свободный порт Владивосток, Министерство Российской Федерации по развитию Дальнего Востока и Арктики, https://minvr.ru/activity/svobodnyy-port-vladivostok/.

④ Корпарация развития дальнего востока\\О СПВ\\https://erdc.ru/about-spv/.

地区亟须快速发展的双重背景下，俄罗斯意识到了经济东转的必然性和迫切性。2015 年，普京总统创建了东方经济论坛，每年 9 月在符拉迪沃斯托克市举办。该论坛致力于构建开放合作发展平台，强力推动俄罗斯经济东转，对接亚太经济发展圈，是“改变外交双头鹰面向东方的一只眼有些暗淡无光”① 的具体措施。正如普京总统在首届东方经济论坛上强调的：“今天，我们将远东地区能够融入亚太地区的未来发展进程中，视为整个国家社会经济发展的中心任务。同时，在这里完善基础设施、提升就业机会、促进经济发展是我们努力的目标。”② 如今东方经济论坛已经成功举办五届，取得了一定的成果。

第一届，于 2015 年 9 月 3—5 日举办，主题是“俄罗斯经济现状和远东投资吸引力”。有 25 个国家 2500 多人参加，共签订 80 项投资协议，投资总额达 1.3 万亿卢布，60% 多的协议转化为合同。第二届，于 2016 年 9 月 3 日举办，主题是“开放的远东”。有 56 个国家 4500 多人参加，共签订 214 项投资协议，投资总额超过 1.85 万亿卢布。第三届，于 2017 年 9 月 6—7 日举办，主题是“远东创造一个新的现实”。有 60 多个国家 6000 多人参加，共签订 217 项投资协议，投资总额超过 2.5 万亿卢布。第四届，于 2018 年 9 月 11—13 日举办，主题是“远东—扩展机遇边界”。有 60 个国家 7300 多人参加，共签订 220 项投资协议，投资总额达 3.108 万亿卢布。第五届，于 2019 年 9 月 4—6 日举办，主题是“远东—发展前景”。有 65 个国家的 8500 多人参加，共签订 270 项投资协议，投资总额达 3.4 万亿卢布，启动了 1800 个项目。

“远东地区的开发与发展”是五年来东方经济论坛的核心主题，更是俄罗斯政府的核心目的。五年来年投资额由 2015 年的 1.3 万亿卢布增长到 2019 年的 3.4 万亿卢布，增长了 161.54%。地区生产总值由 2015 年的 4.03 万亿卢布增长到 2018 年的 5.2 万亿卢布，增长了 29%。由此，我们不难发现，逐步成熟起来的东方经济论坛已经成为远东地区经济发展的重要“推手”，没有辜负“普京团队”的巨大期望。

七是实施“远东一公顷”政策。俄罗斯政府规定，自 2017 年 2 月起，

---

① 邢广程：《俄罗斯亚太战略和政策的新变化》，《国际问题研究》2012 年第 5 期。

② В. В. Путин：Выступление на перво Восточном экономическом форуме，04.09.2015，http：//www.kremlin.ru/events/president/news/50232，访问日期：2020 年 4 月 3 日。

每个俄罗斯公民都可以免费在远东地区申请1公顷土地的使用权。实施这项政策的主要目的是吸引民众开发远东地区闲置土地，扩展土地使用价值，实现“土地经济”的持续发展。截至2020年2月，“远东一公顷”政策实施三年以来，已经有7.76万俄罗斯民众获得了政策规定的远东地区土地使用权，其中：滨海边疆区人数最多，超过2.1万人，萨哈共和国（雅库特）有1.37万人，哈巴罗夫斯克边疆区有1.2万人，萨哈林州有1.01万人，阿穆尔州有0.95万人。在这些居民的土地中，54%的土地用来建造个人住房、24%用于从事农业活动、8%计划从事旅游项目、7%计划从事各类商业活动、7%计划用于个人休闲。为了支持该计划的深入实施，目前政府缩短了申请手续的办理时间，从47天减少到34天。同时，政府为申请者发展提供了利率为2%的抵押贷款。[①]“远东一公顷”政策的实施不仅成为了解决远东地区人口流失难题的重要手段，也为完善基础设施、增加人口活动点数量，加大区域间人员流动频度提供了空间和平台。从长远角度和国家思维来分析，一方面可以实现人口和资源逐步集中，为远东地区发展打下基础；另一方面可以推动经济结构多样化，实现种植业、养殖业、手工艺、简单加工业以及休闲旅游业等产业的多元发展，逐步改变人口困境，为地区自我发展创造了机遇。

八是挖掘远东地区运输潜力。在铁路层面，《2010—2020年俄交通体系发展国家规划》中规定，在2020年前，俄铁路公司将出资1242亿卢布在远东地区新修铁路513.7公里。规划将跨西伯利亚和贝阿铁路干线等地区基础交通动脉作为发展重点，明确了提高铁路网通行能力、形成重载列车线路、对相关装备设施进行现代化改造等任务，使远东地区客运能力较2012年增长50%。[②] 同时，根据俄罗斯制定的铁路运输发展战略，到2030年前要在远东新建雅库茨克—马加丹、下别斯加赫—莫马—马加丹（总长度1131公里）、萨哈林—谢尔盖耶夫卡（总长度1085公里）、苏克巴伊—萨马尔卡（总长度1085公里）等铁路线。[③] 公路层面，《2025年前远东

---

① Юрий Трутнев：Программу《Дальневосточный гектар》будем поддерживать дальше, 01.02.2020，https：//minvr.ru/press-center/news/24287/.

② 《2020年前俄远东地区将新建铁路513.7公里》，2017年4月12日，商务部网站，http：//www.mofcom.gov.cn/article/i/jyjl/e/201704/20170402556332.shtml，访问日期：2020年3月23日。

③ 郭连成等：《中国东北地区与俄远东地区交通运输网络及城市群空间经济联系》，《东北亚论坛》2017年第3期。

和贝加尔地区经济社会发展战略》计划在乌苏拉里斯克、符拉迪沃斯托克和哈巴罗夫斯克修建 16 条高速公路（140—160 公里/小时），同时将联邦区公路网与远东地区主要城市进行有效衔接，用来满足交通和运输需要。另外，俄罗斯的“滨海 1 号”“滨海 2 号”国际运输走廊发展构想也进一步改造和升级了交通运输基础设施，提高了远东地区的货物运输效率，为远东地区参与亚太国家经济一体化进程奠定了坚实的交通基础。

第二节 东北与远东地区合作的现实基础

正如普京总统所说：“俄罗斯需要一个繁荣稳定的中国，而我敢肯定，中国也需要一个强大而成功的俄罗斯。”① 那么，同样地，远东需要一个不断开放和发展的中国东北，东北也需要一个不断开放和发展的俄罗斯远东。所以说，东北地区与远东地区的合作是双方互惠的选择，更是推进两国“新时代全面战略协作伙伴关系”、实现“一带一路”倡议与俄罗斯欧亚经济联盟战略等国家间大政策对接的有力措施。因此，东北地区与远东地区的合作具有很强的现实基础。

一 中俄关系不断得到深化

中俄“新时代全面战略协作伙伴关系”的建立标志着中俄两国成熟、稳定的双边关系得到了进一步深化，为两国间全方位互利合作创造了良好的政治背景和合作基础。同时，近年来中俄经贸、人文以及国际合作等相关领域合作的纵深发展，为东北地区与远东地区的合作提供了良好的发展基础。在经贸领域，2019 年两国贸易额达到了 1100 亿美元，到 2024 年，计划将增加到 2000 亿美元。② 在人文领域，通过教育、旅游、青年交流以及国家层面的交流，中俄人文领域合作发生了重大的质的飞跃，达到了一个新的高度。两国民众对于对方的民族特征、历史和文化有了更深层次的

① Владимир Путин: Россия и меняющийся мир, Российская газета , 27. 02. 2012, https: //rg. ru/2012/02/27/putin-politika. html，访问日期：2020 年 4 月 23 日。

② Константин Щепин: У российско-китайского сотрудничества появились новые возможности, Российская газета , 02. 08. 2020, https: //rg. ru/2020/02/08/u-rossijsko-kitajskogo-sotrudnichestva-poiavilis-Novye-vozmozhNosti. html，访问日期：2020 年 4 月 15 日。

理解，在俄罗斯人认为的俄罗斯最重要和最有价值的伙伴国家中，中国稳居第一，“永远的朋友”的概念已在俄罗斯和中国民众中扎根。[①] 在地方合作领域，截至2019年，双方已经建立146对友好城市及省州，多地已经启动双方地方领导人定期会晤机制。在国际合作领域，中俄双方共同推动成立了上海合作组织，建立了多个双边或多边的合作机制，实现了“一带一路”倡议与欧亚经济联盟战略的有效对接；同时，两国在打击恐怖主义、毒品走私等全球性问题保持密切沟通和协调，共同努力推动构建新型国际关系和人类命运共同体。[②]

另外，在新冠肺炎疫情肆虐，成为全球性公共危机的背景下，中俄联手合作抗“疫”，共同维护国际公共安全，凸显出了中俄关系的高水平和特殊性。2020年3月19日—4月16日，近一个月内中俄领导人两次通电话探讨携手抗疫，互相赠送抗疫物资，互派防疫专家团，合作研发疫苗和药物，分享最佳治疗经验等，都为世界树立携手抗疫的国际合作典范。在4月17日《俄罗斯报》上的文章《中俄同心　共抗疫情》中指出：中俄两国合作抗击疫情的努力在“多条战线”同时展开，既有医疗合作，又有政治支持，还有经济推动。在这个特殊时期，中俄开展抗疫国际合作的经验为各国提供了重要借鉴，为全球合作抗疫注入了积极的正能量。[③] 这种相互支持、密切合作的高水平中俄关系不仅为东北与远东地区携手抗击疫情坚定了信心，也为两地区之间进一步拓展合作领域、深化合作内涵、推动共赢发展创造了最利好的机会和条件。

二　中俄间构建了互利共赢的发展模式

在国家战略协作层面，中俄两国之间已经确立了明确的基调，就是要进行深度融通，“国家发展战略对接进行密切协调和战略协作，拓展经贸

---

① Юлия Магдалинская：Фундамент сотрудничества：За последние десять лет в сфере гуманитарного взаимодействия России и Китая произошел серьезный качественный скачок，Российская газета ，01. 11. 2018，https：//rg. ru/2018/11/01/v-gumanitar№m-vzaimodejstvii-rf-i-knr-proizoshel-kachestvennyj-skachok. html，访问日期：2020年4月23日。

② 相关数据来自外交部网站，https：//www. fmprc. gov. cn/web/gjhdq_ 676201/gj_ 676203/oz_ 678770/1206_ 679110/sbgx_ 679114/，2019年12月。

③ Константин Щепин：Россия и КНР усилили совместную борьбу с COVID－19，Российская газета，17. 04. 2020，https：//rg. ru/2020/04/17/rossiia-i-knr-usilili-sovmestnuiu-borbu-s-covid－19. html，访问日期：2020年4月26日。

和投资互利合作，民心更加友好相通，文化更加互鉴相融”①。这种深度融通的国家发展战略对接基调，构建了一种互利共赢的国家间发展模式，不仅是对新时代中俄关系的有力推进，更是对双方国家发展路径选择的认可。深入分析，可以看出中俄之间互利共赢的国家发展模式主要有三个特点：一是在国家发展战略层面协调协作。互相认可发展路径选择，排除互为“威胁论”因素，积极协调对接模式，实现协作式共同发展。二是在经贸投资层面互利合作。经贸投资领域历来是中俄之间的重要合作领域，在此基础上，积极拓展广度和深度，最终实现互利共赢，实现两国和两国人民的共同发展。三是在交流沟通层面相通相融。即在政治领域积极推进中俄关系的同时，不断拓展交流沟通渠道，最终实现民心相通、文化相融，这才是国家和民族间交流的终极形式和最终目的。

这种国家间互利共赢的发展模式为中俄地区间合作创造了两个明显优势。

第一，“一带一路”倡议以其高度的契合性和兼容性挖掘出了沿线国家的发展潜力和过境潜力，对于俄罗斯远东地区来说无疑不是一次有利的改善基础设施、创建优良融资环境、实现大规模发展的机遇。同江—下列宁斯阔耶铁路桥、黑河—布拉戈维申斯克公路桥、东宁—波尔塔夫卡公路桥、黑河—布拉戈维申斯克跨境索道将进一步扩展俄罗斯远东与中国东北地区互联互通外延范围，开发毗邻销售市场。“滨海 1 号”“滨海 2 号”国际运输走廊发展构想将为俄罗斯远东和中国东北发展扫除国际交通运输障碍，共同搭建一个中俄间跨境合作的运输交通网络，逐步实现一体化贸易发展进程。据预测，到 2020 年，远东煤炭、铁和金属矿石开采量可达 5500 万吨，主要通过纳霍德卡港、东方港、瓦尼诺港、中国和蒙古国集中转运。对于东北地区来说，参与国际区域经济一体化进程得以加快。不仅可以提高两地区间的合作效率，提升合作水平，增进互信，还可以进一步增强经济互补性，提升贸易发展潜力。2019 年，仅黑龙江省对俄罗斯进出口总值就达 1270.7 亿元，增长 4%，占同期全省“一带一路”沿线国家进出口总值的 85.5%。其中，对俄出口 100 亿元，增长 34.1%；自俄进口

① 《中华人民共和国和俄罗斯联邦关于发展新时代全面战略协作伙伴关系的联合声明》，2019 年 6 月 6 日，外交部网站，https://www.fmprc.gov.cn/web/gjhdq_676201/gj_676203/oz_678770/1206_679110/1207_679122/t1670118.shtml，访问日期：2020 年 3 月 23 日。

1170.7 亿元，增长 2.1%。[①] 相信通过“一带一路”倡议与欧亚经济联盟的有效对接，将为中俄发展、中国东北地区与俄罗斯远东地区互惠合作构建出一条广泛的一体化通道。

第二，政策性对接为两国区域间合作提供了难得的机遇。除了“一带一路”倡议与欧亚经济联盟战略的对接外，东北与远东之间还进行了一系列的政策性对接，为两国间的区域性合作提供了政策保障和难得的机遇。2009 年 9 月中俄签订《中华人民共和国东北地区与俄罗斯联邦远东及东西伯利亚地区合作规划纲要（2009—2018 年）》［以下简称《规划纲要（2009—2018 年）》］，规定对中俄口岸及边境基础设施的建设和改造，加强地区运输、劳务、旅游、人文、环保、合作园区以及重大项目等几方面的合作。其中，完善口岸基础设施、提升通关效率、实行两地区铁路网对接等举措有效提升了两地区之间的交通运输能力，进一步便利了两地区之间的经贸往来。《规划纲要（2009—2018 年）》中共涉及 205 个重点项目（俄方 89 个，中方 116 个），其中中方的大部分项目都涉及俄东部地区原材料深加工领域。在这些重点项目中黑龙江 33 项、吉林 37 项、辽宁 20 项。[②] 2015 年 5 月，为了进一步推进双方政策对接，完善东北与远东地区合作机制，习近平主席和普京总统商定成立了中国东北地区和俄罗斯远东地区地方合作理事会，并于 2015 年 9 月和 2016 年 10 月召开了两次理事会会议。2016 年 11 月，两国在中俄总理定期会晤机制框架下，建立了中国东北地区和俄罗斯远东及贝加尔地区政府间合作委员会，以推动中国东北地区和俄罗斯远东地区发展，并于 2017 年 9 月、2018 年 8 月、2019 年 9 月分别召开了会晤会议，进一步夯实了两地区之间的合作基础。2018 年 11 月，《中俄在俄罗斯远东地区合作发展规划（2018—2024 年）》［以下简称《发展规划（2018—2024 年）》］正式获批，《发展规划（2018—2024 年）》具有单向引导中国企业在俄远东地区投资、细化合作项目、完善协调机制等特点。成为《中华人民共和国东北地区与俄罗斯联邦远东及东西伯利亚地区合作规划纲要

---

① 《2019 年黑龙江对“一带一路”沿线国家进出口达 1485.8 亿元》，2020 年 1 月 18 日，中国一带一路网，https://www.yidaiyilu.gov.cn/xwzx/dfdt/115795.htm，访问日期：2020 年 3 月 25 日。

② ［俄］Д. В 苏斯洛夫：《现阶段落实〈中国东北地区同俄罗斯远东及东西伯利亚地区合作规划纲要（2009—2018）〉问题》，《西伯利亚研究》2013 年第 4 期。

(2009—2018 年)》到期后，中俄间地方区域合作的又一纲领性文件，与《规划纲要（2009—2018 年)》不同的是，本次规划将着力点引向了俄罗斯远东地区，加大了远东地区吸引中国企业进行投资的力度。与此同时，在中俄总理第二十三次定期会晤期间两国签署了《中国东北地区和俄罗斯远东及贝加尔地区农业发展规划》，成为东北与远东地区开展农业合作的系统性文件。根据这一规划，双方将共同建设一系列粮食、油料加工、畜牧和渔业综合体，同时将共同促进大豆、水稻生产，发展蔬菜种植、畜牧养殖以及养猪和养鸡业，建设牲畜和渔业养殖场，共同生产高附加值产品。

两国间一系列政策的有效对接，逐步完善了合作的基础、扫清了合作的障碍、丰富了合作的内涵，为进一步深化东北与远东区域经济合作提供了难得机遇。

三　中俄蒙经济走廊规划了两地共同发展的经济空间

中俄蒙经济走廊是“一带一路”倡议北向的重要骨架内容，分为华北和东北两条线路，华北线路从京津冀到呼和浩特，再到蒙古国和俄罗斯。东北线路从大连、沈阳、长春、哈尔滨到满洲里和俄罗斯远东地区的赤塔。东西两线共同组成了一个多边经济贸易发展圈，将东北与远东一道划入欧亚经济发展轨道的东部起点，也为两地区对接亚欧大陆内部经济发展畅通了道路。尤其是东北线路，东北与远东分别作为此条走廊线路的两端，共同组成了一条中俄区域经济发展的连接线，也是东北老工业基地振兴战略和远东发展战略的对接线。从经济发展空间的角度分析，可以说中俄蒙经济走廊为东北和远东的合作规划了共同的经济发展空间。

这个经济发展空间具体有三方面特点：一是沿线国家较少，且政局稳定，经济发展风险因素较少。尤其是东北与远东所处的东北线路仅有中俄两国参与，简直就是中俄两国为东北与远东共同发展“量身打造”的经济发展线。二是地域性政策多样，为中俄蒙经济走廊的深入推进奠定了坚实的基础。东北地区结合三省的区位优势以及对外经济发展实际，分别出台了各自的对外开放政策。辽宁省利用其陆海双重优势，依托沿海经济带、大连东北亚国际航运中心和沈阳东北亚科技创新中心，“一带一路”综合试验区等构建了全方位对外开放的格局，2019 年对俄出口贸易总额达 79

亿元，增长9.2%。[①] 吉林省利用长吉图开发开放先导区构建沿边开放示范区的同时，积极建设“丝路吉林”大通道，对接中俄蒙经济走廊，形成了内联黑龙江、外通俄罗斯的交通运输网络。于2015年开通的“长满欧”（长春—满洲里出境—俄罗斯西伯利亚—波兰华沙—德国施瓦茨海德）、2019年开通的“长珲欧”（长春—珲春出境—俄罗斯新西伯利亚克里西哈）两趟国际班列两翼齐飞，提升了吉林省的对外开放水平。2019年1—3月，通过“长满欧”“长珲欧”班列进入长春兴隆保税区的货物共计2052标箱，货值8亿元人民币，同比2018年前3个月增长398%。[②] 黑龙江省借助区位、文化以及政策等优势，积极参与中俄蒙经济走廊建设，提出了“打造一个窗口，建设四个区”的发展定位，形成了对外开放新格局。在跨境交通基础设施建设方面，实现了中俄同江铁路大桥、中俄黑河公路大桥合龙建设，同时开通了13条对俄国际航空运输航线。在对俄贸易方面也是成效显著，2019年1—7月，全省对俄进出口实现736亿元，增长15.4%，占全省外贸总额的68.1%，占全国对俄贸易总额的17.7%。[③] 俄远东地区也将远东发展战略与中俄蒙经济走廊建设进行了有效对接，“滨海1号”“滨海2号”国际运输走廊构想以及各类中俄航空港、航海港口的合作建设等都是其有效的推进举措。三是中俄蒙三国可以实现经济上的互补式发展。中蒙需要俄罗斯的资源，俄罗斯需要中蒙的市场，这种互为需要、互相补充的经济发展模式为东北与远东的发展合作提供了范例、积累了经验。

四　两地具有相邻的区位优势和互补的资源优势

首先，两地区地理位置相邻，合作成本相对较低。东北地区地处中国

---

① 《二〇一九年辽宁省国民经济和社会发展统计公报》，2020年2月26日，辽宁省人民政府网站，http://www.ln.gov.cn/zfxx/tjgb2/ln/202003/t20200318_3775890.html，访问日期：2020年4月23日。

② 《“长满欧”“长珲欧”班列　“两翼齐飞”促吉林省开放》，2019年4月28日，新华网，http://www.xinhuanet.com/fortune/2019-04/28/c_1210120813.htm，访问日期：2020年4月23日。

③ 靖雯：《黑龙江：全方位构建对外开放新格局》，2019年9月27日，中国商务新闻网，http://70anniv.comnews.cn/article/df/201909/20190900019300.shtml，访问日期：2020年4月23日。

东北部，该地区地域辽阔，边界线总长约7500千米，海岸线长达2178千米。[①] 东、北、西三面分别与朝鲜、俄罗斯和蒙古国接壤，与俄罗斯接壤部分长达3279千米（其中：黑龙江省与俄罗斯接壤部分3038千米，吉林省241千米），是东北亚地区联通欧洲大陆的重要交通枢纽和战略枢纽。俄罗斯远东地区位于西伯利亚中东部，亚欧大陆东北部，南与中国、朝鲜接壤，是俄罗斯人口最少的经济区，且该地区也是全俄距中央最远的地区，主要经济中心距俄欧洲地区9000—10000公里，距俄乌拉尔工业区7000多公里，距西西伯利亚最西端6500公里，距与该地区交界的东西伯利亚的最西端也有近5000公里，几乎成为“莫斯科遗忘的角落”，与中央区域联系十分不紧密。综上，毗邻的区位可以为两地区合作节省交通运输成本、劳动成本和时间成本，还可以在现有的交通设施基础上实现快速联通。所以对于远东来说，相对于遥远的欧洲地区，中国东北自然是最优先的选择方向。而对于东北来说，远东地区则是能够最直接发挥“两种资源、两个市场”优势的国外合作伙伴。

其次，两地区资源互补性强，合作潜力巨大。东北地区拥有种类齐全、储藏丰富的矿产资源，现已探明储量的矿种就有84种，占全国已探明矿种的64%，铁矿石储量占全国的1/4，石油储量占全国的1/2以上，天然气储量占全国的1/6，油页岩储量占全国的7/10。[②] 该地区农业经济发达，拥有适合粮食耕种的三江平原、松嫩平原等广阔平原和肥沃的黑土地，耕地面积绝对量超过21万平方公里，占全国总量的17%，至今仍是中国最重要的粮食主产区之一。但是，近年来随着资源的高强度采伐和挖掘，东北地区的资源短缺情况越来越严重，逐步成为该地区振兴发展的阻碍因素。俄罗斯远东地区各类矿产、森林等自然资源同样极其丰富，是俄罗斯最重要的资源储藏地。有关资料显示，全俄矿产储量潜在价值约30万亿美元，其中西伯利亚与远东地区占25万亿美元，蕴藏着全俄80%以上已探明的各种矿物资源。[③] 该地区农业发展水平相对比较落后。2018年远东地区的蔬菜自给率为58%，谷物79%，肉类25%，牛奶44%，其余

① 陈才等：《东北老工业基地新型工业化之路》，东北师大出版社2004年版，第5页。

② 陈才等：《东北老工业基地新型工业化之路》，东北师大出版社2004年版，第6—8页。

③ 《西伯利亚联邦区经贸概况及与我经贸合作情况》，2011年7月6日，中华人民共和国驻伊尔库茨克总领事馆网站，http://irkutsk.chineseconsulate.org/chn/jmwl/，访问日期：2020年3月23日。

部分都需要进口或者国内其他地区提供。草场和牧场占50%以上，但从事农业生产的人员仅占全部就业人员的8%。[①] 由此分析，两地区利用“近邻”的优势可以快速实现生产要素互补，全面拓展项目合作领域的范畴。东北地区农业资源丰富，农产品种类繁多，在自给自足的基础上可以实现出口外销。但是该地区的森林、石油等资源由于长期的砍伐和开采已经逐步进入短缺的境地。而远东地区耕地资源匮乏，且自然条件恶劣导致很多农作物无法成活，致使农副产品供应不足。但是其丰富的石油、金属以及森林资源是一座天然的“宝库”，随时等待开发和利用。因此，两地区可以实现资源互补，互惠双赢，共同发展。

五 两地区具有相似的地缘作用

立足全球视角，从地缘政治角度分析。中国的东北地区是东北亚地区合作的核心区域，更是中国“一带一路”倡议向北联通的关键节点。辽宁沿海经济带和东北沿边地区是中国全方位对外开放新格局中的重要外延区域，承担着向北开放、融入亚太一体化进程、与北方周边国家联通发展的“窗口”作用。在新的历史时期，通过东北地区的全面振兴和对外开放，可以充分利用“两个市场”和“两种资源”，加速国家积极参与全球产业分工，承接产业转移，优化产业结构进程，实现整体、全面、协调的经济发展。

俄罗斯远东地区承担着两方面地缘政治功能。一是俄罗斯实现经济突破的东向“窗口”。虽然俄罗斯一直在实施“双头鹰”政策，但是其“其外交双头鹰面向西方的一只眼仍然炯炯有神”[②]，远东地区经济发展落后的的现实仍旧没有改变，因此要发展远东，“改变外交双头鹰面向东方的一只眼有些暗淡无光”[③] 的局面，实现经济突破。二是俄罗斯实现强国战略，融入亚太地区事务的“前沿阵地”。俄罗斯自普京执政以来，就积极倡导融入亚太地区的发展，实现俄罗斯的“欧亚”共同发展。在2000年11月的讲话中，普京指出：我们乐观地展望未来并相信，下一个世纪对亚太地区而言，这是充满新的机遇的时代；对于俄罗斯而言，它面前呈现出了新

---

① 崔亚平：《俄罗斯远东概论》，沈阳出版社2012年版，第7—84页。

② 邢广程：《俄罗斯亚太战略和政策的新变化》，《国际问题研究》2012年第5期。

③ 邢广程：《俄罗斯亚太战略和政策的新变化》，《国际问题研究》2012年第5期。

的东方前景，我们将毫无条件地发展和积极参与把这一地区变为我们的“共同家园”的进程。[①] 在这个进程中，远东地区自然而然就承担了“前沿阵地”作用，成为俄罗斯“进军”亚太、恢复强国话语体系的“排头兵”。

由上可以得出结论，中国东北与俄罗斯远东都分别承担着相似的地缘政治作用，都是本国对外政策的一个“窗口”和“阵地”。这种“窗口作用”的地缘功能为两地区的合作提供了现实可能性。

第三节　东北与远东地区合作存在的问题

虽然从整体来看，中国东北地区和俄罗斯远东地区合作具有很多优越性条件，但是从目前两地区的合作实际来看，还存在着一定的制约因素。

一　两地自身发展存在短板

（一）远东地区发展的制约因素

一是远东地区基础设施薄弱。对于如今的远东地区来说，在俄罗斯东部开发的战略背景以及亚太地区发展进入快车道的周边国际环境下，其丰富的资源、特殊的地理位置为其快速发展创造了最优越的条件。但是，其交通、运输等基础设施不够完善，制约了其对外开放的程度。铁路方面：远东地区主要有西伯利亚大铁路和贝—阿铁路两条主要铁路干线，长度是俄罗斯铁路长度的13.8%，至今还没有合适的交通运输方式来替代以上两条铁路的重要作用。但是，这两条铁路都面临着基础设施升级改造以及修缮的困境，到2020年，需要修缮的长度将超过8000公里，将投入超过1万亿卢布的资金。航空运输方面：在远东地区航空运输占整个区域运输比例的38%，对于极北地区和千岛群岛的一些地区而言，航空运输基本是日常交通的唯一选择，但飞机场老化、燃料价格高等问题逐步凸显。海上运输方面：远东地区的港口占俄罗斯的17%以上，有22个贸易港口和10个渔港。[②] 但是，当前港口货物装卸、停靠和通信设备老旧，亟须升级和改造。公路运输方面：远东的道路网络还不够发达，公路密度仅为俄罗斯平

---

① ［俄］普京：《普京文集：文章和讲话选集》，中国社会科学出版社2002年版，第200页。

② Соловова Елена Михайловна、Пономарев Сергей Викторович：Экономические проблемы ДВФО. Транспортная инфраструктура Дальнего Востока，Молодой ученый，№. 21. 2017，С. 241－244.

均水平的1/5①，境内仅有一条公路贯穿整个远东（赤塔—哈巴罗夫斯克）②，一些地区级公路中，将近有50%的里程不能正常运输，而且有很高的交通事故率。远东地区这种落后的交通和运输基础设施的现实状况没能与其所承担的庞大的经济发展期望相匹配，高昂的运输成本不仅阻碍了其对接国家、国际发展轨道的步伐，也阻碍了其本身的经济快速发展。

二是远东地区市场承载量较小。远东地区人口总量较少，仅有818.86万人。人口密度低，每平方公里人口密度仅为1.2人。③且该地区人口外流量大，据统计在1991—2010年，该地区有178万人移民外流④，至今，“每年仍大约有3万人离开远东”⑤。人口外流的主要原因就是不完善的基础设施以及高额的生活成本，根据全俄民意研究中心的社会学调查结果显示：人们之所以想离开远东是因为生活成本高（30%），基础设施差（28%），收入低（23%），气候差（23%），环境不舒适（19%），儿童受教育的机会不足（18%）和实现自我价值（占17%）以及购房困难（占13%）。⑥

另外，该地区人口增长率也不容乐观。该地区2012年（9个联邦主体）人口为628.5万人，2018年（9个联邦主体）人口为616.5万人，2012—2018年的人口增长率为-1.9%。2019年（11个联邦主体）人口为818.86万人，2035年（11个联邦主体）预计人口为768.5万人，⑦

---

① катерина Мереминская：Дальнему Востоку до 2025 года нужно 11，5 трлн рублей инвестиций，03.09.2019，https：//www.vedomosti.ru/eco №mics/articles/2019/09/03/810374-dal-nemu-vostoku－2025，访问日期：2020年4月25日。

② Соловова Елена Михайловна、Пономарев Сергей Викторович：Экономические проблемы ДВФО. Транспортная инфраструктура Дальнего Востока，Молодой ученый，№.21.2017，С. 241－244.

③ Бюллетень“Численность и миграция населения Российской Федерации в 2018 году”－выпуск 2019 г.，Федеральная служба государственной статистики，28.06.2019，https：//www.gks.ru/compendium/document/13283，访问日期：2020年4月3日。

④ Смирнова Д. В：Дальний восток－миграционные потоки и проблемы сегодняшнего дня，Современные проблемы науки и образования，2015.№1（часть 2）。

⑤ Россия и Китай：перспективы сотрудничества и новые вызовы，Россия в глобальной политике，20.06.2019，https：//globalaffairs.ru/articles/rossiya-i-kitaj-perspektivy-sotrudnichestva-i-№vye-vyzovy/，访问日期：2020年4月23日。

⑥ Екатерина Мереминская：Дальнему Востоку до 2025 года нужно 11，5 трлн рублей инвестиций，03.09.2019，https：//www.vedomosti.ru/eco№mics/articles/2019/09/03/810374－dal-nemu-vostoku－2025，访问日期：2020年4月25日。

⑦ Предположительная численность населения Российской Федерации до 2035 года，26.03.2020，https：//www.gks.ru/compendium/document/13285，访问日期：2020年4月26日。

2019—2035 年的预计人口增长率为 -6.2%。

人口基数少、外流量大、增长率低等因素共同作用限制了远东地区人口规模的增长，因而难以形成规模购买力，也就导致了该地区市场容量相对较小。所以，即使“中国为远东提供了必要的商品，但是该地区低密度的人口也无法实现对产品的购买”①。另外，俄罗斯国立研究大学高等经济学院学者伊戈尔·马卡洛夫也表示，“该地区只有 800 万人居住，他们生活在人口密度非常低的广阔地区。（所以）将中国公司吸引到远东地区的困难是市场规模小”②。所以说，远东地区的市场承载量现状限制了东北与远东地区的合作规模和层次，成为两地合作的一个重要制约因素。

三是远东地区劳动力短缺。2018 年远东地区的 GDP 经济结构中，矿产开采占比 32%，农林渔业占比 5.4%，生产加工占比 5.3%，建筑行业占比 6.2%，批发零售、车辆修理占比 10%，运输和储存占比 11.4%，国家治理、军事安全和社会保障方面占比 6.5%（在此只对占比 5% 以上的数据进行了统计）。③ 从产业结构分析，远东地区产业结构单一，分布着很多资源密集型、原材料加工型、劳动力密集型产业，劳动力需求量较大。然而，该地区又具有人口基数少、外流量大的人口发展现实。这种“用人”与“缺人”的矛盾限制了该地区的发展。2009 年，时任总统梅德韦杰夫曾表示，“俄远东地区发展落后的主要原因是由于远东和西伯利亚地区劳动力缺乏、基础设施发展不平衡以及生产欠发达”。尤其是 2020 年第一季度，由于新型冠状病毒的影响，边境关闭导致外来务工人员无法来俄进行劳动，这对于远东劳动力市场来说无疑是雪上加霜。因此，俄政府副总理兼俄总统驻远东联邦区全权代表特鲁特涅夫·尤里·彼得罗维奇甚至不得不宣布中止一些该地区的大项目。④

---

① Кондратюк Кристина Витальевна：Инвестиции Китая на Дальний Восток России：проблемы привлечения и основные направления，Молодой учёный，№26（130）2016 г.

② Россия и Китай：перспективы сотрудничества и новые вызовы，Россия в глобальной политике，20.06.2019，https：//globalaffairs.ru/articles/rossiya-i-kitaj-perspektivy-sotrudnichestva-i-№vye-vyzovy/，访问日期：2020 年 4 月 23 日。

③ Структура ВРП по отраслям экономики по ОКВЭД2（КДЕС Ред. 2）（2016 - 2018гг.），Федеральная служба государственной статистики，28.02.2020，https：//mrd.gks.ru/folder/27963，访问日期：2020 年 5 月 1 日。

④ Ольга Журман Владивосток：Дальний Восток ищет за рубежом новые источники рабочей силы，Российская газета，19.03.2020，https：//rg.ru/2020/03/19/reg-dfo/dalnij-vostok-budet-iskat-za-rubezhom-№vye-istochniki-rabochej-sily.html，访问日期：2020 年 4 月 23 日。

另外，为了应对2008—2009年的国际金融危机，优先提升本地就业率，俄罗斯采取了一系列限制或者禁止外国劳务人员的政策，从机制上减少了外国劳动力的引进配额。2015年12月颁布的俄罗斯联邦政府第1358号令规定：2016年某些行业被限制使用外国劳务，即蔬菜种植业领域使用外国劳务不得超过员工总数的50%；烟酒专卖领域不得超过15%；陆路旅客运输领域不得超过40%（2016年比例下调至30%，2017年下降到28%）；公路货物运输领域不得超过35%（2017年调整至28%）；体育运动领域不得超过25%；药店以及在市场、货亭等商店之外场所进行零售贸易的经营主体则禁止使用外国劳务。[①] 这些政策的出台严重限制了外国务工人员的进入，加深了人口危机的程度。

然而，随着经济危机的影响程度减轻、俄罗斯的总体经济复苏程度加深，尤其是在远东开发战略的背景下，远东地区的经济发展中"人的因素"将越来越重要。据统计，在《2025年前远东和贝加尔地区经济社会发展战略》等国家政策的带动下，"远东地区计划到2025年的投资项目将创造超过13万个新的就业机会，因此，该地区不久将面临劳动力的严重短缺"[②]。

四是贸易结构比较单一。随着中俄两国伙伴关系的进一步深入，虽然东北与远东地区的贸易合作水平有了显著的提高，但是两地区的贸易合作领域仍然比较单一，带有高附加值的产品合作范围不够广泛，这也使得东北与远东地区之间向更高层次的合作缺乏了动力。

2019年远东地区向中国的贸易出口总额达到64.5亿美元，占整个远东地区出口贸易额的22.42%。其中：鱼类等水生产品占比25.54%，矿石及矿物燃料等占比53.19%，木材及其制品占比13.86%（其他类别数值过小，不做说明）。远东从中国的贸易进口总额达到40.2亿美元，占整个远东地区进口贸易额的47.94%。其中：蔬菜类产品占比6.62%，水果占比3.45%，塑料及橡胶制品占比7.59%，服装、鞋帽等轻工业产品占比5.67%，石头以及水泥等产品占比3.04%，机械、机械装置、电气机

① 《国别地区指南》，2018年，商务部网站，http：//fec. mofcom. gov. cn/article/gbdqzn/#，访问日期：2020年3月23日。

② Екатерина Мереминская：Дальнему Востоку до 2025 года нужно 11，5 трлн рублей инвестиций，03. 09. 2019，https：//www. vedomosti. ru/ecoNomics/articles/2019/09/03/810374 - dal-nemu-vostoku - 2025，访问日期：2020年4月25日。

械设备及其零件、地面运输工具零件和配件（铁路或电车机车车辆除外）占比43.81%，家具以及运动器材等占比4.5%（其他类别数值过小，不做说明）。[①]

由此可见，远东地区向中国出口的商品大多都是资源密集型的贸易产品，而从中国进口的则多是劳动密集型贸易产品。尽管近年来远东作为俄罗斯“向东转”的最前沿，享受了很多俄罗斯的优惠政策，对于亚太地区国家的投资吸引力也在不断增长，但是与中国之间单一的贸易结构没有太大的改变。远东与东北地区的贸易结构与远东对我国的整体贸易结构是一致的。[②] 这种单一的贸易结构对于与东北地区的合作产生了一定制约。其一，单一的贸易结构限制了中俄边境贸易的活力和层次，不利于两地下一步经贸合作广度和深度的延伸。其二，这种贸易结构直接导致俄罗斯出现了远东地区将成为中国“原材料附属地和殖民地”的声音。其三，这种贸易格局延缓了两地向高附加值、高技术合量贸易结构转型的时间。

（二）东北地区发展的制约因素

第一，东北地区转型升级压力较大。东北三省作为老工业基地，其产业结构固化而且分布不合理，工业所占比重即第二产业比重过大，各地普遍呈现“二、三、一”产业分配的结构，重化型、高能耗、资源型产业结构比例过高[③]，成为东北地区下一步转型发展的阻碍。

当前东北地区的转型发展面临着四个难题：一是传统资源型、重化型产业失去了比较优势。随着煤炭、石油、黑色金属以及木材等资源的日益减少，东北地区很多原材料工业和重化工工业失去了原有的发展优势，直接陷入发展困境。二是资源型城市发展堪忧。在《全国资源型城市可持续发展规划（2013—2020年）》中确定的全国67个资源衰退城市中，东北地区有19个（其中：地级行政区9个，县级行政区6个，市辖区4个），占全国的28.4%。三是整体区域竞争力下降。随着改革开放步伐的加快，

---

① Статистическая информация о внешней торговле за 2019 года, Дальневосточное таможенное управление, 11.03.2020, http://dvtu.customs.ru/statistic/2019-god/itogovaya-informacziya/document/230465，访问日期：2020年3月11日。

② 胡仁霞：《中国东北与俄罗斯远东区域经济合作研究》，社会科学文献出版社2014年版，第134页。

③ 张屹山、张可、辛本禄：《化解东北振兴中体制性障碍的路径探究》，《经济纵横》2016年第10期。

市场经济大潮的剧烈冲击，东北地区的产业结构布局和经济发展方式日益落后于东南沿海地区，失去了区域竞争力，逐步滑向了经济落后的危险范围。四是央企比重较大，致使民营型企业发展困难。目前，在辽宁的中央企业及所属企业占辽宁规模以上企业资产总额的47%；在吉林，2013年央企销售收入占全省规模以上工业主营收入的90%多；在黑龙江，央企占全省规模以上工业比重也在60%以上。[①] 比例众多的国有企业和央企不仅增加了改革升级、转型建立现代化企业制度的成本，同时也限制了小微企业和民营经济的发展。另外，一些国有企业和央企在地方“经济体量大、比重高，以至于地方政府对这些企业不敢放手，也不舍得放手”[②]，造成了东北地区改革空间比较小的地方现实。

第二，营商环境有待改善。营商环境作为招商引资，实现区域快速发展的基础性因素，作用重大。虽然为改善营商环境，东北地区政府部门提出“放管服”改革，将政策、市场与法制进行了有机结合，一方面希望在国内改变“投资不过山海关”的负面现象，另一方面也希望通过塑造良好的投资环境，吸引国外资本，实现经济的快速发展。然而，当下在东北地区还存在政府服务职能发挥不到位、市场准入难、法制观念淡薄、诚信缺失以及商务纠纷解决渠道不畅等问题。这些问题的存在为东北地区的发展埋下了“隐患”。从与远东地区开展双边合作的角度看，不理想的投资环境不仅影响了外国投资者的兴趣，甚至在互相信任上都会产生负面影响，进而阻碍两地之间的合作进程。

第三，对外开放程度较低，区位优势发挥不明显。东北地区作为我国向北对外开放的前沿和“一带一路”倡议北向延伸的“桥头堡”，应该快速进入对外开放、振兴发展的快车道。但是，从近几年来东北地区的对外贸易情况来看，该地区对外贸易发展水平不高、总量不多，没有释放出区位和政策带来的经济潜力。2018年我国进出口总额为305050亿元人民币，东北地区仅为10656.4亿元人民币，仅占全国的3.49%；2019年我国进出口总额为315505亿元人民币，东北地区为10423.17亿元人民币，仅占全国的3.30%，其中吉林省和辽宁省均为负增长。这种进出口总额下行的

① 梁启东：《东北国企改革的核心问题是央企改革》，2016年3月14日，中国网，http://opinion.china.com.cn/opinion_99_145399_3.html，访问日期：2020年3月23日。

② 和军：《东北经济的结构、体制关键障碍与突破路径》，《当代经济研究》2019年第8期。

状况说明了东北地区的整体对外开放水平不够，还没有进入北方开放前沿的角色定位。

二　两地区合作机制和服务平台不完善

虽然近些年来，东北地区与远东地区战略地位和经济地位都得到了显著的提升，但是，两地区间的合作机制和服务平台的构建还不能满足两地之间长效、深化的经贸合作需求。

一是意向性合作机制跟进力度不够。关于东北地区与远东地区的专项合作规划，2009 年出台《中华人民共和国东北地区与俄罗斯联邦远东及东西伯利亚地区合作规划纲要（2009—2018 年）》之后，2018 年出台的《中俄在俄罗斯远东地区合作发展规划（2018—2024 年）》是中国国家层面与俄罗斯一个地区之间的深化合作意见，是单向引导中国企业在俄罗斯远东投资的纲领性文件，强调的是发展远东地区经济贸易和投资合作对于中俄双边关系的重要作用，而非专项的东北与远东地区之间整体的合作意见，亦不是对于《中华人民共和国东北地区与俄罗斯联邦远东及东西伯利亚地区合作规划纲要（2009—2018 年）》的延续。[①] 再有，2018 年出台的《中国东北地区和俄罗斯远东及贝加尔地区农业发展规划》也仅是农业领域的合作规划。

二是规划实施机制不够完善。2009 年中俄政府出台了《中华人民共和国东北地区与俄罗斯联邦远东及东西伯利亚地区合作规划纲要（2009—2018 年）》。虽然这份纲要为两地区之间的发展指明了方向，对于基础设施建设、运输合作以及合作园区建设等领域做出了对接规划。但是，各项配套跟进的机制不够完善，落实效果不好，出现了资金拨付困难、评估不足、兴趣点不一等一系列问题，导致很多项目很难实施，一些无法推进的项目甚至给当地经济发展带来了一定的困扰。仅 2012 年，整体规划中就有 6 个重大项目由于被投资方拒绝继续实施等原因而停工，还有一些项目一直在寻找投资伙伴，中方和俄方公司都没有投资意向，实际上没有实质性进展。同时，由于实施的相关法律机制不够健全，部分边境地区关于基础设施的开发项目，不仅没有让当地政府享受到实惠，反而要为维护边境

---

① Иван Зуенко：Как Китай будет развивать Дальний Восток，29. 10. 2018，https：//carnegie. ru/commentary/77590，访问日期：2020 年 5 月 3 日。

基础设施承担额外的费用。①

三是缺乏商业服务平台。目前，在东北与远东地区的经贸合作中，统一的、经过国际认证的商业服务平台缺失。随着两地区贸易水平的不断提升，商业服务平台的缺失使得国外资本无法有效运行，投资者更是因为对于异国的监管框架、市场状况、消费者状况、民众心态和商业文化不了解而增加了投资困难。②

三　负面的社会心理因素仍然存在

最近几十年，中国在政治、经济、文化等各个领域都实现了快速崛起，这在一定程度上引起了俄罗斯精英层的担心。同时，经过一些西方势力的挑唆和鼓动，在某种程度上加剧了俄罗斯民族对“中国威胁论”的认可程度。当下，“中俄力量对比失衡论”“原材料附庸论”“中国领土要求论”“中国人口扩张论”以及“中国生态威胁论”的影响最为突出。③ 这些存在于俄罗斯社会中的负面心理因素，在一定程度上影响了中俄关系在广度和深度上的延伸，尤其是对于东北与远东的区域间合作来说，成为干扰因素。

四　日韩成为中俄在远东地区合作的主要竞争对手

虽然，当下以“一带一路”与欧亚经济联盟对接为合作契机的中俄两国战略对接为区域合作创造了利好的条件，但是东北与远东之间的合作潜力仍需深入挖掘。在东北亚区域内，日韩已经成为中俄在远东地区合作的主要竞争对手。由2013—2019年远东地区与中日韩三国的对外贸易状况（见表7－2）可以看出中日韩三国在远东地区对外贸易中所占的比重几乎持平，均是远东主要的贸易合作伙伴。以2019年数据为例，远东地区与韩国的进出口贸易总额占比仅比中国少了1个百分点，而远东向韩国的出口总额却反超中国10.3个百分点。

---

①　相关数据参见［俄］Д. В 苏斯洛夫《现阶段落实〈中国东北地区同俄罗斯远东及东西伯利亚地区合作规划纲要（2009—2018）〉问题》，《西伯利亚研究》2013年第4期。

②　Россия и Китай: перспективы сотрудничества и новые вызовы, Россия в глобальной политике, 20.06.2019, https://globalaffairs.ru/articles/rossiya-i-kitaj-perspektivy-sotrudnichestva-i-№vye-vyzovy/，访问日期：2020年4月23日。

③　王海运：《深化中俄在俄东部开发合作需要消除“中国威胁论”的干扰》，《俄罗斯学刊》2019年第1期。

表 7－2　　2013—2019 年远东地区与中日韩贸易情况

国家	中国			日本			韩国		
内容	总额占比（%）	出口占比（%）	进口占比（%）	总额占比（%）	出口占比（%）	进口占比（%）	总额占比（%）	出口占比（%）	进口占比（%）
2019 年	28.20	22.40	47.90	19.70	21.10	14.80	27.20	32.70	8.40
2018 年	28.40	22.80	53.50	19.20	21.70	7.90	28.20	32.50	9.00
2017 年	27.20	22.80	42.80	18.90	21.70	9.30	24.90	27.60	15.40
2016 年	25.10	20.70	39.40	21.30	25.70	7.30	22.60	27.20	11.00
2015 年	24.70	19.04	43.85	27.75	32.01	12.55	24.45	29.11	7.79
2014 年	26.10	19.10	45.10	26.30	29.70	16.90	26.20	32.00	10.60
2013 年	27.80	19.40	47.10	27.00	32.60	14.20	24.60	30.10	12.10

资料来源：远东海关，Внешняя торговля ДФО，http：//dvtu. customs. ru/folder/147017，访问日期：2020 年 5 月 1 日。

近年来俄韩、俄日在远东地区的合作程度不断加深。俄韩方面：2017 年 9 月，韩国提出了“新北方政策”及其落实措施“九桥战略”，构建了俄韩在远东地区、北极地区的双边合作战略走廊，进一步加快了两国在远东地区的合作步伐。俄日方面：在 2016 年 5 月的索契首脑会谈中关于日俄合作，安倍提出了“8 项合作计划”，进一步拓宽了日俄合作领域，同时，为了推进与俄的双边经济合作，日本政府新设置了“俄罗斯经济领域合作担当大臣”一职。截至 2019 年 9 月，日本在远东地区的投资已经超过 150 亿美元。① 在 2016 年的东方经济论坛上，安倍强调：我们（日俄）国家经济之间的关系不是竞争性的，我相信它们在理论上是相辅相成的。② 所以说，虽然中国一直作为远东地区的主要贸易伙伴国，但是并不占有绝对的优势份额，日韩已经成为中国在远东发

① Япония инвестировала в российский Дальний Восток свыше ＄15 миллиардов，03. 03. 2020，https：//ria. ru/20190905/1558319940. html，访问日期：2020 年 5 月 1 日。

② Восточный экономический форум，Президент России，03. 09. 2016，http：//www. kremlin. ru/events/president/news/52808，访问日期：2020 年 5 月 2 日。

展的主要竞争对手。

另外，远东地区也在逐步扩大自己的国际合作范围。2020 年 1 月 24 日，俄罗斯总理米舒斯京签署命令，将可以通过电子签证访问远东联邦区的国家从 18 个增加到 53 个，根据俄罗斯联邦远东与北极发展部的数据，截至 2020 年 1 月 20 日，已签发 187599 份电子签证，其中中国公民收到 144825 份，日本公民收到 37136 份。①

综上，日韩成为中俄在远东地区的主要竞争对手有四方面原因，一是日韩与中国一样与远东地区有地理位置邻近的合作优势；二是日韩两国与远东地区实现经济互补式发展的潜力巨大；三是日韩两国都希望通过在远东地区的合作，开创新的能源资源基地，进而打造联通俄罗斯、欧洲的战略走廊；四是俄罗斯比较善于利用中日韩在东北亚地区的地缘关系，寻求自身利益最大化。

五　海洋领域合作还没有实质性进展

2017 年 6 月，中国政府发表的《“一带一路”建设海上合作设想》中指出，“加强与 21 世纪海上丝绸之路沿线国战略对接，全方位推动各领域务实合作，共同建设通畅安全高效的海上大通道”，“积极推动共建经北冰洋连接欧洲的蓝色经济通道”②，为“一带一路”倡议开辟了海上合作新的发展方向。11 月，习近平主席在与梅德韦杰夫总理会见时，指出：“要做好‘一带一路’建设同欧亚经济联盟对接，努力推动滨海国际运输走廊等项目落地，共同开展北极航道开发和利用合作，打造‘冰上丝绸之路’。”随后经过双方共同努力，“冰上丝绸之路”的建设正式纳入“一带一路”的总体布局之中，成为中俄务实合作关系的又一有效推进路径。同时，“冰上丝绸之路”也成功开创了中俄海洋合作的新领域，是 21 世纪中俄“蓝色经济时代”基础性内容。

中国东北地区和俄罗斯远东地区作为“冰上丝绸之路”的东部起点和

① Граждане 53 стран смогут приехать на Дальний Восток по электронной визе, Министерство Российской Федерации по развитию Дальнего Востока, 28. 01. 2020, https://forumvostok. ru/news/citizens-of – 53 – countries-to-be-granted-electronic-visas –/，访问日期：2020 年 3 月 23 日。

② 《“一带一路”建设海上合作设想》，2017 年 11 月 17 日，中国政府网，http://www. gov. cn/xinwen/2017 – 11/17/content_ 5240325. htm，访问日期：2020 年 3 月 23 日。

重要枢纽，迎来了两地海上合作良好时机，一方面可以突破单一陆运成本桎梏，另一方面也可以借助海上合作拓展地区间合作空间范围，为两地区合作提供新的着力点。然而，时至今日两地的海上合作没有取得实质性进展，没有完全发挥出两地海上合作的地理和地缘优势。主要体现在四个方面：一是由于港口分布位置、基础设施水平以及复杂的区域政治环境等原因阻碍了东北地区起点作用的发挥；二是两地区间港口资源整合不到位，还没有形成统一的国际间航运一体化机制；三是缺乏有效的海洋合作举措；四是中俄北极地区合作还存在一定的阻碍因素，主要包括该地区基础设施落后、自然条件恶劣①、中国“掠夺资源说”②“地缘利益和军事战略利益争夺说”③ 等几方面因素。

六 联合应对国际卫生公共事件机制不够健全

东北与远东地区作为两国毗邻区域，不仅承担着对外开放、促进区域经济发展的任务，更是守护国门、应对国际卫生事件的最前沿。在全球新冠肺炎疫情多点暴发并扩散蔓延的态势下，虽然中俄两国第一时间采取了一系列举措，齐心协力、共克时艰，但是从目前两国病毒蔓延的情况来看，境外输入病例已经逐步成为疫情扩散的新动因。由此，中国东北部与俄罗斯接壤的边境地区已成为抗击新冠肺炎疫情的前线。以绥芬河市为例。绥芬河市作为东北地区对俄开放前沿，外联俄罗斯远东大开发、对接俄罗斯符拉迪沃斯托克自由港，是“一带一路”与“中蒙俄经济走廊”建设的重要节点和平台，铁路口岸 2019 年进出口运量达到 1071.4 万吨，同比增长 10.5%。④ 该地区特殊的地理位置、重要的节点作用以及连年增高的口岸货物进出量都说明了东北与远东合作程度不断加深、合作水平不断提高。但是在新冠肺炎疫情期间，该地陡增的来自俄罗斯的输入病例，也

① Куватов Валерий Ильич、Козьмовский Дмитрий Васильевич、Шаталова Наталья Викторовна：Потенциал Северного морского пути Арктической зоны России. Факторы и стратегия развития，Вестник евразийской науки，№.6，2014.

② Алексей Куприянов：Азиатский Север Что нужно новым игрокам в Арктике，13.04.2015，https：//lenta.ru/articles/2015/04/10/arctic/，访问日期：2020 年 3 月 23 日。

③ Кижаева Анастасия Владимировна：Арктика как новый вектор внешней политики Китая，Актуальные проблемы современных международных отношений，№.9，2017.

④ 《百年口岸绥芬河迎来发展新机遇》，2019 年 8 月 27 日，黑龙江省人民政府网站，http：//www.hlj.gov.cn/ztzl/system/2019/08/27/010906762.shtml，访问日期：2020 年 3 月 23 日。

凸显出了两地间共同抗疫体系不完善的现实。

作为中俄联合应对公共卫生事件的最前沿，虽然绥芬河市采取了“六个100%”“九严一保”[①] 等工作举措，严密实施闭环管控。但是，绥芬河自出现第一例境外输入病例以来，截至2020年4月17日24时，经绥芬河口岸入境的2497人中，累计报告确诊病例已达371例，[②] 而截至当地时间4月17日12时15分，远东联邦区累计报告新冠肺炎确诊病例382例。一座城市的输入病例几乎与一个联邦区的确诊病例持平，足见绥芬河市防疫、抗疫的压力之大。这种情况的出现，说明中俄地域间疫情监管、处理以及协调联动机制还不够健全，还没有形成运行完善的公共卫生事件的应急体系。

目前，新冠肺炎疫情已经在全球形成蔓延之势，不仅给中俄两国人民健康和经济造成了重大的威胁，也对两国区域间合作产生了严重的冲击，对于合作内容和合作方式提出了深层次的要求。“特别是，随着疫情的日益严峻，社会治理危机、人道危机风险上升，粮食危机隐忧浮现，对所有国家都是一场重大考验。”[③] 由绥芬河输入病例的情况我们可以看到，东北与远东地区在应对诸如新冠肺炎疫情这类传播速度快、感染范围广、防控难度大的重大突发公共卫生事件还缺乏有效的合作规范，在口岸卫生检疫、健康管理、风险监测以及卫生处理等方面还存在短板，没有形成公共卫生事件有效的联防联控合作机制。

第四节　两地区深化合作的建议

一　补齐自身存在的短板，打造对外开放前沿

东北地区要形成“优势互补高质量发展的区域经济布局”。习近平总

① 对入境交通工具100%登临检疫，对入境人员100%实施体温监测、100%验核健康申报、100%采样检测、100%开展流行病学调查，配合地方100%实施集中隔离；“九严”即严把国门、严把城门、严守边境、严管社区、严格隔离、严控交通、严防聚集、严肃执法、严抓督战，“一保”为保障民生。

② 《绥芬河第三场新闻发布会举行　疫点封闭管理区域内居民全部核酸筛查》，2020年4月19日，黑龙江省人民政府网站，http：//www.hlj.gov.cn/zwfb/system/2020/04/19/010924269.shtml，访问日期：2020年4月26日。

③ 刘叶婷：《东亚国家携手战“疫”为国际合作做出表率》，2020年4月17日，理论网，http：//www.cntheory.com/zydx/2020-04/ccps200417N9RH.html，访问日期：2020年4月23日。

书记的署名文章《推动形成优势互补高质量发展的区域经济布局》从整合资源、传统制造业技术改造、促进资源枯竭地区转型发展、加大创新投入、打造对外开放新前沿[①]等几方面为东北全面振兴指明了方向，明确了着力点。因此东北地区应该以此为契机，更新发展理念、有效整合资源、调整经济结构，同时在国有企业改革、实施对外开放、政府职能转变、明确用人选人机制等方面形成体制机制，补齐自身发展存在的短板。另外，在对外开放层面，应该将打造对外开放前沿作为提升自我发展动力的主攻方向。从地理位置以及国家"一带一路"倡议体系角度来看，东北地区位于东北亚地区的核心地带，与俄罗斯远东地区、朝鲜半岛以及日本列岛等地毗邻或相近，开放成本较低，潜力巨大。

同时，在2019年8月，我国推出新设的6个自贸区，其中黑龙江赫然在列，这足以说明国家对东北地区对外开放的政策支持。截至目前，我国已经有18个自贸区，已经形成了沿边半圆形的对外开放体系，基本勾勒出了一条对东北亚各国、东盟各国等中国周边国家的开放合作线。自贸区的持续增加一方面是中国应对国际经济下行趋势的突破之举，另一方面是服务于中国构建人类命运共同体、推进"一带一路"建设等国家倡议的凿实之举。这种开放体系的建立对东北地区来说无疑是一次发展的良机。因此，东北地区可以以此为契机，尝试将黑龙江自贸区与辽宁自贸区进行有机整合，"应从大区域发展的战略上比较慎重地研究东北地区经济发展下行的各种原因，对症下药"[②]，应切实加大两种资源、两个市场的开发力度，发挥东北地区农产品、装备制造业等原有优势，创新产业结构和产业平台，在科技创新、产品创新、经营机制创新等领域下足功夫，结合"一带一路"倡议背景下的国际合作沿边区位优势，实行全方位开放。

对于俄罗斯远东地区来说，基础设施方面应该在国际运输走廊建设的契机下，彻底对港口、口岸、公路和铁路等边境基础设施进行现代化改造，进而提高运输效率，提升过境通行能力。同时，提升"软环境"质量，在中俄货物过境程序简化、现代物流中心建设以及行政障碍消除

① 习近平：《推动形成优势互补高质量发展的区域经济布局》，《求是》2019年第24期。

② 邢广程主编，吕文利执行主编：《边疆蓝皮书：中国边疆发展报告（2019）》，社会科学文献出版社2019年版，第1—10页。

等方面进行规范和提升。人口方面应该在提升出生率、确保人口再生产的基础上，一方面通过城市发展、政策优惠、增加就业机会等方式减少常住人口的移民外流，吸引外来人口到远东定居。① 另一方面通过教育和培训等手段不断提升劳动力的整体素质和能力，提升劳动效率。贸易结构方面应该提升对外开放水平，在传统贸易结构基础上，开发现代化贸易合作领域，逐步转变单一的贸易结构。总的来说，就是要同中国东北一样，要先补足本地区发展的短板，改善对外开放的地区投资环境，实现外资“来得了、留得住、发展好”的目的，只有这样才能真正夯实与中国东北地区合作的基础，打造好俄罗斯东向发展、融入亚太的前沿，进而实现自身的快速发展。正如俄罗斯经济学家瓦西里耶夫娜所说：投资环境得不到改善，地区的发展计划是无法实现的。虽然远东地区的投资份额由6%增加到了8%，但对于占国家1/3以上的领土面积来说是微不足道的。②

二　加强合作机制建设

要实现东北与远东地区之间的跨境合作，健全合作机制，完善合作平台是关键之举。不仅可以解决合作中的一系列问题，还可以进一步增进两地之间的合作互信，不断充实和拓展两地双边合作内涵，推动跨境合作的新发展。

一是建立专项合作规划。2018年中俄《中国东北地区和俄罗斯远东及贝加尔地区农业发展规划》的签订为东北与远东地区边境农业合作指明了合作方向，建设了“俄远东及贝加尔地区和中国东北农工综合体”。两地应该以农业领域的专项合作规划为基础经验，深挖合作广度和深度，结合两地合作实际，在两国战略对接的外交背景下，在基础设施、科技研发、跨境电商、能源资源、港口物流等领域建立专项合作规划，明确专项合作目标、合作方式、合作内容等，由国家间的、整体

---

① Аверина Ю. Н.，Кутовая С. В.，Никитенко В. Н.，Соловченков С. А：Старожилы Дальнего Востока о возможностях укоренения населения в регионе，Региональные проблемы，№. 2，2014.

② Екатерина Мереминская：Дальнему Востоку до 2025 года нужно 11，5 трлн рублей инвестиций，03. 09. 2019，https：//www. vedomosti. ru/eco№mics/articles/2019/09/03/810374 - dal-nemu-vostoku - 2025，访问日期：2020年4月25日。

的、意向性的规划过渡到地区间的、可实际操作的、务实的合作章程，进而扩展合作领域、深化合作基础，努力把两地合作提升到全新水平，实现共赢发展。

二是密切地方政府间的沟通协调，建立专门的国际组织，负责合作规划、实施纲要的推进和落实。可以从两国共同的利益角度出发解决在合作中出现的问题。可以根据地区合作实际，研究制定对于外来投资的政府支持政策，同时确保优惠政策落实落地，逐步改善各自的营商条件，进而打造更好的投资环境。

三是建立新的地方合作平台。积极发挥现有地方合作机制潜力，在两国各类商学院、专业院校的基础上构建统一的商务服务平台。在两地间经贸领域的专家、学者指导下共同探讨商业项目和双边经贸合作问题，不仅可以帮助两国企业了解对方市场，还可以促进合作感情、解决投资中风俗习惯、市场框架、民众心态以及市场需求等方面的问题。①

四是两地区应该加强在政策以及法律方面的合作。随着两地合作程度的加深，投资渠道不断扩展、相互投资额不断增加。所以，两地区政府间应该建立更加明确、更加切实可行的法律制度来保护外国投资者的权益，以进一步降低投资者的风险，增加投资吸引力。②

三 增进区域间的了解与信任

两地区应该在国家战略互信和战略合作的基础上，完善互联互动机制，加深合作程度，进而增进区域间的了解与信任。

一是加大战略互信、增信释疑。如今，中俄两国关系达到历史最高水平，这种发展结果来之不易。所以，东北地区与远东地区应该倍加珍惜，消除在两地区之间存在的“威胁论”因素。消除这种不和谐的声音可以从四个方面着手：第一，实现地区政府间的战略互动。国家间的战略对接为地区发展创造了条件，区域政府间可以进行经常性的、以落实战略决策为目的的协调互动。同时，在国家战略框架外，地区政府间也可以因地制宜

① Россия и Китай：перспективы сотрудничества и новые вызовы，Россия в глобальной политике， 20. 06. 2019， https：//globalaffairs. ru/articles/rossiya-i-kitaj-perspektivy-sotrudnichestva-i-№vye-vyzovy/，访问日期：2020 年 4 月 23 日。

② Как Китай спасает отсталый Дальний Восток，http：//geo-politica. info/kak-kitay-spasaet-ot-stalyy-dalniy-vostok. html，访问日期：2017 年 10 月 2 日。

实现多领域合作发展，最终建立起“好邻居、好朋友”的区域合作感情，消除不信任的机制性因素。第二，两地区共同合作，建立人口合理流动机制。通过打击非法务工潮、保护劳务人员权益、规划移民流向、建立技术人员合作规范、深化企业间雇工制度等方式，解决“人口威胁论”的担忧来源。第三，管控、引导双方舆论体系。通过双方舆论体系的正确宣传，形成正确的民意认知，增加民间交流沟通的热情，防止“政府交往热、民间交往跛足”现象的出现。第四，两地区之间加大认知领域的合作。逐步统一两地区之间的智库、学者以及一些有识之士的总体认知，在认知层面打击极端民族主义势力和外国势力的干扰。俄罗斯外交部长拉夫罗夫表示：在这一背景（新时代全面战略协作伙伴关系）下传播的“中国威胁论”，都是出自那些对俄中关系发展不安者之手。① 所以，两地区之间要积极互动合作，打击这些对良好中俄关系的“不安者”，实现地区间的高度互信，进而深入推动两国关系的发展。

二是发挥城市推动作用，实现“核心城市”辐射牵引。城市作为地区内人口、经济以及社会活动集群地，是区域内社会经济活动的重要载体。在东北与远东地区的区域合作中，城市的推动作用更是不容小觑，通过城市交易平台构建出的区域间经贸合作网已经成为两地区间合作的重要平台。所以，在两地区之间的合作中，应该利用城市的平台优势，搭建起地区交流的现实载体，通过不定期或者定期的经贸洽谈、产品展示、文化博览会、国际论坛等形式吸引外资、增加本国产品知名度、扩大市场占有率，通过双方城市交流来推动边境地区的合作。另外，在两地区的经济空间中东北的哈尔滨、沈阳、长春和大连，远东的符拉迪沃斯托克、哈巴罗夫斯克作为各自的核心都市区和区域经济发展的核心城市区，应该发挥辐射牵引作用，带动外延城市的经济空间影响力。② 尤其是，大连和符拉迪沃斯托克这类老牌核心城市，对外合作经验丰富、互动交流平台多样，应该发挥优势拉动牵引周边城市积极参与到区域经济一体化进程中，实现带动式聚集发展。

三是加强区域间人文交流，实现文化融通。从两地区的长远发展角度

---

① 《俄外长驳斥“中国威胁论”：那些言论都出自对俄中关系发展不安者》，2019 年 7 月 18 日，搜狐网，https：//www. sohu. com/a/327591769_ 162522，访问日期：2020 年 4 月 25 日。

② 郭连成等：《中俄东部地区城市经济联系测度及促进策略》，《财经问题研究》2017 年第 12 期。

来分析，实现人文领域的交流与合作是通心之举，更是关键所在。虽然两地区在300年的中俄关系中，风雨不断，历史进程复杂，但是在当下的大好形势下地方政府应该积极作为，改变个别普通民众偏激的历史和文化认知，用理性克服感性，珍惜当下、向往未来。地方政府层面应该抛却“文化搭台，经济唱戏”的文化事业功利化想法，实现“人民与人民之间”的原始内涵交流。[①] 教育层面应增加文化交流形式，将“院校交流、留学文化”扩展为儿童夏令营、带薪实习、网络互动等，拓展教育交流的程度，实现从小学到大学，从面对面到网络连通的教育融合。科技层面，增加民间力量参与力度，尝试“官方保驾护航、民间组织参与”的模式，进一步吸引两国、两地区的普通民众参加。交流手段层面，利用“5G”时代的网络体系，创新两地区之间的网络交流平台，实现两地区之间民众的日常、便捷网络沟通。文化交流层面，进一步创新政府间、城市间、民间团体间的文化交流形式，将博览会、文化节，各类体育赛事，民间选优、选美、选强（选美大赛、最美微笑、合作大使等）活动等方式进行综合利用，构建一个多层级的、长效的、制度化的文化交流机制。旅游交流层面，通过建立跨境旅游合作区，简化通关手续、合理化逗留时间，挖掘旅游潜力、增加深度游产品，完善旅游基础设施、提升旅游体验感等方式增加旅游吸引力。

四　深入挖掘现有合作的潜力

当前，两国之间战略合作已经向纵深层次发展，两地应该在此基础上，利用好已有的合作优势，主动对接，增强国际竞争力，实现合作利益最大化。

一是紧抓中俄基础设施连接机遇，以交通连通带动经济连通。“滨海1号”“滨海2号”国际运输走廊构想不仅实现了国际合作一体化，更推进了东北与远东地区的边境合作一体化进程，预示着“走廊经济时代”的到来。同江—下列宁斯阔耶铁路桥，黑河—布拉戈维申斯克公路桥、跨境索道，东宁—波尔塔夫卡公路桥等跨境项目的实施，为东北地区构建全方位对外开放新格局提供了前所未有的动力，为远东地区抢占跨境

① 庄礼伟：《中国式“人文交流”能否有效实现“民心相通”?》，《东南亚研究》2017年第6期。

市场提供了历史性的便利，预示着“大桥经济时代”的到来。另外，中国哈尔滨、长春、沈阳和俄罗斯符拉迪沃斯托克、哈巴罗夫斯克、伊尔库茨克、雅库茨克等地机场的有效对接，也在一定程度上规划出了航空领域区域联络网，提升客运能力、缩短货运时间的“天空经济时代”也逐步出现在两地区的整体规划中。中俄之间各种“经济时代”的到来是一种机遇，更是一种挑战。两地区要结合自身优势、挖掘潜力，抓住“东风”，以国家间的交通联通为契机，通过升级改造基础设施、消除行政壁垒、提升货物转运能力、优化对接机制等手段形成竞争优势，实现区域间的合作升级。

二是实现能源领域的互补合作，提升国际合作的竞争力。2019 年 12 月 2 日，中俄跨境能源合作的新里程标志——中俄东线天然气管道投产通气。这一重大国际投资项目对于推进“新时代全面战略协作伙伴关系”具有重大战略意义，已经成为中俄双方深度融通、合作共赢的典范。中俄东线天然气管道由俄罗斯东西伯利亚地区入境我国黑龙江省，转运到吉林、内蒙古、辽宁、河北、天津、山东、江苏、上海等地。从途经的线路分析，这条能源运输管线一方面可以成为俄罗斯远东和西伯利亚经济发展的“生命线”①；另一方面也将成为中国东北地区对接远东能源、实现新一轮振兴发展的契机。

中俄在能源方面达成如此紧密合作，是因为两国之间具有“政治高度互信和能源结构高度互补的基础”②。而从东北与远东地区的发展实际来分析，以上两个方面也同样是当前两地区能源合作的基本推力。一是两地区良好的政府间合作基础由来已久，并且在当前“新时代全面战略协作伙伴关系”的国际背景下，政府间互信、合作将得到进一步夯实。二是两地区都是资源丰富的“宝地”，可以实现石油、天然气以及森林资源等领域的高度互补。除了天然气的合作外，在石油层面东北地区逐渐萧条的石油资源与远东地区大量的石油储藏本身就是天然的互补性资源，亟须互为市场、共赢合作。在森林资源层面，东北地区的森林资源，由于长期的过度采伐和管理不力，现有的森林资源质量不高，蓄积量呈下降态势，且黑

① 杨进：《中俄东线天然气管道投产通气意义重大》，《世界知识》2019 年第 24 期。

② 邢广程：《能源合作为中俄关系夯实基础（专家解读）》，2019 年 12 月 12 日，人民网，http://world.people.com.cn/n1/2019/1212/c1002-31502132.html，访问日期：2020 年 4 月 23 日。

龙江省重点国有林区、内蒙古大兴安岭林区和长白山林区等都已经停止了天然林主伐，当前木材市场原材料缺乏。而远东地区森林资源储藏量丰富，成熟林和过熟林蓄积量居多，林地资源出现了浪费趋势。因此，两地之间的森林资源互补合作潜力巨大。①

综上，总结东北与远东能源合作有三方面优势：一是中俄东线天然气管道投产通气为两地区能源合作提供了新方案、新机遇。两地区可以在天然气合作的基础上，利用其成功经验，创新其他领域能源合作方式，进而可以逐步实现多领域的双边能源合作。二是两地区能源合作政治基础坚实，减少了体制机制方面的束缚，两地区可以“放手去做”。三是互为发展需要增加了能源合作的可能性。俄罗斯《2035 能源战略》中“扩大对亚太市场的出口规模，实现能源产品出口多元化”的规定与我国《能源发展战略行动计划（2014—2020 年)》中“加强俄罗斯中亚等地能源合作区域建设，深化国际能源双边多边合作”的要求不谋而合，这种“互为需要”为两地实现能源互补、共赢发展创造了现实条件。因此，我们可以深挖能源领域合作的潜力，进而提升国际竞争力。

五　加快海洋领域合作步伐

东北与远东地区应该结合本地陆海运输实际，拓展海洋领域发展渠道，共同开发合作“新航道”。

第一，在图们江海洋经济区位优势基础上，改善基础设施，提升港口货物运输能力。一是树立“互为发展”理念，形成东北与远东在海洋领域的合作是双方的共同机遇，是两地经济腾飞的又一重要平台的理念。二是尝试建立区域经贸合作机制。东北亚地区国际政治形势复杂多变，为区域合作带来了一定阻碍。因此，在中俄海洋合作方面可以尝试“区域合作先行，共同发展经济”的模式。例如，构建以中国珲春、俄罗斯扎鲁比诺、朝鲜罗津为基础的国际港口合作机制，形成海洋合作小贸易圈。中国东北、俄罗斯远东以及朝鲜罗津共同发挥区位优势，对接“冰上丝绸之路”建设，实现经济的共同进步。三是完善基础设施，增加港口运行能力。在

① 森林资源相关材料来源于李俊枝《中国东北地区与俄罗斯远东及西伯利亚地区林业合作研究》，《黑龙江经济报》2015 年 12 月 17 日。

地区政治条件允许的情况下，提升横跨图们江的朝俄铁路大桥的高度，增加船只通行能力。同时，进一步改善基础设施，提升两地区各港口码头停靠能力及货物运输吞吐能力。四是东北地区在2014年签署的合作建设扎鲁比诺港框架协议的基础上，继续尝试通过租借、合作建设等方式提升出海港口能力。

第二，整合港口资源，构建国际航运一体化运行机制。东北地区在整合大连港、营口港、丹东港等传统港口的优势资源的同时，进一步挖掘珲春市“借港出海”潜力，进而集合沿线港口统一资源，形成“东北地区港口资源链接线”。远东地区则整合日本海至鄂霍次克海沿线的扎鲁比诺港、符拉迪沃斯托克港等港口资源，形成远东地区“港口资源链接线”。将“两条线”进行有力对接，扩展地区间海上合作新内涵。可以签订区域战略合作协议，构建航线开辟、基础设施改造、港口设备使用、中转服务等领域的统一合作规范和规则，实现一体化运营，便利双方海上运输，进而搭建国际航运平台。

第三，建立中俄间海洋经济合作走廊。以黑吉辽三省及俄罗斯远东地区的滨海边疆区、萨哈林州、堪察加半岛等沿海地区为陆地基础，构建渤海、黄海、日本海、鄂霍次克海四海领域内的经济合作走廊。一是可以强化两地区之间的国际物流运输体系，减小运输成本，实现区域间海洋物流协作一体化。二是便利了两地区之间沿海城市的商品交易和商品运输，可以形成沿海商品交易辐射网络，进一步拓展两地区商品销售的国际市场。三是海洋运输可以弥补个别商品陆路交通运输的成本高、运量小等方面的短板。

第四，加强北极地区的合作。2018年1月，《中国的北极政策》白皮书发表，阐述了中国参与北极事务的政策目标、基本原则和主要政策主张。2019年2月，俄罗斯总统普京签署法令，将俄罗斯涉北极的相关事务移交给了远东发展部，并将该部更名为远东与北极发展部。无论是我国的政策白皮书还是俄罗斯的部门更名都说明了两国开始重视北极地区。在地缘上中国是“近北极国家”，俄罗斯是北极国家。而东北与远东作为中俄毗邻的“近北极地区”和北极区域，应该在各自国家政策的基础上，增强政治认同和政治互信，消除“威胁论”，利用区位优势加强北极地区的合作，共同“认识北极、保护北极、利用北极和参与治理北极，维护各国和国际社会在北极的共同利益，推动北极的可持续发展”①。

六　构建区域发展共同体

中国东北地区与俄罗斯远东地区作为两国发展区域经济的“利益接触点”，承担着共同的国家发展期望和发展诉求。因此，两地区可以在政治、经济、文化以及社会等领域合作的基础上，上升利益合作层次，根植人类命运共同体意识，构建区域共同体，互为帮助、互为支持，进而推动共同利益的实现、共享人类文明共同进步成果。在第56届慕尼黑安全会议上，外交部长王毅讲，“人类已经进入全球化时代……我们有必要迈过意识形态的鸿沟，包容历史文化的不同，真正把我们这个国际社会看作一个世界大家庭”。在这个世界大家庭中，东北与远东构建区域共同体不仅是两个“朋友间”的合作共赢，更是整个“家庭”的发展壮大。换一个角度讲就是既可以促进中俄关系的务实发展，又可以推动东北亚地区、亚太地区乃至全世界区域合作进程的加快。

因此，两地区之间可以尝试：

一是树立共同利益观。在中国东北地区和俄罗斯远东及贝加尔地区政府间合作委员会的基础上，共同商定建立专门的跨区域合作的职能机构，在科技、能源以及贸易等领域进行捆绑式合作，实现共同体区域内的合作规划设计，统一协调市场需求，实现利益共享。

二是树立共同发展观。创新区域沟通机制，改变原有的“边界”“民族”观念，畅通民间联通渠道，在日常互相交流中建立友谊，培育求同存异、共同发展理念。

三是树立可持续理念。在双方发展中，尊重地区自然差异，保护生态环境，杜绝在对方区域竭泽而渔的错误做法和想法，共同保护赖以生存的区域。

四是树立文化平等观。不同民族有不同的文化传承和文化诉求，因此两地区之间要尊重对方的文化传统，有选择性地融合发展。

五是树立区域健康共同体意识。探讨建立区域公共卫生应急联络机制，成立跨区域间健康卫生联合机构，一方面可以提高应对突发公共卫生

---

①《中国的北极政策》，2018年1月26日，新华网，http：//www.xinhuanet.com/politics/2018-01/26/c_1122320088.htm，访问日期：2020年4月23日。

事件的响应速度和处理能力；另一方面可以拓展两地合作领域、筑牢合作感情、深化中俄新时代全面战略协作伙伴关系的内涵。

本章执笔：高立伟

第八章　中俄“长江—伏尔加河”地区合作

地方合作是中俄务实合作的重要组成部分，近年来受到两国政府的高度重视。中俄两国元首签署的《中华人民共和国和俄罗斯联邦联合声明》（2016 年 6 月 25 日）强调，要拓展和深化地方合作，积极运用“长江—伏尔加河”的合作经验，完善合作模式和机制，以推动重点项目，培育新的合作增长点。2018 年和 2019 年，中俄两国把地方合作提升至国家水平，正式启动地方合作交流年。近年来，中俄地方合作快速发展，为两国新时代全面战略协作伙伴关系的落地生根做出了突出的贡献。

中俄两国当前建立了两个地方合作机制。除地理上相毗邻的中国东北与俄罗斯远东地区跨境合作机制外，2013 年启动的“长江—伏尔加河”合作机制，作为两国内陆地区的合作平台，异军突起。作为地理上不相邻的两个地区，“长江—伏尔加河”机制的参与地区包括中国长江中上游地区的四川省、重庆市、湖北省、湖南省、江西省、安徽省以及俄罗斯伏尔加河沿岸联邦区的 14 个联邦主体。该机制的合作重点是经贸合作和人文合作。

“两国母亲河的历史性牵手”[①]是如何“点石成金”，从概念发展为实践的？促使两国的母亲河流域开展合作的动因是什么？与边界线两侧的中国东北与俄罗斯远东地区合作相比，“长江—伏尔加河”合作具有哪些合作的优势与劣势，面临着什么样的机遇与挑战？本章尝试对上述问题作出回答。当前“长江—伏尔加河”合作机制发展顺利。如何在欧亚全面伙伴

---

① Ли Кэцян, Китай и Россия: широки перспективы дружбы и сотрудничества, 《Российская Газета》, 10. 10. 2014. https: //rg. ru/2014/10/10/kitai. html. ，访问日期：2020 年 3 月 16 日。

关系背景下进一步推进中俄两国地方合作新模式，是两国面临的共同课题。本章首先分析中俄两国政府对“长江—伏尔加河”地区合作的利益诉求，其次分析“长江—伏尔加河”地区合作的现实基础，再次评价“长江—伏尔加河”合作进展，最后分析“长江—伏尔加河”合作的前景和存在的问题，并为促进“长江—伏尔加河”地方合作提出对策建议。

第一节　中俄“长江—伏尔加河”地区合作的利益诉求

当代世界发展的一个重要趋势是地方在世界经济联系中的地位逐渐提高。“次区域合作的实现可以被视作全球化和地区主义之间的妥协。”① 当代区域经济学对于跨国地区合作的研究，尚处于起步阶段。对于跨国地区合作的动因，学者们给出了不同视角的解读。例如，有地缘经济视角的恢复地缘经济体之联系，有国际政治视角的建立软实力之说，有应对非传统安全之需等。本节从中央政府的视角分析中俄两国对“长江—伏尔加河”地方合作的利益诉求。

一　俄罗斯对“长江—伏尔加河”地方合作的利益诉求

国际跨境合作是俄罗斯对外经济政策的一个重要方向，对俄罗斯发展地区间和国家间协作发挥着至关重要的作用。俄罗斯开展跨国地方合作的主要目标不仅是巩固地区间联系，还旨在解决国际关系中的一些目前难以在国家层面解决的问题。有俄罗斯学者指出，跨境地区合作是21世纪发展和巩固俄罗斯与周边国家外贸关系的最有效机制。②俄罗斯与独联体国家、欧盟、东亚邻国、东盟等国家和地区积极发展跨境地区合作。随着俄罗斯战略东移，中国成为俄罗斯亚太地区的首要合作伙伴之一。

俄罗斯从联邦中央政府到地方政府都非常重视“长江—伏尔加河”地

① Белицкий，М. Е. Трансграничное сотрудничество регионов：методологические основы развития и роль в интеграционных процессах // Беларусь и мировые экономические процессы：сб. науч. ст. Вып. 5. – Минск：БГУ，2016. – С. 74 – 91.

② Архипов，А. Ю.，Павлов，П. В.，Татарова，А. В. Институты особой экономической зоны и приграничной торговли как структуры эффективного развития международной инвестиционной деятельности：［Текст］：Монография / А. Ю. Архипов. – Таганрог：Изд-во ТТИ ЮФУ，2011г. С. 58.

方合作。2013 年中国提出“丝绸之路经济带”倡议，普京总统公开表示支持，并主动把国内地区发展规划与我国“丝绸之路经济带”倡议相对接。另外，早已启动的“中国东北—俄罗斯远东”合作机制在取得成绩的同时，也面临诸多问题。另辟蹊径的“长江—伏尔加河”地方合作应时而生。俄罗斯对“长江—伏尔加河”地方合作的利益诉求包括以下几个方面。

（一）满足伏尔加河沿岸联邦区的发展需求

伏尔加河沿岸联邦区对俄罗斯非常重要。首先，从经济发展水平看，俄罗斯伏尔加河沿岸联邦区仅次于莫斯科和圣彼得堡，是经济较发达地区，经济发展潜力大。伏尔加河沿岸联邦区对俄罗斯经济贡献很大。2019 年伏尔加河沿岸联邦区的矿产开发额占全俄的 12. 6%，加工工业产值占全俄的 33. 3%，农产品生产额占全俄的 28. 0%，外贸额占全俄的 53. 9%，零售额占全俄的 34. 8%。[①]这里是俄罗斯重要的工业农业基地，对外经济活动发达，商业发达。其次，从面积和人口看，俄罗斯伏尔加河沿岸联邦区包括 14 个联邦主体，面积 103. 7 万平方公里，占俄罗斯总面积的 6. 1%。据俄罗斯国家统计局数据，2019 年 1 月 1 日该地区人口约 2939 万，GDP 总量达到 3000 亿美元，占俄罗斯国内生产总值的 15%，经济与社会发展基础较好，科研实力雄厚。然而，受俄罗斯国家宏观经济环境的影响，伏尔加河沿岸联邦区近年来经济形势低迷。

伏尔加河沿岸联邦区是俄罗斯重要的对外经济行为体，有着丰富的对外经济合作经验。由于具有优越的地缘区位、相对发达的经济部门和人力资源等条件，该联邦区的很多联邦主体在对外经济合作方面走在了全俄前列。2019 年，伏尔加河沿岸联邦区对外贸易额占俄罗斯对外贸易额的 53. 9%。德国和日本等是伏尔加河沿岸联邦区的重要投资来源国。自乌克兰危机以来，俄罗斯周边政治经济形势发生很大变化，俄罗斯经济也在内因与外因交织之中处于萧条状态，俄罗斯市场需求下降，这对外国投资者产生了消极影响。在吸引外资方面，俄罗斯 2018 年直接外资 1400. 79 亿美元，伏尔加河沿岸联邦区直接外资 67. 72 亿美元，仅占全俄的 4. 8%。

---

① Социально-экономическое положение Приволжкого Федерального Округа в 2019 году. Росстат. 01. 05. 2020. https：//www. gks. ru/folder/11109/document/13260？ print = 1，访问日期：2020 年 3 月 18 日。

在对外贸易方面，自2013年以来，俄罗斯外贸形势不好，各地区形势也不好。同2013年相比，2016年进出口额减少了44%，直接外资减少了52%。俄罗斯学者指出，在昔日俄罗斯实际出口商品结构不变的情况下，以美元计价的石油份额下降了。① 不过2017年以来，俄罗斯外贸额不断增长。根据俄罗斯海关数据，俄罗斯2018年外贸额是6880亿美元，同期增长18%，其中出口额4500亿美元（同期增长26%），进口额2380亿美元（同期增长5%）。② 俄罗斯地方政府希望通过"长江—伏尔加河"合作平台，吸引中方投资，发展贸易往来，通过跨国地方合作的方式，提振伏尔加河沿岸联邦区的经济发展。

从该地区的社会经济发展规划看，根据《2020年前伏尔加河沿岸联邦区社会经济发展战略》，伏尔加河沿岸联邦区的发展目标和主要方向包括：提升地区竞争力，增强创新在社会经济发展中的作用，让人力资本作为经济发展的第一要素。需要解决的社会问题主要是消除不平等和贫困，消除高风险的经营活动。提高城市和农村的居民生活水平，完善社会基础设施和居民住宅建设，完善交通、能源、信息和通信系统，是伏尔加河沿岸联邦区2020年前社会经济发展战略的重要预期成果。伏尔加河沿岸联邦区主要鼓励发展的实体经济部门包括：实现工业部门现代化，形成地区产业集群，提高农工综合体的生产效率，培育中小企业。③ 然而，根据2019年伏尔加河沿岸联邦区政府报告，2020年目标实现率不高。

此外，14个联邦主体基本都制定了社会经济发展战略或纲要，有效期到2030年或2035年。例如，《鞑靼斯坦共和国2030年经济社会发展战略》指出，战略优先任务是形成和积累人力资本；为发展人力资本创造舒适的空间；建立经济关系和社会制度，使得人力资本能够充分发挥作用。至2030年，鞑靼斯坦共和国要发展成为全球有竞争力的可持续发展的地区，"伏尔加—卡玛"增长极的火车头。鞑靼斯坦共和国将成为人力资本、制度、基础设施、经济、对外一体化（俄罗斯轴心的欧亚地区）和国内空

---

① Внешняя торговля: изменение структуры и динамики//Бюллетень социально-экономического кризиса в Росси. – 2016. Выпуск № 12, Апрель – 20 с.

② Таможенная служба Российской Федерации в 2018 году. 06. 04. 2019. https://www.minfin.ru/common/upload/library/2019/04/main/06_Federalnaya_tamozhennaya_sluzhba_v_2018_godu.pdf.，访问日期：2020年2月10日。

③ ［俄］С. 比留科夫：《俄罗斯伏尔加联邦区社会经济发展的现状与前景》，《俄罗斯研究》2017年第5期。

间相互联系的领袖，将成为拥有跨越式发展速度的地区，高度融入国际劳动分工之中。[①] 可见，积极发展与中国的合作，符合伏尔加河沿岸联邦区各地区发展的需求，也符合当地的社会经济发展规划的战略方向。

（二）丰富中俄地方合作实践

俄罗斯政府积极推动各地区参与中俄地方合作。2008 年，中俄两国签署《俄罗斯远东与中国东北地区合作规划纲要（2009—2018 年）》。中俄开始在最高层面探讨开展地方合作的问题。2013 年成立地方合作理事会，2016 年相应的政府间委员会启动工作。俄罗斯远东发展部下设立了一系列机构，负责与中国的地方合作。俄罗斯国家银行和一些基金会也设立了新的金融部门，支持两国毗邻地区的经济一体化进程。然而，《俄罗斯远东和中国东北地区合作规划纲要（2009—2018 年）》的执行情况不容乐观。该纲要的制定过于仓促，自身存在一些问题：第一，包含众多具体的没有深思熟虑的项目，由于政府不具备对商业的全方位管控能力，无法落实项目；第二，两国缺少对远东和东北地区联动发展的整体战略部署。[②] 此外，从传统的经济学角度看，该合作具有先天的不利因素。俄罗斯远东和中国东北的地方合作属于两国经济边缘地区的合作，缺少现代经济发展的一些必要条件。

与“远东—东北”相对照，“长江—伏尔加河”合作则属于两国经济发达地区之间的合作。两国提出“长江—伏尔加河”合作机制，有利于带动两国内陆地区的交流与合作，拓展两国地理合作空间，深化合作结果。普京提出，“地方合作是俄中全面战略协作伙伴关系重要组成部分。很高兴两国地方间开展了密切的经贸和人文交流合作。俄罗斯政府欢迎中国企业来俄罗斯投资兴业，愿继续为加强两国地方合作提供良好条件和环境。新形势下，俄中双方要以地方合作交流年为契机，提升互联互通水平，推进贸易和投资自由化便利化，增进民间友好，推动两国地方合作取得更多惠及两国人民的成果”[③]。

---

① Стратегия социально-экономического развития Республики Татарстан до 2030 года. 28. 06. 2014. http：//chistopol. tatarstan. ru/rus/file/File/Strategy_ RT_ 1205. pdf，访问日期：2020 年 2 月 10 日。

② Иван Зуенко，Почему Россия и Китай провалили программу приграничного сотрудничества. 22. 08. 2018. https：//carnegie. ru/commentary/77081，访问日期：2020 年 5 月 2 日。

③ 《习近平：共同开启中俄地方合作新时代》，《人民日报》（海外版）2018 年 9 月 12 日。

拓宽与中国开展地方合作的地理空间，是俄罗斯政府的一个设想。中俄地方合作年举措，为加强两国各地区间联系提供了新动力。截至 2019 年，中俄在各级政府之间建立了超过 360 对伙伴地区和友好城市。俄方当前正积极与中国探讨如何推广“长江—伏尔加河”合作的成功经验。例如，京津冀地区可能成为与莫斯科和中央联邦区协作的支点；圣彼得堡和上海纳入西北联邦区和中国东部省份直接商务联系的轨道。[①]

（三）通过地方合作，提升中俄产能合作质量

乌克兰危机以来，中俄关系在俄罗斯外交中的地位越来越高。谢尔盖·卡拉甘诺夫（Сергей Караганов）指出，2018 年俄罗斯的主要优先方向是俄罗斯的国内发展，这对俄罗斯的战略和外交同样重要。俄罗斯的经济基础相对薄弱，解决经济发展问题是俄罗斯长期任务。俄罗斯第二个优先方向是同中国建立紧密的相互关系。中俄关系的理论基础是大欧亚理论。俄罗斯第三个优先方向是恢复同欧洲的关系。接下来的优先方向，从地理的角度看，可能是印度。而这些优先方向，都可以在中俄产能合作中实现。[②] 俄罗斯瓦尔代国际辩论俱乐部项目经理季莫费·博尔达切夫（Тимофей Бордачев）认为，中国“一带一路”倡议提出以来，中俄两国在该倡议框架内的产能合作取得了很大的进展。俄罗斯致力于深化同中国的务实合作，这也是俄罗斯未来最重要的外交方向之一。俄罗斯希望借助中国的东风，发展俄罗斯本国经济。

近年来，中俄两国地方合作蓬勃发展，为中俄经贸合作做出了重要贡献。2018 年，中俄继续大力发展全面战略协作伙伴关系，双边贸易额达到 1070 亿美元。为了把双边伙伴关系提升到符合两国人民需要和能力的质量更高的新水平，中俄还有很多工作要做。中俄双方的重点应该放在提高经济合作的质量上，而不是放在增加经济合作的数量上：应该使贸易多样化，面向高附加值商品和高技术产品。注意从贸易向涵盖研制、生产和销

---

① Андрей Денисов，Российско-китайское сотрудничество-стабилизирующий фактор в нынешнем турбулентном мире. 09. 01. 2019. https：//russiancouncil. ru/analytics-and-comments/comments/rossiysko-kitayskoe-sotrudnichestvo-stabiliziruyushchiy-faktor-v-nyneshnem-turbulentnom-mire/？sphrase_ id = 36492932，访问日期：2020 年 4 月 30 日。

② Сергей Караганов：《Китай и Россия — почти союзники… Россия и Индия ведут серьезный диалог по стратегическим вопросам только на высшем уровне》，07 марта 2018г. http：//svop. ru/main/26280/，访问日期：2020 年 4 月 29 日。

售所有阶段的全面深入合作过渡；吸引中小企业参与合作。[①] 俄罗斯希望在全面战略协作伙伴关系框架下，与中国发展更为紧密务实的经济合作。

二 中国对“长江—伏尔加河”地方合作的利益诉求与主要立场

中俄地方合作是在两国领导人亲自推动下发展的。提高中国长江中上游六省市的经济水平，拓宽该地区与俄罗斯的经济联系，深化部门合作，夯实中俄关系基础，是中国对“长江—伏尔加河”地方合作的利益诉求。

（一）推动长江经济带建设

20 世纪 80 年代，将沿海地带和长江流域作为全国国土开发的一级轴线，并形成“T”字战略，在学术界取得了广泛的共识。中国面临城乡差距、东西部差距逐步扩大趋势，需构建新的战略性区域。李克强总理在 2014 年 3 月的政府工作报告中指出：“要谋划区域发展新棋局，由东向西，由沿海向内地，沿大江大河和陆路交通干线，推进梯度发展。依托黄金水道，建设长江经济带。”[②] 2016 年 9 月《长江经济带发展规划纲要》正式印发，形成了“生态优先、流域互动、集约发展”的思路。空间布局是“一轴、两翼、三极、多点”格局。长江黄金水道为一轴，两翼是发挥长江株洲县的辐射作用，带动南北两侧腹地延伸拓展。三极是长江三角洲城市群、长江中游城市群、成渝城市群三大增长极，多点是城市群以外地级市。

构建对外开放新格局是长江经济带建设的一项重要任务。《长江经济带发展规划纲要》明确指出，要着力构建长江经济带东西双向、海陆统筹的对外开放新格局。长江经济带目前有 5 个自贸区，应把这 5 个自贸区串联起来，立足上中下游地区对外开放的不同基础和优势，因地制宜提升开放性经济发展水平。关于长江中上游地区对外开放部署是：安徽将展开全面开放空间新布局，打造更高质量的开放型经济新体系，形成投资贸易自由化、便利化新体制。四川高水平建设自贸试验区，加快建设西部金融中心，支持成都建设西部金融总部商务区，积极参与长江经济带发展。加快内陆开放性经济高地建设。推动区域互动合作和产业集聚发展，打造重庆

---

① 《中俄对话：2019 模式》，2019 年 9 月，复旦大学国际关系研究院网站，http：//www. iis. fudan. edu. cn/_ upload/article/files/67/b7/f7dccdb149888426de60b2472c97/798d9ff8 – 1d1e – 4d3f – b074 – cdf2d2a4c0c9. pdf，访问日期：2020 年 4 月 30 日。

② 刘毅、周成虎、王传胜：《长江经济带建设的若干问题与建议》，《地理科学进展》2015 年第 11 期。

西部开发开放重要支撑和成都、武汉、长沙、南昌、合肥等内陆开放型经济高地。发展对俄合作，是长江经济带对外开放的一个重要方向。中国希望长江经济带能够与俄罗斯的地区发展规划相对接，共同发展，互利共赢。

（二）通过地方合作，夯实中俄两国部门合作的基础

中国积极通过地方合作的方式，夯实与俄罗斯部门合作的基础。与俄罗斯许多经济部门和领域的合作，对中国非常重要。例如，两国的农业合作与资源合作。这些部门之间的合作，不仅能够满足中国的消费需求，还具有战略意义。地方合作的优势在于，可以把经济部门间的合作标注地理信息，让不同地区的供需更加精准地得到平衡。鉴于伏尔加河沿岸联邦区优越的资源储备和发达的农业生产，与长江中上游地区巨大的需求市场相匹配。中国非常重视在“长江—伏尔加河”框架内与俄罗斯开展农业资源合作。这两个领域的合作也受到了俄罗斯的欢迎。

以农业合作为例。随着全球人口迅速增长，而耕地面积不断缩减，食品赤字问题日益严峻。中国是全球最大的粮食进口国，保障粮食安全是我们面临的迫切问题。中国人生活水平不断提高，对食品的品质也提出了越来越高的要求。俄罗斯是世界第一大粮食（主要是小麦）出口国。因此，我国与俄罗斯的农业合作具有战略意义。农业合作不仅是夯实中俄务实合作的重要领域，更涉及我国粮食与食品安全问题，应予以高度重视。一直以来，俄农产品进出口市场相对稳定。主要进口来源地是欧盟、巴西和美国，主要出口对象是欧盟、土耳其和埃及。乌克兰危机以来，由于美欧的经济制裁，以及俄罗斯对土耳其农产品实施禁运政策，俄罗斯与美国、欧盟的农产品进出口额大幅下降。为满足俄罗斯国内市场需求和开辟新市场，俄罗斯加强了与亚洲国家的农业合作，特别是中国。

在中国市场对高品质食品的需求不断提高的形势下，俄罗斯积极寻求扩大对华食品出口的机会。当前，中俄农产品贸易领域发展势头很好。2016 年，俄罗斯对中国的食品出口额占俄罗斯食品出口总额的 11%，中国已成为俄罗斯最大的农产品和食品出口对象国。中国对俄罗斯农业投资开发起步晚，投资规模不大，产业链不健全。欧盟、美国、越南、泰国，很早进入俄罗斯农业部门，进行投资开发，目前已经建立了一定的农产品生产链。他们投资规模大，地理分布相对集中于莫斯科、沃罗涅日州、斯

塔夫罗波利斯克边疆区，并且这些投资者掌握相对先进的农业技术。在俄罗斯欧洲部分的大规模农业投资项目中，中国仍没有一席之地。中国在俄罗斯的农业大项目不多。农业科学技术合作需要提升层次。中俄农业技术合作，之前主要集中在农业机械领域。为保障中国在俄罗斯农业部门的投资，需要加强中俄农业科学技术领域的合作，特别是科研领域。中俄两国应该加强合作，专门研发适用于俄罗斯当地气候和土壤的农业品种，认真研究俄罗斯的土壤类型、农业气候特征、昆虫种类，应对影响农作物的病虫害问题。由于气候不稳定，近年来极端天气对农业技术不高的俄罗斯构成很大影响。伏尔加河沿岸联邦区在农业科技方面传统上具有很强的研发实力。中国农业科技水平提升不断取得新进展，中俄两国可以联合研发力量，进行科技合作，并以此为基础，开拓生物医药、生物技术等高新技术合作。

除农业合作外，长江中上游地区对与伏尔加河沿岸联邦区发展冶金制造、机械制造、木材加工等工业，以及人文领域的合作非常感兴趣。例如高新科技合作、教育合作、旅游合作等。《长江经济带创新驱动产业升级方案》提出10个新型产业集群，其中4个以江西或南昌为核心。涉及产业包括现代生物产业、航空航天、现代农业、新能源汽车、太阳能光伏、芯片设计与制造、人工智能等。[①] 中俄双方在高新科技领域、现代农业领域、现代化制造业领域、新能源领域、人工智能领域等的合作具有广阔的发展前景。重庆水土高新园的“重庆两江机器人产业园”，是重庆市机器人产业发展的核心承接区域，目前有川崎、库卡、ABB、发那科等全球机器人巨头聚集于此。俄罗斯非常重视人工智能的发展。中俄双方在“长江—伏尔加河”合作上应重点突出具有战略意义的高新科技合作。在地方合作的框架内，两国各经济部门间的合作更能落地生根。

（三）中国关于推动中俄地方合作的主要立场

2018年9月11日，习近平主席在中俄地方领导人对话会上就未来两国地方合作提出四点建议。[②] 这直接体现中国政府在对俄地方合作方面的主要立场。

一是要发挥地方政府的主导作用，通过统筹协调工作，优化政策环

① 国家发展改革委、科技部、工业和信息化部：《长江经济带创新驱动产业升级方案》，2016年3月15日，中国政府网，http：//www. gov. cn/xinwen/2016－03/15/content_ 5053543. htm.，访问日期：2020年4月28日。

② 《习近平：共同开启中俄地方合作新时代》，《人民日报》（海外版）2018年9月12日。

境，为中俄两国企业的投资活动营造优越的营商环境。俄罗斯经济学家分析了俄罗斯—欧盟非毗邻地区的跨境合作，跨境合作的成绩取决于地方政府和机构及时处理问题的能力，以及地方政府战略规划的能力。在这种情况下，地方政府需要有足够的职权范围，才能具备快速反应能力和战略规划能力。中央政府对地方政府的信任至关重要。[①]中俄两国地方政府是国际经济合作中非常活跃的行为体。由于政府依然在中国和俄罗斯的市场中发挥着主导作用，营造良好的营商环境和政策环境，就需要地方政府发挥积极作用。

二是需要创新合作思路，充分利用现有的合作机制与平台，深入探讨推进区域合作新方式。“长江—伏尔加河”合作机制是创新思维的产物。中俄当前合作机制非常多，如何利用和发挥这些合作机制与平台的作用，服务于中俄地方合作的良性发展，需要进一步开拓创新意识。

三是需要挖掘合作地区之间的互补优势，发挥地方特色与优势，实现合作精准对接，整合优质资源，打造合作亮点。长江中上游六省市与伏尔加河沿岸联邦区属于经济相对发达地区，地理区位相近，都位于文化发源地沿岸。两个地区具有明显的地方特色与经济优势。因此，如何整合两个地区的优质资源，培养合作亮点，从而形成合作的内生动力，是“长江—伏尔加河”合作中需要着重解决的任务。

四是要密切人文交流，强化合作的主流民意和社会基础，推动两国地方文化、旅游、教育、媒体等领域交流机制化、常态化，增进彼此好感和认同感。文化因素对跨境合作发挥着重要的影响。文化迥异和缺少社会联系，将对两国地方合作带来负面影响。“长江—伏尔加河”合作中，夯实社会民意基础的任务非常突出。因为这两个地区没有共同的边界，互不接壤，因此在历史上没有建立起天然的社会经济联系。为了加强民意基础，需要通过双边的文化交流活动以及多领域的人文合作精耕细作，加强两个地区的民心相通程度。

第二节　中俄“长江—伏尔加河”地方合作的现实基础

本节从利益诉求的一致性和实现合作的可行性，分析中俄“长江—伏

① Кондратьева Н. Б.，Россия-ЕС：трансграничное сотрудничество вне конъюнктуры.《Современная Европа》，2014 № 4. С. 22 – 47.

尔加河”地方合作的现实基础。

一　利益诉求的一致性

中国和俄罗斯互为最大的邻国，最重要的全面战略协作伙伴，拥有广泛的共同利益。中俄关系的顺利发展不仅有助于提高两国人民的福祉，更有助于欧亚地区乃至世界的稳定与发展。地方合作是中俄两国合作的基础和落脚点，中俄合作的很多成果来自地方合作。从“中国东北—俄罗斯远东”合作机制到“长江—伏尔加河”合作机制，中俄地方合作逐渐从地理相邻的边疆地区延伸到腹地，覆盖更为广阔的空间范围，合作内容包括政治、经济与文化人文领域。2018—2019 年的中俄地方合作年活动，为地方合作注入新动力。2020—2021 年，中俄两国政府共同组织科技与创新合作年，中俄关系基础不断夯实。

中俄两国对深化地方合作具有高度一致的利益诉求。从国际局势看，中国和俄罗斯的经济崛起之路均受到来自美国的压力。中俄两国需要携手应对外来压力，共同实现经济的持续崛起。中美贸易摩擦作为中美结构性矛盾的一种表现，对中国出口与投资活动造成了压力。美国采取一系列措施，表面是贸易冲突，实际上限制中国获得高科技的途径，阻止中国产业升级，堵塞中国经济发展之路。尽管中国政府采取了加强财政刺激的政策，但发行的债券增加了，国内市场的金融依赖系数依然很高。此外，在经济增长放缓的情况下，中国中央政府很难减少借入资金的比例。并且，中国廉价劳动力的红利正在消失，这使得中国市场对外资的吸引力下降。为对冲中美结构性矛盾，中国需要与包括俄罗斯这位全面战略协作伙伴在内的周边国家建立更加紧密的联系。

俄罗斯科学院世界经济与国际关系研究所亚太研究中心亚历山大·罗曼诺夫（Александр Ломонов）研究员提出，现在中国面临一个问题，中国是世界上最大的发展中国家和强国的结合体。一方面，中国非常希望保留发展中国家的地位，与第三世界国家站在一起。另一方面，中国希望拥有话语权，能够影响国际关系体系和全球治理架构的变革，像发达国家一样。中国的目的很明确。在官方，中国宣布 2035 年进入发达国家行列，2050 年成为世界强国。因此西方国家希望俄罗斯做些什么来阻止中国实现目标，而自己从中渔利。[①] 中俄开展紧密合作，符合中国国家利益。

俄罗斯面临西方经济制裁的巨大压力。西方对俄罗斯进行的经济制裁，增加了不确定性和政治风险，并借助改变汇率和税率，以及资本外流等手段，在很大程度上影响了俄罗斯经济的发展。美国和欧洲对俄罗斯同样采取了限制投资和高新科技出口的政策，这反而增加了俄罗斯与东方国家，首先是中国之间的经济联系。欧盟曾经是俄罗斯最大的贸易伙伴和外资来源地，现在也依然重要。但近年来，中国实现了赶超，成为俄罗斯第一大贸易伙伴。

从中俄两国经济发展形势看，中国已成为世界第二大经济体。尽管中国政府面临着显而易见的发展压力，近 10 年来中国 GDP 增速逐步放缓，经历 40 多年改革开放后的高速增长之后，中国经济正适应新常态：经济下行压力增大，增长速度放缓；面临资源环境压力，迫切需要尽快调整经济结构。但中国政府自 2013 年以来，采取综合措施，调整经济增长模式，启动改革方案，经济发展方式不断优化。信息技术、人工智能、电子商务以及服务业具有很大的发展潜力。2013 年，中国服务业占 GDP 比重超过工业，中国从此走上服务业大国的发展之路。

近年来，俄罗斯经济发展乏力。2018 年俄罗斯社会经济形势依然复杂。经济实现增长，但速度大大低于世界平均水平。根据俄罗斯国家统计局数据，2019 年年初俄罗斯经济增速是 1.6%—2.3%。[②] 这种疲软是由于俄罗斯监管机构同时引入财政整顿和通胀目标制引起。不完善的制度环境依然是俄罗斯吸引外资和发展商业的巨大障碍。自然资源价格相对以前提高，在一定程度上保持着经济的稳定，维持现有外汇储备水平，并使外债保持较低水平。西方制裁对俄罗斯经济造成了长期严峻的外部风险，因为限制了俄罗斯获得资金和技术的渠道。俄罗斯能源部门遭受的损失最大，能源部门是俄罗斯国家预算的最大来源。[③]中俄两国经济发展正经历一个转

① Россия и Китай：перспективы сотрудничества и новые вызовы. ，Россия в глобальной политике， 20. 06. 2019， https：//globalaffairs. ru/articles/rossiya-i-kitaj-perspektivy-sotrudnichestva-i-№vye-vyzovy/，访问日期：2020 年 4 月 27 日。

② Российская экономика в 2018 году. Тенденции и перспективы. （Вып. 40）/［В. Мау и др.；под науч. ред. д-ра экон. наук Кудрина А. Л.，д-ра экон. наук Синельникова-Мурылева С. Г.］；Ин-т экон. политики имени Е. Т. Гайдара. – Москва：Изд-во Ин-та Гайдара，2019. 656 с.：ил.

③ Российско-китайское сотрудничество：пути друг к другу. 21. 10. 2019. https：//roscongress. org/upload/medialibrary/3ca/sino_ russian-cooperation_ rus. pdf.，访问日期：2020 年 4 月 27 日。

型期。两国地方合作，可以互相学习经验，取长补短，在未来可能“混搭”出一条创新发展之路。从以上分析看出，中俄“长江—伏尔加河”合作具有利益诉求的高度一致性。

二　实现合作的可行性

从中俄两国政府强烈的合作意愿以及长江中上游地区和伏尔加河沿岸联邦区优越的经济发展条件看，“长江—伏尔加河”地区具备合作的可行性。

（一）中俄政府具有强烈的合作愿望

现在的中俄关系被双方定义为全面平等互信的战略协作伙伴关系。主要原则和发展方向集中体现在《中俄睦邻友好合作条约》（2001 年）中。深化对华关系是俄罗斯外交的优先方向。这个方针具有可持续性、长期性特点，符合两国巩固睦邻和保障发展的任务要求。①高水准的政治关系是中俄合作的重要保障。此外，两国发展地方合作也符合两国经济发展的现实需求。

中俄“长江—伏尔加河”地区的合作意愿高。2014 年，中俄两河流域合作区投资项目清单和人文领域合作路线图出台后，中方长江中上游六省市积极同俄方进行接洽。江西省政府积极努力，重视和推动本土企业“走出去”。江西与俄罗斯巴什科尔托斯坦共和国投资合作不断加强。江西中格集团、正邦集团、江西直方数控、中国瑞林公司等企业累计协议金额近 8 亿美元的一批重点投资项目陆续签署实施。俄方对中俄“长江—伏尔加河”合作兴趣很大，俄方相关地区政府与企业等积极配合具体合作项目的签署与实施等。2015 年 11 月江西省经贸文化周在乌法举办期间，一批合作项目签约落地，包括建立乌法—长江国际商务中心。近年来俄罗斯一些地区对中俄地方合作越来越积极。

两国政府和领导人已经就中俄地方合作达成共识。“长江—伏尔加河”地方合作机制的建立，表明中俄地方合作已经从毗邻地区向腹地延伸。拥有共同的国境线无疑会简化发展跨境地区合作的进程。但正如《长江—伏尔加河合作纲要》提出的那样，俄罗斯和中国上述地区的合作也具有很多

① О российско-китайских отношениях стратегического партнерства. 16. 01. 2019. https：//www. mid. ru/strategiceskoe-partnerstvo-s-kitaem.，访问日期：2020 年 3 月 28 日。

共同的经济利益和协作领域。这些地区在工业发展水平、基础设施与农业发展方面有很多共性，在地理特点方面也具有共性，都位于国家腹地，拥有内陆河道和相对发达的人口指标。在东北和远东合作框架内，确定了约200个项目。因此，共同边界是非常重要的合作因素，但不是决定性因素。主要的因素是双方都有落实合作的愿望，认为合作具有互利的特点，不仅仅是经济互利，还能够互相学习发展经验。为了落实合作，需要各级政府的支持。在俄罗斯，中央政府、联邦区政府、州政府、市政府和区政府都很支持，中国的中央政府、省政府、市政府、县政府也支持合作。①

（二）开展跨境合作的优越经济条件

中俄“长江—伏尔加河”地方合作参与地区均属于经济较发达地区。从地缘经济区位来看，这些参与地区人口多、产业规模大、城镇体系相对完整，拥有丰富的水资源、便利的航运条件和相对发达的沿岸经济，具有优越的发展条件。

在长江经济带中，长江中上游六省市属于发展相对滞后的地区，但与中国全国相比，长江中上游六省市经济相对发达。该地区城镇化率较高，人口聚集，第三产业相对发达，并且有较雄厚的工业发展基础（见表8－1）。湖北省的制造业，特别是高技术制造业增长迅速。江西省电子、汽车、电气机械、医药和农副食品五大重点行业增长突出。工业新产品中，新能源汽车增长1.5倍，光缆增长51.2%，太阳能电池（光伏电池）增长46.9%，稀土磁性材料增长21.1%。重庆市汽车制造业、电子制造业、装备制造业、花艺行业、材料行业、消费品行业增长迅速。此外，该地区农业相对发达。农业方面，四川省中草药材播种面积13.3万公顷，是中国中药产地之一。

表8－1　长江中上游六省市2017年经济社会发展基本情况

省市	常住人口（万人）	城镇化率（%）	地区生产总值（亿）	第三产业所占比重（%）
湖南省	6860.2	54.62	34590.6	48.4
湖北省	5902	59.3	36522.95	45.2

① Андрей Островский,《Волга – Янцзы》: в интересах развития, 15.07.2014. https://www.kommersant.ru/doc/2537896.，访问日期：2020年4月28日。

续表

省市	常住人口（万人）	城镇化率（%）	地区生产总值（亿）	第三产业所占比重（%）
四川省	8302	50.79	36980.2	49.7
安徽省	6254.8	53.5	27518.7	41.5
江西省	4622.1	54.6	20818.5	42.7
重庆市	3075.16	64.08	19500.27	49

资料来源：中国政府网，http：//www.gov.cn/guoqing/2019-01/28/content_5361715.htm。

长江中上游六省市的对外经济活动也比较活跃。长江中上游六省市中，湖南、湖北、四川和重庆市是我国重要的对外经济联系主体（见图8-1）。湖南省出口额居前五位的商品有服装及衣着附件、鞋类、扬声器、钢材、箱包及类似容器。安徽省出口商品中，机电产品和高新技术产品增长迅速，分别是10.1%和27.1%。重庆自贸区扎实推进。2017年，重庆自贸区新增注册企业11695户，其中外商及港澳台商投资企业220户。新增注册资本773.16亿元，其中外商及港澳台商投资企业注册资本15.81亿元。引进项目692个，签订合同金额3007.5亿元，涉及总部经济、智能制造、大交通、大健康等领域。①

伏尔加河沿岸联邦区的发展优势有地理位置、资源、人口、工业基础、科技基础，发展劣势同其他地区一样，主要集中在较差的营商环境。该联邦区地理位置优越，是连接俄罗斯欧洲部分和欧洲国家同俄罗斯西伯利亚、远东以及亚洲国家的桥梁。伏尔加河沿岸联邦区资源储量丰富，包括储量丰富的石油和天然气，大量的钾盐、磷矿、锌、铜、铁、金矿，还有丰富的矿泉水资源。伏尔加河沿岸联邦区劳动力资源相对丰富，工资水平较低。人力资源是伏尔加河沿岸联邦区的一个发展优势（联邦区一些欠发达的联邦主体除外），特别是鞑靼斯坦共和国、巴什科尔托斯坦共和国和萨马拉州。该联邦区劳动人口数量2018年为1510万，约占全俄劳动人口的20%。伏尔加河沿岸联邦区人均月收入为26436卢布，低于全俄平均

① 《重庆2017年度经济社会发展概况》，2020年5月7日，中国网，http：//guoqing.china.com.cn/2020-05/07/content_75954374.htm，访问日期：2020年5月12日。

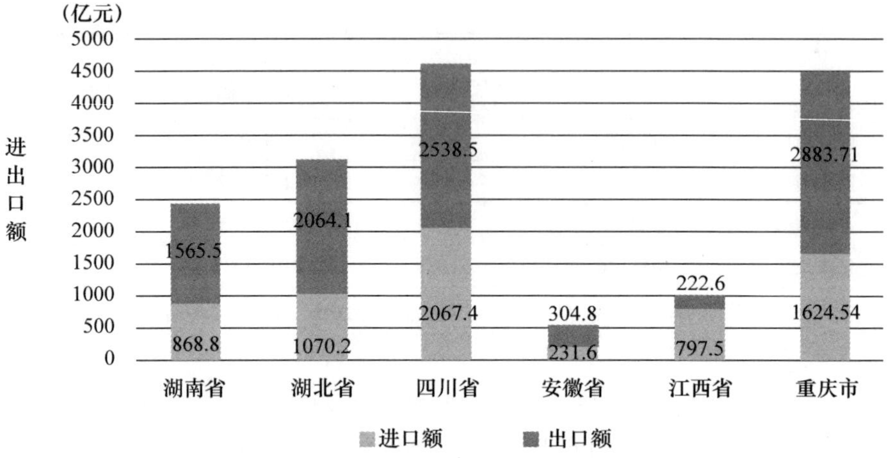

图 8－1　2017 年长江中上游六省市进出口额

资料来源：中国政府网，http：//www. gov. cn/guoqing/2019－01/28/content_ 5361715. htm。

水平，俄罗斯人均月收入为 32598 卢布。[①] 该地区农业气候条件好，农业和食品加工业发达，工业基础雄厚。这里的传统优势是机械制造和石化工业。生物技术、制药、建筑、能源、矿物肥料等行业处于俄罗斯领先水平。文化多元和民族团结是这里的一个特色。俄罗斯科学院在喀山、下哥罗德州、萨马尔、萨拉托夫都设有研究中心，这些机构在基础研究和应用技术研究方面实力雄厚。伏尔加河沿岸联邦区也存在一些发展劣势，如投资环境差和各地区发展不平衡。

可以看到，中俄“长江—伏尔加河”合作的参与地区均属于中心地区，发展区位优越，人口聚集，工业基础雄厚，农业发达，自然资源潜力很大。“长江—伏尔加河”是富裕地区和富裕地区之间的合作。在伏尔加河沿岸联邦区，很多地方精英与联邦中央政府有紧密的联系，这为地方开展对外经济合作提供了便利条件。

① Отчет о ходе реализации в 2018 году Стратегии социально-экономического развития Приволжского федерального округа до 2020 года, утвержденной распоряжением Правительства Российской Федерации от 07 февраля 2011 г. № 165 – р（далее – Стратегия），http：//old. economy. gov. ru/wps/wcm/connect/985bdf90 – d22a – 48dd – 8946 – ddd196102477/report_ PFO_ 2018. pdf? MOD = AJPERES&CACHEID = 985bdf90 – d22a – 48dd – 8946 – ddd196102477.，访问日期：2020 年 4 月 21 日。

第三节　中俄“长江—伏尔加河”地方合作的发展特点

历经7年的发展，中俄“长江—伏尔加河”地方合作取得了一系列成果。两河流域合作呈现出运行机制多层级、交通运输网络逐步完善、人文合作率先发展和经贸合作逐步加深的特点。

一　多层级的合作机制，沟通渠道不断通达

中俄“长江—伏尔加河”地方合作的沟通渠道不断通达，建立了多层级的合作对话机制。首先是“长江—伏尔加河”地区领导人座谈会。该机制每年召开一次，由中俄双方合作地区轮流主办召开。从2013年开始，地方领导人座谈会取得了丰硕的成果。2016年，“长江—伏尔加河”地方合作领导人座谈会机制被升级为地方合作理事会，两河流域地区合作得以升级。“长江—伏尔加河”地方合作理事会主要讨论和确定地区合作的政策与方针。2019年5月，“长江—伏尔加河”地方合作理事会第三次会议在俄罗斯切博克萨雷市召开。双方签署了15项新合作协议。楚瓦什共和国领导人用了这样一句话总结会议：“友谊——这是给予我们人民的伟大恩赐！我相信，我们一定能够维护友谊，让友谊加倍。”①

此外，“长江—伏尔加河”地方合作设有专题论坛和工作组。这两个机构作为常设性业务机构，负责设计、研究、落实具体的合作项目。青年论坛是“长江—伏尔加河”地方合作理事会的一个配套活动，每年举办。该活动受到了中俄两国青年人的广泛好评，增强了俄罗斯青年人对于中国长江中上游地区的了解。

除了大双边机制外，“长江—伏尔加河”地方合作框架内，还建立有小双边合作机制。例如安徽省建立了与伏尔加河沿岸联邦区合作的联席会议制度，负责安徽省对俄合作的协调工作。多层次的合作机制和沟通渠

---

① На заседании Совета в формате《Волга-Янцзы》подписано 15 межрегиональных соглашений о сотрудничестве, 23 мая 2019г. https：//alatvesti. ru/2019/05/23/na-zasedanii-soveta-v-formate-volga-janczy-podpisano – 15 – mezhregionalnyh-soglashenij-o-sotrudnichestve/.，访问日期：2020年5月1日。

道，是中俄地方合作的重要制度性安排，对于推动两河地区合作发挥着积极的作用。

随着中俄政府对地方合作的重视，2017 年，中俄地区合作发展投资基金成立，首次投入 1000 亿元人民币，扶持对国民经济发展影响重大的投资项目。投资项目可以在俄罗斯国内，也可以在俄罗斯境外。该基金的主要投资者是中国的大型国有公司和私营企业，例如中国核工业集团公司。该基金的资金主要用于核能、基础设施、物流和新技术领域的项目投资，以及“长江—伏尔加河”地区合作框架内的合作项目。

二　交通运输网络逐步完善

由于长江中上游地区和伏尔加河沿岸联邦区没有共同的边界，这提高了跨境交易成本。要实现中俄“长江—伏尔加河”地区联动发展，需要依托成熟安全的交通运输网络。目前中俄“长江—伏尔加河”交通运输网由陆路的渝新欧、合新欧、汉新欧、赣欧、蓉欧等铁路联运以及相关区域的空中航运构成（见表 8－2）。[①] 长江中上游地区的省会城市已经开通飞往莫斯科的航班。成都开通了飞往莫斯科、圣彼得堡和伊尔库茨克的航班（见表 8－3）。

表 8－2　　中俄“长江—伏尔加河”交通运输路网[②]

名称	运行路线	首发时间
渝新欧	中国重庆—中国新疆阿拉山口—哈萨克斯坦—俄罗斯—白俄罗斯—波兰—德国杜伊斯堡，全程 11179 公里	2012 年 4 月 12 日
合新欧	中国合肥—中国新疆阿拉山口—哈萨克斯坦—俄罗斯—白俄罗斯—波兰—德国汉堡，全程 11000 公里	2014 年 6 月 26 日
汉新欧	中国武汉—中国新疆阿拉山口—哈萨克斯坦—俄罗斯—白俄罗斯—波兰—捷克梅林克帕尔杜比采，全程 10863 公里	2012 年 10 月 24 日
赣欧	中国—俄罗斯—白俄罗斯—波兰—德国—荷兰，全程 1.2 万公里	2015 年 11 月 24 日
蓉欧	中国成都—中国新疆阿拉山口—哈萨克斯坦—俄罗斯—白罗斯—波兰罗兹市，全程 10045 公里	2013 年 4 月 26 日

① 沈影：《“一带一盟”背景下中俄“长江—伏尔加河”合作的战略分析》，《国际贸易》2018 年第 12 期。

② 沈影：《“一带一盟”背景下中俄“长江—伏尔加河”合作的战略分析》，《国际贸易》2018 年第 12 期。

表 8-3　　中国长江中上游六省市直飞俄罗斯航班情况

省（市）	航线	航班号	开通时间
四川成都	成都往返莫斯科 成都往返圣彼得堡	3U609/10 3U8099/8100	2015 年 5 月 2 日 2018 年 1 月 26 日
湖南长沙	长沙往返莫斯科	I49538/I49537	2017 年 4 月 6 日
湖北武汉	武汉往返莫斯科	CZ355/356	2014 年 7 月 30 日
重庆市	重庆往返莫斯科	GS7941/7942	2017 年 6 月 7 日
江西南昌	南昌往返莫斯科	I49185/6	2016 年 6 月 28 日
安徽合肥	合肥往返莫斯科	乌拉尔航空 俄罗斯皇家航空公司 RL601/2	2018 年 12 月 7 日 2019 年 7 月 15 日

资料来源：笔者整理。

伏尔加河沿岸联邦区的产品受到了中国消费者的欢迎。鉴于长江中上游地区和伏尔加河沿岸联邦区经贸往来的日益频繁，对交通物流的需求与日俱增。为了保障伏尔加河沿岸联邦区的商品运往中国，中俄双方决定主要采用铁路运输。彼尔姆边疆区和中国江西省已经准备在“长江—伏尔加河”框架内发展铁路货运交通网络，2017 年秋季，双方启用直达货运专线。彼尔姆边疆区向中国运输的木材在江西鄱阳湖畔进一步加工为精美的家具。而江西向彼尔姆边疆区运输水果和日用品，其中橘子和西红柿非常受彼尔姆边疆区居民的欢迎。除了交通基础设施外，双方还要解决经贸往来所使用的其他必要的基础设施问题。例如，为了顺利地把食品和农产品等特殊食品运输到中国，必须建设专业的实验室，以评估食品质量。中俄双方已经在该领域开展了大量工作。

三　人文合作率先发展

当前，“长江—伏尔加河”地方合作呈现出人文合作率先发展，成果丰富、形式多样的特点。双方在文化、旅游、教育合作与人员培训方面展开了积极的合作。由于长江中上游六省区与伏尔加河沿岸联邦区地理上并不邻近，两地区之间较毗邻地区缺少天然的人文联系。正因如此，人文合作对于增进中俄两地区民众之间的相互了解、促进民心相通至关重要。并且，长江中上游六省区与伏尔加河沿岸联邦区有一个共同的特点，就是高校林立，科研机构和科研人员数量众多，科研投入较多，科研基础实力雄厚。为了增进双边的了解与互信，充分发挥高校和科研机构的实力，2017年6月16日成立了中俄“长江—伏尔加河”高校联盟。

中俄“长江—伏尔加河”高校联盟是由中俄两国外交部共同发起、中国四川大学与俄罗斯下诺夫哥罗德国立技术大学共同牵头组建的非营利机构。联盟成员包括36所俄方高校、29所中方高校。高校联盟设有智库联盟和学术委员会，常设机构是秘书处，由中俄双方秘书处负责联盟的日常事务与协调工作。中方秘书处设在四川大学。中俄“长江—伏尔加河”高校联盟旨在推动学术研究，以及中俄两国在教育、科技、青年和文化领域的合作，加强长江中上游六省区和伏尔加河沿岸联邦区的政府与民间合作与交流。除了高校联盟，长江中上游六省区与伏尔加河沿岸联邦区的省市之间还建立有友好城市关系。

在文化合作方面，长江中上游六省区分别与伏尔加河沿岸联邦区的各个联邦主体之间共同举办文化展演等活动。2018年俄罗斯青年音乐家来四川成都举办“成都国际友城青年音乐周”活动。在教育合作方面，四川省高校与伏尔加河沿岸联邦区高校签署了23份合作协议，内容包括留学生交换、科研合作等。中方为俄方高校学生提供政府奖学金。在人员培训方面，中方还承担来自鞑靼斯坦共和国等地区的公务员培训。该项目非常有成效。[①] 楚瓦什共和国的年轻人对中国文化和汉语非常感兴趣，这里有非常有名的汉学家尼基塔·布琼尼（Никита·Будённый）。楚瓦什国立大学设有中国研究中心。楚瓦什图书馆设有中国信息文化中心。楚瓦什共和国与中方有着良好的高校间合作基础，并且在文化、体育和医疗方面保持合作。

在旅游方面，长江中上游六省区与伏尔加河沿岸联邦区旅游资源丰富，双方在发展旅游合作方面签署了多份合作协议。四川旅游局和鞑靼斯坦共和国旅游局也签署了旅游合作协议。2018年四川赴俄罗斯游客达5.65万人次。乌里扬诺夫斯克州与中国也进行了卓有成效的文化人文合

① 《四川省与俄罗斯人文领域合作情况》，2019年3月18日，中国长江中上游地区和俄罗斯伏尔加河沿岸联邦区地方合作理事会网站，http://yangtze-volga.org/index.php?c=msg&id=1863&，访问日期：2020年2月26日。

作。乌里扬诺夫斯克州举办了纪念毛泽东诞辰125周年的主题展览、湖南文化节，开辟了“红色旅游路线”。乌里扬诺夫斯克州与中国一些城市居民直接建立了微信聊天服务。

高校联盟不仅加强了中俄两国的人文合作，还在科技交流领域发挥重要作用。下诺夫哥罗德国立技术大学校长谢尔盖·德米特里耶夫（Сергей Дмитриев）称，中俄两国设立高校联盟，是“长江—伏尔加河”合作的第一个实质性举措。通过高校联盟机制，中俄两国青年人之间交流的机会大幅增加。大学生就是未来。伏尔加河沿岸联邦区拥有丰富的高新技术和工业企业，以及顶级的大学。俄罗斯大学里教授很多科学技术，中国伙伴对此非常感兴趣，但有些高新技术受到俄罗斯国家的限制，不允许转移给其他国家。比如，来自中国的专家对俄罗斯核技术感兴趣，但转移核技术在俄罗斯是禁止的。而通过大学课堂向外国留学生授课，让他们自己想明白具体的技术是不会被禁止的。我们签署了教育服务协议，培训中国人。我们传授他们知识。① 现在，美国很多高科技领域开始禁止招收中国留学生，对中国学生来说从俄罗斯获得求学机会非常重要。除了核技术，还有IT，IT在俄罗斯未被列入禁止传播给外国的清单。中俄两国当前开启了5G技术的合作。

四　经贸合作逐步加深

俄总统驻伏尔加河沿岸联邦区全权代表伊戈尔·科马罗夫称，“长江—伏尔加河”合作的特殊意义在于经贸和投资关系领域。② 伏尔加河沿岸联邦区是俄罗斯重要的对外经济联系行为体。伏尔加河沿岸联邦区吸引的外资额与对外经贸额在全俄占有相当的比重（见图8－2）。

伏尔加河沿岸联邦区各联邦主体的对外经济联系发展不均衡。在伏尔加河沿岸联邦区的联邦主体中，鞑靼斯坦共和国、下哥罗德州、萨马尔州、乌里扬诺夫斯克州、巴什科尔托斯坦共和国是外资的主要流入

---

① От Волги до Янцзы：чем готово делиться Поволжье с Китаем. 14. 07. 2017. https：//finance. rambler. ru/economics/37147931/? utm _ content = finance _ media&utm _ medium = read _ more&utm_ source = copylink，访问日期：2020年5月18日。

② В Ульяновске состоялось первое заседание Совета по межрегиональному сотрудничеству в формате《Волга-Янцзы》. 19. 07. 2016. http：//pfo. gov. ru/press/events/100350/，访问日期：2020年5月19日。

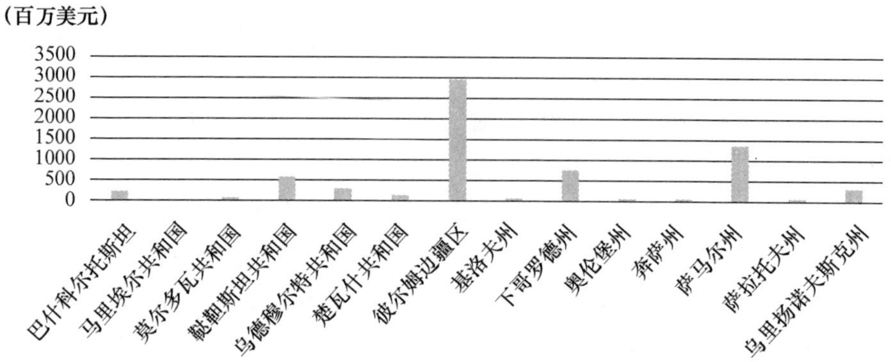

图 8－2　2018 年外商对伏尔加河沿岸联邦区各联邦主体的直接投资额

资料来源：俄罗斯国家统计局《俄罗斯各地区：主要社会经济发展指标（2019）》。

地。中国投资的流入与伏尔加河沿岸联邦区的外资空间分布格局基本重合。其中，鞑靼斯坦共和国、乌里扬诺夫斯克州、巴什科尔托斯坦共和国、彼尔姆边疆区、楚瓦什共和国、萨马尔州等地是中国主要的投资地区。

作为中俄合作的代表性模式，“长江—伏尔加河”合作机制证明了自身的重要性。通过“长江—伏尔加河”合作平台，中国在伏尔加河沿岸联邦区的投资大幅上升。这受到伏尔加河沿岸联邦区地方领导人的欢迎。在两河流域合作机制启动以前，伏尔加河沿岸联邦区各地区与长江中上游省份之间共签署 3 份协议。2013 年决定建立中俄新合作模式后，很短的时间内，地区间协议增加到 38 个。现在，伏尔加河沿岸联邦区各地正落实 20 多个项目。投资合作的优先方向包括 13 个农业项目、食品生产项目、建材项目、机械设备项目、冶金项目、森林资源加工项目和物流项目。处于研究阶段的投资项目 57 个，其中有前景的项目分布于交通、航空、医疗、信息技术、机械制造领域。[①] 投资领域的合作具有特殊意义。当前，通过“长江—伏尔加河”合作机制，中国在伏尔加河沿岸联邦区已经有很多成功的合作案例。例如金木公司，该项目位于彼尔姆边疆区的超前发展区。巴什科尔托斯坦共和国也有成功经验。当地有中资参与的项目共有

① Китайская экспансия в Поволжье. 27. 05. 2019. https：//regnum. ru/news/2636116. html. ，访问日期：2020 年 5 月 1 日。

22个，其中5个是在“长江—伏尔加河”框架内启动的，包括建材厂、轻型农用拖拉机组装厂、甜菜加工厂、旅游业。在建的投资项目还有：巴士科尔托斯坦共和国的水泥厂联合项目、马里埃尔共和国建设钢材厂、楚瓦什共和国建设农业园、奔萨州建立农业园、彼尔姆边疆区建立木材加工厂等。① 此外，中国伙伴还注资35亿卢布修建30层的商务中心“乌法—长江”。②

鞑靼斯坦共和国自然资源丰富，农工业相对发达，且投资环境相对较好，与中国的合作进展顺利。鞑靼斯坦共和国为了吸引中国投资者，采取了一些措施。首先，积极使用税收优惠机制。对于实施投资项目的投资者，降低利润和资产税率。其次，成立了超前发展区，入驻超前发展区的投资者享有特殊税收制度。鞑靼斯坦共和国与中国一些省份签署了6项协议，市级协议14项。鞑靼斯坦共和国还在北京设立了经贸代表处，喀山于2017年2月开设了中国总领馆。这些机构对于协助投资发挥着积极作用。海尔集团在鞑靼斯坦共和国的切尔内市建成冰箱工厂，目前正在筹建洗衣机厂。此外，高科技领域的科技园正与深圳高新区工业园签订合作协议，与华为集团的合作正处于谈判阶段。2018年年初，第一辆高速集装箱列车从喀山发往成都。现在俄罗斯联邦许多地区，也正建立特殊制度吸引外国资本，并发展中国产品的本地化生产项目，比如图拉州正建造中国长城汽车的工厂。③

乌里扬诺夫斯克州也是两国合作的重点区域。乌里扬诺夫斯克州地理位置优越，物流体系相对发达，优惠的税收政策和高水平的地方政府与企业之间的关系，使得这里得到中国投资者的青睐。中国目前在这里的总投资额是150亿美元，将创造约3800个就业岗位。④ 楚瓦什共和国也有一些

---

① Ульяновская область возобновляет диалог с КНР в формате《Волга-Янцзы》. 21. 05. 2019. https：//media73. ru/2019/ulyanovskaya-oblast-vozobnovlyaet-dialog-s-knr-v-formate-volga-yantszy#.，访问日期：2020年5月1日。

② От Волги до Янцзы：чем готово делиться Поволжье с Китаем. 14. 06. 2017. https：//finance. rambler. ru/economics/37147931/? utm_ content = finance_ media&utm_ medium = read_ more&utm_ source = copylink.，访问日期：2020年5月1日。

③ 盛海燕：《“一带一路”倡议下的中俄地区合作的前景》，《现代交际》2019年第14期。

④ Ульяновская область возобновляет диалог с КНР в формате《Волга-Янцзы》. 21. 05. 2019. https：//media73. ru/2019/ulyanovskaya-oblast-vozobnovlyaet-dialog-s-knr-v-formate-volga-yantszy#.，访问日期：2020年5月1日。

大型的有中资参与的投资项目。四川铁路投资公司（Railway Investment Group Co.，LTD）正在楚瓦什落实建立肉奶农业园区的项目。① 彼尔姆边疆区有15个中资企业参与合作。主要是汽车和设备销售、木材加工。近期南昌鄱阳湖岸边将建设“俄罗斯村”销售彼尔姆木材，总投资额约30亿卢布。萨马尔州是俄罗斯经济发达、具有投资潜力的地区之一。当地发达的产业包括农产品、机械制造、航空工业、医药业、化工生产和运输物流业。

贸易合作是“长江—伏尔加河”合作的一个重要内容，长江中上游地区和伏尔加河沿岸联邦区的贸易往来不断增加。自2015年以来，中国长江中上游六省市与俄罗斯经济合作发展迅速，双方进出口贸易额增长幅度高于同期与欧美国家贸易额增幅。湖北省2016年与俄罗斯进出口贸易额达到53.6亿元，增长16.6%，同期与美国贸易总值280.9亿元，增长6.5%，与欧盟贸易总值368.8亿元，下降4.2%。中国出口给伏尔加河沿岸联邦区的大部分商品是农产品，中国从该地区进口商品有机械设备、电子产品、交通设备。

伏尔加河沿岸联邦区2018年外贸额584亿美元，2019年外贸额167亿美元（见图8－3）。主要贸易商品是矿产品，占37%；化工产品占15%。在外贸伙伴中，荷兰位居第一，占7.8%，第二位是德国，约占7.5%，中国排名第四，约占6.8%（见表8－4）。

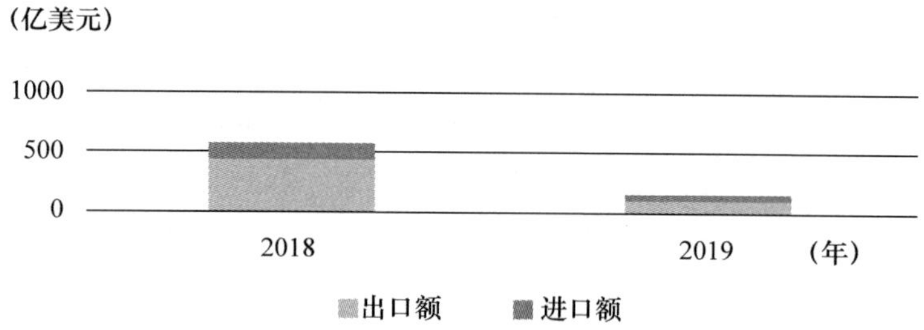

图8－3　伏尔加河沿岸联邦区外贸额：全商品

资料来源：Товарооборот Приволжского федерального округа《Все товары》《2018－2019》. Росстат. https：//ru-stat. com/date－Y2018－2019/RU04/trade/world.，访问日期：2020年5月1日。

① На заседании Совета в формате《Волга-Янцзы》подписано 15 межрегиональных соглашений о сотрудничестве. 23. 05. 2019. https：//alatvesti. ru/2019/05/23/na-zasedanii-soveta-v-formate-volga-janczy-podpisano－15－mezhregionalnyh-soglashenij-o-sotrudnichestve/，访问日期：2020年5月1日。

表 8 - 4　　2018 年与 2019 年伏尔加河沿岸联邦区与主要贸易伙伴的贸易额及占比

国家	2018 年与 2019 年贸易额之和（亿美元）	占全联邦区外贸额之比（%）
荷兰	58.5	7.8
德国	56.7	7.5
白罗斯	53.6	7.1
中国	50.8	6.8
波兰	50.4	6.7

资料来源：Товарооборот Приволжского федерального округа《Все товары》《2018 - 2019》. Росстат. https：//ru-stat. com/date - Y2018 - 2019/RU04/trade/world.，访问日期：2020 年 5 月 1 日。

伏尔加河沿岸联邦区各联邦主体对外贸易的参与程度各不相同。对外贸易活跃的联邦主体有鞑靼斯坦共和国，2018 年与 2019 年对外贸易额占全俄的 2.7%。下哥罗德州，2018 年与 2019 年对外贸易额占全俄 1.2%。萨马尔州，2018 年和 2019 年对外贸易额占全俄 1.1%。[①] 此外，巴什科尔托斯坦共和国、乌里扬诺夫斯克州、彼尔姆边疆区也是对外贸易活跃的地区。这些地区也是中国重要的贸易伙伴。

2017 年鞑靼斯坦共和国与中国的贸易额增长 51.89%，达到 5.656 亿美元。其中，进口额增长 21.42%，出口额增长 115.18%。鞑靼斯坦共和国领导人鲁斯塔木·米尼汉诺夫称，2018 年，鞑靼斯坦共和国对华贸易额增长超过 10%，达到 6.3 亿美元。[②] 2018 年，中国与楚瓦什共和国贸易额达 1.65 亿美元，增加了 1/3。现在，中国是楚瓦什共和国第一大贸易伙伴，提供楚瓦什共和国所有外来商品的约一半。中国是楚瓦什共和国第三大出口对象国，楚瓦什共和国约 40% 的农工综合体产品出口到中国。彼尔姆边疆区领导人马克西姆·列舍特尼科夫（Максим Решетников）说，中国是我们的特殊伙伴。2018 年双方贸易额超过 5.4 亿美元，其中出口为

① Товарооборот Приволжского федерального округа《Все товары》《2018 - 2019》. https：//ru-stat. com/date-Y2018 - 2019/RU04/trade/world.，访问日期：2020 年 5 月 1 日。

② 《Волга-Янцзы》：новый импульс сотрудничества. 22 мая 2019г. http：//rt-online. ru/volga-yantszy-novyj-impuls-sotrudnichestva/，访问日期：2020 年 5 月 1 日。

3.5 亿美元，95%的出口商品是化肥，木材的出口额也有所提高。彼尔姆边疆区从长江中上游地区进口的主要是机械制造产品。萨马尔州有 30 家中国投资者参与的企业，2018 年贸易额提高了 23%，达到 5.93 亿美元。萨马尔州州长维克多·库德里亚绍夫（Виктор Кудряшов）说，中国也是萨马尔州的战略伙伴，贸易额占第二位。“这个数字绝不是上限。我们正实现字面意义上的逐渐靠近。根据政府决议，我们地区被确定为‘欧洲—中国西部’国际交通运输路线的中心之一。”①

中俄经贸合作存在扩大空间。非商业组织“长江—伏尔加河”负责人说：“最初中国人感兴趣的是面粉、植物油、罐头、蜂蜜等。随后我们将解决出口冰淇淋和鱼的问题，为此需要专门的车厢。”来自伏尔加河沿岸联邦区的产品根据中国人的喜好来加工，比如保质期达 6 个月至 1 年的产品，中国已经与鞑靼斯坦共和国的有关企业开启关于供应的谈判。巴什科尔托斯坦共和国也积极推动与中国的贸易往来。该共和国已经向中国出口蜂蜜，但总量不高，共和国副总理、负责农业问题的伊列克·穆哈梅特季诺夫（Ирек Мухаметьнов）称，巴什科尔托斯坦共和国有很多农业合作方面的项目。“中国人说，他们喜欢我们的冰淇淋。”奔萨州的糖果企业为了发展对华联合项目专门联合起来。奔萨州计划在食品加工和糖果加工领域加强与中国合作。萨拉托夫州盛产小麦、大豆、植物油、蜂蜜、糖果。

不过，虽然取得了很多成绩，应该看到的是，长江中上游地区与俄罗斯伏尔加河沿岸联邦区经贸合作水平仍然较低，低于中俄两国之间的经贸合作水平。长江中上游地区与伏尔加河沿岸联邦区之间的经贸额总量偏低，合作规模有限，且双边经济合作的形式依然是以传统的经贸合作为主。长江中上游地区与伏尔加河沿岸联邦区之间的投资合作项目落实情况总体并不顺利，截至 2018 年先后举办了 4 次地方领导人座谈会，其间均举行经贸洽谈会并签署大量投资意向，但大部分项目并没有真正落实，个别在俄罗斯的投资项目甚至出现了撤资的意向。

---

① Китайская экспансия в Поволжье. 27. 05. 2019. https：//regnum. ru/news/2636116. html. ，访问日期：2020 年 5 月 1 日。

第四节　中俄“长江—伏尔加河”地方合作的前景、存在的问题与对策建议

根据之前的分析，这一节探讨中国长江中上游六省市与俄罗斯伏尔加河沿岸联邦区合作的前景，当前合作中存在的问题和可能的解决办法，并为进一步深化中俄“长江—伏尔加河”合作提出有针对性的对策建议。

一　中国长江中上游地区与俄罗斯伏尔加河沿岸联邦区合作的前景

跨国经济合作得以开展的前提是两国政府的意愿。影响跨国经济合作绩效的因素包括地缘经济位置（半边缘地区、边缘地区或中心地区）、社会经济状态（最重要的生产部门的发展状态、地区整体发展水平、自然资源潜力等）、政治法律因素（地方政治精英的发展状态、地方政治机制的特征等）。[①] 根据这个标准看，可以认为，中俄“长江—伏尔加河”地方合作具有良好的内部条件和难得的外部机遇，拥有广阔的合作前景。

在跨国经济合作中，资源与优势互补是合作存在的基础，经济发展水平的高低决定了经济贸易的强度与规模。边境两侧的经济发展水平、经济发展关系（互补还是竞争）是决定跨国经济区发展结果的两个最主要因素。中俄“长江—伏尔加河”地方合作是两国元首共同推动的结果。“长江—伏尔加河”地区是中俄两国的母亲河流域，地理重要性类似，属于两国的中心地区。两个地区都是重要的原材料生产基地，农业工业基础好，科学技术实力雄厚，“长江—伏尔加河”合作的起点非常高。当前，双方合作表现出巨大的活力和潜力。此外，与“中国东北—俄罗斯远东”合作相比，“长江—伏尔加河”合作的另一个优势在于中方与俄方足够大的市场规模。俄罗斯远东地区市场规模小，远东地区人口一共约800万，土地广袤，人口密度极低，这是俄罗斯远东吸引中国投资遇到的一个困难，也是两个地区经贸往来不够发达的一个限制性因素。而长江中上游地区和伏尔加河沿岸联邦区的市场规模较大，是双方投资与经贸合作的重要保障。

① Чекалина, Т. Н. Регион и регионализация. Трансграничные регионы. // Регион сотрудничества. Калининград: Изд-во КГУ, 2004. Вып. 17 (42). С. 16－31.

除双方地区经济发展水平高外，商业文化气息浓厚是“长江—伏尔加河”合作顺利推进的一个重要因素。伏尔加河沿岸联邦区的鞑靼斯坦共和国、乌里扬诺夫斯克州、萨拉托夫州等众多地区，是俄罗斯商业发达的地区，营商环境良好。中国长江中上游地区，相对于中国东北而言，商业自古发达。浓厚的商业文化气息，让中俄两个地区在合作中能够找到更多共同语言。此外，伏尔加河沿岸联邦区一些重点合作地区的政治精英和商业精英，对俄罗斯联邦中央有着较大的影响力。通过有效的院外活动，可以实现和保障伏尔加河沿岸联邦区一些地方的利益，获得额外的政策资源。[①]这能为中俄双边合作提供了更多政策便利。

从目前来看，中俄之间的两个地区合作机制中，边界两侧发挥的是正向溢出效应，双边合作有助于对方经济社会的发展。地区经济发展水平高是“长江—伏尔加河”合作的重要优势。这一点与“中国东北—俄罗斯远东”合作不同。由于地理相邻，中国东北与俄罗斯远东地区天然地可以形成一体的经济系统，逐步建立起跨境劳务市场、跨境消费市场、跨境服务、跨境生产工厂、跨境住房与土地市场、跨境生态系统。不过，边界两侧经济发展水平不同，历史文化存在差异，为中国东北和俄罗斯远东合作带来了负面的影响。中国东北与俄罗斯远东未来需要平衡资源利用、经济、生态三者之间的关系。通过可持续的资源开发利用方式，更好地平衡经济与生态。资源项目、交通运输项目和环境项目应该作为中国东北与俄罗斯远东地区合作的重要推手。而长江中上游地区与伏尔加河沿岸联邦区需要通过大力发展两地区间的跨境交通基础设施，把在传统空间结构中本不相邻的两个地区联系起来，从而建立起整体的地缘经济空间。

中俄高度互信的政治关系是双方合作的重要保障。中俄政府高度重视地方合作，为双边合作提供了良好的合作契机。中国丝绸之路经济带倡议与俄罗斯主导的欧亚经济联盟相对接，该合作框架能够为“长江—伏尔加河”地方合作提供更多的政策和平台支持。近年来，由于世界范围内保守主义和民粹主义的重新抬头，全球化进程受到挑战。新冠肺炎疫情的全球大流行，更是加剧了世界本来就存在的一些趋势，比如去全球化。合作主

① Зубаревич Н. Пространство России после Крыма и на фоне кризиса. //Pro et Contra. 2014. Т. 18. №3 – 4. С. 118 – 128.

义越来越受到质疑，边界的封闭作用重新得以加强。在这种情况下，中俄两个战略协作伙伴之间合作的必要性反而提高。俄罗斯外交与国防政策理事会主席费多尔·卢基扬诺夫称，对中国来说，遵守政治条约，但不尊重中国企业利益的，不可能是中国的战略伙伴。商业利益和政治利益交织在统一的战略中，使得中国在世界经济和国际舞台上达成既定的目标。[①] 以“长江—伏尔加河”合作为代表的地方合作，能够为加强中俄两国的经济联系发挥务实的作用。在这种情况下，中俄两国应该采取措施，降低中俄边界对于经济交流的封闭作用，降低交易成本。

二　中国长江中上游地区与俄罗斯伏尔加河沿岸联邦区地方合作存在的问题

中俄“长江—伏尔加河”地方合作面临一些问题。其中，有些问题具有长期性和宏观性，需要中俄双方长期的共同努力，逐渐解决。有的问题是技术性的，可以通过双方的机制制度性安排，依靠双方的智慧，短期内得到解决。这些问题的解决，有助于释放中国长江中上游省市与俄罗斯伏尔加河沿岸联邦区之间的合作潜力，提升中俄地方合作质量。

第一，中俄两国相互了解还有待加强，这是一个长期的任务。中俄政治关系已经处于“历史最佳时期”。不过，由于中国与俄罗斯自古以来属于两个完全不同的文明。两国之间的交往仅有近400年的历史。从人类交往历史角度来看，时间还非常短暂。不同的语言和文化，增加了中俄之间的交际成本。近年来，随着中俄关系的不断加强，中俄经贸往来的逐渐升温，中国和俄罗斯的各界人士都致力于了解对方。俄罗斯和中国的一些高校甚至开设商业文化等课程，研究和学习彼此的商业环境与社会礼仪。然而，中俄之间在消除误解方面还需要继续努力。2019年6月20日，俄罗斯外交和国防事务委员会与俄罗斯国立研究大学高等经济学院以及Y-club平台举办了题为“俄罗斯与中国：合作的前景和新的挑战”的研讨会。俄罗斯科学院世界经济与国际关系研究所亚太研究中心亚历山大·罗曼诺夫（Александр Ломанов）研究员认为，“在中国民间，对俄罗斯有很多不同

① Россия и Китай：перспективы сотрудничества и новые вызовы.，Россия в глобальной политике，20.06.2019，https：//globalaffairs.ru/articles/rossiya-i-kitaj-perspektivy-sotrudnichestva-i-№vye-vyzovy/，访问日期：2020年4月27日。

的解读。近年来，全世界对中国的态度发生变化。不仅美国对中国抱有怀疑的态度，平和的欧洲人也在正式场合表示，中国代表着不同的国际治理模式，是欧洲的竞争对手。这种局势一方面促进了中俄之间的相互靠近，另一方面，我们俄罗斯也不得不想一想，中国是不是俄罗斯的竞争者。”另一个挑战在于中国放缓的经济发展速度。因为这会限制中国海外投资。但是从过去几十年的经验看，北京能够适应变化的形势。

中俄各界之间的相互了解需要加强，因为这已经对包括“长江—伏尔加河”在内的双边合作产生了消极影响。在伏尔加河沿岸联邦区，虽然地方政府欢迎中国投资，然而不是所有的中国投资项目都得到了伏尔加河流域居民的理解和支持。尽管这只是部分现象，而不代表整体趋势。在乌里扬诺夫斯克州，当地居民反对在杰林古里斯克区建设新的水泥厂。在楚瓦什，中国投资者计划在莫高什地区实施的农业项目遭到居民的强烈抗议。这些反对的声音并不是中国投资者直接引起的，而是由于中国在其他地区经历了不成功的投资后，这些负面信息依然具有市场，流传到伏尔加河沿岸地区，并对中国投资项目造成了直接的负面影响。

第二，俄罗斯的营商环境有待提高。据《全球竞争力报告（2018—2019)》评估，俄罗斯营商环境中的主要问题有：腐败、税率、融资渠道、税收规则复杂、政府机构效率低、通胀、工人教育程度不一、劳动力职业道德不良、基础设施供应不足、创新能力弱、劳工规则严苛、犯罪偷盗、警察无作为、外汇条例复杂、政府不稳定、公共健康欠佳。俄罗斯的税收政策和实践引起外国投资者的广泛批评。虽然中俄两国海关协调方面有显著的改善，然而复杂的行政手续和技术规则，以及俄罗斯国家机关和司法体系的无作为，为营商制造了困难。俄罗斯宏观经济形势不稳定。受到宏观经济形势的影响，伏尔加河沿岸联邦区的支撑产业汽车制造业（主要集中于鞑靼斯坦、萨马尔州等地）遭遇发展困境，鞑靼斯坦共和国等传统的产油区受到西伯利亚地区新产油区的竞争（汉特—曼西斯克）。

俄罗斯联邦主体协调对外经济活动的法律基础还不完善。主要缺点在于：缺少各级政府机构之间的纽带，缺少同级别政府机构之间的纽带；上下权力和平级权力机构之间的协调办法不够高效；协调经济活动的法律基础不完善，不稳定。俄罗斯联邦权力机构与联邦主体之间存在互动问题，明确划分界定对外经济活动权限是一个最紧迫的任务。俄罗斯在地区层面建立水平联系，建立各个地区的市场机构，保障发展对外经济活动，是完善地区对外经济活动协调机制的一个途径。并且，俄罗斯法律文件变化非常频繁，中方企业需要花费更多的资源适应不断变化的形势；俄罗斯行政审批效率过低，获得行政许可的过程太慢；俄罗斯不愿从国家层面保障资本密集型和长期的基础设施项目；中国和俄罗斯的签证制度太严格；俄罗斯市场的金融风险相对高；信息交换渠道不发达。[①]

中国的营商环境也需要提高。俄罗斯企业家指出，中国的法律制度不健全，影响了俄罗斯企业进入中国市场。经常会遇到两个法律或者文件的规定相互矛盾的现象，甚至是出现法律空白，决策者不知道该如何解决，部门之间互相推诿。此外，俄罗斯企业家不习惯的是，在中俄联合会议中，官员发言时间太长，而企业家发言时间经常不足。他们认为这是缺乏效率的表现，希望建立更多真正实现沟通对话的平台。并且，俄罗斯方面提出，希望提高中国投资的透明度问题，并且提高中国的项目审批效率。

第三，中国的海外投资模式在俄罗斯受到了一定的抵触。俄罗斯国立研究大学—高等经济学院世界经济与政治系瓦西里·卡申（Василий Кашин）研究员认为，中国和俄罗斯有着原则上不同的投资目标。中国对俄罗斯的投资兴趣主要集中在资源项目。俄罗斯则完全不愿意中国进入资源项目。并且，中国的海外投资模式是购买各种资源项目的控股权。中国也准备在俄罗斯开展这种模式的投资模式。但不同于其他国家，俄罗斯不愿接受这种投资模式，不准备给中国人出让任何资源项目的控股权。在俄罗斯的一些地方甚至出台法律禁止出让资源项目的控股权。

此外，在海外投资项目（如基础设施项目）中，中方会提出使用中国的承包商、技术标准和中国劳工等。在吉尔吉斯斯坦，中国人正按照自己的投资模式修建铁路，但是当中俄双方讨论在俄罗斯的铁路投资问题时，讨论的气氛非常激烈。俄罗斯希望外国投资能够为俄罗斯人创造工作岗位。

第四，双边合作虽然由政府搭台，企业唱戏，但合作缺少战略协调性。地方合作应该是中俄务实合作落地生根的重要途径，是放眼于国家战略需要的安排。中国和俄罗斯互为最重要的战略协作伙伴，当前面临着同

① Вань Цинсун，Проблемы и перспективы межрегионального сотрудничества КНР и РФ，25 апреля 2017г. https：//ru. valdaiclub. com/a/highlights/problemy-perspektivy-rossiya-kitai/？ sphrase_ id =61756.

样严峻的地缘政治经济环境，都有完善产业链的经济需求。然而，两河流域目前的合作仅局限于企业为主的经济合作。并且，长江中上游六省区之间缺少互动和战略性协作，伏尔加河沿岸联邦区也是如此。

在法规与机制方面，中俄两国都没有为“长江—伏尔加河”合作提供优惠的经济政策。中国政府没有制定专门的、有利于“长江—伏尔加河”地方合作的税收优惠措施和商务便利化方案。俄罗斯也同样缺乏配套优惠措施，中国企业的投资主要流向莫斯科周边地区和俄罗斯近年来着力开发的远东西伯利亚地区。长江中上游六省市的对外经济合作对象国，主要是美国、欧盟国家、东盟国家。伏尔加河沿岸联邦区的主要外贸伙伴是荷兰、德国、白俄罗斯，中国位居第四。六省市与俄罗斯的经贸合作尚处于初级阶段。由于缺少优惠政策，缺乏了解，长江中上游地区企业对俄罗斯投资意向不高。俄罗斯缺少保障境外投资的法律文件基础，各地区也缺少能够增强互信的规章制度，区域国际公共产品供应不足。[①] 中国在伏尔加河沿岸联邦区缺少能够协助投资合作的组织机构，反之亦然。中国企业在俄罗斯的活动较分散，缺少协调性的商业机构保护企业利益。

在这方面，俄罗斯远东开发的一些政策工具可以运用到“长江—伏尔加河”合作之中。俄罗斯联邦政府和地方政府分别采取了一系列措施，提高远东地区的投资吸引力，搭建新型合作模式。俄罗斯联邦政府采取的一系列政策举措，支持远东地区吸引外资，包括超前发展区、自由港、东方经济论坛等。虽然已经看到一些成绩，但是这些政策工具的效力目前还难以评估。因为政策工具一般需要推行5年以上，才能对其作用进行评估。不过可以预测的是，俄罗斯政府的这些举措将促进中俄边境合作的质变。中俄双方可以研究俄罗斯远东开发的政策工具，并运用到“长江—伏尔加河”合作之中。

第五，交通运输基础设施供应不足。中俄两河流域地区主要依靠渝新欧、蓉欧、汉新欧等铁路发挥作用，缺乏更多直飞的商业航班推动高精尖行业往来。中俄双方现在继续扩大和更新交通物流基础设施，包括铁路和公路、港口、桥梁、集装箱，以及海关转运等基础设施。由于双方农业合作的需求，急需更新专业车厢，保障俄罗斯向中国出口农业产品和食品。此外，中俄双方缺少运输协调机制、基础设施规划建设协同机制、通关一体化合作机制，以及跨境交易支付系统合作机制。俄罗斯还希望中国能够

① 米军：《公共产品供给与中俄地区合作机制建设》，《欧亚经济》2018年第5期。

优化中国境内的交通费率体系，加快农业产品检验程序。①

三 中国长江流域与伏尔加河流域区域合作的对策建议

针对中俄“长江—伏尔加河”合作的发展特征和面临的问题，提出建议如下。

第一，加强战略规划，引领合作方向。中俄之间应该起草一份战略性合作文件。该文件应该结合长江中上游地区和伏尔加河沿岸联邦区的社会经济发展战略，明确双边合作的优先战略方向，以便实现合作互利共赢，更好地促进双方实现本地区的经济社会发展目标，实现可持续发展，惠及民生。从国际经济形势角度，为应对美国对中俄经济发展的压力和高新科技的封锁，中俄应该充分发挥长江中上游和伏尔加河流域的科研优势，优化产业链布局。长江中上游省区之间应该有分工协调，抱团出海，提高海外竞争力和合作优势。

第二，加强政策协调，推动合作落地生根。在“长江—伏尔加河”地方合作理事会框架内，建立一贯的经济政策空间，营造良好的营商环境，保护投资者利益，保障投资生产活动的有序进行；在俄联邦主体地方政府层面，成立投资委员会机构，负责在从土地使用权的获得到项目投产的各个投资环节协助投资者；联邦主体层面出台细致的规则，为投资者创造舒适的经商环境。例如，乌里扬诺夫斯克州提供税收优惠政策，对投资企业提供全程的协助。

第三，加强项目前期调研工作，考量地区社会经济特点。针对俄罗斯特殊的中央—地方关系，投资区位的选择要考虑到联邦主体的领导人。例如，一些联邦主体领导人对联邦中央具有很大的影响力，另一些则没有；有的地区领导人有魄力，愿意为投资者提供政治担保。这些都应该纳入考量之中。此外，伏尔加河沿岸联邦区是多民族多元文化聚居地，中方投资者需要多学习当地文化，了解当地社会风情，以及社会组织的运行情况，弄清社会组织—地方政府—市场之间的关系；

第四，扎实推进人文交流，增进理解和互信。当前在“长江—伏尔加河”

① Карина Гемуева, Реалии экономического сотрудничества России и Китая-основания для оптимизма? 28. 12. 2017, https://russiancouncil.ru/analytics-and-comments/analytics/realii-ekonomicheskogo-sotrudnichestva-rossii-i-kitaya-osnovaniya-dlya-optimizma/? sphrase_ id = 36492932，访问日期：2020 年 5 月 1 日。

合作框架内已经建立了多层级的合作交流平台。需要创新性地运用这些平台，增加双边各界人士之间的交流与往来，弥补双边合作中存在的理解赤字等问题。利用现有的人文交流平台，开展积极的公共外交，为投资者的利益提供保障，逐步形成长期稳定的公共游说团体，促进彼此间的合作。

第五，重视新兴产业领域的合作。《长江经济带创新驱动产业升级方案》提出 10 个新型产业集群，其中 4 个以江西或南昌为核心。涉及产业包括现代生物产业、航空航天、现代农业、新能源汽车、太阳能光伏、芯片设计与制造、人工智能等。① 中俄双方在高新科技领域、现代农业领域、现代化制造业领域、新能源领域、人工智能领域等的合作具有广阔的发展前景。双方经贸合作应该与智库活动更紧密结合起来。无论长江中上游六省区，还是伏尔加河沿岸联邦区，均有优质的科研资源。中俄双方在“长江—伏尔加河”合作中应重点突出具有战略意义的高新科技合作，让科研实力与经贸更加紧密地结合起来。

第六，坚持绿色发展作为合作主题。绿色发展是我国长江经济带的建设原则。长江经济带是具有全球影响力的内河经济带，也是沿海沿江沿边全面推进的对内对外开放带。因此，在国际社会更加重视绿色发展的大背景下，长江经济带必须通过绿色发展，增强自主创新能力，提高技术水平与国际接轨，提高长江经济带的国际竞争力和影响力。② 伏尔加河沿岸联邦区也对绿色发展有着迫切的需求。例如，马里埃尔共和国领导人亚历山大·叶夫斯季费耶夫（Александр Евстифеев）谈到合作时表示，“生态安全议题，保护环境，对我们特别重要。马里埃尔共和国超过 60% 的土地被森林覆盖，因此对我们来说，生态具有最高级别的重要性”③。

本章执笔：初冬梅

① 国家发展改革委、科技部、工业和信息化部：《长江经济带创新驱动产业升级方案》，2016 年 3 月 15 日，中国政府网，http://www.gov.cn/xinwen/2016-03/15/content_5053543.htm。

② 湖南省社会科学院绿色发展研究团队：《长江经济带绿色发展报告（2017）》，社会科学文献出版社 2018 年版。

③ Китайская экспансия в Поволжье. 27. 05. 2019. https://regnum.ru/news/2636116.html，访问日期：2020 年 5 月 1 日。

第九章　中俄在阿富汗问题上的合作

中俄两国是阿富汗问题的相关方，但是两国与阿富汗问题存在不同的历史关联。苏联在 1979 年发动的侵阿战争开启当代的阿富汗问题。作为承受影响的邻国，中国必须关注和适度参与阿富汗问题。对苏阿战争的再认识与史观重塑为俄罗斯在对阿关系中采取以国家利益为导向的外交政策奠定基础。俄罗斯不再寻求控制或主导阿富汗事务，主要寻求“防范”而非“主动塑造”。地缘政治和安全利益构成中国在阿富汗的主要利益。

中俄两国共同利益与战略互信是开展在阿富汗问题上合作的支撑。上海合作组织是中国和俄罗斯就阿富汗问题开展合作的重要机制。美国多次调整对阿政策使得阿富汗问题出现新变化是中俄合作的重要背景。在阿富汗问题上的合作体现中俄两国在地区和全球热点问题上的合作。中俄两国在阿富汗问题上的合作，提升了地区形势的确定性，也助推阿富汗和平和解进程。当然，中俄两国不决定阿富汗问题的走向，对阿富汗问题的影响相对有限。

美塔和平协议的签署证实美国会逐渐减少对阿富汗的战略投入的政策考量，但协议执行面临诸多困难。美国可能不会放弃在阿富汗的战略存在。恐怖主义威胁、现政权的脆弱性与政治和解难题，说明在相当长时间内，阿富汗问题仍难以解决。中俄两国应以国家利益为导向在阿富汗问题上开展合作，坚持“阿人主导，阿人所有”的原则、加强与地区国家的合作。

第一节　俄罗斯与阿富汗问题

俄罗斯与阿富汗的关系受到苏联与阿富汗关系的影响。苏联在 1979 年发动的侵阿战争根本地改变了阿富汗国家发展道路，开启了 40 多年来阿富汗局势动荡的序幕。独立以来，俄罗斯逐渐完成对苏阿战争的再认识与史观重塑。俄罗斯在对阿关系中采取以国家利益为导向的外交政策，关注的是具体利益，不再寻求控制或主导阿富汗事务。俄罗斯在阿富汗的利益是以地缘政治和地缘安全为主，主要寻求防范而非主动塑造。

俄罗斯发展与阿富汗全面合作关系，通过多种手段援助阿富汗。俄罗斯巩固在中亚的地缘政治影响力，防范美国借由阿富汗问题向中亚的渗透。开展对阿交往中，俄罗斯侧重多边机制的作用。自2014年以来，俄罗斯对阿富汗政治和解的参与力度增强，发起地区国家关于阿富汗问题的会议机制并改善与塔利班的关系。同期，俄罗斯加强与中亚国家的深度融合，恢复与美国在阿富汗问题上的有限合作。

一　阿富汗问题与俄罗斯的关联

苏联于1979年发动的侵阿战争根本地改变了阿富汗国家发展道路，引发阿富汗问题在当代的兴起。对苏阿战争进行再认识与史观重塑的同时，俄罗斯务实地开展与阿富汗的交往。

（一）苏联侵阿战争开启当代阿富汗问题

由于阿富汗问题演化的阶段性特征，目前学术界关于“阿富汗问题”并没有一个具有历史延展性的概念界定。一般认为，“阿富汗问题”经历了“兴起（近代）—消失（现代）—再兴起（当代）三个阶段的演变”①。近代以来阿富汗历史充斥着大国纷争和内部动乱。“世界各大国对阿富汗的争夺以及阿富汗民族在夹缝中奋力抗争以求独立的不懈努力，构成了国际关系史中阿富汗问题的丰富内容。”② 究其原因，这与阿富汗所处的地缘位置、阿国内部族和宗教多元性、国家权力的软弱性与国家发展的整体落后性、激进现代化改革与传统社会尖锐矛盾等方面有关。这些因素的交织导致阿富汗经常受到“外部政治、经济和军事力量的强烈冲击”③。

当代阿富汗真正成为一个国际热点“问题”是在1979年苏联入侵后。苏联入侵阿富汗，终结了阿富汗自1919年独立以来的中立地位。阿富汗

---

① 黄民兴：《阿富汗问题的历史嬗变》，中国社会科学出版社2013年版，第11页。

② 蒲瑶：《阿富汗问题的历史演变及根源探析》，《延安大学学报》（社会科学版）2005年第3期。

③ 蒲瑶：《阿富汗问题的历史演变及根源探析》，《延安大学学报》（社会科学版）2005年第3期。

成为美苏冷战的战场，阿富汗问题成为国际关系的热点问题再次出现。此后，阿富汗问题又经历“苏联占领时期、内战时期和国家重建时期”①。目前学术界关注的阿富汗问题主要是国家重建时期的阿富汗问题。学者们基本认为，阿富汗问题首先是指2001年反恐战争后阿富汗重建过程中及目前所面临的“一系列问题（如国家重建、塔利班、‘基地’组织等恐怖势力、军阀、毒品、难民、发展经济、国家认同、提升中央政府的能力与权威等）及其地区性、世界性影响”②。这一时期的阿富汗问题成为全球热点问题。

当前阿富汗的问题在“很大程度上是1979年苏联入侵阿富汗40多年来阿富汗的社会和政治变迁造成的”③。苏联侵阿战争根本性地改变了阿富汗国家发展道路，开启或加剧阿富汗面临的诸多问题。苏联侵阿战争使得阿富汗社会发生空前剧烈的变动，而这种变动蕴含的强大政治动能又深刻影响阿富汗局势的演变。苏联撤军已经30多年，但阿富汗却陷入持续混乱的境地。阿富汗不再成为严格意义上的“正常”国家。

最显著的是，苏阿战争严重破坏阿富汗内部政治生态，使得阿富汗内部（即使在外部的支持下）难以建立新的稳定机制，动乱和失序成为阿富汗国内形势变化的主线。一方面，阿富汗国家权力趋于瓦解，中央政府对国家的控制大幅削弱，地方军阀的影响持续凸显。苏联停止援助后，纳吉布拉政权很快瓦解。反苏抵抗运动逐渐转变为民族色彩浓厚的政治军事集团并投入惨烈内战。在塔利班政权垮台前后，这些政治军事集团结成反塔的北方联盟并参与新政权组建，成为突出的政治力量。地方上，出现了以军阀、贩毒集团和腐败官员形成的共生的社会结构。国家权力的分散和政治力量碎片化使得阿富汗的政治整合面临艰巨挑战。另一方面，反苏抵抗运动的兴起和随后的内战，使得阿富汗的现代化道路遭受严重破坏，政治伊斯兰势力兴起。作为传统倾向的政治伊斯兰势力，塔利班运动掌权后推行国家社会生活的伊斯兰化，阿富汗现代化道路被倾覆。容留“基地”组织等恐怖组织在阿富汗活动使得阿富汗成为地区和全球恐怖主义、极端主

① 黄民兴：《阿富汗问题的历史嬗变》，中国社会科学出版社2013年版，第12—13页。

② 朱永彪、曹伟：《阿富汗问题与中国的关联》，《南亚研究季刊》2012年第1期；余建华：《阿富汗问题与上海合作组织》，《西亚非洲》2012年第4期。

③ 黄民兴：《1979年苏联入侵以来阿富汗社会结构的变化及其影响》，《史学集刊》2013年第4期。

义威胁的来源，成为全球“暴力圣战”的策源地。塔利班政权被推翻后，塔利班运动一度沉寂，而后很快依托阿富汗和巴基斯坦边境普什图地区的便利条件，在阿富汗国家重建过程中出现诸多问题的政治背景下逐渐复苏。塔利班运动成为影响阿富汗政治和安全局势的反对势力。美国近二十年的阿富汗战争仍然无法将其清缴或迫使其“融入”喀布尔政府。

此外，苏联侵阿战争造成的人员迁移（国际和国内难民问题）、经济破坏和“战争经济”等问题，至今仍未得到显著解决，长期影响阿富汗的发展。阿富汗的落后性加剧，与周边国家的差距进一步拉大。

（二）俄罗斯重新认知苏阿战争

俄罗斯的阿富汗政策源于苏联的阿富汗政策。苏阿战争对俄罗斯的阿富汗政策构成很大的影响。20 世纪 50—80 年代，苏联是对阿富汗影响最大的国家，它“是阿富汗最大的贸易伙伴，最大的援助国，最密切的朋友”①。1978 年 4 月，阿富汗人民民主党发动四月革命，推翻达乌德政权并在阿富汗开启全盘苏联式的现代化改造。在阿富汗随后爆发的政治和社会动乱中，为在阿富汗维持亲苏的人民民主党政权，苏联于 1979 年出兵阿富汗。漫长的对阿战争和巨大的对阿援助，极大地耗费了苏联的战略资源，客观上对苏联解体起到推动作用。事实上，直到苏联解体前，苏联才真正意义上从阿富汗问题上脱身。苏联于 1989 年 2 月完成撤军后，继续向纳吉布拉政权提供军事援助。直到 1989 年年底迫于国内局势的恶化，苏联才失去对阿富汗事务的兴趣，对阿军事援助开始逐渐减少。“1990 年 2 月，苏共中央决定停止政治局阿富汗问题委员会的工作。”② 1991 年年底苏联解体，苏联才真正停止对纳吉布拉政权的援助。独立的中亚国家将俄罗斯与阿富汗从地理上分隔开来，俄罗斯也主动远离阿富汗问题。苏联扶植的纳吉布拉政权在没有外援的情况下迅速瓦解。此后，人民民主党成员逐渐被驱逐出阿富汗政治舞台。塔利班占领喀布尔后，将苏联的“傀儡”纳吉布拉残忍虐杀。前人民民主党成员出身的专业人员逐步被清除出塔利班政权（政府部门和军队）。例如，1998 年 5 月，塔利班政权“信士领袖”穆罕默德·奥马尔发布识别和“惩罚”共产主义者及其支持者的命

---

① 赵华胜：《俄罗斯与阿富汗问题》，《国际问题研究》2011 年第 3 期。

② 李琼：《漫长而艰难的退场：苏联从阿富汗撤军刍议》，《当代世界社会主义问题》2015 年第 4 期。

令。2001 年 4 月，塔利班政权“对喀布尔政府内部曾与人民民主党政权有联系的人员进行大规模清洗”[①]。苏联援建阿富汗的许多基础设施停工并在内战中受到严重破坏和掠夺，“重要的交通、通信、电力和农业设施严重受损”[②]。这使得 2001 年新组建的喀布尔政权缺乏开展经济建设的基础条件。苏联在阿富汗的影响力和存在基本被排除或摧毁，俄罗斯失去对阿政策的支点。

俄罗斯逐渐完成对苏阿战争的再认识与史观重塑。苏联末期，苏联对苏阿战争进行否定和批判。例如，1989 年 12 月 24 日，苏联第二次人民代表大会的《对出兵阿富汗问题政治评价的决议》指出：“1979 年苏联出兵阿富汗的决议是由勃列日涅夫、安德罗波夫、乌斯季诺夫、葛罗米柯组成的一个小圈子在违背苏联宪法的程序下做出的，应该受到‘道义上、政治上的谴责’。”[③] 俄罗斯独立以来，全社会逐渐克服苏阿战争带来的阵痛，对战争记忆逐渐淡漠。俄罗斯对于苏联出兵阿富汗以及参战老兵的评价已经趋于积极。2015 年 2 月，普京在国家杜马举办的纪念苏阿战争阵亡苏军官兵的活动中发言指出：“我们越来越清楚苏联当年出兵阿富汗的原因，当然，当年的决策有许多错误，但苏联确实受到了威胁，并促使苏联领导人做出出兵的决定。”[④] 莫斯科记忆（Мнемозина）出版社 2012 年版 9 年级世界历史教科书《二十世纪的世界历史》就认为“苏联‘进入’阿富汗是对阿富汗的援助、帮助和引导，是正确的举动，而不是入侵”。[⑤] 近年来，俄罗斯军队在“撤军纪念日举行阵亡‘维和士兵’的悼念仪式”[⑥]。对苏阿战争的重新评价使得俄

---

① Alex Strick Van Linschoten, *Mullah Wars: The Afghan Taliban Between Village and State, 1979 - 2001*, Awarding institution: King's College London, May 2016, p. 188.

② Andrei Dörre, Tobias Kraudzun, "Persistence and change in Soviet and Russian relations with Afghanistan", *Central Asian Survey*, Vol. 31, No. 4, December 2012, p. 426.

③ 刘纪未：《当代俄罗斯对阿富汗战争的评价浅析》，《西伯利亚研究》2016 年第 2 期。

④ Путин: Реальные Угрозы Послужили Причиной Ввода Войск в Афганистан, 2015 - 02 - 15, http://ria.ru/society/20150215/1047796010.html. 转引自刘纪未《当代俄罗斯对阿富汗战争的评价浅析》，《西伯利亚研究》2016 年第 2 期。

⑤ 艾木拉江·艾山江：《俄罗斯教科书怎样讲述 1979 年苏联入侵阿富汗》，《世界知识》2019 年第 12 期。

⑥ Ministry of Defence of the Russian Federation, "Military officials and citizens paid tribute to the memory of the soldiers be killed in the line of duty", 16. 02. 2015, http://eng.mil.ru/en/news_page/country/more.htm? id = 12008206@egNews，访问日期：2020 年 3 月 10 日。

罗斯摆脱苏联对出兵阿富汗的痛苦反思和广泛批评，处理与阿富汗关系时没有沉重的历史责任和道义负担。

俄罗斯对苏阿战争的再认知为开展以国家利益为导向的对阿政策奠定了认知基础。俄罗斯正视自己在阿富汗的利益。在阿富汗问题上，俄罗斯从消极自保的旁观者，转变为开始积极寻求解决方法的参与者。当然，苏阿战争的惨痛经历客观上引起了当今俄罗斯的“阿富汗综合征”。苏联解体以来，俄罗斯倾向于避免深入、直接地卷入阿富汗事务。① “苏联政治领导人所确定的军事介入阿富汗问题的战略目标是含混不清的……阿富汗人民在捍卫古老传统、民族文化和自己的宗教的斗争中所表现出的英雄气概。② ……强迫阿富汗人民接受新的意识形态（文明）的试图最终落空。”③ 俄罗斯可以用“过来人”的身份看待美国在阿富汗战争中的遭遇。正因为苏阿战争的历史缘故，俄罗斯对阿政策工具选择有限。一部分阿富汗人也认为俄罗斯“不会重蹈在阿富汗的覆辙”④。俄罗斯客观上在阿富汗和解进程中可发挥中间人的作用。

二　俄罗斯在阿富汗的利益

与沙俄和苏联时期相比，俄罗斯对阿富汗政策不再追求以控制阿富汗或在阿富汗拥有主导权为战略目标，也“不关心传播特定的政治意识形态”⑤，而是希望通过发展与阿富汗的正常双边关系，加强务实合作，恢复对阿富汗的影响力，参与阿富汗问题的解决。阿富汗的稳定与发展影响俄罗斯的利益。俄罗斯对阿富汗的利益是由威胁而不是机遇驱动的；“不希望从阿富汗获得很多利益，而是希望防止对俄罗斯联邦产生不利影响的情形”⑥。

---

① Kathryn Stoner, “Russia's 21st Century Interests in Afghanistan: Resetting the Bear Trap”, *Asian Survey*, Vol. 55, No. 2 (March/April 2015), p. 402.

② ［俄］A. 利亚霍夫斯基：《阿富汗战争的悲剧》，刘宪平译，社会科学文献出版社 2004 年版，第 429 页。

③ ［俄］A. 利亚霍夫斯基：《阿富汗战争的悲剧》，刘宪平译，社会科学文献出版社 2004 年版，第 432 页。

④ Vladimir Isachenkov, “30 years on, Russia views Afghan war with pride”, February 14, 2019, https://apnews.com/dc6a8ad27d8d43cab018b1ad701ecd50，访问日期：2020 年 3 月 10 日。

⑤ Kathryn Stoner, “Russia's 21st Century Interests in Afghanistan: Resetting the Bear Trap”, *Asian Survey*, Vol. 55, No. 2, 2015, p. 404.

⑥ Scott Bohn, “Russia's Afghanistan Policy: An Irresolute Strategy for an Uncertain Future”, *Comparative Strategy*, Vol. 33, No. 3, 2014, p. 211.

（一）防止阿富汗出现反俄政权，维护在中亚的主导地位

阿富汗与俄罗斯的地缘政治利益相关。“和平、稳定和发展的阿富汗符合俄罗斯的利益”①。阿富汗目前不对俄罗斯构成直接军事威胁，在可预见的将来也不会构成这种威胁。因此，俄罗斯力图防止阿富汗存在一个反对或威胁俄罗斯利益的政府。由于阿富汗问题持续存在，俄罗斯将阿富汗问题视为一个战略挑战②，俄罗斯基于威胁视角对阿富汗的认知也将持续。俄罗斯期望一个主权独立和稳定的阿富汗。俄罗斯关注美国和西方在阿富汗的军事存在问题，关注阿富汗及周边地区的战略平衡。俄罗斯希望美国从阿富汗撤军，但也承认“9·11”事件以来美国在阿富汗安全事务上的主导权和在稳定阿富汗局势方面的作用。俄罗斯担心美军撤离后出现的安全真空会破坏中亚稳定，对俄罗斯本土产生不利影响。

俄罗斯在阿富汗的主要关切是维护中亚国家的安全。俄罗斯仍把中亚看作“影响范围”，立足保护俄罗斯在中亚的特殊利益。俄罗斯没有单独出台对中亚政策的官方文本，是从独联体的视角看待与中亚的国家的关系。俄罗斯对独联体国家政策旨在“协助独联体国家政治和经济稳定并奉行对俄友好政策；加强俄罗斯在后苏联空间内的主导地位；在 CIS 中建立一体化进程”③。中亚的塔吉克斯坦、吉尔吉斯斯坦和哈萨克斯坦是俄罗斯在后苏联空间军事同盟性质的集体安全条约组织（CSTO）内的盟友。“9·11”后，美国借道中亚发动阿富汗战争并在中亚建立军事基地，虽然俄支持美国打击基地组织和塔利班，但“美国在中亚的军事存在一直是俄罗斯的心病”④。

（二）应对阿富汗毒品问题

阿富汗毒品对俄罗斯的社会稳定和国家安全构成极大危害。2002—2013 年，阿富汗毒品问题愈演愈烈，罂粟种植面积和鸦片产量分别占世界

---

① Dmitri Trenin，Oleg Kulakov，Alexey Malashenko，Petr Topychkanov，*A Russian Strategy for Afghanistan after the Coalition Troop Withdrawal*，Moscow：Carnegie Moscow Center，2014，p. 4.

② Józef Lang，“Afghanistan：the view from Russia”，*European Union Institute for Security Studies*，February 2014，p. 1.

③ “Strategic course of Russia with the member states of the Commonwealth of Independent States”，12. 08. 2018，http：//interkomitet. com/foreign-policy/basic-documents/strategic-course-of-russia-with-the-member-states-of-the-commonwealth-of-independent-states/，访问日期：2020 年 3 月 10 日。

④ 赵华胜：《俄罗斯与阿富汗问题》，《国际问题研究》2011 年第 3 期。

的65%以上①，成为世界上最大的“毒源”。俄罗斯在阿富汗毒品“北线”运输线路上。在20世纪90年代，“俄罗斯是阿富汗毒品的消费者和过境国”②。目前，俄罗斯已成为阿富汗海洛因最大的单一市场，每年“消费约75—80吨海洛因”③。阿富汗毒品是俄罗斯面临的突出社会安全问题。联邦毒品管制局（FSKN）估计，“俄罗斯经常或偶尔使用毒品的人数为850万”④，“每年有3万—4万人死于吸毒过量，65%的新发现艾滋病病例与注射吸毒有关”⑤。塔阿和俄哈边界管控难度大，各种犯罪集团参与俄罗斯境内的毒品走私活动。

俄罗斯从国家战略的高度对待禁毒工作。俄对阿富汗毒品问题的重视，甚至高于对恐怖主义的重视。2010年颁布的《俄罗斯2020前禁毒战略》指出：“国际有组织犯罪集团参与非法毒品和前体贸易是俄罗斯国家安全面临的威胁之一。阿富汗鸦片的大面积生产和随后跨境贩运到俄罗斯是俄罗斯联邦毒品问题恶化的一个关键因素。”⑥

（三）防范恐怖主义和极端主义威胁

《2020年前俄罗斯联邦国家安全战略》强调，恐怖主义是“对（俄罗斯）公民个人、社会和国家安全的主要威胁之一，是极端主义的最终表现”⑦。

阿富汗是俄罗斯面临的恐怖主义和极端主义威胁的主要外部来源。《俄罗斯联邦反恐构想》指出，“国际恐怖组织对俄罗斯联邦的渗透、俄罗斯联邦及其盟国的边境附近恐怖组织活动的‘温床’和在境外设立的恐怖

---

① UNODC, *Afghanistan Opium Survey* 2002/2003/2004/2005/2006/2007/2008/2009/2010/2011/2012/2013.

② UNODC, *World Drug Report* 2011, New York, pp. 72 – 73.

③ United States Department of State Bureau for International Narcotics and Law Enforcement Affairs, *International Narcotics Control Strategy Report Volume I Drug and Chemical Control*, March 2015, p. 279.

④ Ibid. .

⑤ United States Department of State, *International Narcotics Control Strategy Report* 2010, Volume 1, March 2010, p. 525.

⑥ "The Strategy of the Russian Federation National Anti-Drug Policy until 2020", 09. 06. 2010, http: //interkomitet. com/foreign-policy/basic-documents/the-strategy-of-the-russian-federation-national-anti-drug-policy-until – 2020/, 访问日期：2020年3月10日。

⑦ D. K. Pyatikrestovskiy ed. , *The Herald of the National Antiterrorism Committee*, Book-Journal Publishers Granitsa, September 21, 2010, p. 10.

分子训练营及宗教教育机构是俄罗斯境内恐怖主义产生的主要外部原因"[①]。这些外部原因都与阿富汗密切相关。例如，北高加索地区是俄罗斯国内恐怖主义的主要来源，就与阿富汗塔利班的支持有关。多个活跃在阿富汗和中亚的组织被俄罗斯联邦最高法院认定为恐怖组织，如"'乌伊运''基地'组织、塔利班运动和'伊扎布特'等"[②]。俄罗斯担心阿富汗安全局势的恶化可能会为目前在阿富汗活跃的恐怖组织和极端组织（如"乌伊运"等）向中亚或高加索地区渗透创造条件，刺激俄罗斯境内的极端主义和民族分裂主义，进而威胁俄罗斯国家安全和稳定。这体现了俄罗斯从次区域安全的角度看待阿富汗为其带来的安全威胁。"俄高加索地区和中亚与阿富汗处于同一个安全带，它们的安全捆绑在一起，难以分开。"[③]

（四）维护俄罗斯大国地位

形成并维持全球大国的身份定位，特别是"在全球政治舞台上保持足够的影响力和在重大事务中发挥决定性的作用"[④] 是俄罗斯外交追求的重要目标之一。

俄罗斯关心自身在阿富汗的地位。俄罗斯谋求作为全球大国在阿富汗问题上的参与和利益，不能允许自己被排挤出这个具有重要战略地位的地区。俄罗斯要参与阿富汗问题的安排与解决，而且力求发挥重要作用。"俄罗斯力图发展在阿富汗的战略存在，增强在阿富汗问题上的影响力，成为美国和北约有分量的对话伙伴。"[⑤] 俄罗斯希望未来的阿富汗实现独立和中立，"不应为任何外国所控制，也不应实行倒向某一国家的外交政策"[⑥]。俄罗斯坚持这一立场。俄罗斯支持喀布尔政权并希望其长期存在，支持以现政权为基础安排阿富汗的政治框架。

俄罗斯也努力重新确立自身作为阿富汗重要的经济伙伴以及地区发展不可或缺的推动者。即使俄罗斯在阿富汗没有重大的经济利益，但是俄罗

---

① Ibid., p. 12.

② D. K. Pyatikrestovskiy ed., *The Herald of the National Antiterrorism Committee*, Book-Journal Publishers Granitsa, September 21, 2010, p. 64.

③ 赵华胜：《俄罗斯与阿富汗问题》，《国际问题研究》2011 年第 3 期。

④ 汪金国、张吉军：《俄罗斯的阿富汗政策：目标、内容和影响》，《南亚研究》2019 年第 3 期。

⑤ 赵华胜：《俄罗斯与阿富汗问题》，《国际问题研究》2011 年第 3 期。

⑥ 赵华胜：《俄罗斯与阿富汗问题》，《国际问题研究》2011 年第 3 期。

斯仍期望在国际援助的框架内参与阿富汗经济重建。例如，在2010年伦敦举行的阿富汗国际会议上，俄罗斯代表团提议对阿富汗境内140多个基础设施（曾是苏联对阿富汗的援助项目）进行重建或现代化改造。俄罗斯外交部长拉夫罗夫在2011年波恩阿富汗问题国际会议上强调，俄罗斯已“准备大规模投资，参加建设TAPI（土库曼斯坦—阿富汗—巴基斯坦—印度）天然气管道项目或中亚—南亚输电线路项目（CASA－1000）”①。

三　俄罗斯的阿富汗政策

俄罗斯积极发展与阿富汗的全面合作关系。在多边层面，俄罗斯将阿富汗问题视为加强与中亚国家战略整合、缓和与西方关系并开展合作的一个机会。

（一）发展与阿富汗政府的全面合作关系，避免对阿内部事务的直接干预

俄罗斯发展与阿富汗全面合作关系，通过政治、经济和军事多种手段援助阿富汗。俄罗斯与喀布尔政府维持友好关系，支持喀布尔进程。② 俄罗斯对阿富汗的内部政治发展并不十分重视，对阿富汗现政府或将来政府的意识形态不太关心。“民主、妇女平等或少数民族等政治议题不是俄罗斯与阿富汗交往的中心问题。”③ 俄罗斯将阿富汗纳入各种区域框架，支持上海合作组织同阿巩固和发展关系。俄罗斯联邦药物管制局通过与阿富汗同行的联合行动等，积极参与打击阿富汗的毒品生产。

俄罗斯与阿富汗政府开展小规模的安全合作，俄为阿政府训练军队，提供军援，出售武器。俄罗斯避免将军事顾问或技术专家派往阿富汗，以免俄罗斯逐渐陷入阿富汗国内冲突中。由于苏联大力军援阿富汗的缘故，俄制武器构成阿富汗军队武器装备的主体。2008年，“俄罗斯考虑恢复向

① Ministry of Foreign Affairs of the Russian Federation，“Speech by Russian Minister of Foreign Affairs Sergey Lavrov at the high-level international conference on Afghanistan in Bonn”，December 5，2011，访问日期：2020年3月10日。

② “喀布尔进程”始于2012年7月，它的目标是阿富汗政府在2014年年底前承担起全部国家安全和行政功能。

③ Kathryn Stoner，“Russia's 21st Century Interests in Afghanistan：Resetting the Bear Trap”，*Asian Survey*，Vol. 55，No. 2，March/April 2015，p. 405.

阿富汗国民军（ANA）的武器援助”[1]。2010 年，美国为阿富汗国民军空军购买了 31 架俄制 Mi－17 运输直升机。2013 年 4 月，美国国防部宣布再购买 30 架 Mi－17。北约—俄罗斯理事会宣布建立了直升机维修信托基金，为直升机维修人员接受培训提供资金和用品。[2] 当然，俄罗斯避免在军事上直接介入阿富汗问题，不谋求在阿富汗建立军事存在。

（二）巩固在中亚的地缘政治影响力，加强与中亚国家合作防范阿富汗问题的地区影响

俄罗斯把中亚国家视为传统势力范围，置于其外交政策的“优先地位”。谋求在中亚地区的主导地位是俄罗斯的优先战略考虑。“确保美国—北约驻阿军队无害于俄罗斯利益，确保俄罗斯对中亚的主导。”[3] 俄罗斯支持阿富汗战争，但对中亚地区发生的“颜色革命”和美国“大中亚战略”等战略动向保持高度警惕。2005 年，上合组织阿斯塔纳峰会决议，“鉴于阿富汗反恐的大规模军事行动已经告一段落……反恐联盟有关各方有必要确定临时使用上海合作组织成员国上述基础设施及在这些国家驻军的最后期限。”[4] 自 2011 年以来，俄罗斯特别强调联合国安理会权威，突出集体安全条约组织（CSTO）的积极作用，以约束和制衡美国—北约。

为防止阿富汗动荡外溢到中亚地区，俄罗斯加强与中亚国家的反恐和禁毒合作。以禁毒合作为例，俄罗斯在双边和多边层面积极参与防范阿富汗毒品的流入。

（三）通过外交手段，广泛参与阿富汗问题

俄罗斯认为阿富汗问题不能通过军事途径得到解决。加强多边机制建设，通过多边合作才是当下解决阿富汗问题的有效途径。俄罗斯在解决阿富汗问题时更多强调发挥多边合作机制的作用。俄罗斯以集体安全条约组织和上海合作组织（SCO）作为外交平台，加强与合作伙伴的互动。俄罗斯希望这些机制能够遏制美国等西方国家在阿富汗及中亚的战略渗透，使

---

① RIA Novosti，“Russia May Resume Arms Sales to Afghanistan”，June 9，2008，http：//en. rian. ru/world/20080609/109648809. html，访问日期：2020 年 3 月 10 日。

② North Atlantic Treaty Organization，“NATO － Russia Council Expands Helicopter Maintenance Trust Fund Project for Afghanistan”，April 23，2013，http：//www. nato. int/cps/en/SID－19694350－9959BB54/natolive/news100106. html，访问日期：2020 年 3 月 10 日。

③ 钱雪梅：《阿富汗的大国政治探析》，《兰州大学学报》2015 年第 2 期。

④ 《上海合作组织成员国元首宣言》，2005 年 7 月 5 日，上合组织网站，http：//chn. sectsco. org/load/44625/，访问日期：2020 年 3 月 10 日。

该地区各种力量达成一种平衡，确保俄罗斯不失去在该地区的传统重要影响力，并“试图在这些机制介入阿富汗问题的过程中发挥不可替代的特殊作用”①。俄罗斯注重依托多边框架与美国和北约开展对话。例如，2010年，俄罗斯驻北约特使特米特里·罗戈津、集体安全条约组织（CSTO）秘书长博尔久扎、外交部长拉夫罗夫（Lavrov）等俄罗斯高级官员提出了“北约与集安组织在阿富汗直接开展合作的建议”②。但是，北约一直绕过集安组织与其成员国开展直接和双边合作。目前，通过多边机制介入阿富汗问题已经成为俄罗斯对阿富汗政策的主要内容，俄罗斯正借此逐步恢复其在阿富汗重建进程中的作用。

俄罗斯通过外交参与阿富汗内部和解并深化与地区大国的关系，特别是印度、伊朗、中国和巴基斯坦。俄罗斯与阿富汗和该地区的所有重要政治力量沟通并保持工作关系，及时了解不断变化的局势。这有助于俄罗斯应对阿富汗动荡局势对俄罗斯安全构成的主要威胁，即恐怖主义、叛乱和毒品贩运。

（四）与美国和西方在阿富汗问题上合作

与美国的关系是俄罗斯对阿外交的重要内容。在阿富汗问题上，俄罗斯的对美政策有两个基点，即反恐和地缘政治。从反恐的角度，俄罗斯愿与美国合作，希望美国和北约继续在阿富汗安全问题上发挥主导作用。从地缘政治的角度，俄罗斯不接受美方在阿富汗长期驻军。俄不愿美国在这一地区做大，尤其不能容忍美国控制中亚。“俄罗斯一直徘徊在这两个基点之间，这使俄对美政策存在矛盾性和不稳定性。”③

自阿富汗战争以来，俄罗斯总体上支持美国在阿富汗的反恐行动。俄美两国在阿富汗问题中的总体合作具有特殊性，甚至与两国总体关系基调和其他具体政策相区分。在“9·11”之前，阿富汗问题就成为苏联解体以来俄美两国外交部门开展合作的首个国际问题。2000年俄美成立了阿富汗问题联合工作小组，在“9·11”事件发生前举行三次会晤。在2000年12月，美国联合俄罗斯共同向联合国安理会提交了关于制裁塔利班的决议草案。俄罗斯在阿富汗问题上对美国保持合作的姿态，美俄在阿富汗问题

① 罗英杰：《浅析俄罗斯对阿富汗的政策变化及其影响》，《国际论坛》2015年第3期。

② Józef Lang，“Afghanistan：the view from Russia”，*European Union Institute for Security Studies*，February 2014，p. 2.

③ 赵华胜：《俄罗斯与阿富汗问题》，《国际问题研究》2011年第3期。

上存在广泛的共同利益。首先，一个稳定的阿富汗符合俄罗斯和美国的利益。其次，俄罗斯也希望与美国的合作能改善美俄关系。中亚地区发生“颜色革命”和格鲁吉亚战争，影响了美俄合作关系。2009 年，奥巴马政府“重启”美俄关系。“阿富汗是美国寻求与俄罗斯加强合作的首要问题。”① 俄美在阿富汗问题上又回到以合作为主的轨道。俄罗斯向驻阿联军开放北方运输网络（NDN），通过俄罗斯和中亚的铁路向驻阿联军提供后勤支持（主要是非致命武器与其他物资）的运输通道。此外，俄罗斯向美国空军开放了领空，大大减少美军运输时间并简化后勤工作。俄罗斯公司还“提供了美军在阿富汗使用的大约四分之一燃料”。② 允许北约在俄罗斯领土上的活动充分体现了俄罗斯对国际联军在阿任务的支持。

俄不欢迎美国在阿富汗保持长期军事存在，但更不希望美国仓促撤军。俄担心美国和北约仓促撤军，导致阿富汗局势陷入失控和长期动乱。俄罗斯将直面阿富汗乱局及其外溢效应。阿富汗局势失控会导致俄周边环境恶化，这将是对俄极为不利和困难的形势。因此，保持阿富汗局势稳定更能保护俄罗斯的利益。俄希望稳住美国和北约，让其继续承担阿富汗问题责任。

俄罗斯与美国和北约的禁毒合作有限。2009 年，北约—俄罗斯理事会（NRC）同意加强对参加“禁毒培训项目”的阿富汗、中亚和巴基斯坦警察的培训，加强禁毒机构能力建设。2013 年年初，约 2500 名阿富汗禁毒人员接受培训。总体而言，俄罗斯与国际安全援助部队之间的禁毒合作仍然很少。“禁毒培训项目规模与毒品走私规模相比捉襟见肘。”③ 由于担心彻底根除鸦片种植会破坏农民的庄稼而迫使其加入塔利班等反叛运动，驻阿联军的禁毒工作侧重于“制定激励措施来使农民改种其他农作物”④。自

---

① Joseph Biden, “Remarks by Vice President Biden at the 45th Munich Security Conference”, February 7, 2009, http: //moscow. usembassy. gov/tr biden020709. html，访问日期：2020 年 3 月 10 日。

② Paul D. Shinkman, “U. S. Purchases All Afghanistan Fuel from Russians, Former Soviet Countries”, U. S. News and World Report, August 29, 2013, https: //www. usnews. com/news/articles/2013/08/29/us-purchases-all-afghanistan-fuel-from-russians-former-soviet-countries，访问日期：2020 年 3 月 10 日。

③ BBC, “Russia and US Collaborate in Afghanistan Drug Raid,” October 29, 2010, http: //www. bbc. co. uk/news/world-south-asia－11651469，访问日期：2020 年 3 月 10 日。

④ Vanda Felbab-Brown, *Afghanistan Trip Report VI: Counternarcotics Policy in Afghanistan: A Good Strategy Poorly Implemented*, Brookings Institution, May 10, 2012. http: //www. brookings. edu/research/opinions/2012/05/10－counternarcotics-felbabbrown，访问日期：2020 年 3 月 10 日。

阿富汗战争以来，阿富汗毒品产量不断攀升，俄罗斯指责美国和欧盟的“根除”计划过于缓慢。[①] 俄罗斯毒品监控局局长维克托·伊万诺夫曾指出要以“导致阿富汗毒品全世界泛滥罪”，把北约成员国告上法庭。[②]

四 俄罗斯对阿富汗政策的新变化

结合对2014年以来阿富汗局势的认识，俄罗斯对阿富汗的政策逐渐清晰。2016年11月，普京签署的《俄罗斯联邦对外政策构想》指出，“在国际安全部队撤离后，阿富汗持续的动荡对俄罗斯和独联体其他成员构成了重大安全威胁”[③]。俄罗斯将“与阿富汗及其他有关国家一道，并依靠联合国、独联体、CSTO、上合组织和其他国际组织提供的可能性，一致努力尽快解决阿富汗面临的问题。帮助阿富汗成为主权、和平、中立国家，拥有可持续的经济和政治体系从而进入冲突后恢复阶段。采取综合措施以减轻阿富汗对其他国家的恐怖主义威胁，消除或大幅度减少毒品的非法生产和贩运是这些努力的一部分。俄罗斯致力于进一步加强联合国领导的国际努力，以帮助阿富汗伊斯兰共和国及其邻国应对这些挑战”[④]。

2014年以来，俄罗斯对阿富汗问题参与力度空前，继续提供各类援助、与阿富汗政治人物加强联系。俄罗斯与阿富汗前总统卡尔扎伊开展密切的合作。俄罗斯发起会议机制，开始充当喀布尔政府和塔利班之间的调解人。俄关注阿毒品问题，主张在阿周边建立禁毒“安全带”。

俄罗斯发起地区国家关于阿富汗问题的会议机制。2016年12月，俄罗斯—中国—巴基斯坦阿富汗问题磋商在莫斯科举行。2017年4月，俄罗斯在莫斯科举行阿富汗问题磋商，中国、巴基斯坦、印度、伊朗、哈萨克斯坦、塔吉克斯坦、乌兹别克斯坦等地区国家参加。2018年11月，莫斯科进程举行新一轮会议。

2014年以来，俄罗斯加强与中亚国家的深度融合。受美国撤军后阿富

---

① 文丰：《阿富汗毒品及其对中亚的影响》，《新疆社会科学》2014年第6期。

② 《俄反毒官员威胁状告北约：阿富汗毒品狂增44倍》，2012年4月16日，凤凰网，http://news.ifeng.com/mil/1/detail_2012_04/16/13917938_0.shtml，访问日期：2020年3月10日。

③ The Foreign Policy Concept of the Russian Federation, November 30, 2016, https://www.rusemb.org.uk/rp_insight/，访问日期：2020年3月10日。

④ The Foreign Policy Concept of the Russian Federation, November 30, 2016, https://www.rusemb.org.uk/rp_insight/，访问日期：2020年3月10日。

汗安全局势和“ISIS”的影响，地区安全局势恶化，中亚地区安全受到影响。俄罗斯进一步推进与中亚国家的安全合作与防务协同。集体安全条约组织加强对地区局势的响应，举行多次针对地区恐怖主义威胁的联演。尤其是为防范阿富汗动乱向中亚外溢，俄罗斯密集加强与塔吉克斯坦的安全合作。通过加大军事援助力度和提升俄驻塔201基地的装备水平和规模，防卫中亚的南部门户。根据2014年版《俄罗斯联邦军事学说》，“根据集安组织集体安全理事会的决定，俄罗斯联邦应向集安组织维和部队、集体快速反应部队提供军事特遣队，向中亚集体安全区（Central Asia Collective Security Region）集体快速部署部队提供军事支持，以迅速应对集安组织成员国受到的军事威胁”[①]。2015年，俄罗斯主导的独联体空间经济一体化机制欧亚经济联盟正式成立。俄罗斯不断呼吁中亚国家加入，哈萨克斯坦、吉尔吉斯斯坦是其成员国。总体而言，俄罗斯对中亚不可替代的军事与安全影响力进一步凸显。

俄罗斯改善与塔利班的关系。相当长一段时期，俄罗斯与塔利班是公开的敌对关系。“9·11”前，俄罗斯支持反塔的北方联盟，而塔利班政权对车臣分裂势力予以外交承认。俄罗斯发起对塔利班政权的国际制裁，将塔利班认定为恐怖组织。近年来，俄罗斯与塔利班的关系迅速升温。经过谈判，塔利班于2014年10月释放了2013年被扣押的俄罗斯飞行员帕维尔·彼得连科，“这显示俄罗斯与塔利班之间存在有效的沟通机制”[②]。俄罗斯将与塔利班的联络描述为在需要时传递信息的“信息沟通渠道”[③]。在反对“ISIS”问题上，俄罗斯与塔利班存在共同利益。俄罗斯驻集体安全条约组织代表维克多·瓦西里耶夫（Viktor Vasilyev）指出：“塔利班和从境外渗入阿富汗的‘ISIS’武装分子之间存在紧张关系。从战术的角度看，如果这些组织在集体安全条约组织责任区外相互敌对是好事。”[④] 塔利班低

---

① “Military Doctrine of the Russian Federation”，25. 12. 2014，http：//interkomitet. com/foreign-policy/basic-documents/military-doctrine-of-the-russian-federation/，访问日期：2020年3月10日。

② “Павел Петренко：У России появились новые возможности в Афганистане”，08. 11. 2014，http：//afghanistan. ru/doc/79617. html，访问日期：2020年3月10日。

③ Valeriy Melnikov，“Russia Has Communication Channel With Taliban-Foreign Ministry Official”，26. 10. 2015，https：//sputniknews. com/politics/201510261029128786 – russia-taliba-communication/，访问日期：2020年3月10日。

④ Ekaterina Stepanova，“Russia's Afghan Policy in the Regional and Russia-West Contexts”，*Russie. NEI. Reports*，No. 23，May 2018，p. 28.

调承认与俄罗斯的关系，但强调“在打击‘ISIS’过程中不需要任何帮助”[①]。俄罗斯与塔利班的联络引起西方的警惕和疑惑。有学者指出，“支持塔利班将为俄罗斯阻止联军在阿富汗的努力提供一个机会，并且可以报复美国在20世纪80年代对苏联在阿富汗的行动所造成的损害”。[②] 虽然美国和阿富汗政府指责俄罗斯对塔利班提供军事援助，但是目前并没有公开的证据证明俄罗斯向塔利班提供武器。实际上，俄罗斯严格遵守联合国对塔利班的制裁和禁运。俄罗斯与塔利班发展关系的程度有限。塔利班是在莫斯科举行的阿富汗问题国际会议的参与方。

由于乌克兰危机造成的美俄关系整体恶化，美俄在阿富汗的互利合作受到破坏。同时，俄罗斯与北约以及喀布尔政府的安全合作受到限制。例如，俄罗斯—北约训练阿富汗空军技术人员的计划等暂停。俄罗斯希望与美国就阿富汗的禁毒和反恐问题进行合作。普京在2017年12月的年度演讲中表示，“这是我们真正可以与美国共同努力的重点领域之一”[③]。虽然俄美在阿富汗的合作受到两国总体外交关系的影响，但是俄罗斯和美国在阿富汗稳定和安全方面存在共同利益。俄美在阿富汗的合作存在基础。“在双方关系难以根本改善的条件下，将阿富汗问题与其他存在冲突的问题隔离起来”[④]，有助于推进双方在阿富汗问题上的合作。

第二节　中国与阿富汗问题

中国与阿富汗问题的再度兴起关联不大。但是阿富汗问题影响中国的安全，中国是承受影响的邻国。中国必须关注和适度参与阿富汗问题。

中国在阿富汗的利益以安全利益为主，维护中国新疆和西部边疆的安全稳定是主要的动因。遏制阿富汗毒品对华走私和保护在阿经济利益与人员安全问题也是重要的利益考量。

---

① Al-Jazeera，“Taliban Denies Sharing ISIL Intelligence With Russia”，Dec 26，2015，https：//www. aljazeera. com/news/2015/12/taliban-denies-sharing-isil-intelligence-russia -151226052016881. html，访问日期：2020年3月10日。

② Alex Maciag，“Russia in Afghanistan：Playing with Fire”，*Royal United Services Institute*，Vol. 38，No. 1，2018，p. 3.

③ Ibid. .

④ Ekaterina Stepanova，“Russia's Afghan Policy in the Regional and Russia—West Contexts”，*Russie. NEI. Reports*，No. 23，2018，p. 48.

中国支持阿富汗政治和解，与阿富汗加强政治联系、开展经济合作。中美在阿富汗开展的合作非常有限。2014 年后，中国更积极地关注阿富汗事务，对阿富汗问题的参与呈现新的形态。中阿关系全面提升，对阿援助力度加大。中国积极参与推动阿富汗内部政治和解并推动阿富汗问题的国际合作。

一　阿富汗问题与中国的关联

中阿关系具有久远的历史和文化联系。在古代，阿富汗是丝绸之路的重要节点。佛教曾是两国的文化纽带。作为邻国，中阿关系自建交以来总体非常平稳。自 1955 年建交以来，友好合作关系不断加强。1960 年，中阿签订友好和互不侵犯条约。1963 年，中阿签署边境划定条约，长达 92 公里的中阿边界位于不便通行的帕米尔山区。边界常年为大雪覆盖，没有通往对方的道路。阿方一侧的边界是狭长的瓦罕走廊，“中国一侧也是崎岖的高原地带”[①]。边界的划定推动中阿友好关系的进一步发展。中国向阿富汗提供了一些经济援助。这一时期，阿富汗在中国的对外关系布局中处于边缘位置，中国在阿富汗的影响也比其他大国要小。

阿富汗问题的再度兴起影响中国的安全。作为承受影响和被动应对的一方，中国对阿富汗问题的参与有限。1978 年“四月革命”后，亲苏的人民民主党政权上台，这增大了中国对阿富汗的关注。1979 年 12 月，苏联出兵阿富汗并在喀布尔扶持亲苏政权，使得阿富汗对中国国家安全的重要性急剧凸显。1979 年 12 月 30 日，中国政府发表声明强烈谴责苏联发动侵阿战争，坚决要求苏联停止对阿侵略和干涉。1993 年 2 月，由于阿内战加剧，中国出于安全考虑撤离了驻阿使馆工作人员，没有卷入阿富汗的内战。1996 年塔利班控制首都并建立政权后，中国并未对塔利班政权予以外交承认。2001 年年底，卡尔扎伊临时政府建立后，中国积极参与阿富汗和平重建，尤其是在经济和社会重建方面。

值得注意的是，阿富汗问题的兴起对中苏关系和中国整体外交政策都产生了重大影响。在《中苏友好同盟互助条约》失效和艰难维持交往的背

① Andrew Scobell, Ely Ratner, Michael Beckley, *China's Strategy Toward South and Central Asia: An Empty Fortress*, Rand Corporation, 2014, p. 52.

景下，中苏“就解决两国间悬而未决的问题改善两国关系举行谈判”①。苏联出兵阿富汗，使苏联在中国周边进一步筑牢对华军事包围圈。1980 年 1 月，中国宣布中断双方国家关系谈判，“中苏边界谈判随同停止”②。苏联侵阿战争客观上促进了中美关系的改善。苏联入侵阿富汗构成中苏关系正常化“三大障碍”之一。1989 年年初苏联从阿富汗撤军，为同年 5 月中苏关系正常化铺平道路。

总体而言，中国与阿富汗问题的关联不大，但在客观上必须承受阿富汗问题的影响。与其他邻国不同，两国的族裔之间没有血脉交融的历史。中国也没有参与过阿富汗国内进程。中国与阿富汗内部事务和国内社会的关系相对较少。“中阿没有历史和边界纠纷，阿富汗没有政治或社会团体敌视中国”③，对中国评价积极或中性。这是中国外交政策带来的必然结果。不论阿富汗局势怎样变化，中国和阿富汗的地缘关系都无法改变。中国无法置身于阿富汗问题之外，而必须承受阿富汗问题对中国的不利影响。中国必须关注和适度参与阿富汗问题。

二　中国在阿富汗的利益

中国对阿富汗政策主要的动因是维护中国新疆和西部边疆的安全稳定。“新疆的安全稳定是中国阿富汗政策的出发点。”④ 中国的主要利益是防止阿富汗的恐怖主义，特别是宗教极端主义意识形态向新疆蔓延。此外，确保阿富汗不会成为新疆暴恐分子的活动基地和庇护所。在“9·11”事件前，“东突”组织与塔利班及基地组织之间存在密切联系。阿富汗是“东突”的可靠基地，基地组织和塔利班为“东突”提供思想鼓动和物质供给。阿富汗战争以来，持续的国内动乱为恐怖主义的滋长提供条件。“三股势力”，特别是藏身在阿富汗的“东突”恐怖分子与这些恐怖组织相互勾结，在接受培训和资助后，伺机回流我国制造暴恐袭击事件。这是中国长期面临的安全威胁。从更广泛的视角上看，阿富汗影响着新疆的周边环境，进而对中国西部边疆安全与发展构成影响。阿富汗的不稳定将不

① 谢益显主编：《中国外交史（中华人民共和国时期 1949—1979）》，河南人民出版社 2001 年版，第 472 页。

② 黄安余：《新中国外交史》，人民出版社 2005 年版，第 52—53 页。

③ 赵华胜：《中国与阿富汗——中国的利益、立场与观点》，《俄罗斯研究》2012 年第 5 期。

④ 赵华胜：《中国与阿富汗——中国的利益、立场与观点》，《俄罗斯研究》2012 年第 5 期。

可避免地外溢到周边地区。如果阿富汗问题不能解决，周边地区的安宁便会受到影响，中国西部边疆安全也受到影响。基于这种认识，阿富汗构成与中国西部边疆安全息息相关的周边环境。

从地缘政治视角看，中国关注美国在阿富汗和中亚地区的存在，同时希望阿富汗实现和平与稳定。一方面，中国防止大国将阿富汗用于遏制或包围中国。美国发动的阿富汗战争使中国西北邻国成为战场。这一变化在地缘政治和地缘安全上对中国不利。借由阿富汗战争，美国在阿富汗和中亚建立了军事基地，导致这一地区的大国竞争更为激烈。美国在阿富汗持续的军事存在使中国担忧美国军队在中国周边驻军和参与战斗行动。另一方面，美军的撤离应避免阿富汗局势的进一步恶化。中国希望美军的撤离有助于阿富汗实现和平稳定。希望美军以"有序和负责任方式撤出"①。这要求美国能够帮助阿富汗加强安全能力建设，确保阿局势平稳过渡，避免恐怖组织趁乱坐大。

阿富汗的毒品问题困扰着中国。阿富汗毒品种植面积逐年上升，是全球最大的毒品生产与输出国。由于地理邻近，阿富汗毒品很容易通过中亚与巴基斯坦偷运到中国。现在，阿富汗仅次于东南亚，已成为中国境内毒品的最大来源地之一。新疆是阿富汗毒品的首先受害者，近年来新疆的毒品问题有愈加严峻的态势。阿富汗毒品对中国的危害也呈上升之势。打击毒品走私是中国长期的关注点。

在阿经济利益和人员安全是新的利益考量因素。中国在阿富汗有投资项目和工作人员。阿富汗局势持续不稳也威胁到中国在阿富汗的经济利益和公民的人身安全。例如，中国在阿富汗投资的埃纳克铜矿等多个重大项目均受到不利安全形势的影响未取得预期成效。随着中国扩大对阿富汗的投资和经贸往来，安全问题已成为中国对阿富汗投资和开展经贸合作必须考虑的一个重要因素。

总体而言，安全担忧和地缘政治考量塑造了中国对阿富汗的两个基本关注，即"保护中国免受来自阿富汗的极端主义威胁和防止阿富汗被其他大国用来制衡中国"②。

---

① 《2020年3月10日外交部发言人耿爽主持例行记者会》，2020年3月10日，外交部网站，https：//www. fmprc. gov. cn/web/fyrbt_ 673021/jzhsl_ 673025/t1754036. shtml，访问日期：2020年3月10日。

② Andrew Scobell，Ely Ratner，Michael Beckley，*China's Strategy Toward South and Central Asia：An Empty Fortress*，Rand Corporation，2014，p. 53.

三　中国的阿富汗政策

阿富汗是中国的邻国，属周边外交序列。发展睦邻友好关系是中阿外交的一个方向。经济援助阿富汗等最不发达国家，一直是中国外交政策的一个重要方面。中国对阿富汗进行援助是对国际责任的承担。作为联合国安理会常任理事国，阿富汗问题是中国需要面对和参与的国际问题。阿富汗问题为中国参与国际事务提供了一个机遇。积极参与阿富汗的重建与和平和解进程，也为拓展与美国等国家的合作提供现实依托。由于“阿富汗问题与全球安全和大国地缘政治的关联”①，中国需要关注阿富汗问题的走向和阿富汗局势变化。

（一）密切政治联系

阿新政府成立以来，中国致力于发展中阿关系，积极参与阿重建进程。2002 年，阿富汗同包括中国在内的 6 个邻国共同签署《喀布尔睦邻友好宣言》等三份合作文件。这体现中国与阿富汗发展睦邻友好关系的初心。2006 年 6 月，中阿两国签署为期 20 年的《睦邻友好合作条约》，睦邻友好关系继续推进。2012 年 6 月，中阿两国宣布建立战略合作伙伴关系。中国不参加国际驻阿联军，不谋求在阿富汗的军事存在。中国不存在军事介入阿富汗的可能。安全上，中阿签署禁毒合作和打击跨国犯罪等协议，在反恐、禁毒领域开展合作。中方还通过军援和人员培训（主要是小规模的扫雷和禁毒培训）等方式帮助阿建设安全力量。中国“在 2009 年、2010 年和 2014 年为阿富汗举办扫雷技术培训并向其捐赠扫雷器材”②。2012 年 9 月，两国签署了关于加强安全和经济合作的协议，其中一项涉及帮助阿富汗“训练、资助和装备警察”。中国还与美国合作，联合培训阿富汗外交官。中国总体对阿富汗保持低调和谨慎的态度，“试图与该国所有政治力量、所有邻国以及在阿富汗的国际力量保持适当的关系”③。

中国是阿富汗问题的重要参与方。阿富汗新政府成立之后，中国成为阿富汗重建的积极参与者。中国参加了绝大部分与阿富汗有关的重要国际

① 朱永彪、曹伟：《阿富汗问题与中国的关联》，《南亚研究季刊》2012 年第 1 期。

② 《中国为阿富汗举办国际人道主义扫雷技术培训》，2014 年 4 月 28 日，中国军网，http：//www. 81. cn/jwgz/2014 －04/28/content_ 5884155. htm，访问日期：2020 年 3 月 10 日。

③ Justyna Szczudlik-Tatar, “China’s Evolving Stance on Afghanistan: Towards More Robust Diplomacy with ‘Chinese Characteristics’”, *PISM*, No. 22 (58), October 2014, p. 4.

活动，例如2006年在伦敦召开的阿富汗问题国际会议、2008年的巴黎会议、2009年的海牙会议，以及2010年在伦敦、伊斯坦布尔和喀布尔召开的三次会议。虽然对阿富汗问题的参与增加，但是对阿的影响比较温和。中国对阿富汗的影响相对有限，“不能影响阿富汗的发展道路”①。2011年以来，中国明显加大了对阿富汗和平重建的参与力度，以应对美国从阿富汗撤军后可能出现的各种不确定性。中国希望喀布尔进程成功，对其进展保持关注。中国的做法是基于“阿人主导，阿人所有”的原则，尊重阿富汗的独立、主权、领土完整以及阿富汗人民选择的发展道路。“阿富汗民众对中国的评价温和。”②

中国对塔利班持谨慎政策。“9·11”事件后，中国公开表明对美国军事行动的支持，反对“基地”组织与塔利班政权。但是，中国对塔利班的态度谨慎。塔利班不仅是恐怖势力的支持者，还是在阿富汗长期存在的政治力量。中国认为通过军事方式并不能消灭塔利班。2010年，美国开始与塔利班进行谈判，就是对塔利班政治地位的承认。中国更倾向于从长远的角度研判塔利班，尽量“避免与塔利班直接冲突，减少塔利班可能给中国造成的伤害”③。

（二）开展经济合作

经济上，中方以投资和援助的方式参与阿富汗经济社会重建。

中国与阿富汗发展密切的经济关系。2002—2010年，中国积极在阿富汗进行投资，以促进阿能源和矿产资源的开发。此外，中国在阿富汗的投资也为其经济发展做出了巨大贡献。2007年卡尔扎伊政府决定向外国投资者开放能源、矿产和原材料领域后，中阿在能源领域积极开拓合作项目。中国参与阿富汗通信基础设施项目建设。2007年8月，中国华为技术公司和中兴通信公司与阿富汗电信公司分别签署价值总计1000万美元的合同，涉及移动通信技术改造和固网扩容等方面。

中国对阿富汗开展经济援助。2001年至2009年年初，中国向阿提供了近1.8亿美元经济援助，免除了阿全部到期债务，还为阿方培训各类专

---

① Andrew Scobell, Ely Ratner, Michael Beckley, *China's Strategy Toward South and Central Asia: An Empty Fortress*, Rand Corporation, 2014, p. 51.

② Rustam Ali Seerat, "China's Role in Afghan-Taliban Peace Talks: Afghan Perspectives", *Institute of Chinese Studies*, 2015, p. 2.

③ 赵华胜：《中国与阿富汗——中国的利益、立场与观点》，《俄罗斯研究》2012年第5期。

业技术人员超过千人。2009 年，中国政府承诺向阿提供的 7500 万美元优惠贷款全部转为无偿援助。在 2012 年签署的《中阿战略伙伴关系宣言》中，中国承诺提供 1.5 亿元人民币作为给阿富汗的无偿援助，为其提供专业技术人员培训，为更多的阿富汗青年来华留学提供包括政府奖学金在内的便利等。不过，与美西方相比，中国为阿富汗提供的经济援助相对较少。“除了投资、贸易以及一些小规模的培训活动和对话之外，中国不愿参与阿富汗事务。”①

（三）中美在阿富汗开展有限合作

阿富汗问题推动中美反恐合作。“9·11”事件后，中国在联合国安理会第 1373 号决议中投赞成票，使美国向阿富汗派遣军队获得一定程度的合法性。这体现中国对美国军事行动的支持，反对“基地”组织与塔利班政权。中国对美国反恐行动进行协助，包括提供情报、切断恐怖组织资金来源和打击洗钱行为、加强海关安检措施、支持建立国际反恐阵线等常规性反恐举措。此外，中国允许美国军舰在“持久自由行动”期间停靠香港，允许美联邦调查局在北京设立办事处。2001 年 10 月亚太经合组织上海峰会期间，中美领导人宣布启动双边反恐对话与合作机制。2002 年 7 月，美国政府宣布将威胁中国新疆稳定的“东突”组织列入“国际恐怖主义组织”名单并实施金融制裁。尽管如此，中美在反恐领域的合作受到安全利益认知的阻碍，“实质性配合不多，难以取得突破”②。

中国与美国在阿富汗的军事行动保持距离。与俄罗斯和许多中亚国家不同，中国没有为联军的军事行动提供军事支持。中国质疑军事手段解决阿富汗问题的可行性。美国和西方对中国在阿富汗问题上的合作存有较大期待。北约多次要求中国“担负国际安全援助部队的开支、开放瓦罕走廊作为备用补给通道甚至军事介入阿富汗的重建”③。中国拒绝了这些政策建议。美西方官方、学者和媒体也有声音批评中国在阿富汗“搭便车”，不承担重建阿富汗的责任。中国不寻求替代美国在阿富汗的存在，不会直接

① Elizabeth Wishnick, “Post – 2014 Afghanistan Policy and the Limitations of China’s Global Role”, *Central Asian Affairs*, Vol. 1, No. 1, 2014, p. 134.

② 张力：《中国对阿富汗局势稳定的作用探索》，《南亚研究季刊》2010 年第 4 期。

③ Sebastian Moffett, Justyna Pawlak, “NATO head calls on China, Russia to help fund Afghan forces”, https://www.reuters.com/article/us-nato-russia-idUSBRE83I1A820120419，访问日期：2020 年 3 月 10 日。

介入阿富汗。“阿富汗不存在需要填补的空白或者真空，因为这块土地属于阿富汗人民。……阿富汗不应再成为大国的竞技场，不应再承受连绵不断的冲突和战火。”① 中国避免卷入阿富汗复杂的国内斗争中，也避免身陷围绕阿富汗的地缘政治博弈。

四　中国与阿富汗关系的新变化

自奥巴马政府在2011年宣布阿富汗撤军计划后，中国加强了与地区国家和阿富汗内部派别的政治交往。美军于2014年年底大规模撤离后，阿富汗安全局势显著恶化。在这种背景下，中国更积极地关注阿富汗事务。中国对阿富汗的政策有所调整，对阿富汗问题的参与呈现新的形态。

（一）中阿关系全面提升

自2012年建立战略合作伙伴关系以来，中阿政治关系进一步加强。2014年10月，加尼就任总统后把中国作为首访国家。中国也更加重视阿富汗事务。2014年7月，中国设立阿富汗事务特使，以加强与阿富汗及相关方的沟通，维护地区稳定和发展。特使的设立标志着“中国对该地区长期战略性参与”②。

中国加大对阿援助力度。2014年加尼访华期间，中国承诺在2015—2017年向阿提供15亿元无偿援助；为阿富汗培训3000名各领域专业人员；援建阿喀布尔大学综合教学楼和礼堂项目；向阿富汗提供大批紧急粮食援助。2015年11月3日，时任中国国家副主席李源潮访阿，根据签署的协议，“中国将提供5亿元人民币用于为阿国民军和警察部队的遗属修建住房、提供新的道路安检系统和1500个奖学金名额，并表示要继续推动由‘阿人主导’的和解进程”③。

中阿反恐合作提升。2015年2月下旬，阿富汗政府将在巴阿边境抓获的一批“东突”分子移交给中国。2016年7月，中国向阿富汗提供首批

① 《就中国外交政策和对外关系回答中外记者提问》，《光明日报》2019年3月9日。

② Rabia Akhtar, Jayita Sarkar, “Pakistan, India, and China after the U. S. Drawdown from Afghanistan”, Stimson Center, 2015, p. 7.

③ 《李源潮在纪念中国与阿富汗建交60周年招待会上的讲话（全文）》，2015年11月4日，新华网，http://www.xinhuanet.com/politics/2015-11/04/c_1117030443.htm，访问日期：2020年3月10日。

军事援助，用于阿反恐工作。中阿在两国边境地区开展联合执法行动，加强边境管控，防止恐怖分子的跨境破坏和渗透活动。

作为“丝绸之路经济带”的重要节点，中阿共建“丝绸之路经济带”工作稳步推进。2016年，中国和阿富汗签署共建“一带一路”谅解备忘录。2017年10月，阿富汗成为亚投行成员国，两国经贸往来进一步密切。中阿进出口总额从“2015年的3.7亿美元，增长为2018年的6.92亿美元”①。中阿之间互联互通加深，2016年7月，阿富汗喀布尔与中国乌鲁木齐恢复直航。2016年以来，中国多个城市开通通往阿富汗的铁路货运班列。中国工程公司承建阿境内公路修复与改造项目，改善阿交通条件，加快内部联通。2017年9月25日，中国电信与阿富汗电信签署“战略合作协议”和“丝路光缆合作协议”，分别涉及双边跨境陆地光缆的可行性研究和共同建设跨区域陆地光缆系统。由于阿安全局势动荡和投资环境差，中阿共建“一带一路”的合作并不以大规模投资和基础设施建设项目为主，中国企业的投资关注主要在房屋建筑一类的小型项目。

（二）大力推动阿富汗问题的国际合作

中国认为对于阿富汗问题没有纯粹军事的解决办法。“只有推进‘阿人主导、阿人所有’的包容性政治和解进程，才是唯一现实可行的途径。”② 中国支持也呼吁相关方采取政治和外交手段解决阿富汗问题。

中国阐发关于解决阿富汗问题的政策主张，为开展对阿交往、参与阿富汗问题解决提供政策指引，为开展关于阿富汗问题的国际合作提供基础。2014年10月31日，阿富汗问题伊斯坦布尔进程第四次外长会在北京召开。这是中国首次承办阿富汗问题的国际会议。李克强总理在会上就解决阿富汗问题提出五点中方主张：第一，坚持“阿人治阿”；第二，推进政治和解；第三，加快经济重建；第四，探索发展道路；第五，加强外部支持。③ 同日，外交部长王毅在会见阿富汗外长时提出中国在阿富汗问题上的五项作用：“一是为阿富汗援建一系列重大项目，促进阿富汗国计民生。二是鼓励中资企业赴阿富汗投资兴业，增强阿富汗自主发展能力。三

① 中国国家统计局：《国家数据》，http：//data. stats. gov. cn/search. htm？s = 阿富汗，访问日期：2020年3月10日。

② 《2018年12月25日外交部发言人华春莹主持例行记者会》，2018年12月25日，外交部网站，https：//www. fmprc. gov. cn/web/fyrbt_ 673021/t1624855. shtml，访问日期：2020年3月10日。

③ 李克强：《携手促进阿富汗及地区的安全与繁荣》，《光明日报》2014年11月1日。

是为阿富汗培训各领域专业人才，帮助阿富汗提高国家治理能力。四是推动阿富汗各方开展对话，为阿富汗和解进程发挥建设性作用。五是支持阿富汗改善同邻国关系，融入地区合作进程。”①

中国重视巴基斯坦在阿富汗问题上的作用，通过改善阿巴关系助力阿富汗民族和解。中巴就阿富汗问题展开磋商。2013 年 1 月 21 日，中国和巴基斯坦启动了关于地区局势和阿富汗问题的讨论机制并开启首轮会谈。2013 年 4 月 2 日，第二轮会谈进行。2017 年 8 月，美国公布的阿富汗政策强调对巴基斯坦施压。中国肯定巴基斯坦的反恐努力，呼吁美巴开展反恐合作。因难民问题和塔利班恐袭等问题，阿巴关系迅速恶化。阿巴关系走向对阿富汗的政治和解进程以及南亚地区稳定具有重要意义。依托长期公道行事积累的国际声誉，中国对阿富汗和巴基斯坦展开密集的穿梭外交，为改善巴阿关系发挥建设性作用。2015 年 2 月 9 日，中、阿、巴在喀布尔进行了第一轮三方战略会谈。2017 年，中国邀请巴外长访华，帮助阿巴弥合分歧、增进互信，倡导和探索中阿巴开展三方合作。2017 年 11 月 7 日，中阿巴举行副外长级反恐安全磋商。三方外长对话机制的建立，说明阿巴关系得到基本改善，中国的调处努力取得成功。该机制统筹规划三国的合作，共同致力于地区的和平与稳定。中阿巴三方外长会议已经举行三次。

中美在阿富汗问题上展开合作。中美在促进阿富汗及南亚地区的安全、稳定与发展方面存在共同利益。中美多次联合举办阿富汗外交官培训项目。中国大力支持阿巴中美四方协调组机制（QCG），该小组已举行了几次会议。自 2016 年 5 月时任塔利班领导人毛拉・曼苏尔遭美军无人机空袭丧生以来，阿巴中美四方协调组陷入停滞。2017 年 6 月，中国外交部长王毅访问阿富汗和巴基斯坦期间，三方表示应重启阿巴中美四方协调组，为和谈及塔利班加入和平进程创造良好条件。2017 年 10 月 16 日，第二轮阿巴中美“四方协调机制”会谈在阿曼马斯喀特举行，讨论恢复与阿富汗塔利班的和平谈判。

中国发起地区反恐合作机制。2016 年 8 月成立的阿中巴塔四国反恐合

---

① 《王毅：中方在阿富汗问题上一直是负责任的支持者、贡献者、建设者》，2014 年 11 月 1 日，人民网，http://world.people.com.cn/n/2014/1101/c157278 - 25950476.html，访问日期：2020 年 3 月 10 日。

作机制，聚焦中亚和南亚地区的恐怖主义威胁，加强四国军队反恐务实合作，开展协调并提供相互支持。2017 年 8 月 27 日，第二届阿中巴塔高级领导人会议同意加强四国军队反恐和反恐情报合作协调机制。“四国机制”的建立，为帕米尔地区的发展提供平台，也为建成抵御“三股势力”渗透的屏障提供基础。

第三节　中俄在阿富汗问题上的国际合作

中俄两国共同利益与战略互信是两国开展在阿富汗问题上合作的支撑。上海合作组织是中国和俄罗斯解决阿富汗问题合作的重要载体。2014 年以来，美国多次调整对阿政策使得阿富汗问题出现新变化。为应对阿富汗问题的新动态，中国支持和参与俄罗斯发起的地区国家围绕阿富汗问题展开的多边政策沟通。中俄两国在阿富汗问题上的合作，提升地区形势确定性的同时也助推了阿富汗民族和解进程。

一　中俄在阿富汗问题上开展合作的背景

广泛的共同利益是中俄两国在阿富汗问题上开展合作的基础。两国战略互信与合作的提升也是开展中俄在阿富汗问题上合作的重要支撑。美国对阿富汗政策的调整使得阿富汗问题出现新变化是中俄开展合作的重要背景。

（一）两国共同利益与战略互信的支撑

中俄两国在阿富汗问题上的合作体现两国在国际和地区事务上的合作。中俄两国都支持阿富汗的安全稳定，都积极支持阿富汗的国家重建，支持“阿人主导，阿人所有”的政治和解进程，对美国在阿富汗和中亚的军事存在表示关注。阿富汗与中俄两国面临的“三股势力”威胁相关联，两国在反分裂、反恐和去极端化方面存在共同利益。阿富汗毒品危害中俄两国社会安全。

中俄两国具有深度的战略互信。自 2013 年以来，中俄战略协作伙伴关系进一步加强。两国元首保持平均每年 5 次会晤的水平，对中俄关系发展发挥了战略引领作用。中俄建立政府层面多个部门之间的交往与合作机制。完备的合作机制和密切的元首会晤，凸显中俄高层的政治互信。中俄关系达到历史上最好水平。从 2019 年开始，中俄继续加强在战略问题上的相互支持，进一步巩固中俄新时代全面战略协作伙伴关系。两国将“加强战略协作，坚定维护全球和地区战略稳定”[①]；“继续在双边和多边框架内密切协作，推动阿富汗民族和解与局势稳定”[②]。

阿富汗问题影响中俄大区域合作。欧亚地区是中俄两国协同促进地区一体化和区域经济融合发展的区域。中俄两国政府努力推进实现“丝绸之路经济带”倡议同欧亚经济联盟对接，相互支持共建“一带一路”倡议和大欧亚伙伴关系倡议。自 2015 年 5 月以来，中国与欧亚经济联盟先后签署了一系列对接合作相关协议。阿富汗在欧亚区域合作中是绕不开的国家，客观上是中俄区域合作相衔接与重合的地区。目前来看，阿富汗问题对欧亚地区形势的不利影响干扰两国大区域合作。中俄两国的区域合作需要始终关注阿富汗问题的影响。

结合对 2014 年以来阿富汗局势的认识，中国和俄罗斯对阿富汗问题的政策逐渐清晰。两国都重视国际合作在推动阿富汗问题解决中的作用。中国更加关注阿富汗民族和解，重视地区国家的作用，强调“支持阿富汗融入地区合作进程”[③] 并呼吁“国际社会坚定支持‘阿人主导、阿人所有’的和解进程，从旁发挥建设性作用，形成促谈的合力”[④]。2016 年 11 月，普京签署的《俄罗斯联邦对外政策构想》指出，“在国际安全部队撤离后，阿富汗持续的动荡对俄罗斯和独联体其他成员构成了重大安全威胁”。[⑤] 俄罗斯将“与阿富汗及其他有关国家一道，依靠联合国、独联体、集安组织、上合组织和其他国际组织提供的可能性，一致努力尽快解决阿富汗面临的问题。帮助阿富汗作为主权、和平、中立国家，拥有可持续的经济和政治体系从而进入冲突后恢复阶段。采取综合措施以减轻阿富汗对

① 《中华人民共和国和俄罗斯联邦关于加强当代全球战略稳定的联合声明（全文）》，2019 年 6 月 6 日，外交部网站，https：//www. fmprc. gov. cn/web/gjhdq_ 676201/gj_ 676203/oz_ 678770/1206_ 679110/1207_ 679122/t1670112. shtml，访问日期：2020 年 3 月 10 日。

② 《中华人民共和国和俄罗斯联邦关于发展新时代全面战略协作伙伴关系的联合声明（全文）》，2019 年 6 月 6 日，外交部网站，https：//www. fmprc. gov. cn/web/gjhdq_ 676201/gj_ 676203/oz_ 678770/1206_ 679110/1207_ 679122/t1670118. shtml，访问日期：2020 年 3 月 10 日。

③ 《王毅：中方在阿富汗问题上一直是负责任的支持者、贡献者、建设者》，2014 年 11 月 1 日，人民网，http：//world. people. com. cn/n/2014/1101/c157278 – 25950476. html，访问日期：2020 年 3 月 10 日。

④ 《就中国外交政策和对外关系回答中外记者提问》，《光明日报》2019 年 3 月 9 日。

⑤ “The Foreign Policy Concept of the Russian Federation”，November 30，2016，https：//www. rusemb. org. uk/rp_ insight/，访问日期：2020 年 3 月 10 日。

其他国家的恐怖主义威胁，消除或大幅度减少毒品的非法生产和贩运是这些努力的一部分。俄罗斯致力于进一步加强联合国领导的国际努力，以帮助阿富汗伊斯兰共和国及其邻国应对这些挑战”。[①] 相比较而言，俄罗斯比中国更加重视阿富汗问题，解决阿富汗问题的决心更大。

（二）阿富汗问题的新态势

2014 年以来，美国多次调整对阿政策使阿富汗问题出现新变化。2014 年年底，时任美国总统奥巴马宣布削减在阿富汗的美军数量。从 2015 年起，仅有 9800 名美军在阿富汗执行非作战任务。随着阿富汗安全形势恶化及反恐形势严峻，奥巴马在其执政后期三次放缓撤军计划并放宽驻阿美军的行动权限，以扭转不利的战场态势。特朗普政府出台对阿富汗及南亚新战略，但并未达到预期效果，“塔利班的影响范围和活动能量不降反升”[②]。这一残酷现实导致特朗普对通过军事手段迫使塔利班回到谈判桌的战略失去信心，其对阿政策重点转向寻求政治解决方案。2018 年以来，特朗普授意美国国务院高官与塔利班开展接触。2018 年 10 月，美国开始与阿富汗塔利班进行谈判。2020 年 2 月 29 日，美国和阿富汗塔利班在多哈签署旨在结束阿富汗战争的和平协议。特朗普政府放弃以军事手段打败塔利班运动，更加重视推动阿富汗内部和解进程。

美国将减少在阿富汗的战略存在。特朗普政府时期，美国国家安全重点已经从小布什时期的反恐重返大国博弈和地缘政治竞争，继续投入阿富汗这场难以获胜的战争与整体战略相违背。虽然美塔和平协议签订后双方很快又重开战端，美国持续削减在阿富汗投入已成为大势所趋。撤军并不意味着美国要完全放弃阿富汗，但美国及其盟友的对阿投入和援助肯定会大幅缩减。阿富汗不再是美国外交政策和军事政策的中心问题。在这种情况下，与 2001 年美国发动阿富汗战争时相比，“美国对在阿富汗存在和关注的利益考量——防止在该国建立恐怖主义的活动基地——已经不那么重要”[③]。当然，不论阿富汗和谈与美军从阿富汗撤军的进程如何，作为全球大国的美国将关注阿富汗的局势演变，保持其在阿富汗的某种存在。

---

① Ibid. .

② Bill Roggio, Alexandra Gutowski, “Mapping Taliban Control in Afghanistan”, *Long war Journal*, https: //www. longwarjournal. org/mapping-taliban-control-in-afghanistan.

③ Dmitri Trenin, Oleg Kulakov, Alexey Malashenko, Petr Topychkanov, *A Russian Strategy for Afghanistan after the Coalition Troop Withdrawal*, Moscow: Carnegie Moscow Center, 2014, p. 7.

地区国家谨慎参与阿富汗事务。2014 年联军从阿富汗撤军时就迫使地区大国对阿富汗问题承担更多责任。各国对阿富汗问题的参与“不是为胜利而应为避免失败（或利益受损）而斗争”[①]。地区国家推进阿富汗民族和解的多方努力开始显现。地区国家开始吸收苏联撤军后国际社会忽视阿富汗问题的教训，认识到阿富汗问题的重要性，谨慎研判和分析阿富汗局势外溢的影响。这体现地区国家增加对国际责任的承担。虽然西方在阿富汗的存在总体呈下降态势，但是阿富汗周边邻国并没有卷入对阿富汗的地缘政治争夺。在美国和北约撤军或在阿存在减弱的背景下，“任何试图填补阿富汗真空的尝试都可能导致该地区不欢迎的动荡局势”[②]。俄罗斯也没有谋求对阿富汗的主导或参与在阿富汗的地缘政治竞争。此外，阿富汗的地缘经济价值更加凸显。地区国家提出多种地区一体化方案，阿富汗都在其中发挥作用。阿富汗成为地区国家绕不开的一方。阿富汗是地区国家共同利益汇集和开展合作的区域，阿富汗问题和区域机制为地区国家的合作创造了机遇。

二　中俄在阿富汗问题上开展的合作

（一）上合组织对阿富汗问题的关注

上合组织对阿富汗问题的关注，回应了共同安全诉求和利益关切，塑造共同面临的外部安全环境。

阿富汗问题始终是上海合作组织难以回避的一个重大现实问题。阿富汗问题与上海合作组织间存在诸多联系。上海合作组织一半的成员国（中国、塔吉克斯坦、乌兹别克斯坦、巴基斯坦）是阿富汗的邻国。此外，上合组织的中亚成员国与阿富汗存在密切而深厚的文化、宗教、民族和历史关联。现实中，“上合组织成员国和有关国家一直是阿富汗的重要贸易伙伴”[③]，经贸关系发展迅速。阿富汗是中亚地区南向能源运输工程和交通基础设施的必经之地。中俄则在阿富汗拥有广泛的战略、安全、能源和经贸利益。“上合组织与阿富汗的天然联系却使阿富汗国内的极端势力、毒品

① Ibid., p. 8.

② Ibid., p. 4.

③ Joseph Y. S. Cheng, “The Afghanistan Situation and China’s New Approach to the SCO”, *Asian Survey*, Vol. 55, No. 2, 2015, p. 361.

贸易与犯罪集团等威胁更容易渗透到这些国家。"① 阿富汗的长年战乱和极端主义、恐怖主义藏匿滋生则一直是中亚、南亚地区安全的长期威胁。由此，"阿富汗问题成为上海合作组织重要职能之一的地区安全合作长期关注的方向。"②

在上海合作组织的多层次的国际会议上，成员国密切关注阿富汗问题。自成立以来，上合组织在历届会议发表的官方宣言与声明中曾多次提及阿富汗问题，并形成了大量关于帮助解决阿富汗问题的专门文件。上合组织成员国与美国开展了反恐合作。客观地说，"离开了上海合作组织成员国的支持，……美国在阿富汗的反恐战争，乃至在整个中亚的反恐行动是根本无法顺利进行的"③。2004 年 6 月，上海合作组织在塔什干建立地区反恐怖机构、通过禁毒协议。2005 年 11 月，上合组织成立"上海合作组织—阿富汗联络小组"。该"联络小组"为地区国家合作探讨阿富汗问题的解决建立良好的平台。这也标志着上合组织成员国作为整体正式参与阿富汗国家重建进程。2009 年 3 月，上海合作组织首次主办关于阿富汗问题的特别国际会议，共同发表了关于打击恐怖主义、毒品贩运和有组织犯罪的声明。在国际部队逐步撤离阿富汗使地区安全局势趋于复杂和严峻的形势下，上合组织表达参与解决阿富汗问题的意愿。2012 年 6 月，上合组织接受阿富汗为观察员国。上海合作组织成员国不会在阿富汗的重建中扮演军事角色。"上海合作组织将不会取代或填补国际安全援助部队 2014 年撤军所造成的真空。"④ 2014 年以来，上海合作组织召开的各级别会议经常就阿富汗问题深入交换意见。上合组织积极推动在"上合组织—阿富汗联络小组"框架内开展工作，促进阿富汗重建和平。自 2017 年以来，"上合组织—阿富汗联络小组"已经举行三次副处级会议。上合组织对阿富汗问题的政策逐渐明晰。上合组织认为"阿富汗问题的解决是维护和巩固地

---

① 富育红：《上海合作组织介入阿富汗：背景、问题与方式》，《俄罗斯研究》2014 年第 6 期。

② 许涛：《关于上海合作组织有限介入阿富汗问题的思考》，《新疆大学学报》（哲学·人文社会科学版）2014 年第 4 期。

③ 潘光、胡键：《21 世纪的第一个新型区域合作组织——对上海合作组织的综合研究》，中共中央党校出版社 2006 年版，第 78 页。

④ Joseph Y. S. Cheng, "The Afghanistan Situation and China's New Approach to the SCO", *Asian Survey*, Vol. 55, No. 2, 2015, p. 363.

区安全与稳定的重要因素”[①]，重视联合国在阿富汗问题上发挥中心协调作用，重视在“上合组织—阿富汗联络小组”、阿富汗问题莫斯科模式等各类多边机制内继续开展合作。阿富汗政府也重视上合组织的作用。2017 年 12 月，阿富汗在上合组织成员国第十六次政府首脑（总理）理事会会议期间，表示希望能成为上合组织成员。

上合组织是中俄打击“三股势力”（恐怖主义、分裂主义、极端主义）的合作平台。冷战结束以后，中国新疆地区、中亚和俄罗斯高加索地区深受国际恐怖主义、分裂主义和极端主义“三股势力”的严重威胁和影响。而这些地区“三股势力”都与阿富汗的极端势力和恐怖势力存在千丝万缕的联系。例如，“东突”组织和“乌伊运”就藏身于阿富汗，受到“基地”组织的培训和资助。车臣恐怖分子参加阿富汗内战，车臣分裂政权还受到塔利班政权的承认。上海合作组织自成立以来就将打击“三股势力”、维护地区安全作为主要任务。成员国共同签署了《打击恐怖主义、分裂主义和极端主义上海公约》《上海合作组织成员国合作打击恐怖主义、分裂主义和极端主义构想》等重要文件，建立实质性反“三股势力”多边合作机制。

总体而言，阿富汗问题在上合组织议程中的重要性日益提升，上合组织与阿富汗的关系不断发展。上合组织也在不断探索合作解决阿富汗问题的有效途径。

（二）参与地区对话推进阿富汗和解进程

中俄两国重视与地区国家就阿富汗问题开展对话。中国支持和参与俄罗斯发起的地区国家围绕阿富汗问题展开的多边政策沟通。一方面，在美国对阿富汗政策调整的背景下，中俄两国都重视地区国家在阿富汗问题解决中的作用。另一方面，这体现两国对国际事务的合作与协同。

中俄重视与地区国家就阿富汗问题开展对话合作。2009 年，中俄印外长会晤[②]表达了对阿富汗问题的共同关切和合作意愿。2012 年 4 月，中俄

---

① 《上海合作组织成员国元首理事会比什凯克宣言（全文）》，2019 年 6 月 15 日，新华网，http：//www.xinhuanet.com/world/2019－06/15/c_1124625929.htm，访问日期：2020 年 3 月 10 日。

② 俄罗斯倡导和提出启动中俄印三角对话的建议，中国和印度积极反应。最初，这种对话是从学者层面开始的。此后，中俄印外长利用出席国际会议的机会，先后举行过几次非正式会晤，由此将中俄印三角关系从民间研讨转为官方接触。2005 年 6 月 2 日，中国、俄罗斯、印度外交部长在俄罗斯海参崴举行非正式会晤。这是三国外长历史上首次单独举行会晤，标志着中俄印正式启动三边框架下的全方位合作机制。

印外长第11次会晤高度关注阿富汗局势，强调国际社会的当务之急是打击阿富汗毒品生产和走私。2013年2月，中俄印安全事务高级代表阿富汗问题会晤在莫斯科举行。三国外长强调2014年外国军队自阿富汗撤军后阿富汗未来局势发展与本地区的安全与稳定密切相关。三方愿与本地区国家和国际社会一道，支持阿富汗和平重建与和解进程。2013年4月3日，中国、俄罗斯和巴基斯坦在北京就阿富汗问题举行了对话。

中国支持和参加俄罗斯主导的“阿富汗问题莫斯科磋商机制”（简称“莫斯科机制”）。2016年12月27日，阿富汗和平进程俄中巴三方会谈①在莫斯科举行。三方发表声明重申了对推动“阿人主导、阿人所有”的阿富汗和平与和解进程的支持，同意以扩展协商的形式推进，并欢迎阿富汗参与。三方会谈是“莫斯科机制”的起点。2017年2月下旬，六方（俄罗斯、中国、巴基斯坦、印度、伊朗和阿富汗）组成的阿富汗问题特别代表磋商机制在莫斯科举行。六方机制为“莫斯科机制”奠定基础。2017年4月14日，“莫斯科机制”第一次会议举行，俄罗斯、阿富汗及其“四大”邻国（中国、巴基斯坦、印度和伊朗）和所有中亚国家在内11个国家的副外长和特别代表出席。这是关于阿富汗问题最广泛的地区性会议。2018年11月2日，“莫斯科机制”第二次会议举行。这不仅是塔利班代表首次参加该级别会议，也是其与阿富汗高级和平委员会首次在国际平台上进行对话。此次会议的举办表明“俄罗斯提升在阿富汗问题上的影响力，是阿富汗问题的相关方和重要近邻”。②“莫斯科机制”也促进更大范围的关于阿富汗问题的国际会谈。2018年3月26—27日，阿富汗问题塔什干高级别会议举行。中亚五国、中国、美国、俄罗斯等在内近20个国家以及联合国、欧盟等国际组织代表参会。这说明俄罗斯也试图淡化“莫斯科机制”的俄罗斯色彩，拓展地区国家和国际社会对阿富汗问题解决的参与和讨论。

美俄在阿富汗问题的对话，推动中俄美和中俄美巴会谈机制的建立。自2018年特朗普政府调整其阿富汗政策以来，美俄在阿富汗问题上展开

① 该会议是中国、俄罗斯和巴基斯坦围绕“阿富汗局势恶化”展开磋商的延续。前两次会议特别针对极端组织“ISIS”兴起等相关问题，并未公开披露。有报道称，此次会谈向外界公开是因为三国有信心合作应对“ISIS”在阿获得立足点问题。

② 汪金国、张吉军：《俄罗斯的阿富汗政策：目标、内容和影响》，《南亚研究》2019年第3期。

积极的对话与合作。美国正视“莫斯科机制”的影响。俄罗斯也支持美国与塔利班双边会谈。美俄的积极对话扩大为中美俄三边对话。2019 年 3 月 21—22 日，中俄美三方阿富汗问题特别代表在华盛顿举行关于阿富汗问题的三方协商会议。2019 年 4 月 25 日，中俄美在莫斯科举行第二次阿富汗问题磋商。2019 年 7 月 11 日，中俄美第三次三方代表磋商在北京举行。会议肯定巴基斯坦在助力阿富汗实现和平方面的作用和潜力，欢迎巴基斯坦加入磋商，会议正式成为中俄美巴四方阿富汗问题磋商。此次磋商会议发表声明，“呼吁相关各方抓住和平机遇，立即启动塔利班同阿富汗政府和其他阿富汗人之间的阿人内部谈判”。[①] 2019 年 10 月 25 日，中俄美三方代表在莫斯科举行阿富汗问题第四次磋商。中俄美巴代表也举行第二次阿富汗问题四方会议。四方在推动阿富汗民族和解方面达成深入共识。四方认为，“阿持久和平只能通过政治谈判方式实现；支持美国和塔利班尽早恢复谈判并达成协议，为开启阿人内部谈判铺平道路；呼吁阿政府和塔利班在谈判一开始即释放相当数量对方囚犯；欢迎中方将在北京举办阿人内部会议，并邀请阿各派政治人物与会；呼吁全体阿人民保证其领土不被国际恐怖势力用来危害任何其他国家安全；推动阿政府领导人和有关各派与塔利班达成全面和持久的和平协议”[②]。

三　中俄在阿富汗问题上合作的影响

（一）维护地区形势稳定，塑造区域合作的外部环境

从长远看，美国将逐步减少在阿富汗及中亚地区的存在和影响，中俄两国调整政策开展积极合作，有助于地区地缘政治格局的重构和稳定。这使得地区地缘政治格局平稳地朝着趋于平衡的方向演变。实际上中俄两国扩大对阿富汗问题的参与，美国也并无太多担忧，甚至一起参与三方对话合作。因为美国期望中国和俄罗斯在维护阿安全与稳定方面发挥更大的作用，这意味着中俄美三国在阿富汗问题上还存在着较大的合作空间。当然，三国在阿富汗问题上的合作并不必然带来中美和俄美关系的显著改善。

---

① 《中俄美巴四方阿富汗问题联合声明》，2019 年 7 月 12 日，新华网，http：//www. xinhuanet. com/world/2019 -07/12/c_ 1210192684. htm，访问日期：2020 年 3 月 10 日。

② 《第二次阿富汗问题中俄美巴四方会议在莫斯科举行并发表联合声明》，2019 年 10 月 26 日，新华网，https：//news. china. com/internationalgd/10000166/20191026/37299781. html，访问日期：2020 年 3 月 10 日。

中国和俄罗斯支持国际社会和地区安全机制参与阿富汗重建进程的努力也将有助于缓解阿富汗问题给中亚地区国家带来的不利影响。中亚国家深受阿富汗问题的影响。基于相同的宗教信仰和跨境民族的存在，中亚国家和阿富汗有着悠久的历史文化联系，作为北部与阿富汗接壤的区域，中亚与阿富汗是息息相关的地缘政治和经济伙伴。中亚国家也是阿富汗重建进程中最重要的周边合作方向。[①] 安全联动将中亚国家与阿富汗问题捆绑在一起，中亚地区长期遭受来自阿富汗的极端、恐怖主义的威胁。[②] 阿富汗毒品北向的走私使得中亚国家成为阿富汗毒品流出的过境国、消费国和受害国。在阿富汗形势并未显著好转的背景下，中俄合作在一定程度上遏制阿富汗动荡形势对中亚地区的不利影响。

中俄两国在阿富汗问题上的合作巩固了两国在中亚战略共存的基础，促进中亚国家局势的良性发展。“9·11”事件尤其是阿富汗战争爆发后，中亚成为美俄地缘政治博弈的焦点之一。阿富汗战争以来，中亚地缘政治格局出现新的动向。“美国在该地区的战略存在从高峰滑向低谷，而中国和俄罗斯的战略存在不断上升。”[③] 中亚是中俄战略利益共存的地区，中亚关乎中俄两国的地缘政治安全。“中俄两国在中亚发展非对抗关系，避免对战略资源进行不必要的投射。”[④] 实际上，由于中俄在该地区的战略性共存，中亚总体形势持续好转。自乌兹别克斯坦米尔季约耶夫总统就任以来，中亚国家间关系迎来积极变化。地区国家元首和高层互访不断，边境问题逐步得到解决，过去因关系紧张带来的安全压力得到有效缓解，安全互信不断增加。中俄的协调性共存能为中亚安全环境的改善提供良好的外部环境。阿富汗问题的长期性，凸显中俄长期保持默契合作的必要性。

中俄两国在阿富汗问题上的合作有利于两国大区域合作。中国与欧亚经济联盟签署的《中国与欧亚经济联盟经贸合作协定》已于2019年10月25日正式生效。这体现中俄建设共同经济发展空间、实现“一带一路”倡议与欧亚经济联盟对接，以及与大欧亚伙伴关系倡议协调发展的互利合

---

① 吴大辉：《“后反恐时代”阿富汗的重建：关于中亚国家作用的探讨》，《俄罗斯研究》2014年第2期。

② 朱永彪、杨云安：《阿富汗安全形势及其对中亚的影响》，《兰州大学学报》（社会科学版）2010年第9期。

③ 赵华胜：《中俄美在中亚的存在：上升和下降》，《国际展望》2015年第6期。

④ Pourcelot Thomas, "Central Asia at the heart of Russia issues", *International Area Review*, Vol. 13, No. 3, 2010, pp. 229 – 241.

作。中俄两国对阿富汗问题的参与有助于缓解大区域合作面临的安全威胁，塑造有利于合作的外部环境。

此外，中国和俄罗斯以更加积极务实的态度参与解决阿富汗问题无疑会有利于阿富汗的反恐和打击毒品犯罪工作。

（二）助推阿富汗民族和解进程

对于阿富汗的和平与稳定，中国和俄罗斯存在共同利益。中俄两国的合作以及在阿富汗的活动形成合力，对阿富汗政治和解起到一定的推动作用。

中国和俄罗斯参与其中的阿富汗问题对话机制为阿富汗政府、美国和塔利班参与其中提供平台，客观上推动阿富汗和解进程。中国、俄罗斯和巴基斯坦于2016年12月27日举行部长级三边会谈，同意采取灵活方法，将塔利班的某些成员从联合国安全理事会制裁名单中删除，并促进阿富汗政府与塔利班之间的和平对话。阿富汗政府不同意这次会议，但也对缺席该会议表示不满。2017年2月，阿富汗参加在莫斯科举行的阿富汗问题特别代表和高官六方会议。2017年4月14日俄罗斯发起的阿富汗会议参与方进一步扩大。美国受邀，但拒绝参加此次会议，美国认为这是“俄罗斯单方面试图在该地区施加影响的尝试”①。随着莫斯科机制的影响增大，美国正视这些机制的作用。2018年3月26—27日，阿富汗问题塔什干高级别会议举行，美国正式参与其中。虽然说这些会议未能使阿富汗和平进程取得任何突破性进展，但它们通过将关键参与方和地区国家纳入其中，能够促进美国、阿富汗政府和塔利班之间的和谈，为阿富汗国内和地区层面的和解做出贡献。“它为区域大国提供了在大区域、大欧亚层次上谈论阿富汗和平前景的空间。”② 从围绕阿富汗和解的国际努力中来看，中俄合作，尤其是在莫斯科举行的相关国际会议填补了阿巴中美四方协调组（QCG）停止工作后，阿富汗问题多边合作（机制）的空白。“中俄合作完善或补充，而非替代或挑战其他和解倡议。”③

① US Department of State, “Department Press Briefing”, April 13, 2017, https://www.state.gov/briefings/department-press-briefing-april-13-2017/，访问日期：2020年3月10日。

② Ekaterina Stepanova, “Russia and the Afghan Peace Process”, *PONARS Eurasia Policy Memo*, No. 618, 2019, p. 3.

③ Ekaterina Stepanova, Russia's Afghan Policy in the Regional and Russia-West Contexts, *Russie. NEI. Reports*, No. 23, 2018, p. 14.

中俄两国与巴基斯坦就阿富汗问题开展外交磋商，客观上倒逼美国重视改善与巴基斯坦的关系。起初特朗普政府采取对巴基斯坦强硬施压的政策，而中俄两国重视巴基斯坦在阿富汗安全稳定上的重要作用，赞赏巴基斯坦的反恐努力。随着认识到巴基斯坦在解决阿富汗问题方面不可或缺的作用，美国调整其阿富汗政策，开始重新摆出拉拢巴基斯坦的姿态。这促成了巴基斯坦对美国与塔利班谈判的支持。同样，中俄两国分别与塔利班接触和沟通，也使得美国重视与塔利班进行协商和沟通。这说明中俄两国作为阿富汗的周边国家对阿富汗问题的认知更加具体和全面，处理阿富汗问题更加务实和稳健。中俄美三方会议机制和中俄美巴四方机制的建立体现出美国重视中国、俄罗斯和巴基斯坦在阿富汗问题上的重要作用。中俄两国围绕阿富汗问题的合作提升中俄两国的地区影响力，有利于确立两国作为未来关于阿富汗问题的国际会谈中不可或缺的参与者地位。

第四节　阿富汗问题的前景与中俄合作

自“9·11”事件以来，美国是阿富汗问题走向的关键推动力。美塔和平协议的签署证实了美国会逐渐减少对阿富汗的战略投入，但协议执行面临诸多困难，说明美国可能不会放弃在阿富汗的战略存在。阿富汗问题的最终解决有赖于阿富汗恢复为“正常”的国家。恐怖主义威胁、现政权的脆弱性与政治和解难题，说明在相当长时间内，阿富汗问题仍难以解决。

地区国家的关注和援助对阿富汗问题的解决具有至关重要的作用。中俄两国在阿富汗问题上合作的加深体现了在美国调整对阿政策背景下，地区国家对阿富汗问题的参与。中俄两国在阿富汗问题上的合作应坚持“阿人主导，阿人所有”的原则，加强地区国家合作，以国家利益为导向客观理解两国合作。

一　美国对阿富汗政策值得关注

自“9·11”事件以来，美国的阿富汗政策是阿富汗问题走向的关键推动力。美国发动反恐战争推翻了塔利班政权并发起在阿富汗的“国家建设”。美西方拟定和推动阿富汗战后政治和安全体制的建立及其实践。美西方的经济援助构成了阿富汗政府财政来源的主体。美国的阿富汗政策显著影响了阿富汗局势走向和地区国家对阿富汗问题的参与。地区国家会关注美国的阿富汗政策，为美国从阿富汗的撤军以及阿富汗形势的变动进行准备。美塔和平协议的签署使得美国和塔利班之间的角力趋缓，但执行面临诸多困难。这证实了美国会逐渐减少对阿富汗的战略投入，但美国可能不会放弃在阿富汗的战略存在。

美国和塔利班之间的角力趋缓，但美塔和平协议面临诸多困难。美国和塔利班在2020年2月29日签订的和平协议对美国撤军与塔利班保证阿富汗领土不用于威胁美西方的安全进行了约定。但是，和平协议的执行还面临不少挑战。美塔和平协议涉及却并未解决的阿富汗内部谈判和永久性全面停火的推进情况可能对美塔和平协议构成严重挑战。目前，美塔和平协议的执行遭遇诸多困难。自2020年3月3日以来，塔利班和阿富汗政府军以及驻阿美军之间的军事冲突再起。阿富汗政府“双总统”局面导致原定于3月10日启动的阿富汗内部和解进程无法启动，加尼签署的释放塔利班在押人员法令也没有如期实行。美国需要的不只是“体面的撤军”，更是希望阿富汗政治和安全稳定，不再成为恐怖主义来源而对美国构成安全威胁。美国要坚决杜绝来自阿富汗（甚至阿巴地区）的恐怖主义威胁。由于塔利班政权在“9·11”事件前后执意拒绝美国移交本·拉登的要求而窝藏本·拉登和庇护“基地”组织，因此美国发动阿富汗战争并不希望塔利班重新上台，至少也要获得塔利班放弃对“基地”组织等恐怖组织支持的承诺。在没有确信塔利班会遵守不支持恐怖主义承诺的情况下，美国不会轻易撤军。美国在阿富汗的安全利益和安全存在，确定美国在阿富汗安全事务中的主导作用。对塔利班而言，塔利班希望美国无条件撤出，美国是外来入侵者，是推翻塔利班政权（“阿富汗伊斯兰酋长国”）的敌人，是在喀布尔建立“傀儡”政权的异教徒文明，是继苏联之后塔利班参与新一轮反对外敌“圣战”的打击对象。塔利班相信能够赢得反美斗争的胜利。

美国绕开阿富汗政府与塔利班直接和谈缔约为从阿富汗撤军铺路。这体现特朗普“美国优先”的外交做派，实质就是推卸国际责任、无视对地区形势影响的甩包袱之举。这凸显其南亚政策逻辑的短视和不稳定性。美塔签订和平协议将美国撤军与塔利班对阿富汗国土不用于威胁美国及其盟国安全进行绑定，这说明美国彻底承认无法打败塔利班，还将美国在阿富汗相当一部分安全利益交由塔利班来保证。这种保证的可靠性存疑，即使塔利班掌权时也不具有管辖阿全境安全事务的能力，也显示对阿富汗政府安全作用的不信任。缔约之后，塔利班宣称“我们赢得了这场战争，这就是他们签署和平协议的原因”。虽然美国对塔利班做出重大让步，但美国和塔利班存在继续角力的可能。

美国不愿再在阿富汗投入大量战略资源，具体如何撤军仍存在很大不确定性。从美国新版国家安全战略报告等战略文本中可以看出，美国的国家安全战略已经由反恐向大国博弈和地缘政治竞争回转。在这种背景下，继续投入阿富汗战争不符合美国的利益。况且，军事手段无法解决阿富汗问题。在此背景下，特朗普政府通过与塔利班的谈判寻求撤军之法。但是撤军同样代价高昂，存在很大的安全风险，仓促撤军意味着失败，这将打击美国的国际信誉，“削弱美国的威慑力以及对地区国家承诺的可信度”[①]。这都考验特朗普的撤军决策。实际上，2014 年美国政府在阿富汗大规模撤军后，由于阿富汗局势的恶化，美国重新加大对阿富汗的投入。基于此，美国从阿富汗撤军具有很大的不确定性，会随着阿富汗安全局势以及美塔协议的执行情况而变化。

美国不会完全放弃在阿富汗的战略存在。要实现撤军就必须维持对阿富汗政策的延续性，防止在撤军后阿富汗局势出现颠覆性的变化。保留有限的美国驻军以及美国对阿富汗政府的持续支持将有助于避免苏联撤军后阿富汗陷入内战的乱局重现，为未来对阿富汗问题提出具有持续性的解决方案提供基础。美国维持世界霸主地位的图谋也限制其撤军政策选择。目前，美军在阿富汗的军事基地大多是永久性大型基础设施。巴格拉姆军事基地、坎大哈空军基地、辛代德空军基地、喀布尔国际机场等基地不仅用于反恐，还可用于遏制伊朗、威慑俄罗斯和中国的地缘政治安排。

二 阿富汗问题的长期性与复杂性

阿富汗问题的最终解决有赖于阿富汗“正常国家”地位的恢复。阿富汗要成为拥有独立主权的国家，同时中央政府能自立自足地履行国家职能。恐怖主义威胁、现政权的脆弱性与政治和解难题凸显阿富汗问题的长期性和复杂性。在今后相当长时间内，阿富汗问题仍难以解决，政治和安

① James Dobbins, Jason H. Campbell, Sean Mann And Laurel E. Miller, *Consequences of a Precipitous U. S. Withdrawal from Afghanistan*, RAND Corporation, 2019, p. 2.

全形势难以根本好转。

首先，恐怖主义威胁难除，阿富汗的主权地位存疑。阿富汗是世界上恐怖主义和极端主义组织最集中的区域。根据美国国防部 2019 年 6 月的报告，“阿富汗仍然活跃着 20 多个恐怖组织”[①]。其中包括 ISIS 阿富汗分支（ISIS-K）、“基地”组织印度次大陆分支（AQIS）、“哈卡尼网络”等。“ISIS”武装分子随机选择阿富汗政府和安全部队目标进行袭击[②]，造成大量人员伤亡。多股外国恐怖势力盘踞在阿富汗北部。难以根除的恐怖主义威胁，对地区和世界构成安全威胁。“9·11”之后，美国发动反恐战争进驻阿富汗，以防止阿富汗成为反美恐怖主义的活动基地。至今，阿富汗存在的大量恐怖组织，理论上仍具有威胁美国的可能。美国在阿富汗的反恐利益并未实现。即使从阿富汗撤军，美国也需要维持在阿富汗和本地区的反恐情报能力和行动能力，防范和应对潜在的恐怖主义威胁。此外，地区国家围绕阿富汗问题的地缘争夺可能随着阿富汗内部动乱的加剧再度回升。如此，阿富汗难以充分获得作为国家而言最重要的主权。

其次，阿富汗现政权的政治制度和经济基础仍然薄弱。目前，阿富汗在政治上处于分裂分治状态。阿富汗国内政治分歧尖锐，喀布尔政权能力不足，合法性也遭到国内多方质疑。总统选举引发政治对立凸显阿富汗政治制度的脆弱性。2020 年 2 月 18 日，总统选举结果公布，阿富汗现任总统加尼正式连任，阿卜杜拉指责选举舞弊，拒绝承认选举结果。3 月 9 日，加尼和阿卜杜拉分别宣誓就任总统，阿富汗出现“双总统”和“平行政府”的政局。与 2014 年大选后的政治僵局相比，两人此次的政治僵局有所升级，此次选举的合法性也存在严重缺陷。选举从举行到公布结果耗时近五个月，且投票选民只占注册选民的约 20%。从选举到“平行政府”僵局凸显西方民主制度在阿富汗的艰难运行，阿富汗的经济在过去 18 年里虽有改善，但仍主要是“战争经济”的反恐经济、毒品经济、军阀经济和外援经济。阿富汗难以在经济上自给自足，财政预算依赖外援，就整个中南亚地区而言，阿富汗自身的落后性进一步凸显。虽然占据重要的地缘经济区位，阿富汗仍主要被视为经济问题而非经济机遇。

---

① The U. S. Department of Defense, *Enhancing Security and Stability in Afghanistan*, Washington, June 2019, p. 21.

② Ibid., p. 22.

最后，喀布尔政府和塔利班之间的和解进程面临许多挑战。从态势上，双方处于内战僵持局面。“阿富汗的安全形势难以根本好转也不至于急剧恶化，塔利班卷土重来的可能性微乎其微。”[①] 但是，塔利班军事上承受住了驻阿美军的大规模空袭，在城市发动大规模袭击进行应对。塔利班作为喀布尔现政权的武装反对派，持续威胁阿富汗安全局势。塔利班一直以“阿富汗伊斯兰酋长国”自称，将自己视为阿富汗的合法政府代表。塔利班的目标仍然是“重新掌握阿富汗政治权力，恢复‘阿富汗伊斯兰酋长国’”[②]。在2001年政权被推翻后，塔利班进行重组，建立起包括“中央领导层、省级体系以及区市级体系”[③] 在内的“影子政权”。内部组织上，塔利班具有较强的凝聚力，并没有显示出破裂的迹象。双方都以加强自身合法性的方式来参与和解进程。塔利班长期坚决反对与被认为是傀儡政权的喀布尔政府直接对话，而宁愿与美国和其他大国就国际部队撤离进行谈判。阿富汗政府则认为塔利班是巴基斯坦的“傀儡”，希望通过与巴基斯坦的对话实现国内和平。美塔和平协议签订后，推动阿富汗内部对话势在必行。目前，塔利班势头大增，而内斗升级的喀布尔政府却在减少暴力和相互释放囚犯问题上争论不休。阿富汗和解进程的更关键的挑战是将相互敌对的双方及其对冲的政治主张纳入和解谈判，诸如如何把塔利班融入政治主流并遵守规则等方面问题。

三　地区形势出现有利变化

围绕阿富汗的大国博弈和地缘政治争夺态势已经发生重大变化。20世纪90年代，“地区国家在加剧阿富汗内战方面起到重要作用”。[④] 例如，在塔利班掌权后，周边国家在阿富汗一度形成了以巴基斯坦、沙特阿拉伯、阿联酋为主的支持塔利班阵营和以伊朗、俄罗斯、中亚国家、印度为主的支持北方联盟阵营相对立的局面。这一时期，安全利益和地缘政治争夺是周边国家对阿富汗问题的主要关注点。当前，地区国家虽仍密切关注地缘

---

① 朱永彪、魏丽珺：《阿富汗安全形势及其对丝绸之路经济带的影响》，《南亚研究》2017年第3期。

② 何明：《塔利班重返阿富汗政治生活的目标及前景》，《南亚研究》2019年第4期。

③ 王凤：《阿富汗塔利班重组及其挑战》，《现代国际关系》2015年第10期。

④ Stina Torjesen, Tatjana Stankovic, *Regional Change: How will the rise of India and China shape Afghanistan's stabilization process?*, NUPI (Norwegian Institute of International Affairs) Report, p. 35.

政治竞争和阿富汗安全问题，但是地区国家对阿富汗事务的参与并没有显著加剧阿富汗内部的冲突。“21 世纪以来，中南亚地区没有发生‘大博弈’。”[①] 此外，地区国家与阿富汗的经济合作和外交互动达到前所未有的水平，地区国家有着维持和改善阿富汗局势的利益。经贸关系的密切和基础设施的改善是平衡许多地区国家间关系中结构性竞争的重要因素，这说明阿富汗问题存在改善的地区动因。

国际社会尤其是地区国家围绕阿富汗提出多个区域发展项目。例如中国提出的“一带一路”倡议和具体正在建设中且向阿富汗延伸的中巴经济走廊（CPEC）；印度一直在推进“连通中亚”战略，近来提出具体的“香料之路计划”和“季风计划”等，加大对阿富汗的关注与投入。阿富汗是中亚与南亚之间的战略桥梁，是区域互联互通的重要节点。阿富汗成为地区能源合作，如土阿巴印（TAPI）天然气管道和中亚—南亚电网（CASA—1000）等项目的参与者。阿富汗的地缘经济价值得以初步挖掘，这些项目对阿富汗的经济发展发挥积极作用。虽然围绕阿富汗的区域资源开发和经济发展项目还面临着各种挑战，但是正在出现的积极变化预示地区合作的潜力与前景。当然，由于安全条件得不到改善，阿富汗的地缘经济条件不能得到有效开发和利用。阿富汗持续冲突是实施地缘经济战略，包括跨次大陆的天然气管线、铁路、光缆和道路基础设施项目建设的障碍，国际社会没有对阿富汗开展大规模投资。以中印为例，两国都不希望重蹈之前对阿投资项目受阻的教训。例如中国的埃纳克铜矿项目、中石油阿姆河项目，以及印度对哈吉加克铁矿的开发都以失败告终。

国际社会，尤其是地区国家的关注和援助对阿富汗问题的解决具有至关重要的作用。实际上，国际社会在 20 世纪 90 年代有过忽视阿富汗问题的严重失误。正如联合国前秘书长安南所提到的那样：“正是国际社会在 20 世纪 90 年代可耻地忽视阿富汗，让该国陷入一团混乱，给‘基地’组织提供了孳生的肥沃土壤。”[②]

---

① Andrew Scobell, Ely Ratner, Michael Beckley, “China's Strategy Toward South and Central Asia: An Empty Fortress”, Rand Corporation, 2014, p. XIII.

② 《秘书长在大会的讲话》，2002 年 9 月 12 日，联合国网站，http://www.un.org/webcast/ga/57/statements/sgC.htm，访问日期：2020 年 3 月 10 日。

四　中俄合作对阿富汗问题的影响有限

中俄两国不是2001年以来阿富汗问题的直接相关方。两国不决定阿富汗问题的走向，中俄两国对阿富汗问题采取间接的方式发挥作用。2014年以来，两国在阿富汗问题上合作的加深，体现地区国家在美国政策调整背景下的参与。中俄合作对阿富汗问题的影响相对有限。

就与阿富汗问题的相关性而言，中俄两国不是阿富汗问题的直接相关方，影响有限。从阿富汗问题的长时段演变来看，当前阿富汗问题源于2001年美国发动阿富汗战争。美国、塔利班、喀布尔政府是阿富汗问题的直接相关方。现阶段阿富汗问题的解决与演变，取决于这三个直接相关方的互动与调整，中俄的政策调整是伴随性的。自20世纪90年代阿富汗内战以来，两国对阿富汗问题的认知与应对逐渐成熟和深化，这使得两国能够选择一种相对疏离的方式来应对阿富汗问题。实际上，阿富汗问题也不是中俄开展合作应对的主要国际问题。

从作用方式上，中俄两国对阿富汗问题采取比较间接的方式发挥作用。一方面，防范阿富汗局势对两国和中亚地区的不利影响构成两国对阿政策的主要关注点。20世纪90年代，阿富汗内战期间对周边地区扩散的极端主义和恐怖主义威胁令地区国家记忆犹新。在阿富汗没有实现稳定的情况下，阿富汗对周边地区安全形势构成持久的外溢威胁。但是，由于美国和国际联军在阿富汗的存在使得阿富汗安全形势并未出现根本恶化，阿富汗对中俄两国的不利影响并未显著加大。两国也都在完善应对阿富汗局势不利影响的政策工具。另一方面，两国对阿政策都侧重与阿富汗问题直接相关方（主要是喀布尔政府、美国和塔利班）的合作来对阿富汗问题进行影响。中俄两国与阿富汗的合作，以政治、经济和外交合作为主，再加上有限的安全合作，以不直接干预阿富汗为限。中俄两国都希望塔利班与阿富汗现政权实现和解并融入其中。两国与塔利班的联系与沟通，是推动阿富汗民族和解努力的一部分。

中俄与美国在阿富汗问题上存在合作空间。与全球其他热点问题上的博弈态势有所不同，中俄美在阿富汗问题上的共同利益远大于分歧，存在合作空间。随着美国全球战略的调整，美国希望地区国家帮助美国解决阿富汗问题，希望“通过建立对阿富汗稳定的广泛共识、对阿富汗领导的和平进程开展合作等地区层面的方法来加强南亚的稳定”①。由于中俄两国地区影响力的增强，美国选择有限度地容忍和期盼中俄在阿富汗问题上发挥更大作用。中俄参与阿富汗问题的多边国际会议以促进阿富汗内部和解，体现了阿富汗的周边国家对阿富汗问题的关注，同时也都获得美国的认可。阿富汗问题对地区局势的显著影响使得包括中俄在内的地区国家首当其冲，两国与美国在阿富汗问题开展了不同程度的协同。当然，中俄与美国在阿富汗问题上的合作有着明确的限度，也受到双边关系的影响。中俄两国无意获得美西方在阿富汗问题上的主导权，也无意填补美国撤军后的“真空”。

五　对中俄合作的建议

（一）坚持“阿人主导，阿人所有”的原则

中俄两国要以发展中俄两国的睦邻友好和新时代伙伴关系为契机，加强在阿富汗问题上的合作。随着美塔和平协议的签署与缓慢执行，阿富汗内部和解进程逐步开启。阿富汗和平进程迎来曙光。在这个过程中，中俄合作要始终坚持“阿人主导，阿人所有”的原则，对阿富汗民族和解进程发挥支持和推动的作用。

阿富汗事务只能交由阿富汗人来办。作为阿富汗的周边国家和在国际事务上发挥重要作用的大国，中俄两国一方面应严格恪守“阿人主导，阿人所有”原则，始终坚持不直接干预阿富汗事务的外交政策；另一方面，呼吁地区国家和域外大国谨慎处理阿富汗问题，减少外部力量对阿富汗民族和解进程的干预或阻挠。

（二）加强地区国家合作，凝聚地区层面共识

地区国家与阿富汗问题的解决息息相关。印巴分治和中亚国家独立以来地区地缘政治格局的分散化加剧。大量新增的邻国对阿富汗采取了多样化的政策。这些邻国的综合国力都比阿富汗强。这些国家投射地缘政治影响力，参与并塑造阿富汗问题自 1979 年以来的演变的外部环境。一些地区国家为地缘政治争夺，在阿富汗扶持代理人，造成阿富汗内部冲突不断。阿富汗客观上成为“缓冲国”，将这些开展竞争的地区国家隔离开来。

---

① The U. S. Department of Defense, “Enhancing Security and Stability in Afghanistan”, Washington, June 2019, p. 18.

地区国家也必须承受阿富汗动乱外溢的长期后果，阿富汗问题的长期存在对地区国家造成持续的安全威胁。阿富汗问题也严重阻碍地区互联互通和大区域合作。

地区层面的和解是阿富汗政治和解的应有之义。阿富汗问题的改善要求地区国家超越狭隘的地缘政治利益诉求，恪守“阿人主导，阿人所有”的原则，以避免对阿富汗内部事务的干预为基础推动地区和解，构筑地区地缘政治新格局。如前所述，地区国家对阿富汗问题的参与呈现积极的变化，地区国家围绕阿富汗问题的合作有利于地区地缘政治格局的改善和重塑。当前，地区国家尚未形成推动阿富汗问题改善和解决的合力，这种地区层面的潜力尚待挖掘。当然，这种正在形成的地区层面的共识具有的脆弱性也值得关注。如果地区国家围绕阿富汗的“大博弈”再起，会威胁阿富汗民族和解的前景。

中俄两国作为阿富汗周边国家，在阿富汗问题上开展的国际合作，有助于增强地区地缘政治格局的确定性。美国不断调整对阿政策凸显地区国家加强在阿富汗问题上合作的必要性。在尊重各国利益的基础上，中俄两国要和地区国家围绕阿富汗安全稳定这个最大的共识，开展多边对话交流与合作。中俄两国要以阿富汗问题上的积极合作为契机推动地区国家区域合作，缓和地缘政治格局碎片化带来的冲突和紧张，构建地区安全共同体。

（三）客观理解中俄在阿富汗问题上的合作

维护和拓展两国各自的国家利益是推进中俄在阿富汗问题上合作的根本出发点。中俄两国在阿富汗问题上合作的动力来自对阿富汗问题的共同利益关切，只有照顾彼此的利益关切和舒适度，两国的合作才能具有可持续性。这意味着需要关注两国合作的具体收益。

中俄两国在与阿富汗问题的历史关联、利益关切和影响力等方面存在差异性。来自北方的强邻——沙皇俄国和苏联曾与历史上不同阶段的阿富汗问题有着深厚的历史关联。和中国相比，由于对沙皇俄国和苏联的继承，俄罗斯与各个阶段阿富汗问题的关联深厚和复杂得多。俄罗斯对阿富汗问题有着比中国更急切的利益诉求。中国需要体会和思考俄罗斯在阿富汗的历史经验教训，加强对俄罗斯战略文化和外交策略的认知，以此深刻理解阿富汗问题演变、俄罗斯的阿富汗政策和地区政策，切实把握中俄合作的发展方向。

中俄合作对阿富汗问题的影响和作用不能夸大，不能夸大两国在阿富汗的利益。要清楚地认识到阿富汗问题要靠阿富汗人来内部解决。此外，中俄两国的合作也并不寻求替代美国和联军在阿富汗的影响力。阿富汗问题为中美合作和俄美合作提供了平台。虽然中美俄三国能在阿富汗问题上开展良性互动，但也不能夸大这种合作。

本章执笔：张维维

第十章　中俄在中亚和南高加索地区的战略互动*

中亚和南高加索国家独立后，在本区域很快形成了一个崭新的地缘政治力量板块。这些独立后的新生国家面临非常复杂的国内和国际环境：国内首先是独立建国和社会全面转型，是政治、经济、文化、外交、民族以及宗教等诸多事务需要重新厘清和重新构建的艰巨工作；国际则是冷战后深刻调整的国际政治、经济和安全环境。中亚与南高加索国家的独立与转型离不开国际合作。从独立起，各国首先需要获得外部主权和安全保障，其次需要参与全球经济分工，参与区域经济合作获得经济发展的外部动力。中俄作为本区域各国最大的近邻，两大国都是联合国安理会常任理事国，也是核大国，在全球政治经济和安全格局中都占有特殊地位，拥有巨大影响。一方面，从中亚和南高加索各国看，无论从国际政治和安全合作上考量还是从国际经济合作考虑出发，各国都把中国和俄罗斯视为重要的合作对象，政治上高度合作，安全上相互依赖，经济上相互促进。另一方面，随着地区事务日趋复杂，地区热点不断涌现，出于周边安全和经济合作需要，中俄两国不仅要与中亚与南高加索各国进行深度合作，而且中俄两个不断发展的战略合作伙伴之间，也需要在中亚和南高加索地区进行全方位合作，以保障地区稳定与可持续发展，实现两国在该地区各自需求的安全和发展利益。鉴于论述方便需要，本章对中亚和南高加索地区分别表述。

第一节　中俄在中亚地区的战略协作及其重大意义

中俄两国都是亚欧大陆具有重大影响的国家，在战略协作领域，两国

---

* 部分内容作为《中俄与南高加索三国外交关系模式比较及辨析》一文发表于《俄罗斯学刊》2020 年第 5 期，第 89—104 页。

在本地区有着多领域的一致或相近利益。具体到中亚地区，首先就两国的安全合作利益，这是中俄两国在该地区进行合作的重要领域，确保中亚安全也是两国进行战略合作的基础之一。

一 中亚国家独立以来，在安全领域所受到的影响因素比较多

第一，中亚各国普遍存在民族、部族矛盾和相关冲突。由于历史原因，中亚五国都是多民族国家，哈萨克斯坦、乌兹别克斯坦和土库曼斯坦的民族数量超过一百个，塔吉克斯坦和吉尔吉斯斯坦的民族数量稍少，也都超过八十个。中亚各国的民族分布特点是，许多民族跨境而居，相互关系十分复杂。冷战后，全球民族主义浪潮高涨，中亚各国内部的极端民族主义思潮也有抬头趋势，民族矛盾上升。不同民族和部族之间经常爆发冲突，甚至引发了战争。加之利益集团权力斗争经常刻意引入民族和部族矛盾因素，还导致了国家间民族利益冲突的上升态势。这些矛盾和冲突相互作用，致使中亚地区安全形势异常复杂多变，整体呈现紧张状态。

第二，中亚各国为争夺地区事务主导权、话语权和地位导致的国家间各类矛盾和冲突。冷战后，中亚地区权力格局发生重大变化，地区权力结构面临重新安排的局面。为了抢夺有利位置，中亚各国充分利用各自拥有的优势，在地区事务主导权领域进行了激烈争夺。哈萨克斯坦利用地理位置和自然资源优势，认为本国必须在中亚一体化进程中充当核心和主导角色。哈萨克斯坦先后提出“欧亚经济一体化”“欧亚经济共同体”“欧亚联盟”和“中亚国家联盟”等倡议，还倡议并主导了“亚洲相互协作与信任措施会议”，不断扩大影响力，力争成为中亚领袖并主导中亚一体化进程。乌兹别克斯坦作为地区人口大国和文化大国，对哈萨克斯坦相关倡议反应冷淡，并明确反对哈萨萨克斯坦关于“中亚国家联盟”倡议。乌主张召开“联合国中亚安全、稳定与合作论坛”，倡议建立“中亚无核区”。吉尔吉斯斯坦作为地区小国，倡议建立“伊塞克湖常设会议”机制，也试图在地区事务中占有一席之地。

第三，中亚地区普遍存在的宗教极端势力和国际恐怖主义。中亚国家民众以信奉伊斯兰教为主，伊斯兰教的影响深入社会生活的方方面面。苏联解体前，各加盟共和国的宗教信仰及其活动普遍受到压制。独立后，中亚各国宗教势力迅速复兴，社会生活“伊斯兰化”趋势显著。在周边国家中，伊朗、土耳其、阿富汗、巴基斯坦以及海湾阿拉伯国家，这些历史上与中亚

有着千丝万缕联系的国家宗教势力不断向中亚渗透，不断强化了中亚各国的宗教氛围。推翻世俗政权、恢复政教合一、建立“泛突厥联盟”和“泛伊斯兰世界”的“双泛”极端思潮在地区内不断蔓延。这些宗教极端势力又和阿富汗塔利班、“基地”等恐怖组织有着千丝万缕联系。[①] 近年来，在中亚国家频繁发生的恐怖暴力事件，多半与阿富汗战争后部分塔利班和“基地”组织势力以及“ISIS”有关，给中亚各国安全形势带来直接威胁。

第四，域外大国势力，尤其是某些西方势力政治渗透并干预中亚地区事务。中亚被地缘政治学家麦金德称为“世界地缘政治心脏”，地位特殊。中亚还被称为“21 世纪能源宝库”，因此，独立后，世界大国纷纷进入中亚地区展开激烈争夺。独立后的中亚各国普遍实施“去俄化”政策，旨在保持主权独立。俄罗斯的地区影响因此明显下滑。中亚地区形成的地缘政治真空给了以美国为首的西方可乘之机，西方大国纷纷向中亚地区进行渗透，拓展影响力。“9·11”事件后，随着阿富汗战争爆发，美国找到了驻军中亚机会，在中亚建立多个军事基地，其影响力迅速扩大。在阿富汗打击恐怖主义的同时，西式民主模式、市场经济和人权价值观也成为美西方在中亚扩展影响力的手段和政策。一些西方非政府组织也积极干预中亚国家内部事务，多次导致吉尔吉斯斯坦、乌兹别克斯坦、塔吉克斯坦和哈萨克斯坦等国出现局部暴力事件乃至“颜色革命”。[②]

第五，地区安全机制多元化、复杂化导致的机制有效性缺陷。独立后，中亚各国之间以及与域外势力展开了不同形式，不同层面的安全合作，建立了一系列机制。在本地区存在和发挥作用的安全机制有：集安组织、上合组织、欧亚联盟、北约“和平伙伴关系计划”、欧安组织、“亚信”、黑海经合组织、“古阿姆”、中亚安全与合作论坛、中亚经济论坛、中亚经合组织、中西亚经合组织、伊塞克湖论坛、突厥语国家首脑峰会、日本—中亚国际论坛、“C5 +1”等。机制众多，但是往往由某个或某几个大国主导，成员国交叉，不同机制关注的重点不同，互相之间缺乏协调，某些机制甚至存在相互防范和对抗倾向。这种局面，使得本地区看似机制众多，覆盖领域完善，实则缺乏有效统合，甚至相互抵消彼此效果。

---

① ДМИТРИЙ МАЛЫШЕВ：Центральная Азия：угроза радикального исламизма. Svobodnaia mysl' - XXI，№4，2016，С. 181 – 192.

② М. В. Братерский，Д. В. Суслов：РОССИЯ，КИТАЙ И США В ЦЕНТРАЛЬНОЙ АЗИИ。SShA-Kanada. Ekonomika，politika，kul'tura，№4，Апрель 2015，С. 3 – 17.

第六，基于历史文化、战略、国家定位和现实领土、资源争端等原因，中亚各国之间彼此缺乏高度信任，提高了冲突可能性。中亚各国主体民族的历史经历不同，文化存在明显差异，在历史上也曾经存在过各种争端和矛盾。独立后，各国内部民族认同意识不断强化，彼此都把主权独立、领土完整、民族尊严和具体国家利益看得高于一切，对对方提出的任何可能损害本国利益的倡议或机制十分排斥。对涉及边界划分、资源分配和民族关系等方面的议题十分敏感，动辄爆发冲突，因此，各国间互信水平一直较低。

二　中亚地区安全形势整体上看，经历了三个时期和阶段

第一个阶段，从1991年年底苏联解体到2001年美国发生“9·11”事件，中亚地区安全整体处于较高程度混乱和不确定状态。这十年之间，苏联解体带来的后果对俄罗斯和中亚都造成了经济和社会动荡形势。而域外各大势力则乘机渗透，进入中亚并形成多力量博弈态势，有时斗争激化，形成重大危机，比如塔吉克斯坦独立初期的内战。

第二个阶段，从2001年“9·11”事件到2005年，以美国调整全球战略方向、高举反恐国际合作大旗为标志，中亚地区安全格局出现重大调整，安全形势发生重大变化。这一时期，美国以反恐为名，在中亚建立军事基地，大力进入中亚，逐渐确立了美国对中亚安全的主导地位。该时期，美国改变了过去以促进中亚各国主权独立，防止周边大国控制，争夺中亚能源为重点的中亚政策，转向以构建全球反恐联盟和加强军事合作为重点。这一时期，中亚地区安全形势由于反恐战争的凝聚效应，地区国际关系实际上得到显著改善，安全形势也得到较大缓和。[①] 同时，上海合作组织也成立于这一时期，上海合作组织的启动，也有力推动了地区国家与中国、俄罗斯之间在安全领域的合作密切度，有力促进了地区安全格局的重新构建。

随着阿富汗战争基本结束，美国对中亚政策做出了一些新调整：推动民主化，培养反对派力量，促进中亚各国在政治领域发生巨变，从而使中

---

① Д. Малышева：АФГАНСКИЙ КРИЗИС И ПОСТСОВЕТСКАЯ ЦЕНТРАЛЬНАЯ АЗИЯ. МИРОВАЯ ЭКОНОМИКА И МЕЖДУНАРОДНЫЕ ОТНОШЕНИЯ，2017，том 61，No 8，С. 14 – 23.

亚在意识形态和价值观领域更加符合美国需要成为美国的新政策。其后果是2005年3月吉尔吉斯斯坦发生了“郁金香革命”，导致阿卡耶夫政权下台。同年5月，乌兹别克斯坦又发生了所谓“安集延事件”，武装分子与政府进行了严重武力对抗和流血冲突。中亚陷入新一轮动荡期，并引起对美国政策的反弹。

第三个阶段，2005—2011年。这一阶段，中亚安全形势与此前相比又出现了一些新变化，出现了一些新趋势和新特点。首先是美国在中亚的影响力显著下降，俄罗斯重新获得中亚地区安全主导地位。2005年上合组织阿斯塔纳峰会呼吁美国制定中亚撤军时间表，乌兹别克斯坦、哈萨克斯坦和吉尔吉斯斯坦都对美国军事力量撤出本国或本地区做出了相应具体反应。美国为了维持与中亚国家合作关系，当年推出所谓“大中亚计划”，并获得中亚国家认可，但是其对中亚影响力已经远远不及“9·11”事件之后。而此时，俄罗斯乘势强化了与中亚国家安全合作关系，乌兹别克斯坦当年退出了有反俄倾向的“古阿姆”组织并与俄罗斯签署联盟条约。[①] 2006年乌兹别克斯坦重返集安组织表明中亚最具有反俄倾向的国家也已经和俄罗斯建立紧密安全合作关系。同时，这一阶段中国对中亚影响力逐渐显现，尤其是上海合作组织的成立，使中国第一次有机会通过国际组织与中亚成员国保持全方位合作关系。

第四个阶段，2011年至今。这个阶段中亚安全格局日趋成熟，基本形成了各国参与网络化国际合作组织，各国内部关系相对协调，大国势力相对平衡的态势，中亚国家的国际地位明显上升，地区安全威胁的性质也发生了重大变化。除了与欧美西方国家的安全合作关系得以正常维持，中亚各国与俄罗斯、中国的安全合作也进入一个常态化、正常化合作阶段。美国2011年首次推出“新丝绸之路”计划，目标在于启动和打通中亚与南亚一体化进程，防止俄罗斯和中国拓展对中亚地区影响。此后，美国又于2015年首次推出“C5+1”（中亚五国加美国）机制，强化与中亚各国在安全领域的合作频次。但是此时正值美国计划撤军阿富汗，中亚地区在美国全球战略中的地位显著下降。2020年2月，美国正式推出新中亚战略，

① С. Дорофеев：ИНТЕРЕСЫ РОССИИ И США В ЦЕНТРАЛЬНОЙ АЗИИ：ПЕРСПЕКТИВЫ ВОЗМОЖНОГО СОТРУДНИЧЕСТВА. Мировая экономика и международные отношения，2011，№ 2.

这份新战略包含的内容十分丰富，是美国学界和政界近年来对中亚政策最新最全面的一次调整，其影响力有待重新观察和评估。

三　中俄两国在中亚地区的战略协作意义十分重大

中国与俄罗斯都是世界大国，也是中亚最大邻国，与中亚各国在历史、文化、地缘政治和地缘经济等诸方面有着密切联系，而且两国在中亚地区都有着重大地缘政治、经济和安全利益。基于这种格局，中俄两国同时都对中亚地区局势发展有着重大影响。无论是独立初期，还是进入21世纪之初，以及当前国际和地区形势下，中亚地区发生的任何形势变化都直接事关中俄两国利益，而中俄在中亚地区的全方位战略协作，对于维护和巩固中亚地区和平、安全与发展都具有重大的现实意义。

第一，中俄在中亚地区的战略协作，是中亚地区政治稳定的压舱石，并有效促进了中亚国家参与国际合作进程。冷战结束后，中亚地区地缘政治形势发生了根本性变化，激进政治经济体制转轨和变革，以及原有经济体系的崩溃，使俄罗斯和中亚所有国家都陷入了空前危机。尽管在各国努力下，逐步得以摆脱危机，俄罗斯与中亚各国走上了区别于欧美西方国家的独特道路，形成了新的发展模式，但是，不稳定因素，各种政治、经济和安全威胁因素依然存在。在此背景下，中俄作为世界级大国，他们对中亚各国在发展道路、发展模式方面的支持与合作就显得尤为珍贵，对于抵御美西方对中亚提出超出历史现实的所谓民主化、抵御“颜色革命”能发挥关键作用。

第二，中俄在中亚地区的战略协作能够促进中亚地区的政治、经济、安全一体化进程。区域合作和地区一体化是全球化进程中新出现的一种具备趋势性的现象。全球经济一体化的实践证明，区域一体化可能有效促进地区国家参与全球分工，抵御各种发展和稳定风险。中亚各国在地理、政治、经济、宗教和民族等各个方面拥有一些相似特点，有较为接近的中亚地区认同，这是推动区域一体化的良好条件。在国际金融危机蔓延、世界经济复苏缓慢的当下，实现区域经济一体化有助于中亚国家摆脱转型困境。多年来，俄罗斯在独联体框架内努力推进其主导的地区一体化进程，取得了一定成效，但是效果远远不符其目标。中国通过上海合作组织框架内的合作，以及双边合作渠道，也在积极参与中亚地区一体化进程。中俄两国在政治、经济、军事和科技影响力等方面对于中亚具有明显优势，因此，中俄在中亚地区的战略协作可以大大推动中亚地区的政治、经济和安全一体化进程。

第三，中俄在中亚地区的战略协作能够有效应对全球性和地区危机，促进中亚地区经济繁荣与稳定。从 2008 年到 2020 年，美国次贷风暴引发的金融危机不断蔓延，世界经济至今依然没有恢复危机前水平。在此背景下，中亚各国经济也受到冲击，遭受到各种经济社会发展困难。投资不足，增长乏力，就业岗位缺乏，失业率始终保持较高水平，这些现象困扰中亚各国。中俄作为全球性大国，无论是经济基础还是经济结构以及在全球经济中所占位置，都决定了两国应对危机的能力远远高于中亚国家。因此，中俄两国战略协作，强化与中亚国家在经济领域的合作，能够发挥四两拨千斤的作用，有力助推中亚地区的经济发展与稳定形势。

第四，中俄在中亚地区的战略协作，能够帮助中亚各国更好地打击“三股势力”，维护地区安全与稳定。冷战结束后，中亚特殊的地理位置决定本地区成为全球恐怖主义活动重灾区，也是宗教极端主义和分裂主义等思潮最为盛行的区域。“三股势力”不仅危害中亚，也对中国和俄罗斯造成严重安全威胁，对地区稳定与安全构成实际挑战。中俄在中亚地区与各国一道，包括在上海合作组织框架内共同打击“三股势力”，实现战略协作，对于助力地区打击“三股势力”，实现共同安全十分有利。

第五，中俄在中亚地区进行战略协作，共同解决地区热点问题，能够有效提升中俄之间以及两国与中亚各国之间的战略互信水平。互信是安全合作基础，国家间只有基于互信，才能认同彼此外交政策和行为，最终成为安全共同体。由于对历史和国家体量大小的认知问题，某些中亚国家对中俄两国在中亚的战略意图一直心存疑虑，这种疑虑在很大程度上制约着中俄两国与中亚各国的合作深度和广度。因此，作为大国，中俄有责任加强战略协作，消除中亚各国对合作的任何怀疑，促进中俄与中亚命运共同体的建设。中国在中亚不谋求领导权，中国更多看重与中亚平等合作建立和平和互利合作，有利于中国扩大对外开放和营造西部安全环境的因素。中国永远不会挑战俄罗斯对中亚地区拥有的独特影响力。这是中俄在中亚进行战略协作的基础。因此，做好中俄战略协作，应对地区共同挑战，促进欧亚地区一体化进程，实现地区长期稳定和持续繁荣，是中俄与中亚各国面临的共同任务。

第二节　中俄在中亚安全领域的合作及其成效

中亚国家独立以来，“三股势力”一直是困扰地区的热点问题之一。不仅本地区出现“三股势力”抬头趋势，而且随着阿富汗、中东、南亚地区的安全形势恶化，“三股势力”与这些地区内外势力相互磨合，相互交织，对中亚安全形成了与日俱增的威胁。大中亚地区也成为全球范围内的不稳定因素。中俄作为中亚国家近邻，与中亚各国在政治、经济、文化以及宗教上有着紧密关系，中亚地区的任何形势变化都事关中俄利益。对于俄罗斯来说，北高加索地区的恐怖主义和分离主义多年来难以消弭。中国新疆在境内外多种势力合谋之下，“三股势力”对国家安全构成直接威胁。因此，当中亚地区“三股势力”成为地区安全挑战时，中俄加强与中亚各国打击“三股势力”的合作显得尤为重要。

一　中亚地区的“三股势力”增长已经严重威胁中俄两国共同安全，打击“三股势力”已经成为两国安全合作的重要方向

冷战结束后，世界格局发生重大变化，和平与发展成为世界潮流。但是世界并没有因此变得更加太平。地区冲突、民族和宗教矛盾在全球范围都呈现增长态势。国家之间的矛盾也在加深，局部战争和局部冲突频仍，尤其是非传统领域的安全威胁甚至比冷战期间有增无减。在中亚地区，以民族和部族矛盾、宗教争端以及国家间矛盾为核心的冲突时常发生。分裂主义、宗教极端主义、国际恐怖主义，以及跨国有组织犯罪、毒品走私、武器走私等现象层出不穷，对中亚各国造成了综合性安全威胁，也使中亚成为全球最不稳定的地区之一。例如，长期以来，“乌伊运”盘亘中亚地区，组织非法武装，妄图建立政教合一国家。为了达到这一政治目标，多年来，他们制造了一系列恐怖事件。“乌伊运”一度成为中亚国家政治稳定和国家安全的重大威胁。俄罗斯从独立初期就一直面临车臣分裂主义和恐怖主义威胁，尽管俄罗斯通过发动两次车臣战争，整体稳定住了北高加索地区的形势，但是车臣残余恐怖分子仍然持续活动多年，制造了诸如莫斯科地铁爆炸案、别斯兰事件等重大恐怖事件。北高加索的恐怖主义和中亚地区恐怖主义、分裂主义、极端主义分子之间有着千丝万缕的联系。

20 世纪 90 年代以来，中国新疆的“三股势力”在国际大环境的变化

和鼓舞下也日趋活跃。境内的分裂主义势力与境外的极端主义、恐怖主义合流，在新疆地区鼓吹和煽动民族分裂情绪，进行恐怖主义活动，传播极端思想，严重破坏了新疆改革开放的和平和稳定环境，也给各民族人民生活带来了极大消极影响。由此可见，从俄罗斯的北高加索地区，穿过中亚，直到中国新疆，“三股势力”已经完成了相互勾连，相互呼应，相互交织，直接威胁到本地区各国稳定与安全的基本形势，成为各国安全威胁的顽疾，对各国经济社会稳定与繁荣造成严重挑战。

进入21世纪后，中国新疆依然不平静，2009年，“七·五”暴恐事件的发生，充分暴露了“三股势力”在新疆地区不仅没有得到遏制，而且其残暴性、破坏性已经变本加厉。多年来，分裂主义势力在新疆复杂的内外环境内积蓄力量，在取得境外势力支持之后，更加有恃无恐，有的分裂主义分子直接远赴中东，接受“基地”“ISIS”恐怖主义势力训练，在时机成熟时潜入国内进行恐怖犯罪活动。土耳其、巴基斯坦、阿富汗、伊拉克、叙利亚、车臣这些动荡地区，都能见到他们的身影。

以“世维会”为代表的分裂主义分子与国际反华势力相互勾结，周围聚集了一大批“三股势力”非法组织，他们的存在是对中国领土完整、社会稳定的严重威胁，而且对俄罗斯、中亚各国也是安全挑战。分裂主义分子的活动范围早已经超出国界，他们的活动已经延伸到中亚国家和俄罗斯。根据俄罗斯情报显示，车臣反政府武装有大量来自中国的分裂主义和极端主义人员。这些分裂主义组织还计划把势力渗透进比邻中国和俄罗斯的中亚地区。① “乌伊运”这类组织所威胁的目标也不仅仅是中亚各国，还包括中国和俄罗斯。为了打击共同威胁，从20世纪90年代起，一直到2019年，中俄与中亚各国一道，从多个层面进行了打击“三股势力”的合作，包括在上海合作组织框架内采取的联合反恐行动，严厉打击包括“乌伊运”在内的国际恐怖主义势力。

2019年6月，在上海合作组织比什凯克峰会上，与会各国领导人再次重申，要共同维护上海合作组织地区范围内的安全、稳定和可持续发展，合作打击恐怖主义、分裂主义、跨国有组织犯罪和毒品走私等威胁。同时指出，阿富汗问题涉及地区安全，上海合作组织应为阿富汗问题的政治解

① Е. И. Сафронова：Проект《Экономический пояс Шелкового пути》и безопасность в Центральной Азии. Проблемы Дальнего Востока No 4，2018 г.

决发挥积极和重要作用。这表明，中国、俄罗斯以及中亚各国，依然把打击“三股势力”放在维护地区稳定的重要位置。①

中俄作为欧亚地区体量最大，具有全球影响力的国家，也是中亚的近邻，中俄之间能否建立良好的协作关系，能否在中亚安全领域发挥积极主动作用，对维护整个中亚乃至亚欧大陆的安全和稳定至关重要。在打击地区盘根错节的“三股势力”领域，中俄合作，联手中亚各国，也是本地区能否成功应对地区“三股势力”的关键因素，具有全局性和决定性意义。近年来，中国与俄罗斯以及中亚成员国依靠上海合作组织安全合作机制，为推进地区安全和稳定发挥了越来越重要的作用。

二　俄罗斯与中亚国家在集安组织框架内的安全合作机制具有有效性

基于历史关系和现实利益考虑，中亚国家独立后依然视俄罗斯为最紧密的安全合作伙伴。中亚国家和俄罗斯由于历史关系有着十分相似并相互包容的经济结构、经济体制，在金融和市场方面，中亚国家也与俄罗斯有着传统联系，因而在经济上必须与俄罗斯合作。在文化上，这些国家长期的共同历史，形成了文化认同和价值观认同。中亚国家丰富的自然资源，包括油气资源，历史上就形成了通过俄罗斯境内路线运往世界各地的格局，无论是哈萨克斯坦、土库曼斯坦还是乌兹别克斯坦，几乎无一例外。在独立后的劳动力市场方面，中亚不能提供的就业岗位，往往在俄罗斯就能得到有效供给。这都增加了中亚国家对俄罗斯在经济、文化领域的依赖性。何况，这些国家相互之间还保留了大量的跨界民族，处理好俄罗斯族以及中亚各民族的这种关系，对各国社会稳定和经济发展都是非常重要的方面。

独立后，出于新的安全考虑，俄罗斯和中亚国家签订了一系列军事合作协议。1992 年集体安全条约签订后，双方又成立了独联体防御组织。该条约是后苏联空间较早签署的安全合作协议，旨在强化各国军事和安全关系，根据条约规定，成员国共同防御外来威胁，并发挥制止成员国之间相互武力威胁的功能。除土库曼斯坦之外，中亚其他国家都是成员国。尽管中亚各国对地区军事一体化保持警惕态度，土库曼斯坦甚至拒绝参加独联

---

① 《习近平出席上海合作组织成员国元首理事会第十九次会议并发表重要讲话》，《光明日报》2019 年 6 月 15 日。

体军事议题的讨论，乌兹别克斯坦也曾经停止参与相关活动，但是在独联体国家内部安全机制中，俄罗斯始终发挥着领导性作用。

塔吉克斯坦独立初期爆发内战，俄罗斯作为调停人对和平与和解进程顺利展开扮演了关键角色。在中亚国家中，哈萨克斯坦和吉尔吉斯斯坦与俄罗斯有着漫长的边界线，在国家边防力量薄弱的情势下，与俄罗斯进行军事合作显得尤为重要。事实上，在哈、吉、塔，至今依然维持有一定的俄罗斯军事力量存在。2014 年美国宣布从阿富汗撤军，在乌兹别克斯坦和土库曼斯坦与阿富汗漫长的边境线上留下安全隐患，俄罗斯乘势加强了与这两个国家的边境合作。

中亚国家的军事与安全保障力量有着天然缺陷，这与其建军历史短、体制不完善以及苏联留下的遗产十分有限有关系。这些国家仅仅依靠自身的武装力量和反应机制来维护边境安全、打击恐怖主义和极端势力显然力不从心，借助俄罗斯的军事力量是一种现实考虑。当然，中亚国家同时还存在一种担心，就是俄罗斯在中亚的军事存在力量如果过于强大，对各国主权独立和领土完整也将构成另一种威胁。中亚国家与俄罗斯保持较高水平的军事合作关系，还存在政治和经济等其他利益的考量，也是不得已之举。比如在哈萨克斯坦，其北部有多个地区与俄罗斯边境相接，而且居住有大比例的俄罗斯族，加强与俄罗斯的边境安全合作，也有助于维护边境稳定以及主权安全。

不可否认的是，由于俄罗斯在中亚安全问题上占有先机和主动，中国在上海合作组织框架内与中亚各国的合作更加强调经济领域，这也符合中亚各国需求。但是中国对上合框架内的安全合作同样重视，面对中亚地区“三股势力”蔓延对中国西部安全和稳定构成的挑战，中国的立场是不寻求主导机制内安全合作事务，但是积极参与、积极支持，以实际行动在组织框架内采取共同行动，打击“三股势力”。与俄罗斯主张的在上海合作组织空间建立更加紧密军事政治联盟的立场不同，中国甚至反对本组织政治化和军事化。这与中国一贯的外交立场和战略理念有关。

第三节　中俄在中亚能源国际开发领域的合作

自中亚国家独立以来，该地区就以丰富的油气资源以及独特的地缘位置受到关注，地区能源博弈甚至成为国际政治领域的热点问题。中亚各国独立也给了世界其他国家参与地区能源合作的机会，包括中国。中国作为全球经济发展最快的国家之一，拥有庞大的能源消费市场，而自身能源资源不足的因素，决定中国对全球能源市场存在巨大依赖。“中国的能源需求到2035 年会在当前的基础上增长75%，占全球能源消费的1/3。当今中国的能源消费占全球的17%，在25 年之内就会增长到22%”，其中，“原油的依存度最为严重，从2005 年的39.5%上升到了2015 年的60.69%，首次突破了60%的大关。在过去10 年里，天然气的对外依存度增加最为明显，2015 年为31.89%”①。而在中国邻近地区，中亚的能源具有非常独特的优势，油气结构好，运输距离短，边境相接，这些优势符合中国的能源需求，因此，中亚能源成为中国国际能源合作的重要方向。从俄罗斯视角看，由于历史和地缘原因，俄罗斯与中亚的能源合作不仅历史悠久，而且有着得天独厚的种种便利条件，强化与中亚各国的能源合作，能够有力提升俄罗斯作为世界能源市场重要参与者的地位，并增强其对中亚的地缘政治和地缘经济影响力，使中亚成为俄罗斯崛起的真正战略后院。这就意味着，中俄两国都将在中亚能源领域有所作为，而中俄战略协作伙伴关系的性质又决定，两国在中亚能源领域必须处理好合作与竞争的关系，从而使这一复杂问题不仅不影响中俄关系大局，而且成为双赢的重要方面。

一　俄罗斯与中亚国家的能源关系主要体现在三个方面

第一，极力参与并努力掌控中亚地区能源开发。首先，以中亚——里海为重点，加强与中亚相关国家的能源合作。冷战后，美西方乘势大规模进入中亚和里海地区能源市场，对俄罗斯的传统能源利益产生了直接威胁。俄罗斯为阻止里海大规模能源开发，长期以里海法律地位未定论或生态安全为由，为里海油气开发制造法律障碍，并取得了很好的效果。近年来，为了应对外部的强大攻势，俄罗斯不得不调整战略，在与西方国家竞争的同时，努力掌控里海地区能源开发的话语权。其次，哈萨克斯坦是俄罗斯在本地区能源外交的重点。俄罗斯与哈萨克斯坦就里海法律地位问题签署了相关协议，两国在能源开发与合作领域保持着密切对话与合作。库

---

① 《中国能源对外依存度正在持续上升》，2016 年11 月22 日，中国国际贸易促进委员会网站，http：//www.ccpit.org/Contents/Channel_ 3674/2016/1122/722210/content_ 722210.htm，访问日期：2020 年1 月12 日。

尔曼加兹油田就是此前存在争议而当前两国正在合作开发的油田。在石油运输管道合作方面，阿特劳—萨马拉石油管线和田吉兹—新罗西斯克是哈萨克斯坦石油经俄罗斯领土出口的重要通道，根据两国签署协议，哈萨克斯坦每年经俄罗斯管道运输石油 1750 万吨。两国还有大型天然气合资公司。最后，俄罗斯与土库曼斯坦的能源合作主要在天然气领域。俄气公司分别与土、吉两国签署了为期 25 年的天然气合作合同。之所以与缺乏天然气资源的吉尔吉斯斯坦签署这一合作合同，主要出于政治与外交因素，这与俄罗斯此前提出在俄、哈、土、乌等国建立“天然气联盟”一脉相承，表明俄罗斯欲以“软实力”（经济纽带）拴住中亚国家，进而增强俄罗斯在欧洲天然气市场的地位。目前，俄罗斯最大的天然气工业股份公司及其子公司在土库曼斯坦天然气市场占据绝对优势，根据两国协议，土库曼斯坦每年通过俄罗斯天然气工业股份公司向乌克兰运输天然气达 600 亿立方米。俄罗斯以有利的价格几乎垄断了土库曼斯坦天然气的转运权。

第二，主导中亚和里海地区油气管道走向。长期以来，环里海地区的油气运输管道主要有三个方向：经阿塞拜疆巴库输送到俄罗斯黑海港口新罗西斯克的管道；经巴库输送到格鲁吉亚黑海港口苏普萨的管道；经哈萨克斯坦西部输送到俄罗斯黑海沿岸的管道。这些管道都建于苏联时期，输送能力很低而且大多技术落后并出现老化现象。阿塞拜疆、哈萨克斯坦、土库曼斯坦早欲通过新建管道增加出口并实现能源出口多元化。当前，俄罗斯、美国及里海国家围绕各自利益，提出了包括东、西、南、北四个方向的五条管道方案，其中俄罗斯极力游说里海国家接受“北线”方案即田吉兹—新罗西斯克输油管线。目前该方案已经建成并投入使用，但是受港口瓶颈制约。俄罗斯对于美国等西方国家提出的西线和南线方案大力抵制，其中“西线”是绕开俄罗斯的油气输出通道，即巴库—第比利斯—杰伊汉输油管道，随着该管道建成，俄罗斯的努力未获成功，不过该管道实际经济价值不高，更重要的是其政治意义。目前，经土库曼斯坦、阿富汗到巴基斯坦的“南线”工程进展未获突破，进展缓慢。

第三，随着 2014 年克里米亚危机爆发，美西方国家对俄罗斯进行了多波次制裁，其中重点领域是其油气行业。特别是在能源国际融资领域，俄罗斯遭到前所未有挑战，在一定程度上影响到俄罗斯油气生产，也迫使俄罗斯对中亚能源战略进行新调整。当前，俄罗斯的中亚能源政策遵循以下原则。其一，在国际能源市场普遍不景气、能源价格出现低迷态势的情形下，加强与中亚国家在油气勘探、开采、加工和运输领域的合作，继续保持对中亚国家能源领域的直接影响力。其二，对里海法律地位确定问题保持主导地位，严格控制并防范跨里海石油和天然气大型、永久运输设施项目付诸实施的可能性。其三，加强俄罗斯与中国能源合作，在此基础上，进一步放松对中亚国家在油气领域与中国合作的防范。从 2015 年起，俄罗斯停止采购土库曼斯坦和乌兹别克斯坦天然气，一方面是应对欧盟天然气采购量下降的态势，另一方面是促成中亚国家与中国能源合作成为俄罗斯能源外交战略的一部分，以应对西方在中亚—里海地区能源竞争提出的挑战。

二　中国与中亚国家的能源关系体现为三个特点

第一，广泛参与，众多大中型能源企业进入中亚国家参与能源开发与合作并取得了较为显著的成果。中国公司参与中亚地区能源国际合作的主要有中石油、中石化、中信、国电、中国核工业集团公司、中国广东核电集团、新疆特变电工等，以国有企业为主。这些有实力的企业参与中亚地区能源领域的全产业链合作，投入资金和技术，取得了广泛经济和社会效益，是中国与中亚各国能源合作的主力。第二，在合作对象国与油气重点方向方面各有侧重。目前，中国企业在石油领域的合作对象主要是在哈萨克斯坦西部，而在天然气合作领域的主要对象国是土库曼斯坦，以里海沿岸地区天然气开发为主。第三，在能源输入方式上从铁路运输升级到管道运输，大大提升了中国—中亚能源合作的战略水平与稳定性。中国与中亚首条能源运输管道是中哈石油管道，也是中国首条跨境国际能源管道，意义重大，建成于 2006 年。“中国—中亚”天然气管道分 A、B、C、D 四线。A 线于 2009 年最早建成投入使用，目前 B 线和 C 线也建成投产，D 线还在建设之中。这些管线的建设进一步增强了中国与中亚国家的能源关系，并把中国、哈萨克斯坦、乌兹别克斯坦与吉尔吉斯斯坦的天然气合作利益联结起来。截至 2019 年 5 月，哈萨克斯坦用原油管道向中国累计提供了 1.19 亿吨原油。按照相关合同，土库曼斯坦每年将通过中国—中亚天然气管道向中国输送 300 亿立方米天然气，在价格方面大致与国际市场价格基本一致。土库曼斯坦总统别尔德穆哈梅多夫允诺，将把对中国天然气供应提高到每年 650 亿立方米。目前，从中亚进口的天然气，通过国际管道接入国内西气东输管道，已覆盖中国 25 个省、市、自治区和香港特别行政区的用户，造福5亿多人。[①] 考虑到中亚国家实际情况，实现双方能源合作的优势互补与共赢，中国和中亚国家签署了相关协议，实施“能源换贷款”，即中国企业对中亚油气田进行投资开发，油气田所在国以油气田开采油气资源抵还贷款。这对合作双方都有利，尤其是独立不久经济能力不足的中亚能源生产国，其灵活合作方式解决了能源开发资金不足问题。

中国与中亚国家在油气领域的战略性合作，大大提升了中国与这些邻国之间的合作水平，从能源合作开始，巨大的贸易量也进一步推动和深化了中国与中亚国家之间在其他领域的合作。中国成为中亚多个国家的最大贸易伙伴或者第一大投资国，其中能源份额或者说能源起到的拉动作用不可低估。“能源外交”成为中国与中亚国家外交的显著特色。而且，中国与中亚国家的能源管道国际合作，极大地改善了中国在国际能源市场中的话语权，增加了中国在国际能源谈判桌上的筹码，也撬动了后来中俄石油和天然气管道项目的谈判顺利进行。

从另外的视角看，中亚国家则因为与中国不断强化能源合作，不仅增强了本国的经济实力，改善了能源出口结构，同时也大大提升了各国在国际舞台上的地位，尤其是在国际能源市场上的话语权，与中国的合作也是各国能源出口多元化和实施大国外交平衡战略的一部分。

三　中俄在中亚的能源关系属于既竞争又合作的关系

应该说，中国与中亚国家的能源合作属于后来者，不占先机，而中亚油气又是俄罗斯国际能源战略的一部分，这就决定中俄在中亚能源领域的关系属于既有合作也有竞争的复杂关系。早在2003年，由于日本中途“搅局”，中俄石油管道“安大线”谈判被迫暂停。这一谈判极其艰难，历时15年，消耗了中方大量外交精力。为保证能源安全，中国决定另辟蹊径，将能源管道国际合作的重点转移到哈萨克斯坦这一能源充裕的中亚国家。尽管相关谈判是在中哈两国之间进行，但是，作为与中亚有着紧密历史联系，且在地缘政治上占绝对优势的俄罗斯而言，参与中哈能源合作与谈判似乎顺理成章。因此，当时的中哈能源谈判实际是“中国—哈萨克

① 《中亚天然气管道输气逾1000亿方》，2014年11月17日，人民网，http：//paper. people. com. cn/zgnyb/html/2014－11/17/content_ 1500555. htm，访问日期：2020年1月12日。

斯坦—俄罗斯”的三方参与。俄罗斯考虑到哈萨克斯坦的利益需求，以及中俄战略伙伴关系的现实，也考虑到中方参与中亚能源合作能在一定程度上抵消欧美在中亚的能源政策，因此默许了中哈原油管道的修建计划。[①]而且，出于现实利益考虑，俄罗斯一方也没有参与这一管道的后期修建工作。俄罗斯当时还有一个考虑，未来可以借助中哈原油管道，把俄罗斯西伯利亚地区的石油输往中国，减少新建石油管道付出的成本。

早在2006年上海举办的上合组织峰会上，俄罗斯总统普京便首次提出建立上合组织能源俱乐部的倡议。此后，俄罗斯领导人和学者多次呼吁尽早启动并建立这一机制。俄罗斯的考虑是，通过上合组织能源俱乐部，把“中亚—中国”能源管道在内的中国—中亚能源合作纳入机制框架内，对中国与中亚能源合作与中国、俄罗斯以及中亚在能源领域的合作关系进行统合，大大提升作为世界能源大国的俄罗斯在国际能源领域的话语权和领导力。尤其是2014年乌克兰危机爆发之后，美西方对俄罗斯加大制裁力度，俄罗斯与美西方的能源博弈日趋激化，俄罗斯亟须重新构建国际能源领域的地缘政治版图。上合组织能源俱乐部涵盖的国家众多，市场庞大，本身就拥有参与国际能源谈判的巨大优势，可以增加俄罗斯与西方能源博弈的筹码。同时，把中亚能源生产国纳入该机制，也可以有效抵制欧美国家对中亚地区以能源国际合作为桥梁的渗透，遏制西方改变中亚地缘政治板块的企图。

中国实际上愿意与中亚和俄罗斯各方建立更加紧密的能源合作关系，对俄罗斯在中亚地区的能源政策，也是持认同立场。尽管俄罗斯对中亚能源国际合作的控制政策会在一定程度上限制中国—中亚能源合作的节奏、进程和深度，但从战略上可以避免中国与俄罗斯在中亚形成战略博弈态势。这意味着，中国更加认同通过与中亚各国的能源合作，将能源合作视为双方经济合作的有机组成部分，使双方能源合作的战略水平始终维持在与中俄经贸合作和战略协作水平相协调的合适水平上，并能使中国和俄罗斯在全球更大范围的国际能源市场上获得有更有利的话语权，提升两国在全球能源格局中的地位乃至对油气的国际定价权。这对中国而言，能够产生多层次利好因素。在国际能源市场上，中俄两国在中亚的能源合作很可

---

① А. САЛИЦКИЙ，Н. СЕМЕНОВА：ЦЕНТРАЛЬНАЯ АЗИЯ：ПОЛИТИКО-ЭНЕРГЕТИЧЕСКАЯ ПРОБЛЕМАТИКА В ФОРМАТЕ РФ-КНР . Азия и Африка сегодня，2019，№ 2.

能能够有效化解本国在国际能源市场上单打独斗的困境，从而改善中国国际能源供应的大环境。

中俄在中亚能源合作领域存在的矛盾也是难以避免的现实问题，对此不必讳言。

首先，中国和俄罗斯的中亚能源政策兴趣点存在明显差异。俄罗斯对中亚能源更多是从控制和支配视角出发，即：通过能源合作，统合中亚能源参与全球市场，提高俄罗斯的全球能源地位，强化俄罗斯对中亚各国的全面影响，并使中亚能源成为俄罗斯能源市场的组成部分，排除其他国家对俄罗斯在中亚地区的任何利益威胁。中国对中亚能源的政策考虑，主要是从本国能源安全出发，通过加强与中亚各国能源合作，提升中国能源进口安全水平，为经济建设的长期发展战略服务。中国的中亚能源政策没有地缘政治考虑。但是，作为战略性资源，任何国家间能源合作往往都会引起利益相关方疑心，俄罗斯对中国与中亚能源合作不断取得新成果也感到不安，特别是中哈石油管道的顺利开通和“中国—中亚”天然气 A、B、C 多条管线不断建成投产，还是引起俄罗斯的担心，并做出某些回应。比如，俄罗斯曾经与土库曼斯坦签署新协议，增加了对土天然气收购量和价格，以此制约中土天然气合作。

其次，中俄两国在中亚地区的能源合作缺乏有效协调机制。中俄在中亚地区的合作，从机制上很少有涉及能源合作的相关制度安排。上海合作组织能源俱乐部提了多年，由于各方利益考虑不同，一直没有获得实质进展。中国在中亚地区的合作除了上海合作组织，多数合作通过双边框架完成，而上海合作组织的经济职能并未对能源合作领域发力，签署的相关贸易便利化协议，能源合作基本缺位，相关合作机制没有进入议事日程。

最后，俄罗斯对中国与中亚国家在能源领域的深度合作心存疑虑。俄罗斯长期视中亚地区为本国实现大国崛起的战略后院，不希望任何大国对中亚地区产生重大地缘政治影响力。中国作为当今世界发展最快的国家之一，综合国力不断上升，国际影响力也与日俱增。中国在能源领域与中亚国家建立起的日益紧密关系，的确在客观上增加了中国在中亚经济领域的地位，影响力也不断增强。俄罗斯认为中国的进入有可能使中亚国家对俄罗斯产生更多离心力，而这是俄罗斯最不愿意看到的前景。

四　中国与俄罗斯在中亚地区的能源合作能够找到最佳利益契合点，并通过中亚能源国际合作，拓展、夯实中俄战略协作伙伴关系的基础

当下，中国通过与中亚能源合作，取得巨大经济合作成就，深刻改变了中亚地区原有地缘政治和地缘经济格局。俄罗斯对中国—中亚能源合作的立场尽管比较复杂，但是有中俄战略协作伙伴关系的存在，有上海合作组织以及“一带一路”与欧亚经济联盟对接等相关合作机制，这一复杂问题所产生的消极影响就能够被限定在非常有限的范围。普京曾经指出，“对于能源问题，既要考虑能源生产国的利益，又要照顾消费国的利益”。很显然，普京的讲话照顾到了中亚和中国双方的实际需求。俄罗斯清楚，中国通过能源合作，在中亚发挥经济领域的优势，是对俄罗斯中亚投资不足的补充，可以极大缓解中亚对来自域外大国的投资需求，从而在战略上减轻来自欧美西方大国的战略压力。而且，在当前的中亚各国，精英阶层在政治、经济和文化领域，对俄罗斯的认同程度远远高于中国，中国仅仅通过经济合作关系暂时无法冲击到俄罗斯与中亚国家之间的全面战略性依存关系。

随着“页岩气革命”对现有国际能源体系的巨大冲击，以及国际金融危机对能源需求的遏制效果，国际能源价格近年来波动极大。近期，国际能源价格还受沙特等国打压，油气价格整体上呈现一路下滑趋势。俄罗斯的传统能源市场欧盟对俄天然气依赖程度也在降低，一些欧盟用户甚至要求俄罗斯降低天然气价格。因此，当前俄罗斯亟须通过加强与中国关系，接受中国—中亚能源合作，以保持俄罗斯在国际市场上优势地位，其中也包括增加俄罗斯自身对中国能源出口。当前，国际能源领域正在发生革命性深刻变化。从中亚来看，在当前能源格局中，中亚各国也有巨大的国际能源合作需求，能源生产国欲通过能源开发和出口换取经济持续增长，能源过境运输国则希望通过扩大过境运输，获得稳定的收入并提升本国地缘地位。而且，中亚各国在政治上渴望主权独立和经济自立，并不希望作为国民经济命脉的油气资源掌握在俄罗斯一家手中。加强包括中国在内的国际能源合作，符合各国利益。因此，可以预计，未来中国与中亚在能源领域的合作关系将变得更加密切，中国在中亚能源市场将扮演更加重要的角色。而俄罗斯也能够通过加强与中国在中亚能源领域的合作，在能源产业的长产业链上做好彼此分工与协调，确保中俄双方在合作中获得各自需要

的利益，并共同推动中亚地区的稳定、繁荣与发展。[①] 这对加强中俄战略协作伙伴关系，夯实两国战略信任基础，实现两国在上海合作组织、“一带一路”与欧亚经济联盟对接框架下的深度合作，都将产生积极影响，中俄双方在全球和地区事务中的合作空间和发言权也将得到有效提升。

第四节　中俄在南高加索地区的利益异同及战略运筹

南高加索三个国家阿塞拜疆、亚美尼亚和格鲁吉亚无论是从地缘位置、文化属性还是从他们在国际格局中扮演的角色看，都拥有独一无二的特点，发挥着重要作用。从地缘位置看，南高加索北连俄罗斯南部诸联邦主体，东邻里海与中亚相望，南接西亚地区，西与土耳其接壤并隔黑海与欧洲向邻，是连接亚欧大陆东西南北的交通要道。在文化属性上，格鲁吉亚主要信奉东正教，亚美尼亚信奉基督教（亚美尼亚使徒教会），阿塞拜疆则主要信奉伊斯兰教，他们的历史文化与语言也各有不同。在国际格局中，该地区长期都是大国竞争热点地区，世界大国通过与地区国家的政治、经济、安全和人文合作，对该地区施加影响力，从而撬动欧亚地区地缘政治板块向着有利于大国利益方向发展。俄罗斯在南高加索有外交战略综合利益，凭借地缘优势和传统影响力，俄罗斯对南高加索的影响力为其他大国难以企及，其合作模式更加丰富多元。中国在南高加索地区是后来者，加之地理阻隔因素，中国在该地区追求的外交利益与俄罗斯有巨大差别，中国更看重南高加索作为“一带一路”建设的关键通道和有利市场，视其为连接中国与欧洲市场的重要节点。因此，中国对南高加索地区国家的外交政策工具及模式相对简单。在中俄全面战略伙伴关系框架下，中国对南高加索地区的简单合作模式反而有利于中国在增加对南高加索三国的投资与合作时降低俄罗斯的战略防范，并为中俄在该地区的合作增加了积极因素。

一　俄罗斯在南高加索地区的四大战略利益

南高加索地区与俄罗斯的北高加索紧密相邻，历史上是俄罗斯与土耳

---

① А. САЛИЦКИЙ, Н. СЕМЕНОВА: ЦЕНТРАЛЬНАЯ АЗИЯ: ПОЛИТИКО-ЭНЕРГЕТИЧЕСКАЯПРОБЛЕМАТИКА В ФОРМАТЕ РФ-КНР. Азия и Африка сегодня, 2019, №2.

其、伊朗等地区大国反复争夺的区域，丰富的能源以及重要的地理位置使其在国际政治格局中占有极为重要地位。苏联解体后，俄罗斯失去对南高加索三国的主权统治地位，这给俄罗斯在地缘上带来的后果是与中东、西亚地区失去地理连接，土耳其、伊朗等国不再是其邻国，俄罗斯对上述地区的影响力显著下降，也为俄罗斯在该地区的利益带来诸多挑战。综合起来，俄罗斯在南高加索的战略利益由以下四方面构成。

第一，南高加索地区在地缘上邻近中东、西亚、南亚和东南欧，俄罗斯在传统上视南高加索地区为对这些地区施加影响力的重要节点，苏联解体后，南高加索三国独立，俄罗斯在地缘政治上对上述地区的影响力受到显著削弱，俄罗斯要实现大国复兴，需要重新获得掌控南高加索地区的外交手段，使其成为“势力范围”，从而部分恢复对中东、西亚、南亚以及东南欧地区的影响力。冷战结束后，以美国为代表的西方力量通过伊拉克战争、阿富汗战争和叙利亚战争，极大地改写了中东、西亚和中亚地缘政治力量格局，俄罗斯在这些地区的影响力遭到空前削弱，这也与南高加索三国的独立和外交政策走向有直接关系。尤其是格鲁吉亚和阿塞拜疆在外交上与俄罗斯渐行渐远，使俄罗斯在该地区发挥影响受到严重限制。受其影响，土耳其和伊朗等地区大国对俄关系也进行了新调整，俄罗斯在两国外交战略中更多的是充当平衡西方力量的杠杆角色，而不是主要参与者。因而，冷战后尤其是普京执政时期，加大对南高加索地区战略投入，进而提升俄罗斯在中东、西亚、南亚和东南欧地区的影响力，是俄罗斯的首要战略利益所在。①

第二，俄罗斯的北高加索地区，历来是俄罗斯国家主权安全薄弱地带，是俄罗斯少数民族和伊斯兰文化聚集地，分离主义、极端主义乃至恐怖主义思潮集中于此，建立安全隔离带，需要构建与南高加索国家特殊关系，也就是说，俄罗斯在南高加索地区的另一主要利益诉求在于安全领域，俄罗斯需要构建一条沿高加索西至黑海西岸，东至里海东岸的战略缓冲地带和安全隔离区，加固俄罗斯高加索地区的安全“防火墙”。② 苏联解体后，大高加索地区分裂为多个地缘政治板块和文化破碎地带，形成了本

① КАМАЛУДИН ГАДЖИЕВ：Южный Кавказ：геополитические этюды. Свободная мысль，2013，№6.

② Ibid..

地区十分复杂的安全格局，直接威胁俄罗斯南部安全。1994 年和 1999 年，俄罗斯两次发动车臣战争，旨在解决俄南部日益高涨的分离主义和恐怖主义思潮。该事件彰显出北高加索地区已经成为影响俄罗斯安全的极端重要因素，俄罗斯要加强对高加索地区的安全治理，需要在南高加索地区形成安全屏障，强化不同形式的与南高加索国家关系，从而实现安全战略目标。

第三，环里海地区拥有极其丰富的油气资源，在全球能源格局中具有突出战略地位，其开发状况与国际合作走向，事关俄罗斯在国际能源格局中发挥作用，因而，加强对里海沿岸至南高加索地区的油气开发和国际合作走向控制，提升俄罗斯在国际能源格局中的发言权，与俄罗斯国家利益高度关联。南高加索国家中的阿塞拜疆是里海沿岸能源最丰富的国家之一，油气蕴藏量丰富。通过构建跨里海海底油气管道或者水面运输体系，中亚地区的丰富能源也能通过阿塞拜疆港口上岸经格鲁吉亚和土耳其等通道运输到欧洲市场，这对改变欧洲能源供应格局将产生巨大影响。在俄罗斯全球能源战略中，对欧洲能源市场形成一定垄断性能够为俄罗斯全球战略地位提供持续的贡献，控制里海沿岸能源开发和运输走向，直接关系到俄罗斯在欧洲能源市场的地位，因而，南高加索地区国家的能源政策在俄罗斯国家利益中具有特殊重要的地位。①

第四，南高加索地区国家在经济结构与市场资源方面，与俄罗斯形成一定互补性，既是俄罗斯商品的可靠市场，又能为俄罗斯提供急需的劳动力及其他市场要素资源。由于历史和文化因素的影响，南高加索三国一直是俄罗斯能源终端产品和其他工业产品的传统市场，三国每年从俄罗斯进口大量成品石油天然气产品以及工业制造产品，三国向俄罗斯出口的产品包括各类原材料和农副产品等，双方形成市场互补。尤其在劳动力市场，南高加索三国每年向俄罗斯提供上百万劳动移民，是俄罗斯低端劳动力市场的主力军之一。亚美尼亚作为俄罗斯主导的欧亚经济联盟成员国，与俄罗斯的市场要素高度一致，大量亚美尼亚人在俄罗斯从事劳动移民工作。统合后苏联空间市场，推进与后苏联空间国家经济一体化，一直是俄罗斯外交战略的核心目标之一，南高加索作为南部市场，是俄罗斯经济发展利

---

① Черницына София Юрьевна：ГЕОПОЛИТИЧЕСКИЕ ОСОБЕННОСТИ КАСПИЙСКОГО РЕГИОНА．Социально-политические науки，2017，№ 4.

益的外部核心区域之一，是俄罗斯经济外交的优先方向。

俄罗斯在南高加索三国的上述利益是四位一体的，无论是地缘战略、安全、能源还是市场利益，都统一于俄罗斯整合后苏联空间，促进欧亚地区一体化，实现国家复兴这个国家总体战略目标。

二　俄罗斯在南高加索实现战略目标的方式

为实现在南高加索地区的战略利益，俄罗斯对本地区国家分别采取了不同外交策略，其政策工具及外交关系模式灵活多样，充分显示了俄罗斯作为外交大国的丰富手段。具体分析，俄罗斯与地区国家的外交关系模式大体可以分为三类：第一类，充当重大矛盾直接裁决者的“操控型”模式。对有明显离心倾向的国家采取内部领土分割，使其陷入主权分离政治状态，俄罗斯担当直接裁决者，进而制衡该国离俄倾向，主要指格鲁吉亚。第二类，充当重大矛盾调解者的“依赖型”模式。利用不同国家之间领土纠纷，充当冲突的关键调解者角色，使两国任何一方在安全上对俄产生严重依赖，进而强化俄罗斯对地区事务的主导权，主要指俄罗斯在调解阿塞拜疆与亚美尼亚纳卡冲突方面扮演的角色。第三类，直接参与地区国际关系格局的“塑造型”模式。塑造和整合多种形式的多边外交平台，实现俄罗斯战略意图。这一类比较复杂，下文详述。

南高加索三国的独立，是他们历史上千载难逢的机会，每一个国家都十分珍惜主权独立地位。因此，各国独立后为了谋求主权安全的长期性和国家发展道路的自主性，都或多或少与俄罗斯保持一定距离，引进外部大国对俄罗斯传统影响进行制衡。这与俄罗斯把南高加索定位为战略缓冲地带和势力范围的政策迎面相撞，格鲁吉亚是其中代表。2003 年格鲁吉亚发生“玫瑰革命”，以萨卡什维利为代表的亲西方力量上台后，其外交政策优先方向显著转向欧美，疏离俄罗斯成为格鲁吉亚精英层的主流意识形态。此后俄罗斯与格鲁吉亚关系严重恶化，直接导致了 2008 年 8 月爆发俄格战争。战争的一大后果是格鲁吉亚的南奥塞梯和阿布哈兹宣布独立，脱离格鲁吉亚实际主权管辖。南奥塞梯和阿布哈兹的独立只获得了国际社会极少国家承认，其中包括俄罗斯。格鲁吉亚从俄格战争后处于事实上的主权分离状态，南奥塞梯和阿布哈兹问题成为几乎不可解决的冲突，将长期困扰格鲁吉亚的内政和外交政策。格鲁吉亚曾经追求加入北约和欧盟，因为战争后的主权领土争端长期化，格鲁吉亚从机制上失去了这种可能性。而遏制格鲁吉亚加入北约和欧盟，正是俄罗斯在南高加索地区追求的战略目标之一。[①] 应该说，俄罗斯在这场重大冲突中始终是操控者，是解决问题的钥匙掌管者。

阿塞拜疆与亚美尼亚在纳卡地区的冲突历史比较悠久，早在阿塞拜疆和亚美尼亚加入苏联时期，纳卡问题已经埋下隐患，但是真正导致两国围绕纳卡领土主权产生严重冲突的时间点应该追溯到苏联解体前夕。当时的联盟中央为控制两大民族，在纳卡归宿问题上左右摇摆，激化了两大民族在领土问题上的巨大矛盾。1991 年苏联解体后，这一矛盾直接上升为两个独立国家之间的剧烈冲突——纳卡战争。1991—1994 年的纳卡战争，使得纳卡实际上被亚美尼亚控制，阿塞拜疆还失去了对一些不属于纳卡地区领土的控制权。从纳卡战争一开始，俄罗斯就扮演了冲突双方最重要的调解者，在某些阿塞拜疆学者看来，俄罗斯甚至直接帮助亚美尼亚从事了战争，其调解者身份有失公平，这是导致阿塞拜疆失去纳卡控制权的主要因素。有阿塞拜疆学者指出，俄罗斯在纳卡地区长期驻有一定数量军人，在事实上帮助了亚美尼亚对纳卡的控制。而在亚美尼亚学者看来，纳卡原住民以亚美尼亚族为主，纳卡的归宿应该由亚美尼亚族自己决定，纳卡地区的亚美尼亚人有权力通过民族自决决定自己的主权归宿。俄罗斯学者认为，纳卡冲突属于历史问题，任何民族之间的领土争端都不能通过武力解决，俄罗斯担当冲突双方的矛盾调解者，既是出于正义需要，也是维护地区安全与和平发展的需要。[②] 事实上，正是因为纳卡问题长期化，使得俄罗斯在这场冲突中发挥着调解矛盾的关键作用，冲突的任何一方如果离开俄罗斯支持，都将形成对己方不利的态势。俄罗斯扮演的冲突调解者关键角色，使阿塞拜疆和亚美尼亚形成对俄罗斯的安全“依赖”，是俄罗斯掌控两国外交战略优先方向的重要政策工具。

除了上述外交互动模式，俄罗斯在南高加索地区扮演重要角色还需要借助其主导的国际合作平台，即通过构建地区多边外交机制，主动“塑造”由俄罗斯掌控的地区国际格局，这就是俄罗斯与南高加索国家进行外交互动的所谓“塑造型”模式。独联体、集安组织、欧亚经济联盟和“大

---

① Сергей Маркедонов: Россия и постсоветские конфликты: стратегия или реагирование. Дружба народов, 2018, № 4.

② Ibid..

欧亚伙伴关系”等国际组织或机制是俄罗斯当前实施其南高加索外交战略的有效平台。阿塞拜疆和亚美尼亚一直是独联体成员国，格鲁吉亚1993年加入，2008年俄格战争后宣布退出。尽管独联体机制比较松散，越来越难以发挥成立初期所设想的政治、经济、军事和安全一体化作用，但是在政治上依然是成员国可以借以对话的平台。2008年国际金融危机之后，该组织在经济领域的合作有所起色，为成员国恢复经济发挥了一定积极作用。集体安全条约组织是俄罗斯在后苏联空间高度重视的安全一体化机制，1992年创立时，亚美尼亚是初创成员国，阿塞拜疆和格鲁吉亚于1993年加入，后于1999年退出。这意味着在南高加索地区，只有亚美尼亚是俄罗斯在集安组织中的长期盟友。这一安全格局准确反映了俄罗斯与三国在军事安全领域的关系。阿塞拜疆和格鲁吉亚极力发展与北约伙伴关系，俄罗斯重点发展与亚美尼亚军事合作，并在南奥塞梯、阿布哈兹以及纳卡问题上牵制阿塞拜疆和格鲁吉亚，促使两国在安全领域对俄罗斯形成较大依赖并与俄罗斯在该领域保持应有水平合作。① 在经济一体化领域，俄罗斯主要与亚美尼亚在欧亚经济联盟框架内进行合作，与阿塞拜疆和格鲁吉亚的经济合作则主要通过双边机制。

为控制里海沿岸丰富能源的开发和国际合作方向，俄罗斯密切关注并高度参与里海沿岸国家能源事务。里海峰会是俄罗斯掌控该领域合作走向的主要平台之一。通过主导该峰会机制，就里海开发和权属划分问题等设置议程，俄罗斯的主要立场得到彰显。俄罗斯对于里海沿岸能源开发与国际运输走向的主要战略考虑是支持里海沿岸国家的油气资源开发，但是这些开发不能排除俄罗斯参与，在一些重要领域俄罗斯必须享有独特利益。在能源国际运输走向上，不能与俄罗斯的国际能源合作方向形成战略性竞争。例如，跨里海天然气管道的修建议题，阿塞拜疆、土库曼斯坦和哈萨克斯坦均持支持立场，但是俄罗斯坚决反对该议题，其理由是跨里海天然气管道可能威胁里海生态安全。② 实际上，一旦跨里海天然气管道修建完成，土库曼斯坦和哈萨克斯坦丰富的天然气必然以最低成本通过阿塞拜

---

① Сергей Маркедонов: Россия и постсоветские конфликты: стратегия или реагирование. Дружба народов, 2018, № 4.

② Александра Качалова. ОБ ОСОБЕННОСТЯХ ПЕРЕГОВОРНОГО ПРОЦЕССА ПО КОНВЕНЦИИ О ПРАВОВОМ СТАТУСЕ КАСПИЙСКОГО МОРЯ. Международная жизнь, 2019, № 7.

疆、土耳其一路运输到欧洲，将对俄罗斯的欧洲天然气市场形成巨大竞争，从而威胁到俄罗斯在欧洲的能源利益。

综上所述，俄罗斯对南高加索地区的外交政策是立体和丰富多元的，无论是双边外交领域的“操控型”模式和“依赖型”模式，还是多边外交领域的“塑造型”模式，都使得俄罗斯的南高加索地区外交灵活多变，并获得对地区事务独一无二的巨大影响力，这是其他任何大国所难以比拟的。

三　中国在南高加索三国的利益诉求及合作

中国从党的十八大以来，提出了一系列外交新思想，在外交政策上有继承，也有创新发展。如外交思想上提出人类命运共同体、经济全球化等新概念，还进一步主张全球文明多样化，建立包容、互学互鉴、尊重多样文明的国际关系体系，强调合作共赢理念，把平等协商和互利互惠作为国与国发展经济关系的基本原则。在安全领域提出合作安全、共同安全和综合安全新主张等。在外交政策上秉持亲、诚、惠、荣理念，提出“一带一路”倡议，努力推动国际“五通”合作，共建全球利益共同体和命运共同体。尤其是“一带一路”倡议的提出，与大国外交、周边外交以及发展中国家外交战略思想形成了新的互动与融合，是中国传统外交战略的一次新突破、新尝试，也使中国外交格局发生了新变化，外交更加积极有为。

南高加索三国的地理位置、市场要素资源与中国“一带一路”倡议重点合作的理念、方向和内容完全契合。因此，党的十八大之后，中国外交重视发展与南高加索三国在“一带一路”框架内的全面合作，始终把与三国之间的战略对接合作作为外交工作重点，中国与三国之间在经贸、基础设施、金融、能源、通信、农业、旅游等领域的合作不断上台阶，为地区繁荣与稳定做出了显著贡献，收获了一大批早期成果。中国在南高加索地区的利益主要包括：第一，视南高加索地区为重要的连接欧亚地区市场的枢纽，把三国作为“一带一路”沿线重要合作对象，通过与三国在“一带一路”框架内合作，发挥“一带一路”连接和配置亚欧大陆市场资源的作用。第二，通过产能、交通基础设施、能源、金融等领域的合作，中国与南高加索地区各国形成利益共同体，使之与中国全球外交理念相一致，作为中国整体外交战略的有机组成部分。第三，与中国在全球最大的全面战略伙伴关系国俄罗斯在本地区进行外交互动与协作，共同抗击域外大国或恐怖主义、极端势力在本地区进行渗透，维护地区稳定与安全。

早在2005年，中国就与阿塞拜疆签署了包括政府间经贸合作的数十个合作协议，两国决定在经济技术、征税、文化、青年、体育、旅游、通信等多个领域进行合作。还建立了诸如政府间合作委员会之类的一系列合作机制。2013年，随着中国“一带一路”倡议的提出，中阿合作进入新阶段，经贸、能源、交通、制造、高科技、人文和旅游合作等呈快速增长态势。近年来，两国领导人在各种不同国际场合见面。2015年、2018年，阿利耶夫总统两次访问中国与习近平主席实现会晤，两国政治、经济和文化关系进一步密切。从2013年起，北京与巴库之间开通了定期航班，人流、物流和货运交通更为方便。在货运渠上，两国至少已经打通了三条经铁路和陆海联运的通道，极大便利了两国经贸往来。2018年，中阿经贸额达13亿美元。2019年，中国是阿塞拜疆第四大贸易伙伴国，第三大进口来源地，一大批中国企业在阿塞拜疆注册投资经营。

中国与格鲁吉亚的经济合作关系发展也非常顺利。2008年、2013年两国政府间两次签署《经济技术合作协定》。中国提出“一带一路”倡议后，格鲁吉亚积极表态给予支持。2015年，中国与格鲁吉亚政府签署关于共建“一带一路”的合作备忘录，此后两国战略对接合作进展迅速。2017年，在积累了经贸合作的丰硕成果基础上，两国签署了共建自由贸易区的协定，这在南高加索地区是第一家。据格国家统计局数据，2019年中格双边贸易额为10.86亿美元，同比增长5.2%。格对华出口2.27亿美元，同比增长14.9%；自华进口8.59亿美元，同比增长2.9%。根据该数据，中国是格鲁吉亚第三大贸易伙伴，中格双边贸易额占格对外贸易总额的8.5%。中国是格第三大进口来源国，格自华进口占其全部进口额的9.5%；中国是格第六大出口市场，格对华出口占其全部出口额的6.0%。[①]

亚美尼亚在南高加索地区是经济体量相对较小的国家，由于与阿塞拜疆、土耳其处于长期敌对关系，阿土两国交通封锁给中国—亚美尼亚合作带来了一些困难。即便如此，中国一贯重视发展与亚美尼亚关系，两国无论从政治、经济、安全还是人文合作方面看，都建立起了紧密合作关系。

---

① 《2019年中格双边贸易额为10.86亿美元》，2020年4月2日，商务部网站，http://ge.mofcom.gov.cn/article/jmxw/202004/20200402951439.shtml，访问日期：2020年4月30日。

2013年中国领导人提出“一带一路”倡议后，亚美尼亚官方积极响应，支持中国这一倡议。2015年，亚美尼亚总统萨尔基相访华，与习近平主席进行了会晤，两国签署了《关于进一步发展和深化友好合作关系的联合声明》，声明强调“共同建设‘丝绸之路经济带’的倡议为两国开展全方位合作提供了新的历史机遇。双方将积极落实已签署的相关协议，共同推动丝绸之路经济带建设”[①]。两国在“一带一路”框架内实施的火电、通信、基础设施、矿业和农业领域的项目，都取得了较好成效。从2014年起，无论从进口还是出口角度看，中国稳居亚美尼亚经贸合作伙伴前三位置。2018年，中国与亚美尼亚经贸额达7.71亿美元，比上年增长29.3%，发展势头良好。

尽管中国与南高加索三国在“一带一路”框架内经贸合作的规模和体量还不突出，但是鉴于三个国家都地处“一带一路”沿线重要节点，是亚欧大陆市场的有机组成部分，也对华十分友好，发展更加紧密经贸合作关系，从而带动中国与各国在政治、安全和人文等领域的合作，以最小投入打造高效合作机制，收获合作成果，产生示范效应，对于中国在更广大区域内顺利实施“一带一路”项目，具有典范作用。这是中国在南高加索地区的主要战略考量。

此外，中国与南高加索国家实施共建“一带一路”项目，对三国进行较大规模投资，也符合俄罗斯在该地区的外交战略利益。国际金融危机爆发以来，俄罗斯经济陷入长期低迷状态，对境外投资的力度和趋势显著趋缓。在俄罗斯南部的重要战略地带南高加索三国，美西方的巨大经济投入所产生的对俄离心倾向严重威胁着俄罗斯的核心利益。中国与俄罗斯是全面战略协作伙伴关系，中国在南高加索地区通过“一带一路”项目对三国进行投资，有利于分散各国对美欧投资需求，进而降低其对美欧政治和经济依赖，能够有效缓解俄罗斯的战略投入需求压力。因此，中俄倡导的“一带一路”与上海合作组织（阿塞拜疆和亚美尼亚是对话伙伴国）对接合作，以及“一带一路”与欧亚经济联盟的战略对接，包括这些机制在亚美尼亚实施的相关项目，既符合南高加索地区国家利益，也符合中俄两国

---

① 《中华人民共和国和亚美尼亚共和国关于进一步发展和深化友好合作关系的联合声明（全文）》，2015年3月25日，外交部网站，https://www.mfa.gov.cn/web/gjhdq_676201/gj_676203/yz_676205/1206_677028/1207_677040/201503/t20150325_8003146.shtml。

在本地区的战略利益，未来中俄两国在该地区的战略互动，主要集中在这几大机制之间的对接合作领域。

第五节　中俄与中亚及南高加索国家关系辨析

国家间相互关系的定位与构建取决于不同国家对彼此关系的认知与定位。中俄两国在中亚及南高加索地区国家构建与地区国家关系，既取决于中俄两国对地区国家政治经济关系的认知，也取决于地区国家对中俄两国不同的认知与考虑，这是一个互构过程。中俄两个全球性大国，是联合国安理会常任理事国，在国际和地区事务中影响力自然要显著高于中亚五国和南高加索三国。但是，这不必然意味着中俄两国在地区具有等同影响力，其相互关系错综复杂，这也是国际政治领域的基本状态。

一　中俄对中亚和南高加索的战略认知差异与影响力

从俄罗斯视角看，中亚五国与高加索三国在地缘政治和地缘经济领域对俄罗斯的价值是基本等同的。高加索三国都是后苏联空间国家，是俄罗斯在安全领域的缓冲地带，是俄罗斯借以依托实现国家复兴必须要整合的政治和经济空间。因而，在俄罗斯的全球视野中，中亚和南高加索是俄罗斯传统势力范围，在某些敏感领域如安全领域，不容域外大国深度介入。例如北约东扩，作为后苏联空间的中亚和南高加索被俄罗斯视为禁区。2008 年俄格战争的背后，实际上有欧美西方背后对格鲁吉亚的支持。格鲁吉亚在萨卡什维利执政时期外交上向西方倾斜，甚至追求加入北约的外交目标，最终在复杂局势演变下付出了与俄罗斯进行战争并失去阿布哈兹和南奥塞梯的惨重代价。

俄罗斯不仅在安全上视这两大地区为缓冲地带和屏障，而且在经济上也有现实利益考虑，即这些后苏联国家既是俄罗斯的产品、技术市场，也是俄罗斯的劳动力来源。俄罗斯重新崛起，必须依托后苏联空间国家市场，促进与这些地区国家经济一体化，提振俄罗斯在全球市场竞争力和话语权，这被俄罗斯视为成为世界级强国的必然路径。这一认知，是俄罗斯制定对中亚和南高加索地区外交战略的根本出发点。

从中国视角看，无论是中亚还是南高加索地区国家，中国一律按照本国一贯外交原则对待他们，视这些国家为国际社会的平等一员。如果说有不同，这体现在中亚五国是中国邻国或近邻，在中国“大国是关键，周边是首要，发展中国家是基础”这一外交思想指导下，中亚国家在中国外交政策中的地位略高于南高加索三国，这一点毋庸讳言。所谓外交地位略高，也是基于外交成本考虑。从地缘经济角度看，中亚国家与中国比邻，无论是交通运输成本，还是人文交流难易度都更具有便利性，中国与这些国家的合作广度和深度更容易持续提高。但是，如果把这些国家放在中国更广阔的外交视野中看，则并无原则性差异，实现与“一带一路”倡议战略对接合作，共建人类命运共同体，中国离不开与包括南高加索地区在内所有友好国家的合作。因此，无论是中亚五国，还是南高加索三国，都是中国在政治、安全、经济和人文领域的平等合作伙伴。

也正因为中俄在中亚和南高加索地区具有不同的历史关系、差别明显的利益认知，以及相应的外交战略、外交政策以及平台构建差异，中俄在这两大区域的影响力也存在很大不同。俄罗斯作为苏联遗产的主要继承者，对后苏联空间国家在政治、经济、安全和文化方面的影响力具备其他大国难以竞争的实力，而且在可以预见的时期，这一格局也难以改变。中国作为后来者，对中亚和南高加索国家的影响力主要体现在经济合作领域，这与中国改革开放四十年积累的优势资源有直接关系。中国充分利用国内国际两个市场、两种资源的对外经济合作原则，秉持平等协商和互惠互利合作理念，经过多年经贸投资合作，已经和中亚以及南高加索国家建立了良好的全方位合作关系，成为多个国家的重要贸易和投资伙伴。在某些方面，或者从长远看，中国对中亚国家的经济影响力有超越俄罗斯影响的潜力，在南高加索地区由于地缘因素，中国经济影响力总体呈上升态势，但是很难超越俄罗斯。中国也无意超越任何国家，市场原则是中国在国际合作中坚持的基本原则。

中俄两国的这种利益差异和外交追求目标，使两国在中亚和南高加索地区产生了显著利益交叉点，形成一种利益互补。尤其是 2001 年阿富汗战争后，美国军事力量进入中亚，在军事安全领域和政治领域对俄罗斯施加了巨大压力，俄罗斯意识到依靠一家力量很难制衡美国在中亚和南高加索地区的军事和政治影响力。经历过格鲁吉亚 2003 年“玫瑰革命”、2005 年吉尔吉斯斯坦“天鹅绒革命”、2006 年乌兹别克斯坦“安集延事件”、2008 年俄格战争和 2011 年哈萨克斯坦“扎瑙津事件”等一系列事关地区安全和稳定的重大事件，俄罗斯对美欧操控中亚地区政治与安全能力开始保持高度警惕。与此同时，随着西方在中国西部边疆地区策动“三股势力”扰动地区稳定局面，中国对西部安全也产生严重忧虑，中俄决定加强在大中亚地区包括南高加索的战略协同，借助上海合作组织平台对西方势力在该地区的渗透进行战略对冲。典型案例是在俄中协调下，吉尔吉斯斯坦最终做出决定，终结与美国在军事基地方面的合作。[①]

在经济合作领域，中俄还在上合组织、“一带一路”与俄罗斯主导的欧亚经济联盟、大欧亚伙伴关系等平台进行深入对话和战略对接，这些机制基本涵盖了中亚和南高加索国家，使中俄两国在两大地区的经济合作成效显著提升，促进了地区经济稳定和可持续发展。

二　中亚与南高加索国家视野下的俄罗斯和中国及其外交运作

从中亚和南高加索地区国家的视角来看俄罗斯和中国，显然具有完全不同的认知和立场。而且从这些国家内部看，也分为几种立场，主要体现在对俄罗斯的认知方面，态度不同，立场有异，有时差异巨大。而对中国，因为以经济合作为主，少有涉及政治和安全领域，这些国家反而对中国立场比较一致。

总体而言，中亚和南高加索国家视俄罗斯为欧亚地区重要大国，甚至是最具国际影响力的大国。这种影响是综合的，既包括政治影响力，也包括安全、经济和文化影响力，是硬实力和软实力均充分发挥作用的综合影响。

中亚和南高加索国家获得主权独立，是他们历史上的重大事件，所有国家都十分珍惜来之不易的主权独立地位，对任何国家对其主权独立的潜在威胁都保持高度警惕。俄罗斯作为后苏联空间最大国家，苏联政治遗产的主要继承者，从独立起就一直在努力实现后苏联空间的再一体化，包括独联体、集安组织的成立，都是这种努力的结果。普京执政之后，俄罗斯对中亚和南高加索的一体化努力得以强化。近年来，以欧亚经济联盟为代表的高度经济一体化机制日趋成熟，一些成员国在很大程度上不得不让渡部分经济主权，这在某些成员国看来，挑战并损害了他们的独立利益。

为了应对俄罗斯在中亚和南高加索地区国家影响力增长可能带来的利

① К. КУЗЬМИНА：РОССИЯ И КИТАЙ：СОТРУДНИЧЕСТВО В НОВУЮ ЭПОХУ. Азия и Африка сегодня，2019，№11.

益损害，中亚和南高加索各国基本都执行大国平衡外交战略，即参加与俄罗斯政治、经济、安全一体化机制的同时，引入地区外大国如欧美、日本和中国等来平衡俄罗斯影响力，包括与西方发展安全和经济合作关系。在安全领域，普遍加入北约“和平伙伴关系”计划，增强与西方军事安全合作。在经济领域，普遍加入全球和地区合作机制，甚至创建吸纳区域内外特定国家的国际合作机制。如哈萨克斯坦创建的亚信会议机制、中亚高峰论坛等。中亚和南高加索国家还利用独特地理位置或者丰富资源发展与俄罗斯之外的国家合作。如哈萨克斯坦、土库曼斯坦、乌兹别克斯坦与中国、欧洲的能源合作关系，阿塞拜疆与土耳其、东南欧的石油天然气合作关系。通过发展这些战略关系，使本国深度参与国际分工，提升本国国际影响力并促进经济发展，从而在主权安全方面获得更多保障。

中亚和南高加索国家对待中国则持相对简单立场，主要视中国为经济合作对象，通过与中国发展紧密的经贸合作关系，促进本国资源充分利用和发掘，推动国民经济快速发展。此外，中国作为联合国安理会常任理事国，在联合国、WTO 等多边机制中也能发挥独特作用，因此，这些国家在政治领域也愿意和中国发展正常国家关系。中国在经济合作中很少提出任何附加条件，更不会提出政治要求，这是中亚和南高加索国家对中国普遍认同的方面。中亚五国中有四个国家是上合组织创始成员国，南高加索三国中有两个国家已经成为对话伙伴国，显示出这些国家在政治、安全、经济和人文合作领域对中国的普遍信任与合作意愿。习近平主席 2013 年 9 月在哈萨克斯坦首倡丝绸之路经济带，立即得到哈萨克斯坦最高领导人的支持，塔吉克斯坦还是全球第一个与中国签署共建丝绸之路经济带合作协议的国家。

中亚和南高加索国家在与中国和俄罗斯进行合作，可以借助的机制和平台是丰富多元、呈网格化特点的。合作既包含双边，也包括多边，既有共同平台，也有各自参与的不同平台。从整体看，中亚五国和南高加索三国都愿意发展与中国、俄罗斯的正常国家关系，希望通过与亚欧大陆这两个大国的综合合作获得安全保证、经济发展和文化繁荣。

能够把中亚各国以及南高加索地区国家整合在中俄合作框架内的多边平台，主要有上海合作组织框架内的全方位合作，以及“一带一路”与欧亚经济联盟及大欧亚伙伴关系之间的战略对接合作。在这几大合作机制中，中俄发挥着引领作用。中俄通过战略合作，推动各成员国在这些机制中进行不同层面、不同领域的合作，既能维护地区稳定，又能为参与国家带来实实在在的安全、稳定和可持续繁荣。

中亚成员国（也包括对话伙伴国阿塞拜疆和亚美尼亚）对待上海合作组织的立场是积极和一贯的，这与上海合作组织的创立宗旨密切相关，“上海精神”彰显的互信、互利、平等、协商、尊重多样文明，谋求共同发展，高度符合这些国家对国家尊严、主权安全和经济社会发展的根本诉求。这些后苏联空间新独立国家都是小国，对于获得主权独立、民族尊严和经济繁荣十分渴求，在国际政治领域对大国霸权主义和不平等政治经济秩序十分敏感，上海合作组织所秉持的合作理念符合他们的利益诉求。因而，他们愿意积极支持上海合作组织，与中俄在组织框架内进行多边合作。

中亚与南高加索国家对“一带一路”与欧亚经济联盟、大欧亚伙伴关系的战略对接合作也持积极立场。无论是与中国在“一带一路”框架内的双边合作，还是与俄罗斯在欧亚经济联盟以及大欧亚伙伴关系框架内的多边合作，这些合作机制主要集中于经济合作领域，都从不同层面为中亚和南高加索国家带来不同的经济合作利益，也使得他们在外交上获得最佳平衡——中俄两国都愿意进行战略合作的领域，对中亚和南高加索国家而言，参与的可能性更高，阻力更小，也有助于他们获得更多选择。

综上，中俄作为具有全球影响力的两个大国，其构建的全方位战略合作伙伴关系为欧亚地区构建起了相对健康的区域国际关系格局，两个大国是保证地区稳定与发展的主要力量。中亚五国和南高加索三国与中俄的战略合作，无论是依托双边还是多边框架，都能够给本国带来更加平衡和务实的合作利益。在不同领域，尽管各国与中俄两国合作的广度和深度不同，对与两国合作的利益认知也存在明显差异，但是这不妨碍他们积极运筹与这两个大国的战略伙伴关系。可以预计的是，保持与中俄两国积极而正常的外交关系，推动与中俄两国在双边政治、经济、安全和人文等领域的合作，积极参与中俄在上海合作组织、“一带一路”、欧亚经济联盟以及大欧亚伙伴关系等多边机制框架内的战略协作，将是各国外交长期坚持的优先方向。

本章执笔：杨　进

第十一章　新亚欧大陆桥：互联互通的战略价值

第一节　新亚欧大陆桥的构建

一　新亚欧大陆桥建设的历史背景

新亚欧大陆桥是以铁路干线为主要运送方式，横跨亚欧两大洲的陆路桥建设项目。对于“新”一词的附加是相对于“西伯利亚大陆桥”（也就是俄罗斯建设的从俄罗斯联邦远东地区沿海城市符拉迪沃斯托克出发，穿越西伯利亚大铁路，经莫斯科通往欧洲主要国家的铁路项目建设）而言提出的，又可以称为“第二亚欧大陆桥”。新亚欧大陆桥于1990年经我国陇海铁路、兰新铁路与哈萨克斯坦德鲁日巴站铁路接轨伊始，1992年12月1日“东方1000”国际专列从中国连云港出发至新疆阿拉山口口岸出境，最终到达欧洲发达国家，开启了新亚欧大陆桥运输的序幕。[①] 1993年，我国政府决定沿线全线开发开放。[②] 1994年，在时任总理李鹏倡议下，中、俄与中亚五国铁路（运输）部部长在北京召开会议，通过了“开发利用经友谊关—阿拉山口边境通道的国际铁路干线计划”。1995年5月7—9日，由中国国家科委、国家纪委、外经贸部会同联合国开发署、欧盟委员会等单位共同举办的“96北京新亚欧大陆桥区域经济发展”国际研讨会在北京召开。[③] 30多个国家和地区的460位代表参加此次会议，着重探讨了加

---

① 仲其庄：《新亚欧大陆桥开通运营20年沿桥区域经济发展变化分析研究》，《大陆桥视野》2013年第6期。

② 仲其庄：《新亚欧大陆桥开通运营20年沿桥区域经济发展变化分析研究》，《大陆桥视野》2013年第6期。

③ 张建伟：《新亚欧大陆桥运营管理及发展的研究》，《经济研究》2014年第6期。

强新亚欧大陆桥区域经济合作、推进欧亚区域可持续发展等问题，成立了中国新亚欧大陆桥发展促进会、欧中商务中心、世纪桥基金会等，有力推进了新亚欧大陆桥的建设与发展。经过20年的建设和投入，到2011年开始中欧班列投入使用，新亚欧大陆桥进入了全新、快速发展道路，实现了质的飞跃，开始凸显其作用。因此，从严格意义上说，新欧亚大陆桥是依托亚欧班列而有了显著的发展。[①] 至今，新欧亚大陆桥终点已延伸至欧洲荷兰的鹿特丹、比利时的安特卫普等大西洋东岸港口和内陆港口杜伊斯堡等城市，总长度为10870公里。新亚欧大陆桥连接着中国、哈萨克斯坦、俄罗斯、白俄罗斯、捷克、德国、比利时等国家的铁路。新亚欧大陆桥的建设为我国向西开放及通过陆路交通走向中亚、俄罗斯乃至欧洲开辟了新的通道，为之后新亚欧大陆桥经济走廊的发展和丝绸之路经济带建设打下了基础。

新亚欧大陆桥在国内段，起点为我国黄海之滨连云港，至阿拉山口口岸段出境。途经包括中国东部、中部和西部11个省区，即江苏、安徽、河南、陕西、甘肃、新疆，辐射地区有山西、宁夏、青海、湖北、四川、内蒙古等地区，境内全长为4131公里，占国土面积的37%。在国内段，新亚欧大陆桥打通了中国东南沿海地区和中西部边疆地区交通通道，加强了各省区之间的衔接沟通，对区域协调发展和对外开放起着至关重要的决定性作用。

到2011年，为着眼解决新亚欧大陆桥运输内容单调，尤其是只靠原材料运输为内容的货物运输方式，开通了连接欧洲各大港口城市和我国生产支点城市之间的线路，专设了中欧班列。中欧班列自2011年7月开通重庆—杜伊斯堡干线第一线（渝新欧国际铁路），直到2019年开通郑州、武汉、长沙、义乌等多个中西部城市与欧洲城市之间的多条干线（见表11－1）。其中，经阿拉山口口岸和霍尔果斯口岸到中亚、俄罗斯和欧洲的班列有14条路线。具体如下：

2013年9月，习近平主席在哈萨克斯坦纳扎尔巴耶夫大学提出“一带一路”倡议以来，依托新亚欧大陆桥、中欧班列，丝绸之路经济带沿线国家加快了贸易往来，新亚欧大陆桥铁路运输量不断提升。为加快中欧班列

① 邢广程主编，吕文利执行主编：《边疆蓝皮书：中国边疆发展报告（2019）》，社会科学文献出版社2019年版，第355页。

通关速度，阿拉山口和霍尔果斯口岸将列车技术检查和交接班时间由以前的40分钟压缩至20分钟；提高了票据作业流程效率，口岸通关时间由原来的12小时缩短至6小时以内；集装箱班列换装时间控制在6小时以内，整列班列换装时间控制在30小时以内，全力确保中欧班列快速通关。① 这说明中欧班列经过9年时间的运行，提质增效明显。

表11－1　　中欧班列经阿拉山口口岸到欧洲各大枢纽城市班列

班列	开通时间	长度（千米）	时长（天）/口岸
重庆—杜伊斯堡	2011年3月	11000	15/阿拉山口
郑州—汉堡	2013年7月	10245	15/阿拉山口
武汉—捷克、波兰	2012年10月	10700	15/阿拉山口
长沙—杜伊斯堡	2012年10月	11808	18/阿拉山口
义务—马德里	2014年11月	13052	21/阿拉山口
兰州—汉堡	2015年8月	8027	15/阿拉山口
唐山—比利时	2018年4月	11000	16/阿拉山口
成都—维也纳	2018年4月	9800	15/阿拉山口
武汉—汉堡	2018年3月	12000	18/阿拉山口
郑州—比利时	2018年10月	11000	16/阿拉山口
连云港—伊斯坦布尔	2018年11月	—	—/阿拉山口
义乌—列日	2019年10月	11000	17/阿拉山口

资料来源：笔者参考中欧班列运输网资料自制。②

据国家发展与改革委员会政策研究室副主任介绍，至2020年1月底已经开行了中欧班列将近21000列。③ 同时，也带动了西、中、东三条通道运行线，开通了国内五大口岸。当前，新亚欧大陆桥除吸引沿线国家之

① 《阿拉山口海关监管进出境中欧班列突破1万列》，2019年9月24日，中新网，http：//www.chinanews.com/cj/2019/09－24/8964484.shtml，访问日期：2020年5月20日。

② 《中欧班列运行线地图_ 铁路货运物流公司》，中欧班列运输网，http：//cn.cetrains.com/post/jianjie-page.html，访问日期：2020年5月20日。

③ 《发改委：截至10月底　中欧班列累计开行数量已近2万列》，2019年11月5日，中新网，http：//www.chinanews.com/cj/2019/11－15/9008172.shtml，访问日期：2020年5月20日。

外，还吸引了韩国、日本以及东南亚的国家和地区。

二　新“旧”亚欧大陆桥之关系

新亚欧大陆桥是世界上第三大陆路大陆桥，即横跨美国东西部大陆桥和俄罗斯远东西伯利亚大陆桥之后的第三大跨洲大陆桥。新亚欧大陆桥与俄罗斯第一座亚欧大陆桥有着竞争和相互补充的关系。两大大陆桥同样连接着亚欧大陆两端海洋和经济、产业发达地区，都以经济收益和产品运输为最终目的，分别为中国和俄罗斯两个大国服务。尽管如此，随着中俄两国关系不断巩固和向好的方向发展，两国关系成为大国关系的典范，在诸多领域进行的深度合作，为两国各项事业在多层次、多领域的合作带来了良机。

首先，第一大亚欧大陆桥与新亚欧大陆桥可以很好地相互补充。尽管两大大陆桥都以亚洲东部为起点，但出发城市及其辐射地区、城市的产业和托运对象各异。第一大陆桥原来主要运输日韩和东南亚地区的货物和商品，更多是为俄罗斯自身远东地区能源和原材料运输服务。而新亚欧大陆桥主要将我国沿海地区乃至亚太地区日本、韩国和东南亚国家高科技产品、建材、小商品和机电等新型产品运往中亚、俄罗斯和欧洲国家。在回程运输中主要以欧洲国家、俄罗斯和中亚国家的汽车整车、汽车零件、机电、粮食、食品、酒类和冷冻食品为主。相对于第一大陆桥，新亚欧大陆桥在中欧班列开通至今，特别是“一带一路”倡议提出以来，除货物运送量占很大优势，尤其强化了对中亚国家和地区贸易和商品运输的同时，其在密切沿海地区、欧洲国家之间联系方面起着无可替代的作用。

其次，两大大陆桥也有竞争关系。相比于西伯利亚大陆桥，新亚欧大陆桥具有以下特点。一是新亚欧大陆桥路线的地理位置和气候条件比起西伯利亚大陆桥更优越。整个陆桥避开了像西伯利亚等高寒地区，能够保证港口无封冻期，吞吐量较大，可以一年四季作业。二是运输距离相较于第一大陆桥近1/4。经西伯利亚干线需要13000公里，而新亚欧大陆桥干线需要10300公里，新亚欧大陆桥比西伯利亚大陆桥缩短了陆上运距2700公里。同时，能够拓宽到中亚、西亚各国市场，增加商品交易量等优势更为突出。三是相较于海运，铁路运输带来了更便捷、更廉价的运输成本。例如：如果重庆一家出口商把货物从内陆工厂运到上海港需要5天的行程，再从上海、深圳等港口运往欧洲需要5周左右的时间，也就是35天时间。在时间上具有劣势的同时，随着送往港口运输量的增加，交通堵塞变得越来越严重，导致货物无法在规定的时间内运至港口城市。此外，海运货物保税特殊规定和商品规模等因素导致货物运送价格增长。而一台取款机或者几十台笔记本电脑等小型货物都可以利用火车集装箱运输，且能保证及时、快速运往目的地。因此，铁路干线运送在保证只需 15 天左右时间的同时，比航运等运输方式便宜 30%—40%，运行安全性高，又环保、快捷。四是新亚欧大陆桥辐射面广，通过铁路沿线城市等优势，能够辐射亚欧大陆 30 多个国家和地区，总面积能达到 5000 多万平方公里。五是在运输内陆及沿海地区产品的同时，也能吸引东南亚地区各国，利用廉价的运输成本开展商品集装运输。

两大大陆桥存在竞争和相互补充的关系，而它们的发展都能为沿桥国家和地区经济贸易的发展和交流创造更便捷的运输大通道，为推动陆桥经济走廊的快速发展，强化东亚地区与欧洲国家的经贸合作，促使亚欧经济的发展与繁荣，进而为俄罗斯和中国等大国经济的发展创造更好的条件。

目前新亚欧大陆桥仅仅还处于起步阶段，从长远发展来看，随着我国人工智能、高铁、磁悬浮列车等现代技术的发展为运输带来的高速化、现代化变革，必将对以铁路为主的交通运输方式产生无可估量的推动作用。从国内层面上来讲，新亚欧大陆桥可使沿桥（铁路）东部、中部、西部都实现双向开放，能促使开放大市场的形成及产业结构的调整，能让资金、技术与资源更为有效地结合，有利于区域经济快速、高质量发展。

三　新亚欧大陆桥突出的现代功能性

作为丝绸之路经济带主要载体的新亚欧大陆桥、中蒙俄、中国—中亚—西亚、中国—中南半岛、中巴、孟中印缅六大经济走廊建设，都将依托一定的交通运输干线。其中，横跨两大洲和途径多个国家和地区的新亚欧大陆桥在国内段乃至亚欧地区国家都有很广的辐射地区和影响范围。自中欧班列开始运行到“一带一路”倡议提出以来，作为六大经济走廊之一的新亚欧大陆桥展现了其新功能、新意义和全新的价值。

首先，新亚欧大陆桥为国内各大经济圈连接欧洲、中亚等地提供服务。从 2011 年 3 月“渝新欧”首趟班列从重庆开行之后，郑州、武汉、南昌、成都、苏州等 16 个城市分别依靠各省区和地区区域优势、产业基础和铁路运输等条件，陆续加入了中欧班列行列，开通了通往欧洲几大港口城市和贸易中心的班列，带动了其经济和对外贸易发展。

其次，新亚欧大陆桥经济走廊与中国—中亚—西亚经济走廊和中巴经济走廊在新疆地区实现“三廊结合”，有力推动了新疆核心区建设，凸显了乌鲁木齐、阿拉山口、霍尔果斯、喀什等城市向外开放作用和支点功能；拉动了西北地区跨境经济合作和自由贸易，为西部大开发、脱贫攻坚和建设小康社会带来积极带动作用，实现了我国向西开放能力的提升。

最后，新亚欧大陆桥建设推动国内各省区间基础设施的互联互通和体制机制的整合与联动。2014 年 11 月，习近平主席主持召开加强互联互通伙伴关系对话会并发表重要讲话，指出今天我们要建设的互联互通，应该是基础设施、制度规章、人员交流三位一体。[①] 新大亚欧桥建设推进了国内段若干发达城市与沿线中西部城市的互联互通，带动不同等级规模的城市实现经济社会发展，实现了以点带面、从线到片的联动发展，大大提升了我国西部的国际物流能力。从沿线海外国家联系层面来看，优化和整合了沿线国家和地区的资源禀赋、优势产能等要素，激发了亚欧大陆桥新的经济活力和市场潜力，打造了纵横交汇的亚欧大产业、大物流格局；促使沿线国家协同发展、集聚发展和创新发展，推动全方位、立体化，实现政策沟通、设施联通、贸易畅通、资金融通、民心相通五大领域联通，惠及沿线国家和世界各国人民，缔造亚欧国家命运共同体。

第二节　新亚欧大陆桥对中国的战略意义

一　新亚欧大陆桥对带动中国沿线各省区经济的意义

尽管新亚欧大陆桥铁路干线跨越多个国家和地区，存在报关、出入境等繁多复杂手续，但我国与其周边和沿线国家都有着睦邻友好关系和成熟的外交联系。尤其是“一带一路”倡议提出以来，我国与相关国家之间的双边关系更上一层，政策沟通和衔接有了实质性进展，各国之间逐渐形成主流意识，为通道的畅通予以积极的支持。各国和地区将积极借助新亚欧大陆桥建设来发展自己的运输和国际贸易能力。相对于空运和海运，陆路交通通道以其运输成本廉价、预期运输时间较短等优势受到了广泛的欢迎，为我国向西开放和西部地区大开发奠定了非常坚实的基础，特别是为

① 习近平：《联通引领发展　伙伴聚焦合作》，《光明日报》2014 年 11 月 9 日。

构建西部地区各大省市打造核心战略支点提供了交通保障。

在国内段，新亚欧大陆桥分别经山东、江苏、河南、安徽、陕西、甘肃、山西、四川、宁夏、青海、新疆 11 个省、区和 89 个地、市、州，570 多个县，到新疆阿拉山口出国境，国内总长度为 4131 公里。[①] 11 个省份中参与到新亚欧大陆桥运输范畴和生产线的省市有山东日照、江苏连云港、河南郑州、重庆、陕西西安、甘肃兰州、青海西宁以及新疆乌鲁木齐、霍尔果斯和阿拉山口等。新亚欧大陆桥为上述省市拉动经济、发展其国际贸易和运输等方面发挥了非常关键的作用。

第一，我国政府以“一带一路”建设为主线，制订多项区域合作与发展规划，依托新亚欧大陆桥运输线激发了几大中心核心城市的作用，推动了我国东部地区经济发展。对于经济较发达的东中部来说，新亚欧大陆桥有着很深远的意义。虽然东部地区依托沿海优势，以海洋运输为主，围绕港口带动经济，形成了所有物流资源向东看的趋势。但随着新亚欧大陆桥的不断繁荣发展，免除了东中部只依靠海路运输的单面发展，以新亚欧铁路干线连接各大枢纽、大型货运中心形成网络，使各大城市群共同发展繁荣，带动区域经济增长，带动了中西部地区共同协同发展。

第二，以东部沿海城市和产业园为核心，带动了我国西部地区的发展和开发。尽管我国西部地区自然资源比较丰富，但产能和技术能力远不如沿海地区。新亚欧大陆桥经济走廊推动西部地区对外开放的同时也以“向东看”的方式，拉动了其经济能力提升，带动了西部地区城市不断提高有效利用自然资源的能力，改善了产业结构，提高了产品技术含量。

第三，推动支点城市和地区对外贸易。从沿线各大城市运送至欧洲、中亚的产品包括：从重庆出口电子产品、汽车配件、通信设备等；从成都运送 IT 产品、家电、工业品、服装鞋帽；从郑州运送的主要是衣物、窗帘等；武汉是电子产品、食品、纺织服装、医疗器械；西安主要有工业原料、建材、食品、轻工业产品；乌鲁木齐市是国际邮包、电子产品等。而从国外进口产品有：食品类、酒水类、肉类、汽车整车及零部件、家具用品、工程机械、农副产品等。上述产品的交易和运输促进了各支点城市经济发展，也促进了各地区产业的互相合作、互相补充，提高了我国各地产业多样化，避免了重复导致恶性竞争。

---

① 计明军等：《新亚欧大陆桥沿线物流园区发展规划研究》，《现代化物流》2019 年第 2 期。

第四，加强各支点城市间关系。以物流为主要引擎，不断加快积聚货量会使加工业、金融业、商贸业和物流业等产业资源流向新亚欧大陆桥沿线城市。在各大产业园区和枢纽地区营造贸易便利化等措施优化营商环境，打造交易中心、信息中心、结算中心等共享服务项目，有力推动了各支点城市之间的互动，带动其国际贸易和经济发展。

为了更好地理解参与新亚欧大陆桥建设的支点城市的作用和功能，可以举例介绍典型的两大支柱城市。第一座城市是重庆。重庆是新亚欧大陆桥中欧班列首站。为什么重庆能够成为国内段核心城市并能辐射到周边城市和地区呢？我国在加入世界贸易组织之前，2001 年就开始实行西部大开发政策，沿海地区带动中西部地区经济发展和改革发展。西部大开发的实行解决了中西部地区物流业发展缓慢、产业落后等状况。在此之前，物流发展缓慢，跟不上西部经济增长。西部地区主要还是依靠内陆水运形式将出口商品运送至港口城市。随着交通运输量的增长，交通堵塞和水运受限等问题越来越严重，替代方案河道受到限制，价格昂贵。货物保税要求和一系列相关不利因素，以及缺乏规模经济，增加了出口成本。运输成本上新亚欧大陆桥铁路干线提供了更具吸引力的价格和时间，从重庆到欧洲只需要 16 天，相对于海运耗费的 5 周时间更快，费用比空运低。除重庆—杜伊斯堡航线外，武汉、苏州和成都至东欧和从郑州到汉堡等城市都先后开通了中欧班列，并带动了中部城市的贸易和运输能力发展。

第二座城市是义乌。义乌是浙江小商品城，以生产小型商品著名。中欧班列从义乌运送的这些小商品，大都为家居用品、服装、布袋、箱包等。小商品相对大宗商品从数量和重量上都适于用铁路集装箱运输，新亚欧大陆桥中欧班列为其提供了便利的运输渠道。

二　新亚欧大陆桥对新疆核心区构建的战略意义和价值

新疆维吾尔自治区位于我国西北边疆地区，处在欧亚地区的心脏地带，直接与新亚欧大陆桥必经之道哈萨克斯坦等中亚国家毗邻，是我国向西开放的桥头堡。新疆与中国周边 8 个国家接壤，拥有 17 个一类口岸（其中包括 2 个航空口岸）。同时，新疆是新亚欧大陆桥南北通道的枢纽，我国向西开放的重要省区，也是中亚国家出海的必经之道，更是新丝绸之路经济带的核心区。除地缘优势之外，新疆拥有非常丰富的石油、天然气和有色金属等自然资源，可充分保障我国生产和经济发展。

2015年，党中央通过战略布局，结合“一带一路”建设，提出要充分发挥新疆区位优势，将新疆作为向西开放的重要大门，使新疆成为丝绸之路经济带建设当中的重要交通枢纽。六大经济走廊中，新亚欧大陆桥经济走廊和中巴经济走廊都与新疆有着直接的关系，都在发挥新疆地缘优势的同时也为新疆的交通运输和发展带来前所未有的影响。依托于新亚欧大陆桥的发展，新疆发展货物贸易的区位优势正在日益显现。依靠新亚欧大陆桥铁路运输，乌鲁木齐乃至新疆经济快速发展，完善了乌鲁木齐交通枢纽功能，同时加快了乌鲁木齐综合保税区、阿拉山口口岸综合保税区、喀什综合保税区、霍尔果斯经济特区中哈国际边境合作中心、乌鲁木齐出口加工区和奎屯保税物流中心建设。

新亚欧大陆桥建设对于新疆构建核心区有如下战略意义和价值。

（一）新亚欧大陆桥促进核心区建设

新亚欧大陆桥对于建设新疆核心区具有诸多方面的战略意义。为更好融入“一带一路”建设，充分发挥核心区优势和向西开放核心作用，2017年新疆印发《贯彻落实习近平总书记重要讲话精神加快推进丝绸之路经济带核心区建设的意见》制订核心区建设2018—2020年行动计划。[①] 该计划指出，新疆核心区将更好为新亚欧大陆桥服务，将拓展中欧班列运行，不断完善乌鲁木齐—中亚—俄罗斯—欧洲班列集结中心基础设施和配套水平，加快铁路口岸建设和信息平台建设，健全促进中欧班列合作发展的更多优惠政策体系，在财税、金融、土地、产业资金等方面予以积极扶持。推进共商共建共享体制机制，建立丝绸之路经济带铁路网中转枢纽中心，促进贸易、产业、基础设施、信息化水平全面提升，积极融入全球产业链、价值链、物流链。[②]

我们可以看到，通过两年多的建设，该项计划取得了重大进展，切实提升了新疆核心区建设当中的运输、基础设施、财税业务和口岸建设水平。核心区建设当中，通过新亚欧大陆桥，新疆与内地支点城市之间的交流更好更快了，省际贸易和物流业得到了长足发展。这为新疆经济社会发

① 《〈贯彻落实习近平总书记重要讲话精神加快推进丝绸之路经济带核心区建设的意见〉出台》，2017年11月8日，新疆维吾尔自治区人民政府网站，http://fao.xinjiang.gov.cn/xjwqb/ws-dt/201711/675cef3ef1184287bd877985d5869bad.shtml，访问日期：2020年5月20日。

② 翰林芝、何伦志：《发挥中欧班列作用推进丝绸之路经济带发展思路与建议》，《改革与开放》2018年第5期。

展、社会稳定和与周边国家贸易关系的提升带来了前所未有的变化。

新亚欧大陆桥拉近了新疆与欧洲国家的距离，使新疆成为亚欧大陆贸易当中的核心省区。核心区建设中，新疆加快了“一港、两区、五大中心”建设，有力推进了铁路物流服务能力，使全国上下物流资源集中到新疆核心区，在综合保税区和加工园区进行仓储、中转和对接等服务。实现了新疆核心区建设与铁路物流合作区域建设的铁路合作联盟，其中首府城市乌鲁木齐市（乌鲁木齐至莫斯科、柏林和伦敦等城市的距离均比内地城市近，沿海发达城市经满洲里和二连浩特连接西伯利亚大陆桥或通过海运到达欧洲城市的距离也均没有新疆乌鲁木齐经新亚欧大陆桥近）作为以铁路、陆港、高速公路为主的综合交通枢纽和货物集散中心发挥其作用。

（二）新亚欧大陆桥增强了核心区对外转口贸易功能

新疆因其地缘优势，成为新亚欧大陆桥交通枢纽中心。因而，在新疆建设货运储存区、工业园区和综合保税区无疑具有非凡意义。新疆有三大综合保税区。其中，阿拉山口口岸综合保税区于 2014 年 6 月投入运营，是新疆核心区首个综合保税区。之后相继建设并投入使用的是乌鲁木齐综合保税区、喀什综合保税区和奎屯保税物流中心。综合保税区的建设为新亚欧大陆桥建设提供了坚实的保障，为新疆增强对外贸易和商品运输提供了有力的窗口，促进了新疆转口贸易能力的提高。据新疆维吾尔自治区改革和发展委员会公布的数据，2019 年 1—8 月进出口累计 879.69 亿元，同比增长 12.1%，高于全国对外进出口贸易增速 7.5%。其中，中欧班列开行效益逐渐显现，对德国、意大利和荷兰等中欧班列主要目的国家出口持续增长，分别增长 70.9%、43.5%和 22.5%。[①] 这充分说明，经新疆综合保税区进出口贸易将更加便利、更有成效。一方面，通过综合保税区可以享受国家在税收、外汇管理、通关等诸多领域的优惠政策；另一方面，综合保税区促进国际资本进入新疆，助推国外投资和国外企业的入住，也能够吸引更多国内领头企业入驻新疆，推动新疆对外开放和区域合作。

（三）新亚欧大陆桥推动核心区自身对外贸易

新疆在发挥转口贸易作用的同时，新亚欧大陆桥促进了新疆地方企业

---

① 《我区 1—8 月外贸基本情况》，2019 年 9 月 20 日，新疆维吾尔自治区改革和发展委员会网站，http://xjdrc.xinjiang.gov.cn/xjdrc/jmlt/201909/bc0c1a947dd14d5990c1bcd282ccc015.shtml，访问日期：2020 年 5 月 20 日。

和产业对外贸易发展。新疆与中亚五国和俄罗斯的贸易总额占对外贸易的一半以上。与中亚国家贸易中，新疆出口的劳动密集型产品和轻工产品主要为日常用品、服装类、鞋类和机电产品等，尤以边境口岸小额贸易为主。进口产品以石油天然气、粮食、铁铜矿石等为主。2019 年，新疆对外贸易全年货物进出口总额为 237.09 亿元，同比上年增长了 18.5%，其中出口 180.44 亿元，进口 56.65 亿元。[①] 从数据来看，新疆本地生产能力和对外贸易一直处于落后状态，为此新疆乃至全国应重视丝绸之路经济带核心区建设和其带动作用，科学谋划、因地制宜推动共建核心区。

第三节　新亚欧大陆桥沿线国家的认知及互动趋势

一　俄罗斯对新亚欧大陆桥的认知及互动趋势

俄罗斯是首先建设亚欧大陆桥的国家，也是陆路运输的开创者。自 20 世纪 70 年代初以来，随着亚欧国家经贸往来的增长，西伯利亚大陆桥运输发展很快。90 年代后，西伯利亚大陆桥运输受到苏联解体的冲击以及面临国际运输市场的发展和新亚欧大陆桥的构建所带来的强烈竞争，导致西伯利亚铁路运量下降。因此，1997 年后，为了提高其市场竞争力，俄罗斯把西伯利亚大陆桥运输作为国家竞争力的重要组成部分，为达到改进运输条件的主要目标而采取了一系列措施。其中包括制定符合国际标准、更有竞争力的价格体系、开行集装箱专用快速列车、改善技术设备和信息服务质量等措施，以提高铁路运输效率，加上简化通关手续、缩短国境滞留时间等措施，取得了很好的成果，逐步恢复了西伯利亚大陆桥的运输市场份额和竞争力。

新亚欧大陆桥于 1992 年开始建设，到 1994 年开始建设阿拉山口口岸，连接哈萨克斯坦“友谊枢纽”开始正式接入亚欧大陆铁路干线运作。从那时起中国和俄罗斯以新亚欧大陆桥为中心，以贸易、能源、投资、开发、边境开发等多项内容为主体，在“沿线国家铁路建设合作”、“一带一路”倡议、“欧亚经济联盟”、上合组织等项目和国际组织框架内进行建设、展开合作。

20 世纪 90 年代末，以最初建立的新亚欧大陆桥为主要轴线，建设了阿拉山口陆路边境港，修建了换轨系统。但从阿拉山口的进出口贸易主要

① 《新疆维吾尔自治区 2019 年国民经济和社会发展统计公报》，《新疆日报》2019 年 4 月 1 日。

集中在中亚为主的中哈、中吉、中乌等国之间，与俄罗斯除了通过哈萨克斯坦转移的一些原材料之外没有频繁的贸易关系。而中俄间的进出口贸易主要通过二连浩特和满洲里进行。1992—1999年，是中俄两国的贸易合作波动较大的发展阶段，进出口贸易结构并不是很成熟，经贸关系波动不定，且多为小商品或零散交易模式。苏联解体初期，俄罗斯国内正处于经济重新复苏阶段，国内轻工业生产滞后，只能依靠从其他国家进口来刺激国内生产的恢复。在这个时候，中国经过十几年的改革开放，社会主义市场经济出现了前所未有的发展速度，国际贸易和出口商品经济得到大力发展。对于俄罗斯来说，加强与中国的经济贸易关系，能促进和妥善解决当时经济萧条的问题，能更好地实现远东振兴计划。因此，俄罗斯正是抓住与中国的睦邻友好关系和地缘优势，增加从中国的商品进口量，从而有效利用了满洲里和二连浩特口岸进行陆路运输，扩大了边境贸易。1993年，中俄两国的贸易总额达到了76.7亿美元，创造了两国贸易额的历史最高纪录。但好景不长，次年开始，中俄两国的贸易方式开始逐渐转变，从易货贸易转变为现汇贸易，伴随而来的是两国贸易额开始减少，贸易规模也无形当中逐渐缩小，由此导致边境贸易和陆路运输量减少。到1999年，中俄两国总体的贸易情况开始回暖，贸易额展现出上升的趋势，走出了贸易持续低迷的局面，有了新的转机。

进入21世纪，中俄两国间的贸易来往出现了快速增长的趋势。2000年中俄贸易额为80.03亿美元，较上一年增长40%。到了2001年，两国签署《中俄睦邻友好合作条约》，该条约的签署使得两国经济贸易的各方面合作和交往有了政治上的保障，促使两国的贸易进入快速增长阶段。到2006年，两国贸易额达到600亿美元。总体来说，两国贸易发展至今，始终保持着上升趋势，但其中也有下滑的情况出现。例如2009年，受2008年国际经济危机的严重影响，全球经济呈现出急速下滑的态势，中俄两国的边境贸易也受到了强烈的冲击，贸易额下跌至357.52亿美元。面对严峻考验，两国及时调整贸易合作模式，获得了很好的效益。贸易模式调整之后，次年两国贸易额重新突破600亿美元大关，中国成为俄罗斯最大的贸易伙伴国家。随后，2012年俄罗斯正式加入WTO，为中俄两国贸易开辟了全新的发展道路。

对于中国来说，开通新亚欧大陆桥意味着能够依托铁路干线来改善国内经济发展不均衡情况。也就是说能保证东部沿海地区的产业和产能转移到中、西北地区，带动经济、能源、进出口贸易、就业来实现西部发展和中部振兴，陆路运输也不只依靠远东西伯利亚干线或者公路运送。从国际层面来讲，借助新亚欧大陆桥建设打通俄罗斯和欧洲市场，可为“一带一路”建设带来更好、更多的便利，并能为能源安全提供保障，同时也能够辐射到中亚和其他沿线国家。然而，在俄罗斯加入WTO之前，新亚欧大陆桥实际作用并没有期待的那么明显，也没能带动中俄间贸易的跨越式增长。因为，对于俄罗斯来说，还是希望通过自己的铁路大动脉来保证自己的优势，还有不想看到远东地区过度依赖中国等念头。但加入世界贸易组织之后进出口税率开始下降，俄罗斯也意识到经济发展带来的效益，因此必须要快速发展与中国的贸易来往。

作为“金砖国家”的成员国，两国是世界经济发展非常有影响力的国家，地域相邻、政治互信度高，以新亚欧大陆桥为主的合作与贸易关系可更上一个层次。对于俄罗斯来说，可以消除中国在远东地区的开发带来的担忧，也能发展与中亚国家的贸易，因此对中欧班列的通行表示欢迎。近年来，俄罗斯与中国之间铁路货物运输稳步增长。仅在2019年，俄罗斯和中国通过边境口岸的运输量（其中包括通过蒙古国和哈萨克斯坦口岸的货物运输量，以及通过海上港口的运输量）增加了17%，达到7130万吨。我们可以从表11－2中看到中俄之间的物流增长点。

表11－2　**中俄之间的物流情况**

时间	物流情况
2013年6月	渝新俄班列开通
2013年11月	中俄集装箱运输实现从大连直达远东
2015年12月	枝江首列跨境列车运送柑橘驶抵俄罗斯
2016年1月	大连直达俄罗斯班列通行，开通中韩俄物流通道
2016年2月	新疆至俄罗斯多边国际道路运输线路开通
2016年3月	俄罗斯车辆首次经哈萨克斯坦入境中国新疆
2016年11月	大连港“连哈欧”俄罗斯回程板材精品班列实现常态化运行
2017年7月	俄罗斯—新疆中欧班列返程班列实现常态化
2017年8月	同江中俄铁路大桥建成
2017年12月	俄罗斯萨马拉州至北京集装箱列车运输开通

资料来源：笔者参考新闻整理。

二　哈萨克斯坦对亚欧大陆桥的认知及互动趋势

新亚欧大陆桥的顺利贯通及其成熟和完善，离不开哈萨克斯坦和俄罗斯两国的鼎力支持。哈萨克斯坦自独立之后，对大陆桥建设一直积极响应，与我国合作，发挥其在新亚欧大陆桥建设中的作用。从地理位置上看，哈萨克斯坦横跨亚欧大陆，处在中俄两国中间带，同时也与里海和吉尔吉斯斯坦、土库曼斯坦等中亚国家接壤。地理上的优势，使哈萨克斯坦在新亚欧大陆桥建设当中发挥了不可替代的作用。因此，通过参与新亚欧大陆桥建设，哈萨克斯坦在为中国、俄罗斯、欧盟之间的运输通道提供便利的同时，也为自己带来了经济效益，提高了自身运输能力和进出口贸易额。

哈萨克斯坦依靠在苏联时期建构的铁路网基础，成为新亚欧大陆桥等核心干线沿线的主要枢纽。在与欧亚主流商贸中心的贸易和经济往来经历低谷期之后，随着哈萨克斯坦与中国、印度、巴基斯坦、伊朗的运输网络的连接，即将重新成为亚欧大陆的中心。中哈在新亚欧大陆桥建设当中有了坚实基础和实际的合作经验。两国在新亚欧大陆桥建设当中从铁路和公路的对接到中哈连云港物流合作基地的建设、从中哈霍尔果斯边境合作中心到丝绸之路经济带与“光明之路”对接等合作，展现了两国之间的政治互信和密切沟通，促进了两国的产能合作以及最终发展到战略合作的双边关系。

（一）中哈两国的铁路连接

新亚欧大陆桥的运行就是从中哈两国铁路的连接开始的。第一条连接的铁路是兰州—阿拉山口—多斯特克铁路。1990 年，兰新铁路通过阿拉山口口岸连接哈萨克斯坦多斯特克铁路，开辟了新亚欧大陆桥的建设。随着两国铁路运输的发展，该铁路网连接到阿斯塔纳，也就是现在的努尔苏丹。2011 年，中欧班列的开通，使兰州—阿拉山口—多斯特克—阿斯塔纳干线成为连接我国内地城市和俄罗斯、白俄罗斯、西欧、北欧等国家和地区的重要运输通道。第二条连接的铁路是精河—霍尔果斯—阿腾科里—希姆肯特铁路。精河是位于靠近阿拉山口的县城，也是兰新铁路必经之地。这条铁路从精河连接霍尔果斯口岸，进入哈萨克斯坦之后往南哈萨克斯坦方向连接。该铁路干线于 2012 年 12 月投入使用，大大缩短了霍尔果斯与哈萨克斯坦第一大城市阿拉木图之间的距离。通过该铁路干线可以连接到位于中亚中南部的吉尔吉斯斯坦比什凯克、乌兹别克斯坦塔什干以及西亚和南欧国家的铁路，成为我国边境口岸经哈萨克斯坦通往中亚国家最便捷、最经济的国际铁路通道，为我国同中亚、欧洲等国家开展经贸合作、友好交往带来了新的发展良机。① 霍尔果斯也成为面向中亚乃至欧洲的集铁路、公路、管道于一体的国际交通枢纽。为响应新亚欧大陆桥建设，哈萨克斯坦在交通基础设施上进行了大规模投资（3 年内投资的 90 亿美元来自国家石油基金），将自己定位为亚欧大陆的交通枢纽②。新的基础设施投入主要包括哈萨克斯坦—土库曼斯坦—伊朗新铁路运输走廊，连接哈国城市加兹卡兹甘（Zhezkazgan）和贝努（Beyneu），大大缩短了与阿克套之间的铁路里程将近 350 公里。该铁路从 2015 年开始运营，连接了霍尔果斯东门免税区和阿克套港。

（二）中哈（连云港）物流合作基地的建设

中哈合作最富有成效的合作成果之一是共建“富有竞争力的物流机制”的中哈（连云港）物流合作基地，这是中哈共同打造的陆海联运新型通道，极大地方便了哈萨克斯坦从欧亚内陆走向海洋。③ 同时，也为我国中欧班列的快速发展提供了坚实的基础。中哈（连云港）物流合作中心是由中国连云港港口和哈萨克斯坦铁路公司（Kaz temirjol）按照 51% 对 49% 的控股比例，共同出资 6.06 亿元人民币建成的，年装卸能力 41 万标箱，并与检查单位、码头公司联通共享数据，实现“智能化调度、可视化生产”“船站直取、站车对接”，无人机作业。④ 至此，通过新亚欧大陆桥连接连云港港口和欧洲国家，哈萨克斯坦从内陆大国成为亚欧大陆上的运输枢纽。自建成至今的 5 年当中，中哈物流合作基地进出货物 2000 万吨，创造了运输业的佳绩。中哈物流中心的成立满足了哈萨克斯坦的进口需求及与日韩和东南亚国家的联系，进口机械设备、车辆配件、建筑材料、日常用品和电子设备等的同时，也将哈萨克斯坦出口商品运送至沿海地区，包括哈萨克斯坦的粮食、矿产、有色金属等。其中粮食作为哈萨克斯坦除了原材料之外较

---

① 崔愿、孙相军：《中哈铁路通道发展对策研究》，《综合运输》2015 年第 12 期。

② Belgibayev, M., & Zhang, X., *The OBOR and the "Nurly Zhol Path to the Future": Complementarity and Challenges* (Unpublished paper), Wuhan University Center for Economic Diplomacy Wuhan, China, 2016.

③ 邢广程：《丝绸之路经济带与沿边合作》，《国际问题研究》2017 年第 3 期。

④ 贺成旭：《江苏连云港打造中哈物流合作基地“升级版”》，《丝路时评》2019 年第 6 期。

占优势的出口商品，通过中哈物流合作基地销往东南亚国家。

（三）中哈霍尔果斯边境合作中心

新亚欧大陆桥加快了中哈霍尔果斯边境合作中心建设。中哈霍尔果斯边境合作中心是于 2003 年由中哈两国时任领导人达成的合作项目。2006 年开建，2012 年正式投入使用。总面积为 5.28 平方公里，我方占 3.43 平方公里，是我国首个与外国合作建立的边境跨境合作区，也是上合组织框架下的合作示范区。至今，中哈合作中心已先后投资逾 300 亿元人民币，引进了 5000 家商户入驻。该合作中心实行中哈两国公民和第三国公民无须持有签证就可以进出政策，实现了面对面商品交易和商贸洽谈。2012 年，随着合作中心和精河—霍尔果斯—阿腾科里铁路的开通，通过霍尔果斯口岸的货量和人流量呈现井喷式增长，给合作中心的繁荣发展带来了红利。根据霍尔果斯市文旅局统计，2019 年进出中哈合作中心的人数达到了 777.37 万人次，同比增长了 45.2%，旅游收入达到 142.63 亿元人民币。

（四）"一带一路"倡议与哈萨克斯坦"光明之路"对接

2014 年 11 月，哈萨克斯坦前任总统纳扎尔巴耶夫宣布"光明之路"计划。按照计划，哈萨克斯坦将在国内进行基础设施建设，其项目主要涉及交通、能源、工业和社会文化等诸多领域。为了实现中国"一带一路"倡议和哈萨克斯坦"光明之路"新经济政策的对接，2015 年 12 月中国与哈萨克斯坦联合发布具体公报，成立了对接联合工作组，专门负责对接合作规划和联合编制等工作。① 通过两国的政策沟通和产能合作，依托新亚欧大陆桥建设等措施，两国在交通物流等方面实施了富有成效的一大批项目。其中，与新亚欧大陆桥密切相关的有深化和推动实施了中哈（连云港）物流合作基地、中哈霍尔果斯边境合作中心、哈萨克斯坦—土库曼斯坦—伊朗新铁路运输走廊、西欧—中国西部运输走廊等一系列基础设施项目。哈萨克斯坦—土库曼斯坦—伊朗新铁路运输走廊拉动了土库曼斯坦和伊朗等国家积极参与到国际贸易和新亚欧大陆桥建设项目，也推动了我国与伊朗之间的贸易关系。这一系列富有成效的项目有效推动了新亚欧大陆桥的发展与繁荣，成为我国向西开放的具体实践。

---

① 邢广程：《丝绸之路经济带与沿边合作》，《国际问题研究》2017 年第 3 期。

三　日本、韩国对新亚欧大陆桥的认知及互动趋势

日本和韩国是亚洲发达国家，也是亚太地区经济贸易活跃地区。两国的海上运输发达，除了与中国有深厚的贸易来往之外，与欧洲和中亚国家之间的经济贸易也非常频繁。因此，日本和韩国政府对新亚欧大陆桥建设项目一直是持积极支持的态度，始终看好新亚欧大陆桥运输及该区域经济发展，高度评价新亚欧大陆桥具有的政治、经济和地缘优势，自其开通至今一直在利用新亚欧大陆桥运送货物至中亚和欧洲，并积极参与新亚欧大陆桥的开发建设。新亚欧大陆桥使亚太地区与中亚、西亚的货运距离大幅度缩短。日本神户、韩国釜山等港口运送货物至中亚五国，通过西伯利亚大陆桥与新亚欧大陆桥相比，海上距离相近，陆上距离相差很大。到达中亚，走西伯利亚大陆桥，陆上是 8600 公里，走新亚欧大陆桥，陆上距离只有 5862 公里，相差 2774 公里。[①]

从日本来讲，日本与中亚国家的关系是比较密切的，从 1997 年开始提出“丝路外交”战略，并在随后几年与中亚国家建立了“中亚 + 日本”等外交对话模式。进入 21 世纪之后的 20 年，日本与中亚国家之间的贸易额呈现不断上升态势，其中与新亚欧大陆桥第一站哈萨克斯坦间的贸易占 62.5%。[②] 主要出口商品有汽车整体、汽车部件、机电、建筑材料等，其中值得注意的是日本制造的汽车在中亚国家非常受欢迎，占进口总产品的60%，也包括二手车。就像之前提到的，中亚国家当中哈萨克斯坦是日本对外出口的最大市场，同时该国也是内陆国家，因此大部分商品都依赖陆路运输。因此，日本和中亚国家间的运输主要依靠新亚欧大陆桥来进行。

韩国方面，韩国也与中亚地区有紧密的经贸关系。在中亚国家，韩国人特别受欢迎，哈萨克斯坦、吉尔吉斯斯坦两国都有韩国人，人数在 20 万左右，并特别善于经商，占据大部分中亚市场。这些韩国人会说韩语的同时，也能流利地说俄罗斯语和当地语言，他们从韩国进口产品至当地销售，在中亚国家受到欢迎。同时，中亚地区的劳动力也喜欢去韩国打工，两地人员交往密切。从 2007 年起，韩国—中亚合作论坛成立，每年召开

① 樊桦：《依托新亚欧大陆桥，深化中韩经贸与交通合作》，《经贸研究》2014 年第 8 期。

② 王月：《日本对中亚五国出口贸易状况、举措及对我国的启示》，《现代日本经济》2017 年第 2 期。

一次。自此韩国与中亚国家之间的商贸关系突飞猛进，不仅在国际贸易领域，还进一步在基建、国防、教育文化和军事工业等领域开展合作。中亚五国中，韩国与哈萨克斯坦、吉尔吉斯斯坦和乌兹别克斯坦的商贸关系较好。贸易结构当中，建筑材料、汽车整车、汽车配件、电子产品为主要内容，尤其是与房地产相关的建筑材料占比较大。

新亚欧大陆桥的东西端是两大科技和产业高度发达地区，而中间地带是自然资源、原材料和矿产资源丰富区域。对于原材料和矿产资源的需求，让日韩两国对中亚地区更感兴趣。日韩在满足自身对原材料和自然资源需求的同时，也能将本国的高端技术和资本通过充分运用新亚欧大陆桥去推广和交流，推动合作和贸易来往向更深、更宽的层面发展，为本国和地区经济持续繁荣发展提供更好的平台。

四　欧洲国家对新亚欧大陆桥的认知及互动趋势

21 世纪全球贸易的一个显著特点是陆路贸易和运输的重新建立，促使东亚和西欧之间的货运运输发展。这种联系让人们重视兴盛千年的中国与中东、欧洲的丝绸之路贸易以及与欧洲之间的海上运输。

习近平主席 2013 年提出“一带一路”倡议之后，中国和欧洲之间货运列车服务正式步入高速发展时代，2017 年 5 月在北京举办“一带一路”国际合作高峰论坛之后发展和制度建设更加完善。“一带一路”建设发展至今，已有 130 多个国家和地区加入。以新亚欧大陆桥为联系，增强了中俄、中亚和欧洲之间的交流与贸易。欧洲和我国在深化双边经贸方面有共同的兴趣和利益，欧洲国家领导人高度重视与中国的贸易关系。2019 年，李克强总理出席第 21 次中欧领导人会晤，并达成了一系列经济贸易成果。欧洲国家开始意识到，与中国的关系发展除了将带来利益和促进本国经济高速发展之外，也能共同反对美国等国家的单边主义和贸易保护主义，同时能更好地为世界经济顺利发展提供保障。2019 年欧盟 27 国同中国双边货物贸易额为 5596 亿欧元，增长 5.6%。其中，欧盟对华出口 1983 亿欧元，自华进口 3613 亿欧元，分别增长 5.5% 和 5.7%；欧盟对华贸易逆差 1630 亿欧元，增长 5.9%。[①] 其中中国出口商品中，机电产品和高新技术产

---

① 《欧盟统计局公布 2019 年欧盟对外贸易数据》，2020 年 2 月 24 日，商务部网站，http://www.mofcom.gov.cn/article/i/jyjl/m/202002/20200202938686.shtml，访问日期：2020 年 5 月 20 日。

品占 70% 。而从欧盟国家进口的商品中重要设备和关键零部件、汽车和优质消费品等占很大部分。

2011—2019 年，在中欧铁路运输发展过程中，最显著的是在边境和口岸建设当中的数字一体化和信息共享设施大大加快了中国—哈萨克斯坦和白俄罗斯—波兰边境过境时间，从原有的运输时间缩减至 15—17 天。除此之外，在“一带一路”倡议框架下，政策沟通也发挥了作用，提高了沿线国家铁路服务和报关、海关服务质量。新亚欧大陆桥到达欧洲的第一站，为什么选在德国西部的一座城市呢？欧洲为何把杜伊斯堡设定为欧洲的货物集散地呢？德国制造代表的汽车制造业也并不在杜伊斯堡，也没有其他国家的超级大公司在杜伊斯堡发展。杜伊斯堡之所以这么受重视，是因为它首先是欧洲主要的铁路、海陆和内陆三大交通运输枢纽，位于莱茵河和鲁尔河交汇处，是世界上最大的内陆港口之一，连接了德国、法国、比利时和荷兰等国的铁路和公路网。因此，它能很好地集散欧洲货物，做好水路交通之间集装箱的处理。船只能通过莱茵河和鲁尔河向北欧、非洲、地中海等地区运输。杜伊斯堡有三条东西高速公路和两条南北高速公路。一旦集装箱从中国的保税列车上卸下，就可以办理欧盟入境手续，再转移到铁路、公路或河流运输，到达最终目的地。杜伊斯堡港口有 300 家以物流为导向的公司可以提供物流协调服务。根据港口网站数据，这些公司产生的附加值约为每年 30 亿欧元。

中欧班列还有义乌—马德里、义乌—伦敦两条路线，马德里和伦敦距离杜伊斯堡枢纽较远，后者不易提供服务。

第四节　新亚欧大陆桥建设中存在的问题及建议

一　新亚欧大陆桥建设中存在的问题及短板

建造新亚欧大陆桥目的在于带动和发展经济贸易，中欧班列的畅通无阻带动沿线产业经济，以沿线中心城市为支撑，以重点经贸产业园区为合作平台，为“六大走廊”的繁荣发展提供了交通通道。经过近三十年建设，特别是从中欧班列开通以来，新亚欧大陆桥的建设和发展有了前所未有的成就，给中俄两国合作和经济贸易、区域经济发展带来了效益，加快了两国各大政策和倡议的制定。同时，我们也可以看到新亚欧大陆桥存在的问题和短板。

在新亚欧大陆桥等通道建设上，我国致力于将国内的铁路网络从阿拉山口边境出境接入哈萨克斯坦境内铁路。将贸易辐射区域从中亚地区拓宽至俄罗斯，最终到达欧洲等发达国家区域，主要服务于丝绸之路经济建设。而俄罗斯主要开发远东地区的西伯利亚通道，也就是第一亚欧大陆桥，将远东地区与符拉迪沃斯托克港口连接到俄罗斯各大城市和欧洲。俄罗斯将发展和运用第一亚欧大陆桥带动远东地区开发和能源运输，以此来加快经济发展，并将其定位成“大动脉”作为基本国策。因此，在中欧班列开通之前一直把新亚欧大陆桥视为竞争对手，扩大其自身铁路干线在亚欧物流运输中的影响力。其中，俄罗斯巧妙地运用了独联体国家运输委员会和运输模式，继续保持原有的宽轨铁路，积极建立运输合作，保持了自身在中亚和白俄罗斯等地区的优势。同时，通过与欧洲国家建立集装箱物流链、物流集散地等项目不断开拓西向市场。上述两种模式也给新亚欧大陆桥建设带来不小的竞争，为其开拓新市场造成巨大压力。

二　建议

为改善和弥补短板，我国和新亚欧大陆桥沿线国家应进一步开展深度合作，谋求利益契合点，妥善处理存在的风险与挑战。

第一，实现制度上更加完善。在将国内段运输网络链接到国外段运输网络时，实行统一的制度，不断修正缺点，保证制度上的互联互通，保障运输畅通。虽然国内已经打造了“渝—新—欧”“苏—满—欧”“汉—新—欧”等多条中欧货运班列，实行了“一次申报、一次查验、一次放行”，减少了货物出口的操作流程，为国内外商家提供了便利。但国外段有部分地区没有实行统一制度，导致税收增加和不必要的检查。因此，要不断提高制度上的互通，使物流企业联合口岸站与俄罗斯形成一套流畅高效的通关机制，有效节省各个环节的时间成本。统一技术作业标准、列车运行图，规范运送票据和通关手续，提高运输速度，节省时间成本。另外，积极组织货源，以避免空箱带来的资源浪费和运输成本增加。

第二，加快信息平台建设，打造信息共享机制。新亚欧大路桥中欧班列的运行不仅涉及铁路干线，还牵扯到港口、口岸、公路等多个部门。目前，各国各部门都已建立或正加快筹建行业内的信息共享系统，但彼此间的信息系统和信息认知度不是很高，无法实现信息及时交换共享。因此，建议各国铁路部门、海关、港口、公路、口岸等部门间提高对接能力和信息共享速度，实现信息互通共享。

第三，调整贸易结构。以产业优先、项目先行等理念，避免非对称性贸易结构，加强与俄罗斯在非能源方面的合作，在能源合作专项科技产品、高端品牌等领域培育新的经济增长点。开行中欧班列的目的，不仅是要增加贸易额，主要还是要发展和带动沿线产业经济，尤其是要拉动中国中西部地区产业经济。沿桥地带实行沿海地区的开放政策，根据需要可继续设立各种开发区和保税区。

第四，制定统一运行计价机制。运输货物过程中应注意各个环节的有效衔接，严格按照各国结算规格、执行一次性提供收费服务的基本原则，共同对运费、关税、装卸费等费用进行统一定价，如此可以使新亚欧大陆桥收费标准化和可控化。这样不仅减少了不必要的费用支出，有效降低了企业的运输费用，而且标准化和可控化的收费更便于对运价进行灵活调整。另外，运价机制应以适应市场需求为前提灵活调整。灵活的定价机制有利于调节新亚欧大陆桥货运市场，提高运输效率，达到利润最大化。例如，可以按照不同的客户层次进行差别定价，通过满足不同层级客户的需求，吸引更多货源；可以根据货运市场的淡季和旺季进行差别定价，有效提高新亚欧大陆桥的利用率；可以针对东西向集装箱不平衡问题差别定价，有利于改善返程空箱问题，可有效提高集装箱利用率，降低班列运营成本。另外，标准化、灵活化的运价机制还有利于早日减少中欧班列对补贴的依赖，避免班列运营的恶性竞争。

总的来说，新亚欧大陆桥建设离不开沿途各国的共同开发和推动。沿线各国应不断提高认识，以“互利共赢”精神为主线，不断加强基础设施建设、完善各种制度，加强各国相关领域人员交流，推动政策沟通、设施联通、贸易畅通、资金融通、民心相通五大领域齐头并进。充分利用区域经济优势，强化区域经济合作能力，坚持走深化合作之路。以“一带一路”倡议为依托，“丝绸之路经济带”与“光明之路”、“丝绸之路经济带”与“欧亚经济联盟”衔接为基础，在上海合作组织框架内进行合作、俄白哈关税同盟等组织协同下，切实增强各国在新欧亚大陆桥建设当中的合作，彼此加强沟通，扩大合作优势，深化合作层次，为铁路干线运输的繁荣发展带来新活力。

本章执笔：齐那儿·阿不都沙力克

第十二章　“一带一路”与欧亚经济联盟：对接与合作

第一节　俄罗斯经济对外开放及其多元化战略选择

俄罗斯自继承苏联衣钵以来其经济社会发展道路并不平坦，经济社会处于剧烈的变革之中，历经激进的休克疗法以及国际油价和大宗原料价格的剧烈波动，承受国内的转型和国际市场的价格波动对本国产业冲击的内外双重之困。同时经过国内车臣战争、俄格战争，以及近年社会暴恐频发，社会稳定面临一定的传统和非传统安全的不确定性；而与以美为首的西方关系的时近时远，特别是乌克兰危机以后受到西方的经济制裁，更是让其向西看、融入以西方为主的国际区域经济一体化努力遭受重创；虽然向西看遇到挫折，但对外开放却是俄罗斯坚持不变的经济发展战略，不仅积极加入 WTO 等国际组织，还积极推动近邻战略，整合独联体成员间的经济一体化，向南加快欧亚经济联盟一体化；积极向东看，发展远东，不仅与我国共建“一带一路”，而且积极融入东北亚经济圈，这是俄罗斯对外全面开放、主导国际区域一体化，融入国际区域经济一体化和经济全球化的重要战略和载体，更是俄罗斯实施欧亚战略的机遇。加快推动欧亚经济联盟一体化以及与中国共建丝绸之路经济带的方式，决定着俄罗斯深化开放哪些领域，采用何种发展路径以及获取开放溢出效应的大小等关键问题。所以，俄罗斯积极参与这些世界、区域经济一体化进程时面临着以下几个较为重要的问题：向谁开放？开放什么？如何开放？回答这些问题，首先需要探讨：经济开放是否能促进其经济发展（为什么要开放的问题），以及开放效率问题（向谁开放更有利）。

一　引言

俄罗斯获得独立后积极向外界开放，转型开放之初采用全面向西看、融入西方的开放政策，积极强化与西欧和美国等西方工业强国的经济联系。这在一定程度上促进了俄罗斯的经济转型和经济增长。之后经历全面融入西方的西向战略的挫折，俄罗斯逐渐摒弃单方融入西方世界的经济一体化战略，实施更加有效和全面的对外开放。俄不仅积极创建欧亚经济联盟巩固与原苏联空间内的重要经贸伙伴的联系，主导区域一体化进程，在参与世界经济一体化进程中保障其经济的稳定和增长，而且积极向东看，与日本、韩国和中国深化经贸关系，参与融入东北亚经济一体化进程，这为俄罗斯提供了另一个融入世界经济一体化的方向和路径。尤其是积极出台远东发展战略等与中国振兴东北战略的联动发展是俄罗斯远东区域经济增长的主要动力之一①，更是促进俄罗斯国内东西平衡、协调发展，以及进一步改革开放的抓手和路径。现有文献除关注俄罗斯开放战略和贸易方面，也有从其资源部门吸引 FDI 和国际贸易的角度进行实证考察：对资源部门的过度依赖可能会导致俄罗斯产业的畸形发展，压缩未来经济增长潜力的空间。②③ 但目前研究俄罗斯经济的文献中，鲜有关注经济开放作为变量是否促进了其经济发展以及向谁开放的外部结构所引致的经济增长效率差异性等问题。所以，本章利用俄罗斯 1992—2018 年较为翔实的经济数据，对以上问题进行实证分析与论证，探究经济开放、经济开放地理多元化与其经济发展的效率问题。本章希望不仅能为俄罗斯的经济发展、进一步对外开放提供借鉴，也能为我国推进的“一带一路”建设提供参考。

对于经济开放促进经济增长的研究，新古典增长理论认为，对外开放促进经济增长的渠道主要是通过贸易带来的规模经济效益促进资本形成，

---

① 《西伯利亚和远东融入亚太一体化进程是该地区发展途径》，http：//rusnews. cn/eguoxinwen/eluosi_ caijing/20140227/43996205. html，访问日期：2020 年 4 月 23 日。

② Rudiger Ahrend，“Can Russia Break the ‘Resource Curse’?”，*Eurasian Geography and Economics*，Vol. 46，No. 8（2006）.

③ A Åslund，“Russian resources：curse or rents?”，*Eurasian Geography and Economics*，Vol. 46，No. 8（2005）.

以及资源配置效率的提高。[1] 而新增长理论认为内生的技术进步是一国经济持续增长的重要因素，对外开放的国家更有能力吸收外国的先进技术，从而提高该国的技术水平，促进该国经济的增长。[2] 因此，一国实施开放的经济政策往往比封闭经济状态下有更快的增长，对外开放的不断扩大对经济的增长有促进作用[3][4][5]；尤其是俄罗斯周边国家的中国，开放促进了中国的经济快速增长。[6][7][8] 然而，另有一些学者的实证研究发现，一国对外开放对经济增长并没有明显的促进作用。[9][10] 本章通过引入经济开放度的指标，弥补大部分经济开放度直接用对外贸易依存度替代而导致遗漏统计FDI对经济增长的贡献，从而更加全面地分析经济开放，不仅仅是贸易，吸引 FDI 的增多也能促进本国资本存量的增多，尤其对俄罗斯这样的转型经济体来说，实证分析表明：经济开放促进了俄罗斯的经济增长，出口和进口对俄的经济增长有正的促进作用，而 FDI 却显现对经济增长有负效应；俄对经济开放的多元化，对经济增长有促进作用，尤其是与欧亚经济联盟、欧盟和东北亚经济圈的联系都促进了其经济增长，特别是与韩国的经贸联系对俄罗斯经济增长贡献程度超越其他国家。

二 经济开放的内涵及其指标的选择

经济开放主要是通过经济开放度衡量，后者主要反映一国或地区对外

---

① Dani Rodrik, “Closing The Technology Gap: Does Trade Liberalization Really Help?” Cambridge NBER Working Paper, No. 2654 (1988).

② Barro Robert J., “Economic Growth in a Cross Section of Countries”, *Quarterly Journal of Economics*, Vol. 106, No. 2 (1999), pp. 407 – 443.

③ Edwards Sebastian, “Openness, Productivity and Growth: What Do We Really Know?” *Economic Journal*, Vol. 108, No. 447 (1998), pp. 383 – 398.

④ Jeffery A. Frankel, David Romer, “Does Trade Cause Growth”, *American Economic Review*, Vol. 89, No. 3 (1999), pp. 379 – 399.

⑤ 兰宜生：《对外开放度与地区经济增长的实证分析》，《统计研究》2002 年第 2 期。

⑥ 包群、许和连、赖明勇：《贸易开放度与经济增长：理论以及中国的经验研究》，《世界经济》2003 年第 2 期。

⑦ 黄蔚、方齐云：《对外开放与我国经济增长的实证分析》，《国际贸易问题》2006 年第 6 期。

⑧ 杨丹萍：《经济开放度对经济增长的影响分析》，《国际贸易问题》2011 年第 6 期。

⑨ A. Harrison, “Openness and Growth: A Time-series, Cross-country Analysis for Developing Countries”, *Journal of Development Economics*, Vol. 48, No. 2 (1996), pp. 419 – 447.

⑩ A. Harrison and G. Hanson, “Who Gains from Trade Reform? Some Remaining Puzzles”, *Journal of Development Economics*, Vol. 59, No. 1 (1999), pp. 125 – 154.

开放水平，表示一国或地区经济融入国际经济和对国际经济的依存程度。公式如下：

$$经济开放度=对外贸易依存度+外资依存度^{①} \quad (1)$$

$$其中：外贸依存度=出口贸易依存度+进口贸易依存度 \quad (2)$$

$$出口依存度=出口总量/GDP\times 100\% \quad (3)$$

$$进口依存度=进口总量/GDP\times 100\% \quad (4)$$

$$外资依存度=FDI/GDP\times 100\% \quad (5)$$

三　俄罗斯经济发展与经济开放度的现状分析

（一）经济发展状况分析

自1991年苏联解体以来，俄罗斯的经济发展历程呈现出波浪形的发展状态，历年GDP数据如表12－1所示。

从俄罗斯经济发展历程看，1992年以后俄罗斯经济发展主要经历了4个阶段：

第一阶段（1992—1999年），俄罗斯经济处于下行阶段。到1999年年底，俄罗斯GDP与1992年相比缩减了57.4%。这一阶段导致俄罗斯经济下行的原因主要是：第一，俄罗斯采用激进休克疗法向市场经济过渡，并没有给予培育市场所需的条件以及时间，从而既无指令计划的生产下达，又无市场体系发挥生产配置的调节，导致计划和市场对生产的指导的双缺位；第二，由于苏联解体，原有生产关系、生产链遭到破坏，休克疗法的改革又未能及时让市场发挥配置资源的作用，国内需求难以得到满足，生产难以为继，产出下降；第三，与其有密切经贸联系的原苏联地区经济危机的加深，导致对其产品需求的主要外部市场的萎缩，使俄罗斯的经济陷入内外交困，引致经济萎缩[②]；此外，转型过程中价格体系的改革，让俄商品的价格快速接近世界市场价格，国内市场尚未能适应新的价格机制，同时恶性通货膨胀给本就脆弱的市场带来沉重打击，摧毁了市场信心。当然，1994年年底新卢布的发行，极大地遏制了恶性通货膨胀，在一定程度上重建了俄罗斯的货币金融体系，在此有利因素影响下，1995—1997年俄罗斯经济萎缩程度有所缓和。在1996年年底，经济探底，尤其是1997年与

① 本章的贸易是指货物贸易，外资FDI采用的是净流入。

② 刘庚岑：《独立后的俄罗斯》，《东欧中亚研究》1995年第2期。

1996 年相比经济有所好转，有所复苏，然而这种经济增长并不是俄罗斯经济转型完成带来的增长，更不是高质量的增长，面对 1998 年卷席新兴经济体的金融危机，俄罗斯经济毫无抵抗之力，经济的脆弱性充分暴露出来，经济变得更加糟糕，金融系统瘫痪，通货膨胀加剧，居民购买力下降，进而在 1999 年 GDP 探底，出现了 1991 年以来的谷底（见图 12－1）。

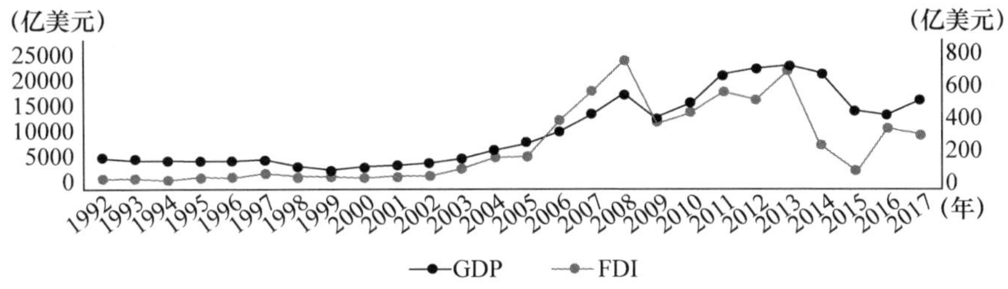

图 12－1　1992—2017 年俄罗斯 GDP 和 FDI 趋势

表 12－1　　**1992—2017 年俄罗斯 GDP、FDI 情况**　　单位：亿美元

年份	1992	1993	1994	1995	1996	1997	1998	1999	2000	2001	2002	2003	2004
GDP	4602	4350	3950	3955	3917	4049	2709	1959	2597	3066	3451	4303	5910
FDI	11	12	7	20	25	48	27	33	26	28	34	79	154
外资依存度（%）	0.24	0.28	0.18	0.51	0.64	1.19	1	1.68	1	0.91	0.99	1.84	2.61
年份	2005	2006	2007	2008	2009	2010	2011	2012	2013	2014	2015	2016	2017
GDP	7640	9899	12997	16608	12226	15249	20317	21701	22306	20636	13658	12831	15780
FDI	155	375	558	747	365	431	550	505	692	220	68.5	329	285
外资依存度（%）	2.03	3.79	4.29	4.5	2.99	2.83	2.71	2.33	3.1	1.07	0.5	2.56	1.8

资料来源：世界银行，俄罗斯统计委员会。

第二阶段（2000—2008 年），经过前期对经济体制的改革以及卷席新兴经济体的金融危机的结束，这段时期，俄罗斯经济触底反弹，进入快速稳定的发展时期，在 2004 年即达到和超过独立之初的经济总量。2008 年与 2001 年相比，GDP 增长了近 4.4 倍。本阶段的经济呈上行态势，GDP 平均年增长近 67.4%。

第三阶段（2009—2013 年），由于国际经济危机，导致世界市场对矿石、能源等原材料需求的萎缩，极大地影响了以矿石、能源出口为主导产业的俄罗斯。经过独立后的改革开放，俄罗斯经济融入世界经济的程度加深，经济发展与外部市场的关联度越来越大。因此，2008 年国际经济危机给俄罗斯经济带来极大的负面影响，同时开放的多元化，尤其是与中国、日本等国经济联系的紧密，对其经济发展又起到极大的托底作用。经过 2009 年经济的下滑和调整，俄罗斯经济运行再次步入上行区间。

第四阶段（2014 年至今），由于乌克兰危机受到西方经济制裁，卢布大幅贬值导致货币危机和资本外逃，尤其是 2015 年吸引 FDI 净流入大幅锐减，以及国际能源价格的持续低位运行等多重因素打击下，俄罗斯现有以能源等原料出口为主的经济发展模式不堪重负，出现了新一轮严重的衰退。2016 年相比 2014 年 GDP 缩减了 37.8%。虽然 2017 年 GDP 较上一年有所增长，但远未达到 2014 年危机前的生产总值峰值。

（二）俄罗斯经济开放度现状分析

由于俄罗斯融入全球经济一体化和区域一体化程度的加深，对外经贸已经成为拉动其经济增长的重要动力之一，同时经济增长又促进了对外经济贸易的发展。

1. 对外贸易依存度

根据 1992—2017 年俄罗斯的 GDP 和进出口贸易数据，利用式（2）—式（4）可以计算出各年份的外贸依存度、进口外贸依存度、出口外贸依存度，其结果如表 12 - 2 所示。

表 12 - 2　　1992—2017 年俄罗斯经济开放度数值　　单位：%

年份	1992	1993	1994	1995	1996	1997	1998	1999	2000	2001	2002	2003	2004
出口依存度	8.3	13.6	17.1	20.5	22.6	21.8	27.6	38.6	40.7	33.2	31.1	31.6	31
进口依存度	7.6	8.4	12.8	15.4	17.6	18.2	21.4	20.2	17.2	17.5	17.7	17.7	16.5
对外贸易依存度	15.9	22	29.9	35.9	40.2	40	49.1	58.8	57.9	50.7	48.8	49.3	47.5
经济开放度	16.1	22.3	30.1	36.4	40.8	41.2	50.1	60.5	58.8	51.7	49.7	51.1	50.1
年份	2005	2006	2007	2008	2009	2010	2011	2012	2013	2014	2015	2016	2017
出口依存度	31.9	30.7	27.3	28.4	24.8	26.3	25.7	24.4	23.4	24.1	25	22	22.4
进口依存度	16.4	16.6	17.2	17.6	15.7	16.3	15.9	15.5	15.3	14.9	14.1	14.9	15.1
对外贸易依存度	48.3	47.3	44.5	46	40.5	42.6	41.6	39.9	38.7	39	39.1	36.9	37.5
经济开放度	50.4	51	48.8	50.5	43.5	45.4	44.3	42.2	41.8	40.1	39.6	39.4	39.3

资料来源：俄罗斯统计委员会、世界银行。

从表 12－2 中可以看出俄罗斯贸易依存度的数值变化与 GDP 数值变化有很大程度的一致性，波动性较强，但总体趋于上升，可见其经济与外界联系较为紧密，且程度趋深。显然，俄罗斯经济开放度由 1992 年的 16. 1 到 2017 年增长为 39. 3，尽管由于 2008 年国际经济危机和 2014 年的乌克兰危机的影响，从 2009 年以来开放度数值有所下降，但总体上俄罗斯经济越来越开放，可见，外部市场对俄经济的增长、结构的调整，产生越来越重要的影响。1992 年以来，对外贸易额总体呈增长趋势，1992 年俄罗斯的对外贸易额为 731 亿美元，2017 年增长到 5909. 1 亿美元，增长 7 倍，而在 2012 年则达到历史最高点的 8647. 1 亿美元。俄罗斯在对外贸易进出口结构中，基本上处于贸易顺差地位，且顺差金额与其 GDP 变化趋势一样，总体上先增后减，到 2017 年顺差额下降到 1153 亿美元，而 2011 年顺差额曾高达 1981. 7 亿美元，达到历史峰值，1992 年仅有 31 亿美元的顺差。

表 12－3　　1992—2016 年俄罗斯对主要经济体的开放度

年份	1992	1997	2000	2008	2009	2013	2014	2016
欧亚经济联盟	1. 53	3. 75	5. 47	3. 61	3. 35	2. 72	3. 1	3. 3
独联体（去除欧亚经济联盟成员）	2. 21	3. 87	4. 32	2. 79	2. 26	2. 32	1. 59	1. 16
欧盟	8. 11	15. 14	24. 49	21. 8	18. 24	17. 27	16. 72	15. 63
美国	0. 8	2. 11	2. 82	1. 63	1. 5	1. 24	1. 41	1. 56
中国	1. 01	1. 29	2. 39	3. 67	3. 23	3. 98	4. 28	5. 15
日本	0. 74	0. 97	1. 28	1. 74	1. 19	1. 49	1. 49	1. 25
韩国	0. 23	0. 42	0. 51	1. 11	0. 86	1. 13	1. 32	1. 18

资料来源：根据世界银行数据计算而得。

俄罗斯对外贸易依存度、进口依存度、出口依存度呈现以上特征主要有以下原因。

第一，国际能源和原材料价格在本次国际经济危机前近十年的高价格时代，带动了俄罗斯矿石等原材料、能源燃料，以及其制成品的出口增加，从而大幅提升了商品贸易额。2001—2008 年，贸易额年均增长超过 50%。矿石原料和能源燃料一直是俄罗斯对外出口的主要商品，且苏联解体后，其在俄罗斯的出口额中所占比重一直处于较高的总体趋势。1993年，能源燃料出口额占俄罗斯对外出口额的48%。2000年占比首次超过一半，达到50.58%。2013年占比达到71.25%的历史高点，2017年则降为48.21%。[①][②]

第二，1991年以来，俄罗斯经济对外开放亦是调整对外经贸结构的过程，去除对欧盟和独联体等传统经贸对象国的相对单一外贸依赖，外贸市场结构得到优化，摒弃一边倒的西向战略（безоговорочного согласия）[③]，尤其是大力发展与新兴市场国家的经贸关系，更加重视与欧亚经济联盟成员国的经贸联系，积极融入东北亚经济圈。

第三，转口贸易发展，以莫斯科大市场体系构建独联体销售物流网络，尤其在俄罗斯经济转型之初，俄罗斯多个大市场集中大量的中国、越南等国外来轻工业商品，俄罗斯、乌克兰、格鲁吉亚、阿塞拜疆、乌兹别克斯坦等国家的商贩通过莫斯科的公路班车，将莫斯科市场的商品运回各自国内，形成了以莫斯科大市场体系为主的转口贸易，这在一定程度上为俄罗斯带来了巨大的经济溢出效益。[④][⑤]

第四，俄罗斯融入国际区域经济一体化程度进一步加深，积极主导和融入区域经济组织，一定程度上消除了对外贸易的一些限制，促进了外贸的增长。

第五，获得东向战略的红利，俄罗斯加强与中日韩三国经贸联系，对中日韩三国的开放度上升较快，尤其是近年加大远东开放，实施远东开发战略，"一带一路"与欧亚经济联盟对接下与中国振兴东北战略的对接发展，为俄罗斯远东经济发展注入了活力、增加了潜力。

2. 外资依存度

根据式（5）和俄罗斯FDI以及GDP数据，可以计算出1992—2017年

---

① 根据世界银行数据整理。

② Внешняя торговля России в 1993 г，http：//www. protown. ru/information/hide/2933. html，访问日期：2020年4月23日。

③ Алексей Богатуров. Три поколения внешнеполитических доктрин России //《Международные процессы》. Журнал теории международных отношений и мировой политики. Том 5. Номер 1（13）. Январь-апрель 2007.

④ Торговцы у ворот，Эксперты призывают не преувеличивать роль Черкизовского рынка// https：//rg. ru/2009/07/01/cherkiz. html，访问日期：2020年4月23日。

⑤ 13 лучших рынков Москвы ，https：//kudago. com/msk/list/15 - luchshih-rynkov-moskvy/，访问日期：2020年4月23日。

各年的外资依存度数值，从表 12 - 1 统计结果可以看出俄罗斯独立后吸引FDI 快速增长，总体增幅超过 GDP 的增幅。1992 年吸引外资仅为 11 亿美元，而2008 年吸引 FDI 达747 亿美元的历史峰值。虽然随后受国际经济危机的全球流动性不足影响，FDI 净流入有所下降，但数值仍然较高。FDI出现历史性下降是在 2015 年，由于受西方经济制裁影响，FDI 出现大幅波动性下降，当年 FDI 不足40 亿美元。当然，俄罗斯吸引 FDI 总体趋势与经济增长相似，也是呈现出一种波浪式的趋势，经历了增加、减少、再增加、再减少的循环。例如，1998—2000 年、2008—2012 年、2014—2016年三个时期，受新兴市场经济危机、本次国际金融经济危机和乌克兰危机受西方制裁的影响，俄罗斯经济都呈现不同程度的萎缩或发展速度减缓，在吸引 FDI 方面也出现萎缩或吸引 FDI 的增长速度减缓，可见吸引 FDI 的多寡与其经济增长之间存在着较强的相关性。尤其 2003 年以后的年份中，外资依存度的数值要高于前十年，这主要是由于该阶段矿藏资源的高价运行，同时俄罗斯吸引大量外国资本进入矿石、燃料等原料部门，吸引了高额 FDI，从而引起外资依存度的攀升。2008 年国际金融危机以来，由于国际市场矿石资源需求量的大幅下滑，导致国际资本对其矿石资源的投资动力降低，从而引致俄罗斯矿石、燃料等原料相关部门吸引 FDI 出现萎缩。另一个重要因素是受 2014 年发生的乌克兰危机影响，不仅俄罗斯国内大量资本外逃，而且吸引 FDI 乏力。但俄罗斯除了鼓励 FDI 对能源、矿石原料等传统部门投资外，更大力引导国际资本投资交通、金融服务、农业以及基础设施改造等领域，并取得良好效果，因此在此次国际经济危机发生以后，在吸引外资方面，俄罗斯并没有出现长时间的严重恶化趋势。

3. 经济开放度

根据公式（1）和数据可以计算出俄罗斯 1992—2017 年的经济开放度，结果如表 12 - 2 和表 12 - 3 所示。对外开放度整体上呈现出波浪式变化，与其对外贸易依存度的变化趋势相似，俄罗斯经过二十几年经济转型和市场培育，尤其是对外经济政策的调整，经济开放取得了明显成效。2017 年与 1992 年相比较，经济开放度数值由 16.1 增加到 39.3，说明其经济开放的领域和外部市场结构有了较大变化。1992 年由计划经济向市场经济过渡，经济开放度较低，且主要是和独联体以及东欧经济联系较为紧密。而 2017 年俄罗斯的经济开放质量更高，是面向世界的多元开放，特别是对欧盟以及中国、日本、韩国等经济体的经济开放度上升较快，这些经济体在俄罗斯对外经贸格局中地位越来越重要。对中国的经济开放度1992年仅仅为1.01，而2016年则达到5.15；对日本、韩国的经济开放度分别由1992年的0.74和0.23，上升到2016年的1.25和1.18；而对独联体（除去欧亚经济联盟成员）的经济开放度则呈现出下降的趋势。所以，从经济开放上看俄罗斯在融入世界经济一体化和区域一体化上有所差异。

四　经济开放与经济增长的实证研究

（一）计量模型与变量选择

为了厘清国外直接投资和对外贸易对开放经济增长的效应，本章回归模型的选择是在传统的Cobb-Douglas生产函数形式基础上进行变化。传统的Cobb-Douglas生产函数为：

$$Y = f(A, K, L) = AK^{\alpha}L^{\beta} \tag{6}$$

其中，Y代表产出，K代表资本存量，L代表就业数量，α，β为大于0的常数，A表示除资本和劳动以外的技术、制度等要素，来度量全要素生产率。

根据新增长理论，假定以技术进步来度量的全要素生产率是内生变量，同时进一步分析出口、进口、FDI对开放经济体增长的贡献，则将式（6）变化为

$$Y = A_0 e^{\gamma(DIM + DEX + DFI)} K^{\alpha} L^{\beta} \tag{7}$$

其中，A_0表示完全封闭经济体下的技术水平，大于0的常数；γ为技术外溢系数，表示开放带来的技术溢出效果；DIM表示进口依存度；DEX表示出口依存度；DFI表示外资依存度。

为了进一步衡量俄罗斯对不同经济体开放所带来的经济增长效率的迥异，根据前面俄罗斯对外开放与经济增长之间关系的定性描述，将传统的Cobb-Douglas公式变换成

$$Y = A_0 e^{\gamma OPEN_i} K^{\alpha} L^{\beta} \tag{8}$$

其中，$OPEN_i$表示俄罗斯对不同国家或地区的经济开放度，其中，$i = 1, 2, 3, 4, \cdots, n$。

为了消除在计量过程中经济变量可能存在的异方差引起的不利影响，并且考虑到在分析中取各变量的自然对数后不会改变各变量之间的关系，因此，对式（7）、式（8）两式进行线性处理，可以得到：

$$LnY = LnA_0 + \gamma_1 DIM + \gamma_2 DEX + \gamma_3 DFI + \alpha LnK + \beta LnL \quad (9)$$

$$LnY = LnA_0 + \gamma_1 OPEN_{EEU} + \gamma_2 OPEN_{CIS} + \gamma_3 OPEN_{EU} + \gamma_4 OPEN_{USA} + \gamma_5 OPEN_{CHINA} + \gamma_6 OPEN_{JAPAN} + \gamma_7 OPEN_{KOREA} + \alpha LnK + \beta LnL \quad (10)$$

其中，A_0、γ、α、β 均为常数；LnY、DIM、DEX、DFI、*LnK*、*LnL* 为相关变量，$OPEN_{EEU}$为对欧亚经济联盟的开放度；$OPEN_{CIS}$为对白俄罗斯、哈萨克斯坦、亚美尼亚、吉尔吉斯斯坦以外独联体的经济开放度；$OPEN_{EU}$为对欧洲的经济开放度；$OPEN_{USA}$为对美国的经济开放度；$OPEN_{CHINA}$为对中国的经济开放度；$OPEN_{JAPAN}$为对日本的经济开放度；$OPEN_{KOREA}$为对韩国的经济开放度；Y 为实际产出，K 为实际资本存量，L 为就业人口。

（二）开放度对其经济发展的绩效实证分析

1. 变量平稳性的单位根检验

在对变量进行协整分析之前，首先应该对其进行平稳性检验，否则有可能产生伪回归现象，由于 ADF 检验具有一定的局限性，本章使用 stata 10.0 软件对所有变量进行 PP 检验，检验结果如表 12－4 所示。

表 12－4 **单位根检验结果（PP 检验）**

变量	检验形式（CTK）	PP 统计量	临界值	是否为单位根
lnGDP	（CT1）	－0.587	－3.000 **	否
d_ lnGDP	（CN1）	－3.135	－2.630 *	是
DIM	（CT1）	－3.362	－2.630 *	是
DEX	（CT1）	－2.788	－2.630 *	是
DFI	（CT1）	－2.494	－2.630 *	否
d_ DFI	（CN1）	－9.308	－3.750 ***	是
lnK	（CT1）	0.594	－3.000 **	否
d_ lnK	（CT1）	－0.673	－3.000 **	否
d2_ lnK	（CT2）	－2.872	－2.630 **	是
lnL	（CT1）	－1.019	－3.000 **	否
d_ lnL	（CT1）	－3.110	－3.000 **	是

注：（C，T，K）分别代表所设定的检验方程含有截距、时间趋势及滞后阶数，***、**、* 分别表示在 1%、5%、10% 的水平上显著。

从表 12－4 可以看出，LnGDP、LnK、LnL 均为非平稳序列，并且当两个变量的单整阶数相同时才可以对其继续进行协整关系检验，在表 12－4 的检验序列中，LnGDP、LnL 的一阶差分 d_ LnGDP、d_ LnL 为 1 阶平稳序列，而 lnK 的 2 阶差分 d2_ lnK 为 2 阶平稳序列，即为 I（2）序列。因此，不能直接使用传统的计量经济学理论来构建模型，需要利用现代计量经济学中的协整理论及向量误差纠正模型（VECM）来研究变量之间的长期动态均衡关系。

2. 协整性检验

做 LnGDP 与各变量之间的协整关系检验，得到结果如表 12－5 所示：

表 12－5 的 Tracestatistics 结果表明只有一个线性无关的协整向量，其他均存在正向的线性关系，为了进一步确定滞后期和相关系数，用 MLE 方法进行向量误差修正模型（VECM）的估计，计算结果如表 12－6 所示。

从表 12－6 可以得出，LnGDP 与各变量之间的误差修正方程为：

$$LnGDP = 36.61 + 0.21DIM + 0.004DEX - 0.28DFI - 5.04LnK + 9.1LnL$$

即俄罗斯经济的进口依存度 DIM 和出口依存度 DEX，以及劳动投入 L 与 GDP 之间均存在正向的协整关系。从协整系数来看，劳动力投入 L 的系数数值较大，俄罗斯正是人口增长乏力，劳动力相对短缺。因此，劳动力对 GDP 的弹性系数较高；而出口依存度 DEX 系数不太明显，且 DFI 和 K 的系数为负，与 GDP 存在反向关系，符合俄罗斯当前经济开放和吸引外资的现实。俄罗斯当前主要以能源矿石出口为主，而在融入区域一体化和世界一体化的产业分工体系中，俄罗斯制造业处于产业链的中低端，并且是以产业间的贸易为主（2016 年中间产品只占贸易总额的 37.9%，2017 年燃料出口占其出口总额的 48.21%），主要进口机械设备和科技含量较高的生产性所需的设备以及科技含量较高的消费品。因此，能源、矿石部门及其关联部门也是吸引外资的主要部门（2017 年能源、矿石部门吸引的投资占俄罗斯总投资的比重高达 25.1%，远高于紧随其后的制造业的 16%①）。DIM 系数相对较小，也是由于国内经济的结构导致参与国际产业分工产生的可能技术溢出效应较低，同时俄罗斯采用进口替代战略，尤其是 2014 年受制裁以后，强化欧亚经济联盟的一体化（2017 年俄罗斯从欧亚经济联

① 数据来源于俄罗斯统计委员会网站，www.gks.ru。

表 12－5　　　　lnGDP 与各变量之间协整检验分析

Johansen tests for cointegration

Trend　　　　trend
Number of obs = 23
Sample：1994—2016
Lags = 2

maximum					5% trace critical
rank	parms	LL	eigenvalue	statistic	value
0	48	49.811715	.	165.0258	104.94
1	59	78.12326	0.91472	108.4028	77.74
2	68	98.724384	0.83327	67.2005	54.64
3	75	113.93436	0.73356	36.7805	34.55
4	80	123.62307	0.56937	17.4031	18.17
5	83	129.33548	0.39748	5.9783	3.74
6	84	132.32464	0.22889		

maximum					max critical
rank	parms	LL	eigenvalue	statistic	value
0	48	49.811715	.	56.6231	42.48
1	59	78.12326	0.91472	41.2022	36.41
2	68	98.724384	0.83327	30.4200	30.33
3	75	113.93436	0.73356	19.3774	23.33
4	80	123.62307	0.56937	11.4248	23.78
5	83	129.33548	0.39148	5.9783	16.87
6	84	132.32464	0.22889		

表 12－6　　　　向量误差修正模型（VECM）的估计

Johansen normalization restriction imposed

beta	Coef.	Std. En.	z	P > | z |	[95% Conf. Interval]	
_ cel						
lngdp					1	
lnk	－5.037352	0.3052448	－16.50	0.000	－5.635621	－4.439083
lnl	9.10385	1.301949	6.99	0.000	6.552077	11.65562
dex	0.0045883	0.0072517	0.63	0.527	－0.0096248	0.0188014
dim	0.2076513	0.0260327	7.98	0.000	－0.3395988	－0.2262952
dfi	－0.282947	0.0289045	－9.79	0.000	－0.3395988	－0.2262952
_ cons					－36.61178	

盟进口超过 2251 亿美元商品，2015 年为 1824 亿美元，其中化学制品、橡胶以及机械设备产品超过总额的 65%）。此外，资本存量 K 系数为负数，与 GDP 呈现较大的负相关，并且数值较大，是由于资本主要投向能源和矿石部门，导致潜在的“资源诅咒”正在慢慢变成现实，还是市场对资源配置出现非效率性？值得进一步研究其具体的市场和政府在资源配置中的相互作用对资本的使用效率，以及资本存量投入的结构性效率。整体上，俄罗斯外向型经济不太明显，俄罗斯产业融入世界经济一体化程度不深。这也符合表 12－2 中俄罗斯贸易依存度较低的趋势。

3. 格兰杰因果检验

从上述分析已知，俄罗斯 GDP 与进口依存度 DIM、外资依存度 DFI、出口依存度 DEX、K、L 之间存在从强到弱的协整关系，但我们还不了解它们之间是否具有因果关系，以及因果关系方向如何，由于 LnK 和 LnL 是 2 阶单整序列，为此我们对 LnGDP 与 LnDIM、LnDEX、LnDFI 做基于水平 VAR 的格兰杰因果性检验，检验结果如表 12－7 所示。

表 12－7 相关变量的 Granger 因果关系检验结果（滞后阶数 K＝2）

Granger causality Wald tests

Equation	Excluded	Chi2	df	Pro > chi2
lngdp	dex	3.212	2	0.201
lngdp	dim	4.0193	2	0.134
lngdp	dfi	1.3715	2	0.504
lngdp	ALL	10.237	6	0.115
dex	lngdp	4.8886	2	0.087
dex	dim	13.928	2	0.001
dex	dfi	1.9476	2	0.378
dex	ALL	31.35	6	0.000
dim	lngdp	18.034	2	0.000
dim	dex	30.934	2	0.000
dim	dfi	2.4218	2	0.298
dim	ALL	46.15	6	0.000
dfi	lngdp	3.5911	2	0.166
dfi	dex	2.6732	2	0.263
dfi	dim	2.367	2	0.306
dfi	ALL	5.2812	6	0.508

从表 12－7 可以看出，俄罗斯对出口依存度 DEX、进口依存度 DIM、外资依存度 DFI 都是俄罗斯 LnGDP 的原因，存在因果关系，而 LnGDP 不是出口依存度 DEX、进口依存度 DIM 和外资依存度 DFI 的原因。俄罗斯经济在整体与进口依存度、出口依存度和外资依存度存在着由强到弱的因果关系，尤其进口是推动俄罗斯经济发展的重要原因。因此，以进口依存度、外资依存度和出口依存度来解释俄罗斯 GDP 的变动是可行的。

（三）针对不同国家开放绩效的实证分析

通过前面分析，发现俄罗斯通过开放即通过贸易和吸引国际投资方式对本国的经济发展有促进作用，那么与哪些国家和地区的经贸联系对俄经济增长贡献更大，即进一步分析俄罗斯开放多元化的结构效率。由于世界经济一体化的发展，本章选取与俄罗斯有经济联系的经济体都是全球经济一体化体系中的重要成员，其各自经济之间也存在紧密的贸易和相互投资等联系。因此，从逻辑上看俄罗斯经济开放的主要对象欧亚经济联盟（俄罗斯除外）、独联体（欧亚经济联盟成员除外）、欧盟、美国、中国、日本和韩国之间存在相关性（见表12－8）。

表12－8　　**相关矩阵**

	$OPEN_{EEU}$	$OPEN_{CIS}$	$OPEN_{EU}$	$OPEN_{USA}$	$OPEN_{CHINA}$
$OPEN_{EEU}$	1.000	0.378	0.772	0.826	0.007
$OPEN_{CIS}$	0.378	1.000	－0.024	0.566	－0.780
$OPEN_{EU}$	0.772	－0.024	1.000	0.423	0.383
$OPEN_{USA}$	0.826	0.566	0.423	1.000	－0.224
$OPEN_{CHINA}$	0.007	－0.780	0.383	－0.224	1.000
$OPEN_{JAPAN}$	0.121	－0.438	0.450	－0.029	0.764
$OPEN_{KOREA}$	－0.016	－0.732	0.401	－0.225	0.946

从表12－8可以看出，$OPEN_{EEU}$、$OPEN_{CIS}$、$OPEN_{EU}$、$OPEN_{USA}$、$OPEN_{CHINA}$、$OPEN_{JAPAN}$、$OPEN_{KOREA}$相互之间均存在相对较强的相关性，所以，本章选择主成分法分析开放多元化中的主要经贸经济体对俄罗斯经济增长的贡献问题（见表12－9）。

表12－9　　**各主要经济体对俄罗斯经济发展的贡献程度①**

$OPEN_{EEU}$	$OPEN_{CIS}$	$OPEN_{EU}$	$OPEN_{USA}$	$OPEN_{CHINA}$	$OPEN_{JAPAN}$	$OPEN_{KOREA}$
2.96	－2.15	5.14	1.06	3.38	3.93	4.31

从回归结果来看，欧盟是对俄罗斯经济增长贡献最大的经济体，$OPEN_{EU}$系数最高，为5.14；其次是韩国，$OPEN_{KOREA}$系数仅次于欧盟；与日本的经贸发展对开放中的俄罗斯经济发展的贡献也较其他经济体要高；虽然与中国的经贸发展对俄罗斯经济增长有贡献，但贡献程度排在日本之后；与欧亚经济联盟的经贸联系对俄罗斯经济增长的贡献程度比美国要高出不少，然而，与独联体（除去欧亚经济联盟成员）的经贸联系对俄罗斯经济增长的贡献为负数，拖累其经济增长。从现实经济上来看，俄罗斯经济对外开放的地理多元化平衡较好，不仅深化与欧盟经贸联系，而且近年来兼

① 通过近24年各主要经济体与俄罗斯的贸易和投资数据，用主成分法分析得出，计算过程略。

顾亚洲，尤其是东北亚，出台众多政策开发远东，积极融入中日韩经济一体化；向南则是整合独联体原有的哈萨克斯坦、吉尔吉斯斯坦、亚美尼亚实现推动欧亚经济联盟实质性发展。虽然在东北亚中和中国的贸易占到俄罗斯贸易第一位，但是，中国与俄罗斯的经贸主要是能源领域的合作，而日本和韩国与俄罗斯的经贸联系结构要平衡得多，因此，韩国与日本对俄罗斯的经济增长贡献程度更大（见表 12 – 10）。

表 12 – 10 **中国、日本、韩国对俄罗斯直接投资存量结构** 单位：亿美元

国家/领域		截至 2008 年年底	截至 2014 年年底	截至 2017 年年底
中国	总额	5. 21	33. 76	82
	能源	4. 3	12. 4	—
	金融	0. 65	1	—
日本	总额	89. 6	144. 16	152. 35
	能源	69. 8	101. 25	—
	农业	10	19. 04	—
	机械	5. 55	12. 2	—
韩国	总额	10. 67	17. 58	—
	机械	4. 37	7. 87	—
	建筑	4	4	—
	农业	0. 6	2. 51	—

资料来源：欧亚发展银行。①②

五 结论

独立后经过二十多年的经济转型与开放，俄罗斯的经济增长速率虽然经历了波浪式的起伏变化，但纵向比较还是取得了明显的经济增长成就。进出口贸易、FDI 流入的规模等与独立时相比都有质的变化。劳动力、外资和出口在俄经济增长中扮演了积极的角色，坚持深化对外开放成为俄罗斯主导和参与全球、国际区域经济一体化的重要手段，也是其经济增长的主要动力之一。俄罗斯二十几年的经济深化开放进程中，开放的广度和深

① Евразийская экономическая интеграция/Аналитика и проекты Центра интеграционных исследований ЕАБР，http：//eurasianeconomic. org，访问日期：2020 年 4 月 23 日。

② 2017 年数据来源于俄罗斯统计委员会。

度都在提升，摆脱了主要依赖欧盟和原苏联地区的相对单一的外贸结构：向西继续推进对欧盟的开放，与欧盟的经贸联系促进了俄罗斯的经济增长；向南则重新整合独联体成员，主导欧亚经济联盟的经济一体化，在独联体国家中更加注重深化与欧亚经济联盟的经济整合，深化对欧亚经济联盟的开放，促进了俄罗斯经济的增长；向东，不仅与中国深化经济合作，而且积极深化与日本、韩国的经贸合作，在对俄罗斯的经济贡献程度上，韩国超过中国和日本；俄罗斯参与和主导的区域经济一体化进程中，向东开放、参与东北亚的区域经济一体化、深化对中日韩的开放使这一地区成为对其经济增长贡献程度最高的区域，高于欧盟和欧亚经济联盟。

第二节　欧亚经济联盟与丝绸之路经济带倡议的对接

习近平主席 2013 年在欧亚经济联盟成员国哈萨克斯坦提出“丝绸之路经济带”倡议，随即得到哈萨克斯坦的积极呼应，并提出相应的国内经济战略与之对接，而作为欧亚经济联盟主要经济体的俄罗斯则是在一年半之后，即 2015 年 5 月代表欧亚经济联盟与中国签订《中华人民共和国与俄罗斯联邦关于丝绸之路经济带建设和欧亚经济联盟建设对接合作的联合声明》，此后，欧亚经济联盟主要创始国的白俄罗斯与中国的对接提速，项目落地成效显著。“一带一路”与欧亚经济联盟对接不仅是超国家经济实体的区域一体化组织与“一带一路”的政治互动的战略呼应，而且标志着承载经济实体间的对接行动与合作共赢的落地成效。同时，在“一带一路”与欧亚经济联盟对接框架下，欧亚联盟的各经济体与中国又富有成效地深化推进双边的“一带＋”对接。

一　欧亚经济联盟以及俄罗斯与“丝绸之路经济带”对接演变

自从习近平主席提出建设“丝绸之路经济带”的倡议以来，俄罗斯的立场和态度以及中俄“一带一路”与欧亚经济联盟对接历经认知演变和全面合作推进等时期。

第一个时期是俄罗斯对“一带一路”认知处于了解期。习近平主席提出建设“丝绸之路经济带”的倡议，虽然俄罗斯媒体进行了较多的报道，并从“一带一路”与中亚、上合组织成员国以及俄白哈关税同盟的视角上进行报道，但俄罗斯官方层面对于“一带一路”的看法更多表现出谨慎态度。部分俄罗斯学者和官员认为，中国利用丝绸之路的历史概念强调与中亚各国命运的历史共性，借此博取上海合作组织成员国对自己的好感。“丝绸之路经济带”倡议的目标是通过巩固中国在中亚地区的经济存在以扩大并加强中国在该地区的政治安全影响力，最终达到掌控中亚的目标。[①] 这一时期俄罗斯学术界比较矛盾：“‘一带一路’既给俄罗斯带来利益，也给俄罗斯带来风险。一方面，‘一带一路’将促进俄罗斯的投资和发展。另一方面，‘一带一路’将带来竞争，并使中亚国家脱离莫斯科的影响。”[②]

第二个时期是互动加强、认知逐步深入时期。2014 年 2 月 6 日，在西方国家领导人抵制出席俄罗斯冬季奥运会的背景下，习近平主席抵达俄罗斯南部城市索契，出席第 22 届冬奥会开幕式。在与普京总统会面时，习近平主席说，“按照中国习俗，邻居办喜事，我当然要专程来当面向你贺喜，同俄罗斯人民分享喜庆……祝索契冬奥会马到成功，祝中俄两国运动员在赛场上一马当先”。普京总统也祝愿习近平主席和中国人民新春快乐，马年顺利。[③] 习近平主席连续两年把俄罗斯作为当年外访的第一站，向外界展示了中国构建中俄新型大国关系的行动。此次会晤让双方能够深入探讨“一带一路”与欧亚经济联盟的相关议题，也让俄罗斯能够进一步深入了解“一带一路”，使俄罗斯逐渐打消对中国与中亚发展经贸的疑虑。自此以后，俄各界对“一带一路”的认知不断提高，官方和学者的态度也变得积极起来。普京总统经济顾问季莫费耶夫认为欧亚经济联盟和“丝绸之路经济带”合作将为所有相关方带来巨大利益。因此，关于“潜在的中俄竞争”的争端并没有任何空间。根据他的观点，“一带一路”与欧亚经济联盟都将促进包括中亚在内的欧亚空间国际合作，激发运输和物流潜力，增强经济能力以应对在快速发展的新世界中面临的外部和内部挑战。[④]

俄罗斯科学院远东研究所高级研究员彼得罗夫斯基认为，“丝绸之路经济带”项目获得俄中两国领导层的支持，两国学者和专家应该更加致力于协调该项目实施过程中的政治和经济利益。并认为，“丝绸之路经济带”

---

① 赵会荣：《俄罗斯如何看待丝绸之路经济带》，载《俄罗斯黄皮书：俄罗斯发展报告（2015）》，社会科学文献出版社 2015 年版。

② Инесса Юшковская ：《Китайская мечта на просторах России》，《Санкт-Петербургские ведомсти》，25 марта 2016 года.

③ 《习近平会见俄罗斯总统普京》，《光明日报》2014 年 2 月 7 日。

④ Bordachev T, *Creating Eurasia together-Izvestia*, http: //izvestia. ru/news/585463，访问日期：2020 年 4 月 23 日。

作为大型项目，体现了一种合作新模式，不是某种经济一体化的区域组织，而是基于自愿相互协调的国际经济制度。“丝绸之路经济带”项目与欧亚经济联盟项目并不矛盾，两者可以在互补的基础上平行发展，直至建立起自由贸易区。[①]

“丝绸之路经济带”倡议可以促进中国与邻国间富有成果的合作并提供有利的国际环境[②]，为建设以工业制造、物流为核心的现代经济的中亚地区提供了令人难以置信的机遇[③]。随着 2014 年亚洲基础设施投资银行的筹建，俄罗斯官方也对“一带一路”倡议有了更深入的了解，并开始积极起来。2014 年 10 月 24 日，作为 21 个亚投行首批意向创始成员国，哈萨克斯坦和乌兹别克斯坦的财长和授权代表在北京签署了筹建亚洲基础设施投资银行备忘录。随着英国、澳大利亚、丹麦、法国、德国、意大利等国加入亚投行，3 月 28 日，俄罗斯第一副总理舒瓦科夫在出席博鳌亚洲论坛时宣布：普京总统决定，俄罗斯将加入亚洲基础设施投资银行。俄罗斯从而成为申请加入亚投行的第 39 个国家。6 月 29 日，亚投行创始成员国在北京正式签署了机构章程，俄罗斯的投票权为 5. 93%，成为继中国和印度之后的第三大股东。[④] 学术界和政治界普遍认为“丝绸之路经济带”倡议所彰显的目标完全符合俄罗斯对欧亚一体化利益诉求，这也正是俄罗斯所遵循的外交政策举措之一[⑤]，它也完全符合俄罗斯的东向战略。[⑥]

第三个时期是自 2015 年 5 月以来，俄罗斯积极行动，全面对接，促进对接声明落地。2015 年 5 月 8 日俄罗斯与中国签署了联合声明，哈萨克斯坦与中国签署了哈萨克斯坦“光明之路”与丝绸之路经济带对接的文件。

---

① 《俄罗斯与丝绸之路经济带：寻求共同发展与共赢》，2014 年 6 月 26 日，中国网，http：//news. china. com. cn/2014 –06/26/content_ 32783810. htm，访问日期：2020 年 4 月 23 日。

② Vorobyov V. , *Beijing's New Foreign Policy-Russia in global affairs*, http：//eng. globalaffairs. ru/number/Beijings-New-Foreign-Policy –16503，访问日期：2020 年 4 月 23 日。

③ Karaganov S. , *The promise of Eurasia-Rossiyskaya gazeta*, http：//www. rg. ru/2015/10/26/karaganov. html.

④ 《一图看懂亚投行各国话语权：中国股份超 30% 一家独大，印度俄罗斯前三》，2015 年 6 月 29 日，观察者网，https：//www. guancha. cn/strategy/2015_ 06_ 29_ 324999. shtml，访问日期：2020 年 4 月 23 日。

⑤ Bordachev T. , *New Eurasian Momentum-Russia in global affairs*, http：//www. globalaffairs. ru/number/Novoe-evraziistvo –17754，访问日期：2020 年 4 月 23 日。

⑥ Valdai Discussion Club, *Toward the Great Ocean-3*, *Creating Central Eurasia*, http：//vid-1. rian. ru/ig/valdai/Twd_ Great_ Ocean_ 2_ Rus. pdf，访问日期：2020 年 4 月 23 日。

白俄罗斯、吉尔吉斯斯坦等国家也签署类似文件。欧亚经济联盟成员分别与中国签署共建“丝绸之路经济带”相关声明和协议。因此，以俄罗斯为核心的欧亚经济联盟作为一个发展中的一体化经济组织与丝绸之路经济带对接，水到渠成。

季莫费耶夫在接受俄媒体有关“一带一路”与欧亚经济联盟对接问题专访时表示：欧亚经济联盟和丝绸之路经济带具有不同性质。欧亚经济联盟具有一体化性质，是五个经济体的联盟，是在欧亚空间消除关税障碍，实现商品、人员、资金的自由流通。而丝绸之路经济带不是一体化规划，而主要是在运输、物流方面扩大对外投资。中俄在与中亚经济互动中，各取所需，互不相互竞争，互不相互妨碍，俄需要中亚地区的稳定与劳动力，而中国需要中亚的能源、产能合作和道路建设。中国能为中亚提供更现代化的基础设施，俄罗斯则以传统安全领域的优势确保中亚的稳定与安全。因此，“一带一路”与欧亚经济联盟对接对中亚、俄罗斯及远东、中国和欧盟都是有利的①。

2015 年是苏联反法西斯卫国战争胜利 70 周年，俄罗斯决定举行系列纪念和庆祝活动。然而，由于乌克兰危机导致俄罗斯与美欧等西方国家关系陷入冲突与对抗境地。西方国家借此歪曲和否定历史，以此打压俄罗斯。② 与一些西方国家领导人弱化俄罗斯第二次世界大战功绩不同，习近平主席接受邀请飞赴莫斯科出席红场阅兵式等纪念活动，并与普京总统会晤。中国媒体在对苏联在第二次世界大战中贡献的宣传上，基于历史事实，给予俄罗斯高度评价，展现了中国对待历史的实事求是的传承精神，为“一带一路”与欧亚经济联盟对接夯实了基础。5 月 8 日，中俄在莫斯科发表了《中华人民共和国与俄罗斯联邦关于丝绸之路经济带建设和欧亚经济联盟建设对接合作的联合声明》。③ 声明确认双方将深化两国全面战略协作伙伴关系，促进欧亚地区及全世界平衡和谐发展。声明指出：“俄方

---

① Тимофиев Богдачев："В китайском языке нет слова ‘брат’". lenta. ru，30 сентября 2015 года. https：//news. rambler. ru/other/31480691 – v-kitayskom-yazyke-net-slova-brat/，访问日期：2020 年 4 月 23 日。

② 《普京：某些势力歪曲二战历史，向年轻人灌输谎言》，2015 年 3 月 18 日，中新网，http：//www. chinanews. com/gj/2015/03 – 18/7137358. shtml，访问日期：2020 年 4 月 23 日。

③ 《中华人民共和国与俄罗斯联邦关于丝绸之路经济带建设和欧亚经济联盟建设对接合作的联合声明（全文）》，2015 年 5 月 9 日，新华网，http：//www. xinhuanet. com/world/2015 – 05/09/c_127780866. htm，访问日期：2020 年 4 月 23 日。

支持丝绸之路经济带建设，愿与中方密切合作，推动落实该倡议。中方支持俄方积极推进欧亚经济联盟框架内一体化进程，并将启动与欧亚经济联盟经贸合作方面的协议谈判。双方将共同协商，努力将丝绸之路经济带建设和欧亚经济联盟建设相对接，确保地区经济持续稳定增长，加强区域经济一体化，维护地区和平与发展。双方将秉持透明、相互尊重、平等、各种一体化机制相互补充、向亚洲和欧洲各有关方开放等原则，通过双边和多边机制，特别是上海合作组织平台开展合作。”

中俄“一带一路”与欧亚经济联盟对接声明，不仅明确了全面对接的原则、目标、机制，还进一步明确了双方对接合作的步骤以及如何去推动，并指明了上合组织、欧亚经济联盟、“丝绸之路经济带”三者之间的协调合作关系。当然，为了尽快推动对接尽早落地和达到预期成效，声明中还明确了双方推进过程中的责任主体和平台，以及如何去落实：“双方支持启动中国与欧亚经济联盟对接丝绸之路经济带建设与欧亚经济一体化的对话机制，并将推动在双方专家学者参与下，就开辟共同经济空间开展协作进行讨论。双方将成立由两国外交部牵头、相关部门代表组成的工作组，协调上述领域的合作。双方将通过中俄总理定期会晤机制及其他双边合作机制，监督上述共识的落实进程”。

时任俄罗斯总理梅德韦杰夫认为，俄中关系是真正的睦邻友好和相互尊重的典范，将促进21世纪两国的全面现代化，俄中两国实现了真正意义上的互利合作。自2010年以来，中国一直是俄罗斯的最大贸易伙伴。2020年以前双边贸易额达到2000亿美元的目标有望实现。未来几年启动的大型项目能为两国的贸易额增加几十亿美元，使两国贸易走上可持续发展的积极轨道。2012年，俄中贸易敏感商品预警和磋商机制启动，目前两国正就欧亚经济联盟与中国之间的货物与运输工具过境相互通报协议进行磋商。该协议将减少贸易中的“灰色清关”现象。俄罗斯正积极推动欧亚经济联盟和丝绸之路经济带对接，并已确定一系列优先合作方向。欧亚经济联盟成员国和中国之间简化贸易手续、改善投资状况，是这种对接合作的具体体现。①

① 《睦邻友好和相互尊重的典范——访俄总理梅德韦杰夫》，2015年12月14日，新华网，http：//www. xinhuanet. com/world/2015 -12/14/c_ 128526600. htm，访问日期：2020年4月23日。

二 “一带一路”与欧亚经济联盟对接与俄罗斯和欧亚经济联盟

根据中俄现有的合作领域及其成效，从贸易、物流、金融等现实行动到未来自贸区等政策协作领域全面经贸合作，“一带一路”与欧亚经济联盟对接声明明确了当前合作的具体领域①：

第一，扩大投资贸易合作，优化贸易结构，为经济增长和扩大就业培育新的增长点。

第二，促进相互投资便利化和产能合作，实施大型投资合作项目，共同打造产业园区和跨境经济合作区。

第三，在物流、交通基础设施、多式联运等领域加强互联互通，实施基础设施共同开发项目，以扩大并优化区域生产网络。

第四，在条件成熟的领域建立贸易便利化机制，在有共同利益的领域制定共同措施，协调并兼容相关管理规定和标准、经贸等领域政策。研究推动建立中国与欧亚经济联盟自贸区这一长期目标。

第五，为在区域经济发展方面能够发挥重要作用的中小企业发展创造良好环境。

第六，促进扩大贸易、直接投资和贷款领域的本币结算，实现货币互换，深化在出口信贷、保险、项目和贸易融资、银行卡领域的合作。

第七，通过丝路基金、亚洲基础设施投资银行、上海合作组织银联体等金融机构，加强金融合作。

第八，推动区域和全球多边合作，以实现和谐发展，扩大国际贸易，在全球贸易和投资管理方面形成并推广符合时代要求的有效规则与实践。

俄罗斯外交部专门成立了一个专家小组，研究“一带一路”与欧亚经济联盟建设对接问题。此外，为进一步落实“一带一路”与欧亚经济联盟对接声明，欧亚经济委员会决定启动欧亚经济联盟与中国开展经贸合作谈判进程，2015 年 10 月 16 日欧亚经济联盟五个成员国元首出席了欧亚最高经济委员会在哈萨克斯坦召开的例会，并达成一系列“一带一路”与欧亚经济联盟对接相关内容的决定。确认欧亚经济联盟

① 《中华人民共和国与俄罗斯联邦关于丝绸之路经济带建设和欧亚经济联盟建设对接合作的联合声明（全文）》，2015 年 5 月 9 日，新华网，http：//www.xinhuanet.com/world/2015 - 05/09/c_127780866.htm，访问日期：2020 年 4 月 23 日。

和“丝绸之路经济带”的互动对接关系，认为“一带一路”与欧亚经济联盟对接能够促进国家之间的贸易和经济合作，并刺激基础设施投资。同时决定与中国开展“一带一路”与欧亚经济联盟相关经贸领域的项目和协议谈判。①

俄罗斯与中国签署“一带一路”与欧亚经济联盟对接声明半年后，欧亚经济联盟最高经济委员会确认“一带一路”与欧亚经济联盟对接内容，并继续沿着中俄“一带一路”与欧亚经济联盟对接声明的方向深化合作。欧亚经济联盟是一个超国家实体的国际组织，俄罗斯作为一个成员，为什么是俄罗斯而不是欧亚经济委员会与中国签署“一带一路”与欧亚经济联盟对接？这几者之间具有什么关系？

俄罗斯主导的欧亚经济联盟是一个高度整合的组织，拥有决策、实施和解决分歧的完整机制。“一带一路”倡议是一项泛区域合作倡议，是没有进入门槛并具有包容性的合作平台，从理论和实践上“一带一路”既可以和超国家的经济组织也可以和国家进行双边对话，比较灵活。欧亚经济联盟相关工作推动进程缓慢，内部运行环境相对复杂，虽然是一体化组织，但到目前为止尚未采用统一的海关编码。梅德韦杰夫曾在 2016 年 4 月 13 日的欧亚经济联盟政府总理理事会上对欧亚经济联盟的相关规划和协议推进落实工作评价为“到目前为止，我们落后于法规文件的制定进度”②。卡内基莫斯科中心亚洲项目负责人亚历山大则认为，欧亚经济联盟仍然是按照不可预测的规则运行，内部困境重重，对中国而言这难以理解，在这种情况下，更高效的做法就是中国直接与各国政府进行双边对接。③

中国充分坚持“一带一路”倡议的包容、开放。以强大的“中俄伙伴关系”为基础的“对接”政策将有助于实施促进该地区政治稳定的经济规划和合作项目。尽管如此，“一带一路”与欧亚经济联盟对接的具体推进和实际项目落地的经贸合作仍落后于政治议程的规划。首先，原定于 2016

① Высший Евразийский экономический совет принял решение о новой структуре Евразийской экономической комиссии. Евразийская экономическая комиссия. 16. 10. 2015, http: //www. eurasian-commission. org/ru/nae/news/Pages/16 – 10 – 2015 – 2. aspx，访问日期：2020 年 4 月 23 日。

② Выступление Дмитрия Медведева на заседании. Заседание Евразийского межправительственного совета. 13 апреля 2016 . http: //government. ru/news/22590，访问日期：2020 年 4 月 23 日。

③ ЕАЭС и Шёлковый путь год спустя. Нестыковки сопряжения политики и экономики https: //www. tks. ru/reviews/2016/05/18/02/print，访问日期：2020 年 4 月 23 日。

年年初发布的“一带一路”与欧亚经济联盟对接路线图尚无下文。其次，欧亚经济联盟成员国之间就此问题进行的政治对话也毫无端倪[①]，“一带一路”与欧亚经济联盟的对接更多是一种政治姿态。

2015 年 10 月，欧亚最高经济委员会即欧亚经济联盟成员国元首会议决定欧亚经济联盟成员国政府与欧亚经济委员会在参与丝绸之路经济带的问题上进行互动，包括与中方就相关双边备忘录进行互动，与中国进行经贸协定谈判。一年后的 2016 年 6 月，欧亚经济委员会和中国商务部签署了《关于正式启动中国与欧亚经济联盟经贸合作伙伴协定谈判的联合声明》，双方都希望在国际政治和经济秩序重建的背景下采取实质性措施加快合作进程。2016 年 10 月，双方举行了第一轮谈判，并于 2017 年 10 月结束谈判。2018 年 5 月 17 日，欧亚经济联盟与中国签署了《经贸合作协定》，内容包括海关合作与贸易便利化、知识产权、部门合作、电子商务和政府采购等，这标志着中国与欧亚经济联盟之间的经贸合作进入了以项目带动的新阶段，经贸合作协定于 2018 年 12 月生效。

“一带一路”与欧亚经济联盟对接的核心是中俄两国在亚欧大陆的经济利益相互协调，并考虑到各成员国的诉求之后寻求各方利益的最大共同点。这种对接将为“一带一路”和欧亚经济联盟成员带来切实的利益。对于中国而言，政治意义在于，它消除了整个欧亚地区的忧虑，从而使各国不必担心需要“在中俄之间进行选择”。经济意义在于，它为海关简化手续和电子商务提供了制度安排，这有利于货物交换和人员的交流。对于欧亚经济联盟成员国而言，这种对接可以更好地吸引中国的投资并加快合资项目的实施，更重要的是，它可以帮助成员国商品进入巨大的中国市场，尤其是农产品市场。“一带一路”与欧亚经济联盟对接没有终点，会不断地降低经贸合作的成本，加快项目落地，成果惠及所有人。[②]

---

① А. С. Скриба. Сопряжение ЕАЭС и Экономического пояса Шелкового пути: интересы участников и вызовы реализации. ВЕСТНИК МЕЖДУНАРОДНЫХ ОРГАНИЗАЦИЙ. Т. 11. № 3 (2016).

② Belt & Road News, *Connecting BRI with Eurasian Economic Union is Strategic Choice of China: Russia*, April 27, 2019, https://www.beltandroad.news/2019/04/27/connecting-bri-with-eurasian-economic-union-is-strategic-choice-of-china-russia/，访问日期：2020 年 4 月 23 日。

第三节 “一带一路”与欧亚经济联盟对接框架下的双边与多边对接

中俄签署“一带一路”与欧亚经济联盟对接声明后，不仅中国与欧亚经济联盟的相关经贸协定快速推进，而且与成员国的双边对接成效显著。

一 哈萨克斯坦与中国双边共建“丝绸之路经济带”

“丝绸之路经济带”倡议是习近平主席在出访哈萨克斯坦期间提出的。一经提出，当时即得到哈方的积极呼应。在哈萨克斯坦有重要影响力的《哈萨克斯坦快报》（始于1920年出版发行）则以：“远亲不如近邻”为题发表评论，引用总统纳扎尔巴耶夫的讲话：“我们合作的优先领域是经济领域。在我看来，我们取得了杰出成就。”评论以中哈两国的现有合作成就为基础，阐述如何通过新的合作模式即丝绸之路经济带的建设，进一步深化两国在贸易、经济、投资、农业、边境、文化、人道主义以及国际和地区安全的合作，复兴伟大的丝绸之路。[①] 哈萨克斯坦央行行长马尔琴科在接受哈萨克斯坦主要媒体关于哈萨克斯坦目前国内经济形势的采访时表示，哈国的经济与中国已经成为利益共同体。哈萨克斯坦从20世纪60—70年代苏联时期到哈萨克斯坦独立后近20年，国家发展战略方向的转移与中国改革开放以后经济发展战略的调整有契合点。评论认为丝绸之路经济带的建设将对哈、俄、中的多边合作共赢提供新的动力和方式。

“丝绸之路经济带”与哈萨克斯坦“光明之路”新经济政策对接。2014年12月，李克强总理访问哈萨克斯坦期间，中哈双方决定开展产能合作，由此开启了中国对外经济合作的新模式。2015年5月，习近平主席访问哈萨克斯坦期间，就“一带一路”倡议同哈方“光明之路”新经济政策对接与哈方达成重要共识。纳扎尔巴耶夫总统表示，哈萨克斯坦愿意成为丝绸之路经济带建设的重要伙伴，做好丝绸之路经济带建设同“光明之路”新经济政策的对接。哈萨克斯坦选择对接的原因在于以下三个方面。

首先，哈萨克斯坦的地理位置是丝绸之路经济带与“光明之路”对接的天然优势。哈萨克斯坦地处亚欧大陆接合部，是欧亚交通的枢纽与中转

① «Близкий сосед лучше дальних родственников», Экспресс-К, 10 сентября 2013 г.

站。南部与土库曼斯坦、乌兹别克斯坦和吉尔吉斯斯坦三国接壤，北部与俄罗斯连接，东部与中国新疆毗邻。哈萨克斯坦不仅是古丝绸之路重要的途经地，也是“丝绸之路经济带”自中国出发向西拓展的第一站。

其次，对接基础日益稳固。中哈关系的发展成效夯实了对接的政治互信和经济合作基础。中哈关系已经进入快速发展的轨道，双方确立了战略伙伴关系，在能源、交通、贸易、文化交流、安全等领域展开广泛合作。

最后，进一步激发哈萨克斯坦的经济发展活力是对接的内在需求。哈萨克斯坦经过20余年的发展，经济成就斐然，但其经济结构单一、区域发展失衡问题依旧比较严重。与丝绸之路经济带对接可以为哈方实施“光明之路”新经济政策提供资金、技术、设备支持，推动哈萨克斯坦国内经济发展。

中哈双边对接主要是按照共建“一带一路”的“五通”路径推进。首先是贸易体系，根据哈萨克斯坦“入世”承诺，2018年前哈萨克斯坦取消农业生产者增值税优惠，“入世”后平均进口关税将从现行的10.4%下降到6.5%，还将取消所有与出口和进口替代相关的补贴。因此，中国与哈萨克斯坦应重点拓宽贸易合作领域。其次是强化基础设施互联互通。随着中哈物流合作基地一期工程在江苏连云港投产运营、中哈霍尔果斯国际边境合作中心中方配套区（一期）正式封关运营，丝绸之路经济带与哈萨克斯坦“光明之路”新经济政策对接在基础设施互联互通领域迈出了坚实的一步。对于中哈（连云港）物流合作基地的投产运营，哈方称为“找到了东出太平洋最近的出口”，同时交通网络的互联互通提高了通关物流效率。再次是积极推进产能合作。2014年8月，哈萨克斯坦制定了《工业创新发展国家纲要2015—2019》（第二个五年计划），目的是实现2020年前制造业实际总增加值增长不低于1.5倍的目标。投资优惠政策和工业创新发展国家纲要为推进中哈产能合作提供了良好的政策条件。2015年3月，中哈已启动产能合作，签署了总金额达236亿美元的33份产能合作文件。中哈产能合作也将树立“丝绸之路经济带”框架下国际经济合作的新典范，为哈萨克斯坦创造良好的经济和社会效益。最后是金融合作早有基础。2011年6月，中哈之间就进行过规模为70亿元人民币的货币互换。2013年8月，人民银行赋予了中哈霍尔果斯国际边境合作中心跨境人民币创新业务试点政策，合作中心成为全国首个“境内关外”的跨境人民币创新金融业务试验区。按照中国政策规定，在哈萨克斯坦注册成立的企业可在中方银行办理开户、结算、存款、融资等人民币业务。2014 年 5 月，哈萨克斯坦总统访华时中哈双方签署了一系列金融合作协议。2014 年 9 月，人民币在哈萨克斯坦证券交易所开始挂牌交易。哈萨克斯坦成为中亚第一个进行人民币挂牌交易的国家。

二　白俄罗斯与中国共建“丝绸之路经济带”

在 2015 年 5 月中俄签署“一带一路”与欧亚经济联盟对接声明以及随后习近平主席访问白俄罗斯，白方对共建“一带一路”表现出了更高的热情，而且积极行动，更加注重落地成效。当年 8 月底，出台“关于深化中国和白俄罗斯两国关系”的第五号总统令①，从战略和战术层面全面对接“一带一路”，从最高层和政策的顶层设计推动、保障，也对涉及对接的各部委的落实情况进行督办。白俄罗斯也是欧亚经济联盟中第一个出台总统令系统统筹落实对接“一带一路”的国家。随着中白共建“一带一路”的深入推进，白方相关政策落地成效显著。五号总统令明确了中白两国在经贸、金融投资、科技、区域发展、人文领域合作，以及联合项目及合资企业的建设与开展相关的具体事项。

五号总统令中特别提及了中白“巨石”工业园区发展合作，其中强调：

要将园区建设计划视为投资领域的战略计划、中白大规模合作典型示范，以及白俄罗斯参与中国丝绸之路经济带建设的重要元素。

与白俄罗斯及欧亚经济共同体国家开展商务活动的其他优惠制度相比，要确保园区居民拥有良好的法律制度。

当法律规范不明确时，要确保中白“巨石”工业园区、中白合资封闭式股份公司“工业园区发展公司”的利益，采取相应的解决措施。

凭借中国在国际上参与建设可面向居民提供服务的项目及综合系统的先进经验，在园区内建设区域物流中心。

中白工业园总面积约 112 平方公里，有效开发面积 91.5 平方公里，包含国际明斯克首都机场，是中国在海外最大、合作层次最高的经贸合

① ДИРЕКТИВА №5 ОТКРЫВАЕТ НОВЫЙ ЭТАП БЕЛОРУССКО-КИТАЙСКИХ ОТНОШЕНИЙ, http://www.comparty.by/news/direktiva-no5-otkryvaet-novyy-etap-belorussko-kitayskih-otnosheniy，访问日期：2020 年 4 月 23 日。

作区，由中国和白俄罗斯两国元首倡导，两国政府大力支持推动，中国大型央企主导开发运营。2010 年 3 月，时任国家副主席的习近平访问白俄罗斯，双方就在白方境内合作建立开发区达成共识，2011 年 9 月 18 日，时任全国人大常委会委员长吴邦国访白期间，两国签署了《中华人民共和国政府和白俄罗斯共和国政府关于中白工业园的协定》，正式将该项目纳入两国政府间合作项目。白俄罗斯是我国“一带一路”倡议的重点国别。2015 年 5 月 11 日，习近平主席访问白俄罗斯，提出要把中白工业园建设作为合作重点，发挥政府间协调机制作用，谋划好园区未来发展，将园区打造成丝绸之路经济带上的明珠和双方互利合作的典范。2015 年 5 月 12 日，习近平主席在白俄罗斯总统卢卡申科陪同下，莅临中白工业园项目视察。两国元首对园区的发展寄予厚望，习近平主席指出，中白工业园是中白务实合作的“升级版”，是“丝绸之路经济带”的标志性项目。卢卡申科总统指出，要将中白工业园打造成奠定中白友好合作的巨石。①

参与共建丝绸之路经济带不仅促进白俄罗斯与欧亚经济联盟经济一体化，更是白俄罗斯实现经济开放多元化、融入世界经济一体化的重要契机。2015 年 5 月习近平主席到访明斯克，白方各界对实施“丝绸之路经济带”倡议的重大意义给予高度关注。白方参与该倡议的重要性正如卢卡申科总统所言：该倡议不仅促使各参与国经济飞跃发展，也将促进各国国民生活水平有质的跃升。建设丝绸之路经济带还有利于进一步深化白俄罗斯与欧亚经济联盟成员国之间的贸易关系，拓展与其他国家的合作，提升经济开放多元化程度。中国是白方重要的经贸伙伴，中白双边关系的主导思想是由普通贸易关系提升到更具活力的合作模式。丝绸之路经济带的建设也有助于这一战略目标的实现。

完善交通网络、优化物流体系、加快建设中白工业园是中白两国共建“一带一路”的优先方向和着力点。白俄罗斯交通和基础设施较为发达，是俄罗斯通往欧盟最短的路线。白俄罗斯致力于将自身打造成世界级主要物流中心，“一带一路”规划恰与白方的战略目标契合，将在政治、经济上给白方带来重大利好，提升运输体系货物过境能力是白方参

① 《中白工业园要成丝绸之路上的明珠》，2015 年 5 月 12 日，人民网，http://world.people.com.cn/n/2015/0512/c157278-26984154.html，访问日期：2020 年 4 月 23 日。

与共建的优先方向。鉴于此，白方正积极实施物流系统的发展规划，推广“一个窗口”办公系统以提高行政效率。从 2016 年起，白俄罗斯制定了货物过境自由原则，逐步消除货物运输中的壁垒。中白两国积极发展信贷合作为双方合作项目提供金融支撑。近些年中资金融机构（中国进出口银行、中国国家开发银行）为白俄罗斯提供了额度为 140 亿美元的信贷渠道，在中国金融机构的信贷支持下，白俄罗斯开展了一系列对经济发展起到基础性、结构性作用的热电站、轨道交通等项目，如热电站的现代化改造等。此外，中白共建“一带一路”的落脚点就是“巨石”工业园。“巨石”是丝绸之路经济带的节点平台，将极大促进白方境内丝绸之路的开发建设。“巨石”工业园将是环境优越的产业创新型城市，是白俄罗斯工业转型所需要的方向，“巨石”的发展被纳入到了白俄罗斯五年发展规划中。

随着中白共建“一带一路”的推进，中白双边贸易额显著提升，2019 年已达 40 亿美元，相较于之前量质齐升。白俄罗斯对中国的出口结构中占据份额最大的是钾肥，卡车和拖拉机出口额有所下降，聚酰胺和合成纤维等化工产品、原木材料出口增加。中国对白俄罗斯的出口结构相对于进口结构更加多样化，通信设备、计算机设备占据较大份额。

第四节 “一带一路”与欧亚经济联盟对接存在的挑战

自 2015 年 5 月中俄两国领导人签署《中华人民共和国与俄罗斯联邦关于丝绸之路经济带建设和欧亚经济联盟建设对接合作的联合声明》以来，中国与欧亚经济联盟及其成员在“一带一路”与欧亚经济联盟对接框架下充分发挥双边和多边优势，按照“共商共建共享”原则，以“五通”为纲要，围绕对接声明中的内容，积极规划，出台方案，促进合作项目落地成效，取得了明显成效，促进了经贸合作深入健康有序发展。“一带一路”与欧亚经济联盟对接合作的各项目落地进展，不仅是中国与俄罗斯及其他欧亚经济联盟成员国相互间高度政治互信的具体体现，而且是“一带一路”与欧亚经济联盟坚持推进全球经济一体化的体现。在“一带一路”与欧亚经济联盟对接合作的联合声明中，中俄领导人提出了在亚欧大陆形成“共同经济空间”的长远愿景。中俄两国多年来形成的高度互信、良好的协作关系，无疑将为这一愿景的实现提供稳固保障。① 而2015年3月我国三部委发表的推动共建“一带一路”的愿景与行动中推进与各经济体合作主要是以“五通”为重点建设内容。因此，近年来“一带一路”与欧亚经济联盟不仅从政策上，而且从具体项目上，积极深入推进经贸合作，无论是从“量”还是“质”方面而言落地成效明显。

一 “一带一路”与欧亚经济联盟对接地理空间和制度规范进展

顶层设计政策对接。2019年6月5日签署的中俄《关于发展新时代全面战略协作伙伴关系的联合声明》是中俄从制度规范上进一步巩固“一带一路”与欧亚经济联盟对接，双方不仅在推进“一带一路”与欧亚经济联盟对接建设方面加强落实具体行动，更是达成“一带一路”倡议与大欧亚伙伴关系可以协调发展的共识。该声明推动了中俄关系进入新时代，不仅从政策框架上延展了“一带一路”与欧亚经济联盟对接的广度、深度和高度，而且推动了“一带一路”与欧亚经济联盟对接进入新时代。此外，以2019年的第二届“一带一路”国际合作高峰论坛和第二十三届圣彼得堡国际经济论坛等为主要平台，“一带一路”与欧亚经济联盟元首进行了多次多边、双边会晤，为对接的政策沟通、协调发挥了重要的保障作用，提高了政策沟通的效率。《中国与欧亚经济联盟经贸合作协议》正式生效，双方在经贸、海关、质检等部门密切协作，不断提升双边贸易投资便利化的水平，“一带一路”与欧亚经济联盟对接得到制度保障。这充分体现了在“一带一路”与欧亚经济联盟对接合作上，中俄两国的利益和观点完全契合。两国领导人一道努力，共同推动双方在欧亚互联互通和一体化项目上达成一致。中国和俄罗斯的国家领导人称中俄关系为“大国关系的典范”。中俄合作完全符合两国人民的根本利益，有利于地区和世界的稳定，得到了两国所有政治力量和社会团体的大力支持。②

地理边疆区域的协作发展对接。人类进入21世纪科学技术水平有了

① 《“一带一盟”对接新进展凸显合作共赢吸引力》，2016年6月3日，新华网，http：//www.xinhuanet.com/world/2016-06/03/c_1118985808.htm，访问日期：2020年4月23日。

② 《对接“一带一盟” 共促互联互通（驻华大使谈“一带一路”）——访俄罗斯驻华大使安德烈·杰尼索夫》，2016年5月9日，人民网，http：//world.people.com.cn/n1/2016/0509/c1002-28333645.html，访问日期：2020年4月23日。

实质性飞跃，但亚欧大陆的基础设施建设依然缺乏整体性和现代化交通工具的便捷连通。而要实现中国与其他国家基础设施的互联互通就必须实现中国边疆与内地真正意义上的互联互通。从某种意义上说，中国边疆是中国推进“一带一路”的重要和关键区域。[①] 中国正在推动落实“一带一路”倡议，中蒙俄经济走廊、新亚欧大陆桥走廊、中国—中亚—西亚经济走廊、中巴经济走廊、孟中印缅经济走廊、中国—中南半岛经济走廊，以及中国—东盟命运共同体等重大合作倡议，为全面推进新一轮对外开放、发展开放型经济体系和区域经济发展带来新的机遇和空间。上述经济走廊都与中国边疆息息相关，换句话说，中国边疆是“一带一路”的重要契合线以及中国与周边国家和地区紧密合作的连接线。边疆地区是中国实现与外部世界深度互动、谋求利益契合的重要地区，是中国与周边国家和地区构建利益共同体的重要区域。在通过“一带一路”建设与周边国家和地区构建利益共同体过程中，沿边地区具有举足轻重的作用。通过沿边合作，中国可以与周边国家实现优势互补、互利共赢。在推进丝绸之路经济带建设时，应该充分考虑到中国边疆地区的各种不利因素，补齐短板，妥善处理各种风险与挑战。[②] 黑龙江、吉林和辽宁三省与俄罗斯、朝鲜半岛等东北亚地区相连，战略位置十分重要，也是我国重要的工业、农业和能源基地。长期以来，黑龙江省与俄罗斯已经形成了区域铁路网络，但在区域合作不断发展的今天，黑龙江省与俄罗斯远东地区的铁路共建还有很大的合作空间。吉林省多年以来着力推进大图们江合作计划，但尚未取得战略性的突破，尚未转化为实际的重要经济合作成果，还需要借助“一带一路”进一步推进。辽宁省与广西壮族自治区地理位置有很大的相似度，都是陆海兼备的省区，这种地缘经济比较优势使得辽宁省必然在我国东北地区崛起中起到带头作用。俄罗斯是我国北部重要的邻国，中俄关系正处新时代全面战略协作伙伴关系时期，我国东北三省和内蒙古东部地区需要开拓新的合作思路，将与俄罗斯为邻的地缘经济优势转变为务实和内在的经济合作优势，找到破解“新东北现象”的有效办法和途径，更富有针对性和务实性地推进对外开放，搭上“一带一路”这趟快车[③]。

---

① 邢广程：《周边、周边外交与中国边疆》，《中国边疆史地研究》2018 年第 3 期。

② 邢广程：《丝绸之路经济带建设与沿边合作》，《国际问题研究》2017 年第 3 期。

③ 邢广程：《“一带一路”的国际区域和国内区域定位及其涵义》，《中共贵州省委党校学报》2015 年第 3 期。

二 “一带一路”与欧亚经济联盟对接存在的挑战

第一，“一带一路”与欧亚经济联盟存在经贸“天花板”，导致双方实现经贸目标延后。近年来中俄双方经贸始终围绕1000亿美元水平线波动，难以稳步提高。2019年，中俄两国政府决定将2000亿美元的双边经贸目标由2020年推迟到2024年。中哈原计划在2015年实现400亿美元双边贸易额的目标也渐行渐远。俄罗斯和哈萨克斯坦的产值占欧亚经济联盟总产值的比重超过95%，两国的对外贸易额占到联盟对外贸易额的比重超过90%。因此，中国与俄哈两国的经贸“天花板”也自然形成了“一带一路”与欧亚经济联盟的经贸“天花板”，导致“贸易”通而不畅。

第二，“一带一路”与欧亚经济联盟之间的经贸存在结构性错位，贸易仍然以产业间贸易为主，尚未形成相对分工明确的产业链。

2019年“一带一路”与欧亚经济联盟的贸易仍以中俄为主导，中俄贸易额占“一带一路”与欧亚经济联盟贸易额的比例超过80%。虽然2019年俄罗斯向中国出口能源总额比2018年减少了近16亿美元，但2019年俄对中国出口仍然以矿石能源为主，占俄对中国出口总额的73%。其次为木材和纸浆及纸制品，占俄罗斯对中国出口总值的近8%。而矿石能源等原料占哈萨克斯坦对中国出口总额的80%强。俄进口结构以机械、设备和车辆为主，占俄从中国进口总额的57%；纺织品和鞋类则成为“联盟”进口的第二大类产品，但与2018年相比下降幅度比较大；而化学工业产品则占俄罗斯从中国进口总产品的10%左右，略有上升。可见，欧亚经济联盟对中国出口以原材料等资源密集型产品为主，而从我国进口则以机械、纺织等资本密集型和劳动密集型产品为主，所以，“一带一路”与欧亚经济联盟的经贸结构主要是以产业间贸易为主，产业内的贸易较少，尚未形成产业内的互补性有效需求，更未建设成分工明确的国际产业链。

第三，欧亚经济联盟成员内的竞争性的经济战略及其成员间的非关税壁垒等导致欧亚经济联盟内部的“通而不畅”进而外溢“一带一路”与欧亚经济联盟的对接落地成效。

俄罗斯盖达尔研究所对进口替代政策涉及的俄罗斯企业进行持续性跟踪调查发现，2019年该政策对70%的俄罗斯相关企业正向影响几乎归零，但俄罗斯政府仍然加大财政补贴力度。① 这不仅是俄罗斯政府2019年在融入世界经济一体化进程中对本国企业的扶持，更是在主导欧亚经济联盟一体化进程中应用的非关税壁垒，以此在面对欧亚经济联盟其他成员的相关企业时保持一定的优势。哈萨克斯坦和白俄罗斯也紧跟其后，积极实施进口替代战略，但面对俄罗斯的“财大气粗”，哈白两国基本无法与俄罗斯“讨价还价”。因此，2019年哈白两国继续利用西方对俄罗斯的经济制裁，采用转出口的方式，发挥与俄罗斯边境无关境的优势，大量日常消费商品经哈萨克斯坦和白俄罗斯流入俄罗斯境内。虽然俄罗斯指责哈白两国这种不道德的行为，但问题是有些俄罗斯大型公司也参与了运作。此外，以俄罗斯2019年1月1日开始对油气税改施行新的法案为导火索，普京和卢卡申科两位总统围绕“钱”发生争论，其实质是俄白一体化的利益博弈。② 所以，欧亚经济联盟的进口替代政策，不仅没有起到应有的作用，而且在一定程度上阻碍了经济一体化的推进，更是对“一带一路”与欧亚经济联盟的对接落地，尤其是对相关产业链的整合产生了负面影响，影响了“贸易畅通”。

第四，欧亚经济联盟内成员国的政治局势及其潜在的民族主义对“一带一路”与欧亚经济联盟对接构成了挑战。

2019年1月一些被反华势力利用的吉尔吉斯斯坦民众，打着“中国贷款”等口号进行示威游行。这是2018年4月受“中国威胁论”影响以环保为幌子烧毁中资公司厂房的延续。这直接或间接对“一带一路”与欧亚经济联盟对接落地效率产生了负面影响。2019年不仅中国和吉尔吉斯斯坦之间的贸易额同比下降近2%，吉尔吉斯斯坦和俄罗斯之间的贸易额同比也在下降。“中国威胁论”的存在，不仅阻碍中亚国家与中国共建“一带一路”，共享中国经济发展的成果，而且阻碍欧亚经济联盟的经济一体化推进，对“一带一路”与欧亚经济联盟共建效果产生了负面影响。

三　深化“一带一路”与欧亚经济联盟对接合作的建议

第一，应进一步扩大开放领域的广度和深度，改善投资环境，简化程

① Импортозамещение сошло на нет, Независимая газета, 24.09.2019, http://www.ng.ru/economics/2019-09-24/1_4_7684_zameshenie.html，访问日期：2020年4月23日。

② 朱士松：《白俄罗斯和俄罗斯会合并吗》，《世界知识》2019年第7期。

序，为外商投资提供更好、更透明、更快捷的服务，使其交易成本更低，共同营造宽松平等的市场准入环境、公平竞争的市场环境、安全放心的消费环境，获取经贸合作带来的红利，同时进一步对“一带一路”与欧亚经济联盟对接的相关内容进行细化和补充。

第二，注重产业合作的规模和质量，扩大经贸规模，打破经贸合作总量的天花板效应。加大深层次的产业内合作，特别是产业链构建的力度，逐渐改变“一带一路”与欧亚经济联盟以产业间贸易为主的现象，特别是以能源矿石等大宗商品为主导的经贸结构。因此，更需要建立多边参与的产业合作，特别是符合本地市场需求的产业链的构建和互融，扩大经贸合作基础，进行结构性的调整和完善，从而形成“共商、共建、共享”的“一带一路”与欧亚经济联盟产业间合作。

此外，建立欧亚经济联盟和丝绸之路经济带自由贸易区的前景广阔，但路途坎坷，欧亚经济联盟成员间经济发展不平衡，内部产业之间存在相互竞争，同时在与中国产业对比时竞争力相对不足。因此，欧亚经济联盟与中国的自贸区的建设会受到来自产业保护主义的阻力。[①] 如何改善内部经济的营商环境则是欧亚经济联盟需要及时解决的问题。当然，标准不统一问题尚未得到有效解决。欧亚经济联盟的产业相关标准与中国产业的相关标准不统一。同时，欧亚经济联盟介于中国和欧盟两大经济体中间，而与欧盟的标准化问题则又是另一个横亘在“一带一路”与欧亚经济联盟之间的问题。

本章执笔：朱士松

① “Сопряжение ЕАЭС и ЭПШП: вызовы и перспективы.” Рановости , 11 ноября 2015 года. https: //ria. ru/20151111/1318910422. html，访问日期：2020 年 4 月 23 日。

第十三章　大欧亚伙伴关系与中国

“大欧亚伙伴关系”计划是近年来俄罗斯提出的一项重大的外交政策，是俄罗斯基于对苏联解体之后自身处境遭遇和时代国际格局变化发展深刻思考之上的战略谋划，显示出俄罗斯维系其世界大国地位的战略意识。“大欧亚伙伴关系”计划自2016年正式提出以来，历时近五年时间，虽然一直没有取得太多的实质性进展，但其价值和作用得到了持续的讨论，内涵日渐丰富，由此也受到国际社会的广泛关注。

中俄关系是“大欧亚伙伴关系”计划的基石之一，并伴随其发展过程始终有着不可或缺的重要影响。虽然“一带一路”倡议并非“大欧亚伙伴关系”计划的起因，但两者之间有着一定的相互促动作用，是彼此发展需要考虑的因素。中俄双方本着互利共赢的共识，不断推进各自的倡议和战略规划发展，并将继续积极拓展务实合作与交流。

“大欧亚伙伴关系”计划正处于一个不断明晰的过程之中，其实施路径与发展走向仍不明朗，在现实运作中仍然会受到诸多因素影响。尽管如此，中国仍需从战略高度给予“大欧亚伙伴关系”计划更多的关注，着眼于未来国际定位和区域发展空间互动，做出必要的战略回应，确保中俄双边关系世代友好发展。

第一节　大欧亚伙伴关系的缘起与内涵

一　大欧亚伙伴关系的缘起

2013年9月7日，习近平主席在访问哈萨克斯坦之际首次提出共同建设“丝绸之路经济带”的倡议，2015年1月1日，俄罗斯、哈萨克斯坦、白俄罗斯等国共同签署的《欧亚经济联盟条约》正式生效，2016年6月17日，俄罗斯总统普京在圣彼得堡国际经济论坛首次明确提出建立“大欧亚伙伴关系”计划，从时间序列上看，三者之间存在着一定的关联性。

（一）欧亚经济联盟的成立及其局限

苏联解体之后，国际社会原来的意识形态之争转化为地缘政治竞争，回过味来的俄罗斯意识到要想维护自己的国际地位，确保大国话语权，就必须要保住自己在原苏联地域空间之内的全方位影响力。独联体的建立可以说是俄罗斯和有关各方采取的一项“政治急救”措施，同时也可以说是俄罗斯倡导的欧亚一体化的肇始。但是，在20世纪的最后十年，由于俄罗斯对自己的“西化”抱有幻想，竭力设法融入西方世界，因而对独联体并不是特别上心，这导致独联体的运行在很长一段时间里都是依靠着苏联体制的“惯性”，甚至一度出现生存危机。进入21世纪以后，一方面是普京就任俄罗斯总统后加大了对独联体组织的重视和支持力度；另一方面由于国际恐怖主义日趋活跃，亚欧大陆地区热点冲突不断，这使得独联体有关各方意识到该组织依然有着不可替代的重要作用。在随后的发展过程中，虽然土库曼斯坦、格鲁吉亚、乌克兰等先后退出了独联体，但这一组织的运行已经趋于稳定，成为具有独特价值的区域性组织。

但是，独联体作为苏联解体的产物，始终具有两个难以改变的缺陷。一个是这一组织具有很强的内向封闭性，重在解决内部成员之间的问题，很少作为一个区域性组织承担与外部国际社会及其他组织机构合作交流的功能。另外就是独联体基本上没有在整合或解决各成员国的经济发展问题上发挥作用。这首先是因为苏联解体之后俄罗斯经济遭受重创，自顾不暇，更不用说帮助独联体内的“难兄难弟”了。其次是独联体各国在独立发展过程中由于地域条件、资源禀赋各不相同，逐渐呈现出差异化的经济发展趋势，由此也增加了独联体发挥内部经济调和作用的难度。但是，不管怎么说，苏联解体之后的各国在能源、商品、服务、资本以及劳动力等方面仍然是深度纠合在一起的。俄罗斯作为苏联的法定继承者，在上述领域拥有着无可撼动的决定性地位，如何利用好这些苏联“遗产”对俄罗斯来说既是维系国家形象的责任挑战，也是扩展国家影响力的难得机遇。在独联体偏重于政治、安全联系，无力完成促进区域经济发展任务的情况下，俄罗斯必须另辟蹊径，寻找新的抓手。

欧亚经济联盟的建立经历了独联体内局部演进的过程，并非俄罗斯单方面策划的产物。独立后的原苏联加盟共和国在获得国家主权的同时，很快意识到在现实发展中作为单一主权国家和区域经济一体化之间的矛盾与问题，尤其是地处亚欧内陆的哈萨克斯坦等国家，强国发展的理想处处受制于区域内相互高度依存的经济联系，关税等事关国家主权的政策举措如果不参考地区大国的政策走向，不考虑区域内邻邦的感受，则很可能转化成为妨碍彼此发展的壁垒。在这种情况下，独联体国家内部很早就开始了经济便利化或者说是经济一体化的商谈，并在20世纪90年代达成了一些双边或多边协议，例如1994年哈萨克斯坦和乌兹别克斯坦签署的《建立统一经济空间条约》以及1995年俄罗斯、白俄罗斯、哈萨克斯坦等国达成的《关税同盟协定》等。普京出任俄罗斯总统之后，积极处理与独联体国家关系，区域经济一体化由此进入实质性操作阶段。2000年，俄白哈塔吉五国签订《关于建立欧亚经济共同体条约》，2001年5月，欧亚经济共同体成立。

欧亚经济共同体可以视作是欧亚经济联盟的前身，但两者之间又有区别。“欧亚经济联盟是欧亚经济共同体的制度升级版，而非目标升级版”，“‘共同体’强调目标的一致，多带有社会性，而‘联盟’强调超国家机构的权威，更偏向政治性”①。欧亚经济共同体从2001年成立到2014年10月10日欧亚经济共同体各成员国在明斯克签署关于撤销欧亚经济共同体的协议，其间经历了三个比较重要的事件：第一是成功将中亚经济共同体（中亚合作组织）融入欧亚经济共同体，避免了独联体内部经济空间分化的加剧，为欧亚经济联盟的建立排除了障碍；第二是经历了乌兹别克斯坦的加入与退出，乌兹别克斯坦的立场变化和行动举措对欧亚经济共同体最大限度覆盖后苏联空间的一体化理想造成了一定的负面影响，这些影响一直延续到欧亚经济联盟；第三是欧亚经济共同体为统一区域内经济空间完成了大量的基础性工作，在组织架构、机制运行、目标设定等方面进行了许多有益的尝试，尤其是在运行期间完成了共同体法院的组建工作，为欧亚经济联盟两大超国家管理机构——欧亚经济委员会和欧亚经济联盟法院的最终形成奠定了坚实的基础。

从欧亚经济共同体到欧亚经济联盟有一个现成的参考模板，即欧洲共同体转变为欧盟。俄罗斯的理想是希望在欧亚经济共同体的基础上建立一个类似于欧盟那样兼容政治一体化和经济一体化、相互联系更加紧密的国

① 关于两者的区别，详见王晨星、李兴《欧亚经济共同体与欧亚经济联盟比较分析》，《俄罗斯东欧中亚研究》2016年第4期。

家联盟。但是这一主张没有获得欧亚经济共同体内部成员的认同。“白俄罗斯和哈萨克斯坦成功地坚持建立欧亚‘经济’联盟而不是欧亚联盟，即证明了这一点。”① 在这种情况下，俄罗斯只好退而求其次，首先确保区域经济一体化的阶段性目标，这也为日后大欧亚伙伴关系计划的提出埋下了伏笔。早在2011年，普京就提出建立欧亚经济联盟，2012年，俄白哈就欧亚经济联盟展开讨论，2014年5月，三国签订《欧亚及国际联盟条约》，2015年1月1日，《欧亚及国际联盟条约》正式生效，与此同时，欧亚经济共同体自动解散，其所有机构停止了活动。与欧亚经济共同体相比，原有的两个成员国吉尔吉斯斯坦和塔吉克斯坦不在欧亚经济联盟内。欧亚经济联盟成立次日，2015年1月2日，亚美尼亚正式加入该组织，2015年8月，吉尔吉斯斯坦加入欧亚经济联盟，而塔吉克斯坦则直到目前仍然没有加入欧亚经济联盟。

欧亚经济联盟是苏联解体之后相关国家在独联体框架结构内对区域经济一体化不断尝试与协调的成果，在某种程度上继承了苏联“遗产”，有效地维系了区域经济一体化空间，大大加强了俄罗斯及其他成员国在欧亚内陆空间的地位，同时也为俄罗斯利用地缘资源实现更大的地缘政治目标奠定了基础，创造了条件。但是，说到底，欧亚经济联盟和独联体一样，都只是对俄罗斯在原苏联地域空间内影响力的修复，并非创造性的战略。无论是内部还是外部，这一组织目前都还存在着许多问题与变数，并不能满足俄罗斯着眼于自身发展需求和国际政治地缘竞争的“欧亚大国”谋略。

欧亚经济联盟的局限性首先体现为内部认知差异及其带来的掣肘现象。国际社会对欧亚经济联盟存在着两种不同的解读倾向，“一种强调了项目的地缘政治性质，另一种则强调其以经济为重点的务实性”②。这实际上是内部分歧的外部观照。在俄罗斯看来“欧亚经济联盟成为其外交政策中的一个重要结构，不仅是贸易区，而且是地区秩序观念的基石”③，但其

① Marcin Kaczmarski, “Two Ways of Influence-building: The Eurasian Economic Union and the One Belt, One Road Initiative”, *Europe-Asia Studies*, Vol. 69, No. 7, 2017, p. 1042.

② Marcin Kaczmarski, “Two Ways of Influence-building: The Eurasian Economic Union and the One Belt, One Road Initiative”, *Europe-Asia Studies*, Vol. 69, No. 7, 2017, p. 1033.

③ David G. Lewis, “Geopolitical Imaginaries in Russian Foreign Policy: The Evolution of ‘Greater Eurasia’”, *Europe-Asia Studies*, Vol. 70, No. 10, 2018, p. 1613.

他成员则更看重内部贸易便利化的协调，强调联盟架构内的实际经济优惠。这种认知差异使得其内部始终存在着张力，一方面，俄罗斯需要以一定的经济利益让步为代价来维系联盟的稳定，这本身即给俄罗斯经济带来压力；另一方面，逐利性使得联盟成员保持了随时跳出联盟框架，与区域外国家或组织达成双边经贸协定的可能性。由此，哈萨克斯坦“光明之路”新经济计划、俄白国家联盟等都构成欧亚经济联盟的内部变量，在某种程度上对俄罗斯的战略规划形成掣肘。更令俄罗斯感到“沮丧”的是，联盟只设置经济议题的操作使得俄罗斯无法在许多关键的问题上获得其他成员国的有力支持，例如无法对西方社会发起的国际制裁予以共同回应，更遑论在国际政治和地区热点问题上共同发声。

欧亚经济联盟的另一个问题是外部活力相对不足。欧亚经济联盟秉承了独联体的某些特质，更加注重内部成员之间的融合与发展，其内部严肃的法律制度框架和特殊的贸易优惠政策事实上形成了明确的外部边界，增加了其与世界其他经济体开展合作交流的难度。欧亚经济联盟成立以来，尽管有意愿与其开展合作的国家和地区超过了40个，但真正获得实质进展的为数不多。“欧亚经济联盟对外关系体系不发达，总体而言，其用于扩展谈判议程的资源有限。”① 这在很大程度上限制了俄罗斯对亚欧大陆一体化的深度参与。“为了生存，欧亚经济联盟将不可避免地必须保持相对封闭的性质，为其成员提供独家利益。因此，这成为保持大亚欧大陆概念浮出水面的障碍。”② 此外，欧亚经济联盟的体量有限，其成员迄今也仅有俄罗斯、白俄罗斯、哈萨克斯坦、吉尔吉斯斯坦和亚美尼亚五国。迷你版的“欧亚”本身就具有很大的限制性，“正在建设中的欧亚经济联盟位于欧盟和中国这两个巨人之间，尽管具有很大的发展潜力，但它在经济和人口方面均处于劣势”③。因此，虽然形成了联合，但欧亚经济联盟仍属于亚欧大陆的发展“凹地”。对于俄罗斯而言，这一事实的危险性在于，如果

---

① Новиков Д. П.，《Большое евразийское партнерство: возможное региональное влияние и интересы России》, *Вестник международных организаций*. Т. 13. № 3. С. 82 – 96（на русском и английском языках）, 05 марта 2018г. p. 89.

② Тимофей Бордачёв，《Большая Евразия: что ещё не сделано?》30 декабря 2019г.，https://ru.valdaiclub.com/a/highlights/bolshaya-evraziya-chto-eshchye-ne-sdelano/? sphrase_ id = 5901. 上网时间：2020年5月7日。

③ Aleksandr Bykov, Eurasian Integration, Its Prospects and Possibilities, Russian Social Science Review, 60: 2, 99 – 118, P104. DOI: 10.1080/10611428.2019.1601975.

只局限于欧亚经济联盟的空间尺度，那么俄罗斯将更多地成为欧洲和中国之间的“桥梁”，这显然无法解决俄罗斯内外面临的诸多难题，也无法为俄罗斯未来发展提供新的动力。

总而言之，欧亚经济联盟是俄罗斯在重塑其地区领导力方面取得的重要进展，但并不能提供俄罗斯参与全球事务的认知框架，不能提供充足的战略资源以确保俄罗斯的国际地位和话语权。中国“一带一路”倡议的提出放大了欧亚经济联盟的局限性，给俄罗斯带来了战略失落感，欧亚经济联盟内部成员在促进本国经济发展进程中有了更多的选项，这或多或少会削弱欧亚经济联盟的吸引力。哈萨克斯坦提出“光明之路”计划以期与“一带一路”对接，乌兹别克斯坦、塔吉克斯坦等参与“一带一路”的热情高过加入欧亚经济联盟的意愿，这些都使得欧亚经济联盟，尤其是俄罗斯必须尽快重新调整定位，在致力于欧亚经济联盟内部协调的同时加大其作为一个区域多边组织机构的外向交流能力。由此可以理解，中俄关系是俄罗斯提出“大欧亚伙伴关系”计划的重要前提，而“一带一路”倡议则对俄罗斯在欧亚经济联盟基础上提出“大欧亚伙伴关系”计划起到了加速的推动作用。在这种情况下，“俄罗斯需要一种新的空间构想，超越‘较小的欧亚大陆’或‘俄罗斯世界’，涵盖了中俄关系的新现实以及中国在俄罗斯传统势力范围内不断扩大的存在所带来的新挑战”①。

（二）国际政治发展的深层动因

“一带一路”倡议加速了中俄两国在广阔的亚欧大陆寻求战略契合的步率，但并非影响俄罗斯提出“大欧亚伙伴关系”计划的决定性因素。正如中国提出“一带一路”倡议“首先是基于自身内在的发展需求，同时敏锐洞悉了全球化的时代趋势，具有丰厚的历史积淀性和延续性”②，俄罗斯推出“大欧亚伙伴关系”计划也绝非一时兴起的临时之策，而是缘起于俄罗斯自身内在的发展逻辑及其比照世界格局时固有的强国意识。俄罗斯的强国意识和自身的资源禀赋、国土面积、历史记忆等是紧密联系在一起的，这种强国意识使俄罗斯成为一个善于战略规划的大国。从苏联解体之后俄罗斯对欧亚内陆空间的种种政策可以看出，即使是在最为衰弱的时

① David G. Lewis, “Geopolitical Imaginaries in Russian Foreign Policy: The Evolution of ‘Greater Eurasia’”, *Europe-Asia Studies*, Vol. 70, No. 10, 2018, p. 1614.

② 邢广程：《丝绸之路的历史价值与当代启示》，《光明日报》2014 年 10 月 20 日。

候，俄罗斯也没有放弃对这一地区的战略谋划。因此，“大欧亚伙伴关系”计划是俄罗斯的一项重大战略谋划，而绝非阶段性的战术策划，它有着以下三个方面的深层次动因。

第一是俄罗斯同西方世界交往的战略需要。历时半个世纪的冷战深刻地影响了世界发展格局，东西方对峙思维成为一种被普遍承认的竞争逻辑，并在现实的国际政治中持续地被应用。但对俄罗斯来说，苏联解体意味着一个时代的结束，俄罗斯希望能够重塑与欧美世界的关系，并渴望被西方社会所接纳。遗憾的是实际的发展非其所愿，“欧洲最终还是选择了‘以北约为中心’和‘主与从’的关系逻辑”①。在俄罗斯看来，欧美主导的一系列事件，包括非法轰炸南联盟并将主权国家肢解、单方面承认科索沃独立、无所顾忌地北约东扩以及在欧洲部署反导系统、支持乌克兰等一系列行为，都是错误链条中的一个个环节。在 2007 年的慕尼黑，普京的直率令西方世界意外而震惊，自此之后，俄罗斯开始了直言不讳批评美国的单极霸权主义和欧洲主要国家的偏执无所作为，腾挪捭阖构建自己国际话语体系的努力。

伴随着这样的转变，亚欧内陆成为俄罗斯越来越倚重的战略资源，开启欧亚一体化进程成为一种长期而重要的战略需要。在感受到欧洲对俄罗斯事实上的“永久性拒绝”之后，曾经被寄予厚望的从里斯本到符拉迪沃斯托克的“大欧洲”计划被从上海到明斯克的大亚欧大陆方案所替代，2015 年 9 月俄罗斯前外交部长伊戈尔·伊万诺夫（Igor Ivanov）在“美国波罗的海论坛”第二十届年会上的讲话应被视为决定这一外交政策思想转变的临时边界。② 俄罗斯意识到，“将俄罗斯与欧洲区分开是唤起亚洲形象或欧洲与亚洲的混合体以为俄罗斯找到新位置的起点”③。所以说，无论是颇令俄罗斯伤感棘手的乌克兰事件，还是欧美之间开启的跨大西洋贸易与投资伙伴协议（TTIP）、抑或是西方世界抡起的经济制裁大棒，这些都只是促成俄罗斯欧亚一体化战略“变速”的具体因素，“大欧亚伙伴关系”

---

① 《俄罗斯外交部长谢尔盖·拉夫罗夫在慕尼黑安全会议上的发言》，2019 年 2 月 16 日，俄联邦外交部网站，http：//cn. mid. ru/press_ service/video/56/1619. 访问日期：2020 年 2 月 25 日。

② Кефели И. Ф. Геополитические аспекты инициатив и проектов формирования《Большого евразийского партнерства》, *Евразийская интеграция: экономика, право, политика.* 29 марта 2019г. p. 66.

③ Alexander Lukin, “Sino-Russian Cooperation as the Basis for Greater Eurasia”, *Human Affairs*, Vol. 30, No. 2, 2020, p. 180.

计划作为推进欧亚一体化的抓手，是俄罗斯同西方世界长期交往累积叠加而成的战略需要。

第二是地缘政治发展的需要。冷战结束之后，国际政治秩序中的地缘因素开始突显。但是俄罗斯眼里的地缘政治与美国的地缘战略有所不同，美国是基于冷战惯性和胜利者心态的全球霸权主义，企图维持不合时宜的单极世界秩序，而俄罗斯则是希望“重新出发”，在世界多样化发展和多极化的格局中，发挥自己应有的地缘政治影响力。“大欧亚伙伴关系”理论的提出者谢尔盖·卡拉加诺夫（Сергей Караганов）认为，“苏联解体后，美国试图在西方的政治、经济和意识形态霸权的基础上建立的世界秩序被证明是行不通的……最终导致了一场深陷绝望的危机，而且看不到尽头”。因此，“有必要建立一个建设性的替代方案，以取代被破坏的两极世界秩序和崩溃的单极世界秩序，大亚欧大陆的伙伴关系可以并且应该成为这一新世界秩序的关键要素之一”①。在被西方世界拒绝之后，深感失望的俄罗斯并没有执迷于“对抗”。在普京总统的持续领导下，俄罗斯一直试图实现战略转身，跳出“东西”对峙的僵局和残局，从地缘政治发展的需要着手，积蓄地缘政治资源，构建国际政治布局。从这一点可以说，“大欧亚伙伴关系”计划并不是对西方世界不断施压的应激式反应，而是超越既有“对抗”模式的全新地缘战略谋划，体现出俄罗斯在国际政治中的敏锐性和应变能力。

美国著名政治家兹比格纽·布热津斯基曾经一针见血地指出，“对美国来说，亚欧大陆是最重要的地缘政治目标”②。美国要长久地维系其世界霸权的单极地位，最大的威胁与挑战始终来自亚欧大陆。尤其是进入21世纪以后，中俄新型大国关系进一步得到巩固，面对美国的压力，中俄互为屏障的趋势为各自应对挑战、化解困境创造出国际政治空间，并正在深刻地影响亚欧大陆的地缘政治。“大欧亚伙伴关系”计划正是这一背景下的一个地缘政治项目。有学者认为，“在最高层次上，这是一个重新构想世界秩序，重新构造国际秩序的全球格局以及其中的亚欧大陆和西方角色

① From East to West, or Greater Eurasia, 25. 10. 2016, https://eng. globalaffairs. ru/pubcol/From-East-to-West-or-Greater-Eurasia – 18440. 访问日期：2020 年 2 月 26 日。

② ［美］兹比格纽·布热津斯基：《大棋局：美国的首要地位及其地缘战略》，中国国际问题研究所译，上海人民出版社 2007 年版，第 26 页。

的项目”。[①] 俄罗斯意识到，通过构建一种新的大亚欧大陆概念，可能形成一种多极化的国际秩序态势，而俄罗斯由于其有利的地缘位置原因，将在其中扮演无可替代的核心作用，这正是“大欧亚伙伴关系”计划的地缘政治价值。

第三是全球化时代发展的需要。在现实的国际政治生活中，单个国家的战略意图能否实现首先取决于其自身的“定量”与“变量”。俄罗斯“大欧亚伙伴关系”计划的酝酿、推出和实施是俄罗斯基于自身发展实际、审视全球化时代特点与趋势、把握俄罗斯与世界互动及地缘交往动态因素的过程。在竭力维护国家地缘政治利益的过程中，俄罗斯感受到两点刺激。一个是欧美国家对俄罗斯的持续经济制裁、封锁与打压，俄罗斯虽然挺过来了，表现得无所畏惧，但是其对俄罗斯内政外交的掣肘是显而易见的，凸显出俄罗斯想要谋求世界强国地位和地缘政治影响力的经济短板。另一个是亚太地区的崛起。以技术革新为支撑的亚太经济发展有力地改变了世界的格局，成为全球化的重要推动力。进入21世纪的俄罗斯对于亚太地区的发展给予了更多的关注，并且越发感受到市场经济具有内在的一体化特性，俄罗斯要想在欧亚一体化进程中谋求利益的最大化，就需要利用好自己的“东方属性”，通过自己的亚洲地区与亚太地区建立更紧密的政治、经济和文化生活联系，更加积极主动地融入亚太地区发展体系中，做好更多的“变量”储备。

与此同时，逆全球化的现象也在日益增多，国际贸易中的竞争和开放原则正越来越多地被保护主义所取代，经济利益与合理性出现被意识形态竞争和政治压力所取代的趋向。这种经济与政治的紧密联系既给俄罗斯带来压力，也让俄罗斯看到了机遇。一方面，俄罗斯需要寻求更好的经济合作环境以弥补其经济发展的短板，在这样的背景下，“俄罗斯的外交政策更多地应以经济为导向，成为更加切实的政策。沿着我们国家的整个边界线，建立一个睦邻友好、繁荣昌盛、安全稳定的空间，具有非常重要的意义”[②]。另一方面，俄罗斯的大国地位和既有政治、安全资源能够融入亚欧

① David G. Lewis, “Geopolitical Imaginaries in Russian Foreign Policy: The Evolution of ‘Greater Eurasia’”, *Europe-Asia Studies*, Vol. 70, No. 10, 2018, p. 1624.

② 《俄罗斯外长谢尔盖·拉夫罗夫在俄罗斯联邦大使和常驻代表会议上的致辞》，2018年7月19日，俄联邦外交部网站，http://cn.mid.ru/press_service/video/56/1230，访问日期：2020年2月25日。

大陆的经济发展之中，成为隐性的“保护伞”，进而提升俄罗斯在这一地区的存在价值和影响力。卡拉加诺夫认为，“随着全球化的发展势头，世界经济秩序越来越分散，美国越来越倾向于将经济相互依存和经济联系作为实现自身政治利益的武器，对于亚欧大陆，避免这些危害至关重要并且其有望成为新的、更稳定的世界秩序的摇篮，它将取代崩溃的旧秩序。”①毫无疑问，在这一进程中，俄罗斯需要确保自己的主导作用，而“大欧亚伙伴关系”正好契合这一战略需求。

二　大欧亚伙伴关系的内涵与原则分析

事实上，迄今为止，“大欧亚伙伴关系”的含义并不明确，学术界和国际社会对其概念和内涵的理解并不一致，甚至俄罗斯自身对其的表述也不尽相同，先后有“欧亚全面伙伴关系”“欧亚经济伙伴关系”“大欧亚伙伴关系”等不同的说法。尽管如此，我们认为，俄罗斯提出的这一战略谋划，仍然有几大特点值得研究和分析。

（一）大欧亚的意涵

首先有一个问题需要明确，即“大欧亚伙伴关系”计划的欧亚到底是什么含义？从地理位置上说，跨界欧亚的国家主要有三个：俄罗斯、哈萨克斯坦、土耳其，其中俄罗斯和哈萨克斯坦都是欧亚经济联盟的成员，也是“大欧亚伙伴关系”计划的践行者。欧亚经济联盟目前的其他三个成员国，白俄罗斯完全属于欧洲，吉尔吉斯斯坦完全属于亚洲，亚美尼亚从地理位置上说归属于亚洲，但是从文化、心理和地区事务参与上来说，更加偏向于欧洲。不过，白、吉、亚三国自身体量太小，基本上是“大欧亚伙伴关系”计划的附议者和随行者。对推行“大欧亚伙伴关系”计划最积极的主要就是俄罗斯和哈萨克斯坦两个国家。实际上，哈萨克斯坦自独立以来也一直在寻求以欧亚双重属性的身份来谋取更多的国家利益和地区影响力，对欧亚经济联盟给予至关重要的支持可以视作哈萨克斯坦长期致力于欧亚一体化的体现。与此同时，哈萨克斯坦也在探讨欧亚一体化的更高发展目标。2019 年 11—12 日，由哈萨克斯坦首任总统基金会主办的大型国际论坛“阿斯塔纳俱乐部”第五次年度会议在努尔苏丹举行，会议主题为

---

① From East to West, or Greater Eurasia. https://eng.globalaffairs.ru/pubcol/From-East-to-West-or-Greater-Eurasia-18440. 访问日期：2020 年 2 月 26 日。

“大欧亚——建立新的全球合作架构”。纳扎尔巴耶夫在会议主旨讲话中认为，“在我看来，未来的欧亚地区是一个共同体，它的基础将是各个关键经济体间的系统对话。欧亚经济联盟、欧盟、上海合作组织、东盟、‘一带一路’倡议等将为打造大欧亚提供强劲的动力”①。由此可以看出，哈萨克斯坦对欧亚共同体的设想和俄罗斯提出的“大欧亚伙伴关系”计划是高度一致的。但是，哈萨克斯坦的欧亚属性和俄罗斯有所不同，它既不会被欧洲利益集团拒斥和针对，也不会对欧洲国家形成潜在的威胁。从自身期望来看，哈萨克斯坦也不谋求全球话语权和多极世界的“极性”地位，其目标上限更多的是兼顾国内社会发展和地缘政治诉求的地区领导力。

俄罗斯的欧亚属性比之哈萨克斯坦更具历史蕴含和现实复杂性，尤其是在冷战思维的惯性冲击下，俄罗斯始终没有摆脱“非东非西”的尴尬境遇。一方面，俄罗斯标榜的欧洲属性不被欧洲利益集团承认和接纳，俄罗斯无法代表欧洲。另一方面，俄罗斯所拥有的广袤的亚洲领土开发利用远远不够，与蓬勃发展的亚太经济形成鲜明对比，这使得俄罗斯发挥其东方价值的底气严重不足。也就是说，俄罗斯提出的“大欧亚伙伴关系”计划暗含着要将与现实世界政治经济发展深度纠合在一起的地域劣势转化为地缘优势的诉求，这从操作上显然比哈萨克斯坦更加困难和艰巨。对于俄罗斯来说，“欧亚经济联盟”是非其莫属的、最为关键的一体化项目。② 在这种情况下，俄罗斯需要借重哈萨克斯坦的欧亚一体化战略，乐见两国对欧亚的认知定位趋同。在 2019 年 5 月举行的欧亚经济联盟成立五周年纪念大会上，纳扎尔巴耶夫被授予“欧亚经济联盟名誉主席”称号，俄方认为“纳扎尔巴耶夫为推动欧亚一体化发挥了历史性作用，并将继续为联盟发展作出巨大而宝贵的贡献，未来仍需借助纳扎尔巴耶夫的威望来扩大欧亚经济联盟的国际影响力”③。

但是，与此同时，俄罗斯的“大欧亚伙伴关系”计划战略目标更为深远，其欧亚所指有三层含义，一是指基于欧亚经济联盟，二是指俄罗

① 《阿斯塔纳俱乐部举行年度会议　纳扎尔巴耶夫呼吁构建欧亚命运共同体》，2019 年 11 月 13 日，国际在线，http：//news. cri. cn/20191113/d49f9c28 - d071 - 86e8 - a120 - a6e1c404438b. html，访问日期：2020 年 2 月 27 日。

② 《俄罗斯外长谢尔盖·拉夫罗夫在俄罗斯联邦大使和常驻代表会议上的致辞》，2018 年 7 月 19 日，俄联邦外交部网站，http：//cn. mid. ru/press_ service/video/56/1230，访问日期：2020 年 2 月 25 日。

③ 《俄方：仍需借助纳扎尔巴耶夫的威望来扩大欧亚经济联盟国际影响力》，2019 年 5 月 9 日，东方资讯，http：//mini. eastday. com/a/190509094313473. html，访问日期：2020 年 2 月 27 日。

斯，三是指整个亚欧大陆。从俄罗斯的战略出发，欧亚经济联盟是基础，在此之上，俄罗斯需要在国际地缘政治发展中将自身塑造为欧亚一体化不可或缺的核心，“大欧亚伙伴关系”需要由俄罗斯来主导。“最重要的是，它有机会获得新的地位，不是拥有亚洲财富的欧洲外围国家，而是作为致力于未来的大西洋—太平洋大国，作为大亚欧大陆崛起的中心之一。”[①] 这样的战略目标，意在俄罗斯的核心与主导作用，体现了俄罗斯作为世界一极的强国意识，显然和哈萨克斯坦是有所区别的。卡拉加诺夫认为，“如今，俄罗斯有机会通过充当另一个渠道，甚至可能成为崛起的亚洲和欧洲之间一体化的中心而从中获得政治和经济利益，而亚洲和欧洲仍然富裕且技术先进，但在危机中逐渐枯竭”。[②] 也就是说，虽然今天的欧盟并不认可俄罗斯的欧亚核心地位，对俄罗斯的“大欧亚伙伴关系”计划也是视而不见，但是俄罗斯已经将其作为谋划对象，纳入其中，并且致力于未来彼此之间的合作与定位。同样的道理，未来的亚洲地缘国家想要在欧亚一体化中获得更多的利益，也离不开俄罗斯主导的“大欧亚伙伴关系”。也就是说，“大欧亚伙伴关系”一旦成型，俄罗斯作为亚欧大陆核心的优势地位就能够得以确认，这就是俄罗斯的理想，也是该计划中大欧亚的内在意涵。

（二）伙伴关系的意指

伙伴关系是近代国际政治中常用的一个术语，也是构建双边或多边关系的一种模式，在不同的交往状态下，伙伴关系可以由不同的前缀来框定。有学者认为“伙伴关系本身是一个缺乏清晰界定的概念”。[③] 但是，从另一个方面来说，这一概念事实上具有限定性，即伙伴关系的各方既非敌对或对抗状态，也不是结盟关系。后两者恰恰是第二次世界大战之后国际社会长期存在的双边或多边关系状态。俄罗斯在欧亚一体化中提出建设伙伴关系，显示出其希望摆脱冷战影响，重塑在国际政治和地缘关系中身份的战略认识转变。这种转变是俄罗斯从历史教训中汲取的经验。作为失败的一方，在咽下冷战苦果的同时，俄罗斯也认识到，在热衷结盟和对抗的

---

① From East to West, or Greater Eurasia. https://eng.globalaffairs.ru/pubcol/From-East-to-West-or-Greater-Eurasia-18440, 25.10.2016，访问日期：2020年2月26日。

② Ibid..

③ 陈永：《中美倡导的伙伴关系比较研究：演变过程与概念界定》，《国际政治研究》2016年第5期。

国际格局中，俄罗斯社会发展不均衡不全面的短板将会使以其为轴心的同盟处于劣势。对于今天的俄罗斯而言，历史遗留的政治生活结构、社会发展机制以及经济运行体制等都和西方国家存在着短时间内难以弥补的差距。因此，俄罗斯需要在现行的联合国体系里，在一个不结盟的国际社会中维系和彰显自己的大国话语和强国地位。俄罗斯倡导在亚欧大陆建立伙伴关系的一体化模式，既是打消国际社会和相关各方的政治顾虑，也含有更好地利用自身优势的考虑。而伙伴关系的灵活性也表明俄罗斯对这一计划的长期性具备心理预期。

大欧亚伙伴关系的长期性还体现在构建各方的复杂性上。也就是说，构建大欧亚伙伴关系的一方具有特殊性，另一方则具有极大的不确定性。所谓的特殊性是指“大欧亚伙伴关系”计划尽管是俄罗斯提出和竭力倡导的，但它的实施主体是欧亚经济联盟，其战略目标糅合着俄罗斯的大量“私货”。如此宏大的战略构想是否真的能够获得欧亚经济联盟内部的一致认可与长期支持，这一点还有待于观察，尤其是考虑到欧亚经济联盟成立本身就颇费周折，至今内部也还并没有完全理顺，许多实质内容仍然在实践磨合之中。如果欧亚经济联盟在“大欧亚伙伴关系”计划推行过程中不能够以一个声音说话，或者说不能够全力以赴地支持，那么作为伙伴关系的发起方就会陷入尴尬的状态。换言之，“大欧亚伙伴关系”计划有赖于俄罗斯克服欧亚经济联盟内部离心力的能力。另外，至少从目前来看，俄罗斯不太可能抛开欧亚经济联盟单干，因为“大欧亚伙伴关系”计划目标就内含着各类区域组织的集成，失去欧亚经济联盟这一基础，将会给俄罗斯推行“大欧亚伙伴关系”计划带来合理性危机。由此可以看出，“大欧亚伙伴关系”的提出者一方具有不充分不完全性，情况较为复杂。

与此同时，从俄罗斯的表述中可以看出，“大欧亚伙伴关系”的另一方至今仍然是不确定的，作为区域性组织的东盟、上合组织乃至于欧盟都是其希望合作的对象，欧亚大陆上的单个主权国家或者相关地缘国家也都可以作为其合作对象。可以说，这个筐非常大，从乐观方面看前景广阔，从另一方面看则是前路漫长。大欧亚伙伴关系另一方的笼统、宽泛与模糊既体现了俄罗斯全球谋划的战略视野，也和俄罗斯的国际政治交往现实有着直接的关系。可以说，遭受苏联解体重创的俄罗斯在过去的二三十年间一直在寻求国际政治的外部定位与认可，这种动态过程所具有的不确定性促使俄罗斯选择以开放的态度来期待“大欧亚伙伴关系”计划的合作方，以此确保该计划的灵活性和未来发展前景。

（三）大欧亚伙伴关系的基本原则

2016年6月17日，普京总统在圣彼得堡国际经济论坛首次明确提出“大欧亚伙伴关系”，一周之后的6月25日，普京总统访华，双方签署了《中华人民共和国和俄罗斯联邦联合声明》，明确指出“中俄主张在开放、透明和考虑彼此利益的基础上建立欧亚全面伙伴关系，包括可能吸纳欧亚经济联盟、上海合作组织和东盟成员国加入”。[①] 其后，关于这些基本原则，在中俄双方的一系列协议声明中均有表述。普京在2019年4月26日接受《人民日报》独家专访时表示，“我们与欧亚经济联盟的其他成员国一起，共同寻找最佳的协作模式——打造大欧亚伙伴关系的计划。换言之，就是建立广泛的区域一体化协作网络，在平等、开放、相互尊重、考虑彼此利益的原则基础上协调发展”。[②] 这里提到了平等和相互尊重。但是，这两大原则主要用于欧亚经济联盟内部成员国之间。普京在谈及欧亚经济联盟时曾经着重强调“平等”是该组织的基本原则，并在2014年国情咨文中提到“从2015年1月1日起，欧亚经济联盟会全面启动。它的基础原则是什么？提醒大家一下，首先就是平等、实用主义和互相尊重，是保护全部成员国独立性和主权”。[③] 因此，就外向联系而言，开放、透明和考虑彼此利益是大欧亚伙伴关系的主要原则。这些原则和伙伴关系的目标理念相一致，同时又各有特定指向。

开放性是“大欧亚伙伴关系”的最显著特点，这一点俄罗斯在多个场合表述时都反复提及。“就发展跨地区一体化项目和建立跨平台合作而言，重点是在‘欧亚经济联盟’、‘上合组织’成员国和‘东南亚国家联盟’的参与下，建立对所有其他国家和多边组织开放的‘大欧亚伙伴关系’。”[④] 普京曾经表示，“我要强调的是，这是一个非常灵活的、现代化

① 《中华人民共和国和俄罗斯联邦联合声明》，2016年6月26日，外交部网站，https：//www. fmprc. gov. cn/web/ziliao_ 674904/1179_ 674909/t1375315. shtml. 访问日期：2020年2月6日。

② 《普京总统接受“人民日报”独家专访》，2019年4月26日，俄驻华大使馆网站，http：//www. russia. org. cn/cn/news/8881/. 访问日期：2020年2月20日。

③ 《普京：2014年俄罗斯国情咨文》，2014年12月6日，观察者网，https：//www. guancha. cn/f-putin/2014_ 12_ 06_ 302598_ 1. shtml. 访问日期：2020年2月23日。

④ 《俄罗斯副外长伊戈尔·莫尔古洛夫出席“亚欧会议” 成员国第十三届外长会议》，2017年11月21日，俄联邦外交部网站，http：//cn. mid. ru/foreign_ policy/news/610. 访问日期：2020年2月16日。

的项目，也是能够接纳其他参与者加入的项目”[①]。俄罗斯强调开放性表明其希望最大化地利用这个平台，摆脱长期以来东西方对立造成的欧亚差异与割裂，将各方纳入这一关系网络中，通过欧亚一体化发展重塑地缘政治形态，而俄罗斯居中发挥核心作用，确保其世界大国的影响力。开放性表明了俄罗斯的态度，即对所有可能的合作方参与“大欧亚伙伴关系”都保留了可能性。例如欧盟，虽然对俄罗斯抱有偏见与警惕，但是俄罗斯仍然以包容的心态敞开大门，邀请欧盟加入“大欧亚伙伴关系”计划。“按照这样的逻辑，我们还需要努力发展与欧盟的关系，尽管目前仍存在一些困难，但欧盟依然是我们重要的贸易伙伴之一。我们与欧盟之间存在着许多重叠的经济利益。”[②] 再比如说独联体国家，由于独联体内的一些国家并没有加入欧亚经济联盟，这些国家可能会对大欧亚伙伴关系持更加困惑和犹豫的态度。俄罗斯强调开放性，也是希望这些国家能够支持和参与大欧亚伙伴关系，构建亚欧大陆“多层次的一体化模式”。开放性原则还体现在大欧亚伙伴关系合作方式的多样性方面，俄罗斯始终强调，大欧亚伙伴关系的合作对象，既包括地区性组织机构，也可以是单个主权国家。这种开放的包容性有利于这一大型平台的功能最大化。

透明性原则是世贸组织的最重要原则之一，“大欧亚伙伴关系”将透明性作为其主要原则，表明俄罗斯将会在现有的国际体系中推行这一计划，将维护现有的世贸组织规则，反对单边主义和贸易保护主义。俄罗斯强调透明性，首先是直接针对美国。近年来，美国已经成为世贸组织规则的破坏者，逆经济全球化的“反面典型”。在国际事务上，美国在处处与俄罗斯针锋相对的同时，动辄以经济制裁打压俄罗斯，尤其是美国在与欧盟磋商跨大西洋贸易与投资伙伴协议（TTIP）以及推行跨太平洋伙伴关系协定（TPP）时的不透明操作受到俄罗斯的强烈质疑。美国的贸易保护主义倾向日趋严重，表明其经济霸权主义思想根深蒂固。在大欧亚伙伴关系中强调透明性是对美国一系列全球经济贸易行为的回应，同时，将这种回

① 《普京题为〈亚太经合组织第二十五次岘港峰会：共同走向繁荣与和谐发展〉的文章》，2017 年 11 月 10 日，俄联邦驻华大使馆网站，https：//www. russia. org. cn/cn/news/6766/. 访问日期：2020 年 2 月 24 日。

② 《俄罗斯外长谢尔盖·拉夫罗夫在俄罗斯联邦大使和常驻代表会议上的致辞》，2018 年 7 月 19 日，俄联邦外交部网站，http：//cn. mid. ru/press_ service/video/56/1230，访问日期：2020 年 2 月 25 日。

应列为该平台长期有效的原则，则释放出俄罗斯并不打算单独重新制定规则的信息，这一点对于新兴的亚太地区各个区域组织和国家保有合作意愿十分重要。此外，鉴于外部对俄罗斯的历史记忆以及欧亚经济联盟高度一体化的内部操作，强调透明性对潜在的合作各方能够全面持续地接受“大欧亚伙伴关系”计划，从而使之逐渐从经济一体化扩展到政治、安全等领域也至为重要。

考虑彼此利益原则的提法十分特别。与“一带一路”倡议的“共商、共享、共建”原则相比较，可以看到，后者强调的是利益的共同点与彼此合作的互利性，突出的是正向发展的契合面，而前者则是反向限定，突出相互合作中的“不损害利益”原则，强调不能“互伤”。之所以有这样的差别，还是和俄罗斯的国家特性以及“大欧亚伙伴关系”计划的时代背景有着密切的关系。今天的俄罗斯仍然是政治和军事上的强国，但在经济发展上面临着许多的发展问题。政治军事的强者身份经常会被拿来与对抗、冲突以及单方面话语权相联系。俄罗斯突出考虑彼此利益原则，就是想消除在大欧亚伙伴关系推进过程中有关合作方的顾虑和担忧。而从经济层面来讲，俄罗斯强调考虑彼此利益原则具有防御性质，希望在与各大新兴经济体和国家在依据市场经济规律开展合作交流的过程中尽可能地维护自身的利益。最后，在亚欧大陆上已经存在有各种区域性的组织，“大欧亚伙伴关系”属于“后来者”，要想楔入现有的合作网络中并被接纳和认可，俄罗斯需要重点强调“大欧亚伙伴关系”的“无害性”，考虑彼此利益的原则就很好地体现了这一点。

第二节　中俄在大欧亚伙伴关系上的相互合作及影响

中国是俄罗斯“大欧亚伙伴关系”计划的支持者和不可或缺的合作方。“俄视中国为大欧亚伙伴关系构建的核心伙伴，希望与中方共同打造全面的欧亚经济伙伴关系。”[①] 中国对待“大欧亚伙伴关系”计划的态度是由中俄关系决定的。中俄双边的伙伴关系建设积累了大量的有益经验，中俄关系中“不结盟、不对抗、不针对第三方、不干涉内政、不意识形态

① 李自国：《大欧亚伙伴关系与“一带一路”倡议》，《海外投资与出口信贷》2017 年第 5 期。

化、永不为敌”的反向规范框定了中俄在欧亚一体化进程中的合作走向与交往限度，这也是中国的底数。在此基础上，中国乐于通过“一带一路”和“欧亚经济联盟”的对接等举措，探寻中国与“大欧亚伙伴关系”计划的利益契合点。

与此同时，中国自主地开展着灵活的多边外交政策并为中国的政治经济发展服务。中国与中东欧国家业已建立起“17+1”的合作模式并举行了八次会议，中国与欧盟领导人的会晤机制已经延续到了第二十一次，中国与东盟面向和平与繁荣的战略伙伴关系也已经确立了15年，两年一届的亚欧首脑会议已经举行了十二届，2018年的会议主题是“全球伙伴应对全球挑战”。可以说，“大欧亚伙伴关系”计划对中国而言是诸多全球多边交往中的一项内容，中俄“一带一路”倡议与“大欧亚伙伴关系”计划的合作交流，必然会以中俄双边战略协作伙伴关系所框定的原则和理念为基础。

一　中俄在大欧亚伙伴关系上的合作

“大欧亚伙伴关系”计划提出时间不长，还没有太多实质性的内容。迄今为止，“大欧亚伙伴关系”计划主要在中俄层面进行商讨，这也是俄罗斯所规划的路线图。俄方认为“俄罗斯和中国作为亚欧大陆的主要大国，是亚欧大陆一体化、基础设施建设和贸易进程中的自然盟友”。① 普京曾阐述说，“欧亚经济联盟与中国启动关于建立全面经济贸易伙伴关系的谈判，我认为，是建立大欧亚伙伴关系的第一步”②。普京认为“中国作为俄罗斯的全面战略协作伙伴，在这方面发挥着难以估量的作用。从本质上讲，创建大欧亚伙伴关系就是欧亚经济联盟与‘一带一路’倡议的对接”③。可以说，中俄在“大欧亚伙伴关系”上的合作是中俄稳固的双边战略协作伙伴关系的反映，并主要体现在三个方面。

---

① Сергей Лузянин, Большая Евразия: общие задачи для Китая и России, 16 апреля 2018г., 16.04.2018, https://ru.valdaiclub.com/a/highlights/bolshaya-evraziya-zadachi/?sphrase_id=3287. 访问日期：2020年2月24日。

② Пленарное заседание Петербургского международного экономического форума., 17 июня 2016г., 17.06.2016, http://www.kremlin.ru/events/president/news/52178. 访问日期：2020年2月24日。

③《普京总统接受“人民日报”独家专访》，2019年4月26日，俄驻华大使馆网站，http://www.russia.org.cn/cn/news/8881/. 访问日期：2020年2月24日。

第一，相互尊重与支持。俄罗斯在正式提出“大欧亚伙伴关系”计划之后，中国在第一时间对这一计划予以尊重和支持。在 2016 年 6 月 25 日签署的《中华人民共和国和俄罗斯联邦联合声明》中，双方主张在“开放、透明和考虑彼此利益的基础上建立欧亚全面伙伴关系”。虽然彼时的名称还不相一致，但双方对基本原则予以了确认。此外，在联合声明中对这一计划的基本内涵与路径也进行了大致的商定，即这一计划的目标是“推动深化地区一体化进程”，参与这一计划的潜在对象包括“欧亚经济联盟、上海合作组织和东盟成员国”，而落实“丝绸之路经济带建设与欧亚经济联盟建设对接合作的共识具有重大意义”。这些共识的达成对于“大欧亚伙伴关系”计划的后续发展意义重大。此后，中俄双方不仅在双边会晤中多次强调对“大欧亚伙伴关系”计划的支持，在多边场合中也对这一计划表达了支持。如在第一、二届《“一带一路”国际合作高峰论坛圆桌峰会联合公报》中，均将“欧亚伙伴关系”列入多层次的合作框架倡议之中。在 2018 年《上合组织成员国元首理事会青岛宣言》中，表示“肯定各方为共同实施‘一带一路’倡议，包括为促进‘一带一路’和欧亚经济联盟对接所做的工作。各方支持利用地区国家、国际组织和多边合作机制的潜力，在上合组织地区构建广泛、开放、互利和平等的伙伴关系”。[①] 这一表态事实上也可以看作对“大欧亚伙伴关系”计划的支持。

第二，不断加深理解。从一开始中国即表现出对“大欧亚伙伴关系”计划的支持，但是双方对这一计划的理解有一个不断加深的过程。在 2016 年中俄双方联合声明中表示将建设欧亚全面伙伴关系之后，在当年 11 月的《中俄总理第二十一次定期会晤联合公报》中，欧亚全面伙伴关系没有被提及，而是被经济伙伴关系所取代，公报明确“双方愿通过在欧亚大陆构建互利的经济伙伴关系等方式深化经济一体化”。与此同时，公报表示“积极评价两国学术机构就构建欧亚伙伴关系概念取得的研究成果，包括可能吸纳欧亚经济联盟、上海合作组织和东盟成员国加入。责成两国专家共同就此开展可行性研究”。可以看到，欧亚全面伙伴关系被分解成经济伙伴关系与欧亚伙伴关系两个概念，也可以理解为两个不同的层面和阶

① 《上海合作组织成员国元首理事会青岛宣言》，2018 年 6 月 11 日，外交部网站，https：//www. fmprc. gov. cn/web/ziliao_ 674904/1179_ 674909/t1567546. shtml. 访问日期：2020 年 2 月 4 日。

段。经济伙伴关系的含义是明确的，而欧亚伙伴关系还有待于双方进一步加深理解。2017 年，双方重点在探讨欧亚经济伙伴关系，并致力于达成“一带一路”与欧亚经济联盟的对接。到 2018 年，中国与欧亚经济联盟完成《中华人民共和国与欧亚经济联盟经贸合作协定》的商谈与签署，欧亚伙伴关系被重新提上日程，在 2018 年 6 月 8 日《中华人民共和国和俄罗斯联邦联合声明》中，双方强调“将在开放、透明和考虑彼此利益的基础上，探讨构建‘欧亚伙伴关系’，促进地区一体化进程”。到 2019 年中俄高层会晤时，双方对“大欧亚伙伴关系”已经达成了更深的理解与共识，即“中方支持建设大欧亚伙伴关系倡议。双方认为，‘一带一路’倡议同大欧亚伙伴关系可以并行不悖，协调发展，共同促进区域组织、双多边一体化进程，造福欧亚大陆人民”。①

第三，坚持务实合作。虽然“大欧亚伙伴关系”还处于构架搭建过程中，但是中俄双方针对这一平台的合作坚持务实的态度，循序渐进，稳步推进。在“大欧亚伙伴关系”计划提出之前，中俄双方已经开始就“一带一路”与欧亚经济联盟的对接问题展开合作商谈。在“大欧亚伙伴关系”计划中，“一带一路”与欧亚经济联盟对接被认为是最优先、基础和重要的内容。自 2016 年 10 月首轮谈判以来，双方通过五轮谈判、三次工作组会和两次部长级磋商，于 2017 年 10 月 1 日顺利实质性结束谈判。2018 年 5 月 17 日，在哈萨克斯坦阿斯塔纳经济论坛期间，《中华人民共和国与欧亚经济联盟经贸合作协定》（以下简称《协定》）正式签订。《协定》内容非常丰富，范围涵盖海关合作和贸易便利化、知识产权、部门合作以及政府采购等 13 个章节，包含了电子商务和竞争等新议题。双方同意通过加强合作、信息交换、经验交流等方式，进一步简化通关手续，降低货物贸易成本。当然，协定的签署只是开始，“一带一路”与欧亚经济联盟对接还需要完成许多具体的工作。对此，双方有着清楚的认识。普京在 2019 年 4 月接受《人民日报》记者采访时表示，“应当搞好欧亚经济联盟委员会和中国政府之间的务实合作，奠定系统性的合作基础。首先，需要成立一个联合委员会，研究制定欧亚经济联盟与‘一带一路’对接的具体举

① 《中华人民共和国和俄罗斯联邦关于发展新时代全面战略协作伙伴关系的联合声明》，2019 年 6 月 6 日，外交部网站，https://www.fmprc.gov.cn/web/ziliao_674904/1179_674909/t1670118.shtml. 访问日期：2020 年 2 月 5 日。

措。我们认为，优先发展方向是交通、能源、生态、贸易、金融和数字经济领域的项目”[①]。此外，在完成与欧亚经济联盟的对接谈判之后，中俄双方开始启动《欧亚经济伙伴关系协定》谈判。目前，这一谈判正在进行中，俄罗斯和中国的相关部门已经在联合编制《欧亚经济伙伴关系协定》的技术可行性研究报告。[②] 而对于“大欧亚伙伴关系”的远景，虽然还没有明确的内容，但是双方表达了务实的共识。习近平主席表示：“我和普京总统一致同意，双方将继续开展‘一带一路’倡议和欧亚经济联盟对接的工作。我们将在‘一带一路’倡议和大欧亚伙伴关系中相互支持。我们将共同努力，发展区域一体化，促进区域经济一体化的发展。”[③]

目前，中俄双方围绕“大欧亚伙伴关系”开展的合作处于这一项目的领航位置，我国学者李永全认为，“中俄在共建欧亚经济伙伴关系进程中的合作，在某种意义上决定着这一进程的前途”[④]。未来一段时期，中俄两国将会着力于“一带一路”倡议和“大欧亚伙伴关系”计划的相互对接。但是，从另一个视角来看，中俄双方对“大欧亚伙伴关系”认识和理解的磋商过程“不仅回答了我们需要构建怎样的欧亚伙伴关系的问题，也体现出两国对欧亚伙伴关系构建路径的思考”[⑤]。就长远发展而言，“大欧亚伙伴关系”计划仍然是中俄双方的一大探索区域，存在着许多不确定的空白点和可能性。

二　“一带一路”与大欧亚伙伴关系的相互影响

中国在2013年提出建设“丝绸之路经济带”倡议，多少让俄罗斯有些感到意外和措手不及。在俄罗斯的历史记忆和认知里，中国一直是一个相对内敛、始终被动与外界接触的民族国家，即使中国实施的改革开放政策，也更多的是打开门请进来，而“一带一路”倡议的提出，却具有全球的开阔情怀和磅礴的气势，体现出主动而为的时代特征，其中所蕴含的战

① 《普京总统接受“人民日报”独家专访》，2019年4月26日，俄驻华大使馆网站，http：//www. russia. org. cn/cn/news/8881/. 访问日期：2020年2月25日。

② 《俄驻华大使安德烈·杰尼索夫接受“中国日报”专访》，2018年6月9日，俄联邦驻华大使馆网站，http：//www. russia. org. cn/cn/news/7307/. 访问日期：2020年2月13日。

③ 《俄中会谈》，2019年6月5日，俄联邦驻华大使馆网站，http：//www. russia. org. cn/cn/news/9208/. 访问日期：2020年2月27日。

④ 李永全：《大欧亚伙伴关系与“一带一路”》，《俄罗斯学刊》2018年第4期。

⑤ 顾炜：《中俄构建欧亚伙伴关系的逻辑》，《国外理论动态》2018年第3期。

略视野与以往迥异。所以，在一开始，俄罗斯无论学术界还是政界对中国的意图都持有某种怀疑态度，甚至不乏反对的声音。好在两国良好的战略协作伙伴关系为相互之间的沟通提供了有效保障。随着中国“海上丝绸之路”倡议的提出以及对“一带一路”内涵理念的阐释完善，中俄两国高层也迅速达成理解共识。2014 年 2 月索契冬奥会期间，普京总统在与习近平主席会谈后公开表示“俄方积极响应中方‘丝绸之路经济带’和‘21 世纪海上丝绸之路’倡议”。同年 5 月，普京总统在上海与习近平主席会晤时又表示“俄方支持建设丝绸之路经济带，促进交通基础设施互联互通，欢迎中方参与俄罗斯远东地区开发”①。需要指出的是，经过多年的改革开放，中国与国际社会的共赢合作已经站在新的起点，此时提出“一带一路”倡议，目的之一就是与欧亚空间进一步共享合作，构建利益共同体，而俄罗斯和亚欧内陆各国无疑都是“一带一路”期望的合作伙伴。

“大欧亚伙伴关系”计划后于“一带一路”倡议提出，是欧亚经济联盟的后续与升级，从起因来看，与“一带一路”倡议有一定程度的关联，从过程来看，与“一带一路”倡议联系密切，受后者的直接影响较大。另外，随着俄罗斯在“大欧亚伙伴关系”计划上不断发力，其对“一带一路”倡议也会产生一定的影响。这些影响，既有有利的一面，也有不利的方面，需要辩证地看待。

（一）“一带一路”对大欧亚伙伴关系的影响

作为一项侧重于经济的全球化项目，“一带一路”倡议对“大欧亚伙伴关系”计划的影响也主要集中在经济方面，具体来说，有以下几个方面的影响。

首先，强化了欧亚经济联盟的价值。“一带一路”和欧亚经济联盟的对接被认为是“大欧亚伙伴关系”计划的第一步。欧亚经济联盟的成立几经周折，其中一个重要原因就是欧亚经济联盟的目标是追求成员国之间经济的高度一体化。这种内部的一体化主要是基于苏联“遗产”和独联体架构，在内部协调的同时也具有了一定的排外性质。另外，欧亚经济联盟成立之后并不被欧美国家认可，在外向发展上的可选择面并不多。从独联体到欧亚经济共同体，再到欧亚经济联盟，俄罗斯致力于重新整合后苏联时代亚欧内陆经济空间。“一带一路”倡议提出之后，因其强大的经济驱动

---

① 《习近平同俄罗斯总统普京会谈》，《人民日报》2014 年 5 月 21 日。

力及其操作灵活性而对欧亚经济联盟成员国同样产生吸引力。这种吸引力很可能会弱化欧亚经济联盟的内部凝聚力，挤压欧亚经济联盟的发展空间，这也是俄罗斯对“一带一路”倡议最开始并不持欢迎态度的重要原因。但是，中俄双方很快达成“一带一路”与欧亚经济联盟对接的共识，这对于俄罗斯确保欧亚经济联盟作为一个整体来发声起到了积极的促进作用，也使俄罗斯悬疑的心放了下来。

中国政府与欧亚经济联盟之间的对接谈判，实际上是对欧亚经济联盟的认可，对于提升欧亚经济联盟作为一个区域合作组织的国际地位具有积极影响。中国政府与欧亚经济联盟达成的协定并不是优惠待遇协定，也不是项目设计与落实协议，内容主要涉及双方在经贸交往中的规则沟通与程序商定。这一协定的签署，还为解决欧亚经济联盟成员国作为独立主权国家以及欧亚经济联盟成员在双边和多边层面同时与中国经贸往来的一系列棘手问题奠定了基础。在这样的谈判过程中，欧亚经济联盟内部也不断调适，统一了步调，强化了外向联系的能力和协调性。欧亚经济联盟的内部巩固和外部国际地位的提升，对于“大欧亚伙伴关系”的后续发展至关重要。

其次，为“大欧亚伙伴关系”的分阶发展增添了实质内容。“大欧亚伙伴关系”以“一带一路”和欧亚经济联盟的对接为起点，但就整体而言，其内涵与实施路径并不明晰。对此，俄罗斯倒是有自己的认识和看法。拉夫罗夫曾经表示“这个倡议的优势就在于——它‘来自生活’。该倡议的实施不需要事先创建某种框架，然后再向实际执行去过渡。我举一个非常形象的例子，比如有人要在英国铺设一条穿过草坪的道路，他们首先要看一看，人们在哪里行走方便，然后浇灌混凝土或铺设道路。所以，我们的流程也是这样，我们用一个通用的术语称为‘大欧亚计划’”。[①] 也就是说，“大欧亚伙伴关系”的理念是在实践中摸索。而作为伙伴关系，实践需要有合作方，中国以及“一带一路”倡议就是“大欧亚伙伴关系”最好的呼应者。正是有了中国的积极回应，“大欧亚伙伴关系”计划才具有了实质性的内容。

---

① 《俄罗斯外交部长谢尔盖·拉夫罗夫发表讲话并答媒体记者问，总结 2017 年俄罗斯外交工作》，2018 年 1 月 18 日，俄联邦驻华大使馆网站，http：//www. russia. org. cn/cn/news/2017 –8/. 访问日期：2020 年 2 月 16 日。

目前来看，“大欧亚伙伴关系”计划的实施路径是从经济领域开始逐步推进，并且在很长一段时期仍会以经济合作为主，这和“一带一路”倡议有着直接的关系。一方面，在中国和欧亚经济联盟签订对接协定后，还有很多具体的对接内容需要进一步磋商与施行。另一方面，中国与俄罗斯已经开始启动欧亚经济伙伴关系对接协定的谈判，这些都将是今后一段时期“大欧亚伙伴关系”计划发展的最主要工作内容。对于俄罗斯而言，有了与中国的对接实践，俄罗斯在探讨“大欧亚伙伴关系”时的底气也会更足。同时，与中国“一带一路”对接中的实践经验，也将成为“大欧亚伙伴关系”计划和区域内其他组织机构与国家探讨合作的重要倚靠。

最后，为俄罗斯展示其亚洲属性注入新的活力。俄罗斯非常清楚，“大欧亚伙伴关系”计划的推行需要俄罗斯“内外兼修”，如果没有俄罗斯国内社会经济发展做基础，“大欧亚伙伴关系”难言前景。但是，俄罗斯国家发展地区失衡问题由来已久，尤其是地处亚洲的西伯利亚和远东地区，远远落后于欧洲片区。俄罗斯一直在努力尝试政策向东转，加大远东地区的开发力度，增强其亚洲部分的价值和影响力。普京在2019年国情咨文中再次强调“这是一项国家任务，是我们工作中极为重要的一个领域，战略方向是东西伯利亚和远东”①。遗憾的是，俄罗斯开发远东地区的政策落实一直不够顺畅，感觉时断时续，国家有心无力，无论是“超前发展区”还是“自由港”计划，都是雷声大雨点小，有虎头蛇尾之嫌。究其原因，最重要的一点还是俄罗斯自身经济活力不足，加之“西线”始终不平静，因而无暇东顾。中国的“一带一路”倡议提出之后，中俄在双边关系层面寻找到很多的利益契合点。中国重振东北计划与俄罗斯远东开发不谋而合，中蒙俄经济走廊意义重大。此外，在俄罗斯极为看重的“北极”航道开发中，“一带一路”与“大欧亚伙伴关系”的对接合作将会为中国提供合法性身份与参与路径，同时也将会提升俄罗斯建设“冰上丝绸之路”的价值和能力，在这方面，中俄两国存在着很多的利益契合点，出现了前所未有的合作需求与发展前景。

“一带一路”是以项目为主的非排他性倡议，坚持共商共享共建的原则，具有很强的延展性与灵活性，随着时间的推移，“一带一路”倡议会

① Послание Президента Федеральному Собранию, 11 марта 2020г. , 20. 2. 2019, http: //www. kremlin. ru/events/president/news/59863. 访问日期：2020年2月16日。

对俄罗斯的远东开发产生更大的吸引力，双方也会协商落实更多具有实质性的项目。在良好的双边经贸往来的基础上，中国与欧亚经济伙伴关系协定将会有更多可商谈的内容。目前，这一协定还处于中俄双方的谈判阶段，相信这一协定达成之后，将会对俄罗斯国内经济发展起到积极的推动作用，尤其是会极大地提升俄罗斯亚洲地区的资源利用价值和经济一体化影响。毫无疑问，如果俄罗斯能够借助“一带一路”倡议实现其亚洲地区发展的提速，使其逐渐摆脱“东西失衡”的窘况，必将会使俄罗斯对“大欧亚伙伴关系”计划更有信心，同时对俄罗斯在更广泛地区和领域推行“大欧亚伙伴关系”计划也能够提供重要的经验保障。

（二）大欧亚伙伴关系对“一带一路”的影响

中国的“一带一路”倡议后发而先至，就目前情况来看，领先“大欧亚伙伴关系”计划不止一个身位。“大欧亚伙伴关系”计划虽然还处于探索阶段，但与“一带一路”倡议并行不悖，两者之间交集不少。这些相互叠加的地方，既会对“一带一路”建设产生积极影响，也会有一定的消极影响，总结起来，大致有三个有利方面和两个不利点。

一是有利于“一带一路”倡议国际环境的营造。“大欧亚伙伴关系”计划和“一带一路”倡议的基本理念都是顺应经济全球化的趋势，确认多边贸易体制是现代国际贸易的基石，认同各种一体化进程的快速发展已成为时代的特征。因此，中俄双方都强调维护世贸组织现有的规则，认为世界贸易组织应在协调全球经贸体系的普遍原则和准则方面发挥核心作用。中俄双方确信“一带一路”建设与“大欧亚伙伴关系”计划应该“协调发展，共同促进区域组织、双多边一体化进程，造福亚欧大陆人民”。这些基本共识非常重要。众所周知，“一带一路”倡议提出以来，得到了世界范围内的积极响应，但同时也有少数国家对“一带一路”建设持敌视态度，不断地进行歪曲污蔑，制造“中国威胁论”。尤其是美国近年来自恃无人可及的经济霸权，肆意破坏全球多边贸易规则与秩序，不断采取逆全球化的做法，挑起了中美贸易摩擦，同时也多次挥舞经济大棒，对俄罗斯进行制裁。在这种情况下，俄罗斯提出的“大欧亚伙伴关系”计划在发展的基本理念和原则方面对“一带一路”倡议予以高度的认可，这无疑是对“一带一路”建设的有力支持，也能够为“一带一路”建设营造更加良好的国际环境。

二是有利于“一带一路”建设在亚欧大陆的持续推进。中国“一带一路”倡议的两个最主要目标，一个是世界范围内的基础设施大联通，另一个是投资贸易便利化。从“一带一路”倡议中“丝绸之路经济带”建设的基本内容上看，中国所着眼的是整个亚欧大陆的合作，希望能够在整个亚欧大陆推进上述两个目标的实现。在这个过程中，俄罗斯并不是最重要的合作对象和终极目标，但是俄罗斯居于亚欧大陆中间地带，客观上具有“丝绸之路经济带”建设绕不过去的地缘价值，因此，如果没有俄罗斯的参加并起到重要作用，“丝绸之路经济带”的构建是不可能实现的。[①]“大欧亚伙伴关系”计划的提出同样是基于亚欧大陆一体化的考虑，在经济发展层面上和“丝绸之路经济带”建设高度契合。“大欧亚伙伴关系”计划积极和“一带一路”倡议开展对接表明俄罗斯及欧亚经济联盟并不想另起炉灶，而是愿意借中国经济发展的“风”扬自己的“帆”。在这样的情况下，“大欧亚伙伴关系”计划与“一带一路”建设的对接能够使中俄双方找到更多的利益契合点，同时“丝绸之路经济带”建设合作发展畅达欧洲的“过境”也有了更多的机制保障，这对于“一带一路”建设在亚欧大陆的持续推进很有意义。

三是有利于“丝绸之路经济带”沿线超大项目的落地。“一带一路”建设是具有全球视野的大手笔，在共商共享共建的原则基础上，中国与不同的区域组织、国家和经济体之间展开积极协商，通过一批一批的项目规划、合作与落实，不断取得丰硕成果。第一届“一带一路”国际合作高峰论坛公布的成果清单有 270 多项具体成果，第二届则有 6 大类 283 项具体成果。这些成果充分展现了“一带一路”倡议重在项目驱动的特点。在“丝绸之路经济带”建设的影响下，中俄双方也达成了许多合作项目或合作意向，但是从中俄经济互补角度分析，双方在亚欧大陆上的合作还有很大的空间。一方面，双方合作的重点主要在基础设施、交通、农业、生物技术、能源、通信、金融等领域，这些领域的合作需要大型项目支撑；另一方面，“大欧亚伙伴关系”计划既是对区域国家的统筹，也是希望能够统筹区域组织，如果“大欧亚伙伴关系”计划能够发挥其统筹作用，就可以和“丝绸之路经济带”建设相向而行，将亚欧大陆各类次区域合作方案和计划乃至组织串联、协同、整合起来，拆除羁绊打通空间提高区域合作收益和效率，例如中吉乌铁路建设项目等。“大欧亚伙伴关系”计划对中

① 参见邢广程《“丝绸之路经济带”与欧亚地缘格局》，《光明日报》2014 年 1 月 12 日。

俄双方在跨区域的多边合作框架内发挥合作潜力，推动大型项目落地将起到积极的推动作用。

由于“大欧亚伙伴关系”计划和“一带一路”倡议在规划的完整性、成熟度以及推进的速率上并不一致，因此前者对后者的消极影响目前来看并不在当下，而可能潜在于未来，具体来讲可能会有两点不利影响。

一是可能增加“一带一路”建设项目在欧亚内陆经济空间的实施难度。中国的“一带一路”是开放的倡议，愿意在共商共享共建的基础上与相关区域内的单个主权国家、多边组织或经济体共同开发落实互惠共赢的合作项目。其中，“丝绸之路经济带”建设潜在的合作对象包含了从中亚到欧洲大陆的众多国家和区域组织，独联体架构内的各个国家也是“丝绸之路经济带”建设积极的响应者。但是，欧亚经济联盟作为大欧亚伙伴关系的基石，并不是一个完全基于市场经济特征建立起来的特殊联盟，而是在苏联“遗产”基础上的加工产品，其成员国之间经济联系非常紧密，一体化程度非常高，贸易规则具有极大的互惠性，这些都增加了其开展外部合作的难度。一方面，中国与欧亚经济联盟签订对接协定并不具有互惠性质，这种不对称将可能对“丝绸之路经济带”建设与欧亚经济联盟成员进行项目商谈时产生限制影响，增加项目落地的难度。另一方面，“大欧亚伙伴关系”计划必然会致力于欧亚经济联盟的扩员，独联体架构内的各个国家都是其竭力争取的对象，例如乌兹别克斯坦、塔吉克斯坦等，这为这些国家平衡把握中国“一带一路”倡议和欧亚经济联盟之间的关系带来不小的考验，在某些时候，也会滞缓“一带一路”项目的实施进度。“欧亚一体化与中国丝绸之路经济带的对接思想或多或少存在一些保护主义色彩，因为该思想可以弱化俄中竞争的压力。”①

二是可能会增加“一带一路”项目在综合性竞争中的压力。俄罗斯在阐述“大欧亚伙伴关系”计划时曾多次提到，希望未来能够将区域内的多个不同的组织机构联合起来，包括欧亚经济联盟、东盟、上合组织，甚至是欧盟等，也对亚欧大陆上具有意愿的单个国家持开放态度。这表明从根本上讲，“大欧亚伙伴关系”计划追求的是全球经济一体化趋势下的多样化合作发展，意在通过多样化发展保持大欧亚经济空间内的相对平衡状

---

① ［俄］德米特里·叶夫列缅科：《中俄战略伙伴关系和大欧亚的构建》，孙铭译，《国外社会科学》2017 年第 3 期。

态，有着防范中国利用越来越强劲的动态经济因素在其地缘利益空间内“称霸”的战略意图。卡拉加诺夫曾经明确表示，“俄罗斯需要做更多的事情，以实现尽可能好的地缘经济和地缘政治地位，使其成为亚欧大陆的中心和纽带，并与中国进行友好和建设性的平衡，以确保其不会变得‘太强大’或变成令邻居担惊受怕的潜在霸主”①。因此，可以相信，尽管目前中俄双方在“一带一路”与“大欧亚伙伴关系”的对接方面领先于其他潜在合作方，并且正在达成一些重要共识，但是，随着俄罗斯对“大欧亚伙伴关系”计划推行力度的不断加大，并且不断取得多样化的合作成果，“一带一路”建设相关项目是否依然拥有优先地位将会变得不那么确定，至少将会感受到更多的综合性竞争压力。例如对于中国东北发展和俄罗斯远东开发之间的合作，目前主要还是在双边体系内完成，但与此同时，俄罗斯也正在通过其亚太战略以及“大欧亚伙伴关系”计划寻求在这一地区的多样化合作方式，引进韩国、日本、东盟、亚太经合组织等，以求与中国在这一地区达成动态的平衡。

从目前阶段来看，“大欧亚伙伴关系”计划与“一带一路”倡议都致力于经济领域合作发展，因此，也需要在市场经济的规律下运行，就这一点来说，“大欧亚伙伴关系”计划或多或少会和“一带一路”倡议产生一定的竞争关系。对于这些情况，中国需要客观、辩证地看待，自信把握，趋利避害，最大限度地谋求双方的利益共同点，确保两者发展并行不悖。目前，中俄双方已经开始“一带一路”倡议与“大欧亚伙伴关系”计划的对接，并取得了阶段性的成果。两者相比，中国的“一带一路”倡议更加成熟，内容更加翔实，理念更加清晰，“一带一路”倡议没有最终成果的说法，但是会不断融合全球化因素，促进中国经济与世界各国经济共同发展。与“一带一路”倡议不同，“大欧亚伙伴关系”更多地还停留在探讨阶段，实质性的内容不是很多，但俄罗斯自身有着清楚的宏观认识和战略构思，也不会因为“一带一路”倡议的进展而亦步亦趋。

在中俄双边关系中，“一带一路”倡议和“大欧亚伙伴关系”所扮演的角色是不同的，“一带一路”专注于经济人文交流发展，具有很强的灵

---

① From East to West, or Greater Eurasia. https：//eng. globalaffairs. ru/pubcol/From-East-to-West-or-Greater-Eurasia－18440. 访问日期：2020 年 2 月 26 日。

活性和融合性，合作有大有小有深有浅，在两国关系框架内未来会有更多的各类项目落地，会不断促进两国共同发展，这种正向价值将会伴随两国关系发展而长期存在。“大欧亚伙伴关系”更多着力点在多边关系协作方面，更可能发展出某种协作机制，这种机制具有宏观的调节功能，不会解决太多双边关系中的具体问题，但会受到双边关系限定。也就是说，“大欧亚伙伴关系”的上限由中俄双边关系的基本原则来决定，而不会对中俄双边关系产生决定性影响。

第三节　大欧亚伙伴关系的发展、前景及思考

“大欧亚伙伴关系”计划是一项庞大而复杂的地缘政治项目，其发展前景还存在着许多变数。从理论层面说，俄罗斯学者卢金（Alexander Lukin）认为“‘大亚欧大陆’的概念仍在发展中，其确切界限仍然不确定，来自俄罗斯和中国等多个国家的专家正在努力充实它”[①]。从实践层面来看，这一战略认识正在逐步影响俄罗斯与其亚洲伙伴之间的交往互动，并将会深化俄罗斯与多个预定区域的合作。俄罗斯第一副总理舒瓦洛夫（Игорь Шувалов）认为，“很可能，这项工作将是多速度，多层次的集成”[②]。俄罗斯对此持有长久的心理预期。

在全球化时代，各类一体化项目既是一种必要的发展模式，也成为一种全新的竞争方式，其潜力和效能终将会由发起者的综合实力所决定。“大欧亚伙伴关系”计划未来发展困难不小，局限颇多，说到底，和俄罗斯自身实力及其面临的内外环境有着直接的关联。中国是俄罗斯极为看重的“大欧亚伙伴关系”计划首要合作伙伴，双方在这一层面上的合作需要中国以相应的战略眼光睿智地处理好包括上合组织未来发展在内的目标分歧与合作走向等一系列关键问题。

一　大欧亚伙伴关系的发展及前景探析

从宏观构架来看，从一开始，“大欧亚伙伴关系”计划就框定了几大

---

① Alexander Lukin, “Sino-Russian Cooperation as the Basis for Greater Eurasia”, *Human Affairs*, Vol. 30, No. 2, 2020, p. 180.

② Специальный репортаж: Россия стимулирует интеграцию на евразийском пространстве, https: //riss. ru/smi/37575/. 4 мая 2020г.

合作对象，奠定了发展的基调和思路。在过去五年时间里，俄罗斯采取积极借力中国发展、拓宽亚洲合作、静观欧洲反应的策略，虽然进展不大，但是基本形成了“大欧亚伙伴关系”计划演进的支架结构。在可以预见的未来一段时期，俄罗斯对“大欧亚伙伴关系”计划的推进仍将维持这一态势，一方面继续同中国保持发展对接，探索可行路径，另一方面积极拓展同亚洲区域国家和组织的多边互动关系，继续夯实亚洲地带的多极化框架。通过这一策略操作，“大欧亚伙伴关系”计划有望保持谨慎的乐观前景。

（一）共赢发展与认知差异共存

“大欧亚伙伴关系”计划与“一带一路”倡议对接发展是中俄当前双边关系中非常重要的内容，也是各自长期推行的项目。两者当前阶段有着很多的战略共识和利益交集，这将为两大项目的对接发展提供极大的动力，但是从终极目标来看，两者的追求有所不同，到达一定的阶段之后，两者之间的差异将可能增大，发展分化不可避免。就中俄合作层面而言，“大欧亚伙伴关系”计划前景有着共赢发展与认知差异共存的趋势和特征。

一方面是聚焦欧亚经济伙伴关系大有可为。从欧亚经济联盟与“一带一路”对接到中俄双方欧亚经济伙伴关系谈判，双方始终聚焦于经济发展领域，这是双方战略共识高度一致的体现。中俄之间关于欧亚经济伙伴关系的对接协定谈判已经启动，这是“大欧亚伙伴关系”推进的第二步。当然，两国之间必须要讨论实现这一战略对接的许多具体细节，但是应该说基础扎实，起步顺利，前景可期。目前来看，中俄双方在“五通”方面进一步合作的空间广阔。“五通”是“一带一路”倡议的主要内容，“一带一路”倡议的成熟性不仅体现在其基本理念与原则上，更体现在其合作领域与路径规划方面。加强“一带一路”沿线国家之间的政策沟通、设施联通、贸易畅通、资金融通与民心相通是中国顺应全球化的时代趋势，把握一体化的时代特征绘就的极富远见的路线图。当前和未来一段时期，“大欧亚伙伴关系”与“一带一路”倡议的对接发展将主要集中在“五通”合作方面，因为“五通”是中国长期性的指导方针，其内容不仅体现出现实针对性，更具有未来指向性。“一带一路”倡议推行以来，在“五通”方面取得了丰硕的成果，尤其是与亚欧大陆沿线国家之间的合作交流，可以说开局很好，为今后进一步的发展奠定了坚实的基础。这些基础也是欧亚经济伙伴关系的发展参照。

在度过初期的不适应之后，俄罗斯已经对如何借力中国推行自己的战略，维护其国家利益有所把握。或者说，经过短暂的磨合，中俄两国已经找到了在亚欧大陆空间内促使双方的倡议与战略规划相容相处的有效方式。“尽管许多受人尊敬的专家权威和合理地争辩说中国将继续致力于与欧亚经济联盟国家的双边合作，但结果有所不同，北京做出了沿着多边轨道前进的战略决定。这样，俄罗斯就可以凭借其思想和理念成为亚洲必不可少的参与者。”① 在这样的基础上，双方“五通”合作还有很大的提升空间，只要中俄两国能够本着务实合作的精神，在开放、透明和顾及彼此利益的原则下加强沟通，就能够在“五通”方面不断作为，持续推进“一带一路”与“大欧亚伙伴关系”对接发展。

更为重要的是，如果中俄两国关于欧亚经济伙伴关系的对接协定谈判能够顺利完成，这将使中俄双方的“大欧亚伙伴关系”建设有可能超越“一带一路”倡议合作的水平，迈向双边关系的更深层次。这是因为“一带一路”倡议虽然产能和潜力巨大，但是终究只是一种发展思路和具体项目的集合体，在实际运作过程中具有灵活而松散的特点，是经济一体化的点状体现，因而缺少双边经济关系“线性持续”的保障。“一带一路”倡议中提出的“政策沟通”重在相互理解，并非针对双方制度的安排和设计。欧亚经济伙伴关系则不同，中俄双方将会通过对接协定的形式予以确认，这意味着欧亚经济伙伴关系对中俄双方而言具有关系“递进”的意义。因此，这种协定一旦确认，必然会把两国关系推向更高的层面。这种制度化的关系模式将为中俄双方开展全面深入的经济合作提供明确而稳定的保障，从而成为“大欧亚伙伴关系”计划推行的持久动力。

另一方面中俄双方对一体化发展存在认知差异。目前国际社会普遍认为，“大欧亚伙伴关系”计划虽然偏重于经济，但其归根结底并不是一个地缘经济项目，而是地缘政治战略。“大欧亚伙伴关系”计划既体现了俄罗斯外交战略的转向，也体现了俄罗斯复兴大国地位的长远政治抱负。从一开始，俄罗斯希望设计的是一种全面伙伴关系，这个“全面”到底包含什么，俄罗斯也没有给出明确的解释。或许是意识到这个概念太过于模糊笼统，其后俄罗斯从欧亚经济联盟入手，开始专注于经济伙伴关系的建立

① Тимофей Бордачёв, Что Россия может дать Азии? 4 марта 2019г. https://ru.valdaiclub.com/a/highlights/rossiya-dlya-azii/. 访问日期：2020 年 4 月 26 日。

和扩展。但是很快，俄罗斯又提出了“大欧亚伙伴关系”的说法。调校之后的概念，隐没了“全面”，但突出了“大”，表明这一地缘战略诉求将覆盖整个亚欧大陆广阔空间，而俄罗斯据有主导大欧亚一体化进程的地域合理性和正当性。“大欧亚伙伴关系”从经济联系开始起步，但在经济合作方面，“大欧亚伙伴关系”提出的理念、原则、议题并没有太多的创新，具体的步骤措施更像是对各种经济影响因素的回应。在经济一体化方面，“大欧亚伙伴关系”计划与“一带一路”倡议有着非常多的共识，未来也会有越来越多的合作，不过在话语权问题上，俄罗斯希望能体现出更多的权重，从而为自己谋求更大的经济利益。2018 年 2 月 7 日，在瓦尔代俱乐部举办的专家研讨会上，欧亚经济委员会成员塔季扬娜·瓦罗瓦娅（Tatyana Valovaya）认为，“现在，集合点可能变成了欧亚经济联盟。如果俄罗斯错过这个机会，则 10 年之后，这个项目就会被称作大亚洲，而集合点将是中国”①。由此可见，俄罗斯更加注重一体化的主导权问题。

与之相对，中国并无意谋求在欧亚一体化中的全面主导权，而是更加注重务实合作方向与互利共赢。随着“一带一路”倡议与“大欧亚伙伴关系”计划两大项目发展的不断深入，在对一体化的认识方面，双方会表现出更多的差异。中国的“一带一路”倡议将会持续在经济领域争取更大作为，本着开放合作、互惠共赢的指导理念绘制越来越多的“工笔画”。“一带一路”建设各种合作交流成果的不断累加将会使这一倡议更具深度与广度，从而不断加快与全球经济一体化时代趋势的融合。与此同时，“一带一路”倡议发展也致力于民心相通，希望在全球范围内不断加大人文交流的力度，倡导构筑人类命运共同体。由此，普京总统认为“习近平主席的‘一带一路’倡议更具全球性”②。俄罗斯的“大欧亚伙伴关系”则将关注点集中在亚欧大陆，凸显了其地缘利益的考量。从地缘政治学的角度来看，构建亚欧大陆的经济伙伴关系应该只是“大欧亚伙伴关系”计划中的一部分，俄罗斯最终是希望“大欧亚伙伴关系”在未来将“成为符合 21

---

① Большая Евразия：от политической идеи к технологии сборки. Сессия клуба《Валдай》в рамках Недели российского бизнеса – 2018，07. 02. 2018，https：//ru. valdaiclub. com/events/own/bolshaya-evraziya-rspp/. 访问日期：2020 年 5 月 6 日。

② 《普京总统在对中国进行国事访问前夕接受中央广播电视总台台长专访》，2018 年 6 月 6 日，俄联邦驻华大使馆网站，http：//www. russia. org. cn/cn/news/7302/，访问日期：2020 年 2 月 22 日。

世纪现实的、新兴的大陆安全架构基础”[①]。说到底，“大欧亚伙伴关系”计划仍追求政治、安全领域某种程度上的一体化，通过构建全面的一体化关系，确保自己的大国利益和地缘政治诉求。

由此不难看出，在“大欧亚伙伴关系”未来发展的根本走向上中俄双方将会出现越来越多的分化与差异，中国的“一带一路”倡议与之所开展的对接将会主要集中在经济、文化领域。在各方面条件成熟之后，俄罗斯将会在政治、安全一体化方面寻求突破，提出更多的议题和构想。“关于亚欧大陆，俄罗斯的立场比中国更雄心勃勃。在俄罗斯将亚欧大陆的概念推广为‘大区域’，‘基于新原则’和‘包括从安全、政治到经济和社会发展的所有要素’的同时，中国则主要集中在‘目标和利益相近的具体基础设施项目’上。”[②] 当然，这种认知差异应该不会影响中俄双方的合作与交流，也不是“大欧亚伙伴关系”计划成功与否的关键性因素，而是由“大欧亚伙伴关系”的核心诉求所决定的。无论如何，俄罗斯所推进的“大欧亚伙伴关系”计划中的许多议题和构想还会和中国有很多的交集，中俄双方应该会本着求同存异的原则，尽可能地照顾彼此的关切，在合作交流中实现互利共赢的目标。

（二）区域合作与多边交往前景可期

“大欧亚伙伴关系”计划从一开始就提出了与区域内各种多边组织合作的可能性，以及区域组织、独立国家之间既有合作相互交叉、整合与叠加，从而构成多层次合作模式的设想。“这种以开放和考虑到所有国家经济利益为原则的‘一体化的一体化’形式，将能够使该地区融入全球发展，并增强该地区的稳定。”[③] 按照“大欧亚伙伴关系”计划的设计，俄罗斯的战略视野将不会局限于后苏联内陆空间或者中俄关系，而是会以开放的态度，寻求亚欧大陆多个“极点”的构建与联合，以此形成亚欧大陆上动态的多极化态势。目前来看，俄罗斯所看重的这样几个“极点”轮廓已经初显。

---

① 《俄罗斯外长谢尔盖·拉夫罗夫在联合国大会第 73 届会议上的讲话》，2018 年 9 月 28 日，俄联邦外交部网站，http：//cn. mid. ru/press_ service/video/56/1413. 访问日期：2020 年 2 月 27 日。

② David G. Lewis，“Geopolitical Imaginaries in Russian Foreign Policy：The Evolution of ‘Greater Eurasia’”，*Europe-Asia Studies*，Vol. 70，No. 10，p. 1628.

③ 《普京总统接受“今日俄罗斯”通讯社与印度 IANS 新闻社联合采访》，2016 年 10 月 13 日，俄联邦驻华大使馆网站，http：//www. russia. org. cn/cn/news/5219/. 访问日期：2020 年 2 月 27 日。

第一个是东盟。俄罗斯将东盟作为中国之外“大欧亚伙伴关系”的另一优先对象有其合理性。首先，东盟是上合组织之外另一个相对成熟的亚洲区域性组织，“近年来，东南亚地区已成为大型整合计划的‘磁铁’”①，俄罗斯要想在亚洲地区有所作为，则不可忽视东盟的作用。其次，东盟致力于经济一体化，是全球经济发展最具活力的地区，虽然东盟同样是一个对外活跃度不高的组织，但在对外合作方面，东盟国家普遍注重将投资和贸易自由化视为发展国家和提高其在国际舞台上地位的工具，而俄罗斯恰好在这方面有着巨大的需求并将经济一体化作为构建“大欧亚伙伴关系”的突破口，由此，俄罗斯和东盟之间有着很强的经济互补性和利益契合点。最后，俄罗斯不是东盟域内国家，和这一地区没有直接的利益关系，相反，俄罗斯作为世界级别的军事、安全强国以及其对该地区事务的中立立场，将增强东盟国家与之开展合作交流的意愿。新加坡总理李显龙就表示，“东盟欢迎俄罗斯成为对话伙伴，为维护本地区的和平与稳定发挥重要作用”②。

2016 年 5 月，在俄罗斯与东盟建立对话伙伴关系 20 周年之际，双方在索契举行了第三届俄罗斯—东盟峰会，这稍早于普京总统正式提出“大欧亚伙伴关系”的时间。显然，在此期间达成的一些共识对“大欧亚伙伴关系”计划起到了“催生”作用，也是俄罗斯能从一开始就“指名道姓”，明确表达希望东盟参与“大欧亚伙伴关系”计划的原因。此次峰会还有两点值得关注之处：一是“就会议的性质而言，这次会议在东盟与对话伙伴之间的关系历史上是前所未有的，因为这是东盟同意在对话伙伴领土上举行的第一次首脑会议”③；二是第一、二届俄罗斯—东盟峰会分别于 2005 年和 2010 年召开，间隔周期长达 5 年以上，即使 2011 年俄罗斯被接纳为东亚峰会观察员国，也没有促使这一会晤机制“提速”。但是此次峰会成为了转折点，在此之后，2018 年 11 月，第四届俄罗斯—东盟峰会在

---

① Шпаковская М. А. , Куклин Н. С. , Ву Тхуи Чанг, 《Вьетнам в реализации концепциии большого евразийского партнерства》, *ЮГО-ВОСТОЧНАЯ АЗИЯ: АКТУАЛЬНЫЕ ПРОБЛЕМЫ РАЗВИТИЯ*, Том I, № 2 (39), 2018г, p. 140.

② 《俄罗斯—东盟峰会：共识与挑战并存》，2016 年 5 月 21 日，新华网，http://www.xinhuanet.com/world/2016－05/21/c_1118908106.htm. 访问日期：2020 年 5 月 4 日。

③ Новиков Д. П. , Большое евразийское партнерство: возможное региональное влияние и интересы России, *Вестник международных организаций*. Т. 13. № 3. С. 82－96 (на русском и английском языках), 5 марта 2018г. p. 91.

新加坡举行，频率的变化意味着双方的合作关系有了很大的提升。事实也是如此，在最新两届峰会间隔期间，“2017 年俄罗斯与东盟贸易额增长了 35%，双方成功实施了商业合作‘路线图’”①。

俄罗斯加强与东盟的合作交流，越南的作用不可忽视，“越南是俄罗斯在东南亚的战略依托”②。欧亚经济联盟成立之后，越南与其签署了第一个自贸区协定③，这对东盟国家起到了示范性作用。此外，“越南目前是东盟唯一与俄罗斯建立了全面战略伙伴关系的国家”④。越南的做法有其历史和现实因素考虑，从地缘政治发展来看，越南与俄罗斯的这种特殊关系具有长期的稳定性，越南也会是“大欧亚伙伴关系”计划的坚定支持者和积极参与者。东盟其他成员国和俄罗斯的联系虽然不像越南那样紧密，但出于相同或相似的考量，对加强与俄罗斯的双边合作都表现出积极的态度。2019 年 10 月，新加坡成为继越南后第二个与欧亚经济联盟签署自贸协定的东南亚国家⑤，菲律宾总统杜特尔特则在其任期内已经两次访问俄罗斯。与此同时，普京总统于 2018 年亲自参加东亚峰会并实现了对新加坡的首次访问，此外，普京总统预计还将很快实现对菲律宾的首次访问⑥。2019 年东亚曼谷峰会，俄罗斯政府总理德米特里·梅德韦杰夫率团出席，这与美国派出低级别代表团形成了鲜明对比。在此次峰会上梅德韦杰夫透露“文莱、印尼、柬埔寨、泰国和菲律宾等国均表现出和欧亚经济联盟建立自贸区的意愿”⑦，并再次表示“俄罗斯主张在欧亚经济联盟、东盟、上合

---

① 《俄罗斯—东盟峰会在新加坡举行》，2018 年 11 月 15 日，中新网，http：//www. chinanews. com/gj/2018/11－15/8677182. shtml. 访问日期：2020 年 5 月 6 日。

② 李勇慧：《大欧亚伙伴关系框架下俄罗斯与东盟关系：寻求区域一体化合作》，《俄罗斯学刊》2017 年第 2 期。

③ 《普京签署欧亚经济联盟与越南的自贸协定》，2016 年 5 月 2 日，新华网，http：//www. xinhuanet. com//world/2016－05/02/c_ 1118783927. htm. 访问日期：2020 年 5 月 6 日。

④ Шпаковская М. А.，Куклин Н. С.，Ву Тхуи Чанг，《Вьетнам в реализации концепциии большого евразийского партнерства》，*ЮГО-ВОСТОЧНАЯ АЗИЯ*：*АКТУАЛЬНЫЕ ПРОБЛЕМЫ РАЗВИТИЯ*，Том II，№ 4（41），2018г，p. 114.

⑤ 《新加坡与欧亚经济联盟签署自贸协定》，2019 年 10 月 11 日，中国经济网，http：//intl. ce. cn/specials/zxgjzh/201910/11/t20191011_ 33316588. shtml. 访问日期：2020 年 5 月 6 日。

⑥ 《普京接受杜特尔特邀请，将首次访问菲律宾》，2019 年 10 月 29 日，上海观察，https：//www. jfdaily. com/news/detail? id＝185106. 访问日期：2020 年 5 月 6 日。

⑦ 《东盟五国有意与欧亚经济联盟建立自贸区》，2019 年 11 月 6 日，商务部网站，http：//www. mofcom. gov. cn/article/i/jyjl/e/201911/20191102910511. shtml. 访问日期：2020 年 5 月 6 日。

组织成员国的参与下建立‘大欧亚伙伴关系’”①。

总之，在“大欧亚伙伴关系”的驱动下，俄罗斯和东盟及其成员国的合作交流正在持续增多并且取得了许多突破性的进展，但这些合作交流同样主要集中在经济领域，很难视作东盟国家对“大欧亚伙伴关系”计划的战略回应。从长远来看，“大欧亚伙伴关系”想要获得东盟的更多支持难度不小。

第二个是印度。印度由于其拥有的巨大发展潜力而越来越受到世界瞩目。就战略层面而言，印度处于多个地缘政治三角关系的一角，对于亚洲地缘政治平衡来说极为重要。虽然莫迪政府上台之后，更加致力于海洋战略伙伴关系的构建，但其与俄罗斯在亚欧内陆的战略互动也一直在推进。印度很早就启动或参与了一些面向亚欧内陆的大型项目，其中最大的是由印度、伊朗和俄罗斯于 2000 年发起的北南国际多式联运走廊（INSTC）。此外，“印度在包括阿富汗在内的中亚地区的参与度不断提高，并且自 2017 年起成为上海合作组织成员，这为大亚欧大陆的地缘政治打开了一个新的复杂元素”②。考虑到印度与中国的关系及未来发展趋势，俄罗斯尤其注重构建三方都“在场”的平台，以确保自己居中发挥不可或缺的调节作用。无论是金砖国家会议、中印俄三国外长会晤机制，还是最新的上合组织扩员等，都能够看到三国之间的微妙关系。“大欧亚伙伴关系”计划显然仍然会沿袭这样的战略操作。

同样，按照这一思路，印度对于“大欧亚伙伴关系”计划应该是会积极支持的，但碍于印俄与欧美的另一组三角政治关系，其表达可能会更谨慎。“至于像印度这样的主要国家，尚无关于大欧亚伙伴关系的正式立场。尽管如此，总的来说，印度专家对在亚欧大陆与俄罗斯积极合作的构想做出了积极的反应，尤其是考虑到需要平衡中国日益增长的影响力。”③ 印度正在与欧亚经济联盟进行自由贸易区协定谈判，“印度目前是谈判者中最

---

① 《欧亚经济联盟或再升级　俄方提出“大欧亚伙伴关系”构想》，2019 年 11 月 4 日，俄罗斯龙报网站，http://www.dragonnewsru.com/home/headlines_home/20191104/100258.html. 访问日期：2020 年 5 月 6 日。

② David G. Lewis, “Geopolitical Imaginaries in Russian Foreign Policy: The Evolution of ‘Greater Eurasia’”, *Europe-Asia Studies*, Vol. 70, No. 10, p. 1630.

③ Alexander Lukin, “Sino-Russian Cooperation as the Basis for Greater Eurasia”, *Human Affairs*, Vol. 30, No. 2, 2020г. p. 186.

封闭的经济体，还不准备进行大规模的自由化”①。尽管如此，俄罗斯仍然会对印度保持耐心，有俄罗斯学者甚至认为“与欧亚空间安排项目最直接的关系是印度。大欧亚伙伴关系倡议的成功似乎在很大程度上取决于印度的地位”②。可以预见，在“大欧亚伙伴关系”计划的未来发展中，印度的参与将不仅限于经济领域，还会在政治、安全方面凸显越来越重要的作用。

第三个是亚洲区域内的其他重要国家，主要包括日韩两国、伊朗和中东地区国家。从“大欧亚伙伴关系”框架来说，这些国家和地区并不一定构成极点，但对于“大欧亚伙伴关系”计划的推进仍然具有重要的作用。针对这些国家，俄罗斯在操作层面并没有实行齐头并进的交往方式，而是务实地以双边关系的演进来逐步推进战略目标的达成，这主要是因为这些国家自身的背景和处境相对更加复杂。相比而言，日韩长期以来一直和美国保持着更加紧密的联系，更何况还有悬而未决的日俄领土纷争和反复难测的朝韩关系问题。中东地区诸如沙特等有影响力的大国同样与美国有着更加密切的全球利益关系，是美国传统的亚洲盟友。至于伊朗，由于其独特的地缘关系和国际政治行为表现，则是俄罗斯需要长期借重但又不能过于亲密的亚洲战略伙伴。

从“大欧亚伙伴关系”所构想的多极化视角来看，韩国和日本并不被作为独立的极点来看待，俄罗斯对日韩深入而全面地参与“大欧亚伙伴关系”也不抱有太多的期望，这也是为什么俄罗斯提出的大亚欧大陆概念是从里斯本到符拉迪沃斯托克或者新加坡，而不是到东京或者首尔。但是，由于日韩的经济和科技优势，因此，在开发俄罗斯亚洲地区潜力方面，吸引日韩参与至关重要。“日本和韩国一方面是北太平洋与东盟之间的重要联络点，另一方面又是欧亚主要经济体（俄罗斯和中国）之间的重要联络点。”③ 当前，日韩对俄罗斯远东开发的兴趣对保持这一地区的投资多元化起到了重要的平衡作用。此外，在俄罗斯的长远设计中，建立北太平洋伙

---

① Экономический порядок в Азиатско-Тихоокеанском регионе и интересы России, p. 18. 17. 03. 2017г. https：//ru. valdaiclub. com/a/reports/ekonomicheskiy-poryadok-atr-rf/. 访问日期：2020 年 5 月 20 日。

② Кефели И. Ф. Геополитические аспекты инициатив и проектов формирования《Большого евразийского партнерства》, Евразийская интеграция：экономика, право, политика. № 3（29）. С. 65 –76, 2019г. p. 69.

③ Ярослав Лисоволик, Перекрёстки Евразии и Азиатско-Тихоокеанского региона, 14 сентебря 2016г, https：//ru. valdaiclub. com/a/highlights/perekryestki-evrazii-i-atr/? sphrase _ id = 5901. 访问日期：2020 年 5 月 18 日。

伴关系（STP）是未来亚欧大陆与亚太地区之间的第二个联系点，日韩则是亚太地区和亚欧大陆（东盟和STP）相交空间南北端之间的第三个连接点。[①] 显然，这一战略规划展示了“大欧亚伙伴关系”计划的发展远景。

事实上，俄罗斯从来没有放弃对中东地区事务的介入，但该地区深陷战乱纷争的现实也很难让任何涉及亚欧大陆发展的战略规划将之纳入其中并付诸实质行动。不过，近年来美国在这一地区影响力的衰退让俄罗斯看到了某种战略契机。当下，俄罗斯在反恐和地区安全方面展示出来的强大实力和存在感为其赢得了更多的战略合作空间与可能性，而争取与欧佩克组织的合作而非博弈对俄罗斯而言是更为紧迫的任务。过去的几年时间里，中东地区各国并没有进入“大欧亚伙伴关系”的讨论议程，但并不排除未来可能获得的关注和建立的联系。从合作动机上来说，伊朗有着更强烈的意愿来参与“大欧亚伙伴关系”计划。“伊朗人了解自己在亚欧大陆的权力的局限性，因此，他们正在根据与中国和俄罗斯的合作制定政策，不包括与欧亚可能发生的冲突。”[②] 对于强调一体化合作而非竞争的“大欧亚伙伴关系”计划而言，伊朗是一个需要谨慎看待的对象，但同时也可能是重要的后手变数。

总而言之，在区域合作与多边交往方面，“大欧亚伙伴关系”还有许多的内容和探讨没有展开，但同时，这也预示着在这一领域还有很大的合作潜力可以发掘。“大欧亚伙伴关系”计划所提出的合作理念与原则基础契合当今世界全球经济一体化发展的要求，俄罗斯经济的待开发领域也会对很多新兴经济体，尤其是亚太地区国家和组织产生很大的吸引力。但从地缘政治角度考量，“大欧亚伙伴关系”追求的多边体系确立还需要一段较长的时间，短期内前景还不明朗。正如卢克扬诺夫（F. A. Lukyanov）警告说的那样，“大欧亚大陆计划的实施取决于俄罗斯进一步设定目标的问题”[③]。

---

① Ярослав Лисоволик, Перекрёстки Евразии и Азиатско-Тихоокеанского региона, 14 сентября 2016г, https://ru.valdaiclub.com/a/highlights/perekryestki-evrazii-i-atr/?sphrase_id=5901. 访问日期：2020年5月18日。

② Возвращение Старого Света и будущее международного порядка в Евразии, Май, 2018г. https://ru.valdaiclub.com/a/reports/vozvrashchenie-starogo-sveta/. 访问日期：2020年5月18日。

③ Лукьянов Ф. А. Россия: внешняя политика в мире будущего, Стратегия XXI (Версия для обсуждения). Совет по внешней и оборонной политике, http://svop.ru/wp-content/uploads/2014/02/11strategy21_external.pdf. 2014г. С264. 访问日期：2020年5月18日。

二　大欧亚伙伴关系面临的问题与思考

从俄方智库人员及高层的表述来看，“大欧亚伙伴关系”就像俄罗斯制造的一艘新的航母，具有宏大而精密的设计，正在缓缓启航，但是其续航能力到底如何，还存在着许多的变数。综合来看，这一计划受内外部的影响比较大，自身局限不少，各种不确定因素较多，尤其是一些根本性的问题和不利因素短期内难以改变。对于中国而言，需要从双边关系交往、区域组织合作以及全球战略站位三个不同的层面对“大欧亚伙伴关系”计划做出相应的战略回应。

（一）大欧亚伙伴关系的自身局限与问题

首先是俄罗斯和西方世界的关系整体上难有改善。俄罗斯和西方国家的关系受到冷战的深刻影响，尽管苏联已经解体，原有的对抗格局已经不复存在，但在西方社会看来，俄罗斯的威胁性始终存在。对于欧洲来说，与俄罗斯的毗连为邻使得双方在经济、文化上有着千丝万缕的联系，但在政治、安全问题上很难将俄罗斯接纳进欧洲大家庭之中来。尽管俄罗斯从自身发展实际需要考虑，始终将欧洲国家视为可以合作的伙伴，希望能和欧盟建立起更加友善和紧密的关系，不过这一愿望之前屡受挫折，在今后也很难看到改善的空间。俄罗斯学者普遍强调“大欧亚伙伴关系”计划并非俄罗斯投入欧洲“怀抱”被拒绝之后的替代方案，更不是一个“反欧洲”项目，但今天的事实是“俄罗斯和欧盟的相互制裁已经制度化，它们不太可能消失在某个地方”①。这一事实本身即意味着俄罗斯还将长期处于双重属性的尴尬、焦虑和分裂中。更加复杂的是，冷战结束后的美国和俄罗斯依然在全球事务中不停上演着“争权夺利”的剧斗，作为制衡俄罗斯的重要盟友，美国绝对不会允许欧盟和俄罗斯结成某种利益伙伴关系。因此，俄罗斯所设计的这个“大欧亚伙伴关系”中的“欧”显然只能是俄罗斯以及欧亚经济联盟成员国。俄罗斯基本上没有争取欧盟加入这一计划的筹码和有利的条件，所以说，“大欧亚伙伴关系”的欧洲部分始终会是一个“结”，只要这个“结”解不开，“大欧亚伙伴关系”的蓝图就始终只

---

① Дальний Восток – плацдарм взаимовыгодного сотрудничества России со странами АТР, 15 декабря 2017г. https：//ru. valdaiclub. com/events/posts/articles/dalniy-vostok-platsdarm-sotrudnichestva/. 访问日期：2020 年 5 月 18 日。

能是纸上的理想。

其次，作为基石的欧亚经济联盟内部并不平静。欧亚经济联盟的建立来之不易，但内部并非铁板一块。俄白国家联盟的谈判进展不顺，争执多于共识，一旦矛盾累积，很可能会波及欧亚经济联盟。哈萨克斯坦有自己的考量，不仅要寻求区域性强国的影响力，还要求和俄罗斯在经济联盟内部分享更多的利益和话语权，同时，在多边合作中，很难确保哈萨克斯坦不另起异心，而这些都将削弱欧亚经济联盟的凝聚力。对于独联体内其他已经加入或有意愿加入欧亚经济联盟的国家来说，它们的经济普遍具有脆弱性，在欧亚经济联盟内没有太多话语权，它们更在意的是在欧亚经济联盟内建立持久平等的对话关系，一旦这种平等关系不能够被确保，甚至不排除这些国家出现“退群”的情况。所以，综合来看，这些国家基本都是希望通过加入欧亚经济联盟获取区域经济一体化带来的好处，而对于“大欧亚伙伴关系”计划并不看重。这就使得“大欧亚伙伴关系”所谓的基石显得非常奇怪，一方面俄罗斯要倚重欧亚经济联盟来构建“大欧亚伙伴关系”，另一方面这个联盟内的多数成员却对“大欧亚伙伴关系”提不起兴趣。这种不对称可能会对“大欧亚伙伴关系”计划的推进带来困扰，两者之间的目标追求会不会出现差异持续增大，对此不好轻下结论，极端情况下，不排除两者之间出现“脱钩”。

再次，合作伙伴很难长久地聚合在一起。为了最大可能地推行自己的战略，“大欧亚伙伴关系”计划不追求联盟组合，而是希望形成相对松散但却稳定的伙伴聚合关系，这种伙伴关系具有战略价值，同时也提出了在全球和区域发展中的边界问题。抛开欧洲国家不说，“大欧亚伙伴关系”所框定的亚洲合作伙伴各有诉求，并没有在亚欧内陆空间结伴的传统和基础。他们大多拥有各自独立的发展战略，并不会刻意寻求与“大欧亚伙伴关系”相一致的界限与立场。因此，对于“大欧亚伙伴关系”计划在亚洲地区的推行而言，“最大的障碍是主要参与者和潜在伙伴的多维外交政策目标设定”①，俄罗斯学者维亚切斯拉夫·霍洛德科夫（Вячеслава Холодкова）认为“许多国家寻求共识是实施该项目的主要困难之一”。②

---

① Тимофей Бордачёв, Большая Евразия: что ещё не сделано? 30. 12. 2019, https: //ru. valdaiclub. com/a/highlights/bolshaya-evraziya-chto-eshchye-ne-sdelano/? sphrase_ id = 5901. 访问日期：2020 年 5 月 18 日。

② Специальный репортаж: Россия стимулирует интеграцию на евразийском пространстве, 20. 12. 2016, https: //riss. ru/smi/37575/. 访问日期：2020 年 5 月 18 日。

在过去的几年时间里，“大欧亚伙伴关系”计划进展缓慢，依旧停留在讨论阶段，这显示出将主要参与者和潜在合作伙伴聚合在一起的难度。有学者指出，“该区域各国政府尚未提出以‘大亚欧大陆’为口号举行一次大型国际会议的倡议，因此没有在世界其他国家的眼中使它的意图正式化，所有人都表现出克制”①。在这种情况下，瓦尔代俱乐部项目总监蒂莫菲·博尔达乔夫（Timofey Bordachyov）甚至认为，“现在，这个概念和在这个区域层面加强合作的所有愿望已经达到一个关键点，它们要么必须获得某种特定的政治形式，要么就开始作为一种尽管生动却简短的国际讨论现象而逐渐载入历史记录”②。

最后，俄罗斯国内政治经济发展仍然是最大的变数。打铁还需自身硬，而这恰恰是俄罗斯长期以来的硬伤，或者说，俄罗斯至今都还没有从冷战的贻害中走出来。普京的超长执政期为俄罗斯带来了弥足珍贵的稳定和发展，但并没有解决很多根本性的问题。俄罗斯的政治体制成熟度和稳定性都不是很好，这些年之所以显得比较平稳主要有赖于普京超强的个人执政能力。普京执政周期结束之后，后普京时代会不会出现政治动荡不好预测。还有一点，俄罗斯还是联邦制国家，这些大大小小的联邦基本都是以民族结合地域来划分的，这种自治属性带来很多政令的执行难度，也让俄罗斯的政治体制改革很不容易施行。此外，俄罗斯一直没有解决好经济发展的问题，这其中很多都是结构性的，并非一朝一夕能够解决。而没有持续快速的经济发展，俄罗斯就不能实现真正意义上的复兴，俄罗斯的安全、军事和外交也最终会失去物质因素的战略支撑。从俄罗斯过去几十年的发展来看，俄罗斯当前的综合实力还很难带动“大欧亚伙伴关系”快速发展。正因为如此，卡拉加诺夫在一次个人采访中曾经表示“建立大欧亚大陆是一个长期项目，在现阶段评估大欧亚伙伴关系的进展为时尚早”③。

（二）中国应对大欧亚伙伴关系的思考与建议

面向新时代的中俄全面战略协作伙伴关系是双方汲取历史经验，立足

① Тимофей Бордачёв, Большая Евразия: что ещё не сделано? 30 декбря 2019г. , 30. 12. 2019, https: //ru. valdaiclub. com/a/highlights/bolshaya-evraziya-chto-eshchye-ne-sdelano/? sphrase_ id = 5901. 访问日期：2020 年 5 月 18 日。

② Тимофей Бордачёв, Большая Евразия: что ещё не сделано? 30 декбря 2019г. , 30. 12. 2019, https: //ru. valdaiclub. com/a/highlights/bolshaya-evraziya-chto-eshchye-ne-sdelano/? sphrase_ id = 5901. , 访问日期：2020 年 2 月 26 日。

③ A Comparative Study of the Greater Eurasian Partnership: The Chinese and Russian Perspectives https: //russiancouncil. ru/en/blogs/frankywongk/a-comparative-study-of-the-greater-eurasian-partnership-the-chinese-an/. 访问日期：2020 年 2 月 26 日。

两国和两国人民利益，致力于睦邻相处、合作共赢的成熟、牢固、稳定的双边关系，中俄关系的发展具有强大的内生性动力，不受外部环境干扰而改变，具有广阔发展前景，是当代大国关系的典范。“一带一路”和“大欧亚伙伴关系”的对接是两国关系具有强大内生性动力的证明，两者的相遇既说明了两国发展需要构筑相同的国际环境，也说明两国的发展具有许多需求共识。“大欧亚伙伴关系”的立足点是中俄关系，出发点是调整俄罗斯和西方世界的关系，着眼点是俄罗斯的国际影响力。有人预测“大欧亚伙伴关系”计划有可能会随着俄罗斯与西方世界关系的改善而不复提起，这种情况应该不会出现。和中国的“一带一路”倡议一样，“大欧亚伙伴关系”计划有其独立的特性，是俄罗斯依据自身地缘特点构思的长久战略，不会因为时局的变化而出现根本改变。对此，中国需要在不同的层面做好战略回应。

首先是在两国关系层面，“一带一路”倡议和“大欧亚伙伴关系”计划在未来一段时期仍然会是两国各自着重推行的国家战略，两者的并行不悖、相互影响也将对未来亚欧大陆乃至于全球发展产生重要影响。随着项目推进不断深入，两者会有发展变化，并体现出更多的差异性。中国需要牢牢把握中俄两国关系的基本原则，充分利用当下“一带一路”倡议和“大欧亚伙伴关系”对接的发展契机，务实推进欧亚经济伙伴关系建设，改善中俄两国关系中存在的经济合作交流薄弱环节，促进中俄关系深入发展。与此同时，中国应当从两国关系视角加强对“大欧亚伙伴关系”计划未来发展认知差异的研究，做到分合有数，坦然面对。不管未来走向如何，只要坚持世代友好的中俄战略协作伙伴关系，“大欧亚伙伴关系”计划就能够在中俄两国关系框架范围内不断加深相互理解与支持，推动两国关系持续向好发展。

其次是在区域组织合作层面，中国需要加强对“大欧亚伙伴关系”计划、“一带一路”倡议和上合组织之间相互影响的关注与研究。“一带一路”倡议提出之后，加速了上合组织向经济合作的拓展。近年来，上合组织关于经济发展方面的议题越来越多，内容越来越丰富，和“一带一路”相互呼应，对促进组织内成员国之间的经济合作发展起到了重要的作用。但是，与此同时，上合组织原有的安全协作、政治磋商的功能并没有弱化。这一组织正在向区域内全面合作的方向发展。也就是说，在很大程度上，“大欧亚伙伴关系”想干的活，上合组织都已经在做。尤其是上合组织开启扩员之路以后，其开放性和外向影响力正在不断增强，未来的覆盖面有可能会进一步扩大。另外，俄罗斯有学者认为“俄罗斯应该与亚太地区已经存在的项目和计划进行精确合作，而不是尝试在其中创建自己的‘大型项目’”①。中俄双方以及欧亚经济联盟的很多成员都在上合组织这一机构内，在“大欧亚伙伴关系”始终遭受西冷东热或者说西无声响东有回应的情况下，俄罗斯很可能会借船下海，将上合组织演变成其实践路径与平台，在已有的组织框架内寻求实现其战略目标，这一点值得关注。俄罗斯瓦尔代论坛俱乐部的专家就认为，“随着积极发展，上海合作组织可以成为计划中的大欧亚共同体项目的中央机构”②。如果真出现这种趋向，虽然不会对中俄双边关系构成重大问题，但必然会对上合组织的发展产生深远影响，对双边在地区事务中的互动交流、走向共识等都将是考验，这是中国需要预先关注和考量的地方。

最后是提升对亚欧大陆未来的战略认识对于中国来说至关重要，尤其是考虑到布热津斯基大棋盘的地缘政治盘算和俄罗斯“大欧亚伙伴关系”计划的持续推进。相比之下，中国对“大欧亚伙伴关系”计划表现出来的关注度和战略思考与俄罗斯对中国的审视与规划并不相协调。中国长期以来致力于做好自己的事情，并不习惯于从国际政治格局的角度来进行大国互动和规划。但是，上合组织的扩员可以看作一种信号，即中国愿意尝试在更大范围的国际机构中承担更大的责任。从国际地缘政治秩序来看，大欧亚伙伴关系是对传统对立的解构还是在构建一种新的对立尚难下断言。但是无论如何，主动抑或被动，中国都将会置身其中，因此，面对“大欧亚伙伴关系”计划，中国需要有自己的全球战略判断与定力，以此做到面对各种情况变化都能够适时融合与消解大国地缘政治竞争压力，始终为国家发展和对外交往创造良好的国际和地缘政治环境。

本章执笔：邓　新

---

① Экономический порядок в Азиатско-Тихоокеанском регионе и интересы России，17. 03. 2017г. https：//ru. valdaiclub. com/a/reports/ekonomicheskiy-poryadok-atr-rf/. 访问日期：2020 年 2 月 26 日。

② Report：Chinese Perspective on the Creation of a Eurasian Economic Space，17. 11. 2016，Li Xin，https：//valdaiclub. com/a/reports/report-chinese-perspective/. 访问日期：2020 年 2 月 26 日。

第十四章　中俄与上海合作组织

第一节　中俄外交政策中的上海合作组织

上海合作组织就是上海“合作”组织，不会变成上海“竞争”组织，就是因为“合作”是它的理念，是主流。上海合作组织前身“上海五国”在共同解决问题方面做得比较好，首先解决了两个问题，第一个是边界问题，第二个是信任问题。1996 年和 1997 年上海五国成员国共同签署两个协定非常重要，因为在这些协定中贯穿了平等、协商、互信与合作理念，这些理念后来又被上海合作组织延续过来，加以发展和强化。若没有这样的理念，上海合作组织就不会有发展。无论在双边关系还是在地区合作方面，抑或是在国际舞台上，中俄两国的战略互动、战略依存、战略合作，远远大于两国间的竞争关系。这也是中俄两国新型国家关系的延展：不结盟、不对抗、不针对第三方，发展战略协作伙伴关系。① 因此，在这样稳步发展的上海合作组织中，中国和俄罗斯分别扮演了（着）什么角色？又是如何合作的？中俄的双边关系由战略协作合作关系发展到全面战略协作伙伴关系奠定了中俄在上海合作组织中的角色，反过来，中俄新型大国合作关系也促进了上海合作组织内部成员之间的平等、协商、互信与合作理念的发展。

那么中俄为什么需要这样的“合作”组织，或者说中俄为什么需要在上海合作中发展“合作”的关系？无论是边界问题还是上海合作组织的成立与发展之中的信任问题，也无论是上海合作组织的中俄合作，还是中俄战略协作中的上海合作组织的合作，这些涉及的核心问题是稳定：中俄关

---

① 邢广程：《中亚的利益取向和上海合作组织的发展》，《俄罗斯研究》2009 年第 6 期。

系的稳定，中俄发展所需要的周边的稳定环境，稳定的国际环境。俄罗斯的稳定发展不仅有利于俄罗斯自身也有利于中国的稳定发展。同样，中国的稳定发展也更有利于俄罗斯的稳定和发展。历史和上海合作组织的发展历程也说明，中俄在上海合作组织中的合作是上海合作组织稳定与发展的基石，也是中俄周边区域稳定与发展的框架，更是欧亚空间的国际稳定和平秩序得以维持的关键。

俄罗斯的外交旨在使俄罗斯成为21世纪新兴世界秩序中的主要全球参与者之一，外交政策和理念是“国家逐步发展的最重要工具之一，确保其在全球化进程中的竞争力”①。俄罗斯历年外交政策的首要任务是为俄罗斯稳定发展而服务的，其优先方向就是维护俄罗斯国家利益，以确保俄在国际舞台上发挥适当作用。俄罗斯根据其外交政策中规定的原则和准绳参加国际政府组织的活动，有效利用全球和区域结构的潜力，确保在广泛的地缘政治和经济领域中实现其利益诉求，促进俄罗斯的外交政策优先事项需求。② 而上海合作组织显然是符合或者契合俄罗斯外交理念的国际组织之一。

那么上海合作组织在俄罗斯外交政策中占有什么样的地位，又发挥着什么样的作用？苏联解体后，俄罗斯作为苏联的最大衣钵传承者，面临着身份识别问题，即“我是谁”的问题。放弃社会主义制度后，俄罗斯迫切想要回到发达的欧洲大家庭，自我设定为“欧洲”国家。在此基础上制定了“一边倒”的西向融入外交政策，意图全面融入由美国主导的西方世界。叶利钦政府不仅从政治体制、经济制度等国家建构上全面学习、照搬西方的既有体系，而且从文化和国家身份认同上融入欧洲，寄望被欧洲国家接纳和认同，从而实现“回归—融入”欧洲，进而通过这种融入解决苏联后期面临的政治、经济、社会困境。然而事与愿违，这种“一边倒”融入欧洲的外交政策，既没有能够为俄罗斯政治经济社会带来稳定，也没有带来发展，甚至在俄罗斯采用西方的药方——“休克疗法”后，经济社会陷入衰退的泥潭。政治混乱、经济衰退、寡头崛起、社会矛盾丛生，俄罗

① Тимофеев И, Новая предсказуемость России. Российский совет по международным делам (РСМД), http://russiancouncil.ru/inner/? id_ 4 = 6754#top-content，访问日期：2020年4月23日。

② Концепция внешней политики РоссийскойФедерации, http://www.kremlin.ru/acts/news/785，访问日期：2020年4月23日。

斯国内社会内部出现了各种意识形态和政治运动，特别是地区分裂主义、宗教极端主义以及恐怖主义形势恶化。在亲西方的叶利钦带领下俄罗斯不但没有获得发展，连稳定都出现了问题，民众逐渐对糟糕的经济和社会领域的改革失去耐心，融入西方的热情也被现实无情地打压，所以在1993年12月举行的俄罗斯议会选举中由日里诺夫斯基领导的激进民族主义政党“自由民主党”成为黑马，这充分体现了当时的社会思潮趋势，俄罗斯社会并没有完全准备好完全融入西方世界，或者说，几年来实施的“一边倒”的融入西方外交政策带来了远离预期的效果，俄罗斯社会开始出现相较独立之初的全面西向的明显分化。这似乎给俄罗斯毫无保留的“全面融入”西方的热情泼了盆冷水，特别是第一次车臣战争爆发以后，俄罗斯对西方因其打击境内“三股势力”采取的一系列做法感到不满。不顾经济发展环境和市场条件的差异性而全盘采用西方经济发展模式的“激进休克疗法”更是让俄罗斯经济几乎陷入了绝境。随着1996年总统大选年的到来，叶利钦总统在新年伊始，任命前克格勃领导人普里马科夫取代安德烈·科济列夫成为新外交部长。由此，俄罗斯外交政策拉开了重大的方向性调整的帷幕。

外交部长的变动所带来的外交政策制定和执行的调整，也意味着俄罗斯成为独立国家后“一边倒”融入西方的政策与国内政治经济社会的诉求陷入了协调和适应性的困境。外交政策并没有给此时期的俄罗斯带来国内稳定发展亟须的有利外部环境。因此，俄罗斯逐步脱离了完全亲西方的路线，特别是普京执政之后，加大力度调整俄对外政策，更加注重地区主义，加强近邻外交。由于与周边国家存在众多跨境民族以及共同的发展条件，俄国内的稳定发展，离不开良好的周边环境。外交政策中的“近邻”成为关键点，将更多的注意力从西方转移到俄罗斯的邻居，发展与周边的睦邻友好关系成为俄国内经济社会稳定的重要外部关系之一。

普京执政以后，更加注重中亚地区，外交政策调整加速，战略方向由单一的“西向”转向“多方向”，更加注重向南的合作，并关注东方。从而从安全稳定上为俄罗斯面对“三股势力”等非传统安全因素构建“周边”协调联动的保障网络。显然上海合作组织前身“上海五国”在传统安全领域合作所体现出来的原则和行动力，符合俄罗斯的新诉求。借助上海合作组织的安全架构，俄罗斯能够快速恢复其在中亚地区的影响。由于前期叶利钦采取的全面西化融入欧洲的政策，导致俄罗斯几乎无视中亚、高加索地区等周边地区安全稳定。然而俄罗斯从1996年开始强化对周边尤其中亚的政策。除了因俄国内与中亚在非传统安全领域的相互依存度高外，还因西方持续不断对中亚和高加索渗透，挤压了俄罗斯战略生存空间。俄罗斯对周边国家的俄罗斯族问题日益关注，开始承担独联体集体安全条约体系的义务和责任。

俄罗斯仍然是中亚国家最重要的安全伙伴，换句话说中亚的安全稳定很大程度上依赖俄罗斯。[①] 随着俄罗斯外交战略转向，特别是普京政府对国内"三股势力"的打击，俄罗斯越来越重视解决国内的"三股势力"与周边国家协调统一的国内外联动问题。俄罗斯积极在各种国际多边和双边框架内发展与中亚国家的安全合作，强化发展与中亚国家的安全合作关系。维护中亚稳定和安全，有利于俄国内的安全和稳定，特别是有利于俄国内反"三股势力"的形势。冷战结束后中亚的非传统安全形势越来越突出，非传统安全因素不仅呈现出与传统安全因素可以相互转化的特点，更是表现出跨境性、跨区域性以及全球性的特点。特别是"9·11"事件后，以恐怖主义为代表的非传统安全问题成为威胁中亚和世界安全稳定的主要毒瘤之一。

中亚地区的"乌伊运"等"三股势力"不仅对该地区，而且对其邻国包括中俄的安全稳定都构成了严重威胁。恐怖主义威胁不仅在于其造成的破坏本身，其出现的集团化、组织化特别是跨区域性是单一国家对其打击面临的主要困难之一。因此，摆脱这种局面的最好办法就是跨国协调、合作，共同打击。中国新疆的"三股势力"不仅对中国新疆的社会稳定和安全构成威胁，而且活跃在乌兹别克斯坦、吉尔吉斯斯坦和哈萨克斯坦、塔吉克斯坦等国家和地区，对中亚甚至俄罗斯的安全构成了风险挑战。1999年在俄罗斯车臣战争中，俄罗斯安全部门发现了数十名中国新疆"三股势力"分子的身影。同年，据吉尔吉斯斯坦内政部部长阿穆别克·库图耶夫称，当时被捕的"东突"恐怖组织成员与阿富汗和乌兹别克斯坦的"同事"密切协调活动，目标是推翻吉尔吉斯斯坦、哈萨克斯坦和塔吉克斯坦的现政府。而据当时俄罗斯情报机构透露，当年，在巴基斯坦白沙瓦举行了多国恐怖分子战斗人员代表大会，约有100名恐怖组织成员参加了会议。[②] 所以，中俄面对跨国犯罪、"三股势力"等非传统安全威胁有共同的

---

① 邢广程：《中亚安全与安全合作》，《当代世界》2005年第4期。

② Собянин А. Уйгурский сепаратизм, abirus. ru: Азия Бизнес Информация для России, 2000. 28 авг. URL: http://www.abirus.ru/content/564/623/627/634/11274.html，访问日期：2020年4月23日。

诉求，上海合作组织成为中俄与民族分裂主义、极端主义和国际恐怖主义作斗争的重要合作平台和机制之一。

苏联解体后，中苏边界问题由中国与苏联的“一对一”演变成中国与俄罗斯和中亚的“一对四”的框架，同样俄罗斯也需要安全稳定的周边发展环境。为了与周边国家解决边界问题，俄罗斯与中国、吉尔吉斯斯坦、哈萨克斯坦、塔吉克斯坦成立了“上海五国”，不仅成功解决了边界问题，而且为俄内部的经济社会的稳定发展构建了相对有利的稳定周边环境。此时期不仅俄国内的“三股势力”问题相当严重，而且俄还要承担稳定吉尔吉斯斯坦、塔吉克斯坦等中亚国家的“义务”，应对中亚“三股势力”对社会稳定的挑战，上海五国发展成上海合作组织并有效运行恰恰是俄罗斯应对“三股势力”威胁的重要平台和机制，更是符合俄外交政策对外部安全框架的诉求，有利于俄国家利益。所以，上海合作组织在俄罗斯外交政策中占有重要的地位。

与俄罗斯和中亚国家的关系不同，中国在与中亚的双边关系上奉行与该地区协调统一的外交策略，安全与经贸合作协调统一。中国在中亚地区的主要任务是打击恐怖主义、极端主义、分裂主义，维护边界安全以及中亚经济社会发展所需要的地区稳定，从而保障中亚地区能源供给的稳定与安全。[①] 中国目前在中亚地区的外交政策主要从国家安全挑战和经贸角度考虑。从地理上讲，中亚地区紧邻中国新疆维吾尔自治区，中亚的安全稳定关系到中国新疆的稳定与发展。从经济角度看，今天的中亚地区已成为中国的主要能源来源地之一。那么，如何保障中国能源通道的稳定与安全、保障中国与中亚经贸合作的健康稳定发展，从而使中国的西部大开发不仅让中国的西部更加开放，同时也能让中亚享受到中国经济发展的红利？中国与中亚的经贸发展不仅促进中国西部地区经济社会的发展，也促进了中亚的地区稳定与发展，所以，保障经贸正常进行是中国对上海合作组织的另一诉求。总体而言，在上海合作组织框架内的中亚多边合作使中国得以解决与邻国在能源利益上的分歧，上海合作组织提供的稳定的安全框架，让上海合作组织成员国之间的经贸稳步深化发展，中国逐渐发展成为上海合作组织成员国的主要经贸伙伴国。

① 卢贾宁、赵华胜：《中俄对话 2015》，http：//russiancouncil. ru/inner/？id_ 4 = 5614#top-content，访问日期：2020 年 4 月 23 日。

上海合作组织在地区安全稳定和成员国经济发展所需的环境方面发挥着重要作用，上海合作组织框架内的合作不仅使得中国和俄罗斯获得了安全稳定的红利，其他成员也都获得了安全稳定和发展的红利，实现了共赢。

第二节　中俄在上海合作组织中的安全合作

上海合作组织最初成立的初衷是在区域内成员国通力合作打击“三股势力”，维护地区和平，保障地区安全与稳定。2002 年，在上海合作组织国家元首圣彼得堡峰会上签署的《上海合作组织宪章》从组织架构、原则、宗旨、目标任务、领域方向等全方面建构了成员国之间“为什么要合作”以及“如何进行安全合作”，显然，安全合作是上海合作组织框架下中俄的合作重点和成立上海合作组织的初衷之一。

国际政治和国际秩序领域的协作。中俄在上海合作组织中的安全合作，首要就是国际秩序的维护和国际政治领域的合作。冷战结束后多极世界逐步形成，为应对本区域内的传统安全和非传统安全，以及区域外的非传统安全问题对本地区和平稳定的威胁与挑战，确保本地区发展所需安全稳定的环境。此外，也是为了防止本地区的非传统安全问题外溢到区域外对其他国家和地区造成危害，本地区的利益攸关方创立了上海合作组织，共同应对安全挑战。《上海合作组织宪章》中明确指出上海合作组织发展多领域合作，维护和加强地区和平、安全与稳定，推动建立民主、公正、合理的国际政治经济新秩序。[①] 因此，上海合作组织是中俄进行国际政治合作的重要平台之一，不仅保障地区安全稳定，维持中亚地区的国际区域秩序，而且秉承上海合作组织精神，共同竭力维护现有国际安全秩序、多边主义，反对单边主义和霸权主义，提倡多样文明和谐共存。特别是针对恐怖主义，上海合作组织指出其是全人类的公敌，应对恐怖主义一视同仁，不能搞多标准、差异化。

从国际政治合作上讲，中俄两国在上海合作组织中目标一致，发挥重要作用。中俄国际政治目标的重点在于加强区域合作，确保区域稳定，围绕促进地区稳定与发展制定相关政策和规划合作领域，成员国平等协商，

---

① 《上海合作组织宪章》，上合组织网站，http：//chn. sectsco. org/documents，访问日期：2020 年 4 月 23 日。

尊重彼此差异、秉持文化多样，共同合作，求同存异，相互尊重，不干涉内政，在国际关系中不使用武力或以武力相威胁，不谋求在毗邻地区的单方面军事优势，共同营造和平的区域环境。反对单边主义，维护多边主义。中俄在上海合作组织框架下一直坚持和倡导多极世界。2017 年，《上海合作组织成员国元首阿斯塔纳宣言》再次强调："在世界政治和经济发生深刻变革背景下，世界各国应以相互尊重、考虑彼此利益、合作共赢、不冲突、不对抗、平等和不可分割安全等国际法原则和准则为基础，构建更加公正合理、符合各国共同及各自利益的多极世界格局，推动构建人类命运共同体。"① 面对日益增多的全球性挑战，我们要展现应有的国际担当，坚持"共商共建共享"的全球治理观，密切协调和配合，维护以联合国为核心的国际体系，促进多边主义和自由贸易，推动国际秩序朝着更加公正合理的方向发展。上海合作组织要完善伙伴关系布局，鼓励观察员国、对话伙伴更广泛参加各领域合作，加强同联合国等国际和地区组织交流，在国际和地区事务中发挥更加积极作用，共同致力于促进世界持久和平和共同繁荣。② 对此，2017 年第十八次上海合作组织元首峰会上，俄罗斯总统普京着重强调上海合作组织成员国在中东、西亚特别是解决叙利亚问题中的多边作用，尤其是俄罗斯与其他国家在哈萨克斯坦首都阿斯塔纳召开了一系列的谋求政治和外交解决叙利亚问题的多方会议。对于中俄合作，普京总统认为，俄罗斯与中国进行的是全方位的合作。③ 可见，中俄在上海合作组织内的国际政治和国际秩序的协作是从上海合作组织成立之初就形成的。上海合作组织成立与发展的进程是从相互信任开始的，是从"上海五国"之前的中苏，到"上海五国"中俄以及其他成员国之间的相互信任发展而来的，体现了成员国间建立的开放的、包容的不针对第三国的非结盟性的新型国家关系，为多极世界积极探索新型安全观，构建新秩序。

传统安全领域合作。传统安全和非传统安全领域的合作是中俄在上海

---

① 《上海合作组织成员国元首阿斯塔纳宣言》，上合组织网站，http：//chn. sectsco. org/documents，访问日期：2020 年 4 月 23 日。

② 习近平：《凝心聚力　务实笃行　共创上海合作组织美好明天》，《光明日报》2019 年 6 月 15 日。

③ Выступление Владимира Путина на саммите ШОС в расширенном составе，http：//путин. ru-an. info/новости/выступление-владимира-путина-на-саммите-шос-в-расширенном-составе，访问日期：2020 年 4 月 23 日。

合作组织中的安全领域合作的两大基石，上海合作组织成立的初衷之一是确保地区安全和稳定。上海合作组织成立之前，中苏边界的谈判由于苏联的解体导致两方会谈变成一对多的会谈，从而形成了在中国西部边界谈判的“一对四”局面。虽然边界谈判的苏联一方裂变成了四个大小、强弱不一的新谈判方，但“上海五国”坚持以“互信、互利、平等、协商、尊重多样文明、谋求共同发展”继续合作，加强边境地区的信任和裁军。从上海合作组织发展历程中明显可以看出，该组织的前身——“上海五国”就是以解决安全问题为核心的多边会晤机制。在这个多边安全合作的框架内，“上海五国”中其他四个成员国与中国成功地解决边界问题，成功地在边境地区就加强军事领域信任和相互裁减军事力量问题达成协定。1996年在上海签署的《关于在边境地区加强军事领域信任的协定》和1997年在莫斯科签署的《关于在边境地区相互裁减军事力量的协定》，同样是上海合作组织安全合作的最基本的遵循内容之一。[①]《关于在边境地区加强军事领域信任的协定》和《关于在边境地区相互裁减军事力量的协定》为中俄在军事安全领域的合作奠定了基础，构建了框架，中俄在军事领域的合作走上了快车道。

所以，中俄在上海合作组织框架下的传统安全领域合作具有鲜明的特点。首先，是通过军事领域的信任，按照“上海精神”由彼此信任开始逐步深化和延展军事领域的“接触—了解—合作”，为建立新型中俄国家关系打开了大门，也为中俄圆满解决边界问题和区域稳定发展夯实了基础。其次，中俄在领土安全领域的合作成功解决了历史遗留的边界问题，为本地区和世界的和平稳定和构建世界新秩序负起了大国责任。最后，随着上海合作组织的发展，传统安全范畴的军事领域的合作逐步外溢至共同打击非传统安全领域的“三股势力”，从而体现了中俄在传统与非传统安全领域中合作深化的系统化、统一化和联动化。

非传统安全合作不仅是上海合作组织工作重点和优先方面，而且是包括中俄在内的成员国在上海合作组织框架下合作的重要内容，是中俄合作创建上海合作组织的初心之一。在上海合作组织成立大会上，各成员国元首即通过了《打击恐怖主义、分裂主义和极端主义的上海公约》，并且在塔什干设立了上海合作组织地区反恐怖机构。中俄作为上海合作组织的主

① 邢广程：《上海合作组织的新发展》，《求是》2003年第14期。

要成员，深受“三股势力”等非传统安全的威胁，因此，制度规范的确立为上海合作组织的成立运行奠定了基础，在上海合作组织框架下，非传统安全领域的合作成为中俄合作的优先和重点领域。

当前面对本地区宗教极端主义沉渣泛起，我们要标本兼治、多措并举、协调一致地打击“三股势力”。[①] 面对这些挑战，任何一个国家都难以独自应对，我们必须加强合作，联合自强，弘扬和落实“上海精神”，不断增进成员国互信，在平等、协商、互谅互让的基础上开展互利合作，顺应和平与发展的时代潮流[②]。中俄在上海合作组织中共同打击“三股势力”，呈现出如下特点。

第一，标准化和统一化。上海合作组织 2001 年成立时即通过《打击恐怖主义、分裂主义和极端主义上海公约》对“三股势力”进行界定，明确什么是“三股势力”，为什么要旗帜鲜明的共同打击“三股势力”，以及成员国间如何共同打击“三股势力”。该公约做到了“三股势力”界定标准统一，让中俄在上海合作组织中合作共同打击“三股势力”有法可依和“师出有名”。

第二，法制化、制度化和体系化。中俄共同打击“三股势力”不仅仅是在上海合作组织成立时的《打击恐怖主义、分裂主义和极端主义上海公约》的法律合作基础下，还在打击过程中共同出台了诸如《反恐怖主义公约》《反极端主义公约》等涉及在上海合作组织框架下共同打击“三股势力”的具有法律规范作用的系列文件，充分体现中俄在此领域合作的法制化、制度化。历年上海合作组织成员国的元首峰会宣言以及政府首脑（总理）理事会联合公报，以及为了打击“三股势力”而共同出台的诸如金融、信息等方面的合作文件使得中俄在上海合作组织内共同打击“三股势力”能够发挥体系化和系统化的综合优势。

第三，常态化和机制化。中俄是最早意识到“三股势力”危害国际外溢性的国家，并认识到解决“三股势力”的复杂性、跨区域性、长期性、合作性。因此，中俄合作努力与其他成员国一起成立上海合作组织，共同打击“三股势力”，在上海合作组织区域内联防联控，共同打击区域内的

---

① 习近平：《凝心聚力　精诚协作　推动给上海合作组织再上新台阶》，《人民日报》2014 年 9 月 13 日。

② 《习近平谈治国理政》第 1 卷，外文出版社 2018 年版，第 340 页。

“三股势力”。伴随着上海合作组织成立，中俄及成员国共同推动设立上海合作组织联合反恐怖机构，成为共同打击国际恐怖主义的平台。上海合作组织更是最早意识到国际恐怖主义危害并明确反恐主张的国际组织之一。2001 年 6 月 15 日上海合作组织成立并发表上海合作组织成立宣言，同时发布《打击恐怖主义、分裂主义和极端主义上海公约》；同年发生影响世界反恐史的美国“9·11”事件，而 9 月 14 日上海合作组织发布上海合作组织政府总理声明：“2001 年 9 月 11 日在美国发生了史无前例的恐怖行动，使成千上万无辜的人蒙难，我们对此极其愤慨。我们将此种野蛮行为视为对人类文明基本准则、社会稳定和国家安全及包括生存权在内的基本人权的挑衅。我们向美国人民表示慰问，对悲剧受害者及遇难者亲属表达深切和诚挚的同情。国际恐怖主义已对全人类构成严重威胁。美国的悲惨事件表明，恐怖主义无国界、无道义标准。只有各国联合努力才能消灭这股邪恶势力。上海合作组织成员国在此方面进行着积极的工作。打击恐怖主义、分裂主义和极端主义是我们组织的最重要任务之一。在该组织框架内已经通过了《打击恐怖主义、分裂主义和极端主义上海公约》，并正采取步骤加快建立联合反恐怖机构。我们准备同所有国家和国际组织密切配合，采取有效措施，为根除恐怖主义带来的全球性危险而进行毫不妥协的斗争。”[①] 中俄及成员国政府阐明已经成为人类社会公敌的国际恐怖主义的危害、打击国际恐怖主义的紧迫性、国际合作的重要性。2004 年，上海合作组织地区反恐怖机构在塔什干正式挂牌，这个常设机构旨在协调成员国反恐部门的行动，建立起比较完善的恐怖分子和恐怖组织资料库、信息库，组织反恐演习，成员国之间开展密切的情报交流。上海合作组织还打造了“和平使命”系列反恐军事演习、“和平号角”军乐节等军事文化品牌，为维护地区安全稳定做出了积极贡献。上海合作组织成员国签署共同打击“三股势力”系列协议、文件，开展防务部门和军队合作的年度计划等文件，启动了国防部部长、安全会议秘书、公安（内务）部部长、边防领导人等会议机制。2018 年，上海合作组织继续举行“和平使命”多边演习，对地区内外的恐怖势力和极端组织形成有力震慑。同时，上海合作组织还不断拓展安全合作领域，除应对各种现实的非传统安全威胁、推动

---

① 《上海合作组织成员国政府总理声明》（二〇〇一年九月十四日），上合组织网站，http：//chn. sectsco. org/documents，访问日期：2020 年 4 月 23 日。

联合执法合作外，还对网络信息安全、能源安全、生态安全、金融安全等新问题保持关注，展开合作。①

2003年中俄联合其他成员国在新疆伊宁地区和哈萨克斯坦乌洽拉尔市举行了上海合作组织框架内的首次多边联合的“联合—2003”反恐军事演习。此次联合军演第一个特点是在高原、高寒山区边界实施快速联合作战。第二个特点是参演部队进行一场“高原机械化作战”训练，地面的装甲车和空中的直升机严密配合；第三个特点是这是一场信息战演练，指挥部内信息战演习。② 2005年中俄双方在俄罗斯符拉迪沃斯托克和中国山东半岛及附近海域进行“和平使命—2005”反恐联合军演。中俄参演兵力近万人，此为中俄首次举行的成建制、大规模的反恐联合军演，两国官兵在两国跨越数千公里的地域、海域和空域内展开陆、海、空协同作战，展示中俄两军应对新形势下传统与非传统安全威胁、新挑战的决心和信心，也展现了中俄合作维护世界及地区和平的决心。③ 此后中俄“和平使命”系列联合反恐军演成为一年一度的震慑“三股势力”的合作机制，只是历年参与成员国数量、演习科目和内容有差别，要么中俄双方举行，要么中俄联合成员国共同举行。2011年在新疆喀什举行了“天山—2号”上海合作组织成员国执法机关联合反恐演习，这是继2006年中国主办“天山—1号”演习后，该组织第二次在中国境内举办执法安全机关联合反恐演习。上海合作组织成员国所在地区及其周边地区的反恐形势总体稳定，但现实威胁仍然存在。新疆位于中国西部，与8个周边国家相邻，边界线总长5600多公里。近年来，中国境外“三股势力”与新疆内“东突”势力互相勾连，潜入潜出，伺机制造事端，对上合组织成员国构成共同威胁。为提高各方应对各类恐怖威胁的能力和水平，上海合作组织地区反恐怖机构理事会决定在中国新疆地区举行“天山—2号”联合反恐演习。④

第四，区域内外联动，注重国际合作，体现大国的担当。中俄根据新形势下的“三股势力”跨区域性和国际性特点，注重上海合作组织内外联

① 孙壮志：《上海合作组织安全合作成果丰硕》，《解放军报》2018年5月16日。

② 《俄媒体称上海合作组织联合反恐演习具有4大特点》，2003年8月6日，人民网，http：//www. people. com. cn/GB/junshi/1077/2004013. html，访问日期：2020年4月23日。

③ 《中俄联合军演全景扫描：“和平使命—2005”》，2005年8月28日，人民网，http：//military. people. com. cn/GB/42967/3648604. html，访问日期：2020年4月23日。

④ 《“天山—2号（2011）”反恐演习：展示中国反恐力量》，2011年5月7日，中国政府网，http：//www. gov. cn/jrzg/2011－05/07/content_ 1859286. htm，访问日期：2020年4月23日。

动，不仅在上海合作组织内合作打击“三股势力”，而且注重合作消除上海合作组织外的国际恐怖势力对区域内的影响，确保本区域的和平稳定外部环境。阿富汗问题不仅涉及“三股势力”对上海合作组织成员构成的威胁问题，而且涉及上海合作组织区域内的国际毒品问题。以阿富汗为中心的“金新月”地区毒品向中国渗透活动日益加剧，并呈现出组织化、专业化和国际化趋势，地处“金新月”边缘的中国新疆地区深受其害，毒品案件不断上升，恐怖势力以毒养恐的趋向越发明显，对中国边境安全构成了极大的威胁。加强禁毒情报工作，打牢禁毒工作基础；提高管控能力，严防毒品渗透；加强堵源截流工作；加强国际禁毒合作；严厉打击毒品犯罪是解决“金新月”地区毒品向中国渗透的有效途径。[①] 而阿富汗的鸦片和海洛因通过所谓的“北部路线”进入俄罗斯，该路线经过中亚国家。根据俄罗斯联邦药物管制局的数据，俄罗斯90%的吸毒者是吸食来自阿富汗的海洛因，这对俄罗斯经济社会稳定造成了严重的威胁。俄罗斯因吸毒成瘾造成的社会经济损失总计达到国内生产总值的2.5%，约为0.5万亿卢布。根据俄罗斯联邦毒品情况的监控报告，俄罗斯约有1800万居民（占总人口的12.5%）一生中至少尝试过一次毒品。其中，有800万人定期或偶尔使用精神药物，占总人口的5.6%。[②] 可见，阿富汗问题不仅关系到中亚地区的切身利益，也关系到中俄的社会稳定与发展，因此，中俄对阿富汗问题高度关注。在2001年上海合作组织成立宣言中明确说明了中俄及成员共同合作打击毒品问题：上海合作组织为遏制非法贩卖武器、毒品、非法移民和其他犯罪活动，将制定相应的多边合作文件。而2002年在北京举行的上海合作组织成员国外长非例行会议，对地区安全与合作及上海合作组织发展等迫切问题达成共识，并联合发表声明，相对全面和详细阐述了对阿富汗问题的看法、主张和政策。该声明深度关切阿富汗事态发展，作为阿富汗的近邻，早在“9·11”事件发生前，上海合作组织成员国就受到源自该国的恐怖主义和毒品的直接威胁，上海合作组织积极参与国际反恐联盟，完全支持联合国安理会相关决议中规定的措施，与安理会反恐委

① 梁春香：《“金新月”地区毒品向我国渗透的现状与对策》，《武警学院学报》2014年第11期。

② Р. С. Мухаметов：МЕСТО И РОЛЬ ШАНХАЙСКОЙ ОРГАНИЗАЦИИ СОТРУДНИЧЕСТВА ВО ВНЕШНЕЙ ПОЛИТИКЕ РОССИИ. ИЗВЕСТИЯ УРАЛЬСКОГО ФЕДЕРАЛЬНОГО УНИВЕРСИТЕТА. СЕРИЯ 3. ОБЩЕСТВЕННЫЕ НАУКИ. ТОМ 9，№ 3（2014）.

员会开展全面合作，从而与国际社会一道，为世界和本地区经济社会发展提供安全稳定的环境。2004 年 6 月阿富汗“过渡政府”总统卡尔扎伊作为客人首次参加上合组织峰会，在这次峰会上决定建立上海合作组织—阿富汗联络组，从此上海合作组织建立了与阿富汗的直接联系。2005 年 11 月，上海合作组织—阿富汗联络组议定书正式签署，成为一条机制性的联系渠道，使上合组织与阿富汗可以经常和随时进行磋商。从 2006 年开始，阿富汗总统作为客人出席历次上海合作组织峰会。虽然在具体政策上也有阶段性的演变，但上海合作组织在阿富汗问题上有一以贯之的基本原则。上海合作组织之所以重视阿富汗问题，发挥主动作用和扮演重要角色，如俄罗斯外交部长拉夫罗夫所说，“上海合作组织不能置身于集体努力之外”。安全仍是上海合作组织的基本导向，但更突出强调重点是打击恐怖主义、毒品走私和有组织犯罪。[①] 2019 年出台的上海合作组织成员国和阿富汗伊斯兰共和国打击恐怖主义、毒品走私和有组织犯罪行动计划则制定了相对完备的法律文件框架、合作内容方式、信息处置、行动和机制等。该计划系统化地为中俄及其他成员国在上海合作组织区域内外共同打击“三股势力”和毒品走私以及有组织犯罪等提供了合法性和强化了实施的可行性。

第五，生态和公共卫生安全领域的合作。近年来随着上海合作组织成员国在非传统安全领域的合作延展和深化，生态和公共卫生安全领域的合作越来越受到中俄以及成员国的重视。例如汶川地震、非典时俄罗斯对中国的帮助，以及此次新冠疫情等。

2018 年上海合作组织青岛峰会通过了《上海合作组织成员国环保合作构想》，使得中俄在上海合作组织内的生态领域合作又向前一步，将逐步由蓝图变成行动。成员国基于维护上海合作组织地区生态平衡、恢复生物多样性的重要性，为居民生活和可持续发展创造良好条件，造福子孙后代，通过了该法案。[②] 成员国同时支持联合国大会 2016 年 12 月 21 日通过的 2018—2028 年“水促进可持续发展”国际行动十年第 71/222 号决议。虽然在生态领域成员国间的合作相对滞后，但中俄是较早坚持发展绿色经济的上海合作

① 赵华胜：《上海合作组织与阿富汗问题》，《国际问题研究》2009 年第 4 期。

② 《上海合作组织成员国元首理事会青岛宣言》，上合组织网站，http：//chn. sectsco. org/documents，访问日期：2020 年 4 月 23 日。

组织成员国，近年来中俄在发展可再生能源、应对气候变化、环境污染防治方面取得了显著成果。2018 年中俄元首在北京举行会谈，并发表声明，双方强调，应继续共同努力，确保两国务实合作，保持两国尤其是两国边境地区在环境和生态保护方面的沟通协作。中俄坚持在上海合作组织框架下的多边环保合作，加强成员国环保经验交流，共建信息平台，共享环保合作成果，共同推进落实 2030 年可持续发展议程。

中俄推动上海合作组织中的公共卫生安全领域的合作出现重大进展是在 2018 年的上海合作组织青岛峰会元首理事会上，以及随后在杜尚别举行的上海合作组织政府首脑（总理）理事会上。青岛元首峰会上出台了《上海合作组织成员国元首关于在上海合作组织地区共同应对流行病威胁的声明》。杜尚别的政府首脑峰会则强调推进和落实该声明的必要性、重要性以及具体合作领域、步骤。中俄及成员国政府强调，应深化卫生应急、人民卫生防疫保障、制药和打击假冒医疗产品、防止传染病扩散、非传染性疾病防控、医学教育与医疗人员交流、科研、落实促进国际发展的合作纲要、保障食品安全及质量等领域多双边卫生合作，共同维护人民健康，促进创新合作。同时应加快制订《上海合作组织成员国卫生领域合作主要活动计划（2019—2021 年）》。成员国首脑（总理）支持不断完善上海合作组织地区传染病大规模暴发卫生应急和传染性疾病扩散预警领域合作。[①] 虽然，中俄及成员国前期在公共卫生领域的合作缺乏具体规范文件和机制等，但面对此次世界范围内的新型冠状肺炎疫情，中俄双方快速行动，从物资、人员、技术、媒体、社会、信息、外交等领域进行全方位深度合作，守望相助，患难与共，为世界树立携手抗疫的国际合作典范，同时携手共举为上海合作组织之外的国家提供帮助，充分体现了“上海精神”，更诠释了中俄全面战略协作伙伴关系，共同践行了人类命运共同体的理念。

第三节　上海合作组织中的中俄经贸合作

安全合作是中俄在上海合作组织里合作的重要支柱，但要从根本上解决产生恐怖主义等非传统安全问题，就必须努力解决地区冲突、贫困等问题，

---

① 《上海合作组织成员国政府首脑（总理）理事会第十七次会议联合公报》，上合组织网站，http：//chn. sectsco. org/documents，访问日期：2020 年 5 月 23 日。

消除产生恐怖主义的根源。上海合作组织成立之初的成员国总理就一致通过了《上海合作组织成员国政府间关于区域经济合作的基本目标和方向以及启动贸易和投资便利化进程的备忘录》，从而对解决产生恐怖主义问题进行标本兼治，不仅对现有的“三股势力”进行打击，而且注重从根源上铲除“三股势力”滋生的土壤。加强上海合作组织成员国之间的经济合作，有助于从根本上消除贫困，维护地区稳定与发展。如果上海合作组织的安全机制是成员国的经济社会稳定的重要支柱，那么经贸合作则是促进成员国经济社会发展的推进器。伴随上海合作组织发展，成员国间的经贸合作也逐渐从行动、机制、目标以及进程上体系化和制度化。2003 年 9 月 23 日，在北京举行的上合组织成员国总理会议通过的《上海合作组织成员国多边经贸合作纲要》成为各成员国间构建相对完善经贸合作制度体系文件的起点和基础。该纲要涵盖了成员国经济、科技、人文合作等重要领域，涉及一百多个具体项目，明确了上合框架内的各成员国合作方向，并落实了分阶段实施的行动指南和机制，努力创造生产要素自由流动的良好营商环境，从而实现以“市场”配置资源为主要方式的上海合作组织经贸市场，实现组织内的商品、资本、服务和技术的自由流动。并为此制定必要的法律文件、协调相关立法，形成相对完善的法律规范体系。这也标志着上海合作组织成为成员国经贸合作的一种制度要素，并且开始从市场规范上进行法制体系的构建，成为中俄经贸合作的一种新的制度安排和供给。

一　在上海合作组织框架下中俄合作对经贸制度规范体系的建设

上合组织在互惠平等基础上深化经贸合作，改善投资环境，增强贸易便利化，减低贸易和投资成本，促进贸易流通，从而加强中俄及成员国间的经济一体化深度，并在 2003 年政府总理会议上批准《上海合作组织成员国多边经贸合作纲要》，该纲要不仅可行性高，同时执行有效期至 2020 年，创造上海合作组织内的贸易和投资的有利条件，并逐步实现货物、资本、服务和技术的自由流动。根据纲要，2004 年中俄及上海合作组织成员国举行了两次经贸部长会议，研究并制定了经济合作的具体步骤和方案，从而在 2004 年上海合作组织总理会议上通过落实措施计划。[①] 2005 年制定

① 《2004 年上海合作组织成员国政府首脑（总理）理事会联合公报》，上合组织网站，http：//chn. sectsco. org/documents/，访问日期：2020 年 4 月 23 日。

实施机制和系列文件，为经贸合作具体落实奠定了基础。经过几年的经贸合作推进，在上海合作组织框架下中俄的主要合作领域方向延展为：能源、交通、电信、农业、旅游、信贷和银行以及环境领域，其中特别强调促进吸纳普通老百姓就业主力军的中小企业的发展和合作。此后，上合组织围绕从根源上解决产生恐怖主义等“三股势力”的贫穷问题，大力发展农业，2010 年签署了农业合作协定，并成立上海合作组织农业合作专家工作组，全面提高农业领域生产力和效益。2007 年《海关合作与互助协定》的签署则让上海合作组织内的经贸活动，尤其是贸易手续简化，促进了贸易通而畅。此后，2014 年签署的《上海合作组织成员国政府间国际道路运输便利化协定》使中俄及上海合作组织成员国间的公路交通网络更加紧密高效的互联互通有了规范文件保障。2011 年关于医疗领域合作的协定，特别是 2018 年《上海合作组织成员国元首关于在上海合作组织地区共同应对流行病威胁的声明》[①] 不仅深化了医疗领域合作，更是应对非传统安全威胁合作从针对“三股势力”、毒品问题向经济金融领域、公共卫生等领域延展，也体现了上海合作组织以人民生命健康为本的理念。

中俄之间的经贸合作，不仅出台法律规范文本，进行顶层设计，破除经贸合作的制度规范障碍，而且注重中观层面的行业协会的作用，对双方之间的经贸合作进行具体指导和协调，做好制度规范文本的执行和落实。近年来，上海合作组织成员间成立了新型的国际金融区域合作组织——上海合作组织银行联合体，促进成员间的金融合作，落实经贸合作纲要的资本自由流通规划。上海合作组织实业家委员会的成立则是让市场的主体——企业家发挥更大的作用，使得经济的微观主体能够交流交融，从而促进经贸合作更细化、深入化。《上海合作组织实业家委员会决议》则促进了中俄及成员国间企业家直接对话，以及工商界与金融界之间的直接对话，对企业家在上海合作组织内的经贸领域进行投资和合作形成了激励和平台机制，更促进了中俄之间的民间交流，由官方引领，企业家将成为经贸合作的主体。

2015 年乌法峰会出台的《上海合作组织至 2025 年发展战略》[②]（以下简称《战略》），则是对上海合作组织框架内未来 10 年经贸合作的规划，

---

① 《上海合作组织成员国元首关于在上海合作组织地区共同应对流行病威胁的声明》，上合组织网站，http：//chn. sectsco. org/documents/，访问日期：2020 年 4 月 23 日。

② 《上海合作组织至 2025 年发展战略》，上合组织网站，http：//chn. sectsco. org/documents/，访问日期：2020 年 4 月 23 日。

不仅对当前的国际经济发展进行了总结，在全球经济一体化深化发展的背景下，国家安全与繁荣之间的相互联系日趋紧密，单个国家很难面对非传统安全等突发事件，需要秉承“上海精神”进行多边合作。《战略》为未来10年上海合作组织框架内的经贸合作设计了目标、路径、任务、原则和理念、内容以及保障战略施行的机制。《战略》的出台，不仅扩大和加强了上合组织框架内中俄间的经济互动以及经济合作领域的优先发展方向，而且是实现经贸合作可持续性的政策工具之一；不仅促进中俄经济平衡增长，而且切实确保所有上合组织成员国的和谐发展。根据《战略》，进一步扩大贸易和经济合作的协调措施，创造有利的营商环境，支持实业发展，以及强化发展基础设施，筑牢经贸合作基础。上海合作组织将更加开放，积极参与国际合作，推动中俄及成员国在融入全球经济一体化进程中提供互助，最大限度地减轻全球化和国际经济危机对本国经济造成的负面影响，实现共同发展。

《战略》指出中俄及成员国将采取措施推动2014年签署的《上海合作组织成员国政府间国际道路运输便利化协定》尽快生效并切实落实该协定。通过交通设施互联互通，打通跨境物流堵点，提升上海合作组织成员，尤其是中俄、中哈的物流体系协调力，提高过境运输能力和效率，挖掘潜力，形成上海合作组织区域运输联调联动体系和过境走廊体系。为了实现该目标，合作的主要领域是基础设施的投资兴建和现代化改造，包括扩大国际物流中心网络，并形成节点网络化，以及沿着交通干线沿线形成相对具有特色的竞争优势的产业集群。早在2011年10月上海合作组织成员国运输部长第五次会议上即形成决议，开始着手制订道路协调发展计划草案。2013年11月上海合作组织成员国过境潜力特别工作组第七次会议讨论了俄罗斯运输部拟定的方案，但未获通过。之后，中俄于上海合作组织框架内在运输和物流领域积极合作，富有成效，解决了不同法律法规下、不同标准下的铁路和公路的跨境运输走廊的建设问题。

信息和通信技术领域方面，将遵循国际电信联盟普遍接受和批准的电信标准以及电信服务的兼容性和普遍性原则来指导中俄以及成员国间的电信合作和统一标准建设工作。而农业领域的合作，更是延续了中俄合作领域的优先方向，重视农业科技化水平，将高科技引入农产品的生产和深加工，创新引进技术，改善农业、粮食生产领域的物流体系。此外，在能源、知识产权保护、海关领域的信息化等开展合作，并继续出台相关细化法律法规规范，确保合作的法律化、可持续化，深化促进双方的经济发展。历届上海合作组织成员国元首理事会会议都签署了有分量的经贸合作领域的规范文件，促进中俄及各成员国的经贸合作可持续化健康发展，2019 年的上海合作组织成员国元首理事会会议成果文件中由领导人签署或发表的文件共有 15 份，其中涉及经贸合作达 7 份，可见，经贸合作已成为中俄在上海合作组织内合作的重点。

二　中俄上海合作组织内的经贸合作平台和机制的打造

尽管上海合作组织内涉及欧亚经济联盟和丝绸之路经济带以及大欧亚伙伴计划等经济一体化组织和倡议，上海合作组织内的经贸合作领域、制度、行动、项目、规划、机制等都相对完善，具有成熟一体化经济组织的实力，但上海合作组织到目前为止却没有成为经济一体化组织。随着成员国，特别是中俄经贸合作不断深化拓展，世界经济形势的快速变化，中俄联手创建上海合作组织框架内的经济一体化组织也成为一种选项。在 2016 年的上海合作组织政府首脑（元首）会议上，李克强总理提到中方对建设上海合作组织自贸区等倡议持开放态度，愿与各方做好自贸区可行性研究，积极探索更加全面、紧密、高效的区域经济合作架构。① 随后 2018 年，李克强总理在上海合作组织政府首脑（总理）会议上建议启动上海合作组织自贸区可行性研究，逐步建立更紧密的区域经济合作制度性安排。会议联合公报也给予明确响应，提出各方主张推动贸易和投资便利化，以逐步实现商品、资本、服务和技术的自由流通。② 而俄罗斯总统普京在 2015 年 12 月致联邦议会的一封信中主张在欧亚经济联盟、上海合作组织和大欧亚伙伴关系之间建立经济贸易伙伴关系，哈萨克斯坦首任总统纳扎尔巴耶夫在 2015 年 12 月也提出在上海合作组织内建立自由贸易区的倡议。③ 可见，中俄及上

---

① 《李克强出席上海合作组织成员国政府首脑（总理）理事会第十五次会议》，《光明日报》2016 年 11 月 4 日。

② 《反对贸易保护主义　上海合作组织自贸区或为愿景》，2018 年 10 月 14 日，中国政府网，http：//www.gov.cn/xinwen/2018－10/14/content_5330642.htm，访问日期：2020 年 4 月 23 日。

③ О подписании Соглашения между правительствами государств － членов Шанхайской организации сотрудничества о создании благоприятных условий для международных автомобильных перевозок Информационное агентство《Тенгри ньюс》(Казахстан). https：//tengrinews.kz/zakon/pravitelstvo_respubliki_kazahstan_premer_ministr_rk/mejdunapodnyie_otnosheniya_respubliki_kazahstan/id-P1300001283/，访问日期：2020 年 4 月 23 日。

合组织成员国推动上海合作组织内的自由贸易区的建立，并非为了应对逆经济全球化的权宜之计。根据俄罗斯经济发展部第一副部长利哈切夫的说法，其所领导的团队在 2016 年 3 月就朝着自贸区的方向开展了诸多准备工作："实际上，现在我们将准备在上海合作组织框架内为建立一个跨经济组织的伙伴关系而制定相关协议草案和具体行动方案"①。根据该文本草案，应该在 2016 年 7 月完成制定这种伙伴关系的具体规划和"路线图"，并提交给上海合作组织成员国，"以便使成员国领导人尽早做出决议和安排"，该协议原定于 2016 年 10 月在塔什干举行的上海合作组织国家元首理事会会议上签署。②但是，当年的元首理事会议上并没有就该协议内容进行广泛的讨论，因此，为了促进贸易和投资更加便利化，资本、生产要素等能更加自由流动，2017 年中俄举行双方协商机制以解决这问题，协商制定了中国"丝绸之路经济带"和欧亚经济联盟间的相关优惠贸易协议。

中俄双方对于建立自贸区、促进区域经济一体化都有潜在和现实的需求，中俄之间的贸易逐年增加，已达千亿美元级别，经济具有一定的互补性，因此，双方都有降低贸易成本的需求，不仅能够扩大经贸合作，还能够降低进口商品成本，对于俄罗斯而言还能减轻俄国内的通货膨胀压力，缓解乌克兰危机以来遭受西方经济制裁的损失。特别是当前俄罗斯卢布贬值幅度较大，其原材料和农业领域对于中国的相关领域的企业和投资者吸引力较大。而上合组织自贸区相对于中国也是契合"一带一路"倡议中经济走廊建设的愿景与行动。对于中俄来说，上海合作组织是协调大国（中国、俄罗斯）和中亚关系的重要平台，延展了俄罗斯与中国以及亚洲地区的经贸合作的空间。2016 年 4 月时任俄国家杜马主席纳里什金曾表示："将来，我们希望与上海合作组织国家以及东盟国家和其他亚洲国家建立自由贸易区，在此基础上最大限度地发展包括高科技在内的产业合作。"③

在经贸、能源、金融、交通、旅游、人文、数字传媒等全方位领域，

---

① ЕАЭС и ШОС объединяются против США // Утро. ру. 2016. 3 апр. http：//www. utro. ru/articles/2016/03/04/1273289. shtml，访问日期：2020 年 4 月 23 日。

② Жандарова И. 《Дорожную карту》 Зоны свободной торговли ШОС разработают к лету // Российская газета. 2016. 17 марта. https：//rg. ru/2016/03/17/dorozhnuiu-kartu-zony-svobodnoj-torgovli-shos-razrabotaiut-k-letu. html，访问日期：2020 年 4 月 23 日。

③ Нарышкин заявил о планах России создать Зону свободной торговли с ШОС и АСЕАН // Взгляд：Деловая газета. 2016. 19 апр，http：//www. vz. ru/news/2016/4/19/ 806146. html，访问日期：2020 年 4 月 23 日。

中俄在上海合作组织内加强合作，保障经贸合作得以制度化、法律化、系统化和可持续化，从而为上海合作组织内的各成员国间的经贸合作奠定了法律基础，明确了行动方案以及实现的路径。

三 上海合作组织框架下中俄经贸合作进入高质量发展的快车道

上海合作组织的成立与发展，促进了中俄在传统与非传统安全领域的信任和合作延展，促进了经贸领域合作的规模扩大，贸易商品结构变化更为明显，双方经济领域合作逐步全面深入。俄罗斯发挥自然资源禀赋优势，产品出口逐渐以能源和原材料为主，中国则充分发挥国际劳动分工的比较优势，逐渐以制成品出口为主。双方的经贸合作呈现出互补性趋势，产业间贸易和产业内贸易规模及质量都有所提升，中国对俄罗斯的出口商品结构逐渐改变以来料加工产品和劳动密集型产品为主的状况，由低端制造业产品逐渐转向高端制造业和高科技领域，资本密集型和技术密集型产品占总出口的比重逐步提高。具体商品类别上，主要是衣服纺织品及鞋类占总出口的比重逐步减低，而机电产品出口占总出口额的比重逐步上升。

所以，中俄在上海合作组织框架下的经贸合作不仅促进了双方贸易额的增加，而且双方贸易商品结构也根据各自经济发展特点在逐步调整、适应。虽然俄罗斯对中国出口以矿石、能源等原材料商品为主，而中国对俄出口则以机电等资本和技术密集型产品为主，但并不意味着中俄双方贸易对俄罗斯不利，对中国更有利。之所以出现这样的商品结构，是因为随着中俄双方的经济发展，对彼此产品需求总量快速增多，是双方的市场经济蛋糕变得更大，实际上俄罗斯出口中国的机械、设备和交通工具等资本和技术密集型产品总额不但没有减少，而且是逐年递增，由 2000 年的 7.2 亿美元，增加到 2019 年的 27.1 亿美元，增长了近 276.3%。同样，中国对俄罗斯出口的服装鞋帽为主的劳动密集型产品占对俄出口总量份额减少，但是数额由 2000 年的 1.5 亿美元增加到 2019 年的 58.5 亿美元。[①] 可见，中俄经贸合作是互补共赢，促进了双方的经济发展，而非“零和博弈”的损人利己的合作。

---

① Торговля между Россией и Китаем в 2019 г. https://russian-trade.com/reports-and-reviews/2020-02/torgovlya-mezhdu-rossiey-i-kitaem-v-2019-g/ 13 февраля 2020 г.，访问日期：2020 年 4 月 23 日。

四 上海合作组织中的中俄经贸合作面临的挑战

中俄在上海合作组织框架下的经贸合作在协议签署以及经济合作项目上都取得了好成绩。然而，上海合作组织作为中俄经贸合作的规范体系的制度供给生产要素，并没有能够促进中俄之间的贸易量的增加，或者说上海合作组织本身作为一种制度框架规范对中俄经贸合作没有起到明显的促进作用。张英等学者通过对贸易引力模型的延展，将上海合作组织作为虚拟变量借助贸易协调机制以及贸易创造效应，是否促进双边总贸易流量的上升，引入中俄贸易进行分析，发现中俄加入上海合作组织对双边贸易额的带动效应并不显著，也就是说上海合作组织并没有如预期那样对中俄贸易有很强的促进作用。① 此外，毕艳茹等学者也将上海合作组织作为虚拟变量引入中国与中亚五国的经贸流量研究，发现在与既有上海合作组织成员国也有非上海合作组织成员国的中亚五国的贸易流量对比中，上海合作组织作为制度安排促进中国与成员国之间的贸易增量的作用有限②。

主要原因还是上海合作组织作为平台、机制和制度规范体系的供给者，对中俄经贸合作做好了顶层设计和制度安排，但促进双方在上海合作组织框架下深化经贸发展的具体项目相对较少，或者说制度规范落地难，执行存在困难，从而导致上海合作组织本身作为经济要素的一种制度难以发挥其应有的功能。此外，上海合作组织主要处理安全问题，是安全合作框架。尽管签署了许多经济类的框架协议、文件，但纲领性文件较多，能够执行的、有可操作性的具体性的经济类项目、文件、协议相对较少。

第四节 中俄在上海合作组织中的人文教育旅游合作

中俄在上海合作组织中的人文教育旅游合作随着上海合作组织的健康高效运行也在快速全方位全领域地深入推进，如果说安全与经贸领域的合

---

① 张英：《基于引力模型的中俄双边贸易流量与潜力研究》，《国际经贸探索》2012 年第 6 期。

② 毕燕茹、师博：《中国与中亚五国贸易潜力测算及分析——贸易互补性指数与引力模型研究》，《亚太经济》2010 年第 3 期。

作是为了稳定与发展，那么人文教育旅游合作则是坚持和发展“上海精神”，是中俄在上海合作组织框架下的双边与多边合作的深化，中俄巩固区域安全稳定与经济社会发展的系统措施之一，更是中俄坚持文明多样，互相学习，互相交流，互相了解的现实诠释。

夯实人文基础，建设本组织发展之桥。人文合作不断发展，为各国民众加强相互了解和友谊搭建了重要桥梁。成员国境内的历史古迹是人类共有的文明财富，中方愿为各国开展古迹修复和考古合作提供支持。截至2015年，中方已经向各成员国累计提供近25000个政府奖学金名额。中方将继续落实好承诺的青年交流项目，并于2016年7月在北京举办上海合作组织青年合唱夏令营，为本地区和平友好事业培养后备力量。[①] 中俄以及成员国在上海合作组织内的人文教育旅游合作之所以能取得现在的成效，主要原因之一就是上海合作组织从成立之时就注重成员间的人文教育旅游领域的合作。2002年签署的《上海合作组织宪章》第三条成员国合作方向中人文领域是重要的方向之一，明确规定：扩大在科技、教育、卫生、文化、体育及旅游领域的相互协作。此外，2001年上海合作组织成立宣言中也明确提到，“上海合作组织是在1996年和1997年分别于上海和莫斯科签署的关于在边境地区加强军事领域信任和关于在边境地区相互裁减军事力量两个协定的基础上发展起来的，其合作现已扩大到政治、经贸、文化、科技等诸多领域。上述协定所体现的原则确定上海合作组织各成员国相互关系的基础”。

文化领域合作。上海合作组织成员国文化部部长第一次会议于2002年举行，在该会议上通过了本组织内部的多边文化合作计划，以及支持成员国举办文化节日等。在2005年阿斯塔纳上海合作组织元首峰会上，时任国家主席胡锦涛在讲话中指出：“深入开展人文合作。我们要采取有效措施，开展和深化在文化、救灾、教育、旅游、新闻等领域的合作。要加强在人力资源能力建设方面的合作，中方将为此拨出专项资金，在3年内为其他成员国培训1500名不同领域的管理和专业人才。”[②] 因此，中俄及其他成员国在文化领域内的合作进入快车道。上海合作组织在文化、教

① 习近平：《弘扬上海精神　巩固团结互信　全面深化上海合作组织合作》，《人民日报》2016年6月25日。

② 胡锦涛：《加强团结合作　促进稳定发展》，《中国报道》2005年第8期。

育、环保、紧急救灾等领域进行了切实有效的合作。上海合作组织举办了多次文化部部长会议，并通过了2005—2006年多边文化合作计划。2005年召开的上海合作组织成员国文化部部长会议做出重要决定：每年在该组织峰会期间将举行成员国艺术节，与会国元首集体出席艺术节开幕式。人文合作成为上海合作组织深化多边和双边合作的新亮点。[①] 2007年8月16日，上海合作组织成员国在比什凯克签署的《上海合作组织成员国政府间文化合作协定》则为中俄及各成员国在上海合作组织框架内的人文领域合作提供了制度基础和框架，进一步规范文化领域的合作，其目的就是在平等和尊重各国文化独特性的原则基础上进一步扩大和巩固互利合作，确保文化领域合作的健康发展。该协定第一条即规定了中俄及各成员国在文化领域合作的主要内容是：各方按照国际法准则和各自国家法律，在音乐、舞台艺术、造型艺术、电影、档案、图书馆和博物馆事务、文化遗产保护、民间工艺、使用装饰艺术、业余文娱事业和杂技戏艺术等领域，以及其他创作活动方面进行合作。这给中俄在上海合作组织内的文化合作界定了领域，促进了中俄在文化领域合作效率的提升。2009年4月上海合作组织成员国和观察员国文化部部长会议在喀山举行，各国文化部部长通过了《上海合作组织成员国文化部部长第六次会晤宣言》，共同签署了《上海合作组织成员国文化部部长第六次会晤纪要》。这次会议就上海合作组织框架内多边文化合作现状进行了总结，对“文化传统与青年”议题及其他共同感兴趣的话题进行了讨论。各成员国认为，应采取切实措施，共同努力，加强务实合作，加大媒体宣传力度，促进青年在继承和发扬本国优秀文化传统和民族遗产中发挥更大的作用。随后，2009年5月在叶卡捷琳堡签署了关于成立上海合作组织青年委员会的宣言。成立上海合作组织青年委员会的目的就是促进中俄及成员国的年青一代在各个领域进行合作和交流，使得更多的青年人能够参与到上海合作组织各合作领域内，做好上海合作组织的传承，确保上海合作组织成员国间的合作和政策的连续性。随着机制、平台等的完善，中俄及各成员国在上海合作组织内的文化领域合作越来越广泛和深入，各种文化活动逐年增加，日趋丰富多彩，极大地促

① 《人文合作——上海合作组织合作的新亮点》，2006年6月14日，中国网，http://www.china.com.cn/zhuanti2005/txt/2006-06/14/content_6241764.htm，访问日期：2020年4月23日。

进了上海合作组织成员国之间的文化联系和相互了解、交流，一定程度上促进了中俄及成员国官方和民间的“民心相通”。也正是中俄及各成员国文化领域合作的不断深入，充分体现了“上海精神”以及在国际人文领域双边、多边合作的世界意义。

教育领域合作。教育领域合作是上海合作组织框架下中俄及成员合作的重要和优先方向之一，在《上海合作组织宪章》中明确将教育与文化、科技、体育等一起作为成员国间的合作方向之一。但在教育领域如何推进中俄及成员国的合作，在上海合作组织成立的前几年似乎一直“困扰”着成员国，2006 年 6 月签署的《上海合作组织成员国政府间教育合作协定》为中俄及成员国在教育领域的合作指明了具体方向，协议从合作的具体内容、法律、保障、行为主体等方面都做了较为详细的界定。2007 年上海合作组织比什凯克元首峰会上，俄罗斯总统普京倡议成立“上海合作组织大学”，得到各成员国元首的一致赞同，进一步细化了上海合作组织教育领域合作的方向，为教育领域合作构造了一个更好的平台和机制，这也促进了《上海合作组织政府间教育合作协定》更快更好的落地。2008 年，在哈萨克斯坦共和国首都阿斯塔纳举行的上海合作组织成员国教育部部长会议上签订关于为成立上海合作组织大学采取进一步一致行动的意向书，2010 年 4 月，中、俄、哈、吉、塔相关高校签署关于成立上海合作组织大学的合作备忘录。2012 年上海合作组织成员国各项目高校签署《上海合作组织大学章程》，从而让“上海合作组织大学”较快地从构想变为现实，其作为上海合作组织内高校间的非实体合作网络，从目标任务、基本原则、合作方向、人才培养、专业设置以及学历证书和合作义务上完整承接了中俄及成员国在上海合作组织框架内的教育领域合作的大部分内容。上海合作组织大学领域内的交流合作受到各成员国的认可和快速推进，上海合作组织大学框架内的教育合作，已经成为中俄及成员国在教育领域的合作重点内容，上海合作组织大学旨在为各成员国培养文化、科学、教育、经济等领域高水平人才。

2009 年上半年，经中俄及各成员国协商一致，区域学、生态学、能源学、IT 和纳米技术专业作为首批优先合作方向被确定下来，同时根据相关标准要求，确立哈萨克斯坦 10 所、吉尔吉斯斯坦 7 所、中国 10 所、俄罗斯 16 所、塔吉克斯坦 10 所，共计 53 所大学作为首批“上海合作组织大学”的项目网络单位。上海合作组织大学并不是封闭的学术联盟，而是秉承“上海精神”的开放合作的项目网络教育科研交流合作联盟，所有项目参与者都平等参与。其特殊性在于，学生在校期间有机会了解和参与上海合作组织空间内的不同国家的不同大学相关专业的学习，上海合作组织大学的官方授课语言是俄语和中文，也可以是学校所在国的官方语言，经商定在教学中也可使用英语，这在一定程度也促进了上海合作组织成员国内中文和俄语学习热度。项目合作院校也在逐年增多，增加到近 80 所项目院校，中方增加到 20 所，俄罗斯增加到 21 所。专业也由 5 个增加到 7 个，新增了教育学和经济学，同时交流的学生也由研究生逐步扩大到本科生的交换，同时开展各个层次的学生、教师等人员的交流活动；联合开展科研，联合举办国际研讨会、学术会议等活动。中俄政府对上海合作组织内的教育领域合作的大力支持是上海合作组织大学教育科研学生交流等快速发展的主要动力。“为促进上海合作组织框架内青年交流，中国将在未来 10 年向上海合作组织成员国提供 3 万个政府奖学金名额，邀请 1 万名孔子学院师生赴华研修。希望你们利用上述奖学金到中国学习交流。”[①] 在上海合作组织大学框架下，截至 2018 年，俄罗斯项目方的大学已经累计接收了 1726 名其他上合组织成员国的大学交流学生，其中接收来自中国的交流学生 656 名。[②] 随着上海合作组织的快速发展，上海合作组织内各成员国的各领域合作纲要和规划的不断落地和推进，教育领域的合作将更加深入，上海合作组织大学的发展前景和空间更加广阔。

旅游合作。旅游不仅能促进旅游目的地经济的增长，还能给旅游者与目的地之间交流和沟通创造机会，是民间自发的、不同文化和不同人员、观念、信息、认识等之间的交流和对话，加深彼此的了解，也可以说是受到各国欢迎的“民心相通”的重要方式之一。中俄旅游领域合作的持续深化，得益于上海合作组织框架内的非传统安全红利持续性释放。所以近年来中俄及成员国在上海合作组织框架内的旅游合作越来越受重视，中俄双方之间的跨国旅游合作发展越来越快，游客规模也越来越大，俄罗斯已经成为中国游客最受欢迎的目的地之一，同时中国也成为众多俄罗斯游客休

① 习近平：《弘扬人民友谊　共创美好未来》，《人民日报》2013 年 9 月 8 日。

② Ефремова Л. И.，Федоров Р. Г. 10 ЛЕТ УНИВЕРСИТЕТУ ШАНХАЙСКОЙ ОРГАНИЗАЦИИ СОТРУДНИЧЕСТВА：ОСНОВНЫЕ РЕЗУЛЬТАТЫ РАБОТЫ. *Вестник РУДН. Серия*：*ВСЕОБЩАЯ ИСТОРИЯ*. 2017. Т. 9. № 4. С. 363 – 369.

闲旅游首选地。

虽然中俄旅游领域内的合作发展较快，旅游领域也是上海合作组织框架内的成员国之间的双边和多边较早确定的合作领域和方向之一，但合作的相关协议或者规划纲要则是历经上海合作组织成立 15 年后才在 2016 年塔什干上海合作组织峰会上首次出台双多边旅游合作规划，即《上海合作组织成员国旅游合作发展纲要》，这也是为了落实《上海合作组织至 2025 年发展战略》。纲要主要目的是进一步加强睦邻友好合作关系，在旅游领域内平等互利地扩展和发展现有合作，遵循联合国世界旅游组织的原则和目标，也就是在联合国框架下，遵循国际规则，遵守国际秩序，坚持“上海精神”，双边、多边发展。在现行的文化、历史和经济联系的基础上形成共同旅游空间，加强旅游交流，增加上海合作组织成员国在该领域的收入，创造新的就业机会，提高居民的生活质量。也就是说，上海合作组织内的中俄及各成员国创建以人文地理相结合的相互协调联系的旅游空间，为经济发展，特别是现代绿色、休闲旅游经济发展创造好的发展环境，互相开放，共同开发，合作共赢，共享区域内的经济发展和人文历史优秀传承成果，提升区域内的经济发展质量，进一步提高旅游地居民的收入水平和生活质量。该纲要还从合作方式上指导上海合作组织内的各成员国之间的合作深入顺利进行，不仅互办旅游年、旅游产品的展销会，还要促进旅游主管部门和行业内的合作，实现信息共享，创设专业论坛，推动技术在旅游领域内的应用，共同开通和推动新的旅游线路，完善旅游基础设施等。此外，成立上海合作组织成员国旅游合作专家工作组负责落实该纲要协调工作，并且规定每年举行一次会议，从而在合作机制上保障了纲要的执行效率。

该纲要的出台进一步促进了上海合作组织内的中俄及各成员国间的旅游领域合作。“联合国内人道主义合作的趋势不断增强。俄罗斯总统普京表示，通过的旅游业发展纲要旨在创造一个统一的旅游空间，并提高游客的安全性，以此满足居民的出境旅游需求。”上海合作组织秘书长阿利莫夫则认为：“在塔什干上海合作组织元首峰会上签署《旅游合作发展纲要》，考虑到文化和教育规划项目的实施，则将进一步推动发掘上海合作组织成员国丰富的历史和文化遗产，并将深化与欧亚空间内的人文合作。”吉尔吉斯斯坦总统阿坦巴耶夫认为：“今天我们采取了非常积极的措施，将旅游业发展作为优先合作领域之一，签署了成员国之间在旅游领域的发展纲要。旅游文化和人道主义领域内的合作仍然是坚持‘上海精神’不可或缺的一部分。”① 为了具体落实纲要，有效利用现有旅游资源潜力和充分挖掘中俄及各成员国间的旅游领域合作潜力，各成员国积极协调组织开展高效的合作推进相关工作。上海合作组织成员国旅游合作专家工作组推出了2017—2018年上海合作组织成员国旅游合作发展计划草案，并于2018年5月在中国武汉举行了上海合作组织成员国旅游部门领导人会议，扩大了中俄及成员国之间旅游合作的深度和广度。在乌兹别克斯坦撒马尔罕市成立丝绸之路旅游大学，2018年上海合作组织政府首脑（总理）理事会第十七次联合公报中各代表团团长对此表示肯定和欢迎，并支持该大学与上海合作组织成员国相关高校和机构开展合作。同时上海合作组织各代表团团长支持进一步扩大旅游合作，坚持落实2016年6月24日在塔什干签署的《上海合作组织成员国旅游合作发展纲要》，肯定2018年5月9日在武汉举行的上海合作组织成员国旅游部门领导人会议成果，指出落实《2019—2020年落实〈上海合作组织成员国旅游合作发展纲要〉联合行动计划》、加强上海合作组织与世界旅游组织合作具有重要意义。② 此外，在2019年上海合作组织元首峰会上，上海合作组织成员国元首理事会会议成果文件清单中包含“关于签署《上海合作组织秘书处同世界旅游组织谅解备忘录》的决议”。这进一步说明中俄及成员国在上海合作组织内的旅游领域是双边、多边的合作，是秉承“上海精神”的开放合作，不仅成员国之间相互开放，也愿意并积极面向成员国之外的国家和地区相互开放，相互合作，共同促进旅游业的健康发展。

第五节　中俄与发展中的上海合作组织

2017年随着印度和巴基斯坦结束观察员国身份，正式成为上海合作组织成员，标志着上海合作组织自成立16年来首次扩员圆满落幕，上海合作组织发展进入新阶段。不仅遵守“上海精神”的国家增多，而且

① Ташкентский саммит ШОС подписал совместную программу развития туризма. Eurasia News. June 24, 2016. https://www.dispatchnewsdesk.com/ташкентский-саммит-шос-подписал-совм，访问日期：2020年4月23日。

② 《上海合作组织成员国政府首脑（总理）理事会第十七次会议联合公报》，上合组织网站，http://chn.sectsco.org/documents，访问日期：2020年4月23日。

区域覆盖到了南亚地区，更是金砖五国有其三。上海合作组织由1996年原生的“上海五国”会晤机制发展到2001年“上海六国”的“上海合作组织”，2004年上海合作组织元首塔什干峰会启动了观察员机制，标志上海合作组织扩员进入启动阶段，给予愿意遵守上合组织发展理念的潜在正式成员国观察员国地位，蒙古国成为首个观察员国，上海合作组织发展进入了“6+”模式。而2009年上海合作组织元首叶卡捷琳堡峰会决定给予斯里兰卡和白俄罗斯对话伙伴国地位，则标志着上海合作组织发展进入“6++”模式。2014年上海合作组织元首杜尚别峰会元批准了《给予上海合作组织成员国地位程序》和《关于申请国加入上海合作组织义务的备忘录范本》则标志上海合作组织扩员的法律程序体系建成，观察员国印度和巴基斯坦正式提交加入上合组织申请。2015年上海合作组织元首乌法峰会通过关于启动接收印度和巴基斯坦加入上海合作组织程序的决议，历经两年，2017年印度和巴基斯坦正式成为上海合作组织成员，形成了当前的“上海八国”和“8++”模式。当然，上海合作组织的“上合成员++”模式能够形成，离不开中俄以及其他上海合作组织成员国的共同努力，印度和巴基斯坦能够成为扩员后的首批新成员更离不开中俄的支持。中俄作为上海合作组织的首创国，不仅对上海合作组织的成立起到了决定性作用，而且对推动上海合作组织的稳定发展产生了重要影响。

扩员印巴，发展中的上海合作组织。有关印巴成为上海合作组织正式成员的信息早在2013年即被媒体披露，称上海合作组织很快将会增添两位新成员，莫斯科支持印度和巴基斯坦的申请，表明上海合作组织正在成为世界舞台上越来越有影响力的参与者。2013年9月13日在比什凯克举行的上海合作组织成员国首脑峰会前夕，已经获得观察员国地位多年的五个国家（印度、巴基斯坦、阿富汗、伊朗和蒙古国）可能加入六个创始国。据说峰会期间讨论了伊朗的正式成员国问题，巴基斯坦前外交部秘书长扎奇表示，“中国和俄罗斯支持印度、巴基斯坦、阿富汗和蒙古国加入上海合作组织”。但在本届峰会上，并没有宣布将观察员国正式变成成员国的相关决议。而与印度外交部长萨尔曼·库什迪会谈后，俄外交部长拉夫罗夫表示，莫斯科支持印度加入该组织的提议，并认为上海合作组织“只会从印度和巴基斯坦等国家的加入中受益”，在不久的将来，将有可能对现有观察员国的期望做出具体的决定。尽管北京尚未做出正式反应，但毫无疑问，这一问题已得到俄罗斯和中国的支持。[①] 根据媒体披露的信息，成为上海合作组织新成员，首先要先成为上海合作组织的观察员国，也反映了上海合作组织扩员的趋势，同时也反映了上海合作组织扩员模式和法律程序上的不断发展和完善。直至2014年上海合作组织扩员相关法律程序才最终规范化和体系化，为上海合作组织的扩员扫清了法律程序上的障碍，也标志着上海合作组织的法律体系进一步完善，作为一个国际组织也更加成熟。所以，尽管外界普遍认为2013年上海合作组织观察员国就有可能转为正式成员，但直到2014年吸纳成为正式成员的法律规范体系才最终确立，这也充分彰显了“上海精神”的内在。2015年印度和巴基斯坦加入上海合作组织的程序正式启动，而俄罗斯一如既往地积极支持印度成为上海合作组织正式成员。2015年上海合作组织和金砖国家乌法峰会上，俄罗斯总统普京在与印度总理莫迪的会晤中表示，“在会谈开始时，我宣布一件有关印度的大事，即我们正式启动印度加入上海合作组织的进程”[②]。印莫迪总理认为，印度加入上海合作组织将使其能够加强与该地区其他国家的联系，并强调：“希望在本次金砖元首和上海合作组织元首峰会上印度能够取得丰硕成果，我们对此非常重视。”并进一步表示“他在俄罗斯总是特别感到这个国家是印度的好朋友”[③]。而俄总统助理尤里·乌沙科夫在本次乌法峰会早些时候就表示，印度和巴基斯坦加入上海合作组织的程序将于本周在乌法举行的首脑会议上开始，将在2016年下一次领导人会议上最终确定，在这一年中需要协调一份份工作备忘录，并将印巴两国纳入上海合作组织的28个基本文件中。乌沙科夫甚至认为下一次上合元首峰会将在印度举行，届时上海合作组织将是“八国”元首峰会。[④] 按照俄方的设想，印巴成为上海合作组织正式成员的程序应该在一年之内就可以走完，但事实上，两国正式成为成员用了近两年时

---

① В рамках ШОС формируется союз России, Китая и Индии, https://maxpark.com/community/5101/content/2236909, 4 октября 2013, 访问日期：2020年5月23日。

② Путин: начинается процесс присоединения Индии к ШОС, https://tass.ru/politika/2103438. 8 ИЮЛ 2015, 访问日期：2020年4月23日。

③ Страны БРИКС создали свои первые финансовые институты. https://tass.ru/ekonomika/2101007. 8 ИЮЛ 2015, 访问日期：2020年4月23日。

④ Путин: начинается процесс присоединения Индии к ШОС, https://tass.ru/politika/2103438. 8 ИЮЛ 2015, 访问日期：2020年4月23日。

间。虽然印巴加入上合组织的进程漫长，但是俄中两国对此更多的是基于地区安全因素考量，特别是西方军队从阿富汗撤军之后，阿富汗安全空间真空，如果没有力量对此产生长远稳定的影响，上海合作组织无论是内部还是外部都将面临安全压力，至少也应沿着可预见稳定的道路发展，印巴对中亚地区的安全起到重要作用，这也对巴印加入上海合作组织起着决定性作用。印巴成为上海合作组织正式成员国后的近几年，上海合作组织的传统优先关注领域“中亚安全问题”不仅丝毫没有失去意义，而且如果之前可以将阿富汗视为中亚安全的外部因素，那么现在解决该国局势就成为上海合作组织本身进一步工作的内部问题。①

在上海合作组织元首阿斯塔纳峰会上，莫迪总理在与习近平主席会晤时，感谢中方支持印度加入上海合作组织。印度媒体和专家认为，中印领导人会晤是上海合作组织峰会期间最令人期待的事件之一。《印度斯坦时报》援引莫迪与习近平主席会见时的欢迎声明：“我再次有机会在上海合作组织峰会期间与您会面。我感谢您对印度加入上海合作组织的支持以及为此所做的努力。”随后，莫迪在其官方推特上表示，这是今年两个邻国领导人的第一次会晤，莫迪写道：“与习近平主席会晤，我们讨论了中印关系以及如何进一步改善这一关系。”② 所以，对于上海合作组织的扩员和发展，中俄及各成员国都积极努力共同弘扬“上海精神”。

印度的机遇与挑战。在印度正式成为上海合作组织成员前夕，印度观察者研究基金会（Observer Research Foundation）组织了包括多位印度驻外大使在内的学者和官员参与“印度加入上海合作组织的前景与挑战”的讨论。③ 印度前驻俄大使阿贾伊·马尔霍特拉认为，上海合作组织成立之初的宗旨是解决边界问题，其次是安全领域的合作。印度对上海合作组织持完全开放的态度，考虑到中俄是该组织的两个主要参与者，上海合作组织的官方语言正是俄文和中文，所以，该组织不应仅仅作为解决双边问题的平台。如今，非传统安全，特别是“三股势力”成为国际社会的主要威胁

① Д. В. Ефременко. новый этап в развитии шанхайской организации сотрудничества. 2018/ https：//cyberleninka. ru/article/n/novyy-etap-v-razvitii-shanhayskoy-organizatsii-sotrudnichestva，访问日期：2020 年 4 月 23 日。

② Моди поблагодарил Си Цзиньпина за поддержку вступления Индии в ШОС. https：//ria. ru/20170609/1496159761. html? in = t / 09. 06. 2017，访问日期：2020 年 4 月 23 日。

③ ИНДИЯ В ШОС：ПЕРСПЕКТИВЫ И ВЫЗОВЫ. http：//kazanalytics. kz/индия-в-шос-перспективы-и-вызовы/03. 08. 2017，访问日期：2020 年 4 月 23 日。

之一，而上海合作组织应对威胁区域安全的“三股势力”已经形成了有效的反恐机制和系统。此外，对德里而言，中国与哈萨克斯坦、吉尔吉斯斯坦和塔吉克斯坦有共同边界，但北京不会在中亚谋求占主导地位，而俄罗斯仅与哈萨克斯坦接壤，印度与该地区的中亚国家没有共同的边界，中亚并不是中俄印的最主要利益区域，而且三国都坚持多边主义，反对单边主义，反对任何一国在中亚地区谋求单一主导地位。俄罗斯和该地区其他国家同时也是其他区域组织的成员，例如欧亚经济联盟（EAEU）、集体安全条约组织（CSTO）和亚洲相互协作与信任措施会议（CICA）。相较而言，安全问题主要是在 CSTO 和 CICA 的框架内解决的，SCO 和 EAEU 更加关注贸易和经济。印度外交官阿斯霍克·肯特认为，与俄罗斯和中国相比，印度在中亚的影响力有限，上海合作组织更多倾向于是一个地区政治组织。在对待印度加入上海合作组织上，莫斯科和北京在上海合作组织中的立场有所差别，有鉴于此，印度作为上海合作组织的新成员，改变上海合作组织及其政治结构的现有状况的能力有限，因此，上海合作组织的声明也并不总是完全符合印度的设想，但是在德里，这不会引起过度解读。当然，印度也可以利用中国在该地区的基础设施网络来扩大其地区利益，这将增加印度的贸易并获得更多的商业利益。从这方面讲，德里不应该反对上海合作组织的任何倡议或中国的所有倡议，尤其是涉及建立上海合作组织开发银行，如果其如金砖国家新开发银行功能一样的话。印度在上海合作组织的经济总量仅次于中国，位列第二，可以在该组织中融入自己的行为准则，参与制定游戏规则，获取更多的收益。上海合作组织的成员国身份为印度与中亚建立牢固关系的努力提供了外交动力①。随着印度的经济发展，印度对能源和原料的需求越来越迫切，而中亚拥有丰富的自然资源和矿产，印度与他们间的贸易关系取决于货物通过第三国的物流效率以及政治等综合环境，印度难以直接获取中亚的资源。印度总理莫迪和伊朗总统鲁哈尼于 2016 年 5 月签署了价值 5 亿美元的合同，印度已经依靠通过建设 Chabahar 港口及其相关的铁路网络来扩大与伊朗的联系。② 因此，印度不

---

① О. А. Харина. СТРАТЕГИЧЕСКИЕ ИНТЕРЕСЫ ИНДИИ В ШОС: ЭНЕРГЕТИКА И БЕЗОПАСНОСТЬ/ Вестник РУДН. Серия: МЕЖДУНАРОДНЫЕ ОТНОШЕНИЯ. 2017. Vol. 17. No. 3. pp. 508 – 517.

② India and Iran sign ‘historic’ Chabahar port deal. 2016, http://www.bbc.com/news/world-asia-india-36356163，访问日期：2020 年 4 月 23 日。

得不拉入众多邻国与中亚等区域国家共同实施 CASA－1000、TAPI、IPI 等项目，但因种种原因，这些重大能源项目难以按预期推进，而上海合作组织恰可以帮助印度实现其能源利益。

对于加入上海合作组织，得与失、前景与挑战是其热门话题，众多印度学者最终聚焦于讨论“印度是大陆大国还是海洋大国?”或“印度是欧亚大国还是印度洋大国?”外交官阿肖克·康德认为，印度应努力成为海洋和大陆大国，并成为欧亚和印度—太平洋地区的主要参与者。从印度驻吉尔吉斯斯坦大使斯托布丹的视角看，上海合作组织是在阿富汗塔利班势力日益增强的影响下成立的，该组织对中亚（上海五国内部）构成了安全威胁，而彼时中亚地区还没有准备好共同面对此时的威胁和挑战。此外，上合组织成立前，俄罗斯、美国、北约、欧盟、中国、印度以及其他国家在该地区就拥有直接利益，在上合组织成立期间，国际反恐安全联盟部队发起了针对塔利班和阿富汗其他恐怖组织的军事行动。

“印—中—俄”联盟抑或是“巴—印—中”矛盾体——复杂的上海合作组织。俄罗斯科学院东方研究所印度研究中心主任肖米扬认为：“印度从上海合作组织成立之初就希望加入该组织，并被接受为观察员国。”但是，一旦有关全面加入的对话开始，巴基斯坦也紧跟其后。在这种情况下，事实证明俄罗斯已准备好支持印度的进入，而中国更赞成巴基斯坦。显然，北京甚至没有反对印度的加入，而是认为巴基斯坦也应被接受。印度和巴基斯坦全面加入上合组织的主要障碍是《上海合作组织宪章》，其规定成员国之间不应存在尚未解决的边界冲突，而巴基斯坦和印度几十年来一直未能解决克什米尔问题。“巴基斯坦和印度是同一组织的成员，将屈服于外部和平力量对其双边关系产生的更大影响”，俄罗斯外交部外交学院国际问题研究所欧亚研究中心首席研究员安德烈·沃洛丁则坚信，印巴之间的矛盾并非不可调和，自从 1947 年印巴分治以来，克什米尔因素就存在了，当前巴基斯坦发展国内经济，更关注搞好与印度的经贸关系。印度则对巴基斯坦的统一和领土完整更加关注，因为一旦巴基斯坦安全稳定出现问题，难以约束的难民潮将涌向印度，那么印度的经济增长将因此而受拖累。所以，印巴参加上海合作组织将有助于两国之间关系的正常化，同时也表明该组织将支持巴印关系的正常化。如果在 20 世纪 60 年代初期，苏联充当了两国之间矛盾争端的仲裁者，那么现在的上海合作组织就可以承担这一职能[①]。

尽管近60年来印度一直是俄传统的密切合作伙伴和盟友，但与巴基斯坦的关系一直非常困难，特别是在阿富汗战争期间。长期以来，巴基斯坦一直停留在美国的轨道上，但近年来情况开始发生变化。对美国相关政策越来越不满的情绪，不仅出现在巴基斯坦普通民众中，而且出现在精英中。巴基斯坦不再像以前那样追随美国，当然，巴基斯坦加入上海合作组织也证实了这一点。巴正在努力实现多元化，也希望与俄发展关系。此外巴基斯坦内部各省的经济发展水平差异较大，社会两极化较为严重，处于贫困线以下的人更容易受到政治伊斯兰势力的煽动，更容易被极端思想蛊惑。因此，巴基斯坦需要发展，更需要一个安全稳定的外部环境。中国对巴基斯坦的援助，更多出于政治考虑，而非经济利益。北京追求的目标是使绝大部分的民众能够参与对社会有益的活动，进行公共基础设施系统更新改造，激活内部市场使巴能够进行自我造血，而印度和俄罗斯也可以参与其中，稳定的巴基斯坦符合印度和俄罗斯地缘政治利益。地缘政治学院第一副院长康斯坦丁·西夫科夫认为，“巴基斯坦加入上海合作组织可能是朝着顺利摆脱美国影响力，向俄罗斯方向迈出的重要一步”[②]。上海合作组织内的俄罗斯不得不重新审视俄巴关系，找到与巴方的利益共同点。阿富汗的局势不仅关系到巴基斯坦安全环境，也关系到印度、中国和俄罗斯，因此，只要上海合作组织内印—中—俄能够形成更多的和平力量，西方撤军以后阿富汗陷入内战的可能性就会大大降低，阿国内和平进程就会走向一个确定的未来。因此，俄学者认为这三个国家为维护阿富汗的和平与领土完整所做的共同努力应在上合框架下进行统一协调，加强合作。上海合作组织也必将发展成为一个团结亚欧大陆最大国家的全球重要力量。当然，从这个角度来看，俄罗斯获得了非常可观的红利。上海合作组织的影响力也在增长，特别是考虑到成员间已经采取了抛弃美元并在国家之间贸易结算中使用本国货币的做法，重构了世界区域贸易结算体系。但另一方面，印巴之间存在冲突，印中之间存在未解决边界的问题，构成了上海合作组织内部的传统安全矛盾主轴即“巴基斯坦—印度—中国”，使得上

---

① В рамках ШОС формируется союз России, Китая и Индии. https：//maxpark. com/community/5101/content/2236909. 4 октября 2013，访问日期：2020年4月23日。

② Движение присоединения，https：//vz. ru/politics/2013/10/3/653328. html，访问日期：2020年4月23日。

海合作组织也将变成了一个更加宽松、团结程度较低的组织。中国“一带一路”倡议下的中巴经济走廊建设，投资超过400亿美元，尽管该项目将不会对第三方的利益产生负面影响，但是印度对此并不放心，仍然担心其利益受损。[①] 一些人担心俄罗斯和巴基斯坦之间建立合作将以某种方式影响印度的利益，巴基斯坦将能在亚欧大陆获得更大的政治认可，并将上海合作组织作为烟幕，隐藏反印度行动。但是在上海合作组织的框架内，印度能够控制局势，并与巴基斯坦以及其他成员，特别是与中国和俄罗斯合作保持同步行动[②]。此外，俄恰恰与这三个国家都有良好的关系，俄可以在这个三角形中发挥一定的稳定作用。在地缘政治力量方程变得更加复杂的地方，发生冲突的可能性较小。确保上海合作组织能够成为俄罗斯、中国和印度三大强国之间和睦相处的形式，这符合俄罗斯的利益。[③]

中印之间虽然存在着尚未解决的边界问题，还发生了近几十年较为严重的“6·18中印洞朗对峙事件”，但最终得以和平解决[④]，双方之间有着巨大的经贸联系，合作空间远大于矛盾问题，双方也试图找出阻碍双方深化发展的绊脚石。实际上，建立“莫斯科—北京—德里”三角的可能性已经被讨论了近一个世纪。列宁是第一个提出这一概念的人，在20世纪80年代初期，一群印度知识分子开始倡导这种联盟。普里马科夫于1998年再次提出了这个概念，如今RIC的缩写已经永久进入了国际词汇表。以华盛顿共识为核心的全球化已经被证明是不可行的范式，它不仅扩大了世界各地区发展的不平衡，产生了各种负面影响，更间接导致了全球性的恐怖活动。[⑤] 欧盟形式的区域一体化则被证明是当前行之有效的方式。上海合

---

① Shrivastava Abhishek，“How India can benefit from joining Shanghai Cooperation Organization”，*Daily Politics*，http：//www. dailyo. in/politics/shanghai-corporation-organisation-foreign-policy-narendra-modi-central-asian-republics-tashkent-terrorism-security/story/1/11346. html，访问日期：2020年4月23日。

② Russia Beyond the Headlines，*Ibragimova G*，*What are the Implications of India's and Pakistan's Accession to the SCO*? http：//www. russia-direct. org/debates/what-are-implications-indias-and-pakistans-accession-sco，访问日期：2020年4月23日。

③ В рамках ШОС формируется союз России，Китая и Индии. https：//maxpark. com/community/5101/content/2236909，4 октября 2013，访问日期：2020年4月23日。

④ 《印总理说对话是解决冲突唯一方式，印媒称系针对中印对峙发声》，2017年8月5日，环球网，https：//world. huanqiu. com/article/9CaKrnK4vFC，访问日期：2020年4月23日。

⑤ Движение присоединения，https：//vz. ru/politics/2013/10/3/653328. html，访问日期：2020年4月23日。

作组织在安全、贸易和投资、能源和文化等领域已经签署了一系列的协议，尽管由于成员间缺乏协调，某些协议存在难落地、执行难的情况，但随着上海合作组织的发展，积极解决就业问题，简化劳动力移动手续，建立合资企业以及取消各种贸易和关税限制，实现资本、劳动力和商品自由流动的上合自贸区将成为越来越现实的路径。

上海合作组织和“一带一路”与欧亚经济联盟对接。当习近平主席提出共建“丝绸之路经济带”倡议后，俄罗斯之声以“上海合作组织共同重建丝绸之路——起于中国经过中亚、俄罗斯到达欧洲的交通经济走廊”为题详细报道了丝绸之路经济带的构想，并采访了俄罗斯中俄商会秘书长谢尔盖。他指出：“上海合作组织展现了自己的生命力，具体阐述几乎涵盖整个亚欧大陆的跨国走廊的丝绸之路经济带的建立，不仅意味着打造货物和服务的通道，而且将创造出由新兴的、科技含量高的产业集群所组成的国际产业链。”谢尔盖认为，这是中国在上海合作组织框架下倡议的具有广阔合作前景的创举，下一步上海合作组织将首先合作建设丝绸之路的交通走廊，契合普京总统在彼得堡峰会上对中亚交通网络问题的看法：“这有利于哈萨克斯坦也有利于俄罗斯，因为我们有过境国家的所有优势。”① 从中国到欧洲的丝绸之路经济带的建设，有利于上海合作组织的所有成员，但将更有利于哈萨克斯坦，因为哈萨克斯坦利用其地理位置的优势，已经在布局丝绸之路经济带的规划与建设。俄罗斯、哈萨克斯坦和吉尔吉斯斯坦不仅是欧亚经济联盟成员也是上合组织成员，而白俄罗斯则是上合组织的观察员国，亚美尼亚是上合组织的对话伙伴国，因此，上合组织、欧亚经济联盟、“丝绸之路经济带”在一些方面具有高度重叠性。鉴于中俄、中哈、中吉在上合组织框架下的各领域的合作深入推进，特别是“一带一路”与欧亚经济联盟对接后，上合组织和“一带一路”与欧亚经济联盟的“对接”也在稳步推进。

中俄“一带一路”与欧亚经济联盟对接的联合声明解决了一个现实问题，即欧亚经济联盟的超国家范围的经济组织与“一带一路”的关系问题。同时，中俄两国对于上海合作组织在“一带一路”与欧亚经济联盟对

① Радио Sputnik, *Страны ШОС согласны возродить Шелковый путь* (*АУДИО*), 14 сентября, 2013, http://rus.ruvr.ru/2013_09_14/Strani-SHOS-soglasni-vozrodit-SHelkovij-put-6359/, 访问日期：2020 年 4 月 23 日。

接中的地位和作用具有相同的认识和立场。所以，2015 年 7 月上合组织元首理事会乌法峰会上明确了上合组织对“一带一路”与欧亚经济联盟对接的支持，“支持中国关于建设丝绸之路经济带的倡议，并主张安排上合组织成员国相关部门之间就此进行磋商和信息交流”[①]。俄罗斯驻华大使杰尼索夫认为，“上海合作组织不仅保证其成员国的安全与互利的经济发展，而且也保证最终的和谐目标。它是实施欧亚共同发展大规模任务最理想的机构，能够、也应该是多方合作的一个主要平台”[②]。

普京总统 2015 年 12 月在向议会两院发表的国情咨文中，十分看重区域经济合作对俄罗斯的重要作用。俄在欧亚经济联盟框架下积极创造共同的资本、商品、劳动力空间，并同中国提出的“丝绸之路经济带”建设开展对接，2016 年还将在索契召开的俄罗斯—东盟峰会上商讨互利合作。普京建议，欧亚经济联盟成员国同上海合作组织和东盟讨论建立经济伙伴关系问题，重点在投资保护、简化商品跨境运输、制定统一技术标准、相互开放资本和服务市场等方面加强磋商。[③]

2015 年上海合作组织成员政府首脑（总理）郑州会议则进一步促进了上合组织与“丝绸之路经济带”的对接落实，“总理们重申支持中华人民共和国关于建设丝绸之路经济带的倡议，发表了关于区域经济合作的声明。总理们相信，上合组织成员国与观察员国和对话伙伴在实施‘丝绸之路经济带’倡议等框架下通力协作，将促进经济持续发展，维护地区和平稳定”[④]。而在 2017 年上合组织元首阿斯塔纳峰会上，扩员后的上合组织成员国从合作共建的理念上进一步认同了“一带一路”倡议，“成员国欢迎‘一带一路’倡议，高度评价 2017 年 5 月 14—15 日在北京举行的‘一带一路’国际合作高峰论坛成果并愿共同落实，支持在相互尊重、平等互

---

① 《上海合作组织成员国元首乌法宣言》，上合组织网站，http：//chn. sectsco. org/documents，访问日期：2020 年 4 月 23 日。

② 《俄驻华大使：上合组织是多方合作的主要平台》，2015 年 11 月 6 日，俄罗斯卫星新闻网，http：//sputniknews. cn/amp/china/201511071016910342/，访问日期：2020 年 4 月 23 日。

③ 《普京国情咨文的 3 个关键词》，2015 年 12 月 4 日，新华网，http：//www. xinhuanet. com/world/2015 – 12/04/c_ 1117362602. htm，访问日期：2020 年 4 月 23 日。

④ 《上海合作组织成员国元首乌法宣言》，上合组织网站，http：//chn. sectsco. org/documents，访问日期：2020 年 4 月 23 日。

利原则基础上促进可持续发展的各项国际、地区和国别倡议对接合作”①。随着上合组织与“一带一路”的各领域项目的发展推进，2018 年上合组织元首青岛峰会则进一步推进了上合组织与“一带一路”与欧亚经济联盟对接进程。“哈萨克斯坦共和国、吉尔吉斯共和国、巴基斯坦伊斯兰共和国、俄罗斯联邦、塔吉克斯坦共和国和乌兹别克斯坦共和国重申支持中华人民共和国提出的‘一带一路’倡议，肯定各方为共同实施‘一带一路’倡议，包括为促进‘一带一路’和欧亚经济联盟对接所做的工作。各方支持利用地区国家、国际组织和多边合作机制的潜力，在上合组织地区构建广泛、开放、互利和平等的伙伴关系。”②

本章执笔：朱士松

① 《上海合作组织成员国元首阿斯塔纳宣言》，上合组织网站，http：//chn. sectsco. org/documents，访问日期：2020 年 4 月 23 日。

② 《上海合作组织成员国元首理事会青岛宣言》，上合组织网站，http：//chn. sectsco. org/documents，访问日期：2020 年 4 月 23 日。

第十五章　全球化视域下的中俄关系

第一节　“摇摇欲坠的世界”与中俄关系①

前不久，“瓦尔代”国际辩论俱乐部发表了2020年度报告《不要在“摇摇欲坠世界”中丧失理智》。②“瓦尔代”国际辩论俱乐部的一系列研究报告具有预见性，具有很高的学术水准。该报告提出了未来世界的两种前途和选择：一种是巩固联合国安理会在国家生存最重要的和平与战争问题方面的“世界政府”角色；另一种是中美对抗并形成世界两极化趋势。这是该报告最核心的观点，特别值得中国学界关注。

一　摇摇欲坠的世界——暴风雨就要来临！

自2014年以来，“瓦尔代”国际辩论俱乐部在其年度报告中都对世界经济和政治结构的状况表示担忧，警告世界“暴风雨来临的可能性不断增加”。2020年这个报告提出，“急需一种建立在明确规则之上的透明且有效的机制”，“建立去风险化应对机制完全可以成为更大范围内搭建全新全球经济体系倡议的一部分”，“建立更加平衡且包容的世界经济体系”。这表明俄罗斯方面对现行的国际去风险应对机制失去信心，对世界经济体系的有效性产生了很大的怀疑。

---

① 此节内容是应华东师范大学俄罗斯研究中心邀请而撰写的。发表在其公众号上。《【瓦尔代中俄论坛】邢广程 ｜ 谁在促使这个世界摇摇欲坠?》，2020年7月11日，https：//mp. weixin. qq. com/s/7Nkv8GldGYUH6aqCjSdd9w。

② Доклад Международного дискуссионного клуба《Валдай》: Не одичать в《осыпающемся мире》, Май 2020 г. ru. valdaiclub. com，2020年7月11日。注：此节引用的材料都出自这个报告，后不再一一注释。

该报告对冷战结束后的制度和规则的有效性进行了积极评价，“冷战结束后，世界政治构建起一系列的规则和惯例，从而确保了相对‘利益和谐’，并使参与国公平地享有全球化红利”。这表明，该报告的作者对冷战结束后所形成的国际规则和惯例是认可的，认为是符合俄罗斯国家利益的，俄罗斯是受益方。但谁都清楚，冷战结束后的这段时期俄罗斯处于非常被动和危机四伏的状态。冷战结束是以俄罗斯急剧衰落为标志呈现出来的。该报告还得出结论，认为这样一个有利于世界的时期结束了，世界进入了摇摇欲坠的动荡时期，“在这个‘摇摇欲坠的世界’里，各国将周期性地经历此类动荡，并且可能成为一种戏剧性的常态”。而新冠病毒使摇摇欲坠的世界更加危险，“新冠疫情首先使得世界各国组成的‘国际社会’分崩离析”。该报告通篇充满了对世界局势的危机感和紧迫感，向世界发出了危险的“哨声”。

二　新冠肺炎疫情这个“巨大的平衡器”究竟平衡了谁?

该报告明确地强调了新冠肺炎疫情所引起的消极后果，它“实际上对相互连接世界的所有领域都产生了最严重影响”，这表明俄罗斯方面对这次危机的深度有非常清醒的认识。该报告还提出了一个问题，“世界已积累大量问题，问题的关键是什么将成为触发因素”。但事实上，新冠肺炎疫情本身就是全球性危机的触发因素，就是一个极其重要的刺激因素。不仅如此，各国对待新冠肺炎疫情的态度和做法就像一块试金石，反映出世界各国、各国际组织和机制的不同立场、观点以及对人性和生命的关注程度，美西方在人权方面的虚伪性暴露无遗。新冠肺炎疫情所引发的危机将逐步“触发”一系列大大小小的危机，这些危机将在一些国家内部展开，也会在一些国家间和地区间的关系方面所表露出来。本来在全球性的瘟疫面前，国际社会应该团结一致，共同抗“疫”，但十分遗憾的是，美国却不断地拆国际抗疫合作的台，责难他国，甚至还退出了世界卫生组织。这不是积极的抗疫信号，在危机全球性蔓延的态势下这种情况带有某种危险性质。

面对全球性的重大公共卫生危机，奢谈“专制”与“自由”问题没有意义，因为“专制”和“自由”之间的争论与采取何种政治制度并没有“必然联系”。新型冠状病毒在全球蔓延，确实像该报告所说的，是一个“巨大的平衡器”，既“衡量”了穷人，也“衡量”了富人；既“衡量”了不发达国家和地区，也“衡量”了发达国家和地区，改变了人们对于

“成功”与“失败”的思维定式。美西方即便拥有最先进的技术和医疗条件，也无法抵御新冠肺炎疫情的蔓延。美西方在应对新冠肺炎疫情上的重大失误说明，发达国家在新冠肺炎疫情危机面前也不应傲慢和怀有偏见。美国的“甩锅”行为最终导致自身出现巨大麻烦。该报告敏锐地分析了新冠疫病传播所导致的全球性的经济危机，给多边国际合作机制与国际协作行为造成了巨大冲击，割裂了国家与地区间的交通往来和经贸联系。

该报告建议建立抗击新冠肺炎疫情国际统一战线，并给予世卫组织非常高的评价，认为世卫组织是国际医疗信息的中心，是国际医疗社群的主心骨，其地位不可动摇。不仅如此，该报告还将构建国际抗疫战线与构建全球道德机制联系起来，“世界性的全球流行病预防机构所建立起的这种全球道德机制，可以维护并巩固联合国构建的全球力量制衡机制”。

三　国家，还得靠国家！

该报告提出了一个引人注目的观点，即“主权国家仍然是能够以有组织化且高效方式行事的唯一机制”，明确表示国家“从世界政治中消失”这个提法可以休矣。发生严重危机时，“公民转向求助自己的国家”，本次全球性的公共卫生危机非常明显地表现出来，抗疫最基本的组织单位还是国家，国家在扮演抗疫斗争的关键角色。因此，该报告得出了一个结论：“经济真正成为全球性的，而政治仍是国家间的。”换句话说，在全球化视域下，经济的运行具有全球性的性质，而政治依然是国家间的政治，而不是全球性的政治。这也表明，在当今世界，其经济和政治的运行轨迹不相匹配。

该报告关于“国家的命运”的阐述不是随意论证的结果，这与当今和未来俄罗斯的“国家的命运”紧密结合在一起，是在为俄罗斯未来政治的走势进行理论建构。既然全球性的疫情危机“触发”了全球性的问题和危机的按钮，“国家”在危机中扮演极其重要的不可替代的角色，那么，俄罗斯就需要构建一个强大的国家，强大的俄罗斯注定会在克服危机方面、在维护俄罗斯利益方面起关键性的作用。而强大的俄罗斯国家注定需要强有力的领袖来领导，这是俄罗斯国家强大的必要条件和关键性因素。从2020年上半年俄罗斯在政治规则方面的一系列修改和认定的节奏上看，该报告所阐述的“国家的命运”一般性理论阐述中暗含着对俄罗斯政治运筹的理论支撑。因此，可以认为，“瓦尔代”的这份年度报告从理论层面上渗透了很多政治信息，及时捕捉并关注这些信息对于研究俄罗斯的学者来说是极其重要的。这个报告的高明之处就在于，重点谈一般意义上的理论问题和国际趋势问题，而将俄罗斯的相关问题非常巧妙地镶嵌在其中，让人去体会。

四 国际组织和“共同价值观”都哪儿去了？

在该报告看来，COVID－19 引起全球性的危机，但“没有进行任何有效的国际协调努力”。由此可见，在全球性公共卫生危机面前，国际组织和机制陷入不作为的状态。跨国公司、国际组织、任何其他行为体“都无法同时解决所有的问题并管控多种后果”。疫情试出“国家”作用的成色，也反证了国际机构的无为，它“根本无力解决问题”。该报告还特别点出了欧盟的窘境，“在休克条件下，欧盟的团结受到质疑”。在该报告看来，“国家”和“国际组织”不是一个政治层面上问题，其功能和作用决定了国家注定是“组织化最高”的政治行为体。该报告并没有就此而停步，而是进而从“国家”论述到“国际组织”，再从“国际组织”转到“共同价值观”上看。该报告认为，“共同价值观”只是浮在面上的泡沫，“当爆发真正严重的危机时，国际人道主义问题有一段时间几乎从议程中消失”。言外之意，国际社会范畴内的“共同价值观”就是一座空中楼阁。因此，该报告得出了结论，即“‘专制—民主’二元论”观点“再次被证明是虚假的”。在病毒面前，“政府和社会应对挑战的效率并不取决于政治体系的结构”。“没有统一的模式来应对挑战，无论是对权威国家而言，还是对民主国家而言。”如果将该报告比作一盘棋，则“棋眼”就在这里。因为这个世界不再分“专制—民主”的模式了，应对疫情表明，“权威国家”不仅不比“民主国家”差，而且应对危机的效率更高。而目前的俄罗斯正在逐步地、稳妥地构建“权威国家”。所以，该报告否定“‘专制—民主’二元论”的观点对于俄罗斯来说具有非常重要的现实意义，为俄罗斯的未来政治运势清除了理论上的障碍。从这个结论出发，该报告又推导出另一个很有分量的结论，即多元化道德伦理时代的来临。“多元主义是世界发生根本性变化的产物”，政治决策不再基于一个“唯一正确的”道德伦理平台。“每个国家都是基于自己的道德伦理观念来制定政策，以‘对错’的标尺来审视它们是错误的。”换句话说，在当今世界中，没有一把衡量“对错”的统一标尺，美西方没有资格用西方的“共同价值观”的标尺来衡量俄罗斯。基于自身的道德伦理观念，俄罗斯有权独立地处理自己国家的事务，包括如何抗击疫情。

回到经济范畴，该报告认为，投机经济是没有前景的，“可抵御任何冲击的稳定性，正成为最重要的经济指标”。“当下，国家在经济中的作用日益增强成为主要结果。”言外之意，国家是经济发展的稳定器和驱动器。虽然该报告用了一些笔墨来解释这个观点并不是永恒正确的，但至少表明，在相当一个时期，国家将扮演重要的推进经济发展的作用，这表明瓦尔代报告的作者们与“大市场小政府”的观点进行了切割。所以，该报告接着宣布，“自由世界秩序”时代（20 世纪 80 年代末至 21 世纪 10 年代中期）已经结束。这个结论大概是美西方最不爱听的。然而，“自由世界秩序”时代既然已经结束，那现在我们又处于什么时代呢？是什么秩序取代了“自由世界秩序”呢？是无政府状态吗？该报告暗含着这个意思。

五　寄希望于联合国

该报告非常重要的观点是，联合国作为协调国际关系的世界性组织，“在国际社会中发挥不可替代的重要作用”，是“目前国际关系中最高程度的合作形式”。这表明俄罗斯将国际关系秩序的重要希望寄托在联合国身上。普京总统曾提出 2020 年将举办联合国安理会五大常任理事国领导人的会晤，以解决世界面临的重大问题，包括中国在内的其他四个成员国表示支持。我们期待这次联合国安理会五国元首会晤能够在关键时刻发挥关键作用。就像该报告所言，“联合国成立以来就享有特权的安理会常任理事国对全世界负有特殊责任”。

未来的世界将面临资源短缺的困境，人类面临各种挑战和威胁，更可怕的是，人类社会缺乏“维护最基本的正义与公平的保障机制”，缺少“公认的国际准则与规则体系”，各种风险在不断叠加。我们的目的就是避免“以生存竞争和自然选择为核心的‘国际政治达尔文主义’”的回归。我们应该有这个信心，正如该报告强调的，1945 年第二次世界大战胜利后，几个战胜国确立了“各国共同遵守的规则体系”，包含着“如何在国际事务主要参与国之间均衡分配力量这项重要因素”，“制定出世界秩序”，从而确定了后来几十年的和平与发展状态。但现在的危险在于，“这些规则体系摇摇欲坠”。能够“眼看着”“这些规则体系摇摇欲坠”吗？该报告高屋建瓴地提炼出国际关系的要件，即“无论国际关系体系如何发展，

‘力量对比’与‘意识形态对峙’始终应是其基本范畴的内容，这两点符合国际关系发展的规律，也因此而深入人心”。从这个国际关系发展的规律出发，该报告直截了当地抨击了“专门利用力量优势、把自己的意识强加于别国这种行为”，并认为“是绝不可取的”，而且毫不客气地点了“美国及其盟友”的名字，认为他们屡次“企图在冷战后建立单极世界”，“却屡试屡败”，说明建立单极世界行为的“荒谬性”。怎么解决这些问题呢？该报告给出了药方，“在脱离国家特权和大国间力量对峙的前提下构建全球道德责任的新形态”。该报告在谈到避免世界摇摇欲坠时，将希望寄托在“玩家自身进行理性自我约束的能力”，这个希望有可能落空，充满了未知数。试想，美国作为全世界最大的国际政治“玩家”能够进行“理性自我约束”吗？恰恰相反，美国有“摧毁别人”的能力，却极其缺乏“理性自我约束的能力”。

六　中美对抗，中美对抗?

该报告将俄罗斯与印度放到一起进行“归类”，认为“俄印都希望完善国际秩序，并消除对自身利益的不合理地方，但两国并没有计划摧毁或者以革命的方式改变它”。该报告还单独分析了中国，认为中国从自由主义世界秩序方案中获益最大，已经能够对世界秩序的重构产生影响，“中国现在是一个强国，在很大程度上具备能够‘量身’重构世界的资源”。言外之意，中国已具备与美国进行全球抗衡的能力。

该报告重点分析了中国和美国的国际行为。“因抗击疫情取得的成绩，中国的雄心和自信心增长。显然也使得越来越多的国家追随中国，特别是其能够消除民众面临的威胁，并为其他国家提供援助。美国并没有展现其作为发展发动机，能够战胜线性竞争的宗旨。在减少雄心方面美国需要重新思考自己的世界角色，中国则处于相反的进程（雄心上升）。这两者相向而行，对国际安全构成主要威胁。”该报告虽然陈述了一个事实，但这个观点需要讨论，中国在抗击疫情方面取得成绩，中国的“雄心上升”并不会对美国产生威胁，不会与美国迎头相撞，更不会“对国际安全构成主要威胁”。美国没有展现其作为“发展发动机”是因为美国对冷战后世界趋势的理解有重大偏差，美国的逆全球化立场、“美国第一”的立场，伤害了美国在全球的形象，也伤害了在全球化进程中受益的大多数发展中国家。美国在抗疫方面十分糟糕的表现，说明美国对全球性公共卫生危机的认知方面存在重大问题。中国处于上升阶段，是因为中国一直努力地采取融入世界、融入全球化进程的立场。中国的改革开放不仅使中国逐步发展起来了，也使世界从中国发展中获得了重大益处。中国在抗疫方面所采取的措施和立场可圈可点，世界不该因为中国在抗疫方面所展现的巨大动员能力和取得的成绩而感到恐慌，更不应将中国与美国捆绑在一起共同视为“对国际社会安全的威胁”。中国的发展没有取代美国的战略意图，中国不准备成为世界发展的“发动机”，因为中国本身就是一个世界上最大的发展中国家，只是需要强调的是，中国是世界上发展最快和最平稳的发展中国家，这一点本身就是对世界发展的贡献。中美冲突和摩擦，在很大程度上是美国采取综合性方式遏制中国崛起的实践进程，中美“脱钩”实际上就是美国准备采取“切割”的方式隔断与中国多年来所构建起来的千丝万缕的联系，试图将中国排挤出重要的产业链。

该报告比较了中美对抗与美苏对抗，认为中美对抗并非 20 世纪下半叶美苏“冷战稳定模式的产物”，即中美冲突不是建立在冷战基础上的，而是建立在“完全不同国际条件下”基础上的。“玩家”也不同，中美冲突是“不可调和的冲突”。该报告对美苏冷战的性质和美国与苏联之间的关系的观点具有不同以往的表述，尽管这些观点十分新颖，但笔者并不认为特别符合当时的历史实际。事实上，从冷战的性质和运行的基本逻辑上看，那个时期苏联和美国作为两个超级大国确实处于各自阵营的“轨道”中心，并按照社会主义阵营和西方阵营“自身的规律发展”，但苏美双方争夺势力范围的规模并不只限于世界的“边缘地区”，而是在全世界范围展开，苏美对抗的范围具有全球性和全域性。美苏最根本性的对抗并不像报告中所阐述的“不是在军事、政治和经济领域，而是围绕社会建构、发展优先方向和生活方式的对抗，属于道德伦理范畴”，恰恰相反，苏联和美国的对抗具有政治、军事和意识形态等综合方面，而“道德伦理范畴”比起苏美制度性对垒、军事性对抗和意识形态针锋相对恰恰显得不那么重要了，是对抗次要的方面。不要忘记苏联恰恰是在与美国和以美国为首的西方阵营全方位较量中败下阵来，形成了坍塌性的自行解体，从而使世界格局瞬间发生了断裂性的倾斜。现在俄罗斯几乎所有的外交战略和政策的选择都与苏联解体所产生的后果相关，也与苏美在高度持续对抗后突然“拥抱”相关。笔者的理解是该报告只是想突出一下苏美对抗进程中“道德伦理范畴”的作用，但这里已经转入哲学的思辨领域了。既然谈到了哲学，我们就不能忘记马克思说的著名话语，即哲学家的最主要的使命是改造世界，而不是解释世界。需要特别强调的是，俄罗斯的精英们需要精确地认识和反思苏联解体的基本逻辑和内在因素，仅仅将苏联与美国的对抗局限在“道德伦理范畴”，这不能不使俄罗斯未来还有再次突然掉入某些“陷阱”的前景和可能。

还需要特别强调的是，当今的中国不是昔日的苏联。中国与苏联最大的不同就在于，中国没有与美国争夺世界霸权的欲望和战略意图。中国也不可能为了与美国争夺世界霸权而组建与美国对抗的阵营。中国的崛起更多地体现在经济方面，而不是如苏联一样更多地体现在军事上的战略优势。中国经济发展所取得的成绩是事实，但中国有崛起的权利，美国不能因为中国崛起就认为中国对世界产生了威胁。美苏对抗的模式不会在中美之间重演，即使美国轻车熟路，准备将中国导向这个“脚本”，也无济于事。正如该报告所言，“玩家”变了。中国现在所倡导的是构建“人类命运共同体”，而不是为了主导世界。中国与美国对世界关注的焦点不在同一个哲学层面上。美国试图依然运用冷战思维和手法，通过“遏制”搞垮中国这个“玩家”，不可能达到目的，道理很简单：中国不是苏联。美国若想将中国塑造成苏联“玩家”，用“脱钩”的方式打击中国，最终重重伤及的可能是自己。第一次冷战苏联“玩家”消失了，谁需要第二次世界性的冷战？可以肯定的是中国不需要。正如该报告所言，中国是“自由主义世界秩序方案”的最大受益者。从这个逻辑上看，中国有必要去动摇这个已经受益的“自由主义世界秩序”吗？掀开即将就要落下来的所谓“新冷战”的帷幕，我们清楚地看到，美国，这个自由主义世界秩序的最大设计者和受益者，在主动地、有意识地拆梁卸柱，致使当今世界秩序摇摇欲坠，岌岌可危。该报告可能出于多种考虑，并没有直接点出谁在促使这个世界摇摇欲坠，但全世界都会清楚这一点。

第二节 “弱势”的俄罗斯怎样与“强势”的美国周旋

在普京担任总统和总理 20 年间，俄美关系起伏不定，摩擦不断。为应对来自美西方的各种压力和威胁，普京总统采取了一系列措施和方式，与美西方进行周旋，以维护俄罗斯国家利益。

一　几种主要措施和方式

（一）针锋相对

普京执政时期，美俄在相互驱逐外交官方面毫不逊色于冷战时期的美苏时期。20 年来，普京总统经历了美国小布什、奥巴马和特朗普三任总统，俄美之间多次发生相互驱逐外交官的行动，酿成多次外交危机。每当美国宣布驱逐俄罗斯外交官，俄罗斯都针锋相对，驱逐同样级别同样规模的美国外交官。有时美西方采取联合行动同时宣布驱逐俄罗斯的外交官，俄罗斯也决不退让，同样对等驱逐美西方外交官。如 2018 年 3 月 26 日，美国驱逐了 48 名俄罗斯驻美外交官和 12 名俄罗斯驻联合国外交官，关闭俄驻西雅图总领馆，欧洲一些国家也跟随美国宣布驱逐俄罗斯外交官。3 月 30 日，俄罗斯宣布驱逐 150 名欧美各国驻俄罗斯外交官，其中就包括 60 名美国外交官，而且俄罗斯还宣布关闭美国驻俄罗斯圣彼得堡领事馆。美国还时常逮捕俄罗斯“间谍”，俄罗斯也不甘示弱，总能及时找到美国在俄罗斯的“间谍”，不在这方面“吃亏”。

针对美国在亚太和欧洲等地区所进行的针对俄罗斯的军事演习，俄罗斯也毫不客气，针锋相对地举行以美国和北约为假想敌的相同规模的军事演习。美俄之间这种相互具有针对性的军事演习游戏每年都上演多次。

在乌克兰等问题上美西方国家联合对俄罗斯实施经济制裁，俄罗斯也同样对美国和其他一些欧洲国家实行反制裁。时至今日，美西方对俄罗斯的经济制裁仍在延续，俄罗斯对美西方的经济反制裁也依然保留。

美西方国家在人权和民主等问题上指责俄罗斯，俄罗斯也同样在人权和民主等相关问题上回击美国西方。

（二）四两拨千斤

2013 年 8 月 21 日，美国以叙利亚政府滥用沙林毒气“杀死 1400 平民”为由准备动武，企图推翻巴沙尔政权。情况十分复杂和危急。若美国动武推翻叙利亚现政权，则俄罗斯就失去了在叙利亚的基本影响力，有被逐出中东的危险。于是，俄罗斯审时度势，不断进行外交运作，借圣彼得堡 G20 峰会之机，反对美国动武，认为其动武理由不充分，“很有可能”是叙利亚“叛军”使用了化学武器造成重大伤亡。峰会后普京总统在《纽约时报》上发表专栏文章《俄罗斯恳请谨慎从事》，认为美国军事打击叙利亚会造成新的恐怖主义浪潮，批评“美国例外论”，在联合国没有授权的情况下不能对叙利亚使用武力。随后俄罗斯提出两全其美的解决问题方案，即让叙利亚政府交出化学武器，由俄罗斯监督，中国协助运输，美国无须动武。叙利亚总统巴沙尔发表声明，完全接受俄罗斯的建议，中国出于人道主义考虑愿意进行合作，美国总统奥巴马也同意此方案，给美国避免动武找了很好的台阶下。2013 年 9 月 27 日，联合国安理会通过第 2118 号决议，授权“禁止化学武器公约组织”来指导实施销毁叙利亚化学武器。俄罗斯的方案获得巨大外交成功，得到矛盾各方都满意的效果，为此普京总统得到了全世界的称赞，他甚至获得了诺贝尔和平奖提名。俄罗斯的国际地位和国际影响力显著提升。

（三）该出手时就出手

2014 年，在乌克兰问题上，俄罗斯与美西方国家展开了激烈的博弈和较量。一开始乌克兰准备与欧盟签署联系国协定，俄罗斯加以阻挠，制裁乌克兰。随后，乌克兰暂时终止与欧盟签署联系国协定，并转向与俄罗斯签署紧密的经济合作协定，这又反过来引发美西方的强烈不满和干涉，在乌克兰策动“颜色革命”，将亚努科维奇总统赶下台，直接导致乌克兰发生倒向西方的政治剧变。在这种情况下俄罗斯毫不手软和犹豫，立即将原属乌克兰的克里米亚纳入自己的版图，直接触动了西方所划下的冷战结束后欧洲国家之间领土边界不可更改的红线。俄罗斯还支持乌克兰东部地区独立于乌克兰的行动。俄罗斯支持乌克兰东部地区武装力量对抗乌克兰政府军，则是典型的惩罚乌克兰，并连带教训美国和欧盟的隐形战争。

俄罗斯关键时刻该出手就出手的行动，让美西方措手不及，更使乌克兰当局陷入被动，虽然俄罗斯因此也受到了美西方的制裁，但在地缘政治博弈中不落下风。

（四）剑走偏锋

俄罗斯外交上剑走偏锋，往往取得出人意料的出奇效果。美国在北非和中东地区接连引发政治动荡，搞“颜色革命”，在突尼斯、利比亚和埃及屡屡得手后将矛头直指叙利亚政权，试图推翻巴沙尔总统。在关键时刻，俄罗斯以反对“ISIS”，进行反恐战争的名义进入叙利亚，进行大规模的军事行动，一方面打击在盘踞在这里的恐怖力量，另一方面顺势强力打击叙利亚反政府武装，鼎力支持巴沙尔政权。俄罗斯的行动大大超出美西方的预料。俄罗斯以反恐战争为由，通过叙利亚战争，成功挫败了美国旨在推翻叙利亚巴沙尔政权的计划，阻断了美国在北非中东地区引发政治动荡的图谋，实现了俄罗斯在中东的多重战略目标，迫使美国中东政策陷于被动。这表明，面对美国的强势，俄罗斯在国力不济的态势下敢于借势而为，敢于亮剑，既保护叙利亚免于利比亚等国最高政权被颠覆的命运，又出师有名，与美西方在反恐的战线上进行有限合作，这极大提升了俄罗斯的国际影响力和国际地位，维护了俄罗斯的国家核心利益。

（五）善于“接牌”

这是俄罗斯外交重要的成熟表现。如俄罗斯允许斯诺登在俄罗斯进行政治避难，就是非常典型的外交“接牌”案例，也是非常成功和高明的一着棋。给斯诺登提供政治避难，使俄罗斯成为能够在关键时刻“保护和捍卫人权”的国家，斯诺登在俄罗斯所披露出来的美国种种侵犯人权和虚假民主的行为，在外交上很有杀伤力，让美国在国际上十分被动和狼狈，起到了出乎意外的效果。据斯诺登透露，美国暗地里偷听德国总理默克尔和其他国家领导人的电话，这让欧洲一些国家领导人对美国的不道德做法十分震惊。收留斯诺登让俄罗斯做到了以前苏联和俄罗斯领导人无法做到的事情，即成功地让欧洲领导人内心对美国产生了怀疑和猜疑。通过斯诺登源源不断的揭发和披露，美国在国际上的形象受到了很大影响和损害。普京总统将斯诺登“这张牌”打到了极致。2014 年 4 月他甚至带斯诺登参加了一年一度的大型记者招待会，并回答了斯诺登提出的有关国家对公民的监控问题，普京总统明确表示，俄罗斯与美国不同，没有对公民进行集中监控的政策和制度。

允许斯诺登在俄罗斯政治避难，虽然在一定程度上影响了俄美关系，但从斯诺登所披露出的对美国极其不利的大量信息上看，俄罗斯所接手的绝不是“烫手的山芋”，而恰恰是“有料的”一张大牌。

（六）适度搅局

如美国总统小布什曾提出伊拉克、叙利亚、朝鲜和伊朗是“邪恶国家”，俄罗斯反其道而行之，特地提升了与这些国家发展关系的程度和水平，以“搅局”的方式获得与美国博弈的筹码，迫使美国不得不与俄罗斯进行谈判和协商。俄罗斯通过这种“搅局”的方式获得了与美国进行讨价还价的外交资源和重要地位，而其他受美国制约的国家也特别愿意俄罗斯扮演重要的“搅局”角色，缓冲来自美国的巨大压力。

俄罗斯“搅局”者的角色扮演得越来越成熟和精到，在俄罗斯国力很弱的情况下，通过在国际上扮演“搅局”角色，使得美国不能绕开俄罗斯解决相关问题，不得不与俄罗斯进行谈判。俄罗斯遵循的原则是："宁可不被喜欢，也不要被忽略。"① 美国可以忽略俄罗斯的"小伙伴"角色，但不能忽视俄罗斯的"搅局者"的角色。在美国看来，俄罗斯只不过是一个世界体系中的参与者，但拥有妨碍美国利益的实力。美国需要防范俄罗斯在美国拥有切身利益的地区进行搅局，而俄罗斯恰恰是美国利益的"搅局者"。这表明在与美国进行各层面的博弈时，经常顺从美国和担心刺激美国的心理不一定取得好的结果，而适度扮演美国政策的"搅局者"和反制者则更会引起美国的尊重和博弈兴趣。"普京不再认为，与西方国家，尤其是与美国改善关系对复兴俄罗斯的大国地位来说是必不可少的了。事实上，俄罗斯可以通过拉大其与西方国家之间的距离而变成一个强国。俄罗斯也不再寻求得到美国的平等相待了。让俄罗斯被美国视为敌手，这似乎是普京计划中的一部分。俄罗斯希望成为'所有对美国主导全球感到不满的国家都会转而归之的国家'。"②

（七）以其人之道还治其人之身

苏联解体后，针对美国等西方国家的意图，俄罗斯通过极端强硬方式警示美国及其盟友。美国不顾塞尔维亚和俄罗斯的反对，直接公开地承认科索沃"独立"，并与之建立正式外交关系，从而在国际社会中开启了非常恶劣的先例，会引起其他国家效仿。俄罗斯一再警告美国这种做法会给世界带来不安宁和危险，但美西方国家置若罔闻。在这种情况下俄罗斯也将按照美国的上述做法来采取行动，在格鲁吉亚政府对阿布哈兹和南奥塞梯进行军事行动时，2008 年 8 月 8 日，俄罗斯对格鲁吉亚采取军事行动，与格鲁吉亚军队进行了局部战争，并击败了格鲁吉亚军队，进驻上述两个地区。当上述两个地区宣布"独立"于格鲁吉亚之后，俄罗斯仿照美西方的"科索沃模式"立即予以承认。美国也尝到了承认科索沃"独立"所带来的国际上连锁反应的后果。俄罗斯的这种做法就是以其人之道还治其人之身。俄格战争是俄罗斯借助西方的"科索沃模式"而进行的一次既针对格鲁吉亚又针对美国的惩罚性局部战争。

针对美国的经济制裁，俄罗斯采取各种方式，缓解其带来的消极影

① ［澳］波波·罗：《孤独的帝国——俄罗斯与新世界无序》，袁靖等译，中信出版集团 2019 年版，第 226 页。

② ［美］安琪拉·斯登特：《有限伙伴——21 世纪美俄关系新常态》，欧阳瑾等译，石油工业出版社 2016 年版，第 340 页。

响，如采用进口替代，发展国内经济；着力与新兴国家发展经济关系；经济向东看，转向亚洲。面对西方制裁，中国可着力与俄罗斯发展经济合作，进一步将俄罗斯引向亚太地区。

（八）在国际上制造一个高音喇叭

俄罗斯在意识形态方面常常受到来自美国等西方国家巨大压力，美西方将“人权”和“民主”作为一张大牌经常敲打俄罗斯，而俄罗斯曾经一度有理说不出，有话道不明，常常陷入被动挨打的境地。普京总统着力打造俄罗斯的“锐实力”，在国际上塑造俄罗斯的国家形象。俄罗斯最成功的案例就是组建俄罗斯电视台（RT），以西方的话语路径来影响西方社会，揭露西方的真面目，挑战西方媒体话语权，打破西方主流媒体 CNN 和 BBC 垄断地位，阐释俄罗斯对世界的观点和看法，取得了很大的成效，成为俄罗斯重要的外交和国际舆论工具。

在“人权”“民主”问题上，俄罗斯独创了“主权民主”和“有限民主”等富有内涵的理念与美国周旋。

二　俄应对美西方的几个原则

在国力不强的情况下，俄罗斯外交在很大程度上弥补了其短板，最大限度地维护了俄罗斯国家核心利益。在与美西方进行博弈时俄罗斯善于整合各种外交资源，形成合力，目标明确，反应灵敏，操作灵活，收放自如，变化多端，出其不意，常常占据主动。但从实际进程看，美国是主导方、挑事方和压制方，而俄罗斯则是被动方、应对方和反制方。在俄美综合国力相差悬殊的情况下，俄罗斯不得不充分采用各种方式与美国周旋。俄罗斯在与美西方进行抗争时最大的原则就是维护国家利益。这是普京总统与美西方打交道的准绳。“如果说从与西方打交道中学到了一个总的教训，那么对普京而言，这个教训还在于再次重塑价值，坚持自己的信念，在判断对与错之时抵制外来思想，即使面临最强烈的反对意见，也要保卫国家利益。”①

具体地说有以下三方面的原则。

（一）保证国家政权不被颠覆的原则

竭力排除美国对俄罗斯内政的干涉，全力防范“颜色革命”，维护俄

① ［澳］波波·罗：《孤独的帝国——俄罗斯与新世界无序》，袁靖等译，中信出版集团 2019 年版，第 252—253 页。

罗斯最高政权的长时段稳定。

普京上台以来俄罗斯在每次总统选举和议会选举都有美西方干预的影子，因此，俄罗斯当局每一次选举都不敢掉以轻心，采取一系列细致而周全的措施，防止美国对俄罗斯国内政治产生实质性的影响。针对美国对俄罗斯国内政治反对派的支持，俄罗斯则采取各种方式加以反制：限制美通过 NGO 在俄罗斯的活动，尤其是“美国民主基金会”，以阻断俄政治反对派接受美国资金等方面的各种资助；通过“外国代理人”法案；给国内政治反对派一定的活动空间，容许政治反对派进行政治集会和游行，戳穿美国对俄罗斯政权“不民主”的攻击；防止原苏联空间的“颜色革命”蔓延到俄罗斯，俄国防部副部长甚至建议在高校开设反“颜色革命”课程。尽管西方一直在指责普京“独裁”“专权”，攻击普京总统所实施的“垂直管理体系”，但普京通过诸如“梅普组合”等富有智慧的方式，沉着应对，连续执政 20 年，实现了俄罗斯长时段的政局稳定，俄国力大大增强，这实属不易。前不久，着眼于未来俄罗斯的政治稳定和政权的联系性，普京提出修改宪法，精心进行政治布局，任期期限“归零”。可以预见，普京不会轻易离开俄罗斯政治舞台，他还会继续担任总统职务。不仅如此，俄罗斯还“以其人之道还治其人之身”，通过各种巧妙的技术、心理、情报等各种似有还无的方式“影响”美国总统选举。“通俄门”问题在美国的发酵，一方面给俄美关系带来麻烦，另一方面也大大提升了俄罗斯对美国的影响力。

（二）维护国家统一的原则

苏联解体后，俄罗斯饱受民族分裂主义、宗教极端主义和暴力恐怖主义这“三股势力”的威胁和伤害。车臣民族分裂势力大闹“独立”，在俄罗斯莫斯科、圣彼得堡等地制造了多起大规模的暴力恐怖事件。俄罗斯不顾西方指责、谩骂和污蔑，采取了各种方式打击“三股势力”，总体上控制了局面。

俄罗斯反分裂和反暴恐的一些做法值得我们借鉴。一是在大是大非问题上决不含糊和犹豫。1999 年秋，普京在担任总理期间就发动了反恐战争。车臣战争是俄罗斯不顾美国的反对和指责，对盘踞在车臣的恐怖势力所进行的一场反恐战争。这场战争打出了俄罗斯国内的稳定状态，维护了俄罗斯国家统一局面，避免了分裂。

二是俄罗斯每一次发生暴力恐怖事件，都第一时间向全世界发布暴力恐怖事件发生的时间与地点，伤亡人数等最基本的重要信息，大大压缩西方主流媒体和政府的恶意炒作空间。

三是不受西方国家在反恐问题上的“人权”干扰，及时向国际社会解释俄罗斯的反恐战略和策略，披露暴力恐怖势力给俄罗斯民众所造成巨大损害，阐明俄罗斯反恐斗争的正义性。

四是与西方国家在反恐问题上加强合作，最大限度地构建统一战线。因为美国等西方国家也经常受到恐怖主义的威胁。2001 年“9·11”事件发生后，普京总统第一时间给美国总统小布什打电话，明确表示俄罗斯支持美国的反恐斗争，随后俄罗斯又在美国发动的阿富汗反恐战争中给予巨大支持。因此，我们在反对暴力恐怖主义方面要多与国际社会合作，多寻求合作。

（三）守住原苏联空间的原则

苏联解体后美西方露骨地挤压俄罗斯的地缘战略空间，通过北约和欧盟的双重“东扩”，试图将新独立国家从俄罗斯的势力范围剥离出去，“去俄罗斯化”。美西方以“颜色革命”形式搞掉格鲁吉亚、乌克兰和吉尔吉斯斯坦亲俄政权，培植新西方势力，疏远俄罗斯，这大大损害了俄罗斯的国家战略利益。为此，俄罗斯采取多种措施与美西方展开激烈较量和博弈：组建“欧亚经济联盟”，阻止乌克兰与欧盟签署“联系国协定”；通过局部战争的样式教训格鲁吉亚，“杀鸡给猴看”；通过“收回”克里米亚和支持乌克兰东部地区与中央政府对抗等方式回击美西方在乌克兰所策动的“颜色革命”，使乌克兰无法事实上倒向西方，加入欧盟和北约；通过各种方式将美国军事基地从乌兹别克斯坦和吉尔吉斯斯坦排挤出去。尽管俄罗斯因“收回”克里米亚等问题受到美西方的制裁，尽管格鲁吉亚和乌克兰还没有出现俄罗斯所希望的政治局面，但俄罗斯大体上守住了自己的“一亩三分地”，美西方在俄罗斯周边制造“孤立”和“剥离”俄罗斯的战略受挫。

维护俄罗斯国家利益要求俄罗斯不能一味与美西方对抗，该妥协时就妥协，该合作时就合作。普京总统采取各种灵活措施和手段。俄罗斯是美国世界反恐战争中的战略伙伴。俄罗斯支持美国在阿富汗推翻塔利班政权，并给予了很大帮助，使得美国很快就达到了目的，俄罗斯还主动开放领空用于美国的反恐行动，允许美军租借中亚几个军事基地。2014 年索契冬奥会之前，俄罗斯主动缓和与西方的关系，释放了在押的朋克摇滚乐队

“暴动小猫”的两名成员，还释放霍多尔科夫斯基并允许他流亡瑞士。俄罗斯还善于利用西方之间的矛盾。与乌克兰和欧洲的能源博弈中，2007年普京总统在慕尼黑安全会议上激烈抨击美国的单边主义政策，将美国称为“狼先生”，想吃谁就吃谁。但在实践中俄罗斯不经常与美国蛮干。俄罗斯和美国曾经有几次大的寻求关系改善的时刻，“重启”关系是俄美关系相互需要改善和缓和的重要体现。

苏联解体后，美国不再将俄罗斯视为全球意义上的战略对手，俄罗斯不是美国的重要伙伴，尽管俄罗斯一直希望成为美国平起平坐的战略伙伴，但美国只将其视为不太重要的次要伙伴。然而，俄罗斯横跨欧亚两大洲，拥有精良的核武库，是联合国安理会常任理事国，在国际上具有持久影响力。美国只承认俄罗斯具有间接的重要性，而俄罗斯则希望与美国建立一种平等的战略伙伴关系，俄美关系的这种不对等性质和不对称性质，决定了俄美关系具有重要的结构性矛盾特征。俄美在军备控制、导弹防御、伊朗问题和原苏联加盟共和国问题等方面都存在不可克服的矛盾。

三　俄罗斯与美国周旋的一些启示

（一）应对美西方，俄罗斯运用多种方式，综合施策

在综合国力与美国相差悬殊的情况下，俄罗斯能与美国周旋和抗衡到这个程度，说明俄罗斯当局富有智慧地恰当运用了各种综合性手段和方式，取得了很大成效。俄罗斯应对美国的方式从合作、妥协到以牙还牙和强硬出击，每一种方式都具有很强的针对性。俄罗斯在与美国周旋时，费尽心思，经常富有智慧地运用多种方式和策略，软硬相济，虚实结合，雅浑兼备，综合施策。俄罗斯也不时地采取“剑走偏锋”的行动策略，让美国深深地感受到俄罗斯在维护国家核心利益和国家主权方面的坚定意志、智慧和不可置疑的能力，从而对俄罗斯形成某种忌惮心理。

（二）万变不离其宗

俄罗斯虽然对应美国手段多样，变化多端，但万变不离其宗，即以最大限度地维护俄罗斯国家利益为中心，凡是不利于维护自身利益的政策都加以规避。俄罗斯在与美国打交道时以维护国家核心利益为行动准绳。

俄罗斯的周边国际环境有一个特点，即美国等西方国家不断插手，制造事端。俄罗斯的做法值得借鉴：明确给美西方划出红线，什么是俄罗斯必须捍卫的底线，越过后会有什么严重后果。俄罗斯在格鲁吉亚和乌克兰

所采取的军事行动表明，俄罗斯不能容忍从苏联分离出去的国家进一步搞“去俄罗斯化”战略，与美西方结盟；如果越过俄罗斯的战略底线，俄罗斯就会使用“极端”方式，让周边国家付出极其高昂的代价，而美国又无法进行有效的反击。

（三）善于掌控重点国家

美国没有扳倒叙利亚政权，表明俄罗斯掌控该国的能力和程度非常强。一方面，“应叙利亚邀请”，俄罗斯军队入境“反恐”；另一方面，俄罗斯可以公开让叙利亚将其生化武器拿出来，运到国外销毁，而巴沙尔总统马上同意照办。这说明，俄罗斯对叙利亚的几十年深耕取得了重大成果。俄罗斯能够妥善解决周边很多复杂而敏感的问题，这从俄罗斯对叙利亚有效掌控方面就能够找到一些标准答案，俄罗斯长期和逐步地在周边几个支点和关键国家形成一定的把控能力。

（四）善于十个手指弹琴

俄罗斯在与美西方博弈时不仅仅靠外交部，俄罗斯各部门和层面都扮演与其职能相匹配的角色。尤其是俄罗斯国家杜马（议会下院）所起的作用很大，其国际事务委员会和一些议员，总是冲在俄美博弈的前沿，有些比较尖锐的、火药味较强的想法和警告多出自杜马议员的口中，在某种程度上形成了与美国国会“对攻”的局面。这也显示出俄罗斯是一个具有西方式政治架构的国家，议会可以对俄罗斯的外交政策发挥作用，经常与俄罗斯政府方面发出不同的声音，在外交政策方面“唱反调”，甚至就俄罗斯的外交举措质询外交部门。表面上政府与国家杜马各唱各的调，但所追求的目的高度一致。

俄罗斯特别关注“颜色革命”问题，美西方颠覆俄罗斯政权的图谋一直存在。俄罗斯严防“颜色革命”，堵塞各种漏洞，“扎紧篱笆”的做法其他国家参照。

（五）善于借力和缓解压力

俄罗斯在与美国博弈时十分注重借力打力，借力降压。俄罗斯借助欧盟缓解来自美国的战略压力，这在美国对伊拉克动武时显得非常明显。俄罗斯借助同中国的战略协作伙伴关系与美国进行战略周旋，这在叙利亚问题上非常明显。俄罗斯特别希望中国能够走到前台直接与美国抗衡，以减轻自身的压力。当然，俄罗斯出于自身的国家利益考量，在中美关系处于紧张和特殊时期，也时常打一下“中国牌”，借中国之力缓和与美国的关系。最近抗疫期间在中美关系持续恶化的情况下，俄美关系有所和缓，两国首脑联系频繁，甚至还发表联合声明，强调“易北河精神”。在与美国博弈时俄罗斯十分注意与新兴国家和欧盟等展开合作，借力打力，借力缓压，争取更多的外交活动和舒展空间。俄罗斯在今后的对美博弈中还会利用美国自身出现的种种问题和弱点，为其所用，反制美国。

（六）敢于和善于在外交上“做牌”

俄罗斯善于在外交上“做牌”，特别值得其他国家学习和借鉴。在复杂的全球治理进程中存在很多矛盾点和涉及多方的利益交叉处，俄罗斯的长处在于，在国际事务中善于发现问题，善于将一些交织在一起而又需要突破解决的国际矛盾点加以梳理，提出切实可行和把握适当的方案，做成一副国际社会都关注和涉事方都满意的“外交大牌”来，这对提升俄罗斯的国际影响力和负责任大国形象非常需要，也是俄罗斯深度参与全球治理的重要方式。

俄罗斯的启示是，一旦周边国家“去俄罗斯化”倾向非常明显，紧抱美国等西方国家大腿，则俄罗斯完全敢于运用包括军事手段在内的各种方式控制局面，而美国等西方国家又不敢以军事干预方式介入支持其盟友。俄罗斯敢于出手、善于出手、出手必胜的应对方式值得其他国家关注。俄罗斯周边国际环境十分复杂，一些周边国家一面“吃着俄罗斯黑面包”，一面“抱着美国大腿”，两面下注。俄罗斯则灵活采用各种方式，富有针对性地应对“两面国家”。还有个别国家依靠美国，充当美国遏制俄罗斯的马前卒，俄罗斯总是找准机会适当用“重锤”加以敲打。在与美西方周旋时俄罗斯不总是处处去应对，跟着他们的节奏转，而是巧妙地将其引入俄罗斯的外交节奏，让他们时常来“应对”俄罗斯，这些都得益于俄罗斯善于主动“做牌”，善于随时调整出牌顺序，善于有针对性地组合牌型。“考虑到俄罗斯与西方之间不断积累的问题，寄希望于出现新的合作精神是不明智的。至少各方必须回归到现实：抛开共性的幌子，避开对世界秩序的昭然若揭的野心，侧重于具体的优先事项。只有这样，才会有更好的期待，更大的可能性和更好的结果。”①

（七）知己知彼，百战不殆

俄罗斯之所以能够敢于出牌，善于与美国周旋，一个非常关键的原因

① ［澳］波波·罗：《孤独的帝国——俄罗斯与新世界无序》，袁靖等译，中信出版集团2019年版，第252—253页。

是俄罗斯对美国的宏观、中观和微观情况比较了解。俄罗斯拥有一批非常了解美国的高水平专家队伍和智库，对美国战略和政策比较熟悉，前瞻性分析和预判比较到位，政策储备和应对方式比较丰厚，对美国的回应拿捏得比较准确。苏联时期和现在的俄罗斯都十分注意涉美外交官和涉美专家的交流问题，形成“旋转门”。因为美国是世界霸主，无论苏联时期还是现在的俄罗斯都将美国研究视为重要的学术研究领域，培育一批又一批高水平的涉美问题专家，打造一批高水准的美国问题研究机构和智库。这样俄罗斯在与美国对阵时尽可能做到知己知彼，以求赢得主动，避免被动。

第三节　中俄美三国关系，“大三角”又来了吗?

毫不夸张地说，中俄关系是当今世界大国关系中最成熟、最稳定、最能体现可持续发展的一组大国关系。中俄关系的持续稳定发展为世界和地区的和平稳定发展、为消除国际关系中的不确定甚至危险因素做出了重要贡献。

一　中俄关系要保持发展的递进性

中俄关系发展的递进性：从“友好”体系转递为“伙伴”体系；从中俄关系 1.0“伙伴”版一直升级为中俄关系 4.0“伙伴”版。

苏联解体后，中国与俄罗斯签署的第一个联合声明是《关于中华人民共和国和俄罗斯联邦相互关系基础的联合声明》。该联合声明很重要，它确定了中国与苏联解体后的俄罗斯相互关系的基础和原则。从联合声明的内容中可以看出，中国俄罗斯“相互视为友好国家”，“发展睦邻友好和互利合作关系”。该联合声明一共由 21 条组成。这表明 1992 年中俄关系的水平就是刚刚正常化了的中苏关系的延续，准确地说，是中苏关系的平移，即中苏关系的水平移动和关系转承。真正能够代表苏联解体后中俄关系趋势的是 1994 年中俄联合声明。该联合声明将两国关系正式由“友好”体系而提升和转轨为“伙伴”体系，从此中俄关系一直行进在“伙伴”的框架下。中俄两国认为“已具有新型的建设性伙伴关系”，两国关系是“建立在和平共处各项原则基础上的完全平等的睦邻友好、互利合作关系，既不结盟，也不针对第三国”。我们将这个阶段的中俄关系命名为中俄关系“伙伴”1.0 版。中俄关系“伙伴”1.0 版的核心就是“建设性伙伴关系”。为进一步确立“新型的相互关系”，从两国关系的“远景”出发，双方决定在政治关系方面、经贸和科技关系方面、军事政治领域和国际关系方面进行合作。需要强调的是，联合声明还特别强调，上述四个方面是中俄所采取的“积极和全面的步骤”。随后，经过了中俄关系“伙伴”2.0版——战略协作伙伴关系、中俄关系“伙伴”3.0版——全面战略协作伙伴关系后，两国又于2019年共同精心打造了中俄关系“伙伴”4.0版，即中俄新时代全面战略协作伙伴关系。对比1994年中俄关系联合声明文本和2019年中俄联合声明文本，就可以清楚地感到，中俄关系发展确实更新和升级了几个版本。2019年中俄联合声明总结了中俄关系的五个主要特征，确定了一系列指导两国关系的基本原则，规划了两国关系发展的目标和方向，体现了中俄关系发展的全面性、战略性和稳定性。按照中俄关系的这个发展势头，我们有理由期待中俄关系“伙伴”5.0版。

中俄关系的持续发展的一个非常重要的原因，即两国充分吸取了中苏关系的历史经验和教训，从中苏关系历史经验教训中获得了丰富的历史养料。

中俄关系的发展具有“巨大的内生动力”。中俄战略协作伙伴关系是由两国的战略利益具有广泛的契合性决定的，符合两国主权、安全、发展、稳定和合作的总体利益诉求。苏联解体后，中俄关系在近30年的发展进程中，体现了其所应有的成熟度。中俄关系的发展所具有的可持续性，鲜明地揭示了两国关系所具有的强大的内在动力。换句话说，中俄两国找到了彼此和谐相处的办法、方式和模式。中俄关系内在持续发展的动力需要中俄两国学术界做出评估、分析和总结。

二　全面性

中俄关系在发展进程中呈现出一个非常重要的特点，即两国关系发展的全面性。中俄新时代全面战略协作伙伴关系确实体现了“全面性”。中俄关系在各个领域方面都展开了非常紧密的合作。这些合作领域从政治、经济合作到安全合作；从人文、科技、教育领域合作到旅游、生态各方面的合作。可以明确地说，中俄关系的发展为两国各领域的合作提供了十分广阔的空间和维度。

“全面性”还体现在两国合作的多层面性。中俄关系既有政府主导推动，也有民间各机构组织推进。政府推动与民间推进相得益彰。多层面性还表现在不仅两国中央政府进行推动，而且两国的各地区之间也形成了多渠道互动与合作，比如中国东北地区与俄罗斯远东地区的深度合作、“两河流域”合作、两国友好城市之间的合作等。中俄合作不仅在国家层面展开，而且两国大公司、中小企业之间也展开密切合作。

中俄关系全面发展的同时，也突出重点。2019 年，中俄联合声明确定了中俄两国发展的五个重要合作领域。而这五个重要的合作领域是中俄两国关系发展的五个重要的合作集群和支撑点。在强调全面发展两国关系的基础上，该联合声明又确定了两国关系发展的重点领域，即政治合作、安全合作、务实合作、人文交流、国际协作五大方面，每一个方面和领域都包含丰富的具体内容和合作要点。中俄关系发展的几个方面既照顾到两国发展的全面性，又突出两国发展的合作重点领域，全面合作与重点合作相结合，使中俄两国发展“点”与“面”都有了很好地结合。

中俄合作的全面性还体现两国双边合作与多边合作的有效结合。中俄不仅在涉及双边领域的合作越来越广泛和深入，而且在地区和全球治理层面也有广泛的合作。

三　战略协作

两国的合作还有一个非常鲜明的特点，体现在战略协作方面。两国的战略协作体现在两国关系的顶层设计。2019 年中俄联合声明充分体现了两国在发展关系方面的“顶层设计”能力和水平。中俄两国战略协作还体现在两国的战略对接方面。中俄“就国家发展战略对接进行密切协调和战略协作”，深度融通。“全面挖掘两国关系潜力和发展动能”，俄方支持“一带一路”倡议，中方支持在欧亚经济联盟框架内推动一体化进程。双方推进“一带一路”建设与欧亚经济联盟对接。中方支持俄罗斯建设大欧亚伙伴关系倡议，共同促进“一带一路”倡议同大欧亚伙伴关系的协调发展。中俄将实施所签署的多个合作文件，如《关于促进双边贸易高质量发展的备忘录》《中国东北地区和俄罗斯远东及贝加尔地区农业发展规划》《关于俄扩大大豆和豆制品输华的合作规划》《中俄在俄罗斯远东地区合作发展规划（2018—2024 年）》《中俄人文合作行动计划》。中俄还要推动《中华人民共和国与欧亚经济联盟经贸合作协定》早日生效并启动实施，尽早启动中俄《欧亚经济伙伴关系协定》谈判。中俄两国在战略层面上的沟通和对接有助于两国关系的进一步深化。中俄在国际事务方面的战略合作和互动也非常多，两国在国际舞台上共同反对霸凌主义和单边主义，维护国际和平。

四　抗外部干扰性

需要特别强调的是，中俄关系还表现出具有抗干扰能力的鲜明特征。在全球化的大背景下，冷战后国际社会充满了各种新的不确定的因素，在这种情况下中俄关系能够保持在高水平的状态下稳定运行，是一件不容易的事情。所以，在分析中俄关系时应加入开放性的外在因素的变量。因为中俄关系不可能在封闭的、静止的、忽略外在条件的情况下进行发展。正是这些外在的因素的介入，才能看出中俄关系发展的成色、基本轨迹及抗外部干扰能力，才能检验中俄关系发展的韧性和强度。而且中俄关系所具有的抗干扰能力是其保持可持续发展的重要因素和条件。中俄关系长时段保持高位运行和平稳发展，这本身就构成了研究命题，学术界应就中俄关系如何保持良好的、可持续发展的状态进行客观而深入的研究。因为对于大国关系来说，保持一定时段的高位发展是可能的和容易的，但保持长时段的、稳定的高位发展是需要各种内外条件和要素加以支撑的。

确切地说，中俄关系不是处于真空中，而是处于变化莫测的国际秩序的大格局中。也就是说，中俄关系受国际秩序变化的影响，受经济全球化进程的影响，自然也受国际社会力量对比变化的影响。在中俄关系中，世界力量中的各“极”也对中俄关系发展产生着这样或者那样的影响，如美国作为世界最大的政治经济和军事力量，作为超级大国自然对中俄关系也会产生这样或者那样、或强或弱的影响。不承认这一点，就不能完整地考察中俄关系的各种外部因素。欧洲对中俄关系也在产生非常重要的影响。除了美西方外，新兴大国（印度和巴西等）、地区性大国都在对中俄关系产生影响。同时，我们还要看到，中国周边非常重要的地区性国家，处于重要的地缘政治位置的国家也在对中俄关系产生影响。国际组织，包括联合国、上海合作组织、金砖国家机制等对中俄关系也在产生不同程度的影响。此外，一些突发性、全球性的公共危机对中俄关系也在产生影响。如2008年的国际金融危机，2020年全球性的新冠肺炎疫情公共卫生危机，全球范围的、不断多点爆发的恐怖袭击对中俄关系都会产生影响。因此，研究中俄关系必须有关注影响中俄关系的各种外部因素的视角。只有这样，我们才能多层面地、整体性地看待中俄关系。把中俄关系置于世界格局的大背景下来分析，才能看得出中俄关系的作用、地位和影响及其存在的价值。

从世界力量对比中可以看出，冷战后世界格局没有发生实质性的变化。我们所说的“一超多强”格局依然存在。美国依然是世界上唯一的超级大国。除美国外还有一些国家处于国际社会格局当中非常重要的“极”的地位。其中俄罗斯、中国、欧盟都是当今国际社会重要的“极”的组成部分。尽管国际格局大的棋盘没有发生变化，但国际社会中的力量对比却在逐渐发展变化，中国是国际社会中最大的政治经济变量。中国持续迅速地崛起给国际社会带来了非常重要的变化。中国的发展和稳定为国际社会的稳定、发展与和平贡献了自己的力量，所以那些强调中国崛起和发展会给国际社会带来“威胁”的论调是不正确的，是带有偏见的。与此同时，俄罗斯也走出了苏联解体后的一段非常危急和艰难的时刻。在普京总统的领导下，俄罗斯也逐渐走上了复苏和复兴的道路。现在俄罗斯已经成为世界上非常重要的国际政治力量。尽管欧盟在自身的发展过程中有这样和那样的磕磕绊绊，也是国际社会当中非常重要的力量。这里还有一个非常重要的变化，虽然美国作为国际上不可替代的、唯一的超级大国，但美国面对多极化、全球化的世界越来越不自信。美国是影响中俄关系的重要的因素。所以研究中俄关系，我们也要把美国的因素加入进来。研究美国对中俄关系影响的途径、范围和程度。最直观的方式就是要研究中美俄三边关系。我们要研究美俄关系、中美关系以及中俄关系，中美关系对中俄关系的影响和他们之间的互动程度。中美关系、中俄关系、美俄关系，从实践的角度来看，具有一定程度的互动性和共振性，但对这些互动性和共振性不能估计过高。

五　中美俄关系互动

中美俄三边关系不是等边关系，更不是同一性质的关系。中俄关系是新时代全面战略协作伙伴关系，具有高度的战略协作性和战略稳定性，中俄关系中的战略互信程度已经达到了足以能够支撑中俄两国关系稳定地携手前行的程度，具有很强的抗震性。换句话说，中俄关系足以抵御来自中美关系和俄美关系巨大波动所产生的巨大不确定因素所带来的冲击。而俄美关系的波动性则是不对等的关系所带来的结构性矛盾的持续性爆发的反映。中美关系的波动则是新兴国家与守成大国的结构性矛盾的持续性爆发的反映。从双边关系的性质来看，中美关系的矛盾性质越来越明显，越来越突出，尤其是在最近全球性的抗疫进程中，美国越来越咄咄逼人地向中国发起各个层面的挑战。中美关系面临着非常大的考验和压力，甚至有“脱钩”的危险。而美俄关系依然处于低位运行状态，美国对俄罗斯的持续制裁依然没有解除，所以，俄美关系是一个制裁与被制裁、制裁和反制裁之间的关系。俄美关系有一个“正常化”进程的客观需求。与中美关系不断走向冲突的进程相对应，在全球性的抗疫进程中美俄关系不断寻求改善，特朗普总统和普京总统多次通话，讨论全球、地区和双边的范围比较大的问题，两国还发表联合声明，强调“易北河精神”。但俄美关系走向正常化并非易事。就在俄美关系强调发扬“易北河精神”几天后，美国和英国就在苏联在反法西斯战争地位和作用问题上歪曲历史事实，贬低苏联在第二次世界大战中所起的重要作用，这自然给俄美关系增添了障碍性的因素。在这三边关系中，中俄关系一直处于高位运行状态，因此中俄关系要远远好于中美关系和俄美关系。所以，这三边关系出现了不对称的发展状态，这也是国际社会力量对比和格局变化的一个最主要的特点。笔者不认为现在中美俄三者关系是三角关系。中美苏三角关系具有特定的含义。这是冷战时期，尤其是冷战后期国际社会国际格局所产生的特殊结构。在这种结构中，美苏是这个“三角”结构的恒量，而中国则是这个“三角”结构中的变量。没有中国这个“变量”就谈不上中美苏“大三角”关系。从某种意义上来说，恰恰是中国这个变量早早地推动了冷战格局的实质性变化。具体地说，就是中国改革开放的重大战略转变对冷战的结束、对冷战结构的软化都起到了非常重要的作用。国际关系学界应该关注这个非常重要的历史事实。

冷战结束后，国际社会出现了“一超多强”的情况。两极局面已不复存在。苏联作为世界的另一个“霸主”已经自行坍塌，当然，这里肯定有美国这个“霸主”的“功劳”。世界从此从“两极”世界转变为“单极”世界，美国成为世界上的唯一“霸主”。有一个问题需要讨论，即当世界由“两极”转为“单极”结构后，世界上哪些大国感到不适应？从不远的历史进程中我们可以清楚地看到，美国虽然是“唯一”的世界超级大国，但它不适应，因为美国突然感到没有了敌手，与苏联对峙了几乎半个世纪，突然发现苏联这个庞然大物轰然自我坍塌了。已经习惯与“苏联”进行全面战略对抗的美国非常不适应没有“苏联”的情况。但美国不能没有战略对手甚至敌手，如果这个世界确实没有，那么美国也必须出于自身的战略需要“塑造”出一个。所以，美国在“单极”世界的最初就继续将危机重重的俄罗斯视为继续“欺压”的对象，通过各种方式整治俄罗斯，弱化俄罗斯。在“单极”世界中，俄罗斯是最不适应的国家。俄罗斯所继承的是苏联的一落千丈的国际地位和综合实力。俄罗斯从世界两霸之一在 20 世纪 90 年代沦落为二流甚至三流国家的地步。这是俄罗斯政治精英所无法容忍的比较残酷的现实。普京总统将俄罗斯从危机中拖出来，俄罗斯国家实力和国际地位都有很大的提升，但依然只是世界中的“一极”，与超级大国地位相去甚远。虽然俄罗斯对美国多有不满，甚至公开批评“单极”世界的不合理，但正如普京总统所多次强调的，俄罗斯无意取代美国的世界霸主地位，只是希望美国能够将俄罗斯作为一个世界性的大国，与之平等发展关系。然而，一个自我坍塌而实力大减的国家不可能指望美国将其依然视为战略平等伙伴地位。

西方对俄罗斯的基本看法很难改变。基辛格认为俄罗斯就存在两个“挑战”，对西方形成了威胁。一个挑战是“俄国的‘专制’体制、辽阔的疆域、全球扩张野心以及它的不安全感，这一切均暗示着对基于均势和克制之上的欧洲传统国际秩序概念提出了挑战”。另一个挑战是“俄罗斯强盛时专横跋扈，自恃是高人一等的大国，迫使他国对它俯首帖耳；国势虚弱时，则以自身蕴藏的令人生畏的巨大能量掩盖自己的虚弱。无论俄罗斯是强是弱，对习惯与更加温文尔雅的国家打交道的西方诸国来说，都是一个特殊的挑战”。基辛格还补充说：“从彼得大帝到普京，时过境迁，然而俄国的扩张节奏却惊人一致。”[①] 基辛格的看法代表了西方社会精英对俄罗斯的基本立场。

当中国逐步崛起后，美国又逐渐将中国视为战略对手，担心中国超越自己，采取各种方式和措施排挤中国、遏制中国和弱化中国。无论是冷战时期还是冷战后，中国都奉行独立自主的外交政策，中国虽然在迅速发展，但中国政府一再强调中国走和平发展道路，没有挑战美国霸主地位的想法，更不会去颠覆国际格局。我们更多地强调的是融入国际社会。从这个角度来看中美俄三者关系不是三角关系，他们之间的关系更多地体现在三边互动方面。因为美国是唯一的超级大国，经常采取非理智的、蛮横

---

① ［美］亨利·基辛格：《世界秩序》，胡利平等译，中信出版集团 2015 年版，第 52—57 页。

的、霸权方式对待其他国家，对中国和俄罗斯也实施全球性和地区性的打压，中国和俄罗斯都面临着来自美国的巨大政治、经济和军事方面的压力。虽然中俄关系的紧密发展具有自身内在的推动力，但共同缓解和抗击来自美国的各种压力也是中俄关系不断深入的外在的重要推动力。看不到这个现实存在，就是不客观的。

当然，在中美关系不断恶化的态势下，俄罗斯也有“坐山观虎斗”的声音，俄罗斯要当“聪明的猴子”①，静观中美冲突，择时则优而施之。当然，俄罗斯一些精英也对中国崛起怀有一些忧思。但更多的观点是，俄罗斯应该在中国与美国之间进行平衡，但保持自身的独立性，不要成为中美的“外围”。格拉济耶夫就明确表示，“虽然中国没有实施全球政策的历史经验，但是制定了明确的发展战略。而俄罗斯虽有实施全球政策的经验，却没有发展战略。如果不制定发展战略，不真正贯彻落实这些战略，那么拥有再多的历史经验也毫无意义。为了避免再次落入‘外围’国家的不利境地，俄罗斯必须要有明确的意识形态和发展战略。当然，如今要防止成为中国的‘外围’，而不是防止成为美国的‘外围’”。但随后他又明确表示，也要防止成为美国的“外围”，因为这样对俄罗斯更加危险。“在建立新的世界经济体系的过程中，俄罗斯有可能成为领导者以及新的世界经济发展中心的核心成员，但如果停留在美国资本主义的外围部分，则无法实现这一目标。更糟糕的是，俄罗斯停留在外围将会激起美国的侵略野心，因为俄罗斯经济长期依赖于美国寡头，容易使美国地缘政治家们产生一种轻松取胜的幻想。”②

本章执笔：邢广程

① Кортунов А. В. О мудрой обезьяне, спускающейся с горы, https：//russiancouncil. ru/analytics-and-comments/analytics/o-mudroy-obezyane-spuskayushcheysya-s-gory/，访问日期：2020 年 7 月 11 日。

② ［俄］谢尔盖·尤里耶维奇·格拉济耶夫：《最后一场世界大战——美国挑起与输掉的战争》，鲁速译，世界知识出版社 2019 年版，第 25—26 页。